悦悦图书 · 财经系列

WEALTH MANAGEMENT

理财业务一本通

米卫振 ◎ 编著

上海财经大学出版社

图书在版编目(CIP)数据

理财业务一本通 / 米卫振编著. 一上海:上海财经大学出版社,2023.3
ISBN 978-7-5642-4106-3/F·4106

Ⅰ. ①理… Ⅱ. ①米… Ⅲ. ①银行业务-基本知识 Ⅳ. ①F830.4

中国版本图书馆 CIP 数据核字(2022)第 240004 号

理财业务一本通

著 作 者:米卫振 编著
策 划:悦悦图书
责任编辑:王永长
封面设计:贺加贝
出版发行:上海财经大学出版社有限公司
地 址:上海市中山北一路 369 号(邮编 200083)
网 址:http://www.sufep.com
经 销:全国新华书店
印刷装订:上海叶大印务发展有限公司
开 本:787mm×1092mm 1/16
印 张:34.25(插页:2)
字 数:669 千字
印 数:0 001—4 000
版 次:2023 年 3 月第 1 版
印 次:2023 年 3 月第 1 次印刷
定 价:99.00 元

序　言

理财产品存续规模已连续多年居各类财富产品的首位。理财产品填补了中国金融投资谱系的空白，在合理配置资金、改进社会公众金融服务、满足客户投资需求、提高居民财产性收入等方面功不可没。理财业务成为银行实现战略转型的重要手段，通过发展理财业务，银行完善了服务功能，扩大了客户基础，改善了业务结构与收入结构，培育了品牌，加快了转型。

2022 年 1 月 1 日，《关于规范金融机构资产管理业务的指导意见》（以下简称《资管新规》）正式落地，行业格局发生深刻变化和调整，理财先破后立，迈向发展新阶段，呈现出新模式、新产品、新格局特征。理财产品净值化带来三个方面的转变：一是产品的转变，从“单一”到“多样”；二是客户的转变，从刚兑时代的“闭着眼睛买”到净值化时代的“睁大眼睛买”；三是销售的转变，理财经理、客户经理从“躺着赚钱”到“跑着赚钱”，销售理财需要多项关键能力，特别是 2021 年、2022 年发生的几次市场波动，导致理财产品净值出现较大调整后，理财经理、客户经理急需系统化、专业化的学习，才能实现“在合适的时间，通过合适的方式，将合适的产品，销售给合适的人”。

针对理财产品学习内容较少、较零散的行业现状，笔者参阅了监管机构、行业协会、交易所、理财公司、主要商业银行的公开资料，从理财经理、客户经理的视角，进行了整理、分类、归纳、提炼和升华。

本书主要面向国有银行、股份制银行、城市商业银行、农村商业银行、农村信用合作社、村镇银行的理财经理、客户经理，以及想深入了解理财产品的投资者。

本书致力于提高学习者的专业销售能力、合规销售能力和卓越销售能力，从行业概览、产品规则、运作管理、投资管理、基础资产、合规指引、KYC 之术、KYP 之道等方面进行了深入介绍，力争成为学习者的“工具书”、业务开展的“指南针”、经营决策的“望远镜”、风险识别的“显微镜”。它将助力引导树立长期投资、价值投资理念，助力推进投资者教育保护工作，助力保护好居民的“钱袋子”，助力推动理财行业的发展行稳致远。

本书配套视频学习网站是 https://youmi333.com/。

受时间和能力所限，本书难免有疏漏及不足之处，真诚期待有关专家和读者的批评与指正，联系邮箱：258622557@qq.com。

H5 店铺

小程序

米卫振

上海浦东望江驿

2022 年 11 月

目　录

Contents

第一篇　专业销售

第二篇 合规销售

第三篇 卓越销售

第四篇 附 录

第一篇

专业销售

第一章

行业概览

第一节　掘金财富管理

1998年，我国第一只证券投资基金诞生，2004年第一款银行理财产品问世……中国的财富管理行业披荆斩棘、乘风破浪，从封闭式基金到开放式基金，从信托计划到银行理财，从保险资管到阳光私募，从各种各样的资产管理机构到林林总总的投资产品，都显示出勃勃生机。中国的财富管理行业也因之而五彩缤纷、熠熠生辉。

如果要用一句诗来形容一下目前财富管理行业的发展现状和前景，非唐朝诗人王湾(《次北固山下》)所作的“海日生残夜，江春入旧年”莫属，日升日落，冬去春来，时序更替，是大自然的规律。银行大力发展财富管理业务，也正是顺应了金融业的发展大趋势，以一线理财经理、客户经理的视角来看，发展财富管理业务，利国、利民、利行、利己，大有可为。

一、利国

(一)发展财富管理是改善金融体系结构的需要

自改革开放以来，中国金融业率先发展的是以银行为代表的间接融资体系，间接融资体系为经济的高速增长做出了巨大贡献。但当前经济已从高速增长转向高质量发展阶段。“十四五”时期，要坚持创新驱动发展，全面塑造发展新优势，需要大力发展股市、债市等直接融资渠道，定价高效且直接对接资金。但到目前为止，我国直接融资仍然滞后，企业部门融资的70%左右仍然依靠银行信贷。在整个金融体系中，银行业资产规模占 90%。国际经验表明，这种过度依赖银行信贷的金融体系也存在着较大的脆弱性，一定条件下很容易形成系统性风险。中国金融体系结构如图 1—1 所示。

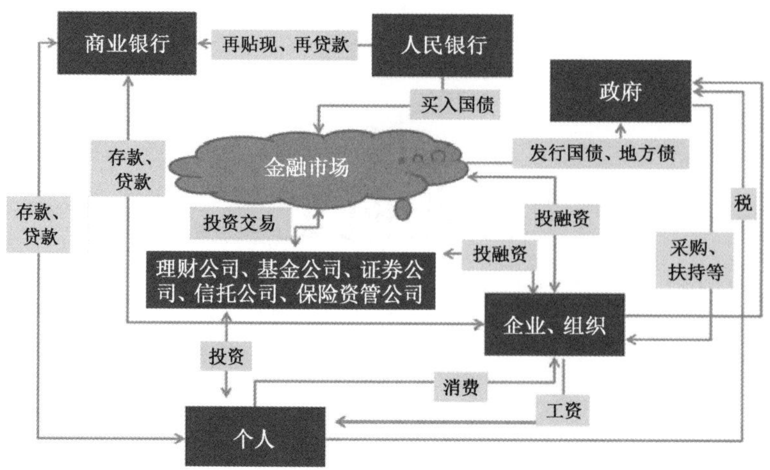

图 1—1　金融体系结构

大力发展财富管理行业，有利于改善直接金融与间接金融的比例失衡。通过专业机构的理财服务，转化为对企业的直接融资支持，在平衡企业资产负债水平、改善企业财务结构的同时，可以分散和化解金融体系内部的风险。特别是对许多具有创新性质的企业，其特点是轻资本、不确定性强，难以估值，因此，它们需要风险偏好较高的资金，一些专业财富管理机构可以通过利益共享、风险共担的机制，开展高风险、高回报的股本或债券融资，从而有效弥补银行类机构风险识别能力和承受能力不足的缺陷，增强整个金融体系的弹性。更重要的是，社会融资结构会大为优化，实体经济能够从中获得恒久的好处，虚拟经济也会增强抵抗危机传染和扩散的能力。

党的十九大报告提出，要“增强金融服务实体经济能力，提高直接融资比重，促进多层次资本市场健康发展”。自党的十九大以来，大力发展直接融资，反复出现在高层讲话、党代会报告、五年规划、要素改革、中央经济工作会议等顶层设计中。

(二)发展财富管理对经济转型具有根本意义

发展财富管理是提高我国经济效率的需要。中国是世界少有的储蓄大国。根据国家统计局年度统计公报显示，截至 2021 年 12 月底，全部本外币存款余额达到 238.6 万亿元人民币(注：以下非特别说明都指人民币)，其中住户存款 103 万亿元。但是，储蓄向投资的转化还不够顺畅、不够理想。中小企业多、融资难，民间资本多、投资难的“两多两难”问题突出。这说明，我国经济中存在比较严重的资源错配和资源浪费。

国内外经验表明，专业的财富管理，能够以市场化的方式，把社会资本集中起来，在实体经济不同领域和企业发展的不同阶段进行资本的优化配置，从而把资源引导到国民经济最需要和最有竞争力的环节，如图 1—2 所示。例如，天使基金、风险投资可以培育创意、鼓励创新，股权投资基金可以帮助企业把特有的业务模式变成市场竞争优势，证券投资基金、理财公司等机构投资者则可以通过参与股票公开发行、购买债券、支持并购重组等方式，推动优势企业发展壮大。

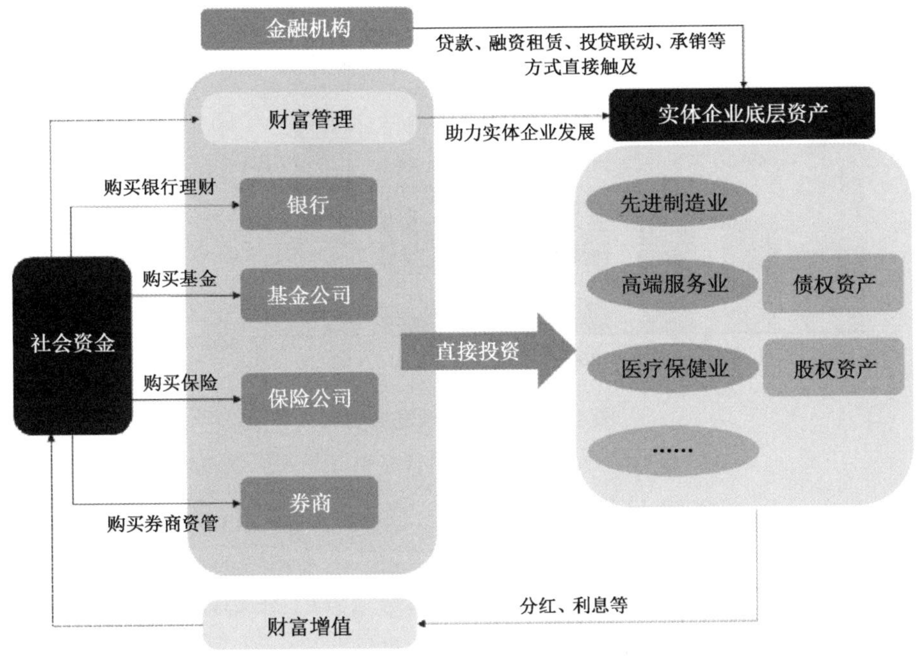

图 1—2　财富管理运行

财富管理走向 C 位、迎接赛道升级，成为打通社会资金和底层资产循环的连接器，带动居民财富和实体企业发展形成良性循环，对我国经济转型具有根本意义。

(三)中国已成为全球第二大财富管理市场

根据全球领先的管理咨询公司麦肯锡统计，截至 2020 年底，中国个人金融资产已达 205 万亿元人民币，中国已成为全球第二大财富管理市场，预计未来仍将维持 10% 的增速，到 2025 年这一数字有望达到 332 万亿元人民币。

中国个人财富结构也逐步多元化。中国居民现金与存款的资产配置占比已经从 2015 年的 52%下降至 2020 年的 49%，居民在逐步加大银行理财、基金、股票、信托、保险等的投资力度。预计到 2025 年，存款与现金的占比将进一步降低到 46%，参见图 1—3。

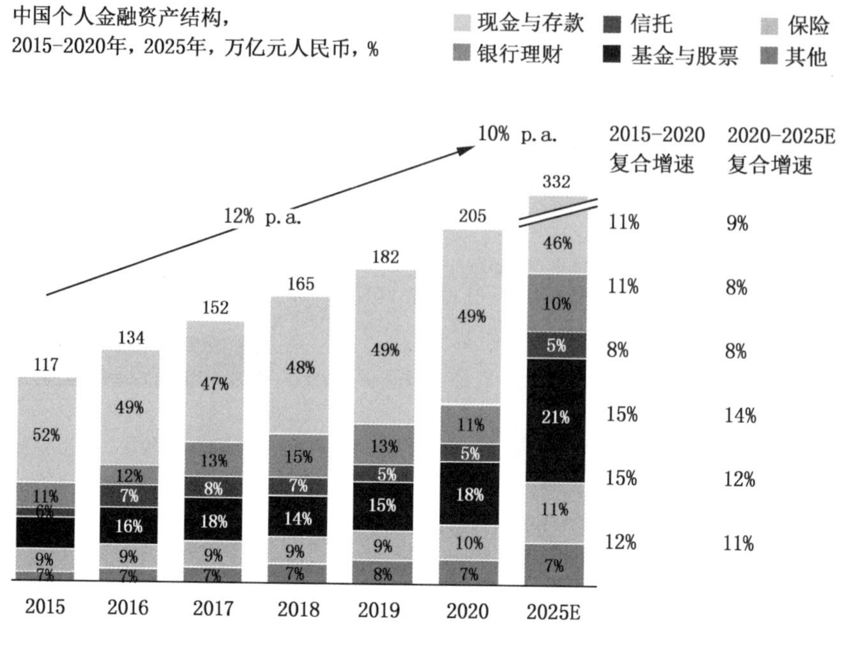

图 1—3 财富管理发展现状

(四)大财富管理生态链剖析

融合财富管理+资产管理+投资银行的"大财富管理"生态，成为打通社会资金到底层资产的桥梁。

1. 财富管理业

财富管理业是为投资人提供专业服务的行业。这类服务以客户为中心，围绕客户的具体需求，做全市场的产品采购专家和资产配置专家，设计出一整套财富管理规划，涉及客户的资产负债等各方面，最终帮助客户实现多元投资、财务优化、财富增值、风险管理等目标。简言之，财富管理业是资管行业投资人或投资资金的主要来源。近几年，随着我国居民收入和财富的增长，财富管理业快速发展，为资产管理行业输送了客源、资金源，同时，也帮客户实现了财富的保值增值。

2. 资产管理业

资产管埋行业中管理人所从事的主要是投资管理业务，即投资人设定好投资目标之后，要通过具体的投资行为将其实现。因此，管理人具体落实投资管理行为，将客户委托的资金根据既定规划，配置于各类资产，在各类资产中又负责选择具体投资标的、决定买卖时机等工作。其目标是取得收益—风险的合理均衡，获得最佳回报。这是一项专业门槛较高的工作。

3. 投资银行业

投资银行业的主要工作是创设投资标的。早期最为主流的投资银行业务包括证券的保荐承销等，现在投资品种日益丰富，除标准化证券之外，还包括其他形式的资产，比如非标等。因此，投资银行业可以理解为，是将企业或居民的具体融资需求，开发创设为可供投资的金融产品，并投放入市场，供资产管理机构选择。

换言之，上述三大子行业，共同构建了一个完整的大财富管理业务链条，如图 1—4 所示。如果运行得当，大财富管理行业可以有力地实现投融资需求的对接。它一方面满足投资人的财富管理需求；另一方面又满足企业的融资需求，动员社会富余资金投入生产，从而成为金融支持实体的有生力量。

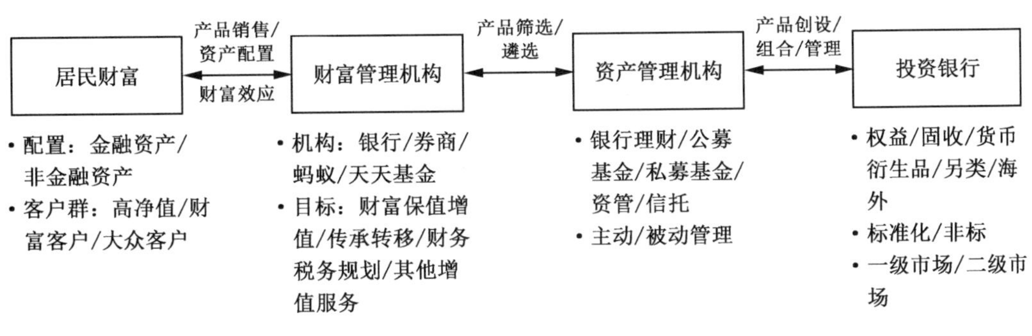

图 1—4　大财富业务链条

二、利民

(一)发展财富管理可增加居民财产性收入

党的十七大报告中首次提出，创造条件让更多群众拥有财产性收入。“十四五”规划纲要中再次提到，多渠道增加城乡居民财产性收入，创新更多适应家庭财富管理需求的金融产品。

这就需要财富管理行业发挥优势，根据居民多样化的投资需求和风险偏好，进行合理有效的组合投资、专业管理，实现居民财富不缩水，能够跑赢通胀，并努力争取更好的投资收益。比如，中国理财网发布的《中国银行业理财市场年度报告》显示，自《资管新规》发布以来，理财产品已累计为投资者创造收益 3.61 万亿元人民币。其中 2021 年累计为投资者创造收益近 1 万亿元人民币。再比如，根据银河证券基金研究中心数据显示，2005 年 4 月 1 日—2020 年 4 月 1 日的 15 年间，普通偏股型基金业绩指数收益率556.21%,年化收益率为13.55%。

如果财富管理行业发展好了,老百姓的钱就可以集腋成裘,放在一起之后投到中国优秀的企业中去,成为它的股东、债权人。这样公司发展赚了钱,各种回报最后回到老百姓手中去。

老百姓未来有两个收入来源:一个是做中国优秀企业的股东和债权人所得的收入;另一个是自己的劳动所得。这样对于更好地实现共同富裕也非常有帮助,企业得到更多的资金,老百姓有更好的回报,把轮子转起来,早日实现共同富裕。

(二)个人投资者分享市场红利的重要方式

个人投资者高度活跃,是我国资本市场的一个显著特征。从近年统计情况看,多数个人投资者在多数时候处于亏损状态。分析其原因,有两点值得关注:一是个人投资者往往喜欢频繁买卖,支付了大量的市场交易成本。二是个人投资者常常倾向于高买低卖,市场热的时候容易跟进,市场冷的时候又急于退出,这样就把账面亏损很快转化成了实际亏损。相反,个人投资者将财富投资于理财产品、信托、基金等资产管理产品,具有显著优势。

1. 集合理财、专业管理

资产管理产品将众多投资者的资金集中起来,委托产品管理人进行共同投资,表现出一种集合理财的特点。通过汇集众多投资者的资金,积少成多,有利于发挥资金的规模优势,降低投资成本。

资产管理产品由专业产品管理人进行投资管理和运作。产品管理人一般拥有大量的专业投资研究人员和强大的信息网络,能够更好地对股票市场、债券市场等进行全方位的动态跟踪与深入分析。将资金交给专业产品管理人管理,使中小投资者也能享受到专业化的投资管理服务。同时,有些市场的投资门槛或专业门槛较高。比如,债券市场主要是机构投资者参与的市场,个人投资者参与债券市场,在入市条件、信息处理、交易成本等方面处于劣势,宜通过债券型基金、理财产品等间接参与。

2. 组合投资、分散风险

为降低投资风险,资产管理产品一般需以组合投资的方式进行投资运作,从而使"组合投资、分散风险"成为资产管理产品的一大特色。

中小投资者由于资金量小,一般无法通过购买数量众多的股票、债券分散投资风险。通常资产管理产品会购买几十种甚至上百种股票,投资者购买资产管理产品就相当于用很少的资金购买了一篮子股票、债券。在多数情况下,某些股票、债券价格下跌造成的损失可以用其他股票、债券价格上涨产生的盈利来弥补,因此,可以充分享受到组合投资、分散风险的好处。

3. 利益共享、风险共担

资产管理产品实行利益共享、风险共担的原则。资产管理产品投资者是产品的所有者。资产管理产品投资收益在扣除由产品承担的费用后的盈余,一般归资产管理产品投资者所有(部分资产管理产品会收取一定的超额业绩报酬),会按照投资者所持有的产品份额比例进行分配。为资产管理产品提供服务的托管人、产品管理人一般按合同的规定从产品资产中收取一定比例的托管费、管理费。

4. 严格监管、信息透明

为切实保护投资者的利益,增强投资者对资产管理产品投资的信心,中国人民银行、中国银行保险监督管理委员会、中国证券监督管理委员会等相关机构实行严格的监管,对各种有损于投资者利益的行为进行严厉的打击,并强制资产管理产品进行及时、准确、充分的信息披露。在这种情况下,严格监管与信息透明也就成为资产管理产品的一个显著特点。

5. 独立托管、保障安全

资产管理产品管理人负责产品的投资操作,本身并不参与产品财产的保管,产品财产的保管由独立于产品管理人的托管人负责。这种相互制约、相互监督的制衡机制为投资者的利益提供了重要的保障。

因此,要大力发展专业投资,鼓励和引导个人投资者主动改变财富管理习惯,通过机构的专业理财来分享市场的成长收益。这是投资者的根本利益所在,也是我国资本市场持续健康发展的基础。

(三)中国居民可支配收入提高,理财需求日益旺盛

随着中国人民的财富不断增长,老百姓投资理财需求日益旺盛。借鉴美国财富管理行业发展历史经验,1978 年美国人均 GDP 突破 1 万美元后,居民家庭资产配置逐步由房地产向金融资产转移,美国财富管理行业迎来了蓬勃发展的历史机遇期。2019 年我国人均 GDP 首次突破 1 万美元大关,中国财富管理行业也迎来了发展的“黄金时代”。

人均 GDP 的增长,直接带动居民人均可支配收入的增长,使得居民有更多资金用于储蓄和投资,促进了居民金融资产和非金融资产的增长,催生财富管理巨大需求。

根据国家统计局年度统计公报显示,2021 年全年全国居民人均可支配收入 35 128 元,全国居民人均可支配收入中位数 29 975 元。其中,城镇居民人均可支配收入 47 412 元,城镇居民人均可支配收入中位数 43 504 元;农村居民人均可支配收入 18 931 元,农村居民人均可支配收入中位数 16 902 元,未来仍将保持高速增长,参见图 1—5。

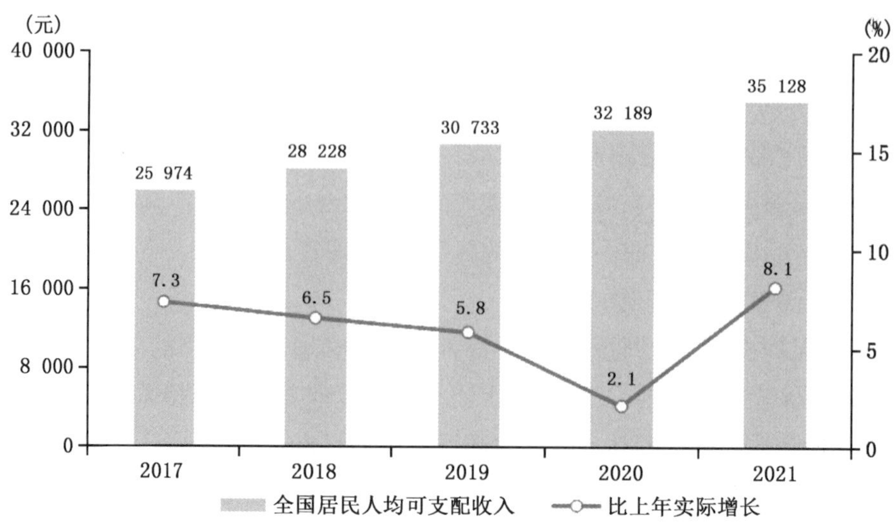

数据来源:国家统计局。

图 1—5 2017—2021 年全国居民人均可支配收入及其增长速度

(四)中国居民资产配置重构带来财富管理刚性需求

据中国人民银行调查统计,2019 年城镇居民住房资产在家庭总资产中占比达 59.1%,金融资产占比仅 20.4%。在家庭总资产中,直接持有的房地产和现金及存款共计占比约 67%,资产配置结构与美国等发达市场差异较为明显,参见图 1—6、图 1—7。

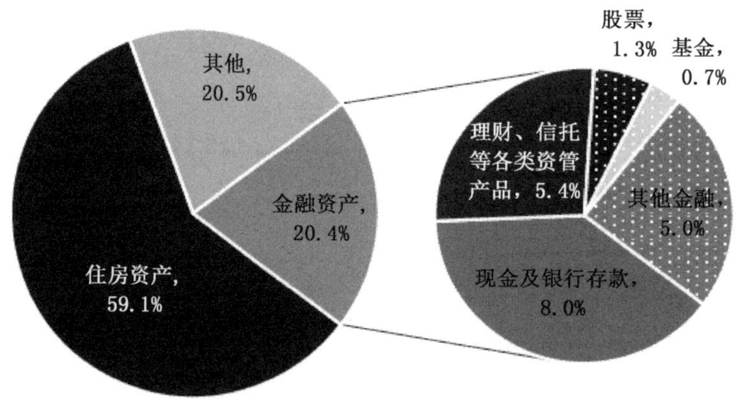

资料来源:中国人民银行、华泰证券研究。

图 1—6 中国居民资产主要集中于住房资产和现金及存款

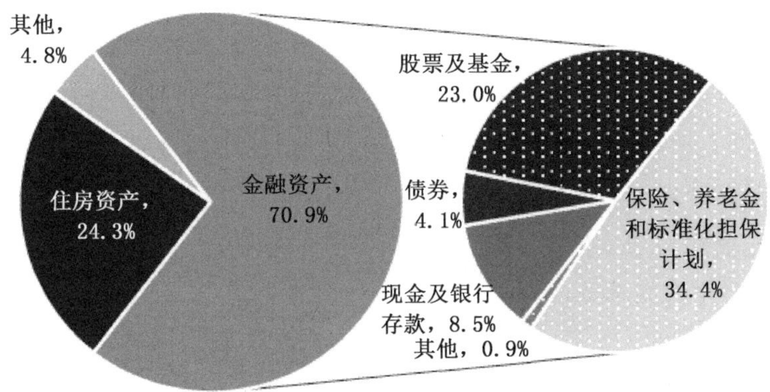

资料来源：美国经济分析局，华泰证券研究。

图 1—7 美国居民资产主要集中于股票、基金、保险等金融资产

中国居民财富正在从存款＋房地产＋刚兑理财加速迁移至多元金融投资，这孕育了财富管理广阔的增量空间。一方面，随着经济不再过度依赖地产刺激，房价快速上涨预期弱化，居民直接持有的房地产比例有望下降；另一方面，过往时代的地产信托、刚兑理财等资产管理产品已成为历史，在居民收入持续增长、过往产品优势消退、资本市场大发展等因素共同催化下，居民理财需求将更趋多元，资金配置向基金、净值化理财等金融投资拓展，财富配置方案将迎来大转变。随着居民资金从房地产和存款转向多元金融投资，财富管理市场有望承接广阔增量资金。

三、利行

多年来，商业银行致力于打造一张基于会计规则的资产负债表，在“风险－资本－业务”平衡间演绎着管理艺术。但这张表让我们只看到自己的经营成果，却看不到更多元的客户需求，感知不到更精微的客户痛点。我们只有从经营“银行资产负债表”转变到同时经营“客户资产负债表”，只有在为客户创造价值的过程中，才能实现自身高质量发展。这是时代进步的要求，这是社会经济发展的必然，这是银行从事财富管理业务的应有之义。

(一)财富管理业务的特点

财富管理业务发展好的银行，普遍受到了市场的认可与追捧，在上市银行中，招商银行、宁波银行的财富管理业务发展较为领先。截至 2022 年 6 月，这两家银行的市净率(P/B，每股股价与每股净资产的比率)在 1.5 左右，表明市场看好这两家银行的未来发展，而其他银行的市净率大部分在 1 以下，甚至只有 0.3 左右。对银行来说，财富管理业务的特点可归纳为四个字“高”“低”“强”“深”。

1. 利润率高

目前,财富管理业务虽然不及存贷款的息差高,但在中间业务收入品种中,已经非常可观。从总量上来看,很多银行财富管理业务创造的中间业务收入占比最高;从具体产品来看,财富管理产品的手续费率较高。比如,银行代销基金,一般能获得1.5%的申购费,还能根据与基金公司的谈判,获得一定的尾随佣金;代销期缴型保险,能获得首期保费10%左右的手续费。

2. 占用资本低

大部分城商行、农商行目前经营模式单一,以存贷业务为主,是一种高资本消耗的业务。当前靠利润留存难以满足业务的持续发展,尤其是伴随存贷利差的趋势性收窄,银行资本内生补充难度更大。近年来,我们可以看到城、农商行资本充足率下降较快,资本补充压力较大(见图1—8)。财富管理业务具有轻资本的优势,是有效缓解银行传统存贷业务面临的多重压力的有效方式。

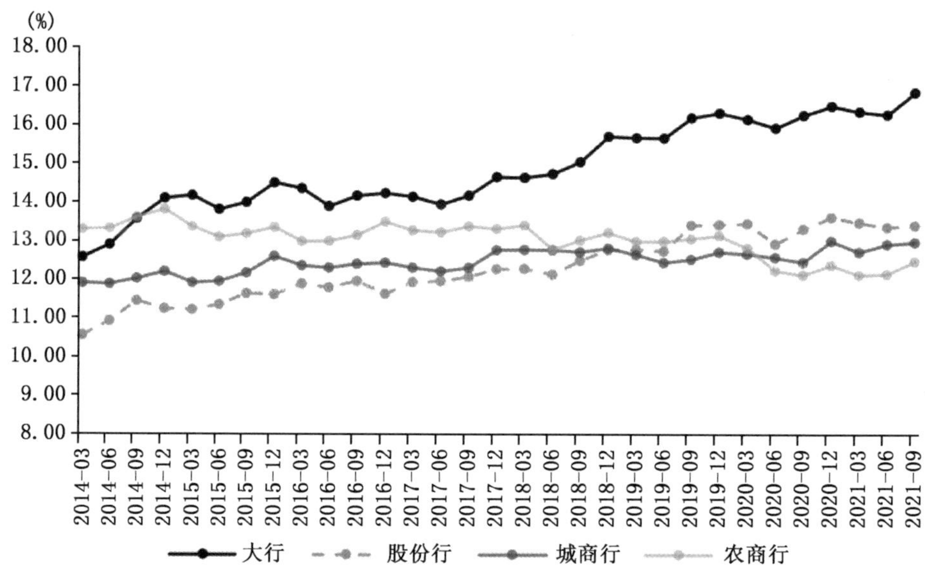

资料来源:WIND,国信证券经济研究所整理。

图1—8 城、农商行资本压力较大

3. 稳定性强

目前财富管理业务的客户群主要是零售客户,本质上讲是零售业务。过去常讲,“无公不富,无私不稳”,传统对公贷款投放与风险具有明显的顺周期特征,财富管理业务则具有鲜明的弱周期特征。从长期来看,财富管理业务不太会随着经济周期的波动而产生巨大的振荡。总体来说,基本保持在一个相对平稳增长的基础上,相当于“稳定器”“压舱石”，稳固的财富管理业务基础为商业银行的可持续发展、做大做强提供了基础条件。

4. 护城河深

财富管理是一项“厚积薄发”的业务，具有典型的“飞轮效应”。如果要使静止的飞轮转动起来，一开始必须使很大的力气，一圈一圈反复地推，每转一圈都很费力，但是每一圈的努力都不会白费，飞轮会转动得越来越快。

财富管理业务的发展，依赖体制、机制的梳理，相关系统的搭建，专业销售人员的培养、客户群的培育要形成一定规模，这并非一朝一夕能建成，但这也正好形成业务的“护城河”，一旦形成优势，便让同业竞争者望尘莫及。

（二）财富管理业务的作用

让财富管理飞入寻常百姓家，既是银行为共同富裕应尽的社会责任，也是服务客户和实现企业价值的机会。具体到银行经营，财富管理业务作用巨大，概括起来有三点：营销抓手，利润源泉，吸储利刃。

1. 营销抓手

俗话说：“先聚人气，再聚财气。”银行经营，首先必须要有源源不断的客户群。财富管理业务无疑是营销的良好抓手。很多股份制银行新开设网点，主要靠两类业务拓展市场：一是信用卡，给客户资金；二是财富管理业务，帮客户赚钱。财富管理业务作为营销抓手，体现在三个方面：

第一，“获客”。全民理财的时代已经来临。从全市场的情况来看，财富管理产品的受众群体越来越多。比如，根据中国证券投资基金业协会统计，截至 2021 年底，全国公募基金投资者总量已达 7.2 亿人；根据中国证券登记结算有限责任公司统计，到 2021 年底，证券投资者已达 1.97 亿户；根据中国理财网的统计，到 2021 年底，理财产品的投资者数量已达到 8 130 万人。财富管理业务早已不是什么新兴业务，而是开门营业必备的业务品种。通过财富管理产品，能帮银行获得大量的新增客户。

第二，“活客”。财富管理业务能帮银行活跃客户。有些城商行、农商行，有很多代发工资客户、社保卡客户等，基础客户量很大，但活跃客户并不多，很多代发工资客户，钱一到账，就把资金转到了其他机构购买理财产品。据华中地区的一家农商行统计和分析，该银行 3 个月的代发工资量为 120 亿元，但半年后留存在本行仅 50 亿元。由于本行财富产品少，其余的资金大部分都转到国有银行、股份制银行购买了财富产品。可见，在大财富管理时代，如果没有财富产品，很难留住客户，很难留住资金，客户会用脚投票、用指尖投票，最后只剩下一个个睡眠客户。

第三，“粘客”。有些财富管理产品，天然具有一些粘客功能，能与客户保持紧密联系。比如,理财产品,很多理财产品都具有一定固定期限,能较长时间绑定客户,如基金定投,客户一旦选择在某家银行进行基金定投,其卡上每个月必定要放一定资金。

银行经营要以客户为中心,也就是说做业务就是做客户,出发点和落脚点都要围绕客户,做业务的经营逻辑是"客户一业务一收益",一切从认识、了解和满足客户的需求出发开展业务,在服务客户的过程中获取收益,"客户需要什么,我们就提供什么",而不是反过来。

2. 利润源泉

首先,随着利率市场化、金融脱媒化发展加快,传统银行主要依赖净息差的盈利模式受到冲击,如图1—9所示。资产端(贷款)的收益率越来越低,政策基调仍将推动实体经济融资成本进一步降低,贷款定价存在下行压力;负债端(存款)的支出则越来越高,客户对存款利率要求日渐提升,存款竞争激烈,存款由低成本向高成本迁移现象明显,银行普遍面临"吸存难、吸存贵"的问题,综合负债成本上升压力凸显。银行的净息差越来越薄,很多银行出现了"增量不增收,增收不增利"的情况。借鉴国外银行的发展历程,目前国外银行的息差整体都很低,银行的息差降低是经济发展的必然。

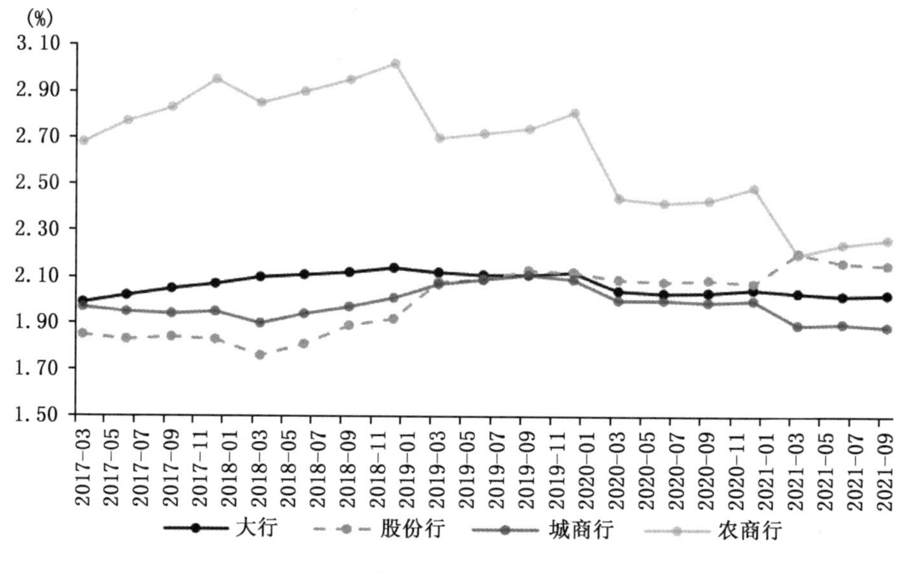

图1—9 城、农商行净息差持续下降

银行要大力发展财富管理业务,以客户为中心,"一鱼多吃",增加中间业务收入,从"借给人钱赚钱"转到"给人管理钱赚钱",从传统银行变身为市场研究员、数据分析者、集成服务商,成为直接融资体系的重要参与者。

做大财富管理业务是增加手续费及佣金收入的重要手段。我国城商行、农商行手续费及佣金收入占营业收入比重目前整体仍处于较低的水平。上市城、农商行中,也基本在10%左右。

对标同业来看，从国际上看，美国银行业的非息收入占营收的比重长期保持在30%—40%的水平；从国内来看，国有银行手续费及佣金收入占营业收入比重约在15%—25%区间内，大部分股份制银行在20%—35%区间。我国城商行、农商行收入结构仍有较大的改善空间。

3. 吸储利刃

很多一线业务人员认为，销售财富管理产品与吸收储蓄存款是对立的，是此消彼长的。因为最直接的感知是，理财产品一起息，储蓄存款余额就掉下来了。因此，很多人视财富管理业务为洪水猛兽，不愿意推广财富管理业务。实际上，销售财富管理产品影响储蓄存款是错觉、是误会。销售财富管理产品，不仅不会降低存款，反而会带动存款。

第一，拉存款的思路已发生改变。现在同业竞争激烈，老百姓理财意识提高，为了拉存款而拉存款，无异于缘木求鱼。现在拉存款的思路是，通过做大AUM（Asset Under Management，资产管理规模），获得结算型、理财型存款。在股份银行中，AUM的规模远大于存款，这与很多城商行、农商行的业务结构完全相反。比如，招商银行2021年底的AUM高达10.76万亿元，其中存款仅占21%。AUM好比长江三峡水库，而存款只是下游的长江，正如通过三峡水库为长江调节水位一样，AUM为储蓄存款提供了源头活水，让拉存款不再成为难事，而是水到渠成。

财富管理业务和存款不是互相排斥的，而是客户存款沉淀的关键。理财做得好，可以吸引优质客源，可以让客户通过理财建立对于银行的信任，并将存款搬到这个银行；理财业务做得好，可以稳定“不稳的”存款，在时点冲刺的阶段，理财客户尤其私人银行客户可以解决存款指标的困难。招商银行的同事笑称，只要进了招行的理财室，客户存款十有八九就会搬家到招行。

为客户创造价值才是银行最重要的指标，具体的经营指标就是AUM。AUM反映了一家银行财富管理业务为客户服务的能力和客户对银行的信任程度；AUM和存款之间是相辅相成的关系，要跳出“存款抓存款”，跳出“存款抓存款”比“盯着存款抓存款”的效果要好。

第二，持有产品数量越多，户均存款越高。根据某股份制行的客户群数据分析，客户持有的产品数量越多，客户的户均存款越多，只持有一种产品的客户，户均存款仅为1.34万元，持有四种产品的客户，户均存款达到了9.09万元，如图1—10所示。客户产品越多，说明客户把这个账户当成了“主账户”，并形成“磁铁石效应”，将客户在其他银行的资金全部吸过来。

这也是国外先进零售银行的经验，富国银行是美国最优秀的零售银行之一。其最重要的一条经验，或者说成功秘诀就是交叉销售，把产品的交叉销售率作为零售业务最核心的一项指标，并数十年如一日地推进该工作。他们的目标是要把交叉销售目标即产品覆盖率提升至户均8个产品，并称之为“伟大的8”。为此，富国银行的ROE水平长期领先其他美国银行。

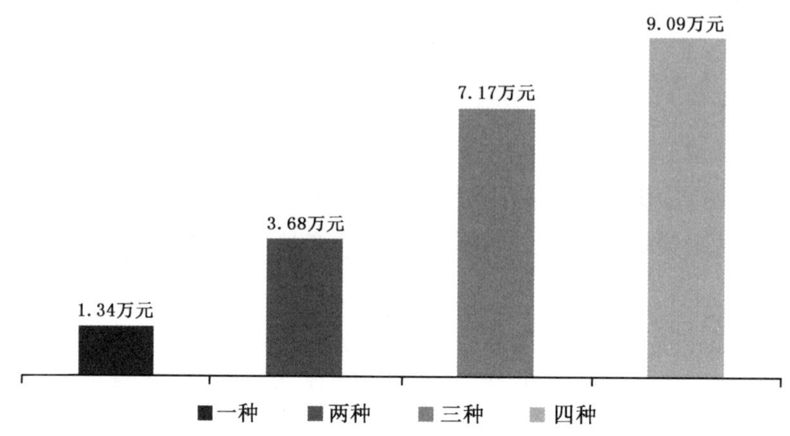

图1—10 某股份制银行户均持有产品与存款的关系

顺应大趋势让客户的存款向财富产品转移，不一定真的会让本行的活期存款流失，反而有可能促进增量存款的产生。通过财富管理服务，不仅能够满足客户的资产配置需求，还可以促使客户重复购买，又能吸引更多的新资金进场，从而沉淀出更多的存款。

四、利己

（一）未雨绸缪，做好职业规划

大部分银行的人员工作在一线营业网点，但银行的物理网点正发生深刻变化。

一是数量减少。麦肯锡研究报告显示，客户办理业务正加速从线下转到线上，新冠肺炎疫情的爆发更加快了这一进程。过去10年，美国的银行网点减少了20%，北欧各国的降幅更是高达60%。中国银行业协会数据显示，2018—2020年，银行业金融机构网点总数连续3年下滑，2020年末为22.67万个，较前一年减少约1 300个。以工商银行为例，其网点数据已从2015年的17 094个减少到2021年的15 767个，减少了1 327个（见图1—11）。

图 1—11　工商银行网点数变化情况(单位:个)

二是网点功能由“交易核算型”转向“营销服务型”。受互联网化影响,我国银行业离柜交易率已接近90%。到银行网点办理业务的客户数量正急速减少,传统银行网点正加快从“交易核算型”转向“营销服务型”。

三是网点人员由“操作类员工”向“营销类员工”分流。伴随网点功能转变,网点员工也将由“操作类员工”向“营销类员工”分流。目前,很多国有银行、股份制银行已要求“现金高柜员工”逐年逐步向“理财低柜员工”分流。

“挤破头进去,排着队出来”正逐步成为一线银行人的真实写照。当前,我国商业银行正在经历从对公业务、零售业务到财富管理业务发展的第三次转型升级。银行网点一线的员工,必须未雨绸缪,早做职业规划,而理财经理正是发展的方向、未来的出路。

(二)财富管理业务是员工重要的收入来源

在很多国有银行、股份制银行,财富管理业务的销售提成是一线员工的主要收入来源,很多员工年收入大几十万元,甚至上百万元。

由于业务品种单一,很多城商行、农商行员工收入来源单一,随着财富管理业务的开展,员工的收入也会逐步增多。

(三)财富管理业务能提高员工知识技能

存贷款业务,主要靠关系营销,但财富管理业务主要靠专业营销。一个优秀的财富管理规划师,需对宏观经济、股票市场、债券市场、外汇市场、黄金市场等都要有深入的了解和认识。这需要员工掌握很多专业知识,久而久之,员工的专业性将逐步提高,社会认可度也会逐步提高。

综上所述,财富管理行业关系国计民生,既服务于居民财富的保值增值,也是社会融资需求的重要资金来源;既关系到银行的“大家庭”,也关系到每个人的“小家庭”。

财富管理不再是富裕人群的专有名词,希望通过理财经理、客户经理的认真学习,将来能提供更专业的服务,让财富管理“飞入寻常百姓家”,帮助每一位客户享受时间带来的复利馈赠,在不确定的市场波动中追求相对的确定性,让“对的钱”在“对的时间”投资“对的产品”。

财富管理行业,目前集天时、地利、人和于一体,正如王湾的诗所言“潮平两岸阔,风正一帆悬”(《次北固山下》),财富管理业务扬帆起航,大有可为,大有前途!

第二节 发展理财代销业务的重要意义

随着资管新规的落地,理财公司从无到有,重新定义了行业生态和竞合逻辑,理财代销业务犹如星星之火,形成燎原之势。根据中国理财网统计,从发行机构情况来看,截至 2022 年 6 月底,有 22 家理财公司的理财产品除母行代销外,还打通了其他银行的代销渠道。

《中国银行业理财市场年度报告(2021 年)》特别指出,随着理财业务公司制改革的稳步推进,银行在市场引导下回归本源、专注主业。特别是对于中小银行,受限于资产管理与投研能力不足,理财业务发展面临更大的竞争压力,部分中小银行转变参与理财业务方式,通过产品代销参与理财业务,中小银行充分发挥自身在客户资源、销售渠道等方面的独特优势,打造具备自身特色的理财产品“超市”,逐渐成为理财产品代销的重要力量。

一、理财业务的特点

(一)理财产品的特有优势

银行资产管理部与理财公司发行的理财产品,是目前规模最大的资产管理产品。这既是历史的选择,又有现实的必然,除具有财富管理产品普遍存在的集合理财、专业管理,组合投资、分散风险,利益共享、风险共担,严格监管、信息透明,独立托管、保障安全等优势外,银行资产管理部与理财公司发行的理财产品还具有以下特有优势:

1. 品牌优势

与其他资产管理机构相比,银行更加重视声誉,通过专业能力和敬业精神,真正做到客户利益至上;老百姓对银行品牌也有特有的信任,在所有的金融机构当中,老百姓最熟悉、最信任银行,这是其他金融机构不能相比的。银行系理财公司脱胎于母行,具有很高的品牌认可度。

2. 客户优势

相比别的资产管理机构，基于银行结算账户，银行与客户有天然的连接优势；基于最庞大的银行网点，银行与客户有明显的沟通优势；基于客户经理、理财经理队伍，银行与客户有贴心的服务优势。银行更加熟悉和了解客户需求，与客户关系更加密切，可为客户提供综合化金融服务。

3. 稳健优势

银行理财产品主要以固定收益类品种为主，虽然有些产品也有回撤，有些产品也会跌破净值，但相比较基金、证券集合理财计划，理财产品的波动仍然非常小，比较适合银行的客户群。一是大部分理财公司产品不投权益类资产或所投比例很少，产品净值波动会小很多。从数据上来看，截至 2021 年底，整体来看，银行理财配置权益类资产的比例仅占比 3.3％左右(其中不少还是债权性的优先股)；二是理财公司产品可投非标资产，可有效降低波动。理财仍然是客户稳健投资的重要选择。从表 1－1 的 2021 年股债风险对比中，我们能清晰地看到，债券的最大回撤、波动率都要小很多。

表 1－1　　2021 年股债风险波动对比

	中证全债指数	股票型基金指数	上证指数
最大回撤	－0.43％	－12.43％	－11.23％
波动率	1.04％	15.91％	13.69％

注：数据来源于 WIND。

4. 风控优势

银行的信贷管理和风控的专业能力更强，在固定收益投资领域优势突出，银行是国内最大的债券机构投资者，很多银行资产管理部、银行系的理财公司所投的资产，都由各分行庞大、专业的客户经理协助进行尽职调查、风险审查，对融资企业有更深入的了解，并协助进行存续期管理，对风险进行全程监控。为此，银行以及银行系理财公司有独特的风险控制优势，获得了客户长期的信赖和美誉度。

5. 配置优势

资管新规、理财新规和理财公司管理办法等法规赋予了银行理财特别是理财公司广泛的资产管理业务经营范围。银行理财既可以发行公募理财产品，也可以发行私募理财产品，不仅可以投资标准化资产，也可以投资非标准化资产。总而言之，理财具有资产配置平台的职能。理财产品可在资产配置平台这一定位上做足功课，做好文章，做出特色，持续推出跨资产品类、跨市场的理财产品，整合好上下游商业银行、证券公司、基金公司、信托公司、保险资管公司、期货公司、私募基金等专业投资机构的有利资源,获取资产配置轮动表现带来的稳健收益,实现自身的跨越式发展。

6. 养老优势

银行理财可以把握社会养老需求增长趋势,拓展养老理财产品业务。第七次全国人口普查数据显示,2020 年,全国人口约 14.12 亿人,其中,老年人口基数庞大,60 岁以上人口有 2.64 亿人,占比 18.7%。我国正在成为中度老龄化国家,社会养老需求巨大。2021 年《政府工作报告》中首次将规范发展第三支柱养老保险列为全年政府工作的重要内容。2020 年 9 月份,银保监会发布《关于开展养老理财产品试点的通知》,选择"四地四机构"正式启动养老理财产品试点,不到半年时间,银保监会将试点范围扩展为"十地十机构",且批准了一家合资理财公司。这也意味着,养老理财市场"10+1"的试点格局已构建完成,标志着养老理财产品得到政策层面的高度重视,养老理财的发展进入了规范化发展的新阶段。理财公司可积极探索布局养老理财业务,把握住我国老龄化社会进程中,巨大养老金融需求带来的历史性发展机遇。

(二)商业银行理财产品与理财公司产品区别

作为监管层鼓励发展的业务方向,与商业银行相比,理财公司在业务上拥有以下优势:

1. 投资门槛低

商业银行发行的理财产品起点至少为 1 万元。而理财公司发行的公募理财产品并未设定起点金额。

2. 操作更方便

商业银行发行的理财产品,投资者首次购买必须到网点进行风险测评,而理财公司的产品可直接在网上进行风险测评,更加灵活便捷。

3. 销售渠道广

商业银行发行的理财产品,只能通过本行渠道或其他银行业金融机构代销。而理财公司发行的理财产品既可以通过银行业金融机构代销,也可以通过银保监会认可的其他机构代销,代销渠道更加丰富。

4. 宣传方式更多

商业银行发行的所有产品不得通过电视、电台、互联网等渠道对具体理财产品进行宣传,但理财公司的公募产品可以,私募不行。这无疑增加了理财公司公募产品的宣传渠道,便于营销推广。

5. 投资范围广

商业银行发行的公募理财产品可以通过投资公募基金间接投资股票。而理财公司发行的公募理财产品可直接投资股票。

(三)理财与基金的区别

《资管新规》实施以后，银行理财与公募基金在产品规则、运作方式等方面逐步趋同，但在投资理念、擅长产品、销售渠道、投资范围等方面，两者还是有较大区别。

1. 投资理念方面

银行理财注重“绝对收益”，偏重客户“不亏钱”的体验；公募基金注重“相对收益”，偏重客户“赚钱”的体验。

稳健的投资收益是银行理财近 20 年发展赢得客户信赖的核心，尽管资管新规要求打破资管产品的“刚性兑付”，却并不反对资管产品的稳健投资收益；相反，从监管层到普通投资者，提倡和追求的均是稳健投资。银行理财追求“绝对收益”，是稳健投资运作的最终体现。

“绝对收益”目标是银行理财区别于公募基金等其他资管产品“相对收益”目标的核心标签，可以帮助银行理财在大财富管理时代中获取差异化竞争优势。银行理财的收益稳定性水平显著优于公募基金，银行理财每年都为客户带来稳健收益，但公募基金的收益很大程度上与市场行情况息息相关，市场行情好，收益高，市场行情不好，亏损也大，参见表 1—2。

表 1—2 **银行理财和公募基金年度收益** 单位：万亿元

	银行理财	公募基金
2016 年	0.98	—0.17
2017 年	1.19	0.56
2018 年	1.06	—0.12
2019 年	0.93	1.18
2020 年	0.99	1.97
2021 年	1	0.73

数据来源：银行业理财登记托管中心，中国证券投资基金业协会。

2. 擅长产品方面

银行理财擅长固定收益类产品，公募基金擅长权益类产品。这主要是由于双方的投研体系不同造成的。

(1)投研能力。银行理财根植于银行信贷业务，了解广大企业的融资需求，并由各分行庞大、专业的客户经理进行尽职调查、风险审查、存续期管理，且银行是国内最大的债券机构投资者，在固定收益领域拥有领先优势。

公募基金很多脱胎于证券公司，拥有研究能力较强、投资经验丰富、组织架构稳定的权益投研队伍，在权益类领域的投研能力较为突出。

(2)投研文化。银行理财信贷文化色彩浓重，风险偏好较低，投资风格偏向保守。

公募基金偏重于投资管理、股权交易、衍生交易、外汇交易，总体而言投资风格更加激进。

3. 销售渠道方面

银行理财目前仅限于银行渠道销售，但在母行渠道有天然优势；公募基金销售渠道更广，但缺乏“铁杆”销售渠道。

银行理财的销售渠道目前仅有商业银行、农村合作银行、村镇银行、农村信用合作社等吸收公众存款的银行业金融机构。其中，银行系理财公司在母行销售渠道具有天然优势。

公募基金的销售渠道有获得销售牌照的银行、证券公司、期货公司、保险机构、证券投资咨询机构、独立基金销售机构以及中国证监会认定的其他机构。虽然合作渠道多，但基金公司与渠道之间大部分是市场化的合作，缺乏“铁杆”销售渠道。

4. 投资范围方面

理财公司投资范围更广，特别是在非标资产投资方面。

(1)理财公司投资标的包括债券、股票、公募基金、非上市股权、非标资产，还可以通过私募理财产品投资私募基金和信托产品等。

此外，理财公司的非标监管有所放松，取消了非标余额不超过总资产4%的规定，仅要求非标余额不超过理财产品净资产的35%。

(2)公募基金投资标的仅限于上市交易的股票、债券、国务院证券监督管理机构规定的其他证券及其衍生品种，而投资非上市股权、非标资产则受到限制。

理财公司在投资范围方面，相较公募基金最大的优势就是非标投资。非标资产是银行理财的传统高收益资产，一直是银行理财超额收益的主要来源。目前银行及理财公司在非标资产投资领域已经具有非常丰富的经验和完整的风控体系。无论是从维持银行理财高收益的角度，还是在满足实体经济资金需求的角度，非标资产都将在银行理财产品资产配置中占据一席之地。

5. 税收方面

公募基金具有免税优势。一是根据2017年末发布的《证券投资基金增值税核算估值参考意见》，公募基金在买卖股票、债券、转让未上市股权等方面实现的价差收入可免征增值税，而其他资管机构均需按3%征收，这赋予了公募基金独有的交易优势。增值税征收范围不同，也影响了理财子公司与公募基金的投资风格差异：理财公司侧重于长期大类资产配置，公募基金侧重于交易型投资配置。二是根据财政部、国家税务总局发布的《关于企业所得税若干优惠政策的通知》(财税〔2008〕1号)关于鼓励证券投资基金发展的优惠政策规定:对投资者从证券投资基金分配中取得的收入,暂不征收企业所得税。这一点对企业客户购买现金管理类产品有较大影响。

总体而言,银行理财的税收优势强于固收,其对信用风险的把控挖掘,拥有公募基金所不具备的信息优势,解决客户中低风险的配置需求;公募基金的税收优势强于权益,经过20余年股市的耕耘,已经建立起完备的投研体系和人才储备,能够解决客户中高风险的配置需求。

二、农商行、城商行代销理财的特殊意义

(一)农商行、城商行SWOT分析

我们进行SWOT分析,研究与农商行、城商行密切相关的内部优势、劣势和外部的机会、威胁等,阐述农商行、城商行为什么需要开展代销理财业务。

1. 优势(Strengths)

(1)网点多。农商行、城商行普遍历史存续长,网点下沉深,“点多面广”是最大的标签,网点覆盖率居各家银行之首。

(2)人员多。农商行、城商行拥有庞大的员工队伍,比如浙江省农信社拥有员工5万多人,在长期的业务开展中,农商行、城商行员工“走村入户”,基于“人缘”“地缘”“亲缘”“业缘”等优势,与客户建立了非常强的信赖关系。

(3)客户多。农商行、城商行的基础客户群惊人,很多地方的发卡量遥遥领先,甚至覆盖了90%以上的当地人口。

2. 劣势(Weaknesses)

(1)产品少。很多地方的农商行、城商行,主要以“存贷汇”业务为主,与国有银行、股份制银行相比,产品少很多。

(2)知识少。农商行、城商行一线员工对金融知识、理财知识了解较少,专业技能有待提升。

(3)动户少。农商行、城商行客户基础虽然很大,但睡眠客户居多,动户较少。

3. 机会(Opportunities)

伴随中国经济的发展,中国城乡老百姓的收入水平显著提升,可投资金额与日俱增,财富管理需求十分旺盛。2021年,我国农村和城镇居民人均可支配收入分别为1.89万元和4.74万元人民币,2014—2021年年均复合增速分别为9.1%和7.6%。最值得关注的是省会城市郊区、地级市、县城所在地老百姓的财富管理需求,由于当地房价、物价相对较低,老百姓可供投资的资金较为宽裕,对理财的需求日益强烈。

4. 威胁(Threats)

作为地方法人银行,很长一段时间,农商行、城商行面临的外部竞争压力较小,大部分机构的存贷款市场份额在当地排名第一,但市场情况正在发生深刻变化,很多农商行、城商行出现"增量不增收,增收不增利"的情况,甚至有些农商行、城商行发出了"活下去"的呐喊。来自大中型银行的竞争"掐尖"了优质客户,很多农商行、城商行目前只能服务于普通客户;来自互联网金融的竞争"掐尖"了年轻客户,很多农商行、城商行目前只能服务于中老年客户,优质客户、年轻客户的流失,给农商行、城商行的未来发展蒙上了一层阴影。

首先,大中型银行加速业务下沉,纷纷重返县域市场,以往"井水不犯河水"的形势不再。在很多地方,农商行、城商行与国有银行、邮政储蓄银行甚至股份制银行到了"短兵相接"的境地。大行中型银行业务持续下沉,一方面是监管的要求,另一方面则是自身发展的迫切需要。对他们而言,一二线城市市场特别是高净值客户的争夺已经是一片红海,为寻找业务新的增长点,自然将目光瞄向了县域农村这片蓝海。面对大行业务下沉,对于农商行、城商行而言,主要的压力是优质客户流失,竞争对手通过理财产品、降低贷款利率等手段对农商行、城商行客户资源进行精准"掐尖",给客户的诱惑超过了农商行、城商行对优质客户的"黏合力"。

其次,是来自互联网金融的竞争。支付宝和微信突破了时间和空间的限制,分流了基础客户群体,其"高利率""无网点""全天候"服务模式的普及,在不断削弱农商行、城商行的传统比较优势。在客户源上,年轻一代客户喜欢在支付宝、微信上购买相关金融产品,在具体产品上,比如余额宝和零钱通,对农商行、城商行的活期存款形成了一定分流。正如一句互联网流行语所言:"打败柯达的不是尼康,而是手机;打败康师傅的不是今麦郎,而是外卖。"互联网金融对银行业的跨界打击力度,可能比想象中的更大。

通过上述的SWOT分析,对农商行、城商行而言,发展理财代销业务是基于大中型银行、互联网金融的竞争做出的现实选择,也是充分发挥自身网点多、人员多、客户多的优势,抓住与国家发展、人民富裕同频共振,实现业务大发展的良好机会,更能弥补自身的劣势,增强竞争力,打造当地区域最大、最强的金融机构。

(二)农商行、城商行可合法合规开展的财富管理业务

在各类资产管理产品中,理财产品最为稳健,最适合农商行、城商行客户群投资,也是监管层允许和鼓励的。

《商业银行理财业务监督管理办法》第三十一条规定:"商业银行只能通过本行渠道(含营业网点和电子渠道)销售理财产品,或者通过其他商业银行、农村合作银行、村

镇银行、农村信用合作社等吸收公众存款的银行业金融机构代理销售理财产品。”

《商业银行理财公司管理办法》第二十七条规定：“银行理财公司可以通过商业银行、农村合作银行、村镇银行、农村信用合作社等吸收公众存款的银行业金融机构，或者国务院银行业监督管理机构认可的其他机构代理销售理财产品。”

（三）顺应《资管新规》的发展趋势

在2018年《资管新规》发布前，很多农商行、城商行都有自己发行的理财产品。根据中国理财网统计，在2017年全国共有562家银行业金融机构有存续的理财产品，但随着新规的落地，很多银行，特别是农商行、城商行正在加速退出理财发行市场。截至2022年6月底，全国共有293家银行机构和25家理财公司有存续的理财产品，可见市场上很多机构都退出了理财发行市场。农商行、城商行大力发展财富管理业务，做大理财代销，而非做资产管理发行理财产品，是未来几年的发展趋势。

1. 监管的要求：开展理财业务需成立理财公司

《关于规范金融机构资产管理业务的指导意见》第十三条指出，主营业务不包括资产管理业务的金融机构应当设立具有独立法人地位的资产管理子公司开展资产管理业务，强化法人风险隔离，暂不具备条件的可以设立专门的资产管理业务经营部门开展业务。

《商业银行理财业务监督管理办法》第十四条再次指出，商业银行应当通过具有独立法人地位的子公司开展理财业务。暂不具备条件的，商业银行总行应当设立理财业务专营部门，对理财业务实行集中统一经营管理。

在就《商业银行理财公司管理办法》答记者问时，银保监会有关部门负责人特别谈到成立理财公司开展资产管理业务的目的：有利于强化银行理财业务风险隔离，推动银行理财回归资管业务本源，逐步有序打破刚性兑付，更好地保护投资者合法权益；有利于优化组织管理体系，建立符合资管业务特点的风控制度和激励机制，促进理财业务规范转型；同时，也有助于培育和壮大机构投资者队伍，引导理财资金以合法、规范形式进入金融市场和支持实体经济发展。

2. 成立理财公司门槛较高

根据监管要求，成立理财公司的门槛较高，据业内人士测算，全国将来理财公司的数量预计为50家左右，其主要门槛有以下几点：

（1）业务规模。从已获批设立理财公司的商业银行的理财规模来看，无论是全国性银行还是区域性农商行、城商行，其在获批时，理财业务规模均要超过1 000亿元人民币。

（2）注册资本。《商业银行理财公司管理办法》对商业银行发起设立理财公司的准入条件进行了明确规定，其中第十一条要求“银行理财公司的注册资本应当为一次性实缴货币资本，最低金额为10亿元人民币或等值自由兑换货币”。

(3)人才储备。一是人员数量。资管新规要求，理财须前、中、后台分离，所需岗位较多。据业内人员测算，实现理财公司运转，须百人以上的人员配置。二是人员质量。打破净值化后，对产品设计、投资管理的要求更高，中国顶级的资产管理人才集中在北上深，其他地方很难吸引到优秀人才。

(4)系统建设。产品净值化后，所需系统更多、更复杂，需要千万级以上的系统投入成本。

(5)盈亏平衡。在100个员工假设下，业内人士测算理财公司的资管规模盈亏平衡线约450亿—600亿元，这对很多农商行、城商行也是不低的门槛，参见表1—3。

表1—3　　理财资管的盈亏平衡规模

项　目	核心假设
员工人数(个)	100
人均薪酬(含费用摊销)(万)	80
薪酬占总营收比例	50%
盈亏平衡营收	1.8亿元
产品平均管理费	30—40bp
对应资管规模	450亿—600亿元

(四)代销理财可解决农商行、城商行客户投资证券市场的需求

目前，农商行、城商行基本没有第三方存管资格，除非借助兴业银行、交通银行、平安银行的资格，不能用农商行、城商行的卡投资股市；有些农商行、城商行没有基金代销资格，农商行、城商行的卡买不了基金，但面对日益旺盛的证券市场，农商行、城商行有一定风险承受能力的客户有强烈的入市需求，通过代销理财公司的相关产品可很好解决这一问题。

大部分理财公司都在积极布局权益市场，开发了固收+等混合类、权益类等产品，可满足不同风险偏好的客户需求。

三、不同银行的发展策略

(一)理财超市策略

以招商银行、苏州银行、厦门银行、紫金农商行为代表的银行着力打造“理财超

市”，引入多家理财公司产品，其主要特点和优势有：

1. 从“专卖店”化身为“理财超市”

这些银行秉承开放银行的理念，从以前自产自销的“专卖店”化身为集众多理财公司产品、供客户一站式选择的“理财超市”，极大地丰富了产品货架，最大限度地提高了客户的选择面，让客户享受开放、自如的一站式金融服务。

2. 产品赛马，同台竞技

资管新规打破刚性兑付后，理财公司之间、产品之间、投资经理之间，业绩逐步分化，渐渐拉开差距。通过搭建“理财超市”，形成赛马机制，让代销银行客户可一站式购买到最好的产品，增强了代销行的客户“粘性”。

3. 产品整合，形成品牌

基于丰富的产品供给，代销行可进行一定程度的整合提升，形成更有竞争力的产品供给方案：其一，打造强大的“宝宝类产品”。由于现金管理类产品新规要求，快赎的额度一只产品只能为 1 万元，如果想提高快赎的额度，可行的方式是引入很多只现金管理类产品，提高快赎到账额度；其二，针对同一类产品，优中选优，形成品牌，比如招商银行的“月月宝”“季季宝”“半年宝”。其三，针对某一类客户群，比如老年客户，可打造“夕阳红”品牌，精选适合老年客户投资的产品，让产品推荐更有针对性，降低客户的选择难度。

4. 客户为本，开放制胜

打造“理财超市”，核心就是以客户为中心，把满足客户需求放在第一优先级，做全市场的产品采购专家和资产配置专家，在长期为客户创造价值的过程中实现自身的价值，实现与客户的“共赢”。

(二)取长补短策略

取长补短策略是指代销银行仍然主推自营理财，只是在产品期限和产品种类上，挑选一定量的外部产品，丰富自己的产品线，满足客户的需要。

四、理财代销市场发展情况

各银行为增强产品供应能力，通过渠道拓展能力实现理财产品规模持续增长，进而引进行外较强竞争力产品，建立代销理财合作关系。理财代销目前已成为一种“普遍现象”。表 1—4 为截至 2022 年 6 月底银行理财代销业务开展情况。

表 1—4 **2022 年 6 月银行理财代销业务概况**

类型	名称	开业/获批筹时间	除母行外代销行数量
国有银行（6 家）	建信理财	2019. 5. 24	3 家
	工银理财	2019. 5. 28	2 家
	交银理财	2019. 6. 6	19 家
	中银理财	2019. 7. 1	12 家
	农银理财	2019. 7. 29	1 家
	中邮理财	2019. 12. 18	3 家
股份制银行（11 家）	光大理财	2019. 9. 25	19 家
	招银理财	2019. 11. 1	10 家
	兴银理财	2019. 12. 13	203 家
	信银理财	2020. 7. 1	15 家
	平安理财	2020. 8. 25	80 家
	华夏理财	2020. 9. 17	22 家
	广银理财	2021. 12. 29	2 家
	浦银理财	2022. 1. 11	3 家
	民生理财	2022. 6. 24	暂未对外代销
	渤银理财	2021. 4. 25 获筹建批复，未开业	暂未对外代销
	恒丰理财	2021. 6. 16 获筹建批复，未开业	暂未对外代销
城商行（7 家）	杭银理财	2019. 12. 10	23 家
	徽银理财	2019. 12. 24	2 家
	宁银理财	2019. 12. 25	10 家
	南银理财	2020. 4. 26	39 家
	苏银理财	2020. 8. 20	6 家
	青银理财	2020. 8. 20	12 家
	上银理财	2022. 3. 15	1 家
农商行（1 家）	渝农商理财	2020. 9. 16	8 家
中外合资（4 家）	汇华理财	2020. 9. 27	1 家
	施罗德交银理财	2022. 2. 28	无
	贝莱德建信理财	2020. 5. 13	无
	高盛工银理财	2022. 6. 24	无

第三节 银行理财业务的发展历史与启示

清朝启蒙思想家龚自珍有一句名言:"欲知大道,必先为史。"让历史告诉未来,回顾和总结从前是为了更好地开创未来。银行理财业务自21世纪初诞生以来,从初露峥嵘、百家争鸣到自我革新、规范发展,留下了一段风起云涌、星光灿烂的光辉岁月。本节一起来回顾下银行理财发展的历史,并以一线理财经理、客户经理的视角从中获得一些启示。

一、银行理财发展的四个阶段

从2004年第一只银行理财产品问世至今,我国银行理财业务快速发展,规模不断扩大,对促进直接融资市场发展、拓宽居民投资渠道、改进金融机构经营模式、支持实体经济融资需求发挥了积极作用,如图1—12所示。但发展过程中也产生了一些问题,监管部门以守住不发生系统性风险的底线为基本前提,以推动银行理财回归代客理财的资管业务本源为宗旨,加强监管,治理乱象,防范风险,积极引导产品转型,在业界人员的共同努力之下,银行理财市场运行总体平稳,主要指标保持稳定,呈现出稳健发展的良好态势。

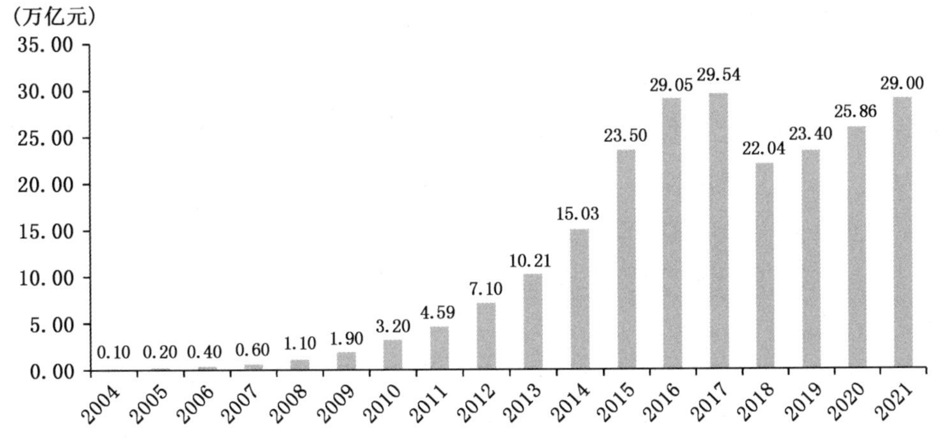

数据来源:中国理财网。

备注:从2018年起,只有非保本理财产品才是真正意义上的资管产品,为此剔除了保本理财数据。

图1—12 理财产品历年余额

18 年来，正如一个呱呱坠地的婴儿长大成人，结合银行理财的发展历程，可以分为四个阶段：

第一阶段是 2004—2005 年的初创期，好比人的婴儿期，呱呱坠地，牙牙学语，从 2004 年第一只银行理财产品发行，到 2005 年原中国银行业监督管理委员会（以下简称：原银监会）颁布《商业银行个人理财业务管理暂行办法》，为银行理财颁发“准生证”，并进行业务规范。

第二阶段是 2006—2012 年的成长期，恰如人的童年期，个头长得极快，也有点调皮捣蛋。银行理财进入快速发展期，存续余额从 2006 年的 4 000 亿元，增长到 2012 年底的 7.1 万亿元。

第三阶段是 2013—2017 年的规范期，正如人的青春期，生长变慢，有点叛逆，有点躁动，但人生观、价值观正逐步形成。这个阶段，一方面各家银行大胆探索，锐意创新，银行理财稳步增长；另一方面监管机构审时度势，因势利导，在逐步引导、规范银行理财业务。

第四阶段是 2018 年至今为转型期，好比人进入了青年期，变得成熟稳重，讲责任，能担当，也长大成人，开始承担法律责任。2018 年《资管新规》《理财新规》发布实施以来，消除多层嵌套、强化穿透式管理、规范资金池运作、实行净值化管理等，各类要求逐步落地，“刚兑时代”也随之逐渐远去，整个行业回归“受人之托，代人理财”的资管本源。

二、2004—2005 年：银行理财的初创期

2004 年被称为“银行理财元年”。中国加入 WTO 后，对外贸易额快速增长，经济发展强劲，但也带来了通货膨胀。2004 年是典型的负利率时代，银行一年期定期存款利率为 2.25%，CPI 却达到了 3.9%，老百姓亟须一种低门槛、低风险、较高收益的金融产品来实现资产的保值增值；同时，光大银行在 2004 年资本金受到约束，展业受到限制，想着力通过创新来打开新的通道，形成特色化的竞争优势。在这个背景下，银行理财应运而生。

2004 年 2 月 2 日到 2 月 10 日，光大银行发行了国内第一只面向零售客户的外币理财产品——阳光理财 A 计划。阳光理财 A 计划的收益率明显高于同期美元定期存款利率，因此，受到了客户的追捧。阳光理财 A 计划的成功发行，点燃了光大银行的创新热情，经监管部门同意后，2004 年 9 月，中国光大银行开发推出了中国第一款人民币理财产品——阳光理财 B 计划。阳光理财 B 计划，由光大银行先购买银行间市场的国债、金融债、央行票据等信用风险非常低的金融资产，以这些资产为后备，按照约定收益率方式发行银行理财产品。当时给客户的预期收益率为 2.88%，一年的定

期存款利率只有 2.25%，对客户来说具有较大的吸引力。光大银行购买资产的收益在 3.2%左右，除去给客户 2.88%的成本后，还有 0.32%的管理费收入。阳光理财 B 计划，使不能直接进入银行间市场交易的普通投资者，获得了较高的收益，实现了客户和银行的"双赢"。

阳光理财拉开了银行理财"飞入寻常百姓家"的大幕，破土而出的银行理财，开始蓬勃发芽，展现出勃勃生机，并呈现出"星星之火，可以燎原"之势，招商银行、广发银行、民生银行、建设银行、兴业银行等纷纷跟进。2004 年银行理财产品数量有 123 只，超过 50%产品为中资商业银行发行，随着 2005 年五大国有银行开始全面开展理财业务，理财产品数量增加至 631 只。

为规范业务的发展，2005 年 9 月和 10 月，原银监会相继颁布《商业银行个人理财业务管理暂行办法》(以下简称《暂行办法》)和《商业银行个人理财业务风险管理指引》，搭建了银行资管业务监管的基本制度框架和政策基础，并明确了银行理财的委托代理关系。监管层首次对理财业务进行了定义。《暂行办法》指出，商业银行个人理财业务按照管理运作方式不同，分为理财顾问服务和综合理财服务。其中，综合理财服务是指商业银行在向客户提供理财顾问服务的基础上，接受客户的委托和授权，按照与客户事先约定的投资计划和方式进行投资和资产管理的业务活动。在综合理财服务活动中，客户授权银行代表客户按照合同约定的投资方向和方式，进行投资和资产管理，投资收益与风险由客户或客户与银行按照约定方式承担，如图 1—13 所示。

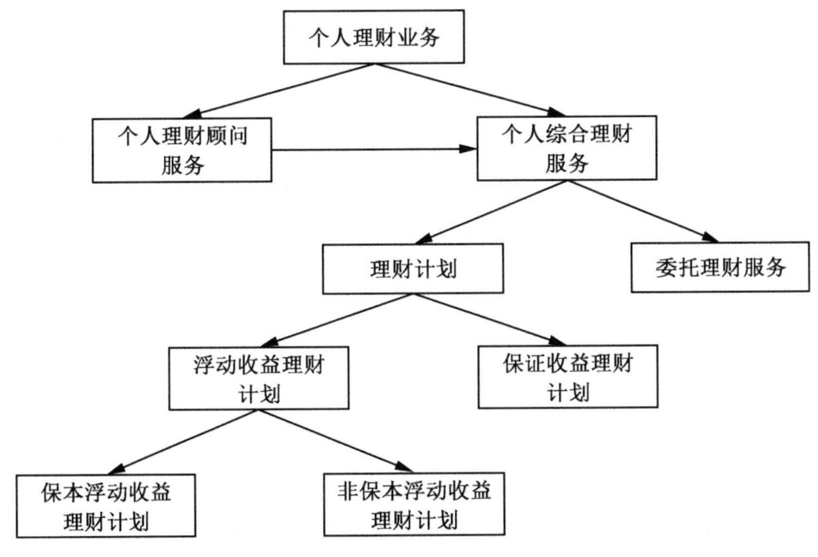

图 1—13　2005 年《暂行办法》中的个人理财业务框架

·知识专题一:刚性兑付·

回顾首款人民币理财——阳光理财B计划的产品发行,“预期收益+超额收益留存”模式,无疑“无心插柳柳成荫”,潜移默化助推了“刚性兑付”。所谓“刚性兑付”,是指当理财资金出现风险、产品可能违约或达不到预期收益时,作为发行方或渠道方的商业银行为维护自身声誉,通过寻求第三方机构接盘、用自有资金先行垫款、给予投资者价值补偿等方式保证理财产品本金和收益的兑付。黑格尔有句名言“存在即合理”,“刚性兑付”有其特殊的历史背景和条件。

刚性兑付产生的后果也是非常严重的,它扭曲市场纪律,干扰资源配置方式,带来诸多问题。

第一,刚性兑付增加了金融体系的整体风险。刚性兑付导致理财产品的风险和收益不匹配,诱发投资者资产配置不合理调整,抬高了市场无风险资金定价,引发了资金在不同市场间的不合理配置和流动。资金加速流向高收益的理财和非标准化债权产品,商业银行的存款流失,债券市场、股票市场和保险行业的资金被挤出。市场无风险利率上升,也造成蓝筹股市盈率下降,债券市场和股票市场低迷。

第二,刚性兑付引发投资者和金融机构的道德风险。由于长期以来理财产品的预期收益率较少被打破,一些理财投资者的风险承担意愿远低于股票、外汇、基金投资人,过于追求收益,不愿自担风险。如果不能按照预期兑付,可能拥堵机构网点,要求机构偿付资金,形成社会不稳定因素。而金融机构一旦存在第三方兜底或介入的预期,为吸引投资者,也会忽视项目的风险,优先选择收益高的项目,尽职调查和风险控制薄弱。高收益的理财产品往往投向地方融资平台和房地产等调控领域,并通过资金挤出效应,从而加剧了中小企业“融资难”“融资贵”。

打破刚性兑付,投资产生的收益和风险均应由投资者享有和承担,产品管理人只收取相应的管理费用,是为促进我国银行理财市场的健康发展,完善信用风险在定价中的作用,减少道德风险,强化市场纪律约束,增强投资者对于理财产品的风险意识,是为树立“卖者尽责、买者自负”的理念,以此推动理财业务回归“受人之托、代人理财”的本质。

根据《资管新规》,产品出现兑付困难时不得以任何形式垫资兑付,同时，对产品实行“净值化管理”，及时反映基础资产的收益和风险。投资者要“自负盈亏，风险自担”。这意味着，打破刚兑后，理财产品不再保本保收益，那么，对投资者而言有哪些好处呢？

第一，打破刚兑≠不兑付、少兑付。乍看之下，“打破刚兑”似乎意味着投资收益减少，“不兑付”或“少兑付”，其实不然，对投资者而言，“打破刚兑”后还可以是“多兑付”。这是因为在刚性兑付之下，当资管产品收益超过预期收益时，产品管理人只会按照约定收益分配给投资者，而剩余的超额收益则全部归产品管理人所有。打破刚兑后，这一“投资收益超额留存”的做法也将随之改变，即超出业绩比较基准的投资收益应按说明书约定方式给予投资者，让投资者尽享收益。当资管产品收益超过预期收益时，就有可能出现“多兑付”。

第二，帮助鉴别有能力的资产管理人。在打破刚兑的同时，资管产品将实行“净值化管理”，产品不再以预期收益率标示未来收益，而是根据产品实际投资运作情况定期披露净值。产品管理得越好，产品净值的表现也就越好，投资者也可以通过净值表现鉴别出投资能力优秀的产品和管理人。

第三，个别风险的负面效应不会无限扩散。打破刚性兑付能规范金融市场资产管理业务，真正确保理财产品购买者的资金安全；同时，也能有效降低金融体系的系统风险，避免个别风险案件的负面效应无限扩散，波及更多投资者和社会公众。

三、2006—2012年：银行理财的成长期

2006—2012年，银行理财呈现出“百花齐放，百家争鸣”的发展态势，迎来了“井喷式”增长，人民币产品成为主流，银行顺应客户需求不断推出期限短、收益稳定、资金门槛不高的固定收益类产品。到2012年末，全国有超过233家商业银行开办了理财业务，2012年募集资金规模接近50万亿元，存续的银行理财产品约3.2万只，银行理财产品的存续余额从2006年的4 000亿元，增长到2012年底的7.1万亿元，增长了17倍。这期间，以下几个事件深刻影响着并改变着银行理财的发展。

(1)光大银行和新华信托于2006年3月首次推出银信合作的理财产品——阳光理财T计划，银信合作发放贷款的模式诞生，“非标”大幕开启。

(2)2006—2007年，中国A股市场一路攀升，打新股理财产品成为银行理财市场

的“头牌”,中信银行的“新股计划 1 号”成为银行理财市场上首款销量超过百亿元的产品。

(3)中、外资银行推出的代客境外理财产品从 2007 年下半年开始,出现大比例亏损,给银行和投资者上了血淋淋的一课。

(4)2010 年,“资金池一资产池”模式兴起,初衷只是因为理财规模逐渐扩大存在操作难题,理财只投资一个“非标”存在集中度风险,所以要集约化运作。

(5)在 2008—2011 年的三年时间里,监管部门针对“银信合作”业务下发了十项规范文件。

(6)2011 年,原银监会发布《商业银行理财产品销售管理办法》,强化对商业银行理财产品销售环节的规范。

(7)2012 年,券商资管和基金公司陆续拿到子公司批文,券商资管、基金子公司成为银行理财新的表外业务通道,此前的“银信合作”模式演变为“银证信”“银基信”等模式。

·知识专题二:银信合作·

2007—2012 年,银信合作最值得关注。一方面,银行理财常被用作盘活存量信贷资产的工具,实现信贷出表。常用的模式为“理财资金投信贷资产”:银行将信贷资产出让给信托公司,并由其设立相应的信托计划,同时银行发行理财产品募集资金投向信托计划,以此盘活存量信贷资产,如图 1—14 所示。另一方面,银行以信托作为通道,通过银行理财产品,将资金输送给地方政府融资平台等,如图 1—15 所示。

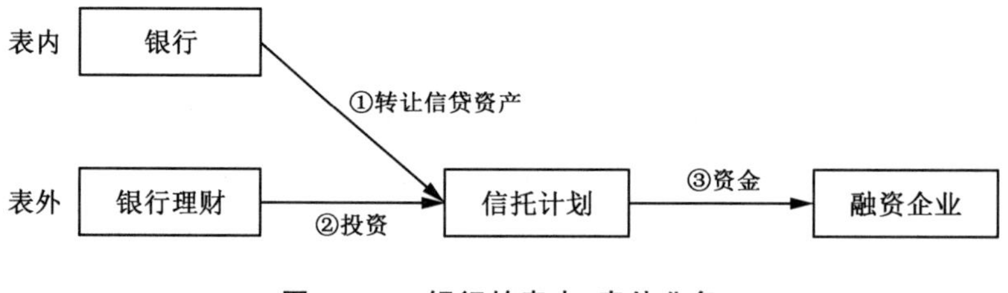

图 1—14 银行的表内、表外业务

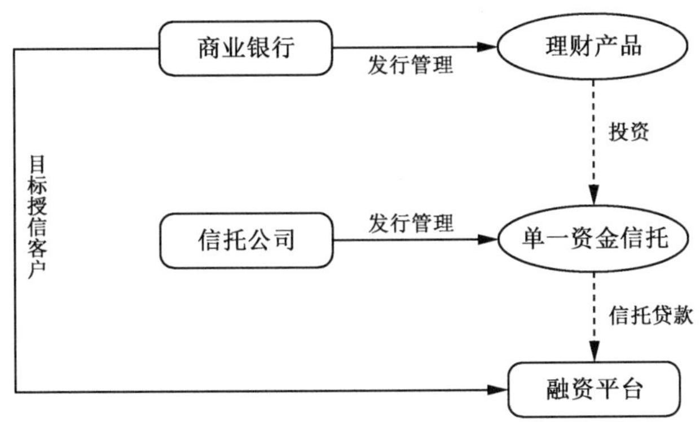

图 1—15 银信业务关系

这一时期,银信理财的快速发展与央行的宏观调控政策密不可分,银信合作的发展速度与力度和央行货币和信贷政策之间表现出很强的替代关系。2007—2008 年上半年,在宏观经济过热、通胀高企的背景下,央行不断采取加息、提高准备金率、控制信贷规模等手段进行对冲,银信产品的发行数量逐月攀升。2008 年 10 月以后,受美国次贷危机的影响,货币政策由紧转松,银信合作理财产品的发行节奏明显减缓。但到了 2010 年,经过 4 万亿元的经济刺激之后,宏观调控也着手控制信贷总量,银行表内信贷扩张受到央行"限贷令""差别准备金率"的限制,表内资产亟须寻找出口。宏观调控使得大量在建项目的融资需求无法通过信贷融资支持,催生高收益且优质的非标开始放量,这使得银行理财的资产端有了依托,商业银行有动力拓展表外业务。同时,非标资产的收益率较高,银行在实现客户收益兑付之余,能有更多的利润留存。这也促进了理财市场的扩张,如图 1—16 所示。

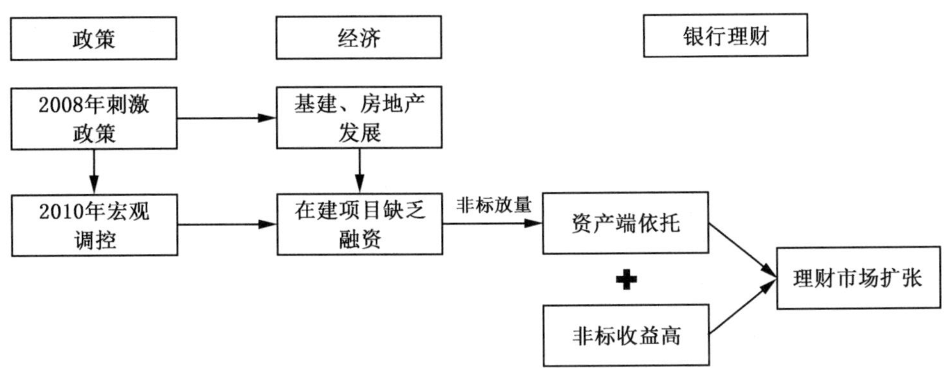

图 1—16 非标资产扩张促进了理财市场扩张

作为表外资产业务，银信合作不仅可以节约存款准备金，优化表内资产结构，还可以在缺乏信贷额度的情况下，帮助商业银行争夺重要客户。但是，其带来的风险也是不容忽视的，商业银行通过信托通道绕开信贷规模监管，将表内风险移至表外，在合作过程中产生管理责任不清的问题，加剧所有权和管理权分离所致的逆向选择和道德风险，从而增加了监管难度和金融系统性风险。为此，原银监会在2010年前后陆续发布《关于规范银信理财合作业务有关事项的通知》（银监发〔2010〕72号）、《关于进一步规范银信理财合作业务的通知》（银监发〔2011〕7号）等10个文件规范，业界称为银信合作"十道金文"，对银信合作进行规范。

银信合作受限制后，2012年证监会发布《证券公司集合资产管理业务实施细则》《证券公司定向资产管理业务实施细则》《证券投资基金管理公司子公司管理暂行规定》，明确了证券公司及其子公司、基金管理公司及其子公司业务范围、资产投向等具体的规定，券商资管、基金子公司成为银行理财新的表外业务通道，进而由此前的"银信合作"模式演变为"银证信""银基信"等模式，"大资管"时代来临。

·知识专题三：影子银行·

影子银行是指常规银行体系以外的各种金融中介业务，通常以非银行金融机构为载体，对金融资产的信用、流动性和期限等风险因素进行转换，扮演着"类银行"的角色。影子银行游离于监管之外，风险隐蔽，会交叉传染。

2008年以后，中国影子银行进入快速增长阶段。为应对国际金融危机的冲击，货币政策由趋紧转向适度宽松，并取消了对金融机构信贷规模的硬性约束。2009年，全年新增人民币贷款9.6万亿元，M2和M1分别增长27.7%和32.4%，为20世纪90年代以来最高。但随着房地产价格快速上涨和地方政府融资平台风险积累，货币政策开始收紧，同时加强对金融机构信贷投放总量、节奏和结构的管理，贷款增速和投向均受到严格约束。在这一背景下，为规避宏观调控和监管，银行将资产大量移到表外，各类跨市场、跨行业的影子银行因而迅速增长。尤其是，银行理财与信托公司的"银信合作"业务急剧膨胀。银行利用理财资金购买信托公司的信托计划，信托计划再以信托贷款方式投向房地产行业和地方政府融资平台。仅2010年上半年，银信合作业务就由年初的1.4万亿元猛增至2.08万亿元。2012年，证券资管、基金及其子公司资管将非标债权纳入投资范围，银证合作、银基合作、银证基合作快速发展。委托贷款也异化为贷款出表的重要通道，相当一部分是“假委托”。这一时期影子银行业务大多是银行主导，信托、基金、证券、保险主要是通道方，资金大部分投向非标债权，如图1—17所示。

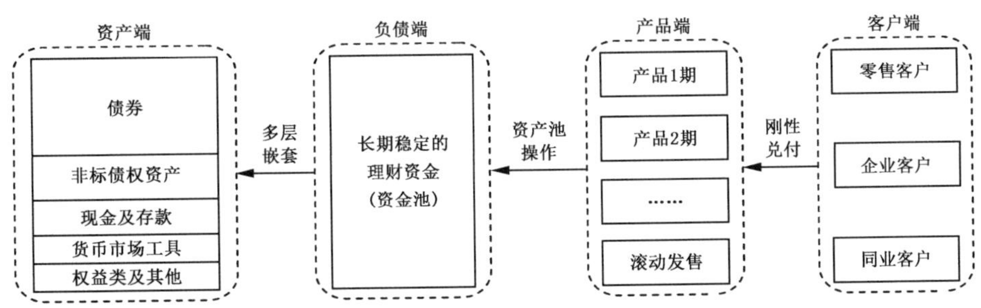

图1—17　不受准备金、资本充足率、流动性监管的表外资管业务

2013年，银行理财投资非标资产占全部理财的比例高达27.49%。监管部门发布《关于规范商业银行理财业务投资运作有关问题的通知》，对银行理财投资非标资产设置了比例限制。影子银行的重心开始转向表内同业业务，产生了同业三方回购、同业特定目的载体投资、信托受益权等新的合作方式。同业特定目的载体投资从2012年末的3.6万亿元，跃升至2016年末的23.05万亿元。买入返售资产一路攀升，2014年中期达到10.5万亿元的历史峰值。资金信托规模从2012年末的6.98万亿元，快速扩张至2016年末的17.46万亿元。

我国影子银行呈现出以下特点：

第一，以银行为核心，表现为“银行的影子”。例如，基金公司私募资管业务一半资金来源于银行，资金信托40%以上的资金完全依赖于银行。从资产端看，影子银行的客户绝大部分是银行的客户，实质为通道业务。可见，中国的影子银行具有“银行中心化特征”。

第二，以监管套利为主要目的，违法违规现象较为普遍。各类机构利用监管制度不完善和监管标准不统一游离于监管边缘，在所谓的“灰色地带”大肆从事监管套利活动。

第三，存在刚性兑付或具有刚性兑付预期。多数产品承诺保本或保最低收益。有的还与投资人签订“抽屉协议”，承诺刚性兑付。有的在产品销售过程中隐藏风险，夸大收益，不及时充分披露信息，造成“买者自负”难以真正落实。

第四,收取通道费用的盈利模式较为普遍。我国影子银行产品大多是认购持有到期,流动性低,以量取胜,拼市场份额。赚取通道管理费是盈利的主要来源。

第五,以类贷款为主,信用风险突出。我国影子银行绝大部分是银行贷款的替代,但客户评级标准显著低于贷款客户,无论是融资来源还是资金投向都承担直接的信用风险,且风险大于银行贷款。

到2016年底,中国影子银行规模已经十分庞大,违法违规异常严重,濒临风险爆发的前夜。国际货币基金组织、国际清算银行等国际组织从2014年起多次对中国影子银行风险提出警示,认为同业投资、信托贷款和表外理财等已成为隐藏信贷增长和不良资产的温床,严重威胁到中国金融体系的安全与稳定。影子银行犹如悬在我国金融体系之上的"达摩克利斯之剑",若不及时强力"精准拆弹",必将酿成全行业系统性风险甚至金融危机。

影子银行具有如下问题与危害:

一是不断推高杠杆水平。2008年之后,中国债务水平持续升高。宏观杠杆率在2013年6月突破200%后,2016年底达到239%,其间只用了3年多的时间。影子银行发挥了"关键"作用,不仅大大加重了社会经济活动的债息负担,也降低了资金周转与使用的效率。

二是助长脱实向虚。各种完全空转、以套利为目的的影子银行经营模式不断涌现。2013年12月,推出同业存单业务,其后同业存单迎来爆发式增长,一些银行大量发行同业存单,甚至通过自发自购、同业存单互换等方式进行同业理财投资和委外投资,虚增资产负债,资金只是在金融体系内部"绕圈",并未真正流向实体经济。

三是严重掩饰资产质量的真实性。无论是信贷资产非信贷化,还是表内资产表外化,基础资产的信用风险源头并没有发生变化。经过影子银行包装,商业银行在会计科目上把贷款转为投资,或者完全转移至表外,"成功"逃避贷款风险分类和拨备计提要求,造成资产质量不实,资本和拨备虚高。

四是形成"劣币驱逐良币"的逆向激励。影子银行作为各种监管套利的通道曾经"盛极一时"。由于能够在短时期内通过加杠杆获得高额利润,各金融机构竞相效仿,希望在影子银行领域"大展拳脚",极大地扭曲了市场行为。合法合规的金融业务增速缓慢甚至萎缩,高风险影子银行业务则野蛮生长,对前者形成巨大"挤出效应"。据统计,部分高风险影子银行在2010—

2015年增长了50%，远超同期银行贷款增速。

五是危及社会稳定。由于违法违规和“无照驾驶”金融活动大肆横行，金融业具有高度外部性，一些金融风险已外溢为社会风险。例如，在银行理财、信托、证券资管、私募基金等领域，因产品无法按时兑付，投资人信访、聚集等事情不断发生。

四、2013—2017年：银行理财的规范期

2013—2017年，银行理财继续呈现快速增长态势。截至2017年末，全国共有562家银行业金融机构有存续的理财产品，2017年募集资金规模达173.59万亿元，存续的银行理财产品约9.35万只，银行理财产品的存续余额从2013年初的7.1万亿元，增长到2017年底的29.54万亿元，涨幅达316%。

随着利率市场化改革持续推进和金融脱媒日趋明显，老百姓对理财等相对安全性的投资需求日益旺盛。为此，银行业纷纷寻求经营转型和特色化发展。这就助推了理财市场的快速发展，并使银行理财迅速成为财富管理市场上最重要的力量，在客户数量、业务规模等方面均居于国内财富管理市场的主体地位。同时，银行理财借助银信、银证、银基、银保等通道合作，绕开信贷监管规定的模式层出不穷，理财业务突进背后的风险堆积和创新瓶颈也因此逐渐暴露，系统性风险的集中、监管与反监管的博弈、对影子银行的非议等，成为这一阶段社会关注的焦点，呈现出“监管套利—监管约束—监管套利—监管约束”的螺旋式发展过程。这期间，发生了以下几个里程碑事件。

一是2013年3月原银监会发布《关于规范商业银行理财业务投资运作有关问题的通知》（银监发〔2013〕8号），对银行理财资金的投向和规范运作等提出了明确要求，理财市场规范化迈出了重要一步。该文件首次明确了“非标”的定义，并对“非标”实施“限额管理原则”，要求“理财资金投资非标准化债权资产的余额在任何时点均以理财产品余额的35%与商业银行上一年度审计报告披露总资产的4%之间孰低为上限”。

二是2013年起全面实行理财产品的全国集中统一登记制度。

三是2014年发布《中国银监会关于完善银行理财业务组织管理体系有关事项的通知》（银监发〔2014〕35号），要求银行业金融机构应按照单独核算、风险隔离、行为规范、归口管理等要求开展理财业务事业部制改革，设立专门的理财业务经营部门，负责集中统一经营管理全行理财业务。其中，风险隔离是指理财业务与信贷等其他业务相

分离，自营业务与代客业务相分离，银行理财产品与银行代销的第三方机构理财产品相分离，银行理财产品之间相分离。这为设立银行理财独立法人子公司提供了铺垫和准备。

四是 2014 年到 2015 年银行理财通过配资、两融等参与资本市场。

五是 2015 年到 2016 年“同业存单—同业理财—委外”这一同业套利模式大肆盛行。在流动性充裕、利率下行的环境下，商业银行开始由被动负债管理模式向主动负债管理模式转变，同业存单成为商业银行扩张负债的利器。中小银行通过发行同业存单将资金投资于存在规模诉求的股份制银行理财产品，完成资产配置，获取利差收益。但上述模式造成资金空转，资金链条拉长使得风险链条拉长，加杠杆又提高流动性敏感度，当面临流动性风险时，容易牵涉到表内，引发系统性风险。

六是原银监会在 2017 年开展“三三四十”(“三违反”指违法、违规、违章；“三套利”指监管套利、空转套利、关联套利；“四不当”指不当创新、不当交易、不当激励、不当收费；“十乱象”指股权和对外投资、机构及高管、规章制度、业务、产品、人员行为、行业廉洁风险、监管履职、内外勾结违法、涉及非法金融活动等十个方面市场乱象)等专项治理行动，强监管、去杠杆深刻影响了银行理财的发展，监管套利空间基本被堵，特别是同业存单、同业理财等同业业务受到较大冲击，2017 年理财产品增速首次下降。

·知识专题四：资金池模式·

随着理财产品期限的不断缩短，理财负债端的期限和资产端的期限出现了差异。这就导致短期限的理财产品在到期时，资产尚未到期并实现现金流入，传统的一对一理财模式无法解决这一问题。“资金池—资产池”模式逐渐成为主流的理财产品运作模式。

这一模式的核心是：银行首先建立一个资金池，此后，银行将不同类型、期限和收益率的理财产品募集的资金纳入资金池进行统一管理，形成资金的来源。银行将该资金池中的资金投资于符合该类型理财产品所规定的各种投资标的，包括债券、回购、信托融资计划、信贷资产、信托受益权、券商资产管理计划等，这些基础资产(即投资标的)共同组成了资产池，其整体投资收益作为确定各款理财产品收益的依据，即该资产池内所有资产所获取的收益率是对应资金池内理财产品收益率的定价依据。这区别于传统的“一对一”模式，即理财产品根据单个理财产品所投资的资产标的实际运作收益，来决定理财产品最终收益。总体而言，“资金池—资产池”模式具有“滚动发售、集合运作、期限错配、分离定价”四大特点。

1. 滚动发售

为了保障资金池规模的稳定，银行一般通过滚动发售的方式，连续发售理财产品或续发一些到期的理财产品。通过滚动发售，资金池中不断有资金流的进出，但资金池的总体规模始终保持一个与对应资产池相匹配的水平。

2. 集合运作

对于某一类别的理财产品，银行会设置一定的投资策略和投资限制。为了在投资策略和投资限制的总体框架下实现最大的规模经济以及实现资产投资的分散化，银行往往对多个该类型的理财产品募集的资金进行归集，并通过集合方式进行统一运用和投资。该集合所投资的资产组合产生的现金流作为该集合中所有理财产品的本息兑付所需要的现金流来源。原则上，募集的所有资金都将进入资金池进行集合运作，每一期理财产品并不专门对应于某一项或某几项资产，即不是一一对应的关系。

3. 期限错配

期限错配是指理财产品的资产端和负债端在久期上是不匹配的，资产端的剩余久期长于负债端的剩余久期，这一功能必须要在“资金池—资产池”的模式下才能够实现。在正常的市场状况下，收益率曲线的期限结构是向上的。因此，长期资产的收益率往往高于短期资产，理财资金则可以在其中赚取期限价差，期限价差也是银行理财收入的重要来源之一。

4. 分离定价

由于资产池和资金池彼此之间相对独立，因此，理财产品和资产的实际运作收益（利息收入和资本利得）之间并不直接挂钩，而是根据资产的到期收益率进行定价，即在资产存续期间，资产的价格波动对理财产品最终收益率不产生影响（极端情况除外）。

“资金池—资产池”的运作模式（见图1—18），通过组合投资使信用风险得以分散。比如，在资产池中，单一项目发生信用风险时对于整体组合的本息兑付影响显著下降；放开了期限匹配的要求，为当年大批“超短期”且收益稳定的理财产品的出现提供了可能，2周、1周、3天甚至1天，理财产品的期限越来越短；为银行提供了可观的价差，提高了利润贡献度。

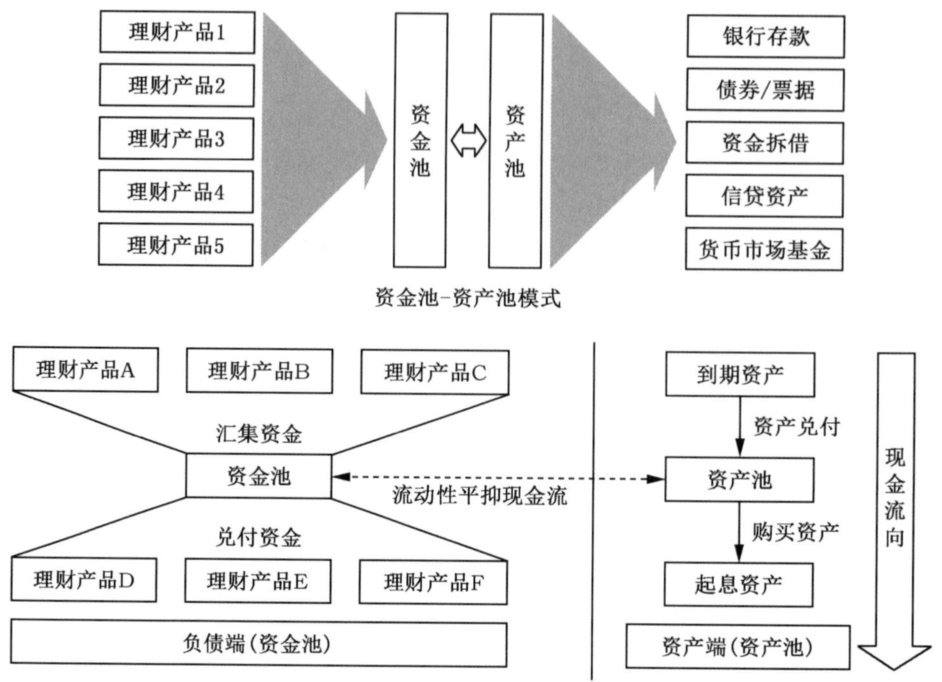

图1—18 “资金池—资产池”运作示意

在“资金池—资产池”模式下,银行机构将募集的低价、短期资金投放到长期的债权或股权项目,以寻求收益最大化,到期能否兑付依赖于产品的不断发行能力,一旦难以募集到后续资金,可能会发生流动性紧张,并通过产品链条向对接的其他资产管理机构传导。如果产品层层嵌套,杠杆效应将不断放大,容易造成流动性风险的扩散。“资金池—资产池”模式会导致产品投资期限、投资收益混乱、产品穿透监管困难等问题。长此以往,产品的管理难度将不断提升,产品的收益和风险也会在不同投资者之间转移,容易引发风险。

五、2018年至今:银行理财的转型期

2018年被称为“资管元年”。自《资管新规》《理财新规》发布实施以来,消除多层嵌套、强化穿透式管理、规范资金池运作、实行净值化管理等各类要求逐步落地,“刚兑时代”也随之逐渐远去,整个行业回归“受人之托,代人理财”的资管本源。这既可以被称为“资管新时代”,也可以被称为“净值化时代”。在这个时代,商业银行理财业务开

始以独立理财子公司的模式运作，成为资管领域的生力军，理财业务也发生了翻天覆地的变化。2018年以来，主要的变化有：

1. 新的管理文件相继出台

《关于规范金融机构资产管理业务的指导意见》《商业银行理财业务监督管理办法》和《商业银行理财子公司管理办法》等监管文件连续出台。

2. 理财公司初具规模

众多理财公司获批筹建，并陆续开业，已成为理财市场的中坚力量。

3.《资管新规》过渡期延长

2020年以来，新冠肺炎疫情对经济金融带来较大冲击，金融机构资产管理业务规范转型面临较大压力。为平稳推动资管新规实施和资管业务规范转型，经国务院同意，中国人民银行会同发展改革委、财政部、银保监会、证监会、外汇局等部门审慎研究决定，《资管新规》过渡期延长至2021年底。

筚路蓝缕，玉汝于成。回首成长之路，银行理财的出现和迅速发展不是偶然的，而是具有深厚的宏观和微观经济背景。在中国金融市场发展和深化改革过程中已经并且正在显示越发重要而独特的作用。一方面，银行理财产品的出现填补了中国金融投资谱系的空白，它在合理配置资金、改进社会公众金融服务、满足客户投资需求、提高居民财产性收入方面功不可没；另一方面，银行理财业务成为银行实现战略转型的重要手段，体现了银行金融中介职能的回归。通过发展理财业务，银行完善了服务功能，扩大了客户基础，改善了业务结构与收入结构，培育了品牌，加快了转型。

展望未来，道阻且长，行则将至；行而不辍，未来可期。银行理财业务的明天一定更美好！

第四节 揭开理财公司的神秘面纱

一线的理财经理、客户经理可能发现，理财公司的产品越来越多，越来越丰富，有种“乱花渐欲迷人眼”的感觉，理财公司作为新生事物，也有种“近在咫尺，却远在天涯”的感觉。本节就从理财公司成立的必要性、发展情况、职责和组织架构、净资本管理、银行资产管理部与理财子公司发行理财产品的区别等五个方面，揭开理财公司的神秘面纱，详细介绍一下这位“熟悉的陌生人”。

一、理财公司成立的必要性

理财公司包括商业银行理财子公司和银保监会批准设立的其他理财公司，主要是外方控股的合资理财公司。

(一)商业银行理财子公司成立的必要性

商业银行设立理财子公司开展资管业务,有利于强化银行理财业务风险隔离,推动银行理财回归资管业务本源,逐步有序打破刚性兑付,更好地保护投资者合法权益;有利于优化组织管理体系,建立符合资管业务特点的风控制度和激励机制,促进理财业务规范转型;同时,也有助于培育和壮大机构投资者队伍,引导理财资金以合法、规范形式进入金融市场并支持实体经济发展。

商业银行通过设立理财子公司开展理财业务成为发展趋势。一是《资管新规》有明确要求。《资管新规》要求"主营业务不包括资管业务的金融机构应当设立子公司开展资管业务";《理财新规》进一步规定"商业银行应当通过具有独立法人地位的子公司开展理财业务"。二是为国际通行实践。由独立法人机构开展资管业务,将其与银行信贷、自营交易、证券投行和保险等金融业务相对分离,为国际通行实践。三是国内有可借鉴的实践经验。证监会和原保监会均发布实施了相关制度办法,据此批准证券公司、基金管理公司、期货公司和保险公司设立资管子公司并实施持续监管。四是很多商业银行已具备一定的实施基础。按照原银监会要求,大部分商业银行已完成理财事业部改革,在产品销售、投资管理、风险管理、IT 系统建设、会计核算等方面相对独立运作,为设立理财子公司奠定了基础。

(二)合资理财公司成立的必要性

合资理财公司的设立主要是为了加大对外开放力度,"允许境外资产管理机构与中资银行或保险公司的子公司合资设立由外方控股的理财公司"是国务院金融稳定发展委员会 2019 年 7 月 20 日做出的金融业进一步对外开放的政策措施之一。

(三)各类资管机构比较

从表 1—5 我们可以看出,银行理财子公司在业务范围、销售起点、投资范围等方面具有明显优势。

表 1—5　各类资管机构对比

项目	银行理财子公司	公募基金	私募基金	基金子公司	券商资管	券商私募子公司	保险资管	信托公司
注册资本	10 亿元	1 亿元	1 000 万元	亿元		—	3 000 万元	3 亿元
资本监管	净资本监管、风险准备金	风险准备金	风险准备金	风险准备金	净资本监管	与母公司合并监管	净资本管理	净资本管理信托赔偿准备金

续表

项目	银行理财子公司	公募基金	私募基金	基金子公司	券商资管	券商私募子公司	保险资管	信托公司
业务范围	公募、私募、咨询顾问	公募	私募	特定客资管基金销售、私募	集合、定向、专项资管计划	私募、自有闲置资金管理	受托保险资金管理	私募
销售起点	无	无	100 万元	—	—	—	—	100 万元
股票投资	√	√	√	√	√	√	√	—
非标投资	√	有限制	×	√	有限制	有限制	√	√
分级产品	√	×	√	×	√	×	×	—
监管机构	银保监会	证监会	证监会	证监会	证监会	证监会	银保监会	银保监会

二、理财公司发展情况

(一)成立情况

自 2018 年 12 月《理财子公司办法》发布以来，监管部门坚持“成熟一家，批准一家”的原则，截至 2022 年 6 月，已批准 29 家理财公司筹建，其中 25 家获批开业，理财业务公司制改革取得积极进展。

截至 2022 年 6 月，已批准的理财公司中，国有银行的理财子公司有 6 家，全国性股份制银行的理财子公司有 11 家，城商行的理财子公司有 7 家，农商行的理财子公司有 1 家，中外合资的有 4 家。注册地在上海的理财公司最多，达到了 9 家，如表 1—6 所示。

表 1—6　　获批(开业)的理财子公司

分类	名　称	开业/获批(筹)时间	注册资本(亿)	注册地
国有银行(6)	工银理财	2019.05.28	160	北京
	建信理财	2019.05.24	150	深圳
	农银理财	2019.07.29	120	北京
	中银理财	2019.07.01	100	北京
	交银理财	2019.06.06	80	上海
	中邮理财	2019.12.18	80	北京

续表

分类	名　称	开业/获批(筹)时间	注册资本(亿)	注册地
股份制(11)	光大理财	2019.09.25	50	青岛
	招银理财	2019.11.01	56	深圳
	兴银理财	2019.12.13	50	福州
	信银理财	2020.07.01	50	上海
	平安理财	2020.08.25	50	深圳
	华夏理财	2020.09.17	30	北京
	广银理财	2021.12.01	50	上海
	浦银理财	2022.01.11	50	上海
	民生理财	2020.12.25 获筹建批复	50	/
	渤银理财	2021.4.25 获筹建批复	20	/
	恒丰理财	2021.6.16 获筹建批复	20	青岛
城商行(7)	杭银理财	2019.12.10	10	杭州
	宁银理财	2019.12.24	15	宁波
	徽银理财	2020.04.26	20	合肥
	南银理财	2020.08.20	20	南京
	苏银理财	2020.08.20	20	南京
	青银理财	2020.09.16	10	青岛
	上银理财	2022.03.04	30	上海
农商行(1)	渝农商理财	2020.06.28	20	重庆
中外合资(4)	汇华理财	2020.09.27	10	上海
	贝莱德建信理财	2021.05.13	10	上海
	施罗德交银理财	2022.0214	10	上海
	高盛工银理财	2021.05.20 获筹建批复	/	上海

资料来源:银保监会官网。

(二)经营情况

中国理财网统计,截至 2022 年 3 月底,理财公司理财产品存续规模达 17.27 万亿元,随着《资管新规》过渡期的正式收官与理财公司的健康发展,理财公司市场份额占比稳步提高,占比达 60.88%。

从净利润来看,招银理财 2021 年净利润 32.03 亿元,暂居第一;兴银理财紧随其后,净利润为 28.06 亿元,中银理财暂列第三,2021 年净利润为 26.09 亿元。

不同类型银行旗下理财子公司,国有行中银理财净利润最高,为 26.09 亿元,领先第二名建信理财约 6 亿元;股份行中招银理财净利润最高,兴银理财第二,但相比于 2020 年,差距进一步缩小;南银理财、杭银理财净利润暂居城商行理财子前两位,分别为 6.46 亿元和 6.11 亿元,宁银理财、青银理财和渝农商理财净利润均不超 5 亿元,如表 1—7 所示。

表 1—7　　部分理财子公司的利润情况

母行	理财公司	2021 年			2020 年		
		总资产(亿元)	净资产(亿元)	净利润(亿元)	总资产(亿元)	净资产(亿元)	净利润(亿元)
国有行	工银理财	187.91	177	8.92	178.61	167.45	4.08
	农银理财	152.38	150.61	17.21			
	建信理财	185.3	174.47	20.62	161	153.95	3.35
	中银理财	144.29	130.82	26.09	110.65	104.73	4.55
	交银理财	102.06	99.29	11.55	88.74	87.42	6.65
	中邮理财	111.07	104.64	12.25	98.52	91.6	11.87
股份行	招银理财	120.97	106.78	32.03	80.61	74.74	24.53
	兴银理财	95.07	91.62	28.06	69.62	63.53	13.45
	信银理财	82	74.01	18.06	59.93	55.95	5.95
	平安理财	73.82	67.83	16.16	54.3	51.71	1.65
	光大理财	74.75	70.19	15.86	59.14	56.37	5.64
城商行	青银理财	16.09	14.1	4.08	10.32	10.03	0.03
	宁银理财	24.93	22.34	4.35	18.8	17.97	2.97
	杭银理财	21.15	17.4	6.11	12.16	11.3	1.29
	南银理财	29.89	26.79	6.46	20.58	20.32	0.32
农商行	渝农商理财	24.76	23.66	3.56			

数据来源:银行、理财公司年报。

（三）理财产品余额

总体上，各理财公司管理规模较之于2020年均出现大幅增长，管理规模超过2万亿元的共有3家，分别为招银理财达2.78万亿元，建信理财达2.19万亿元，工银理财管理规模达2.02万亿元，如表1—8所示。

表1—8　　部分理财子公司的资产规模

母行	理财公司	2021 理财子公司理财规模/余额（万亿元）	2020 理财子公司理财规模/余额（万亿元）	2021 集团理财规模/余额（万亿元）	2020 集团理财规模/余额（万亿元）
国有行	工银理财	2.02	1.07		
	农银理财	1.82	0.95		
	建信理财	2.19	0.7		
	中银理财	1.71	0.72		
	交银理财	1.43	0.88		
	中邮理财	0.66	0.26		
股份行	招银理财	2.78	2.45		
	兴银理财	1.35	0.69		
	信银理财			1.4	1.08
	平安理财			0.87	0.65
	光大理财	1.07	0.5		
	民生银行			1.01	0.86
	恒丰银行			0.13	0.11
	渤海银行			0.2	0.21
城商行	青银理财	0.17	0.12		
	宁银理财	0.33	0.29		
	南银理财	0.33			0.27
	杭银理财	0.31	0.26		
	上银理财	0.43	0.38		
农商行	渝农商理财			0.12	

数据来源：银行、理财公司年报。

（四）产品布局情况

理财公司的产品布局以固定收益类（含现金管理）为主，并注重特色发展，积极发力“固收＋”与混合类产品。目前，主要理财公司产品体系以固收类为主，产品线覆盖现金管理类、固定收益类、混合类、权益类、另类资产、多资产等。在产品设计上，充分发挥各自的优势，体现差异化的战略布局，如表1—9所示。

表1—9　　部分理财子公司的产品

理财公司	产品体系	产品线
工银理财	“4＋3”产品体系	四大基础产品系列：现金管理、固收＋、多资产组合、另类系列； 三大特色产品系列：权益、量化、跨境系列
建信理财	五大基础系列＋特色系列	五大基础系列：现金管理、固收、固收增强、混合、权益五大系列 特色产品：养老、跨境、财私及机构专属等
中银理财	四大理财系列＋特色新品	六大产品体系：现金管理类“乐享天天系列”、类债基“债市通系列”、固收类“稳富系列”、固收增强类“稳富固收增强系列”、混合类“智富系列”、外币理财“美元乐享天天稳汇系” 特色新品：“全球配置”外币产品，“福、禄、寿、禧”养老产品，“鼎富”股权投资产品、指数产品
交银理财	主打稳健固收，布局多策略主题	主打稳健固收：把固收类产品打造为拳头产品和旗舰产品 多策略主题产品：商业养老、科创投资、长三角一体化、要素市场挂钩等策略
农银理财	“4＋2”产品体系	4大常规系列：现金管理、固收、混合、权益 2大特色系列：惠农和绿色金融（ESG）
中邮理财	“财富管理＋资产管理”双维度架构	“财富管理”维度：“养老”“抗通胀”“盛兴”等分类品牌和“卓享”“尊享”等分层品牌 “资产管理”维度：纯固收类“鸿运”、固收＋“鸿锦”、偏固收混合类“鸿元”及私募产品“鸿业远图”等八大产品系列
招银理财	五大产品线	现金管理型“招赢系列”、固定收益型“招睿系列”、多资产型“招智系列”、股票型“招卓系列”、另类产品及其他“招越系列”
兴银理财	八大核心产品线	现金管理、纯债投资、固收增强、项目投资、股债混合、权益投资、多资产策略、跨境投资
光大理财	“七彩阳光”净值型产品系列	固收系列“阳光金”、现金管理系列“阳光碧”、权益系列“阳光红”、FOF/MOM混合系列“阳光橙”、结构化产品系列“阳光青”、私募债券投资系列“阳光紫”、私募股权投资系列“阳光蓝”
平安理财	三大系列	“启航成长”“稳健成长”和“卓越成长”三大系列，涵盖现金管理类、固收类以及“固收＋”类
宁银理财	六大系列	现金管理类“天利鑫和天天鎏金”、固定收益类“宁欣”、固收增强类“沁宁”、混合类“宁赢”、权益FOF类“宁耀”、全球配置挂钩“皎月”
苏银理财	六大产品线	“启源”现金管理类、“恒源”固定收益类、“聚源”混合类、“睿源”权益类、“卓源”商品及衍生品类、“康源”特色养老类
青银理财	璀璨人生系列	流动性管理类产品“奋斗系列”、投资增值类“成就系列”、长期限分红类“田园系列”

续表

理财公司	产品体系	产品线
渝农商理财	江渝财富天添金系列	恒系列:投资货币市场工具的高频开放式产品 益系列:多元配置的封闭式产品 兴系列:投向多种大类资产的定期开放式产品
汇华理财	六大产品系列	纯固收"汇华纯债系列"、12M固收增强"汇理系列"、24M固收增强"汇嘉系列"、36M多策略"汇裕系列"、36M固收增强"汇诚系列"、混合类"汇泽系列"

(五)渠道拓展情况

一方面,各理财子公司作为母行财富管理产品核心供应商,立足服务好母行渠道;另一方面,均不同程度地拓展行外渠道以实现理财产品规模增长。

2022年上半年,有存续产品的25家理财公司均开拓了代销渠道,1—6月累计代销金额26.10万亿元,截至6月底代销余额为18.95万亿元。具体来看,3家理财公司的理财产品仅由母行代销,22家理财公司的理财产品除母行代销外,还打通了其他银行的代销渠道。

三、理财公司的职责和组织架构

(一)理财公司职责

根据监管要求,理财公司运用受托资金进行投资,应当遵守审慎经营规则,制定科学合理的投资策略和风险管理制度,有效防范和控制风险。理财公司应当履行以下管理人职责:

(1)依法募集资金,办理产品份额的发售和登记事宜。

(2)办理产品登记备案或者注册手续。

(3)对所管理的不同产品受托财产分别管理、分别记账,进行投资。

(4)按照产品合同的约定确定收益分配方案,及时向投资者分配收益。

(5)进行产品会计核算并编制产品财务会计报告。

(6)依法计算并披露产品净值或者投资收益情况,确定申购、赎回价格。

(7)办理与受托财产管理业务活动有关的信息披露事项。

(8)保存受托财产管理业务活动的记录、账册、报表和其他相关资料。

(9)以管埋人名义,代表投资者利益行使诉讼权利或者实施其他法律行为。

(10)在兑付受托资金及收益时,金融机构应当保证受托资金及收益返回委托人的原账户、同名账户或者合同约定的受益人账户。

(11)金融监督管理部门规定的其他职责。

(二)理财公司组织架构

理财公司按照公司化、市场化、专业化原则，一般都建立了分工合理、职责明确、相互制衡的治理结构和组织架构。整体来看，设置董事会、监事会和高级管理层。

董事会下设委员会大体相同，一般包括：战略发展委员会、薪酬与提名委员会、风险与关联交易委员会、审计委员会等。

公司经营管理层下设若干专业委员会，一般包括产品及创新管理委员会、投资决策委员会、风险管理委员会等。

部门设置方面，基本根据投资研究、产品营销、风险管理、运营支持、综合管理五大板块设置，各板块下设部门略有不同。具体来看，国有行和股份行理财子公司设置较为全面、完整，城商行理财子公司部门设置较为简洁。相较资管部模式，新设立部门有市场营销部、稽核审计部、集中交易室、合规与审计部等。

1. 主要部门的职责

(1)产品管理部负责牵头管理理财产品生命周期工作，主要包括理财产品创设发行、存续期产品要素变更、存续期开放申赎、分红等产品要素管理、营销支持等工作。

(2)运营管理部负责理财产品运营工作，主要包括理财产品估值、信息披露、监管和统计报送、产品终止清算等工作。

(3)固定收益投资部、项目投资部、权益投资部、股权投资部等投资管理部门负责理财产品投资运作工作，主要包括协助产品投资方案设计、履行投资职责、解释投资业绩以及协助营销等工作。

(4)合规与风险职能部门负责理财产品创设发行、日常运营及投资运作过程中的风险控制与法律合规工作，主要包括针对产品创设方案出具合规性审核意见；通过实施事前控制、事中审核、事后监测相结合的风险管控手段，督促落实产品风险指标、阈值及其他合规性要求的识别与控制；按规定对产品开展压力测试并提出解决建议；负责对相关法律文本的法律合规审核。

(5)市场营销部门负责销售渠道建设和管理、理财产品营销组织和市场推广；制订和实施销售服务流程；负责消费者保护、投诉处理等渠道管理工作；牵头建立客户旅程陪伴机制。

(6)综合管理部负责公司人力、财务、行政等事宜。

2. 理财子公司部门设置举例

(1)招银理财，参见图1—19。

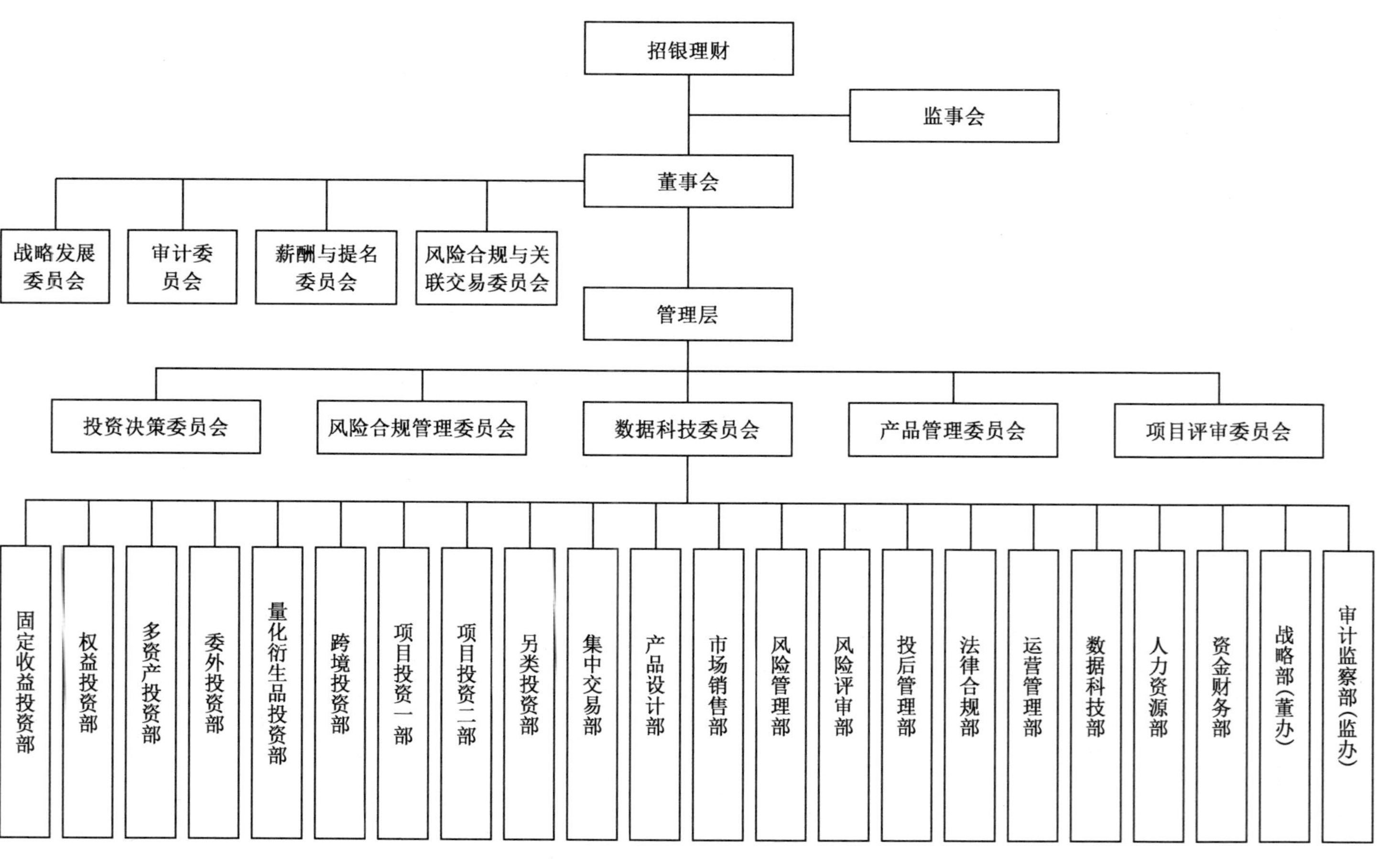

图1-19 招银理财的部门设置

(2)信银理财,参见图 1—20。

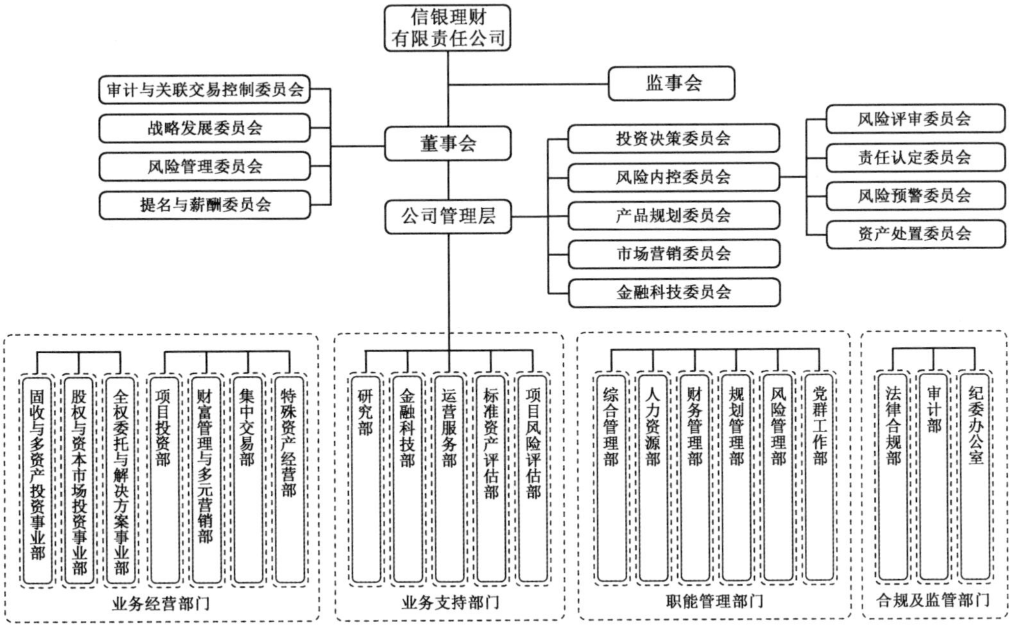

图 1—20 信银理财的部门设置

四、理财公司净资本管理

为加强对商业银行理财子公司的监督管理,促进银行理财子公司安全稳健运行,保护投资者合法权益,根据《中华人民共和国银行业监督管理法》等法律、行政法规以及《关于规范金融机构资产管理业务的指导意见》《商业银行理财业务监督管理办法》《理财子公司办法》,中国银保监会于 2019 年 11 月 29 日公布了《商业银行理财子公司净资本管理办法(试行)》,要求银行理财子公司实施净资本管理,根据自身业务开展情况,建立净资本监控和补充机制,确保持续符合净资本监管要求。

(一)实施净资本管理的背景和思路

1. 实施背景

一是理财子公司现行监管制度有明确要求。《理财子公司办法》第 45 条明确规定“银行理财子公司应当遵守净资本监管要求。相关监管规定由国务院银行业监督管理机构另行制定”。

二是与同类资管机构监管要求保持一致。2010 年以来,原银监会发布实施了《信托公司净资本管理办法》,证监会也先后发布了证券公司、基金管理公司子公司等多项净资本监管制度。因此，对理财子公司实施净资本管理，有利于与同类资管机构监管要求保持一致，确保公平竞争。

三是促进理财子公司稳健开展业务。建立与理财子公司业务模式和风险特征相适应的净资本管理制度，通过净资本约束，引导其根据自身实力开展业务，避免追求盲目扩张，促进理财子公司规范、健康发展。

2. 实施净资本管理的总体思路

落实《资管新规》《理财新规》和《理财子公司办法》等制度规则，充分借鉴同类资管机构的净资本监管要求，结合理财子公司的特点，通过净资本管理约束，引导理财子公司树立审慎经营理念，坚持业务发展与自身经营管理能力相匹配；确保同类资管机构公平竞争，防范监管套利，促进我国资管行业健康有序发展。

（二）实施净资本管理的计算

理财子公司净资本管理主要包括净资本、风险资本以及净资本监管标准等三方面内容。

1. 关于净资本

净资本计算公式为：

净资本＝净资产－∑(应收账款余额×扣减比例)－∑(其他资产余额×扣减比例)－或有负债调整项目＋/－国务院银行业监督管理机构认定的其他调整项目

理财子公司净资本计算表的项目设定及扣减比例，主要参照了基金管理公司子公司、证券公司、信托公司等同类资管机构的相关监管规定，具体包括应收账款扣减、其他资产扣减、或有负债扣减和监管认定的其他调整项目等。

2. 关于风险资本

风险资本计算公式为：

风险资本＝∑(自有资金投资的各类资产余额×风险系数)＋∑(理财资金投资的各类资产余额×风险系数)＋∑(其他各项业务余额×风险系数)

根据《理财子公司办法》规定的自有资金投资范围，对现金及银行存款、拆放同业、固定收益类证券和本公司发行的理财产品等四类资产计算对应的资本要求。

对理财产品投资主要涉及的现金及银行存款等、固定收益类证券、非标准化债权类资产、股票、未上市企业股权、衍生产品、商品类资产、公募证券投资基金等 11 类资产计算对应的资本要求。

风险系数是指对于理财子公司的自有资金投资、理财业务及其他业务，依照国务院银行业监督管理机构规定，对各类资产赋予的相应权重。理财资金投资资产为按照穿透原则确定的底层资产（公募证券投资基金除外）。风险系数具体数值参考了同类型资产管理机构的系数设定，并结合理财子公司实际情况对部分风险系数进行了相应调整。

（三）关于净资本监管标准

理财子公司净资本管理应当符合以下两方面标准：一是净资本不得低于5亿元人民币，且不得低于净资产的40%；二是净资本不得低于风险资本，确保理财子公司保持足够的净资本水平。

五、银行资产管理部与理财子公司发行理财产品的区别

根据《理财子公司办法》第二十五条规定：银行理财子公司开展业务，应当遵守《资管新规》和《理财新规》的总则、分类管理、业务规则与风险管理、附则以及附件《商业银行理财产品销售管理要求》的相关规定。

银行理财子公司开展理财业务，不适用《理财新规》第二十二条、第三十条第二款、第三十一条、第三十六条第一款、第三十九条、第四十条第一款、第四十二条第一款、第四十八条第二款、第四十九条、第七十四条至第七十七条、附件《商业银行理财产品销售管理要求》第三条第（三）项的规定。

相较于母行资产管理部发行的产品，理财子公司发行的理财产品在销售端和投资端都有很大不同，为鼓励理财子公司发展，监管机构对理财子公司发放了很多"政策红利"，参见表1－10。

表1－10　　银行资产管理部和理财子公司产品区别

类别	银行资管部	理财子公司	子公司福利指数	备　注
销售起点	1万元	无限制	★★	抓长尾客户的利器
首次销售面签	临柜测评	增加电子渠道	★★★	抓新客户的利器
销售渠道	银行	银行＋银保监会认可的机构	★★	各有利弊
非标额度	35%、4%、10%	35%	★	小行更多受4%限制
非标授信管理	需要纳入统一授信管理	不需要纳入统一授信管理	★	不再承担实际信用风险
投资股票	间接投资	可直接投资	≈	几乎没有影响
分级产品	不可发行	可发行	★	小众产品

续表

类别	银行资管部	理财子公司	子公司福利指数	备　注
合作机构	金融机构＋银保监认可的其他机构	金融机构＋私募基金	≈	几乎没有影响
自有资金	本行自营不能投资本行理财	子公司自有资金可以投资本公司理财产品	★	流动性支持
操作风险资本	计提操作风险资本	计提风险准备金	★	
公开宣传	商业银行不得通过电视、电台、互联网等渠道对具体理财产品进行宣传	不得通过电视、电台、互联网等渠道对私募理财产品进行公开宣传	★★	可以宣传公募理财产品

(一)销售端的不同

销售端主要体现在销售起点、首次风险测评是否需要面签、销售渠道、公开宣传等四个方面。

(1)销售起点。银行资产管理部发行的理财产品需要1万元起购,但理财子公司的产品起点是没有限制的,很多理财子公司发行的产品起点是1分或者1元。销售起点的降低,最大的好处是让理财成为抓住长尾客户的利器。根据中国理财网统计,理财投资者数量从2019年底的2 222万户"井喷式"地增长到2021年底的8 130万户(图1—21)。增长的原因之一就是销售起点的下降,降低了参与门槛,降低了营销难度。

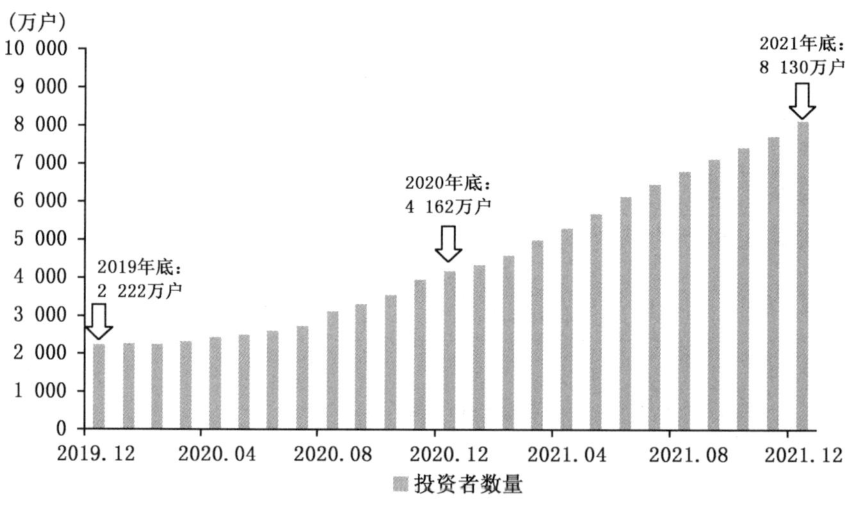

资料来源:银行业理财登记托管中心。

图1—21 理财投资者增长速度

(2)首次销售面签。首次购买银行资产管理部发行的理财产品,客户需要到柜面进行风险面签,但购买理财子公司的产品,客户就像购买基金一样,首次风险测评在网上操作就可以。这让理财成为获取新客户的利器。由于客户不需要到网点进行风险面签,这带来了极大的便利性:第一,支行网点的营销半径极大扩展,少受地域限制;第二,对存量客户的激活、交叉销售难度降低;第三,相比到网点进行风险测评需要半个小时左右,既节约了客户时间,又节约了银行网点资源。

(3)销售渠道。银行资产管理部发行的理财产品只能通过银行渠道来销售,但理财子公司的产品除了通过银行渠道来代销外,还可以通过自有渠道、"银保监会规定的其他机构"销售,虽然目前没有放开,但将来证券公司、互联网平台等机构有望获得销售资格。

(4)公开宣传。银行资产管理部发行的所有产品不得通过电视、电台、互联网等渠道对具体理财产品进行宣传,但银行理财子公司的公募产品可以通过上述渠道宣传。这无疑增加了理财子公司公募产品的宣传渠道,便于营销推广。

(二)投资端的不同

投资端的不同,主要体现在以下几个方面:

(1)非标额度。《理财新规》第三十九条规定:商业银行全部理财产品投资于单一债务人及其关联企业的非标准化债权类资产余额,不得超过本行资本净额的10%;商业银行全部理财产品投资于非标准化债权类资产的余额在任何时点均不得超过理财产品净资产的35%,也不得超过本行上一年度审计报告披露总资产的4%。《理财子公司办法》第二十九条规定:银行理财子公司全部理财产品投资于非标准化债权类资产的余额在任何时点均不得超过理财产品净资产的35%。可以看出,在非标准化债权类资产投资方面,理财子公司受到的限制更少一些。

(2)投资股票。《理财新规》第三十五条规定,商业银行发行的理财产品,能通过公募证券投资基金投资股票,即间接参与股市投资。根据《理财子公司办法》第二十六条规定,银行理财子公司发行的产品可直接投资于股票,即可直接参与股市投资。

(3)分级产品。《理财新规》第四十二条规定,商业银行不得发行分级理财产品。《理财子公司办法》第三十一条规定,银行理财子公司可以发行分级理财产品。

(4)投资合作机构。《理财新规》第四十八条规定,银行资产管理部理财投资合作机构应当是具有专业资质并受金融监督管理部门依法监管的金融机构或国务院银行业监督管理机构认可的其他机构。《理财子公司办法》第三十二条规定,银行理财子公司公募理财产品投资合作机构应当是具有专业资质并受金融监督管理部门依法监管的金融机构,但私募理财产品投资合作机构可以为依法合规、符合条件的私募投资基金管理人。也就是说,银行资产管理部的产品和理财子公司公募产品的委外合作机构只能是持牌机构,比如公募基金公司、证券公司等;而理财子公司的私募产品则可以和私募基金合作。

(5)自有资本购买自家理财产品。《理财新规》第四十九条规定,商业银行不得用自有资金购买本行发行的理财产品。《理财子公司办法》第三十三条规定,银行理财子公司以自有资金投资于本公司发行的理财产品,不得超过其自有资金的20%,不得超过单只理财产品净资产的10%,不得投资于分级理财产品的劣后级份额。当市场不好时或重点推广某只产品时,理财子公司可以用自有资金投资于本公司发行的理财产品,向投资者传递信心,带动销售。比如,面对低迷的市场环境,光大理财在2022年3月23日,以不超过2亿元投资其公司发行的理财产品。

光大理财有限责任公司

关于运用公司自有资金投资本公司旗下股票型和混合型理财产品的公告

基于对我国资本市场长期健康稳定发展的信心,光大理财有限责任公司将增持本公司管理的理财产品,以自有资金不超过2亿元投资本公司发行的阳光红股票型和阳光橙混合型理财产品。

光大理财将肩负为投资者创造可持续的价值回报,以专业的力量,服务国家战略的使命,一如既往为广大投资者创造价值。

特此公告。

光大理财有限责任公司
2022年3月23日

(6)操作风险资本计提。《理财新规》第二十二条规定,商业银行开展理财业务,应当按照《商业银行资本管理办法(试行)》的相关规定计提操作风险资本;《理财子公司办法》第四十四条规定,银行理财子公司应当按照理财产品管理费收入的10%计提风险准备金,风险准备金余额达到理财产品余额的1%时可以不再提取。

以上就是理财公司介绍的部分内容,理财公司已发展成为理财市场重要的机构类型,正在逐步成为深化金融供给侧结构性改革的重要力量,引领理财业务市场格局走向专业化发展道路。

第五节　理财业务发展现状

一、理财产品存续情况

截至 2022 年 6 月底，全国共有 293 家银行机构和 25 家理财公司有存续的理财产品，共存续产品 3.56 万只，同比下降 10.33%；存续余额 29.15 万亿元，同比增长 12.98%，如图 1—22、图 1—23 所示。

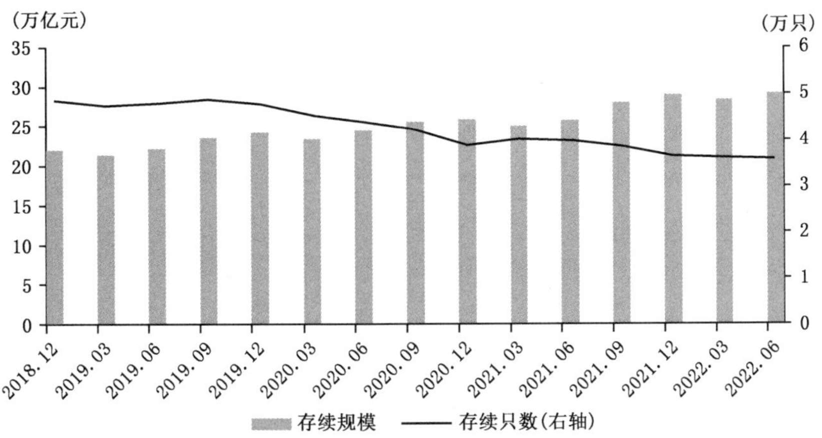

资料来源：银行业理财登记托管中心。

图 1—22　理财产品存续情况

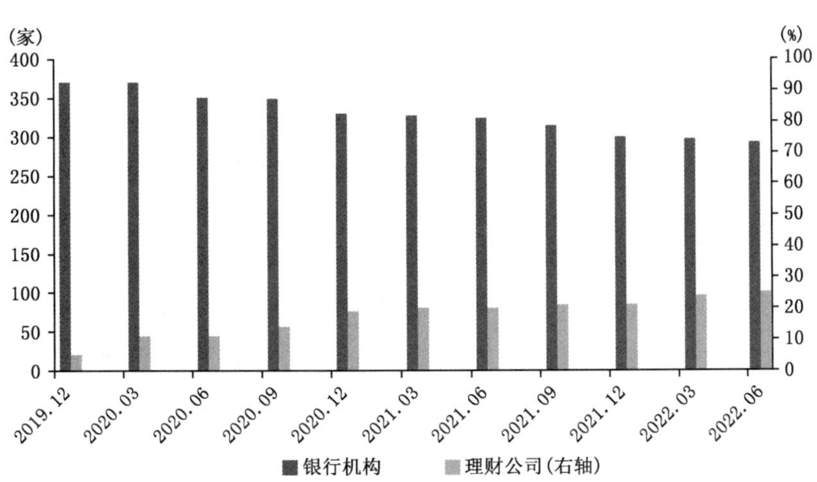

资料来源：银行业理财登记托管中心。

图 1—23　理财市场有存续产品的机构数量情况

从存续规模来看，理财公司为市场第一大机构类型，理财公司理财产品成为行业主流。

二、理财产品期限结构

理财产品期限逐步拉长。2022 年 6 月，全市场新发封闭式产品加权平均期限 443 天，同比增长 57.65%。此外，1 年以上的封闭式产品存续余额占比持续上升，截至 2022 年 6 月底占全部封闭式产品的比例 71.15%，较去年同期增长 23 个百分点，较年初增加 8 个百分点，其中以期限为 1—2 年的产品居多，如图 1—24 所示。

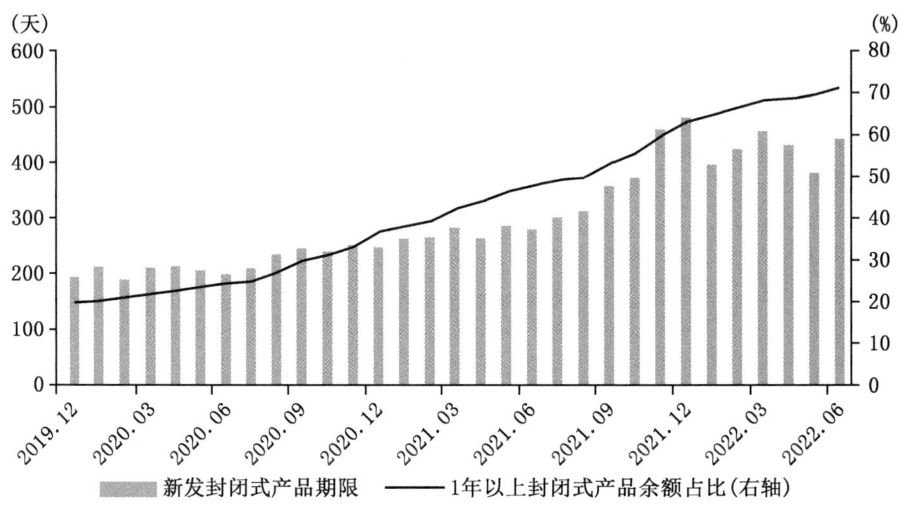

资料来源：银行业理财登记托管中心。

图 1—24 全市场封闭式产品期限情况

分机构类型来看，理财公司产品平均期限明显高于行业平均水平。2022 年 6 月，银行机构新发封闭式理财产品加权平均期限 307 天，同比增长 59.07%；理财公司新发封闭式产品加权平均期限 521 天，同比增长 10.85%，如图 1—25 所示。

三、理财产品募集方式

2022 年上半年，公募理财产品累计募集资金 47.44 万亿元，占全部理财产品募集资金的 99.00%；私募理财产品累计募集资金 0.48 万亿元，占全部理财产品募集资金的 1.00%。

截至 2022 年 6 月底，公募理财产品存续余额 27.97 万亿元，占全部理财产品存续余额的 95.95%；私募理财产品存续余额 1.18 万亿元，占全部理财产品存续余额的 4.05%。公募理财产品仍是银行理财的绝对主力。

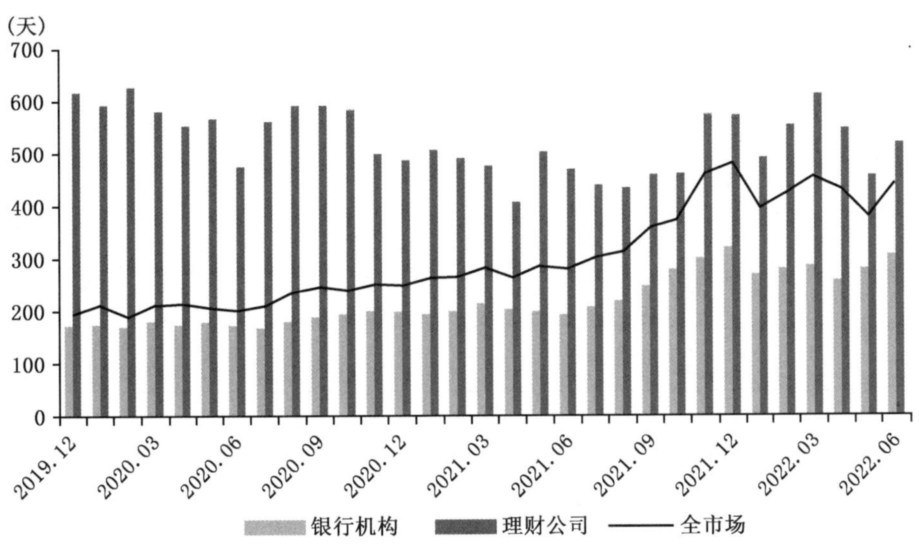

资料来源：银行业理财登记托管中心。

图 1—25 银行机构和理财公司新发封闭式产品期限情况

四、理财产品类型结构

固定收益类理财产品存续规模及占比呈上升趋势。截至 2022 年 6 月底，固定收益类理财产品存续余额 27.35 万亿元，同比增长 20.22%，占全部理财产品存续余额的 93.83%，较去年同期增加 5.65 个百分点；混合类理财产品存续余额 1.72 万亿元，同比下降 41.97%，占全部理财产品存续余额的 5.90%；权益类理财产品存续余额 795 亿元，同比下降 5.69%，占全部理财产品存续余额的 0.27%；商品及金融衍生品类理财产品规模较小，为 65 亿元。

五、理财产品收益情况

2022 年上半年，理财产品累计为投资者创造收益 4172 亿元。其中，银行机构累计为投资者创造收益 2103 亿元；理财公司累计为投资者创造收益 2069 亿元，同比增长 1.65 倍，如图 1—26 所示。

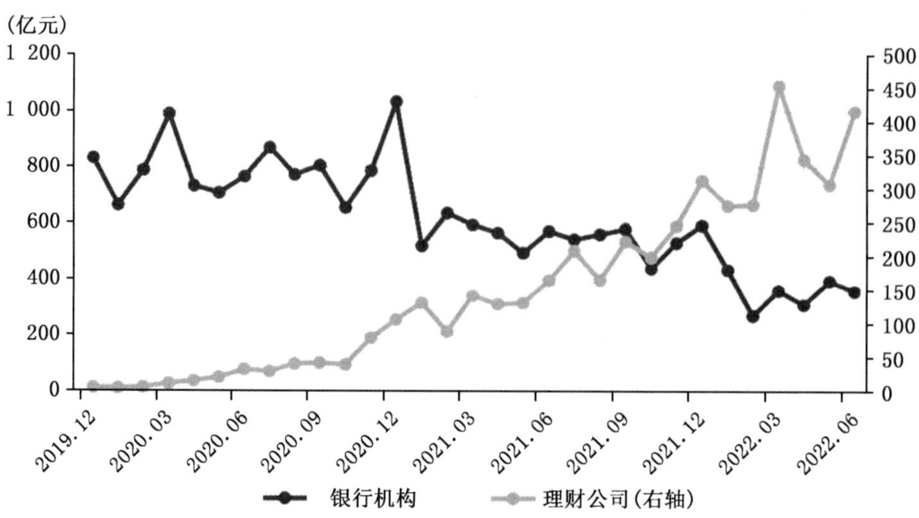

资料来源:银行业理财登记托管中心。

图 1—26 理财产品为投资者创造收益情况

六、投资者整体情况

2022 年上半年,理财投资者数量持续增长。截至 2022 年 6 月底,持有理财产品的投资者数量为 9 145.40 万户,较年初增长 12.49%,同比增长 49%。

第二章

理财产品规则

第一节　理财产品定义及要素

一、理财产品定义

理财业务是指商业银行、理财公司接受投资者委托，按照与投资者事先约定的投资策略、风险承担和收益分配方式，对受托的投资者财产进行投资和管理的金融服务。

理财产品是指商业银行、理财公司按照约定条件和实际投资收益情况向投资者支付收益、不保证本金支付和收益水平的非保本理财产品。

二、产品日期要素

第一部分：常见日期要素。

1. 成立日：是指产品开始运作的日期。

2. 终止日：是指产品终止的日期。注意，净值化产品，终止日不一定是到账日。

3. 估值日：是指产品管理人对理财产品项下资产进行估值的日期。

4. 分配基准日：是指产品管理人以该日日终产品份额净值计算并确定可供分配的投资期间理财利益的日期。

5. 分配日：是指产品管理人向投资者进行理财产品利益分配的日期。

6. 募集期：是指理财产品成立前，理财产品管理人接受理财产品认购的时间。

7. 持有期：是指自产品成立日/申购确认日起，投资者持有该产品份额的期间。

8. 产品存续期：是指自理财产品成立日起，至理财产品终止日的期间。

9. 清算期:是指自理财产品终止日至投资者理财利益到账日之间的期间。

第二部分:易混日期要素。

1. 认购期与申购期

认购期,也称“募集期”,是指从理财产品发行到产品成立为止的时期,可以理解为买“新产品”。认购期内资金未进行产品运作投资,投资者可撤单,认购期内投资者的认购资金按银行活期利率计息。

申购期主要针对开放式和定开式理财产品,是指在产品存续期间,投资者可以在开放期内申购产品的日期,可以理解为买“老产品”。

举个例子,中邮理财“鸿运一年定开5号”的认购期为2020年11月17日至11月30日,自12月1日产品成立起即进入封闭期,每年的12月1日为开放日,而它的申购期是产品每个开放日前5个工作日至开放日当日。

2. 开放期与开放日

开放期是指理财产品在存续期间内,投资者可以提交申购或赎回申请的时间段,该期间内理财产品持续运作。

开放日是产品管理人为投资者办理理财产品申购和赎回业务的日期。投资者申购份额和赎回金额的清算以产品开放日的日终单位净值为准。

理财产品的开放期包含开放日,产品开放期内投资者可提交申购或赎回申请,银行于开放日受理投资者相关业务申请。投资者购买理财产品后需重点关注产品开放期,根据资金需求和市场判断进行自由申赎,如果错过就要等待下一个开放期。

比如,根据“鸿运一年定开5号”产品说明书约定,产品成立之后每年12月1日为产品开放日,而产品开放期为开放日前5个工作日至开放日当日,即该产品的首个开放期为2021年11月24日至26日、11月29日至12月1日,共计6个工作日。

3. 到期日与到账日

净值型理财,产品的到期日和到账日是两个不同的时间节点。

所谓到期日,是理财产品投资期限终止日。不管是投资者手动赎回开放式或定开式理财产品,还是封闭式理财产品到期后自动赎回,本金和收益在到账之前,都会先进入资金清算的过程,清算完成后资金回到账户的日期才是到账日。特别注意的是,理财产品在清算期间,不产生任何投资收益。

比如,“鸿运一年定开5号”为定开式理财产品,投资期限为10年,产品赎回或产品终止后,资金将于产品开放日或到期日(包括提前到期以及延期到期)后3个工作日内到达投资者指定账户。

4. 国家法定工作日(银行工作日)与交易所工作日

有些理财产品采用了国家法定工作日(银行工作日),而有些理财产品采用了交易所工作日，具体差别如下：

(1)国家法定工作日是指除了国家法定节假日和公休日以外的所有日期，国家法定工作日＝365(366)－周六周日－国家法定节假日＋调休补班。

(2)交易所工作日是指上海证券交易所和深圳证券交易所的正常开盘交易日，交易所工作日＝365(366)－周六周日－国家法定节假日。

两者的差别主要体现在上海证券交易所和深圳证券交易所不“调休补班”，交易所工作日更少一些。

三、产品状态要素

1. 在售

“在售”状态的理财产品是处于募集期的理财产品，表示产品处于正在销售的状态。一般情况下，处于在售状态下的产品可以购买。

2. 存续

“存续”状态的理财产品是处于存续期的理财产品。对于封闭式产品，在存续期内一般不可申购/赎回；对于开放式产品，在存续期内一般会有固定或不固定的申购/赎回周期。

四、产品份额

产品管理人根据投资者购买理财产品的金额、适合的投资者、代销机构等因素，有时会设置不同的理财产品份额类别。每类理财产品份额可能将单独设置以下内容：(1)产品销售名称；(2)产品销售代码；(3)钞汇标志；(4)代销机构；(5)适合的投资者；(6)销售手续费率；(7)业绩比较基准；(8)认购/申购投资起点金额及递增金额；(9)单笔最大购买金额、累计购买金额、最少赎回份额，认购/申购和赎回的数量限制等；(10)最低持有份额；(11)产品规模上限。

投资者可根据实际情况自行选择认购/申购的产品份额类别。不同份额的投资运作是一样的，但若销售手续费率不同，不同份额的净值也会不同。

五、产品年化收益率

银行理财销售页面上，经常会展现“近1月年化收益率”“近1年年化收益率”“成立以来年化收益率”“上一投资周期年化收益率”等。

1.“年化收益率”概念

“年化收益率”是指假设产品投资期限为1年所获得的收益率。它是一种理论收益率，也是目前绝大部分银行理财通用的业绩衡量标准。计算公式为：

年化收益率=(当前净值－初始净值)÷初始净值÷产品运行天数×365×100%

"××"年化收益率是将某段时间内的收益率以年为单位进行折算。简单来说,就是把这段时间内的产品收益均摊到期限内的每一天,然后乘以 365 来计算一年的收益。

2."近 3 月年化收益率"计算举例

"近 3 月年化收益率"是指产品最近 3 个月的收益率按照年化进行折算的收益率。"近 1 月年化收益率""近 1 年年化收益率"也是一样的道理。某产品 2022 年 2 月 24 日的近 3 月年化收益率计算过程如下:

2022 年 2 月 24 日单位净值:1.222 0

2021 年 11 月 25 日单位净值:1.212 0

首先算出近 3 个月的收益率:(1.222 0－1.212 0)÷1.212 0×100%=0.825%

再将近 3 个月的收益率进行年化:0.825%÷92×365=3.27%

3."成立以来年化收益率"计算举例

"成立以来年化收益率"是指产品成立以来的累计收益按照年化进行折算的收益率。某产品 2022 年 2 月 24 日的成立以来年化收益率计算过程:

2022 年 2 月 24 日单位净值:1.115 0

2020 年 5 月 7 日(成立日)单位净值:1.000 0

首先算出成立以来的累计收益率:(1.115 0－1.000 0)÷1.000 0×100%=11.50%

再将成立以来的累计收益进行年化:11.50%÷659×365=6.37%

4."上一投资周期年化收益率"计算举例

"上一投资周期年化收益率"是指如定开类、周期持有类等设有投资周期的开放式理财产品,最近一个投资周期的收益按照年化进行折算的收益率。

某定开类产品上一投资周期年化收益率计算过程:

2022 年 2 月 16 日(投资周期结束日)单位净值:1.196 4

2022 年 2 月 10 日(投资周期起始日)单位净值:1.195 6

首先算出这个投资周期的收益率:(1.196 4－1.195 6)÷1.195 6×100%=0.067%

再将这一投资周期收益进行年化:0.067%÷7×365=3.49%

5. 注意年化收益率的"放大"和"扭曲"效应

年化收益率在购买页面的呈现方便了广大投资者了解理财的情况和变化,但在投资者直观比较产品收益率的同时,也要注意年化收益率的"放大"和"扭曲"效应。

例如,C 产品 2 月份的绝对收益率为 0.4%,年化收益率为 4.8%。若下一个月收益率为 0.35%,则年化收益率变为 4.2%。年化收益率从 4.8%跌到 4.2%,出现 0.6%的回撤,但实际上两个持有期的绝对收益率只相差了 0.05%,而年化收益率把差距放大了12倍。

假设一个投资者购买C产品1万元，2月份持有期间收益为：10 000×0.4%＝40(元)；3月份持有期间收益为：10 000×0.35%＝35(元)；两者只相差5元，但是从年化收益率的感觉上波动较大，这是“放大器效应”带来的“假象”。

年化收益率的“放大器效应”，在权益类产品中表现得会更加明显。随着股市的起起伏伏，权益类理财产品中的股票资产也会变化较大，从而使得产品的波动变化更加剧烈，有时候甚至让年化收益率水平变得“扭曲”，偏离了产品实际运作的状况，影响了投资者的持有感受。比如，当权益市场大震荡时，此时正在建仓的理财产品，其净值很容易受到市场扰动，有些情况下可能会产生浮亏，由此折算的年化收益率并不能真实反映该产品中长期的收益水平。比如，某产品成立1个月，由于权益市场波动较大，造成了5%的浮亏。虽然权益类理财产品5%左右的净值波动较为普遍，但是由于该产品只运作了1个多月，折合成年化收益率却高达－60%。这就是年化收益率的“扭曲”现象。

总的来说，“年化收益率”这一概念有助于投资者衡量产品的收益水平，也有助于投资者更好地比较不同期限产品的收益率，但也要注意“放大”甚至“扭曲”效应。理财经理、客户经理需指导客户理性、科学地看待“年化收益率”。

六、业绩比较基准

业绩比较基准是理财产品管理人根据过往投资运作经验，结合当前市场情况，并参考同类型产品运作情况，综合设定的产品投资目标。业绩比较基准一般作为管理人收取超额业绩报酬和动态调整投资管理费的参照，不代表理财产品未来表现，不等于理财产品实际收益，不作为产品收益的业绩保证。

虽然业绩比较基准并不作为产品收益承诺，但一般是产品管理人测算的“投资收益大概率实现的可能值”，也是投资经理运作理财的主要目标，具有较强的参考意义。

1. 业绩比较基准常见类型

表2—1　　业绩比较基准常见类型

类　型	例　子	介　绍
单一数值型	业绩比较基准为5.5%	采用单一固定数值作为产品的业绩比较基准，简洁明确，给投资者更直观的感受，便于投资者根据自身投资预期选择产品配置。主要应用于资产波动性相对较小的产品；或是一些期限较长，以之作为长期业绩目标的产品。
区间数值型	业绩比较基准为3%～4%	采用数字区间作为产品的业绩比较基准，通常是根据产品策略，使用历史数据回测模拟而推算出的收益率区间。对于一些波动性较小的固收产品，区间略窄；对于一些波动相对较大的含权益产品，区间略宽，常用于固定收益类和混合类产品。

续表

类　型	例　子	介　绍
基准利率或市场化利率型	业绩比较基准为1年定期存款基准利率+100BP	这种方式是依据基准利率和市场化利率做"加减法",适用于追求绝对收益的理财产品,常用于现金管理类产品和固定收益类产品。
指数型	沪深300指数收益率×80%+中证全债指数收益率×20%	采用指数、指数组合、指数加减数字作为产品的业绩比较基准,参照指数包括股票指数、债券指数等,通常是综合了产品类型、投资范围、投资比例、投资策略等因素。常适用于受市场影响较大,或投资策略为相对收益策略的产品,常用于权益类和混合类产品。

2. 如何理解业绩比较基准

第一,作为管理人设定的投资目标。业绩比较基准就像考试之前我们给自己设定的目标分数,产品实际收益率就像真实的考试得分,能否达到目标的分数线是事先无法确定的,需要看考场的发挥和卷子的难易程度等。也就是说,业绩比较基准与产品实际收益率之间存在偏差,存在收益不及预期的可能性。

第二,作为管理人提取超额业绩报酬的依据。业绩比较基准作为理财产品管理人设置的投资目标,有的理财产品会对超过业绩比较基准的部分收取一定比例的超额业绩报酬。这个设置会激励管理人努力达到并超越业绩基准,以此获取超额业绩回报,从而达到"双赢"目的。

七、相关编码

1. 产品登记编码

(1)背景由来。根据《商业银行理财业务监督管理办法》规定:"商业银行及银行理财公司不得发行未在全国银行业理财信息登记系统进行登记并获得登记编码的理财产品。"所以每只理财产品都有唯一的识别号码,也作为产品是否合规的重要标识,好比身份证一样。

(2)如何获取。理财产品对外销售前,需在全国银行业理财信息登记系统进行登记,审核通过后便会生成产品登记编码。

公募产品需在募集起始日前10个工作日进行登记;私募产品需在募集起始日前2个工作日进行登记。

(3)编码含义。产品登记编码通常由14位(公募)或15位(私募)特征组合码构成,以公募产品为例,理财公司发行的产品以字母"Z"开头,银行发行的产品以"C"开头。字母后的5位数是发行机构在理财登记系统中的编号。比如,兴银理财增盈稳享的编码为:Z7002022000184,"70020"代表兴银理财;再之后的2位数代表该产品登记的年份，增盈稳享封闭式 8 号是 2022 年登记发行的，所以是“22”；最后的 6 位数代表该产品在本年度登记的次序，“000184”代表增盈稳享封闭式 8 号是 2022 年兴银理财第 184 只登记的理财产品。

（4）如何查询。在中国理财网（www. chinawealth. com. cn），在首页右侧“鉴别产品真伪”栏目输入产品登记编码，可快速查询相关产品信息，或关注中国理财网微信公众号，通过点击底部“产品查询”进入。

2. 产品代码

为便于对产品的管理，理财产品管理人常常会结合内部管理需要，为各个理财产品编制内部的识别编码，各机构叫法会略有区别。

3. 销售代码

理财产品若设置不同产品份额类别，为在理财产品销售管理过程中区分不同产品份额类别，管理人在同一理财产品代码项下，为每类份额类别设置唯一性内部识别码，参见表 2—2。

表 2—2　　销售代码示例

理财产品名称	【兴银理财增盈稳享封闭式 8 号固收类理财产品】
产品登记编码	【Z7002022000184】
产品代码	【9K240080】
销售代码	【9K24008A】（适用【A】类份额）【9K24008B】（适用【B】类份额）

第二节　理财产品分类

一、根据募集方式分类

根据募集方式的不同，将理财产品分为公募理财产品和私募理财产品。

1. 公募理财产品

（1）定义。公募理财产品是指商业银行、理财公司面向不特定社会公众公开发行的理财产品。

（2）公开发行认定标准。公开发行的认定标准依照《中华人民共和国证券法》执行，具体指有下列情形之一的，为公开发行：

①向不特定对象发行证券；

②向特定对象发行证券累计超过 200 人；

③法律、行政法规规定的其他发行行为。

(3)销售起点要求。商业银行发行公募理财产品的,单一投资者销售起点金额不得低于1万元人民币。

理财公司发行公募理财产品的,没有销售起点限制。

2. 私募理财产品

(1)定义。私募理财产品是指商业银行、理财公司面向合格投资者非公开发行的理财产品。

(2)合格投资者认定标准。合格投资者是指具备相应风险识别能力和风险承受能力,投资于单只理财产品不低于一定金额且符合下列条件的自然人、法人或者依法成立的其他组织:

①具有2年以上投资经历,且满足家庭金融净资产不低于300万元人民币,或者家庭金融资产不低于500万元人民币,或者近3年本人年均收入不低于40万元人民币;

②最近1年末净资产不低于1 000万元人民币的法人或者依法成立的其他组织;

③国务院银行业监督管理机构规定的其他情形。

(3)销售起点要求。私募理财产品,合格投资者投资于单只固定收益类理财产品的金额不得低于30万元人民币,投资于单只混合类理财产品的金额不得低于40万元人民币,投资于单只权益类理财产品、单只商品及金融衍生品类理财产品的金额不得低于100万元人民币。公募产品和私募产品的比较如表2—3所示。

表2—3　公募产品与私募产品对照表及优缺点

投资者（向上穿透）	资管产品	底层资产（向下识别）				期限	集中度	杠杆比例	产品分级	信息披露
		债券	股票	非标债权	未上市债权					
满足下列条件之一： ·不特定社会公众 ·投资者(包括不特定社会公众和合格投资者)＞200人	公募产品	√	√	但资产终止日不得晚于： ·封闭式产品到期日 ·开放式产品最近一次开放日	×	封闭式≥90天	需同时满足： ·单只公募产品投资单只证券(证券投资基金)市值≤产品净值产10% ·同一机构全部公募产品投资单只证券(证券投资基金)市值≤证券市值30% ·同一机构全部开放式公募产品投资单一上市公司股票≤该公司可流通股票的15%	·开放式≤140% ·开放式≥200%	×	·开放式：按开放频率 ·封闭式：至少1周

续表

投资者（向上穿透）	资管产品	底层资产（向下识别）				期限	集中度	杠杆比例	产品分级	信息披露
		债券	股票	非标债权	未上市债权					
合格投资者≤200人 合格标准： ·单只产品投资额：固收产品≥30万元 混合类产品≥40万元 权益、商品及金融衍生品产品≥100万元 ·资产或收入达到标准	私募产品	✓	✓	同上	需同时满足： ·封闭式产品 ·退出日不得晚于产品到期日	封闭式≥90天	同一机构全部公募和私募产品投资单一上市公司股票≤该公司可流通股票的30%	·分级私募≥140% ·其他私募≤200%	封闭式私募产品	至少每季度

	优点	缺点
公募	募集规模大，客户数不限，无合格投资者认定	集中度限制 投资品种限制 登记备案周期长、信息披露要求高
私募	无集中度限制 无投资品种限制 登记备案、信息披露要求低	合格投资者认定麻烦（特别是对零售）

二、根据投资性质分类

根据投资性质的不同，将理财产品分为固定收益类理财产品、权益类理财产品、商品及金融衍生品类理财产品和混合类理财产品。

固定收益类理财产品投资于存款、债券等债权类资产的比例不低于80%；权益类理财产品投资于权益类资产的比例不低于80%；商品及金融衍生品类理财产品投资于商品及金融衍生品的比例不低于80%；混合类理财产品投资于债权类资产、权益类资产、商品及金融衍生品类资产且任一资产的投资比例未达到前三类理财产品标准。综合募集方式和投资性质，整理如表2—4。

表2—4　　理财产品的分类

按投资性质分类	投资范围	私募产品合格投资者
固定收益类	债权类资产≥80%	投资于单只固定收益类产品的金额不低于30万元
权益类	权益类资产≥80%	投资于单只权益类产品的金额不低于100万元
商品及金融衍生品类	商品及金融衍生品≥80%	投资于单只商品及金融衍生品类产品的金额不低于100万元
混合类	投资于债权类资产、权益类资产、商品及金融衍生品资产且任意资产的投资比例未达到前三类产品标准	投资于单只混合类产品的金额不低于40万元

1. 固定收益类理财

固定收益类理财产品是指投资于存款、债券等债权类资产的比例不低于80%的理财产品。

(1)“固定收益类”产品的名字由来。有不少人从字面上理解，认为“固定收益类”产品的收益就是“固定”的，但其实这里的“固定收益类”是指所投资的资产性质。固定收益类理财产品主要投资于固定收益类资产，常见的固定收益类资产包括银行存款、债券、非标准化债权等，因为这类金融资产能够提供固定数额或根据固定公式计算出的现金流，因此又叫“固定收益类”资产。可见“固定收益类”理财并不意味着“收益固定”。

(2)主要收益来源及风险。固定收益类理财产品的收益来源取决于投资标的，以投资债券为例，其收益来源主要包括票息收益、资本利得、杠杆收益三个方面：

①票息收益。票息收益由票面利率决定，实质上是债券发行人定期向债券持有人支付的利息。票面利率主要由基准利率水平、债券期限、发行者信用和市场流动性等因素决定。

假设某理财产品的管理人进行资金运作时投资了一张1年期债券，面值为100元，票面利率为5%，每年付息一次。如果债券的发行人没有违约，那1年以后产品获得的票息就是100×5%=5(元)。

这个5元的票息可以理解为“静态收益”，是在没有发生任何信用风险的情况下，即可获得的确定的利息收入。但如果债券违约，将损失剩余期限的利息甚至本金。

②资本利得。资本利得是通过在二级市场买卖债券获得的价差收益。在债券存续期间，债券价格会受到市场利率等因素的影响而产生波动。比如，当央行加息时市场利率上行，债券的价格就会下跌，所以可以通过判断利率走势，“低买高卖”赚取差价。当卖出价或偿还额大于买入价时，为资本收益，当卖出价或偿还额小于买入价时，为资本损失。

以上述的债券为例来说明：假设产品管理人购买时的价格是100元，但过了两个月后，债券市场行情不错，同类型的债券价格涨到了110元，于是管理人卖掉了债券，获得了10元(110－100)的价差收益。

这个10元的价差收益可以理解为“动态收益”部分，是由于债券价格发生变动，管理人通过抓住市场机会而获得的。

从定义来看，债券发行人按照约定还本付息，投资者收到的现金流分配是固定的，但是，债券价格通常存在波动。无风险利率变化、信用资质变化、流动性环境变化都会造成债券的价值出现波动。

第一，对于固定利率的债券而言，当无风险利率上升时(例如通货膨胀预期导致名义利率上升)，未来的固定现金流对应到现在的价值一定会下降，此时债券的价格也会下降；当无风险利率下降时，未来固定现金流的价值会上升，债券价格也会上升。

第二，信用资质变化对债券价格带来的影响主要体现在信用类债券上，如公司债。随着经济周期、行业周期及公司自身经营发展的变化，其信用资质也在不断发生变化。例如，一个公司在过去 1 年中前 6 个月因为经营不善造成公司现金流异常，偿债压力增大，后 6 个月因为管理层和政府积极干预协调，最终公司恢复到正常运行状态。对于理性的债券投资人而言，公司前 6 个月债券的价格应该明显低于后 6 个月的债券价格，因为前 6 个月投资的债券未来还本付息存在较大的不确定，投资人需要更低的价格买入债券以获得更多的风险补偿，如 95 折买入 100 元面值 5％利息的债券，到期以获得 10 元的收益。

第三，流动性环境变化经常出现在如年末、季末和开放期等时点。由于产品需要变现一部分债券来应对偿还负债、赎回、缴税、支付产品相关费用等需求，但是单一债券的市场成交量是有限的，一旦想更快地卖出债券回笼现金，就必须折价卖出，此时债券的价格是下行的；当市场整体资金量增加，如年初各类型理财、基金等产品发行量增大，全市场投资人对资产的需求增加，为了保证尽快获得资产，其他投资人会溢价买入债券，此时债券价格是上行的。

③杠杆收益。杠杆收益则是通过将持有的债券质押融资，利用融资资金再买入新的债券所获得的收益。理财产品可配置流动性比较好的债券，当回购利率低于债券收益率的时候，开展正回购操作，融入的资金再次投资于信用债，从而获得债券收益率超出回购资金成本的套利。

比如，假设现在 10 年国债的收益率是 3.2％，10 年 AA＋企业债券的收益率为 4.5％，银行间市场债券质押式回购的 7 天平均利率为 2.3％，假设某理财产品有 10 亿元规模，可以先用 10 亿元投资国债，先保证这 10 亿元国债的收益率 1 年是 3.2％，然后再把这 10 亿元国债在银行间市场质押出去，付出的成本是质押式回购 7 天的利率为 2.3％，再把借入的 10 亿元买 AA＋企业债。此时的持仓为 10 亿元的国债，再加借入的 10 亿元购买的 AA＋家企业债，一共是 20 亿元，获得的收益率是 10 亿元国债的收益率 3.2％，再加上 AA＋家企业债的收益率 4.5％，再减去滚动的融资成本利率，债券质押式回购的 7 天平均利率为 2.3％，那最后算下来的年化收益率就是 5.4％(5.4％＝3.2％＋4.5％－2.3％)。

但杠杆策略存在短借长投、期限错配的问题，存在资金利率上升过快，波动加大，滚动融资成本上升，或者无法借贷到资金等风险，因此，在增加杠杆的同时也意味着会提高投资风险。

综上所述，从固定收益类产品的收益来源可以看出，“固定收益类”≠“收益固定”，产品的投资收益受到很多因素的影响，包括市场利率变化、信用风险、流动性风险和杠杆高低等。所以，以投资债券为主的固定收益类产品，收益并不“固定”，产品净值同样会随着市场波动而变化。但是，固定收益类产品的风险相比较于权益类产品过山车式的“大起大落”，收益率波动幅度较低，比较适合投资风格稳健、风险偏好较低的投资者。

2. 权益类理财

权益类理财就是主要投资于权益类资产的理财产品，即由银行或理财公司发行的，投资于股票、未上市企业股权等权益类资产的比例不低于80%的资产管理产品。

(1)产品特点。

第一，短期波动较大。股票等权益类资产容易受到宏观经济、行业政策、资金流向、公司业绩等多种因素影响，短期市场价格走势波动较大，所以权益类产品的风险相对较高，风险级别大多为第四级中高风险和第五级高风险。

第二，长期收益可观。风险与收益相匹配，尽管权益类产品的净值波动较大，但收益的想象空间也更可观。以我国大盘指数沪深300指数和中盘指数中证500为例，尽管每年涨跌形势不一，但中长期回报仍然可观。自2004年12月31日以来，截至2020年12月31日，沪深300指数的复合年化收益率为10.86%，中证500指数的复合年化收益率为12.26%。

我们以偏股混合型基金指数为例，假设产品保持90%仓位投资于偏股混合型基金指数，从2004年以来任意一个交易日开始持有该产品，测算不同持有期限对应的获利概率(不同产品建仓策略不同，因此不考虑建仓期)。

根据测算，持有3个月和半年，获利概率相近，且并没有显著高于50%；持有1年，获利概率提高到70%；持有3年，获利概率提高到80%；持有5年，获利概率提高到90%以上。

90%仓位投资于偏股混合型基金指数的产品，不同持有期限的获利概率如表2—5所示。

表2—5　　偏股混合型基金指数产品周期和收益率

持有时间	获利概率	平均持有收益	平均持有年化收益
3个月	59%	4%	15%
6个月	62%	8%	17%
1年	70%	21%	21%
2年	77%	45%	23%
3年	80%	64%	21%
5年	93%	88%	18%

这组数据说明，无论理财还是基金，权益类产品在持有期限低于1年的情况下，出现亏损是较为平常的，随着持有期限的拉长，盈利概率一般呈现上升趋势。

(2)正确看待权益类理财的业绩。

权益类理财天生具备高预期收益、高风险、高波动的特征，直接拿权益类理财和其他权益配置比例较低的纯固收类、“固收＋”类理财进行业绩比较，显然就不合适了。

一方面，权益类资产的波动通常数10倍于纯固收类资产，而“固收＋”类理财根据权益类资产占比的不同，波动介于权益类理财和纯固收类理财之间。

高波动就意味着当市场下行的时候，权益类理财可能回撤更大。当市场上行的时候，权益类理财也可能为客户带来“纯固收”“固收＋”类理财无法比拟的收益。

另一方面，高波动一般会给予权益类资产更高的风险补偿。因此，权益类理财拉长时间来看预期收益也可能显著高于纯固收类和“固收＋”类理财。这就是我们配置权益类理财并承受其高波动的意义。

(3)正确评价权益类理财业绩表现。

首先，根据权益类理财的投资范围，产品一般会设置一个相对收益的业绩比较基准。权益类理财最直接的投资目标就是战胜基准。比如，投资于全市场的权益类理财通常对标某个或某几个宽基指数。举个例子：招银理财全明星精选FOF的业绩比较基准是：沪深300指数×80％＋1年期定期存款利率(税后)×20％

其次，和股票基金一样，权益理财可以通过其对标产品中的业绩排名，考量相对表现。比如，投资于股票的权益类理财通常与公募基金中投资范围相同或相近的股票基金和偏股混合基金进行对比，投资于基金的权益类FOF理财通常与投资范围相同或相近的公募FOF基金或偏股混合基金对比。

综合来看，权益类产品比较适合想要追求更高收益，且愿意承受一定风险的“进取型”和“激进型”投资者。

3. 商品与金融衍生品理财

商品及金融衍生品类产品面世不仅是银行理财产品的创新突破，也为投资者提供了更多选择，但不是所有包含商品与金融衍生品的理财都叫商品与金融衍生品理财。从产品投向来看，该类理财产品主要投向商品及金融衍生品类资产，包括商品、互换、远期、掉期、期货、期权、信用风险缓释工具等衍生工具及其他资产或者资产组合。其中，衍生品主要是指以股票、利率、货币和商品等原生资产为“母体”，经过演变而产生的另一种新型金融工具。它的价值依赖于其“母体”资产的价值变动，本质上是一种买方和卖方之间签订的金融合约，主要包括期货、期权、远期、互换等。《资管新规》规定，商品及金融衍生品类产品投资于商品及金融衍生品比例不低于80％。

当前市场中，该类理财产品无论从数量还是总规模都显得另类小众。该类理财产品主要有以下特点：

第一，复杂性。商品、互换、远期、掉期、期货、期权、信用风险缓释工具等资产，相比债券、股票等，复杂性要高很多，价格影响因素较多，规则较为复杂，只适合具备较多专业知识与经验的投资者。

第二，高杠杆性。高杠杆是商品与金融衍生品的主要特性，比如买房子时，如果拿100万元现款去买，涨跌幅为20%对应投资收益分别是+20%和-20%。这时，如果有个金融机构说只需要出20万元首付，剩余的钱我们帮你垫付，这时候当房价涨跌幅度为20%的时候，投资收益则分别对应的是+100%和-100%。商品与金融衍生品与此例类似，都是将杠杆放大后获得数倍收益或承担数倍损失。

第三，高风险性。市场的复杂性与工具的高杠杆性带来的是产品的高风险性，商品与金融衍生品理财的净值波动会高于其他类型理财，当然这也意味着当中存在着获取高额投资回报的机会。

4. 混合类理财

混合类理财产品是混合了多种资产的理财产品。如果一个产品同时投资于固定收益类资产、权益类资产和商品及金融衍生品类资产，且任一资产的投资比例未达到80%以上，那它就属于混合类理财产品。其主要特点如下：

(1)多资产配置，不依赖单一市场。同一市场的资产，价格走势普遍趋同。如果投资主要依靠单一资产，收益只能被动地跟随市场起伏，不利于抵御风险。

混合类理财产品则不受资产类别的限制，可以通过多元化的资产配置，灵活搭配债券、股票、商品及衍生品等大类资产，利用它们之间的低相关性或负相关性来分散投资风险，减弱单一资产的大幅波动对产品净值的影响。

(2)多策略加强，进一步分散风险。市场总是阴晴不定的，任何一种策略都可能有“失灵”的时候，但是通过策略的分散能够控制单一策略失效对产品净值的影响程度。

混合类理财产品通过债券久期策略、CTA策略、杠杆策略、股票多头、套利策略、打新、量化中性等多种策略的组合搭配，可以进一步分散投资风险，提高理财产品对不同市场环境的适应能力。

·知识专题：现金管理类理财·

现金管理类理财是一种特殊的固定收益类理财产品。

一、定义

现金管理类产品是指仅投资于货币市场工具，每个交易日可办理产品份额认购、赎回的商业银行或者理财公司理财产品。在产品名称中，一般会使用“货币”“现金”“流动”等类似字样。

二、现金管理类产品可以投资的金融工具

（一）现金；

（二）期限在1年以内（含1年）的银行存款、债券回购、中央银行票据、同业存单；

（三）剩余期限在397天以内（含397天）的债券、在银行间市场和证券交易所市场发行的资产支持证券；

（四）银保监会、中国人民银行认可的其他具有良好流动性的货币市场工具。

现金管理类产品不得投资的金融工具如下：

（一）股票；

（二）可转换债券、可交换债券；

（三）以定期存款利率为基准利率的浮动利率债券，已进入最后一个利率调整期的除外；

（四）信用等级在AA＋以下的债券、资产支持证券；

（五）银保监会、中国人民银行禁止投资的其他金融工具。

三、估值方法

在确保现金管理类产品资产净值能够公允地反映投资组合价值的前提下，可采用摊余成本法对持有的投资组合进行会计核算，同时应当采用影子定价的风险控制手段，对摊余成本法计算的资产净值的公允性进行评估。

四、收益展现形式

现金管理类理财常用每日万份收益和7日年化收益率来进行收益展示。

（一）每日万份收益

每日万份收益，可以理解为每1万份理财产品当日实际产生的收益。

当日产品万份收益＝当日产品总收益（已扣税费）÷当日产品总份额×10 000份

投资者可根据公布的当日产品万份收益，计算自己每天获得的收益，公式如下：

投资者当日收益＝投资者当日持有份额÷10 000份×当日产品万份收益

举例：假设A现金管理类理财产品当日万份收益是1.66元，就是说每持有1万份该理财产品，当天能够获取1.66元的收益。如果客户持有10万份额，当天获得的收益＝10万份÷10 000份×1.66元＝16.6（元）。

（二）7 日年化收益率

7 日年化收益率，是将现金管理类理财产品过去 7 个自然日（含节假日）所获得的总收益进行年化计算之后得到的数据。

7 日年化收益率＝7 日总收益率（%）/7×365

举例：过去 7 天某现金管理类理财每天产生 0.01%的收益（即万分之一），那么 7 天的收益则是 0.07%，7 日年化收益率为 0.07%/7×365＝3.65%。

7 日年化收益率是投资者选择现金管理类理财产品的一项重要指标。由于某单日收益率偏高会造成 7 日年化收益率虚高，仅看这一指标可能导致偏差的投资行为，因此，还需参考"每日万份收益"指标来辅助选择产品。

五、产品特点

现金管理类产品具有"类活期的便利，超定期的收益"的特点，主要体现在以下几方面：

（一）便利性

现金管理类产品投资门槛低，大部分产品 1 分或 1 元起购，追加投资无起点限制；理财公司发行的现金管理类产品无须到柜面进行首次风险评测，可全程在网上办理。

（二）收益性

现金管理类产品的收益率一般高于活期存款利息；现金管理类产品每日收益结转为份额，红利再投资，自动享受复利。

现金管理类理财的收益率其实跟金融市场的短期资金供需情况息息相关，其中有一个非常好的参考指标——Shibor，市场中现金管理类理财的平均收益率基本与 Shibor 走势相一致。

Shibor，即上海银行间同业拆放利率（Shanghai Interbank Offered Rate），是由我国信用等级较高的 18 家银行每日自主报出的人民币同业拆出利率计算确定的算术平均利率。Shibor 是我国金融市场的基础性利率，促进了国内货币市场的快速发展，在市场化的产品定价中也得到了很多运用。

（三）时效性

相较于货币基金，现金管理类理财产品的交易时间一般较长，有些理财公司的产品申购截止工作日 15:45；每个工作日可赎回，T+0 或 T+1 工作日到账，流动性强。

（四）安全性

风险等级 R1，属于最低风险等级的理财产品。

六、T+0 产品和 T+1 产品

现金管理类理财产品分为 T+0 产品和 T+1 产品。一般说 T 日，指的是产品开放日，有些产品的开放日和股市开市日相同，即证券交易日；有些产品的开放日和银行间债券市场开市日相同，即银行间交易日。

T+0 产品指的是在 T 日截止时间前购买现金管理类理财产品，当日即可确认并享有产品的收益分配权益；T 日截止时间前赎回现金管理类理财产品，当日即可确认，但无法享有当日产品的收益分配权益。

T+1 产品指的是在 T 日截止时间前购买现金管理类理财产品，在 T+1 日才会确认并享有产品的收益分配权益；T 日截止时间前赎回现金管理类理财产品，T+1 日才会确认，但仍可享有 T 日产品的收益分配权益。

一般而言，由于 T+0 产品的流动性更高，收益会略低于 T+1 产品。

但根据《关于规范现金管理类理财产品管理有关事项的通知》(银保监发〔2021〕20 号)，从 2023 年 1 月 1 日起，只能存在 T+1 产品，现在 T+0 产品将逐步退出市场。

七、规模控制要求

《关于规范现金管理类理财产品管理有关事项的通知》规定：商业银行、理财公司应当对采用摊余成本法进行核算的现金管理类产品实施规模控制。

同一商业银行采用摊余成本法进行核算的现金管理类产品的月末资产净值，合计不得超过其全部理财产品月末资产净值的 30%。同一理财公司采用摊余成本法进行核算的现金管理类产品的月末资产净值，合计不得超过其风险准备金月末余额的 200 倍。

·知识专题：固收增强型(固收+)理财·

一、固收增强型(固收+)产品发展的必然性

(一)纯债收益中枢趋势下行

观察全球主要经济体的利率趋势可以发现，随着经济增速放缓和资本回报率的下降，利率在过去 20 年总体处于下行态势，如图 2—1 所示。

长期来看，我国的利率也会如发达经济体一样中枢下移。短期来看，我国经济面临需求收缩、供给冲击和预期转弱的三重压力，为了稳定经济、化解债务风险也需要维持低利率环境。

受此影响，新发的纯固收类理财产品收益率吸引力可能会逐步有所下降。

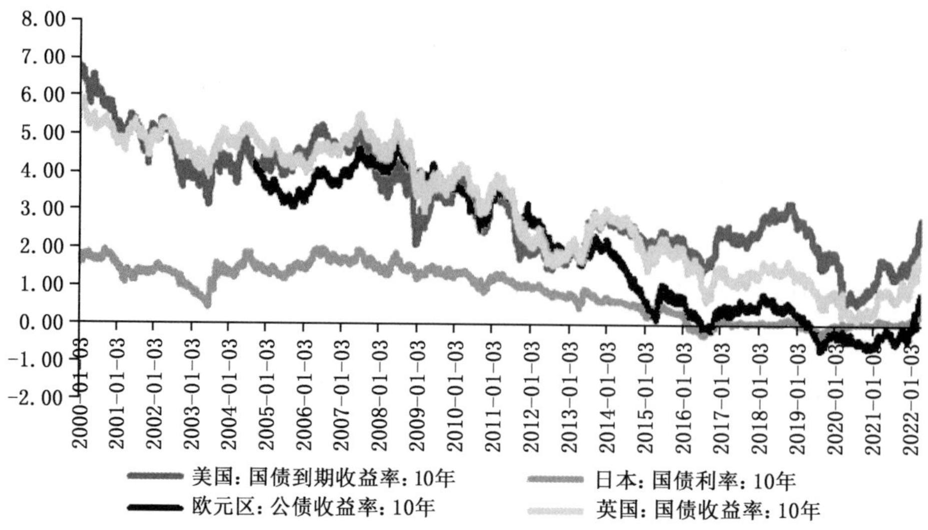

数据来源：WIND。

图 2—1 四大主要经济体国债收益率比较

（二）权益类资产波动加大

权益类资产作为居民财富配置的品种之一，受关注程度与日俱增。与纯固收类资产相比，权益类资产的弹性更高，但同时波动性也更大。理财产品的投资者对于产品表现的稳定性诉求较高，单独的权益类资产无法满足理财产品投资者的诉求。固收＋产品融合了固定收益类资产的稳定性和权益类资产的弹性特征。

（三）非标资产压降

之前银行发行的理财产品，底层资产中包含大量的非标资产，造成理财产品收益“虚高”的情况。而非标资产是特定历史时期的产物，在“去杠杆”、引导资金“脱虚向实”、防范金融风险的背景下，非标资产规模逐渐减少，腾挪出的这部分资金需要有新的配置解决方案。

（四）固收增强型（固收＋）产品提供了解决方案

固收增强型（固收＋）产品为目前理财产品面临的三个痛点提供了解决方案，并且能够在收益、流动性和风险三者之间做到平衡，为投资者提供更好的产品体验。

二、固收增强型（固收＋）产品定义

固收增强型(固收+)就是以80%以上的固定收益类资产打底,再配置一定比例的风险资产,以寻求增强收益的机会,本质上是一种以资产配置为核心的投资策略。"固收增强"也常被称为"固收+"。其主要有两个特点:

(1)固收代表"守"。固收是指以债券、银行存款、大额存单等为代表的固定收益类资产,收益较为稳定,风险相对较低。固收定位防守,抵御市场上的"风风雨雨",是资产配置中的"定海神针"。

(2)增强代表"攻"。增强是指比固定收益类资产风险更高的资产或投资策略,在固收基础上做加法,以获取增强收益。增强定位进攻,捕捉市场上的"赚钱机遇",是资产配置中的"增益利器"。

"固收增强"型理财产品,可以看作是固收类产品的进阶版(Plus版),通过资产配置来中和固收资产、风险资产的优势与不足,兼顾风险与收益,可攻可守。风险相对于直接投资高波动资产会更加可控,而收益空间相较于纯固收产品会更具弹性。

三、固收增强型(固收+)实现方式

按照实现方式,可以分为"+资产"和"+策略"。+资产包括加权益、可转债、衍生品、基金、FOF等;+策略包括股票打新策略、股票定增策略、CTA策略、中性策略等。实际投资过程中资产和策略并不是割裂的,如图2—2所示。

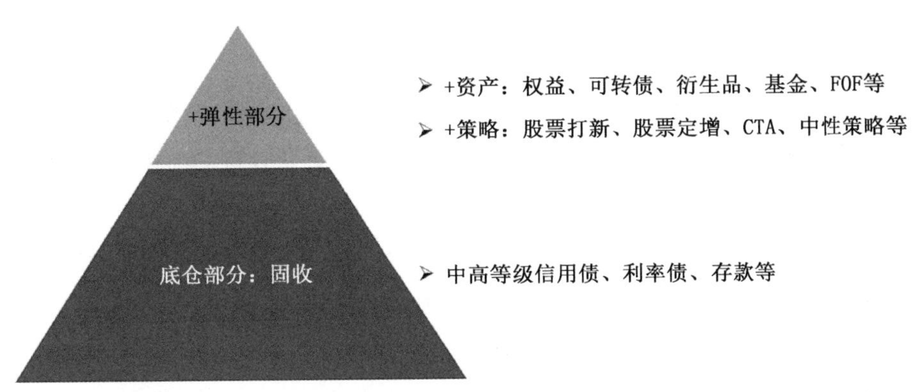

图2—2 固收增强型产品结构示意图

(1)+权益。属于比较常见的类型,其中权益部分可以是A股,也可以是港股或其他境外市场股票,策略方面包括股票打新、股票定增和二级股票买卖。

(2)+可转债。可转债同时具备债性和股性,在股市牛市中上涨跟随正股,股市熊市中又体现出很好的债底保护,能抗能打。

(3)+衍生品。按衍生品挂钩的基础资产的不同,包括权益类、利率类、商品类、汇率类和信用类等。按投资策略,包括CTA策略和市场中性策略等。

(4)+基金。通过基金间接投资股票或商品,提高整个投资组合的分散性,从而提升产品的收益风险比。

(5)+FOF。本质上属于固收+基金的一种,+的部分通过配置FOF来持有一揽子基金,进一步增加组合的分散性。

四、固收增强型(固收+)运作方式

固收+不是简单的组合添加,在引入弹性部分的同时,也会带来新的风险维度。要做好一款固收+产品,基本的步骤如下:

(1)大类资产配置。确定各类资产的战略比例中枢,需要结合投资者的收益要求、风险偏好、产品期限等,通过风险平价模型或风险预算分配确定。通过跟踪市场、分析研判形成主观观点,在产品管理的某些节点主动偏离战略中枢,做战术调整,通过战略配置获取资产配置的β收益,通过战术调整博取资产配置的α收益。

(2)在资产类别内进行具体的标的选择。以固收+权益产品为例,通过宏观分析、信用研究和券种挖掘等方法确定债券组合的久期和杠杆水平,在此约束下选择个券;通过行业研究和景气度分析确定各行业股票的配置比例,再结合个股基本面、技术指标等在行业内选定个股。这考验的是博取底层标的α收益的能力。

(3)定期回溯调整。随着市场的变化,各类资产的收益波动情况、大类资产间的相关性会发生改变,需要对战略中枢做重新计算,回溯调整的过程赚取的是重置资产配比的β收益。

综上所述,固收增强型(固收+)理财产品通过多资产的科学配比,可攻可守,兼顾风险与收益。增强部分通常投资收益较高,能够向上获取弹性机会,但同时波动性也较大,它既是增强收益但同时也是增强风险。固收增强型产品比纯固收产品风险要高,适合中等风险偏好以上的投资者。固收增强型运作方式如图2—3所示。

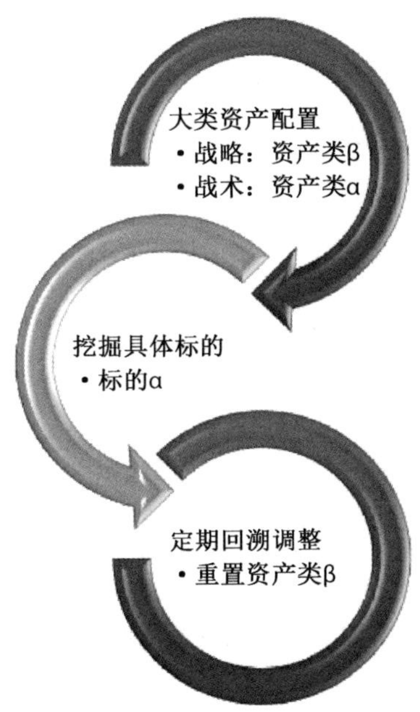

图 2—3　固收增强型运作方式

·知识专题：固收＋可转债理财·

一、可转债定义

“可转债”全称“可转换公司债券”，是指在一定条件下投资者可以按照合约规定的转股价格转换成公司股票的债券。通俗来讲，“可转债”就像一张上市公司向投资者出具的“借条”，但此“借条”非“普通借条”，投资者到期可以收取本息，也可在约定时间内使用此“借条”附带的“权利”，将其转换成公司股票。因此，“可转债”具有债权和股权的双重属性。

1. 债权性

“可转债”投资者可以持续持有债券到期，获得固定利息。债券期限最短为 1 年，最长为 6 年，发行公司半年或 1 年付息一次。可转债的债权性如图 2—4 所示。

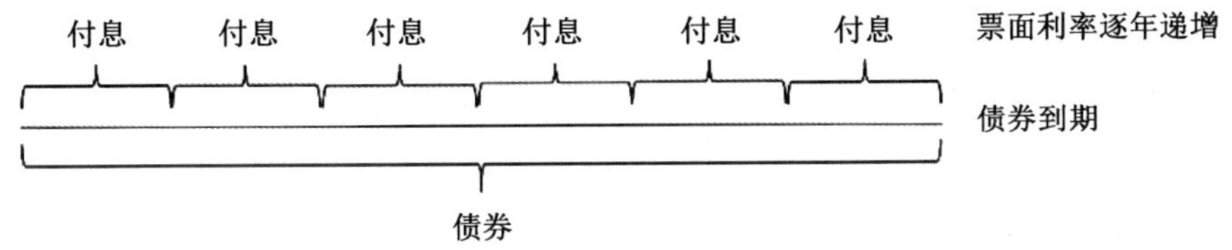

图 2—4　可转债的债权性

2. 股权性

投资者自可转债发行结束之日起 6 个月后可行使“转股权”，将持有债券转换成股票，享受上市公司股利分配或资本增值。可转债的股权性如图 2—5 所示。

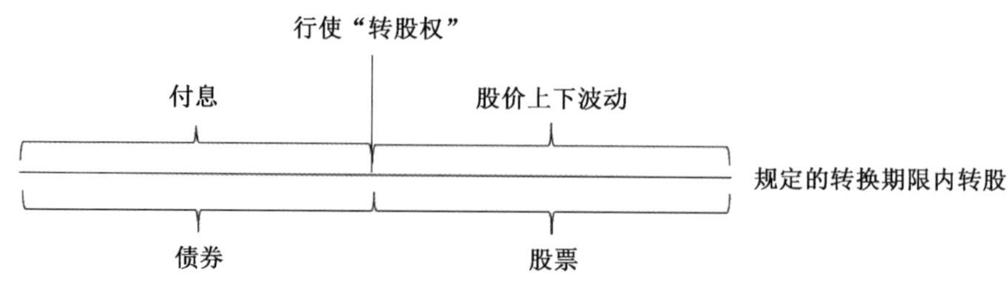

图 2—5 可转债的股权性

3. 举例说明

假设 A 上市公司发行可转债，面值为 100 元/张，投资者可等债券到期后获得固定利息收入。

若 A 上市公司在募集说明书中提前约定的转股价为 30 元，而当前公司股价为 40 元，此时投资者可以选择转股，从“债权人”变为“股东”，将自己持有的债券按每股 30 元转换为股票，就可以获得每股 10 元的投资收益。与此相反，若当前该公司股价为 20 元，投资者按 30 元转股价转换为股票后，每股则亏损 10 元，因此投资者可以选择不行使“转股权”，继续持有该公司的债券，最终获得固定利息收入。

二、可转债特殊条款

区别于普通债券，可转债一般设置三大特殊条款，即提前赎回条款、回售条款、向下修正转股价条款。由这三条特殊条款引发的投资者与发行公司之间的“博弈”可谓是可转债的一道独特“风景线”。

1. 提前赎回条款

它又称“强赎条款”，是指在满足特定条件时，可转债发行公司可以在可转债未到期的情况下，以特定的价格从投资者手中赎回已发行的可转债。对于发行公司而言，此条款的目的是促使投资者加速转股。

比如，若 A 上市公司股票连续 30 个交易日中至少有 15 个交易日的收盘价格不低于当期转股价格的 130%(含)，也就是每股 39 元，则发行人有权决定按照债券面值加当期应计利息的价格赎回全部或部分未转股的可转债。

2. 回售条款

回售条款是指投资者可以在触发条件下要求发行公司购回可转债的条款。对于投资者而言,回售条款是当公司股票表现不佳时,可转债变现流通的基本保障。

比如,若A上市公司的股票在任何连续30个交易日的收盘价格低于当期转股价的70%,也就是每股21元以下时,可转债投资者可以将持有的可转债按照面值加上应收利息的价格回售给发行公司。

3. 向下修正条款

向下修正条款是指当可转债发行公司的股价过低而触及回售触发价时,公司可以为避免投资者回售而下调转股价格。该条款可以看作是发行公司应对回售压力的“博弈对策”。

比如,若A上市公司股票在任意连续30个交易日中至少有15个交易日的收盘价格低于当期转股价格的90%,也就是每股27元时,该公司则可以下调转股价,促使投资者将持有债券转换为股票,从而刺激股价上涨,有利于发行公司和投资者实现“双赢”。

三、可转债在理财中的应用

正是因为可转债具备其他资产没有的“独特功能”——“攻守兼备、攻守转化”,在股票市场低迷时可作为风险较低的债券,而在股票市场行情较好时又有机会转股,分享股价上涨的收益。这就展现出了不同于股票和债券类资产的风险收益特征,如图2—6所示。截至2021年12月31日,中证转债指数全年上涨了18.48%(数据来源:Wind),愈发成为理财市场的投资焦点。

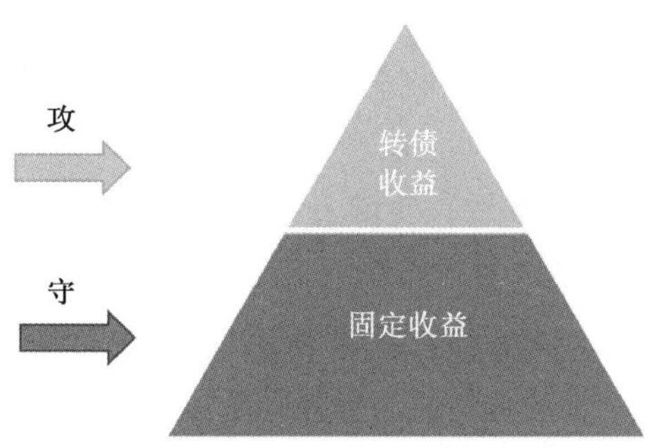

图2—6 固收+可转债

随着理财产品进入净值化时代,受市场利率持续走低的影响,纯债类理财产品的收益呈现下降趋势。而有可转债作为“最强辅助”的“固收+”理财产品逐步成为投资者眼中的“香饽饽”。

而“固收＋可转债”就是在主投“固定收益类资产”提供较为稳健的基础收益上，辅以“可转债资产”增厚收益。作为“＋”，可转债可以通过不同策略跨越不同周期，从而在控制一定回撤的前提下，实现“固收＋”产品的收益最大化，可谓是“固收＋”策略中的“神奇配方”。

·专题：固收＋期权理财·

2022年，《资管新规》正式落地，在打破刚兑的要求下，理财产品不再如以往“兜底保本”。于是与较低的风险偏好有机结合在一起，并具有弹性的想象空间的替代产品，则成为银行理财产品转型的重要方向。固收＋期权产品逐步走入大众视野。

固收＋期权产品本质上是一种“固收＋”的理财产品，即理财产品主要投资固定收益类资产，同时一部分资金用于期权等衍生品投资，既追求本金的相对安全，又有一定机会获得浮动高收益，是一种比较适合想要兼顾稳健投资和高潜在收益需求的理财产品。

这样说可能大家不是很好理解，举例如下：

小明的母亲买了一款业绩比较基准为6%的固定收益类理财产品，于是100元钱1年后较大概率可以变成106元钱。这其中，小明悄悄地拿出了1元钱去买了彩票，如果中奖，奖金将是5元钱，如果没中奖就一分钱没有，于是小明母亲的这100元钱，最终有可能拿到105元钱，也有可能拿到110元钱。

这时，可能有人会问小明，如果赌输了的话，你母亲知道了不会责怪你吗？

小明自信满满地说，赌错了的话，105元也能交代过去呀。

看到这里，或许已经大致明白了，这里的业绩比较基准为6%的固定收益类理财产品就是追求本金的相对安全；而彩票就是浮动高收益，也就完全体现出了兼顾稳健投资与高潜在收益理财需求。

从这里也可以看出，这类产品的好处在于，能较为安全地获取一个较低收益，同时扩大可能的获利空间。

另外，该类回报率通常取决于挂钩资产（挂钩标的）的表现，挂钩标的包括权益类、商品类或债权类等资产。目前主流挂钩标的是大家较为熟悉的权益市场标的，如沪深 300 指数、中证 500 指数、黄金价格等。

从结构上看，常见的期权结构有二元结构、价差结构、鲨鱼鳍结构等，可以做看涨看跌两个方向。下面分别予以介绍。

一、二元结构

二元结构，也叫期末看涨/看跌结构，顾名思义，即根据期末价格来判断是否获得高收益。

举例：老王同学买了一只挂钩沪深 300 指数的期末看涨二元结构的理财产品，产品期限 1 个月，期初价格（衍生金融工具投资起始日收盘价）是 4 000，产品约定如果期末价格（期末观察日收盘价）高于或等于 4 000，将获得 5％的业绩比较基准；而如果未达到，将获得 2％的业绩比较基准，参见图 2—7。

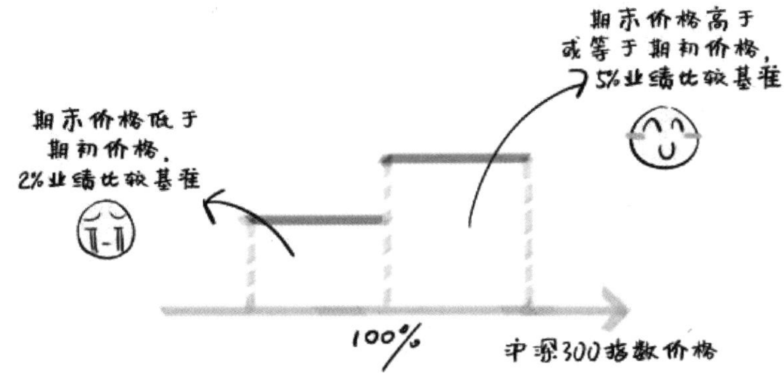

图 2—7　沪深 300 指数期末看涨二元结构理财产品

1 个月后，如果沪深 300 指数涨到了 4 200，那么老王同学将愉快地收获 5％的业绩比较基准。而如果沪深 300 指数 1 个月后低于 4 000，那么老王同学也就可能拿到 2％的业绩比较基准。

期末看涨二元结构是最简单的衍生结构，在上述例子中，只要产品到期时沪深 300 指数比期初的点位高，就可以相应拿到较高收益。

老王只要判断 1 个月后沪深 300 指数一定比现在高，就可以买这个结构。当然，简单的背后，有牺牲更高收益的可能性，所以老王的最高收益也只能到 5％，不会更高。

二、价差结构

价差结构同样也是根据期末价格来判断是否获得高收益。与二元结构这种一锤子买卖不同的是，价差结构的收益与挂钩标的的涨/跌幅度有关，涨跌方向与预期看涨/看跌方向一致的话，幅度越大，到期收益也可能会越高。

当然收益也不是上不封顶的，涨/跌幅度超过一定程度后收益就不变了。

老李同学买了一只挂钩沪深300指数的期末看涨价差结构的理财产品，产品期限也是1个月，期初价格(衍生金融工具投资起始日收盘价)是4 000。产品约定如果期末价格低于或等于4 000，将可能获得2%的业绩比较基准；而如果高于4 000，将在2%业绩比较基准的基础上叠加与涨幅相同的收益，总收益8%封顶，参见图2—8。

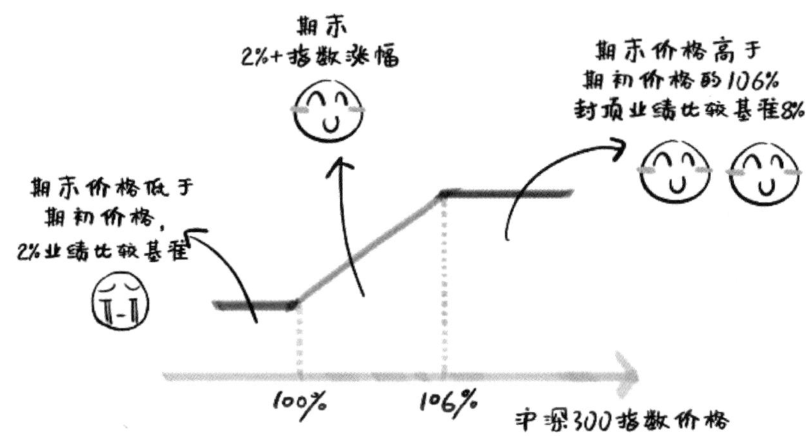

图2—8　沪深300指数价差结构理财产品

1个月后，如果沪深300指数涨到了4 160，也就是涨了4%，那么老李同学将获得业绩比较基准4%+2%=6%。而如果指数上涨更多，例如超过了10%，那么老李同学最多能获得8%的封顶业绩比较基准。

最惨的情况下，如果沪深300指数1个月后低于4 000，那么老李同学可能也就能拿到2%的业绩比较基准。

看涨价差结构的收益可以紧紧跟随指数涨幅的步伐，所谓“水涨船高”。所以当老李判断沪深300指数1个月后将大涨，就可以买这个结构，指数涨得越多产品收益也越高，最高可以拿到8%的业绩比较基准。

但是如果他没有判断对期限，指数期间涨了10%后又在期末跌回原点了，那也只能和高收益说拜拜了。

三、鲨鱼鳍结构

鲨鱼鳍实际上是对前述的价差结构进行了一定的加工，增加了每日观察是否敲出(敲出简单通俗地理解为超出设置的目标值)的步骤。

由于这个结构的收益示例长得特别像鲨鱼鳍,所以才有了这么可(qi)爱(pa)的名字。

老张同学买了一只挂钩沪深 300 指数的看涨鲨鱼鳍结构的理财产品,产品期限也是 1 个月,期初价格是 4000。产品约定如果 1 个月中沪深 300 的涨幅曾经超过 6%,则期末获得 4%的业绩比较基准。而如果期间涨幅均未超过 6%,那么与老张购买的看涨价差结构到期收益是一样的,参见图 2—9。

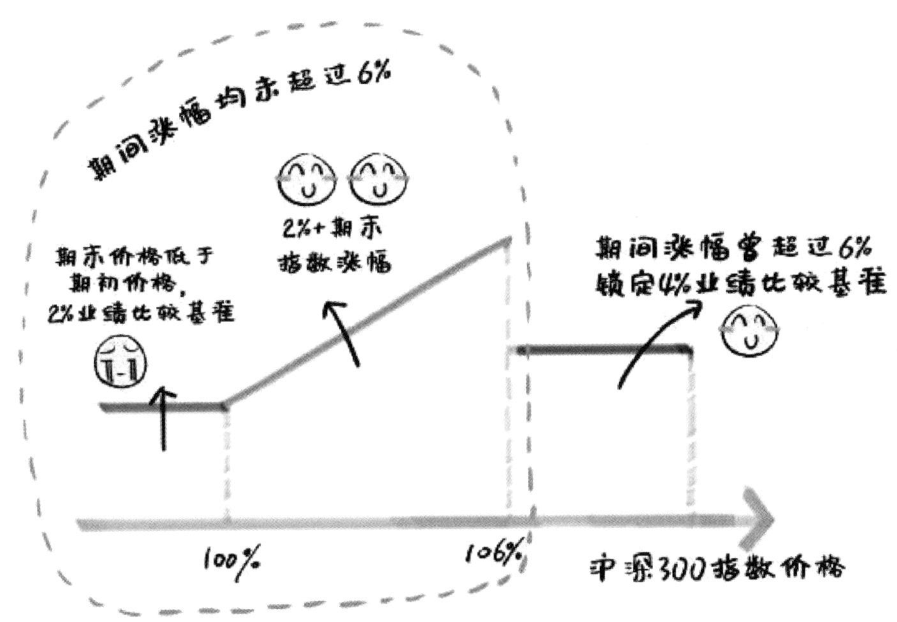

图 2—9　沪深 300 指数鲨鱼鳍结构理财产品

1 个月当中,假设沪深 300 指数迎来一波利好行情,一下子飙涨 10%(超过了 6%),那么老张将在产品到期时获得 4%的业绩比较基准。而如果期间涨幅均未超过 6%,那么就看到期时的指数价格来相应计算收益。

看涨鲨鱼鳍结构,适合期间会上涨、又涨得不是特别多的情况,但是如果真的涨很多也行,毕竟还有个敲出收益,比起上面说的期间涨了 10%后期末又跌回原点只能拿 2%业绩比较基准的情况还是好一点。

老张就是抱着这样的市场判断心态买了看涨鲨鱼鳍,有机会获取 8%的业绩比较基准。

四、目标客户群

一般来说,固收+期权类产品,风险等级为 R2,使用固收收益去买入期权从而参与权益市场。

以看涨价差期权为例，当指数出现下跌亏损时产品无须承担相应损失，尤其当下市场处于震荡期，情绪脆弱，避险情绪浓厚，适合部分风险偏好较低但又希望参与权益市场的客户，及对收益有一定要求但同时也追求稳健的客户。

三、根据运作方式分类

根据运作方式的不同，将理财产品分为封闭式理财产品和开放式理财产品。

1. 封闭式理财产品

封闭式理财产品是指有确定到期日，且自产品成立日至终止日期间，投资者不得进行认购或者赎回的理财产品，参见图 2—10。

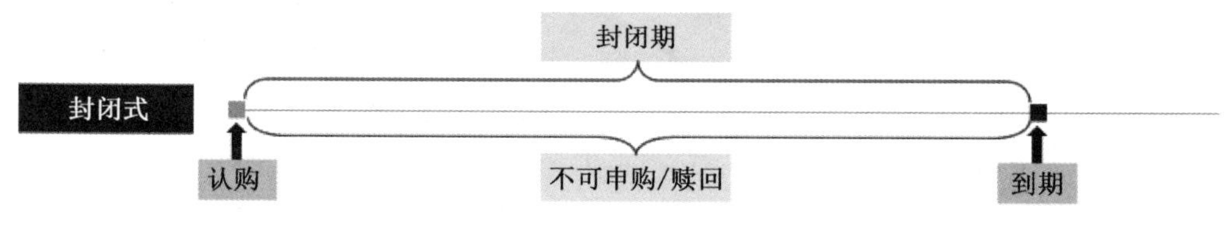

图 2—10 封闭式理财产品

2. 开放式理财产品

开放式理财产品是指自产品成立日至终止日期间，理财产品份额总额不固定，投资者可以按照协议约定，在开放日进行认购或者赎回的理财产品。

开放式理财产品又分为普通开放式、定期开放式、客户周期型、最短持有期等类型。

(1)普通开放式。普通开放式是指随时可申购，随时可赎回，比如现金管理类理财，参见图 2—11。

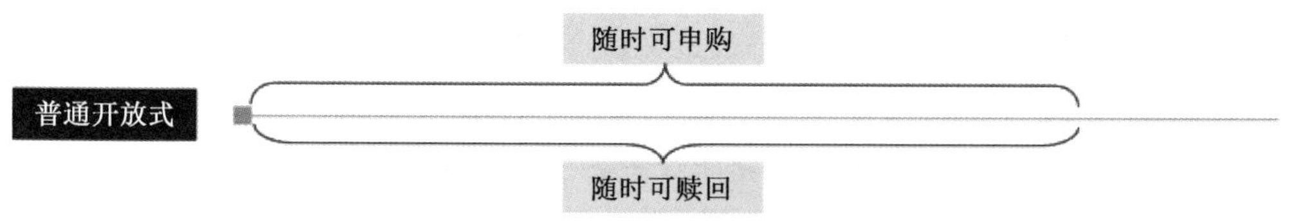

图 2—11 普通开放式理财产品

(2)定期开放式。定期开放式理财产品，是指自产品成立日至终止日期间，理财产品份额总额不固定，具有多个确定开放期，开放期内投资者可以按照协议约定进行认购或者赎回，其他时间内产品封闭运作的理财产品。定期开放型理财集合了开放型和封闭型产品的特征，通常会规定一个“封闭周期”，比如3个月、6个月或1年等。投资者在产品认购期或开放期买入产品后，将进入规定期限的封闭期，封闭期内不开放申赎。而在封闭期结束后，产品将会进入短暂的开放期，比如1周，投资者可以把握住这段开放时间，根据自身流动性需求、上一周期产品运行效果和对未来市场判断等进行自由申购、赎回，参见图2—12。

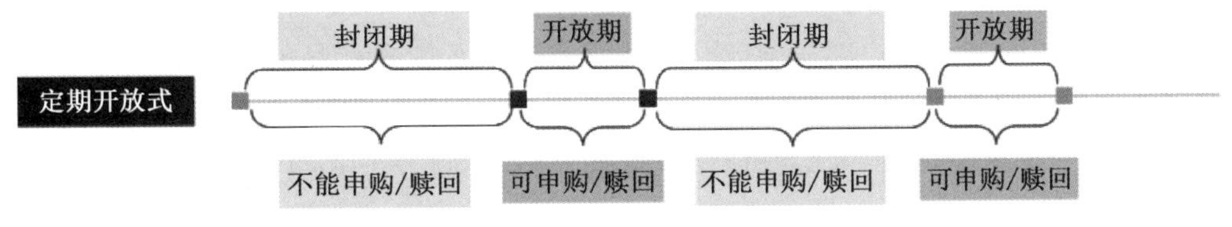

图2—12 定期开放式理财产品

“定开式”理财产品的申赎时间好比商店的营业时间，封闭期好比商店打烊。

定期开放型产品具有以下优点：

第一，定期开放规避赎回掣累。投资是一项复杂的“技术活”。一般来说，投资经理会根据产品不同的目标收益、风险等级和流动性，来配置不同特点的资产。比如，一个普通开放式产品的投资经理，为了应对随时可能出现的资金赎回，往往不得不配置一些期限较短且交投活跃的债券，即使这类短期债券的收益往往较低；而对于那些必须持有至到期但收益可观的券种，投资经理也就不得不“望而却步”了。

换言之，定期开放的优势就在于能有效规避赎回掣累，产品经理可以在封闭期内自由调整各类资产比例，来最大限度实现投资目标，提升产品的潜在收益。

第二，定期开放改善投资者择时困境。相比较于普通的开放式产品，定期开放型产品也避免了投资者因市场短期波动而导致的频繁申赎的现象，从而有效地改善了投资者的择时困境。

第三，定期开放培养投资者长期投资思维。长期投资是屡见不鲜的理财名词，却也是鲜有人能贯彻到底的“大工程”。在市场风云变幻的过程中，投资者要经历各种情绪挑战和选择难题，一不小心就会前功尽弃。

而定期开放产品或许是投资者养成长期投资思维很好的投资标的。一方面，投资者可以从长期投资中“打磨性情”，淡化短期市场波动对情绪的影响；另一方面，当产品有效发挥了长期投资的优势，给投资者带来更加可观的投资收益时，投资者也会更加笃定长期投资的价值，更加坚定地做“时间的朋友”。

第四，定期开放兼顾投资者的流动性需求。对有些投资者来说，因为自身流动性需求较高，无法接受封闭式产品较长的封闭期。

而定期开放型产品的出现也恰恰解决了这类投资者的流动性难题，投资者可以根据自身的流动性需求，来更加灵活地选择封闭期限。比如，中银理财"稳富"固收增强系列产品货架中，就有年年开（12 个月）、半年开（6 个月）、季季开（3 个月）和月月开（1 个月）等多种期限选择。这既维护了产品的稳定运作，又兼顾了投资者的流动性需求，可谓"一举两得"。

但在实际中，还是经常会发生客户忘记预约赎回，但又着急用钱的情况。

（3）客户周期型。客户周期型理财产品就像定期开放式产品的"升级版"，较好地结合了封闭式和定期开放式理财产品的优点：一是保留了产品的"封闭期"，便于投资经理更好地制定投资策略，力争获得较高收益；二是赎回方式更"人性化"，尽量避免客户忘记预约赎回，降低了客户纠纷；三是大部分产品一般每个工作日都开放申购，第二个工作日起息，提高了客户的整体收益率。

①类型定义。准确来说，客户周期型理财产品没有一个确切的定义，一般是产品发行机构根据产品购买赎回的特点，约定俗成的一种叫法。有叫"客户周期型理财产品"的，也有叫"周期净值型理财产品"的，也有其他类似叫法的。不论叫法如何，这类产品最大的特点是：随时能够购买，便于投资者随时进行投资；以投资者的维度计算运作周期，不同投资者不必等到整个产品的运作周期结束后才能赎回或兑付资金。

例如，投资者 A 在 A1 时点购买成功了客户周期型理财产品，在 A2 时点赎回兑付成功或者到期兑付成功，对投资者 A 来说，投资运作周期为 N 天；投资者 B 在 B1 时点同样购买成功了客户周期型理财产品，在 B2 时点赎回兑付成功或者到期兑付成功，对投资者 B 来说，投资运作周期同样为 N 天。但投资者 A 和投资者 B 的投资运作周期结束时间不同，表明了客户周期型产品是以投资者维度而不是产品维度来计算投资运作周期的，这便于满足投资者不同时间购买、不同时间兑付的需求，参见图 2—13。

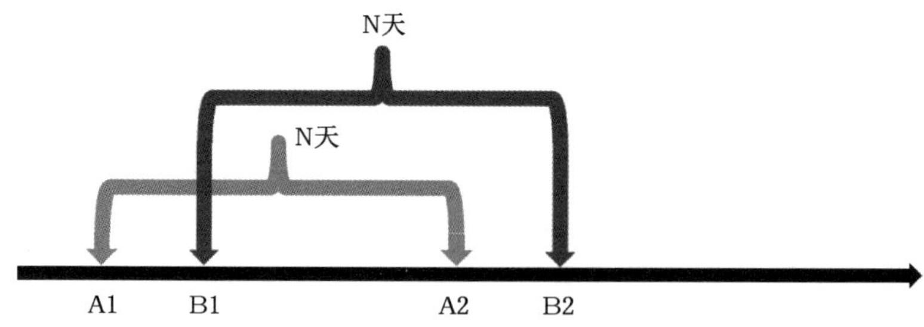

图 2—13 不同投资者的投资周期不同

②购买规则。客户周期型理财产品通常每日均可购买,方便灵活。根据确认时间的不同,一般有如下两种方式:

第一种:工作日购买,下一工作日确认,参见图2—14。

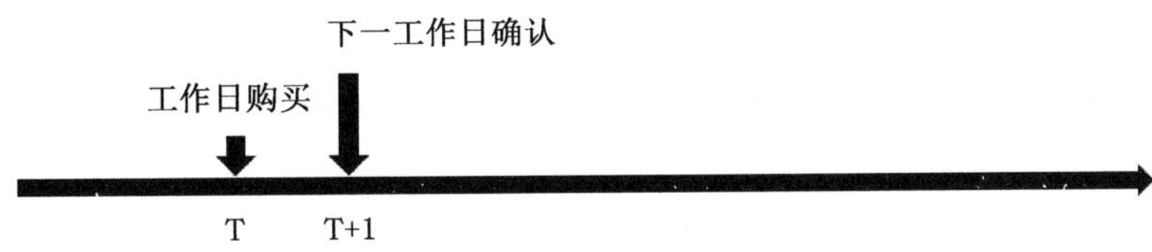

图2—14 投资者工作日购买

第二种:某一时间段购买,最后一日的下一工作日确认,参见图2—15。

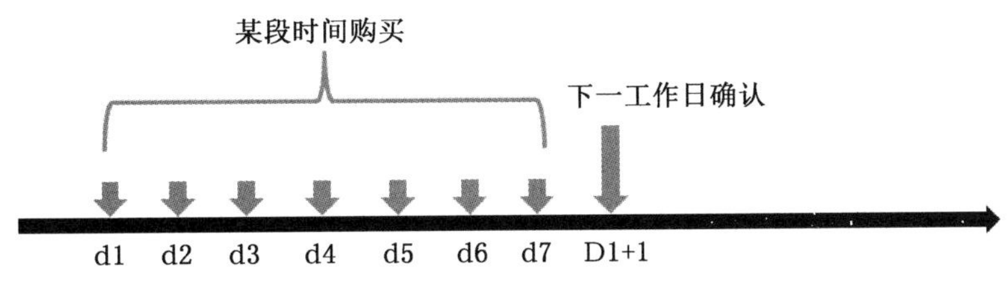

图2—15 投资者某时段购买

③赎回兑付规则。客户周期型产品通常设置的赎回兑付规则有如下三种:

第一种:投资运作周期结束后自动兑付,无须赎回操作,参见图2—16。

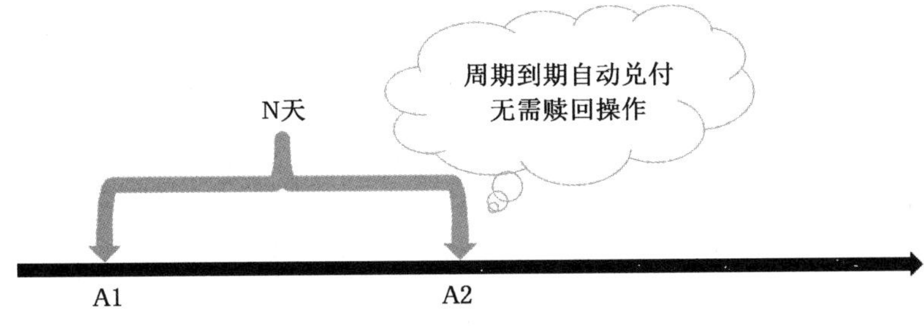

图2—16 投资者兑付不需赎回

第二种:投资运作周期结束日前设置赎回期,如提交赎回申请,则周期结束日后兑付;如未提交赎回申请,则续投下一个周期,参见图2—17。

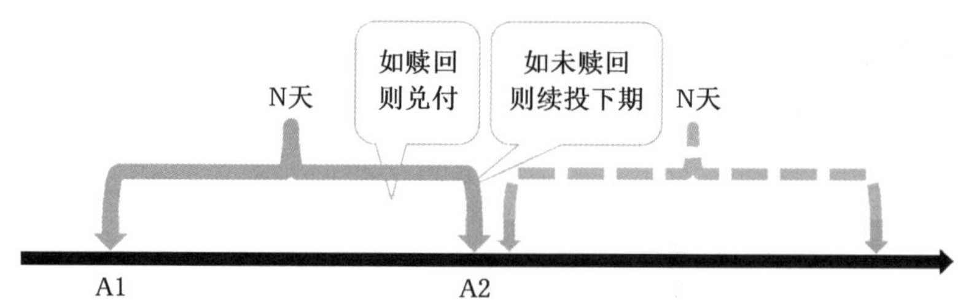

图 2—17　投资者不赎回则续投下期

第三种:投资运作周期结束日前设置可续期操作权限,如提交续期申请,则周期结束后续投下一周期;如未提交续期申请,则周期结束日后兑付,参见图 2—18。

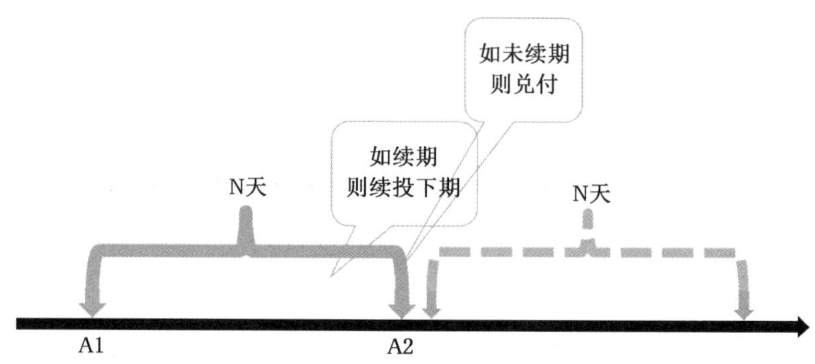

图 2—18　投资者设置续期权限

(4)最短持有期。最短持有期类理财产品,其名称中通常含有"持有期"字样,是指买入成功后,必须持有一段期限,才能赎回的理财产品,若不满足"最短持有期",则无法赎回。最低持有期限一般从 7 天、14 天到 3 个月、6 个月、1 年不等,参见图 2—19。

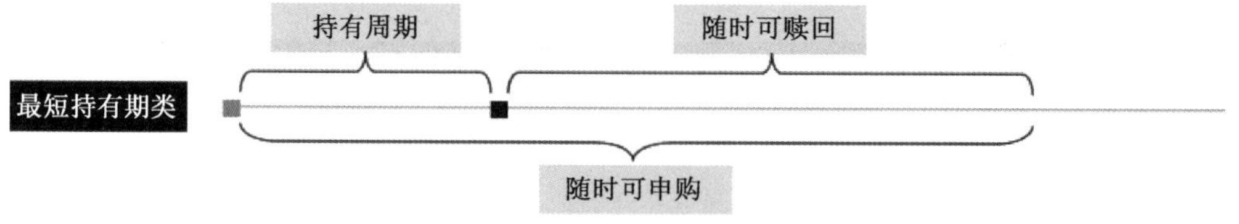

图 2—19　设置最短持有期产品

最短持有期类理财产品兼顾了封闭式理财产品的收益优势和普通开放式产品的流动性优势,是客户周期型的"升级版"。它具有以下特点:

一是流动性好。最短持有期类理财产品保留了较为灵活的申赎机制,与定期开放式、封闭式产品相比,在持有时间超过最短持有期后,随时可变现,更能满足投资者的流动性需求。

二是收益弹性大。与普通开放式理财相比，最短持有期类理财由于有“锁定期”，管理人可制定中长期策略，投资范围更广，通过长期持有获得提升收益的机会。

四、特色理财产品

1. 养老理财

(1)背景情况。第七次全国人口普查数据显示，我国60岁及以上人口达2.64亿，约占总人口18.7%。人人都想过上高质量的老年生活，面对“养老焦虑”，养老金融需求巨大。我国居民存款巨大，可转化为长期养老资金的金融资产非常可观。目前我国养老保险体系是以基本养老保险为基础、以企业年金和职业年金为补充，与个人储蓄性养老保险和商业养老保险相衔接的“三支柱”体系。第一支柱指基本养老保险，由政府主导并负责管理，包括城镇职工基本养老保险和城乡居民基本养老保险，具有一定的强制性。第二支柱由政府倡导，由企业自主发展的职业年金和企业年金。第三支柱是税收优惠政策支持的个人养老金，和其他个人商业养老金融业务。

我们常说的“五险一金”中的养老保险，属于“第一支柱”的内容，而个人养老金属于第三支柱，彼此之间互不影响，但如果能够做到“两手抓”，就能为个人带来更好的养老效果。

2021年9月10日，银保监会发布《关于开展养老理财产品试点的通知》，选择工银理财(武汉市和成都市)、建信理财(深圳市)、招银理财(深圳市)和光大理财(青岛市)“四地四家机构”开展养老理财产品试点，试点期限暂定1年，每家试点机构养老理财募集规模不超过10亿元。2022年3月1日起，养老理财产品试点范围由“四地四机构”扩展为“十地十机构”。

养老理财产品的出现和试点城市、机构的双向扩容，加大了市场的有效供给，让老百姓的“养老钱”有了新选择。养老理财的试点是银保监会贯彻党中央、国务院关于发展多层次、多支柱养老保险体系的重要决策部署的积极举措，有利于丰富第三支柱养老金融产品供给，培育投资者“长期投资长期收益、价值投资创造价值、审慎投资合理回报”理念，满足人民群众多样化养老需求。

(2)产品介绍。养老理财产品是指由理财公司面向具有养老需求的个人投资者设计发行的，以追求养老资金长期稳健增值为目的，采用符合长期养老需求的资产配置策略，合理控制投资组合波动风险的公募理财产品。产品在设计理念上大多突出长期性、稳健性、普惠性等属性，风险等级相对较低，投资门槛相对较低，期限相对较长，实施非母行第三方独立托管。

许多人看到养老理财产品的名字，就认为只有老年人可以购买，实则不然，养老理财产品并不排斥非老群体，许多理财公司会根据“已老”和“未老”客群特色提供差异化产品，以满足不同客户群体的诉求。

(3)与一般理财产品的区别。

①投资理念方面。养老理财产品采用类 CPPI 策略为产品保驾护航，相比一般理财稳健性更强；并采用动态风险预算模型，使各类资产的风险预算随时间而调整，目标是增强收益的同时保持风险预算，以实现较优的夏普比例。

②资产配置方面。一般理财基本上都是采用固收或者“固收 +”策略，但是养老理财采用大类资产配置策略，即先设定业绩目标(含最大回撤和波动率控制)，然后用长期限视角(1—10 年)战略性资产配置(SAA)；再用短期视角(3—12 月)在战略配置的基础上进行调仓(TAA)，最后是再平衡等等。

③绝对收益方面。由于养老理财期限普遍较长，相对来说和非标资产的期限更易匹配。因此，养老理财底层非标资产的比例要普遍高于一般理财产品。

④投资约束方面。养老理财的投资约束要比一般理财多很多，比如不能投资大宗商品，投资衍生品只能以套期保值为目的，不能裸头寸交易等等。

⑤风险保障方面。养老理财产品设计时增加了风险准备金、收益平滑基金、减值准备“三合一”的保障机制，以提升产品的抗风险能力。其中，收益平滑基金(简称“平滑基金”)属于养老理财产品的特别风险管理和风险保障机制的核心内容。

(4)首批养老理财产品示例。从产品设计来说，首批养老理财产品较为契合投资者的养老需求，具有稳健性、长期性、普惠性等特点。4 只产品均为 5 年期封闭式产品，期限相对较长。在期限较长的情况下，4 只产品均设置了现金分红和特殊情况下可提前赎回的条款，解决了流动性问题。首批养老理财产品基本情况参见表 2—6。

表 2—6　　养老理财产品

产品名称	工银理财颐享安泰固定收益类封闭净值型养老理财产品	招银理财招睿颐养睿远稳健五年封闭 1 号固定收益类养老理财产品	颐享阳光养老理财产品橙 2026 第 1 期	建信理财安享固收类封闭或养老理财产品 2021 年第 1 期
类型	固定收益类	固定收益类	固定收益类	混合类
投资范围	固收类 80%～100%，权益类 0～20%，衍生品类 0～20%	固收类 80%～100%，权益类 0～20%，衍生品类 0～20%	固收类 0%～80%，权益类 0～40%，衍生品类 0～40%	固收类 80%～100%，权益类 0～20%，衍生品类 0～20%
风险等级	中	中低	中低	中低
期限	5 年	5 年	5 年	5 年
认购金额	1 元～100 万元	1 元～300 万元	1 元～300 万元	1 元～300 万元
提前赎回条款	因罹患重大疾病等并提供证明材料的可提前赎回	若投资者罹患重大疾病、购房可提前赎回	投资者可在重大疾病以及管理人认定的特殊情形下，可提前赎回	若投资者罹患重大疾病、购房可提前赎回

续表

产品名称	工银理财颐享安泰固定收益类封闭净值型养老理财产品	招银理财招睿颐养睿远稳健五年封闭1号固定收益类养老理财产品	颐享阳光养老理财产品橙2026第1期	建信理财安享固收类封闭或养老理财产品2021年第1期
风险保障机制	平滑基金（超出业绩基准上限的部分按30%～50%计提）、风险准备金、减值准备	平滑基金（超出业绩基准下限的部分按10%～30%计提）、风险准备金、减值准备	平滑基金（超出业绩基准的部分按50%计提）、风险准备金、减值准备	平滑基金（超出业绩基准下限的部分按50%计提）、风险准备金、减值准备
业绩比较	5%～7%	5.8%～8.0%	5.80%	5.8%～8.0%
分红条款	满2年后，按年分红	满6个月后，满足分配条件情况下按季分红	现金分红	满1年后，按月分红
试点城市	武汉市、成都市	深圳市	青岛市	深圳市
产品起始	2021/12/23	2021/12/16	2021/12/15	2021/12/16
成立规模	30.89亿元	80.00亿元	10.86亿元	50.00亿元

2. ESG主题产品

(1)ESG概念介绍。ESG是环境（Environmental）、社会（Social）以及公司治理（Governance）的英文缩写，起源于2006年联合国确立的"社会责任投资"理念，是一种关注企业环境、社会和治理绩效的投资理念和企业评价标准。

ESG评价体系包括了企业在经营中需要考虑的多层次和多维度的因素，主要包括：一是环境，如二氧化碳及温室气体排放、环境政策、废物污染及管理政策、能源使用/消费、自然资源（特别是水资源）使用和管理政策、生物多样性、合规性、员工环境意识、绿色采购政策、节能减排措施、环境成本核算、绿色技术等。二是社会，如性别及性别平衡政策、人权政策及违反情况、社团（或社区）、健康安全、管理培训、劳动规范、产品责任、职业健康安全、产品质量、供应链责任管理、精准扶贫、公益慈善及其他等。三是治理，如公司治理、贪污受贿政策、反不公平竞争、风险管理、税收透明、公平的劳动实践、道德行为准则、合规性、董事会独立性及多样性、组织结构、投资者关系等。

传统投资理念重点关注企业财务状况和盈利能力，而ESG把企业对环境、气候的影响，对自然资源和能源的保护以及公司的社会责任纳入了投资决策，以改善投资结构，优化风险控制，最终获得可持续的长期收益。

(2)ESG投资优势。首先，ESG投资策略有机会带来明显超额收益。尽管为了满足环境、社会责任与公司治理规范，公司需要承担额外的ESG支出，对公司的短期财务表现会产生一定负面影响。但有研究显示，ESG投资的指标与公司业绩正相关，将环保、社会责任等指标纳入投资决策，最终有机会获得更高和更安全的长期收益。从国外的实践来看，ESG做得好的企业，往往在财务上也表现出了高盈利、股价和分红稳定等特点。相关统计数据显示，MSCI全球ESG领先指数近5年的年化收益率为

10.3%，高于基准 MSCI 全球 2.5 个百分点。MSCI 新兴市场的 ESG 超额收益相对发达市场更为显著。MSCI 中国 ESG 领先指数近 5 年年化收益率达 18.3%，高于基准 MSCI 中国指数 7.8 个百分点。其次，ESG 策略有助于避免踩雷。随着 A 股市场信息愈发有效，寻找 α 的难度和成本逐渐增加，避免踩雷相比筛选优质公司将扮演更为重要的角色。ESG 作为综合评判公司风险管控能力的指标是天然排雷指标。最后，ESG 信息有助于从非财务角度挖掘好公司。公司财报侧重于从财务的角度反映公司运营状况，ESG 信息可以从非财务层面为投资人披露更多有价值的信息。例如，制造业企业披露的能耗水平可以反映公司生产技术的先进程度等。

（3）ESG 理财产品发行介绍。银行理财市场大力响应国家政策号召，多家理财公司持续发行 ESG 主题的理财产品，积极响应国家政策号召，践行社会责任投资，参与塑造和完善 ESG 投资体系，助力我国碳达峰、碳中和目标的实现，还有机构推出了投向更为鲜明的“碳达峰”“碳中和”主题理财产品。

2022 年上半年，理财市场累计发行 ESG 主题理财产品 43 只，合计募集资金超 200 亿元，截至 2022 年 6 月底产品存续 134 只，存续余额 1 049 亿元，同比增长 1.44 倍，助力“双碳”目标实现。截至 2022 年 6 月底，理财资金投向绿色债券规模超 2 500 亿元。

第三节　投资运作管理

一、投资范围

理财产品可以投资于国债、地方政府债券、中央银行票据、政府机构债券、金融债券、银行存款、大额存单、同业存单、公司信用类债券、在银行间市场和证券交易所市场发行的资产支持证券、公募证券投资基金、其他债权类资产、权益类资产以及国务院银行业监督管理机构认可的其他资产。

二、集中度要求

理财产品直接或间接投资于银行间市场、证券交易所市场或者国务院银行业监督管理机构认可的其他证券的，应当符合以下要求：

（1）每只公募理财产品持有单只证券或单只公募证券投资基金的市值不得超过该理财产品净资产的 10%；

（2）全部公募理财产品持有单只证券或单只公募证券投资基金的市值，不得超过该证券市值或该公募证券投资基金市值的30%；

(3)商业银行、理财公司全部理财产品持有单一上市公司发行的股票，不得超过该上市公司可流通股票的30%；

(4)理财公司全部开放式公募理财产品投资单一上市公司发行的股票不得超过该上市公司可流通股票的15%。

国务院银行业监督管理机构另有规定的除外。

非因主观因素导致突破前述比例限制的，商业银行、理财公司应当在流动性受限资产可出售、可转让或者恢复交易的10个交易日内调整至符合要求，国务院银行业监督管理机构规定的特殊情形除外。

商业银行、理财公司理财产品投资于国债、地方政府债券、中央银行票据、政府机构债券、政策性金融债券以及完全按照有关指数的构成比例进行投资的除外。

三、杠杆要求

每只开放式公募理财产品的杠杆水平不得超过140%，每只封闭式公募理财产品、每只私募理财产品的杠杆水平不得超过200%。

杠杆水平是指理财产品总资产/理财产品净资产。商业银行、理财公司计算理财产品总资产时，应当按照穿透原则合并计算理财产品所投资的底层资产。理财产品投资资产管理产品的，应当按照理财产品持有资产管理产品的比例计算底层资产。

第四节　信息披露

一、信息披露的内容

理财产品信息披露是指理财产品整个生命周期内，产品管理人根据监管机构规定以及与理财持有人的相关约定而向理财持有人披露的各类信息，包括但不限于产品成立、产品终止、募集信息、产品份额净值、暂停申购或赎回、投资对象和比例、杠杆水平、利益分配、托管安排、投资账户信息、主要投资风险、估值方法变更、收费标准变更等信息。

信息披露内容根据披露的时点可分为事前、事中、事后信息披露。事前信息披露内容主要为各类理财产品销售文件：理财产品说明书、理财产品协议书、理财产品风险揭示书和客户权益须知。事中和事后信息披露内容主要是产品公告，它分为三类：常规公告、特定事项公告、特殊事项公告。其中，常规公告是所有的理财产品都必须披露的公告；特定事项公告是理财产品在特定的情况下需要披露的公告，特定情况包括非标资产和理财直接融资工具变动、开放申购赎回、收益分配以及其他需告知客户的事项（不涉及风险）等；特殊事项公告是理财产品在特殊事件（主要为涉及风险的事件）发生时需要披露的公告。

二、信息披露的作用

依靠强制性信息披露，培育和完善市场运行机制，可增强市场参与各方对市场的理解和信心。信息披露的作用主要体现在以下四个方面：

（1）有利于投资者的价值判断；

（2）有利于防止利益冲突与利益输送；

（3）有利于提高证券市场的效率；

（4）能有效防止信息滥用。

三、信息披露的频率和时间

1. 产品成立公告

产品成立后 5 个工作日内，产品管理人将发布产品成立公告。

2. 重大事项公告

在发生可能对理财产品投资者或者理财产品收益产生重大影响的事件后 2 个工作日内发布重大事项公告。

3. 定期报告

定期报告分为季度、半年度和年度定期报告。产品成立超过 90 日后且剩余存续期超过 90 日以上，产品管理人应在每季度结束之日起 15 个工作日内、上半年结束之日起 60 个工作日内、每年结束之日起 90 个工作日内，披露产品季度、半年度和年度报告等定期报告。产品成立不足 90 日或者剩余存续期不超过 90 日的，可以不编制产品的季度、半年度和年度报告等定期报告。

4. 到期公告

如果产品管理人主动提前终止本产品，产品管理人将提前 2 个工作日进行公告。产品终止后 5 个工作日内，产品管理人发布产品到期公告。

5. 估值日公告

对于公募产品，开放式产品按照开放频率披露，现金管理类理财在每个开放日公告前一个开放日每万份理财已实现收益和 7 日年化收益率，封闭式产品至少每周披露一次。对于私募产品，其信息披露方式、内容、频率由产品合同约定，但应当至少每季度向投资者披露产品净值。

估值日公告披露的内容包括估值日的产品份额净值、产品份额累计净值、业绩比较基准(如有)、业绩报酬计提基准(如有)等，如遇法定节假日则顺延。

6. 临时公告

(1)产品管理人对投资范围、投资资产种类、投资比例、估值方法、收费项目条件标准和方式、业绩比较基准(如有)、业绩报酬计提基准(如有)如进行变更，产品管理人将提前 2 个工作日发布变更公告。

(2)在发生产品管理人拒绝或暂停接受投资者认购申请等情形时，产品管理人将于 3 个工作日内发布相关信息及处理措施。

(3)其他临时性公告。除前述事项外，如出现其他突发事件，需在事件发生后及时进行披露。

第五节　理财产品的认购

一、认购的定义

认购是指投资者在募集期内申请购买理财产品份额的行为，通常指购买新发的理财产品。

二、认购的确认

募集期内产品管理人可受理投资者提交的认购申请。提交认购申请并不代表认购成功，产品管理人将在认购确认日确认投资者是否认购成功。认购是否成功以管理人的确认结果为准。

三、认购的价格

一般认购价格为每份理财份额人民币 1.00 元。

四、认购份额的计算

认购份额的计算公式为：

净认购金额＝认购金额/(1＋认购费率)

认购费用＝认购金额－净认购金额

认购份额＝净认购金额/产品份额面值

与基金不同，大部分理财产品不收认购费，具体详见理财产品说明书。

五、募集期认购资金利息的处理

一般来说，认购期购买产品后资金实时冻结，投资者认购资金在产品认购期内按照活期存款利率计息，由客户开户银行支付，但在产品认购期所产生的利息不作为理财资金进入理财运作，不计算理财利益（具体以产品说明书为准）。

第六节 理财产品的申购

一、申购的定义

申购指理财产品成立后，投资者申请购买理财产品份额的行为。

二、申购的确认

申购期内产品管理人可受理投资者提交的预约申购申请。提交申购申请并不代表申购成功，产品管理人将在申购确认日确认投资者是否申购成功。申购是否成功以管理人的确认结果为准。

三、申购的价格

申购采用“未知价”原则，即申购申请提交时，产品份额净值是未知的。申购价格为申购日的产品份额净值。

四、申购份额计算

申购份额的计算公式为：

净申购金额＝申购金额/（1＋申购费率）

申购费用＝申购金额－净申购金额

申购份额＝净申购金额/申购日产品份额净值

与基金不同，大部分理财产品不收申购费，具体详见理财产品的说明书。

五、募集期申购资金利息的处理

一般来说，申购期购买产品后资金实时冻结，投资者申购资金在产品申购期内按照活期存款利率计息，由客户开户银行支付，但在产品申购期所产生的利息不作为理财资金进入理财运作，不计算理财利益（具体以产品说明书为准）。

第七节　理财产品的赎回

一、赎回的定义

赎回是指理财产品成立后，投资者申请赎回理财产品份额的行为，即投资者申请将理财产品份额兑换为现金。

定期开放式产品，提供预约赎回功能。预约赎回是指投资者在一段特定期间内通过预约的方式提交赎回申请，该申请在赎回日内自动转化为正式的赎回申请。

二、赎回的确认

提交赎回或预约赎回申请并不代表赎回成功，产品管理人将在赎回确认日确认投资者是否赎回成功。赎回是否成功以管理人的确认结果为准。

三、赎回的价格

赎回采用“未知价”原则，即赎回申请提交时，产品份额净值是未知的(纯债投资的产品净值一般在当日较晚时候或 T＋1 日出来，如果含有权益资产，净值一般要在 T＋2 日出来)。赎回价格为赎回日的产品份额净值。

四、赎回金额计算

赎回金额的计算公式如下：

赎回总金额＝赎回份额×赎回日该产品份额净值

赎回费用＝赎回总金额×该产品份额赎回费率

净赎回金额＝赎回总金额－赎回费用

与基金不同，大部分理财产品不收赎回费，具体详见理财产品的说明书。

五、巨额赎回的情形及处理方式

1. 设置巨额赎回条款的原因

开放式产品一般设有巨额赎回条款，其原因如下：理财产品属于间接投资，投资者为购买理财产品份额而投入资金，产品管理人对所募集资金进行统一运作和管理，投资债券、股票等金融资产。如果不对巨额赎回加以限制，大规模的资金撤出会影响产品管理人的操作判断和投资策略，不利于理财产品的稳定运作。并且，当没有足额的现金用于兑付时，产品管理人不得不选择抛售底层资产变现，被动地大幅减仓操作，势必会引起产品净值出现大幅波动，导致其他持有人的利益受损。

设定巨额赎回条款也是为了给理财产品的资金围上一条“安全红线”，保护产品投资运作的稳定性和投资者的长期利益。

2. 巨额赎回的认定

巨额赎回是指开放式公募理财产品单个开放日净赎回申请超过理财产品总份额的 10%的赎回行为。

假设某开放式理财产品开放日前一天的总份额为 10 000 份，开放日当天申购申请份额总数为 1 000 份，赎回申请份额总数达到了 3 000 份，净赎回额为 2 000 份，超过了总份额的 10%(1 000 份)，则这款产品就发生了巨额赎回。

3. 巨额赎回的处理方式

根据《理财公司理财产品流动性风险管理办法》规定，流动性风险是指理财产品无法通过变现资产等途径以合理成本及时获得充足资金，用于满足该理财产品的投资者赎回需求、履行其他支付义务的风险。第二十六条规定，开放式理财产品发生巨额赎回的，理财公司当日办理的赎回份额不得低于前一日终理财产品总份额的 10%，对其余赎回申请可以暂停接受或延期办理。

出现巨额赎回时，产品管理人一般有以下两种处理方法：

(1)正常赎回处理。当产品管理人认为有能力完全兑付投资者的巨额赎回申请时，会按照正常赎回程序执行，对投资者的资金安排不会产生影响。

(2)特殊赎回处理。当产品管理人认为兑付投资者的赎回申请有困难时，管理人可能采取如下措施：

①申购申请不得撤销。

②产品管理人有权不接受超出部分的净赎回申请，但投资者可于下一开放日重新进行赎回申请。

③产品管理人有权延缓支付赎回款项。如产品管理人认为有必要，针对已经确认的赎回申请，可以延缓支付赎回款项。延缓支付赎回款项的，已经确认的赎回申请的相应赎回款项将会在不超过 20 个工作日内支付给投资者。

④理财产品连续两个开放日(含)发生因巨额赎回导致拒绝赎回情况的，产品管理人可暂停接受投资者的赎回申请。投资者根据产品管理人披露的开放日可重新进行申购和赎回。

4. 巨额赎回的公告

在发生巨额赎回，产品管理人暂停接受投资者赎回申请时，产品管理人将依约定发布相关公告信息。

·知识专题:净值化产品收益率的计算·

净值型理财产品一般以“按金额申购、按份额赎回”的原则来计算收益。

一、按金额申购

申购份额＝申购金额/申购确认日单位净值

情景一:假设投资者以 10 000 元购入一只全新发行或新投资周期——初始单位净值为 1.000 0 的理财产品,申购确认日单位净值为 1.000 0 元每份,购入理财产品的份额为 10 000 份(即 10 000 元/1.000 0 元每份)。

情景二:假设投资者以 10 000 元购入一只“净值申赎”的理财产品(通常为开放式产品),申购确认日单位净值为 1.031 1 元每份,购入理财产品的份额为 9 698.38 份(即:10 000 元/1.031 1 元每份),即申购确认日单位净值不为 1 时,会出现确认份额不等于购买金额的情况。

备注:不考虑申购费。

二、按份额赎回

赎回金额＝赎回份额×赎回确认日单位净值

产品运作期间,单位净值会存在波动,波动程度挂钩产品所投资资产的价格变动情况。

假设投资者以 1.000 0 元每份的价格购入 10 000 份某理财产品,持有了 280 天,赎回确认日单位净值为 1.031 1 元每份,赎回金额为 10 311 元(即 10 000 份×1.031 1 元每份),持有期间收益 311 元,如果换算成年化收益率,就是 4.05%。计算方式为:

$$4.05\%=\frac{1.0311-1}{280}\times 365$$

如果赎回确认日单位净值为 0.977 1 元每份,赎回金额为 9 771 元(即 10 000 份×0.977 1 元每份),持有期间损失 229 元,如果换算成年化收益率,就是－2.99%。计算方式为:

$$-2.99\%=\frac{0.9771-1}{280}\times 365$$

备注:不考虑赎回费。

三、收益率计算公式

1. 知道持有天数

产品收益率＝（最新净值－初始净值）/初始净值×365/持有天数×100%

2. 不知道持有天数

只需要知道当前日期产品净值或确认赎回时的产品净值（A）、确认购买时的产品净值（B）、当前日期或确认赎回时的日期（C）和确认购买时的日期（D）这四个要素就可以计算出收益率（参见表2—7）。

（A－B）/B×365/（C－D＋1）

表2—7

当前日期产品净值（A）	1.0400	当前日期（C）	2021/10/21
确认购买时的产品净值（B）	1.0001	确认购买时的日期（D）	2021/1/6
持有年化收益率	A－B＝0.0399，C－D＋1＝289 持有年化收益率＝0.0399/1.0001×365/289＝5.03%（截位法保留百分号内两位小数）		

备注：日期可以输入到EXCEI中进行相减，再加上1，就是产品持有天数。

第八节 理财产品的资产

一、理财产品的资产保管和处分

1. 理财产品的资产独立于产品管理人和产品托管人的财产，并由产品托管人保管。

2. 产品管理人和产品托管人以其自有的财产承担其自身的法律责任，其债权人不得对理财产品财产行使请求冻结、扣押或其他权利。除依法律法规规定的处分外，理财产品的资产不得被处分。

3. 产品管理人和产品托管人因依法解散、被依法撤销或者被依法宣告破产等原因进行清算的，理财产品的资产不属于其清算财产。产品管理人管理运作理财财产所产生的债权，不得与其固有资产产生的债务相互抵消；产品管理人管理运作不同产品的理财财产所产生的债权债务不得相互抵消。

二、理财产品的有关账户

1. 产品管理人和产品托管人根据相关法律法规、规范性文件为理财产品开立资金账户、证券账户以及投资所需的其他专用账户。

2. 开立的理财专用账户与产品管理人和产品托管人自有的财产账户以及其他理财产品的有关账户相独立。

第九节　理财产品项下资产的估值

一、估值目的

理财资产估值的目的是客观、准确地反映理财资产是否保值、增值。

二、估值对象

估值对象为理财产品所拥有的各类证券、资产管理产品、银行存款、应收款项、其他投资等资产及负债。

三、估值方法

《企业会计准则第 22 号》根据企业管理金融资产的业务模式和金融资产的合同现金流量特征，提出了金融资产的两类主要计量方法：以摊余成本计量和以公允价值计量(市值法)。

(1)摊余成本计量方法。它是指以买入成本列示，按照票面利率或商定利率并考虑其买入时的溢价与折价，在其剩余期限内平均摊销，每日计提收益。简单的理解成把资产持有到期所能获取的收益平摊到每一天，展现出的产品净值波动曲线是平稳递增的，看起来像是一条倾斜向上的直线。例如，假设某理财产品以 100 元买入了 1 年期利率为 2.1%的国债，该理财产品将这 2.1%平摊到每一天，也就是 2.1%/365，再乘以买入的金额就是这只债券对应的每日收益。

根据《资管新规》规定，符合以下条件之一的非标准化债权类资产，可按照企业会计准则以摊余成本进行计量：资产管理产品为封闭式产品，且所投金融资产以收取合同现金流量为目的并持有到期；资产管理产品为封闭式产品，且所投金融资产暂不具备活跃交易市场，或者在活跃市场中没有报价也不能采用估值技术可靠计量公允价值。

使用摊余成本法对现金管理类理财产品进行估值时，减少了因市场变化所引起的净值波动，使产品收益看起来更加稳定。但对比公允价值计量，当市场行情剧烈波动时，摊余成本法不能及时反映资产的真实价格，若发生极端情况，投资者无法感知到投资风险。因此，监管要求银行及理财公司要按照“摊余成本法＋影子定价”对现金管理类产品进行估值核算。所谓“影子定价”，是指产品管理人于每一计价日，采用市场利率和交易价格，对产品持有的计价对象进行重新评估的过程。通过设定影子定价，可以反映摊余成本法与公允价值计量之间的偏离程度，当两者偏离较大时，重新对估值进行检验和纠偏，以控制风险。

一般情况下，采用摊余成本计量的方式使产品净值曲线看起来更稳定平滑，似乎“只涨不跌”，投资者自然更“安心”。但仍有隐藏损益的风险，不能及时反映市场的波动对净值的影响。

（2）公允价值计量（市值法）。它是指市场参与者在计量日发生的有序交易中，按出售一项资产所能收到或者转移一项负债所需支付的价格来计量，也被称为“市值法”。这种计量方式具有普遍性、实时性、客观性等特点，产品净值能及时、真实地反映市场波动影响。

市值法是根据持有资产的市值来进行估值。如果资产在市场上价格上涨，投资这只资产的理财净值也会跟着上涨；如果资产在市场上价格下跌，理财净值也会跟着下跌。市值法就是要更准确反映所投资产当前的市场价值，价格是随着市场价值波动而波动的。每天的收益都随着资产的公允价值而变动，展现出的产品净值波动曲线随时变化，也会忽高忽低（如图 2—20）

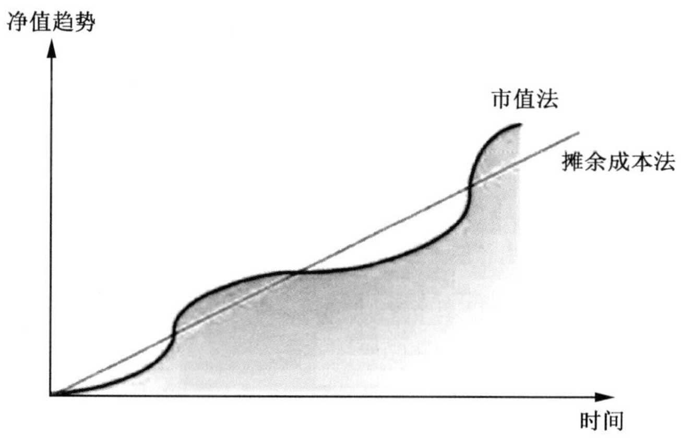

图 2—20 公允价值计量

例如，某只采用市值法估值的理财产品仍然以 100 元买入了 1 年期利率为 2.1％的国债。在进行估值时，该理财产品首先会将票面收益 2.1％计提到每日收益中，即 2.1％/365 天；同时，要反映债券买入价格与当日公允价格之间的差额，因为国债的价格每天都在变化，所以净值会有波动，上下起伏。

根据《企业会计准则第 39 号》，公允价值计量所使用的估值技术主要包括市场法、收益法和成本法。

市场法是利用相同或类似的资产、负债或资产和负债组合的价格以及其他相关市场交易信息进行估值的技术。

收益法是将未来金额转换成单一现值的估值技术。

成本法是反映当前要求重置相关资产服务能力所需金额(通常指现行重置成本)的估值技术。

例如,二级市场股票和含有转股权的债券(可转换债、可交换债)可以按照估值日当天收盘价(市场法)来估值。而资产支持证券和私募债鉴于其交易不活跃,未来的现金流也难以确认,可按成本估值。

理财产品项下资产的主要估值方式如图 2—21 所示。

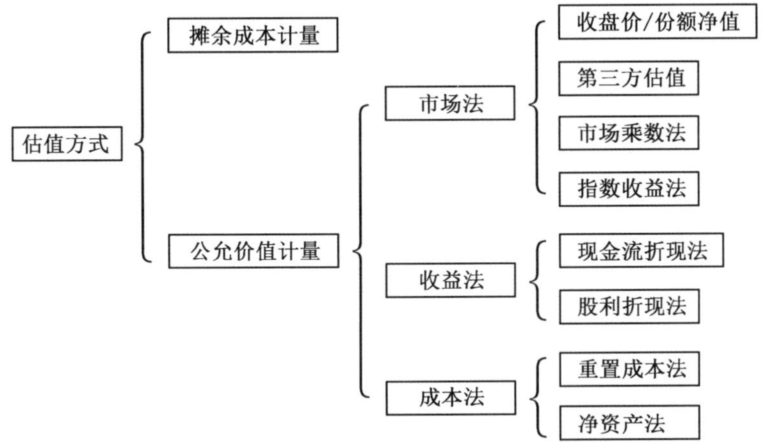

图 2—21　理财产品估值主要方式

(3)净值型理财产品估值方式。

净值型理财产品的估值方式如表 2—8 所示。

表 2—8　净值型理财产品估值方式

产品类型	资产估值方式
现金管理类产品	摊余成本法+影子定价
封闭式产品	(1)市值法 (2)摊余成本法 (需满足以下两种情形之一:①以收取合同现金流量为目的并持有至到期;②暂不具备活跃交易市场,或者在活跃市场中没有报价也不能采用估值技术可靠计量公允价值)

续表

产品类型	资产估值方式
开放式产品	(1)市值法 (2)摊余成本法 (封闭期在半年以上,需同时满足以下两种情形: ①以收取合同现金流量为目的并持有至到期; ②资产组合的久期不得长于封闭期的 1.5 倍。)

四、计算单位净值或万份收益

1. 单位净值

非现金管理类产品的估值结果以单位净值的形式体现,单位净值的计算方式为:

$$单位净值=\frac{产品总净值}{产品总份额}=\frac{产品总资产-产品总负债-产品总费用}{产品总份额}$$

2. 万份收益

现金管理类净值型理财产品的单位净值保持不变为 1,投资收益每日结转为产品份额,投资者收益体现为份额的增长。现金管理类的估值表现形式为万份产品收益和 7 日年化收益率。

(1)万份收益。万份收益,一般精确至小数点后第 4 位,小数点后第 5 位按去尾原则处理,计算方式为:

$$万份收益=\frac{当日产品净收益}{当日产品份额}\times 10\ 000=\frac{\sum 每个资产净收益-产品端费用}{当日产品份额}\times 10\ 000$$

其中,资产净收益=利息收入+买卖价差+浮动盈亏+摊销收入-资产端费用。

(2)7 日年化收益率。7 日年化收益率为过去 7 天每万份产品净收益折合成的年收益率,一般精确到百分号内小数点后 3 位,小数点后第 4 位四舍五入。产品 7 日年化收益率的计算方式为:

$$\left\{\left[\prod_{i=1}^{7}\left(1+\frac{R_i}{10\ 000}\right)\right]^{\frac{365}{7}}-1\right\}\times 100\%$$

其中,R_i 为 i 日产品每万份收益,按复利计算。

五、估值流程

(1)产品管理人对理财资产估值后,将产品份额净值发送产品托管人,经产品托管人复核无误后,由产品管理人按规定对外公布。

(2)理财资产净值计算和理财会计核算的义务由产品管理人承担。因此,当管理人与托管人估值不一致,如经相关各方在平等基础上充分讨论后,仍无法达成一致的意见，按照产品管理人对理财资产净值的计算结果对外予以公布。

第十节 理财产品的费用与税收

一、理财产品的费用

一般来说，理财产品费用主要包括：投资管理费、业绩报酬、销售服务费、托管费、产品认购/申购费、产品赎回费等。其他产品运作过程中产生的费用（如交易费、审计费、信息披露费等），直接从理财产品中列支。

收费旨在激励理财产品销售机构、管理人、托管人以更高质量的服务为投资者提供更好的体验。

一般投资管理费、销售服务费和托管费根据产品份额/市值按日计提，均为产品内扣费用，费用收取直接体现在产品净值中。而认购费、申购费、赎回费根据投资者认购/申购/赎回金额一次性收取，为投资者个人额外承担。

值得注意的是，有时候为了应对同业竞争，提高客户端的收益等，会对投资管理费、销售服务费进行优惠，具体可详见相关产品的公告。

1. 投资管理费

投资管理费是投资者支付给管理人的管理费用，一般为固定费率，不同类型的理财产品固定投资管理费率存在一定差异。

以招银理财某理财产品为例，计算公式为：

每日计提的固定管理费＝前一日本理财产品资产净值×年化固定管理费率÷365

2. 业绩报酬

业绩报酬是指理财产品运作收益超过业绩报酬提取基准的部分，按照一定的比例提取并支付给管理人的费用，也被称为浮动管理费。

根据《资管新规》规定："金融机构为委托人利益履行诚实信用、勤勉尽责义务并收取相应的管理费用，委托人自担投资风险并获得收益，金融机构可以收取合理的业绩报酬，但需计入管理费并与产品一一对应。"理财产品管理人可以收取业绩报酬。

以招银理财某理财产品为例，一款净值型理财产品的业绩报酬提取基准为4%，业绩报酬提取比率为20%，业绩报酬提取日在扣除投资管理费、销售服务费、托管费等各项费用之后，产品实际年化收益率为5%，则管理人提取业绩报酬率为(5%－4%)×20%＝0.2%。剩余部分为投资者的超额收益，投资者实际年化收益率为5%－0.2%＝4.8%。

3. 销售服务费

销售服务费是销售服务机构在销售理财产品过程中收取的服务费用。销售机构在产品销售和宣传中,需要承担人力、房租、系统开发等成本,故销售机构需要收取一定销售服务费。比如,招银理财发行了一款理财产品,而宁波银行作为该理财产品的代销机构,销售服务费就由宁波银行收取。其计算公式为:

每日计提的销售服务费=前一日本理财产品资产净值×年化销售服务费率÷365

4. 托管费

根据监管规定,理财产品募集资金应当由具有托管资质的第三方机构独立托管,办理资产保管、资金清算、会计核算等事宜。托管费就是支付给托管机构的服务费用。计算公式为:

每日计提的托管费=前一日本理财产品资产净值×年化托管费率÷365

5. 认购费/申购费

认购费是投资者在募集期内购买理财产品需要支付的手续费;申购费是在开放期内购买理财产品的手续费。计算公式为:

认/申购费=认/申购份额×产品单位净值×认/申购费率

认/申购费费率一般都会随着购买金额的增加而逐档减少。大部分理财产品目前是免收认购费和申购费。

6. 赎回费

(1)赎回费收取规则。赎回费是在开放期内赎回理财产品的手续费。一般来说,赎回费率并非年化,赎回费是赎回时一次性收取的费用。比如,南银理财"悦稳"理财产品,持有期不满 7 天,收取 1%一次性赎回费;满 7 天不满 180 天,收取 0.3%的一次性赎回费;持有期满 180 天,就没有赎回费。计算公式为:

赎回费=赎回总额×持有期对应赎回费率

=赎回份额×赎回确认净值×持有期对应赎回费率

(2)收取赎回费的意义。股市长期盛行"短线操作",资金快进快出,赚取波段收益,而不少投资者将股票的操作手法复制到理财产品运作中。短期频繁买卖理财产品,可能会带来以下负面影响:

①容易引起市场大幅波动,增加市场风险。市场短期看情绪,长期看业绩,投资者短期频繁操作会加剧市场的不理性情绪,从而导致市场价格剧烈波动,影响市场稳定。

②影响理财产品的正常运作。由于理财产品是从投资者手中募集资金,由产品管理人统一运作和管理。因此,大额资金"快进快出"的短线操作,将会干扰产品管理人的操作判断和投资策略,不利于理财产品的平稳运营。

③影响长期持有者的收益。短线投资者频繁而任意地赎回理财产品,迫使产品管

理人卖出所持股票或债券，如此必然影响理财产品业绩，导致未赎回产品的投资者收益受损。

为了鼓励投资者长期投资，避免短期频繁操作，《理财公司理财产品流动性风险管理办法》要求规定理财公司可以按照事先约定，向连续持有少于 7 日的开放式理财产品（现金管理类理财产品除外）投资者收取赎回费，并将上述赎回费全额计入理财产品财产。这一方面是对其他产品持有人的一种补偿机制，另一方面则是为了限制投资者的任意赎回行为，保护理财产品总体运行的稳定性，但目前收取赎回费的产品并不多。

7. 其他费用

其他费用还包括理财产品的证券交易费用、验资费、审计费、律师费、信息披露费、清算费、执行费用等相关费用，按费用实际支出金额列入当期费用，从理财财产中支付。

二、理财产品的税收

理财产品运作过程中涉及的各纳税主体的纳税义务按国家税收法律、法规执行。

除法律法规特别要求外，投资者应缴纳的税收由投资者负责，产品管理人不承担代扣代缴或纳税的义务。

理财产品运营过程中发生的增值税应税行为，由理财产品承担增值税及附加税费，该等税款直接从理财产品账户中扣付，由产品管理人进行申报和缴纳。

第十一节　理财产品的终止与清算

一、理财产品的终止

1. 提前终止

在理财产品投资运作期间内，投资者无权要求提前终止理财产品。在理财产品投资运作期间内，当出现下列情形之一时，产品管理人有权部分或全部提前终止产品：

（1）因不可抗力导致理财产品无法继续运作。

（2）遇有市场出现剧烈波动、异常风险事件等情形导致理财产品收益出现大幅波动或严重影响理财产品的资产安全。

（3）由于投资者理财资金被有权机关扣划等原因导致理财产品剩余资产无法满足相关法律法规规定、所投资市场要求或协议等相关法律文件约定，或者继续存续无法实现投资目标。

(4)由于相关投资管理机构解散、破产、撤销、被取消业务资格等原因无法继续履行相应职责导致产品无法继续运作。

(5)相关投资管理机构或运用理财资金的第三方主体实施符合法律法规规定或协议等相关文件约定的行为导致理财产品被动提前终止。

(6)因法律法规变化或国家金融政策调整、紧急措施出台影响产品继续正常运作。

(7)所投资资产部分或全部提前偿付。

(8)提前终止产品比维持产品运作更有利于保护产品持有人的权益。

(9)法律法规规定或监管部门认定的其他情形。

2. 延期终止

出现以下情况,产品管理人有权延长理财产品的终止日:

(1)因市场成交量不足、资产限制赎回、暂停交易、缺乏意愿交易对手等,导致产品项下对应的投资标的无法及时变现;

(2)因资金在途等原因,导致未能及时收回资金;

(3)因不可抗力等原因,导致产品管理人接受赎回申请后无法分配;

(4)其他产品管理人认为需要延期终止的情形。

产品管理人决定延期终止的,应依据约定进行公告。

二、理财产品的清算

1. 理财产品终止日

理财产品到期日为理财产品终止日(含提前终止)。产品到期后,理财产品终止运作,进入清算期,清算期不计算投资收益。理财资产清算后扣除理财相关费用、缴纳所欠税款并清偿理财产品负债后,理财利益按投资者持有的理财产品份额比例进行分配。清算期原则上不得超过5个工作日,清算期超过5个工作日的,将依约定进行公告。

2. 理财产品终止的处理方式

产品管理人决定部分提前终止理财产品的,按以下约定处理:

(1)部分提前终止的比例。理财产品将按比例(已变现资产/理财产品净资产)部分提前终止,同时根据产品最新的理财产品份额净值和份额计算并支付投资者相应的理财利益,投资者所持有的理财份额则按比例注销。

(2)部分提前终止的利益分配。产品管理人将依照协议约定公布部分提前终止日并指定利益分配日(一般为部分提前终止日之后的5个工作日以内)。产品管理人应将理财利益于指定的利益分配日(遇节假日顺延)向投资者分配。

理财产品部分提前终止日(含当日)至理财利益实际到账日之间,理财资金不计算收益。

第三章

理财产品运作

第一节　理财公司理财产品运作过程

理财公司开展理财业务，应当诚实守信、勤勉尽职地履行受人之托、代人理财职责，遵守成本可算、风险可控、信息充分披露的原则，严格遵守投资者适当性管理要求，保护投资者合法权益，《理财公司内部控制管理办法》也对理财公司的内部运作进行了严格规定。

为对理财公司的运作机制有更直观的认识和了解，下面从理财产品的创设、发行、销售、投资、交易、运营、压力测试、信息披露、产品终止、审计、监督管理等全流程进行详细介绍。

一、理财产品的创设

理财产品创设是指理财产品及其投资工具的模式设计、结构安排等方面的研究和开发，主要内容包括产品要素、交易结构、投资方案、风险评级、产品合同和产品存续期管理方案等。

理财产品创设流程包括需求收集整理、形成产品方案、产品评审批复、销售文件制定、托管安排、申报登记、账户开立等工作步骤。

（一）需求收集整理

通常，理财公司市场营销部门会收集各个销售渠道的需求，了解同业产品情况，向理财公司产品管理部门提出产品创设需求，包括市场需求及分析、目标客群、市场前景、产品销售意向等信息。

(二)形成产品方案

根据市场营销部门的需求，一般由产品管理部门牵头，组织市场营销部门、投资管理部门、运营管理部门、科技部门、风险及法律合规部门等进行深入研究和讨论，充分识别和评估各类风险，形成产品初步方案。其具体包括以下几方面：

1. 市场可行性分析

它包括客户需求、产品市场前景、预计销售渠道、预计销量等。

2. 拟定产品要素

(1)拟定产品类型，包括公募/私募、固定收益类/权益类/商品及金融衍生品类/混合类、开放式/封闭式等类型。

(2)拟定交易结构，包括认购、申购、赎回、分红等结构安排。

(3)拟定销售对象，包括普通零售客户、私行客户、机构客户等，也可成立特定客户专属产品，如代发工资客户、专属某地区产品等。

(4)拟定业绩比较基准(如有)、子份额(如有)。

(5)拟定托管人。

(6)拟定费率安排，包括投资管理费、销售服务费、托管费、超额业绩报酬等相关收费项目以及收费条件、收费标准和收费方式。

(7)拟定最低成立规模、最高规模限制等。

3. 拟定投资方案

(1)拟定投资范围、投资比例、投资策略、投资限制(含集中度、杠杆比例、评级分布、久期、流动性、禁投资产等要求)、流动性安排。

(2)拟任投资经理、投资合作机构的基本信息和主要职责(如有)等。

(3)产品所适用的估值规则及估值方法。它包括各类资产适用的估值方法，影子估值偏离度(如有)，拟采用的交易和行情数据来源，估值不适用情况拟采用的估值技术等。

(4)产品主要风险点及防范措施。

(4)收益测算，根据资产类型、收益率、比例、久期测算出产品预计收益。

(5)产品敏感性分析，包括但不限于模拟评估市场价格波动或流动性变化等因素变化，在不同场景下产品收益波动或流动性压力情况。

(6)信息披露方案。明确产品整个生命周期的信息披露规则。

4. 拟定产品风险等级

理财公司根据理财产品的投资组合、同类产品过往业绩和风险水平等因素，对拟销售的理财产品进行风险评级。理财产品风险评级结果由低到高至少包括一级至五级，并可以根据实际情况进一步细分。

理财产品风险评级包括三个工作步骤。第一，定量测算。根据金融工程原理，设置评分体系，对理财产品结构风险、理财基础资产风险等进行量化评分，计算出理财产品的综合风险分值，作为该产品风险评级的基本依据。第二，定性判断。对于理财产品某些风险因素在前述"定量测算"中没有得到全面、准确、充分的体现的，以专业定性判断方式，对定量测算分数进行必要的调整。第三，根据风险分值核定风险等级。结合理财产品风险等级的定义，以及风险分值的内涵，对于每一风险等级设置相应的风险分值区间，再根据理财产品实际风险分值水平所对应的区间，核定该产品的风险等级（参见表3—1）。

表3—1　　产品风险等级评估一览表

风险评级	评级主要依据	评级说明	可销售对象
低风险级别（R1）	产品结构简单，过往业绩及净值的历史波动率低，投资标的流动性很好，不含衍生品，估值政策清晰，杠杆不超监管部门规定的标准。	理财产品的总体风险很低，理财投资本金遭受损失的可能性极低，收益波动很小，在本金未遭受损失的前提下，实现理财预期收益的可能性很高。	保守型、稳健型、平衡型、成长型、进取型
中低风险级别（R2）	产品结构简单，过往业绩及净值的历史波动率较低，投资标的流动性好、投资衍生品以套期保值为目的，估值政策清晰。	理财产品的总体风险程度较低，收益波动较小，本金遭受损失的可能性较低。	稳健型、平衡型、成长型、进取型
中等风险级别（R3）	产品结构较简单，过往业绩及净值的历史波动率较高，投资标的流动性较好、投资衍生品以套期保值为目的，估值政策清晰。	理财产品的总体风险适中，收益随投资的市场表现波动明显，产品本金出现损失的可能性不容忽视。	平衡型、成长型、进取型
中高风险级别（R4）	产品结构较复杂，过往业绩及净值的历史波动率高，投资标的流动性较差，投资衍生品以追求收益为目的，估值政策较清晰。	理财产品的总体风险程度较高，收益随投资的市场表现波动明显，产品本金出现损失的可能性较高。	成长型、进取型
高风险级别（R5）	产品结构复杂，过往业绩及净值的历史波动率很高，投资标的流动性差，投资衍生品以追求收益为目的，估值政策复杂。	理财产品的总体风险程度较高，收益随投资的市场表现波动明显，产品本金出现重大损失的可能性较高。	进取型

注：每个理财公司的风险评级依据和标准不尽相同，上表只为示意说明。具体以理财子公司正式的文本为准。

5. 确认系统支持情况

明确当前系统对产品方案的支持程度，评估后续开发系统功能（如有）的可行性。

(三)产品评审批复

产品管理部门制定好产品的初步方案后,一般需提交给理财公司获得董事会授权的产品规划委员会进行正式评审,产品规划委员会一般包括公司领导、市场营销部门、投资管理部门、运营管理部门、科技部门、风险及法律合规部门、财务会计管理和消费者保护等相关部门的主要负责人,产品规划委员会各委员需要从风险管理、投资管理、法律合规、财务会计管理、系统实现、消费者权益保护等方面对提交董事会的理财产品进行评估,最终由公司领导根据各委员意见,签批形成最终产品创设批复。

(四)制定销售文件

产品方案审批通过后,产品管理部门牵头拟定理财产品销售文件,包括《投资协议书》《产品说明书》《(代理)销售协议书》《风险揭示书》《投资者权益须知》等五份文件(俗称“五书”),共同构成一份完整且不可分割的理财产品销售文件。产品管理部门需将上述文本提交风险与合规管理部审核。

根据《理财公司理财产品销售管理暂行办法》(银保监会令 2021 年第 4 号)第 29 条规定,产品管理人统一编制本公司理财产品投资协议书和理财产品说明书。代理销售机构可以接受理财公司委托编制代理销售协议书、风险揭示书、投资者权益须知等销售文件,并应当对其编制的销售文件进行合规性审核,使用前向理财公司备案。其主要文件构成如下:

1. 产品销售协议书

产品销售协议书内容包含投资者信息、银行信息、产品信息、账户信息等投资者购买产品所需的基本信息,还应说明双方权利义务、信息披露、税务事项、不可抗力、违约责任与争议处理、协议的签署和生效条件、消费者权益保护等。其中,在产品销售协议书的显著位置应当列明该产品在全国银行业理财信息登记系统获得的登记编码,并提示投资者可以依据该登记编码在中国理财网查询产品信息。

2. 产品说明书

产品说明书应包括理财产品基本情况、理财产品的认购规则、理财产品的申购与赎回规则、理财产品的投资、理财产品的资产、理财产品项下资产的估值、理财产品的利益分配、理财产品的费用与税收、理财产品的终止与清算、理财产品的信息披露、理财产品的风险揭示等内容。

3. 理财产品风险揭示书

产品风险揭示书内容包括投资者投资理财产品可能面临的主要风险,包含但不限于信用风险、利率风险、流动性风险、法律与政策风险、延期支付风险、早偿风险、信息传递风险、不可抗力及意外事件风险、管理人风险、理财产品不成立风险。对于固定收益类产品、权益类产品、商品及金融衍生品类产品、混合类产品，产品风险揭示书应按照《资管新规》要求，通过醒目方式向投资者充分披露和提示产品可能面临的主要风险。

4. 投资者权益须知

投资者权益须知内容包括理财产品购买流程，投资者风险能力评估流程、评级具体含义以及适合购买的理财产品等相关内容，投资者投诉的方式和程序。

5.(代理)销售协议书

(代理)销售协议书主要约定代销机构与投资者的权利义务，重点揭示代销机构非产品的发行机构与管理机构，对产品的业绩不承担任何保证和其他经济责任，不承担产品的投资、兑付和风险管理责任，投资者应根据风险承受能力评估结果选择与风险承受能力相匹配的理财产品，不得购买高于风险承受能力的理财产品。

(五)托管安排

根据《资管新规》《理财新规》规定，理财公司应当选择具有证券投资基金托管业务资格的金融机构、银行业理财登记托管机构或者国务院银行业监督管理机构认可的其他机构托管所发行的理财产品。

一般由产品管理部门牵头与托管机构签署托管协议，托管机构依法依规提供账户开立、财产保管、清算交割、会计核算、资产估值、信息披露、投资监督以及托管合同约定的相关服务

(六)申报登记

根据监管要求，产品管理部门负责在全国银行业理财信息登记系统对理财产品进行集中登记，并获得《银行理财产品登记通知书》，获得产品登记编码。

发行公募理财产品，应在理财产品销售前10日，在全国银行业理财信息登记系统进行登记；发行私募理财产品，在理财产品销售前2日进行登记。

(七)开立相关账户

托管机构负责开立托管账户，根据产品投资方案开立相关账户，包括活期账户以及在外汇交易中心、交易商协会、证券交易所等的账户。

二、产品发行和销售

产品创设结束后，进入产品发行环节。发行与销售环节一般包括发行审批、系统

设置、发行登记、产品募集和产品成立等。

(一)发行审批

市场营销部门根据渠道情况,确定产品发售时间、发售渠道等事宜后,反馈产品管理部门,产品管理部门负责报相关领导审批。

(二)系统设置

(1)产品管理部门负责设置理财产品基本要素信息、估值方法、申购、赎回和分红等信息。

(2)运营管理部门负责设置理财产品核算账户。

(3)风险与合规管理部门负责根据产品创设批复、监管规定和内部管理要求等设置风险阈值参数。

(4)市场营销部门负责设置理财产品的销售参数信息,并由系统推送给代销机构。

(三)发行登记

产品管理部门负责在不晚于产品认购起始日,在全国银行业理财信息登记系统登记产品发行起始日期、起息和到期日期等信息。

(四)产品销售

市场营销部门负责产品的销售组织工作,主要有以下事宜:

1. 配合代销渠道进行产品准入和适销性评审

根据代销渠道的要求,提供相关材料,答疑释惑,配合代销渠道完成产品准入。

2. 制作宣传材料

市场营销部门负责设计相关宣传海报、宣传视频等材料,并提交相关人员对合规性、金融消费者权益保护等方面进行审核。

3. 制定营销方案

市场营销部门负责制定营销方案,策划营销活动。

4. 对代销渠道进行培训路演

针对重点销售渠道,市场营销部门组织投资经理、产品专家进行培训路演,对拟销售产品的投资策略、产品要素、风险控制等要点进行详细介绍。

5. 产品销售

市场营销部门协同销售渠道遵循“卖者有责、买者自负”原则,充分揭示产品风险,进行合规销售;并对销售情况进行跟踪,确保产品销售不低于最低成立标准,也不高于最高募集规模。

(五)产品成立

1. 注册登记

运营管理部门负责接收各渠道认(申)购的交易申请,开立 TA(TRANSFER AGENT)账户,确认投资者份额。

2. 募集登记

在理财产品募集结束日期后 3 个工作日内,运营管理部门负责在全国银行业理财信息登记系统登记理财产品的募集情况、认购情况、投资者信息等信息。

3. 成立公告

产品成立后 5 个工作日内,运营管理部门发起信息披露流程,在本公司网站、代销渠道等发布产品成立公告。

三、产品投资与交易

理财公司一般建立有理财资金投资管理制度,明确投资不同类型资产的审核标准、投资决策流程、风险控制措施和投后管理等内容,对每笔投资进行独立审批和投资决策,针对理财资金所投资资产,建立风险分类标准和管理机制,并动态调整资产风险分类结果。

(一)产品投资运作

1. 投资经理对产品投资合规性及绩效负责

根据投资决策委员会相关决议以及通过自上而下分析,确定产品的投资策略,向交易室下达投资指令,配置资产及管理头寸,并根据市场的变化,在合规运作、防控风险的前提下,动态调整投资组合,追求组合业绩的稳健增长。

2. 多个投资经理分工协作

若同一产品由不同投资经理管理,各投资经理负责其管理部分的市场风险、信用风险,对该部分投资业绩负责,主投资经理对产品整体组合层面的大类资产配置、流动性管理、产品业绩负责,对其所直接管理的投资资产负责。比如固收+权益的理财产品,通常配备两名投资经理,固收投资经理为主投资经理,再搭配一名权益投资经理。

3. 固定收益类产品的组合构建

(1)确立投资目标,构建底仓。通过自上而下分析及产品自身的投资需求,确立组合的投资目标、期限结构、风险偏好,并构建组合的底仓。底仓为组合在一定时间段内较为固定的仓位,通常有较高的票息。

(2)流动性控制、波段操作。根据组合的流动性要求、兑付要求,配置相应比例的流动性资产,如短久期资产、利率债等。根据市场情况,确立组合的杠杆比例,择机进行波段操作,增厚组合收益。

(3)存续期及风险管理。根据市场情况,动态调整组合的持仓比例,追求组合净值的长期稳定增长。定期进行风险排查,根据排查结果积极调整组合。

(二)产品交易

1. 实行集中交易制度

根据《商业银行理财子公司管理办法》要求,银行理财子公司应当将投资管理职能与交易执行职能相分离,实行集中交易制度。为此,理财公司一般由专业交易室根据投资经理下达的投资指令,负责理财产品项下银行间、交易所市场流通证券的一级市场投标及二级市场交易等。

2. 交易监督

理财公司一般设有监测系统、预警系统和反馈系统,对投资交易行为进行监控、分析、评估、核查,有效识别异常交易,监督投资交易的过程和结果。

3. 通信监管

交易人员的手机在交易时间集中存放保管,严禁在交易时间和交易场所违规使用手机。

4. 关联监管

理财产品投资于本公司或托管机构,其主要股东、控股股东、实际控制人、一致行动人、最终受益人,其控股的机构或者与其有重大利害关系的公司发行或者承销的证券,或者从事其他重大关联交易的,应当符合理财产品的投资目标、投资策略和投资者利益优先原则,按照商业原则,以不优于对非关联方同类交易的条件进行,并向投资者充分披露信息。

四、产品运营

(一)产品注册登记

运营管理部门负责理财产品存续期间的注册登记业务,主要有以下事宜:一是投资人理财产品账户和份额的管理和登记确认;二是与代销机构销售系统、托管人、银行业理财登记托管中心的数据交换,完成理财产品登记结算业务的数据处理、报表编制、信息查询与档案管理。

(二)产品会计核算

1. 核算原则

理财产品会计核算的基本任务是依据理财产品协议和托管协议,本着诚实守信、勤勉尽责的原则,通过会计核算反映理财产品的财务状况和经营业绩,真实提供理财产品会计信息,实施会计监督。

2. 核算要求

《资管新规》严禁开展或者参与具有滚动发行、集合运作、分离定价特征的资金池业务,要求每只资产管理产品的资金单独管理、单独建账、单独核算。单独管理是指对每个理财产品进行独立的投资管理;单独建账是指为每个理财产品建立投资明细账,确保投资资产逐项清晰明确;单独核算是指对每个理财产品单独进行会计账务处理,确保每个理财产品都有资产负债表、利润表、现金流量表等财务报表。

资产负债表反映一定时期资产、负债和所有者权益的情况。表中资产=负债+所有者权益。利润表反映一定期间内理财产品实现的利润情况,净收益=收入-费用。现金流量表反映理财产品一定会计期间内有关现金和现金等价物的流入和流出的情况,应当按照经营活动产生的现金流量、投资活动产生的现金流量、筹资活动产生的现金流量分类分项列示。

3. 核算流程

运营管理部门负责账户管理、资产定义等所有理财交易支持类工作。其中,账户管理是指理财产品端和资产端在存续期间的账实相符的各项核对工作;资产定义是指运营管理部门完成系统中资产的定义及修改。

(三)产品估值

1. 运营管理部门完成理财产品的估值工作

估值应当按照《企业会计准则》和《资管新规》《理财新规》等关于金融工具估值核算的相关规定,根据估值工作相关的内外规定,合理选择估值方法,确认和计量理财产品的净值。

2. 托管机构完成估值的核对工作

托管机构对理财产品开立独立账户,进行托管资产的建账管理,独立对理财产品进行估值核算,确认和计量理财产品的净值,并且复核理财产品信息披露报告以及出具相关托管报告。

(四)产品清算

托管机构负责按照托管协议约定和运营管理部发出的投资指令,及时办理理财资金划付、记账等相关事宜,完成资金清算。

(五)申购、赎回和分红

1. 产品开放申赎

理财产品成立后,产品管理部门牵头,根据产品销售文件约定,提出申赎开放方案,经内部审批后,在系统中设置申赎参数。

当认购或赎回对存量开放式公募理财产品投资者利益构成重大不利影响时,在确保投资者得到公平对待的前提下,主投资经理可按照法律、行政法规和理财产品销售文件约定,综合运用单一投资者认购金额上限或理财产品单日净认购比例上限、拒绝或暂停认购、设置赎回上限、延期办理巨额赎回申请、暂停接受赎回申请、首期短期赎回费等方式。

2. 产品分红

理财产品根据产品销售文件约定对客户进行分红。理财产品主投资经理提出分红需求,确认产品分红基准日、每份额分红金额、分红发放日等要素。

(六)风险准备金

1. 风险准备金比例

根据《资管新规》,理财公司应当从理财产品产生的税后资产管理费中计提10%作为风险准备金。风险准备金余额达到理财产品余额的1%时可以不再提取。

2. 开立风险准备金账户

管理人应在具备风险准备金存管资格的商业银行开立风险准备金专户,用于风险准备金的归集、存放与提取。

3. 风险准备金用途

理财产品风险准备金主要用于弥补因违法违规、违反理财产品协议、操作错误或技术故障等原因给理财产品财产或者理财产品客户造成的损失,以及银保监会规定的其他用途。

(七)产品的税费

1. 增值税

理财产品运作过程中涉及的各纳税主体,其纳税义务按国家税收法律、法规执行。理财产品运营过程中发生的增值税应税行为,由理财产品承担增值税及附加税费,该等税款直接从理财产品账户中扣付。

2. 理财产品各项费用

理财产品根据产品合同，在符合各类产品管理的内外规的前提下可向投资者收取认购费/申购费/赎回费/销售服务费/投资顾问费/投资管理费/合理业绩报酬等管理费，各类收取的管理费用必须在合同中事先和投资者约定明确，所有管理费须与产品一一对应并逐个结算，不同产品之间不得相互串用。

理财产品按产品独立承担各类投资资产交易税费。交易税费按资产与交易逐笔计费，在理财资产中扣除，产品所披露净值为扣除税费之后的净值。

（八）异常情况监控

风险与合规管理部门对产品项下投资运作的合规性进行持续监控。在进行合规风险监控的过程中，如发现任何违规行为或异常情况，应立即向投资经理进行风险提示并要求其立即/限期调整，并对调整情况进行跟踪，对于经分析确认的异常、违规、非公平交易行为及时上报公司领导，并按照相关法规要求及时向投资人披露信息。

（九）监管报送

运营管理部门牵头负责理财产品的全国银行业理财信息登记系统报送工作、理财与资金信托数据报送系统报送工作。在理财产品募集和存续期间，按照有关规定持续登记理财产品的募集情况、认购赎回情况、投资者信息、投资资产、资产交易明细、资产估值、负债情况等信息。

五、理财产品压力测试

1. 压力测试及等级

一般由理财公司风险与合规管理部负责对理财产品进行压力测试，各相关部门应配合提供压力测试所需数据，并根据实际需要，参与压力测试工作。压力测试应遵循“适应性原则、实践性原则、审慎性原则”进行，压力测试假设情景一般分为轻度、中度和重度三种。

2. 压力测试方法

理财产品压力测试方法主要包括敏感性分析、情景分析等。敏感性分析是指测试单个重要风险因素发生变化时的压力情景对理财产品的影响；情景分析是指测试多种风险因素同时变化时的压力情景对理财产品的影响。

3. 压力测试分类

理财产品压力测试分为综合性压力测试和专项压力测试。综合性压力测试是指针对全部理财产品，采取敏感性分析和情景分析相结合的方式，对各类风险进行评估和测算的过程；专项压力测试是指针对某一突发风险事件或某一类型理财产品的特定风险进行评估和测算的过程。

4. 压力测试频率

风险与合规管理部门应根据理财产品的规模、投资策略、投资者类型等因素合理设置压力测试的频率。

(1)公募产品压力测试应当至少每季度进行一次，出现市场剧烈波动等情况时，提高压力测试频率。

(2)私募产品风险与合规管理部门应根据单只产品的规模和复杂程度以及投资策略等，分设不同的压力测试频率。

上述压力测试的频率应根据监管要求、外部市场环境变化等进行合理调整，在遇到如下情形之一时，应开展临时专项或综合性压力测试的三种情形。

一是市场出现重大变化时，如股票市场急剧下跌、成交量急剧萎缩、债券市场发生重大违约、监管政策发生重大变化等；二是理财公司内部进行重大创新或出现重大风险事件时；三是其他可能或已经出现的风险事件，需要进行压力测试。

5. 压力测试的作用

压力测试结果应作为重要依据运用于理财公司的经营决策当中，包括但不限于：战略性业务决策、重大产品创新、重大投资决策调整及风险改进措施等，并根据压力测试结果情况制定相应的理财产品应急计划，应急计划的内容包括但不限于触发应急计划的各种情景、应急资金来源、应急程序和措施等。

6. 压力测试结果的整改

若压力测试的结果显示某些特定情景的发生将会对某些理财产品造成显著负面影响时，风险与合规管理部门应会同产品管理部门、投资管理部门、主投资经理及其他相关部门，对潜在风险进行评估，建议应采取的应对方案及理由，应对措施包括但不限于：调整产品持仓结构、变更投资标的、暂停申赎、实施应急预案等。

六、信息披露

(一)信息披露原则

信息披露遵循真实性原则、准确性原则、完整性原则、及时性原则和公平性原则：

1. 真实性原则

要求披露的信息应当以客观事实为基础，以没有扭曲和不加粉饰的方式反映真实状态。

2. 准确性原则

要求用精确的语言披露信息，在内容和表达方式上不使人误解，不使用模棱两可的语言。

3. 完整性原则

要求披露所有可能影响投资者决策的信息，且信息披露要贯穿整个产品周期。

4. 及时性原则

要求在理财产品运作过程中及时进行最新运作情况的披露。

5. 公平性原则

要求将信息向市场上所有同类型的投资者平等公开地披露。

(二)信息披露内容

以公募理财产品为例，介绍信息披露主要内容：

1. 理财产品销售文件

理财产品销售文件通常由产品销售协议书、产品说明书、风险揭示书、投资者权益须知、代销协议以及其他文件组成。

2. 成立公告

对于所有公募理财产品，应该在产品成立后的5个工作日内发布产品发行公告，即成立公告。成立公告披露内容应包含理财产品名称、产品代码、产品成立日、产品期限、产品类型、产品份额类别(如有)、产品募集规模、业绩比较基准(如有)、产品投资方案等。产品投资方案应包含产品投资金融产品类别以及比例，其中金融产品类别应充分反映产品的风险属性。

3. 定期报告

对于所有成立时间以及剩余存续期在90天以上的公募理财产品，应在每季度结束之日起15个工作日内、上半年结束之日起60个工作日内、每年结束之日起90个工作日内，披露产品季度、半年度和年度报告等定期报告。

定期报告须披露产品存续规模、产品净值表现或收益表现(应公告季度、半年度和年度最后一个市场交易日的资产净值和理财产品份额净值)，并分别列示直接和间接投资的资产种类、投资比例、投资组合的流动性风险分析，以及前十项资产具体名称、规模和比例等信息。此外，还应在季度、年度、半年度定期报告中披露报告期间的财务数据、关联交易情况，在半年报告和年度报告中披露理财托管报告，在年度报告中披露外部审计情况。

4. 对账单

应至少每月向投资者提供一次其所持有的理财产品账单，账单内容包括但不限于账单时点投资者持有的理财产品份额、份额净值、份额累计净值、资产净值，以及账期内的产品认购/申购金额、收益情况、投资者理财交易账户发生的交易明细记录等信息。

5. 到期公告

对于所有公募理财产品，在产品到期兑付时，应不晚于到期兑付日后 5 个工作日发布到期公告。到期公告应披露理财产品要素、到期兑付日、理财兑付收益信息、费率信息、投资运作是否正常等。

6. 资产披露公告

对于所有公募理财产品，管理人需披露产品存续期间所投资的非标准化债权资产发生变更的情况。非标准化债权资产发生变更主要是指理财产品对投资的资产进行交易或者该资产在理财产品内正常/提前到期。资产披露公告中须披露变更事项，非标准化债权资产的融资客户、项目名称、剩余融资期限（资产到期日）、到期收益分配以及交易结构等。

对于直接或间接投资于未上市公司股权和受（收）益权的新产品，管理人须披露产品投资该类资产的基本信息，包含但不限于资产的所投企业名称、项目名称、剩余投资期限（资产到期日）、交易结构以及退出方式。

7. 开放信息公告

在公募理财产品的存续期间，如允许投资者申购赎回/预约申购赎回，需在每个投资周期申购期/预约申购期前 1 个工作日披露开放信息公告。开放信息公告中须包括投资周期的申购期/预约申购期、申购确认日、赎回期/预约赎回期、赎回确认日（投资周期终止日）、理财收益支付日、投资周期实际理财天数、业绩比较基准（如有）、销售管理费年化费率等。

8. 开放日（估值日）公告

对于开放式公募理财产品，需在每个开放日后 2 个工作日内披露开放日公告。开放日公告中须包括开放日的产品份额净值、产品份额累计净值、万份收益（如有）、7 日年化收益（如有）、申购价格、赎回价格、业绩比较基准（如有）、红利发放日、单位分红等。封闭式公募理财产品应至少每周向投资者披露一次估值日公告，估值日公告披露的内容包含但不限于估值日的产品份额净值、产品份额累计净值、资产净值、业绩比较基准（如有）等。

9. 临时性信息披露

如需要对理财产品已约定的投资范围和比例、估值方法以及收费项目、条件、标准和方式进行调整，应提前 1 个工作日披露临时公告，充分披露调整原因、调整内容以及调整带来的影响和结果方可进行调整。

在发生拒绝或暂停接受投资者认购/申购申请、暂停接受投资者赎回申请或延缓支付赎回款项、巨额赎回等情形时,应在3个工作日内通过理财产品销售文件中约定的信息披露方式向投资者披露临时公告,通知投资者相关处理措施。

如发生需要对理财产品进行提前终止或者延期的事项,应提前1个工作日公布提前终止/延期公告,通知投资者变更后的产品到期日、产品兑付日以及相关资金安排情况。

如投资于本公司或托管机构,其主要股东、控股股东、实际控制人、一致行动人、最终受益人,其控股的机构或者与其有重大利害关系的公司发行或者承销的证券,或者从事其他重大关联交易的,应在定期报告中披露关联交易情况,说明关联交易的交易对手方、交易的基本情况等。

如开立投资托管账户,应在定期报告中披露投资账户信息,说明账户编号、账户名称等。

对于现金管理类净值型理财产品,如果当"影子定价"与"摊余成本法"确定的产品资产净值的偏离度的绝对值达到或者超过1%时,产品投资经理应当在事件发生之日起2个工作日内就此事项进行临时报告,至少披露发生日期、偏离度、原因及处理方法。

10. 重大事项公告

在发生可能对理财产品投资者或者理财产品收益产生重大影响的事件后2个工作日内发布重大事项公告。

除前述事项外,如出现其他可能对投资者或者理财产品净值产生影响的突发事件,须在事件发生后的10个工作日内进行披露,充分披露突发事件的原因、解决措施以及对投资者收益产生的影响。

(三)信息披露操作

1. 运营管理部门

一般运营管理部门负责牵头管理理财产品的信息披露工作,包括系统常规公告的提取、审核、流程发起,常规手工公告的内容审核、流程传递,定期报告的模板设计、制作、各项数据采集和发布流程发起;负责日常净值信息披露。

2. 产品管理部门

产品管理部门负责对产品部分信息披露的内容进行编写、汇总,包括理财销售文件的拟定、托管合同的修订、与产品要素相关的风险事件的重大事项公告的流程发起等。

3. 投资管理部门

投资管理部门负责其管理的理财产品投资运作情况、市场行情分析的内容编写,并形成投资运作报告；负责提供投资经理简介等作为定期报告的重要组成部分；负责与投资运作相关的风险事件的重大事项公告的流程发起。

4. 风险管理部门

风险管理部负责理财产品信息披露过程中的风险控制与法律合规工作，主要包括对理财产品销售文件、各类公告模板、重大事项公告内容（如有必要）进行风险及法律合规性审核。

5. 托管机构

托管机构负责对理财产品信息披露文件中的理财产品财务数据进行复核，以及在理财产品半年度和年度报告中出具理财托管机构报告等。

七、产品终止

产品到期终止，须做好以下事宜：一是投资管理部门负责将组合资产逐步变现。二是销售管理部门做好产品持有人关系维护、后续产品对接等相关工作。三是运营管理部门负责完成产品清算相关事项；在理财产品终止后 5 日内，在全国银行业理财信息登记系统完成终止登记；发起信息披露流程，发布产品终止公告。

八、审计

（一）内部审计

理财公司应当按照国务院银行业监督管理机构关于内部审计的相关规定，至少每年对理财业务进行一次内部审计，并将审计报告报送董事会。董事会应当针对内部审计发现的问题，督促高级管理层及时采取整改措施。内部审计部门应当跟踪检查整改措施的实施情况，并及时向董事会提交有关报告。

（二）外部审计

理财公司应当按照国务院银行业监督管理机构关于外部审计的相关规定，委托外部审计机构至少每年对理财业务和公募理财产品进行一次外部审计，并针对外部审计发现的问题及时采取整改措施。

九、监督管理

中国银保监会对理财业务进行监管，基于非现场监管和现场检查情况，定期对银行理财子公司业务进行评估，并对发现的违法违规行为进行处罚。

第二节　了解理财托管

我们在理财产品的销售文件中，经常能看到“托管”这个词，本节就对理财托管进行详细介绍。

一、托管的概念

1. 资产托管

《资管新规》规定，金融机构发行的资产管理产品资产应当由具有托管资质的第三方机构独立托管，法律、行政法规另有规定的除外。

所谓资产托管，是指由依法设立并具有相关托管资格的商业银行、证券公司等担任托管人，按照法律法规的规定及合同的约定，对资产履行安全保管财产、办理清算交割、复核审查净值信息、开展投资监督等职责的行为。

资产托管的类型包括理财托管、证券投资基金托管、信托资管的托管、证券公司资管的托管等。

2. 理财托管

根据《商业银行理财业务监督管理办法》要求，商业银行、银行理财子公司应当选择具有证券投资基金托管业务资格的金融机构、银行业理财登记托管机构或者国务院银行业监督管理机构认可的其他机构托管所发行的理财产品。

具有证券投资基金托管业务资格的金融机构，截至 2022 年 5 月底共有 58 家，其中包括 26 家国内银行、3 家外资金融机构、26 家证券公司、中国证券登记结算有限责任公司、中国证券金融股份有限公司、中国国际金融股份有限公司等。

《资管新规》规定商业银行可以托管子公司发行的资产管理产品，但应当实现实质性的独立托管。考虑到集团业务联动，银行理财子公司发行的产品一般由母行进行托管，但有些产品，比如养老理财产品，监管部门要求实施非母行第三方独立托管。

在理财托管运作中，涉及三方：委托人、管理人、托管人。委托人是出资方，就是理财产品的持有人，包括个人投资者与机构投资者；管理人是负责产品运作的机构，就是银行或理财公司；托管人一般由管理人选定，负责履行以下职责：

(1)投资监督。托管人监督理财产品投资运作，发现理财产品违反法律、行政法规、规章规定或合同约定进行投资的，应当拒绝执行，并及时通知理财产品管理人并报告中国银行保险监督管理委员会。

(2)托管账户服务。托管人负责安全保管理财产品财产，为每只理财产品开设独立的托管账户，不同托管账户中的资产相互独立。

(3)资金清算。托管人按照托管协议约定和理财产品管理人的投资指令，及时办理清算、交割事宜；建立与理财产品管理人的对账机制，复核、审查理财产品资金头寸、资产账目、资产净值、认购和赎回价格等数据，及时核查认购、赎回以及投资资金的支付和到账情况。

(4)资产估值核算。产品管理人对理财资产估值后，将理财资产净值结果发送产品托管人，经产品托管人复核无误后，由产品管理人按规定对外公布；理财收益分配方案由产品管理人拟定，并由产品托管人复核后确定。

(5)信息披露。托管人办理与理财产品托管业务活动相关的信息披露事项，包括披露理财产品托管协议、对理财产品信息披露文件中的理财产品财务会计报告等出具意见。

(6)托管报告。托管人应在公募理财产品半年度和年度报告中出具理财托管机构报告等。

图 3—1 是交通银行为交银理财稳享现金添利理财产品在 2021 年度报告中出具的托管报告。

五、托管人报告

5.1　报告期内本产品托管人遵规守信情况声明。

本报告期内，本产品托管人在对本产品的托管过程中，严格遵守法律法规和托管协议的有关规定，不存在损害理财产品份额持有人利益的行为，尽职尽责地履行了产品托管人应尽的义务。

5.2　托管人对报告期内本理财产品投资运作、净值计算、利润分配等情况的说明。

本报告期内，托管人未发现本产品的管理人——交银理财有限责任公司在木产品的投资运作、产品资产净值计算、产品份额申购赎回价格计算、产品费用开支等过程中存在损害产品份额持有人利益的行为。本报告期内，本产品已进行利润分配 5 130 353 546.27 元。

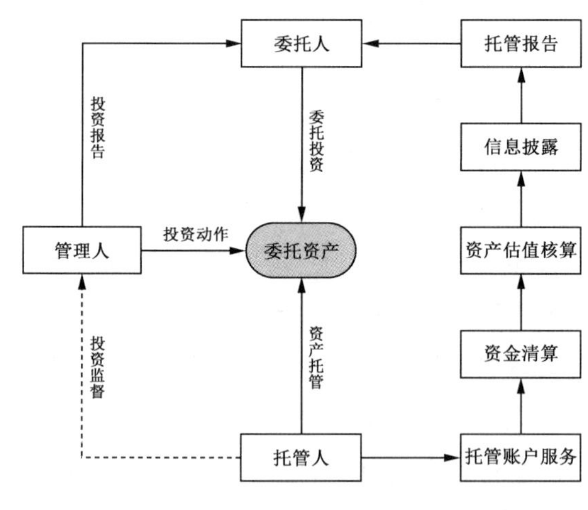

图 3—1　托管报告图例

二、理财托管的意义

理财托管就是保障委托人的产品可以进行安全运作，不会被产品管理人挪用资金。产品托管人与产品管理人相互监督管理，保护产品份额持有人及相关当事人合法权益，促进整个理财行业的健康发展。为保障安全，在资产和账户两个层面实现了独立。

(一)资产独立

理财产品的资产独立于产品管理人和产品托管人的财产，并由产品托管人保管。

产品管理人和产品托管人以其自有的财产承担其自身的法律责任，其债权人不得对托管产品财产行使请求冻结、扣押或其他权利。产品管理人和产品托管人因依法解散、被依法撤销或者被依法宣告破产等原因进行清算的，理财产品的资产不属于其清算财产。

(二)账户独立

产品管理人和产品托管人根据相关法律法规、规范性文件为托管产品开立资金账户、证券账户以及投资所需的其他专用账户。开立的理财专用账户与产品管理人和产品托管人自有的财产账户以及其他理财产品的有关账户相独立。

三、托管费的收取

产品托管费从理财财产中支付，产品托管费年费率一般为万分之一到万分之三。产品托管费的计算方法如下：

H＝E×产品托管费年费率÷当年天数

H 为每日应计提的产品托管费，E 为前一日的理财资产净值。

以上就是理财托管的全部内容，总的来讲，理财托管就是保障委托人的产品可以进行安全运作，让投资者更安心。

第四章

理财产品投资

第一节　理财产品的投资管理

市场风起云涌，没有常胜的资产，只有轮动中的机遇。好的产品管理人都是“听风者”，知道风从哪里来，深谙御风之道。好的理财机构都是“送风人”，引导投资者顺风而起，逆风而藏，事半功倍。本节对理财产品的投资管理进行深入剖析。

一、资产配置

我们知道，单个资产不可能同时具备波动小、收益高和流动性好这三个优点，也叫“投资的不可能三角”(如图 4－1)。从各类资产属性来说，类货币资产或者优质债券波动小，本金有保障，但是期望收益低，落在三角形的右侧；权益类资产期望收益高，流动性好，但资产本身波动大。一类资产如果兼具波动小和期望收益高的特点，那么其中必然有信用瑕疵或者流动性的损失，如高收益债券或者封闭式产品，投资人会面临本金突然大幅贬值和流动性无法退出的风险。

既然单个资产无法有效满足所有优点，投资管理者自然将眼光放到多资产组合上去。理论容易证明多个资产组合可以有效地将各类资产的优点结合在一起，且并未显著增加组合风险。因此，当投资人的要求比较多元、配置目标需要兼顾彼此时，大类资产配置就成为解决冲突的自然选择。

资产配置是资产管理的核心。全球资产配置之父加里·布林森在 20 世纪末和他的两名同事对全美 91 只大型退休金基金 10 年的投资收益进行了分析，发现这些组合超 90％的投资收益来源于资产配置。加里·布林森指出：“如果从投资的整合情况来看，分散性的投资组合，巧妙地将各类投资资产混合，才是成功的必要因素。”

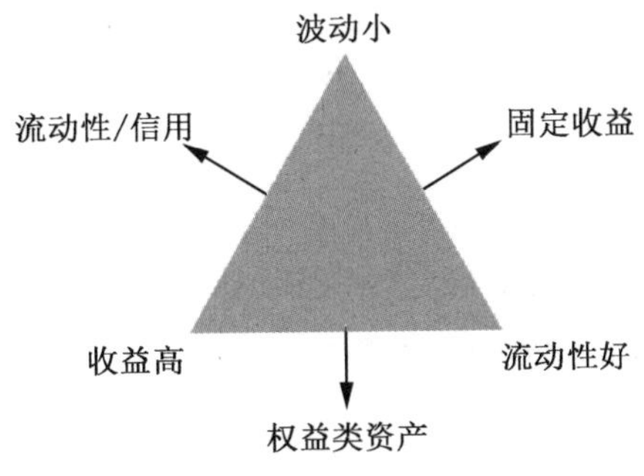

图 4—1　投资的不可能三角

(一)资产配置概念及流程

大类资产配置，就是将资金分散投资于不同类别的资产或产品中，如股票、基金、债券、房地产等，同时根据投资目标和市场波动等因素，动态调整各资产的投资比例，并形成投资组合的过程。

大类资产配置的流程主要包括设定投资目标、战略资产配置(SAA)、战术资产配置(TAA)、再平衡、绩效回顾与调整五个环节，如图 4—2 所示。

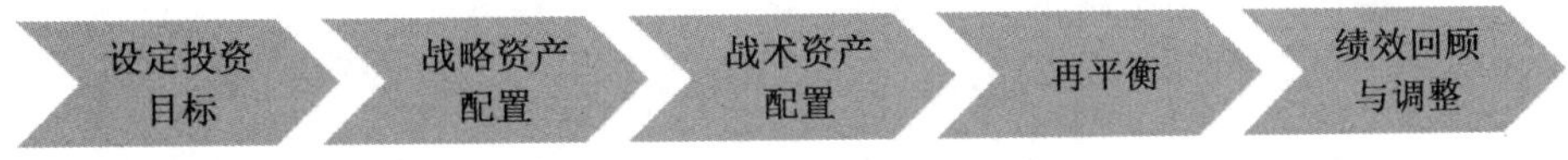

图 4—2　大类资产配置流程

1. 设定投资目标

由于每个产品的收益期望、风险偏好和流动性需求等特征都不同，所以大类资产配置的第一步就是要确认这些个性化指标，从而设定好投资目标。

2. 战略资产配置(Strategic Asset Allocation，SAA)

SAA 是基于投资目标选择大类资产种类，设置不同资产的配置比例范围，采取合适的资产配置模型，如均值方差模型、风险平价模型等，结合各类资产的收益、风险和相关性等特征，制定符合投资目标的长期 SAA 方案。

3. 战术资产配置(Tactical Asset Allocation，TAA)

TAA 是根据市场环境变动和对市场走势的判断，短期内适当调整 SAA 方案设定的配置比例，在风险可控的前提下尽量增厚投资收益，力争取得超越业绩基准的投资收益。

4. 再平衡

随着时间推移，各类资产的市场价格会发生变动，其在投资组合中的实际比例会与之前的目标比例发生偏离。当偏离较大时，需要将大类资产的比例重新恢复到原先设定的比例。

5. 绩效回顾与调整

这一步主要是回顾投资组合的收益情况和风险特征，如果发现收益和风险不符合最初的投资目标，则需要重新调整资产配置方案；如果符合，则无须调整。

(二)社保基金案例

根据《2020 年全国社会保障基金理事会社保基金年度报告》显示，截至 2020 年底，全国社保基金资产总额接近 3 万亿元，为 29 226.61 亿元。2020 年，社保基金投资收益额 3 786.60 亿元，投资收益率达 15.84%，社保基金自 2000 年 8 月成立以来的年均投资收益率达 8.51%，累计投资收益额 16 250.66 亿元。为了实现保值增值，2003 年 6 月，社保基金开始投资股市，取得长期稳健收益，因此，颇受市场关注。社保基金仅在 2008 年和 2018 年录得负收益，分别为－6.79%和－2.28%，其余的 18 年，均为正收益，如图 4－3、图 4－4 所示。

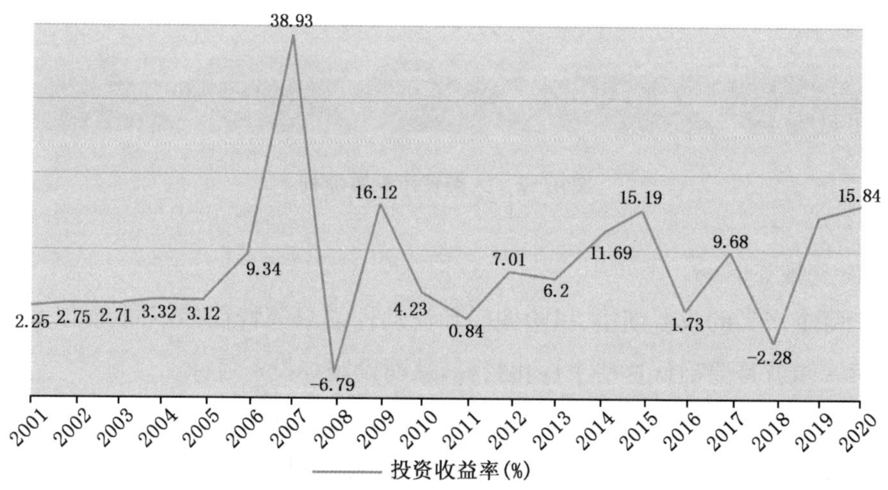

图 4－3 全国社保基金历年投资收益率

作为为老百姓打理“养老钱、保命钱”的专业机构，社保基金会的投资理念是：坚持长期投资、价值投资和责任投资的理念，按照审慎投资、安全至上、控制风险、提高收益的方针进行投资运营管理，确保基金安全，实现保值增值。其成功运作的秘诀之一便是资产配置。

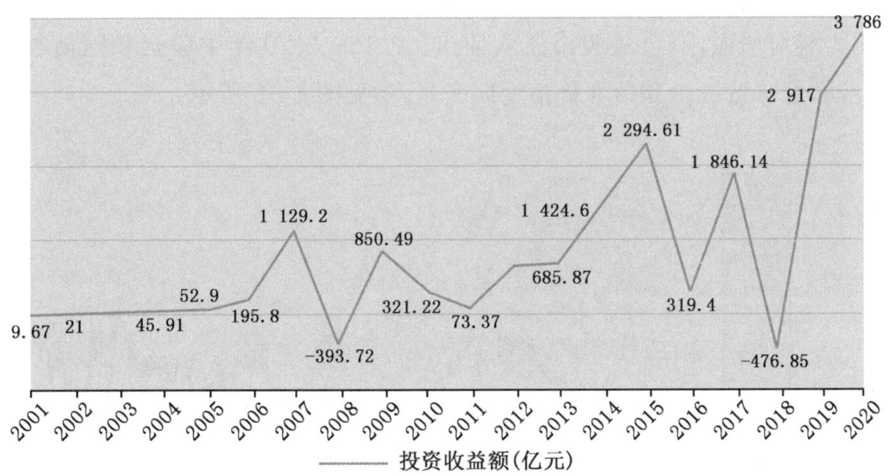

图4—4 全国社保基金历年投资业绩

根据《全国社会保障基金投资管理暂行办法》,全国社会保障基金用于银行存款和国债投资的比例不得低于50%,企业债、金融债投资的比例不得高于10%,证券投资基金、股票投资的比例不得高于40%。经过多年探索实践,社保基金会在投资运营中形成了包括战略资产配置计划、年度战术资产配置计划和季度资产配置执行计划在内的较为完善的资产配置体系。其中,战略资产配置计划确定各类资产中长期目标配置比例和比例范围。年度战术资产配置计划是在战略资产配置计划规定的各类资产比例范围内,确定各类资产年度内的配置比例。季度资产配置执行计划是通过对形势分析和年度资产配置计划的审视,确定季度具体的执行计划,进行动态调整。

(三)股债"跷跷板"效应与资产配置

银行理财产品目前以投资债券为主,但如果遇到债券市场持续走低时,利用股、债的"跷跷板"效应,进行资产配置,通常能实现组合的稳定收益。

1. 股债"跷跷板"效应解释

近几年来,多数时候投资者能从直观上感受到股市和债市的反向表现。股债"跷跷板"效应通常能从宏观基本面和微观风险偏好上得到解释。

从宏观角度,当经济处于衰退周期时,企业利润下滑,股市表现不佳,市场利率/回报率下降带动债市走强;经济处于复苏周期时,企业利润上升,股市逐步上升,利率同步回升带来债市走弱。

从微观角度,股债之间此消彼长,实际是资金在风险资产与避险资产之间的流动。在经济稳定增长时,投资者风险偏好较高,以股票为代表的风险资产更受投资者青睐,资金从债市流入股市；当经济增速放缓时，投资者风险偏好降低，以债券为代表的避险资产吸引力相对增强，资金从股市流入债市。2015—2019 年中股指和国债收益率大致同向变动，意味着股价和债券价格反向变化，参见图 4—5 所示。

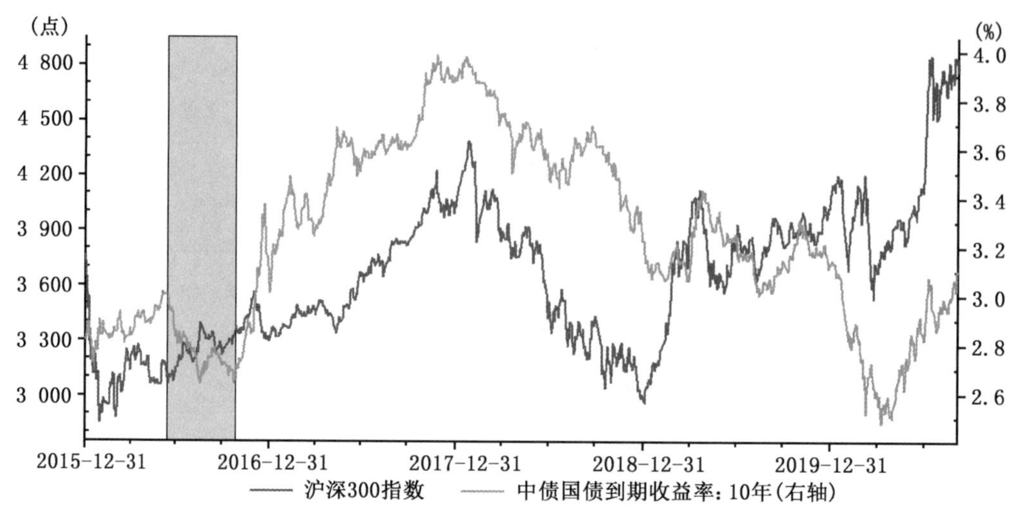

图 4—5　2015—2019 年股指和国债收益率变动

当然，“跷跷板”也有不灵的时候。比如，当经济处于衰退底部或者滞胀状态时，可能会出现股债同涨或同跌的情况，而背后的驱动因素往往是流动性——整体流动性增加或减少，会同步推动资产价格上升或下跌。例如，2016 年的第二、第三季度，股票处于触底回升的过程中，但由于市场流动性宽裕，债市也继续“乘风破浪”。

2.“跷跷板”的应用

“东方不亮西方亮。”股债“跷跷板”其实是探讨资产价格相关性最经典的一个案例。当不同资产价格变动存在一定的负相关性，投资经理可以利用负相关性优化组合表现，即在不同的场景下提供收益更好、波动更小的资管产品，典型如桥水基金主推的风险平价策略。2008 年金融危机之后，众多投资机构看到桥水基金的辉煌成绩，都跟风复制成立风险平价基金，2018 年美国这类基金资产规模高达 1.5 万亿美元。

(四)资产配置的主要模型和策略

资产配置方法属于投资学中的方法论范畴。20 世纪 70 年代以来，学术界和业界积极寻找有效的资产配置方法。

1. 均值—方差模型

均值方差模型植根于现代投资组合理论。1952 年哈里·马克维茨发表了论文《资产组合选择》，首次将数理统计的方法应用到投资组合选择的研究中。后来，又有人将其系统化，创建了均值—方差资产配置模型，从而奠定了现代金融学的基石。

现代投资组合理论运用均值和方差来刻画收益和风险这两个关键指标。均值是指证券或投资组合的期望收益率。当资产为组合时，均值是单只证券期望收益率的加权平均，权重即为投资比例；而方差，则是指证券或投资组合收益率的方差，它衡量了实际收益率和均值的背离，有效地刻画了投资组合风险。

均值—方差模型解决的问题即是使相互制约的收益和风险目标能够达到最佳的平衡效果。简单来说，均值—方差模型的核心是做一个最优规划，即如何在给定预期收益的情况下得到最小风险的资产配置组合。一定风险水平时收益最高、收益一定时风险最小的条件前沿组合，我们称为有效证券组合，有效证券组合的集合组成著名的有效证券前沿。我们的目标投资组合就在这条有效前沿上。

2. 风险平价与全天候策略

风险平价与全天候策略立足于解决这样的问题：有没有一种资产配置策略，在任何经济环境下都能奏效？1988 年，桥水(Bridgewater)创办人瑞·达利欧(Ray Dalio)尝试回答这个问题：只要做到配置风险，而不是配置资金，不论处在经济周期哪个阶段，不论利率和通胀是高是低，采用风险平价策略(Risk Parity)，就可以有效地控制风险，帮助投资人平稳地度过每个周期。

(1)传统资产配置策略剖析。在全天候策略出现以前，一般的资产配置，在于配置资金，直接将资金按一定比例分配到各类资产上，如常见的 60/40 股债组合(将 60%的组合资金投资到股票上，40%的组合资金投资到债券中)。

若仅看净值曲线，对比纯股组合，60/40 组合在牺牲了些许收益的情况下，平滑了资金曲线，且降低了组合的波动率，但是这样的组合方式并没有成功地降低组合的风险。

然而从回撤的角度，当纯股组合出现回撤时，60/40 组合同时出现了回撤，只是回撤的幅度稍小了一些，并没有很有效地降低回撤风险。

传统的资产配置，在于配置资金(Dollar Allocation)，而“风险平价”否定了这样的传统资金配比方式。它认为不同资产类别的风险水平不同，股票的风险是债券风险的 2—3 倍。虽然股票的资金配比只占 60%，股票的风险配比却占到了整个投资组合的 90%以上。不均衡的风险配比，会让投资组合在遇到极端风险事件时缺乏抵御能力，如图 4—6 所示。

在过去的 90 年里，60/40 组合与单一股票的收益联动相关性高达 97%。在遇到市场风险时，60/40 组合会被股票资产严重拖累，40%的债券起不到理想的分散风险作用。

经历过股灾的投资者们深刻地认识到尾部风险和最大回撤的厉害。那到底怎样

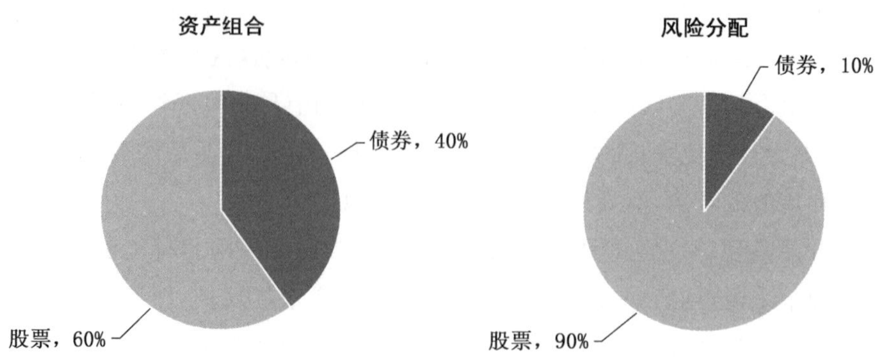

图 4—6 传统资产配置组合

才能做到"真正的分散"(True Diversification)呢?

简单来说,"风险平价"旨在做风险配置(Risk Allocation),即在投资组合中,对每类资产进行同风险比例的配置。

举个例子,我们通过超配债券,可以使得股票和债券的风险各占整体投资组合50%。这样,在极端风险事件中,投资组合不会被单一资产拖垮,因为每类资产风险占比恒定,如图 4—7 所示。

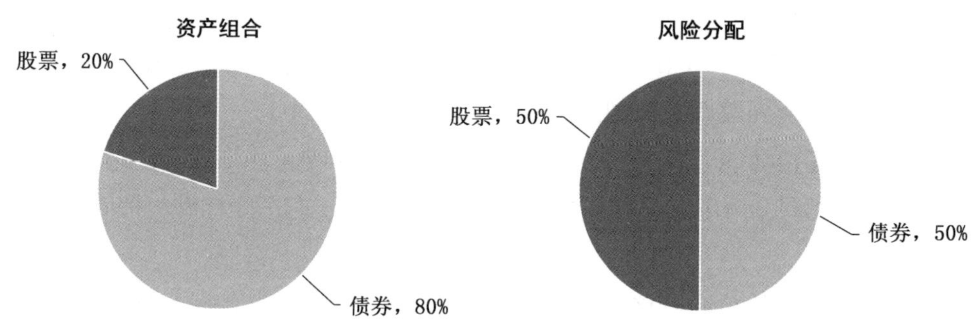

图 4—7 风险平价(Risk-Parity)资产配置组合

(2)风险平价的原理。衡量资产表现不能单看收益率,而要看风险调整后的表现(Risk-adjusted),比如夏普比率。换句话说,股票的预期收益的确比债券高,它的风险也大;债券收益率低,但它风险小。所以要综合考量,不能分割两者。因此,风险平价理论认为,无论配置哪类资产,它们每单位风险所得的回报很接近,没有必要为了追求高收益而重仓单一类资产。

然而为了达到风险平价,又产生了新的问题:为了使得低风险的资产如债券,达到与组合股票资产风险权重平衡的状态,需要分配较多的资金给低风险资产,使得组合总体收益偏低。那么这个问题怎么解决呢?通过引入杠杆机制,债券经过杠杆调整后收益(当然损失也会)能够放大到与股票收益(损失)相等。这样,在达到风险平价的同时,组合总体收益也不会显著地下降。

(3)全天候策略。全天候策略组合是第一个风险平价组合,为风险平价模型的发展积累了实践经验,而风险平价模型则为全天候策略奠定了理论基础。

20 世纪 90 年代早期,桥水基金(Bridgewater)的达利欧(Dalio)及其团队开发了全天候策略,并于 1996 年正式推出。达利欧认为,金融市场各类资产的价格波动都与经济增长水平和通胀水平的市场预期相关。据此,他把经济环境划分为四个季节(All Weather 名称的由来),描绘出了全天候策略(四宫格模型)。

达利欧设计全天候策略的初衷是想创造一种具有长期性、普遍性的战略资产配置组合,能够穿越牛熊而获得长期稳定回报。全天候策略能够规避经济波动的影响,无须预测未来环境,本质上属于被动管理策略。在全天候策略中,投资收益分解为现金、Beta 和 Alpha。其中 Betas 获取成本低,Alpha 获取成本高,总体上,长期来看 Betas 会超过现金,是投资中少数"确定事件",而 Alpha 是零和游戏。对于投资者,最重要的是做好 Beta 资产配置。

首先,全天候策略采用经济增长和通货膨胀两个维度反映经济环境,分别有超过市场预期和低于市场预期两种状态。

其次,桥水基金通过研究,将资产类型与经济环境框架进行映射。在不同经济环境下,配置不同的资产类型。例如,在经济增长超预期时,配置股票、商品、公司信用债、新兴市场信用债等。

最后,全天候策略给每个收益驱动因素(增长或通胀)以相等的暴露,即在每个盒子里配置 25%的风险调整资产,如图 4—8、图 4—9 所示。

	经济增长水平	通货膨胀水平
上升	25% 风险	25% 风险
下降	25% 风险	25% 风险
风险溢价和折现率		

图 4—8　全天候策略

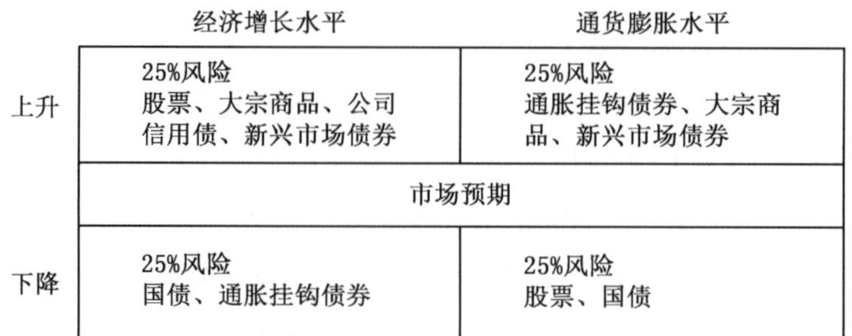

图 4—9 资产类型与经济环境框架的映射

从业绩看，相比 60/40 组合（即 60%配置债券、40%配置股票的组合），在相同风险条件下，全天候策略组合能够增厚 300bps 的收益，参见表 4—1。

表 4—1 全天候策略与 60/40 组合业绩比较

年化业绩	全天候策略			全球 60/40		
	1946/3—1981/9	1981/10—2015/9	全时期	1946/3—1981/9	1981/10—2015/9	全时期
总收益	8.7%	12.1%	10.4%	7.6%	9.5%	8.5%
超额收益	4.4%	7.6%	5.9%	3.2%	5.0%	4.1%
标准差	7.5%	9.1%	8.3%	8.4%	9.5%	8.9%
夏普比率	0.58	0.84	0.72	0.38	0.53	0.45

（4）风险平价数学模型（Risk Parity Model）。2005 年，钱恩平博士在其文章《风险平价组合：真正分散的有效组合》中首次使用了 Risk Parity 这一术语，深入阐述了风险平价的思想，并给出明确的数学定义。风险平价模型的核心是量化资产对组合的风险贡献，通过限制单个资产损失对整个组合的影响，从而实现真正的分散化。与传统资产配置不同，风险平价组合在股票、债券、商品等大类资产之间均等分配市场风险，也称为等权重风险贡献组合，属于 Beta 组合。在理论研究中，Maillard et al.（2009）发现一类单个资产风险贡献相等的组合，即等权重风险贡献组合（Equally-Weighted Risk Contributions，ERC），能够最大限度地分散风险，并推导出这个组合的一些理论特性。

设有 n 个资产的组合 $x=(x_1,x_2,\cdots,x_n)$，σ_i^2 为资产 i 的方差，σ_{ij} 表示资产 i 与 j 的协方差，$\sum$ 表示协方差矩阵，则有 $\sigma(x)=\sqrt{x^T\sum x}=\sum_i x_i^2\sigma_i^2+\sum_i\sum_{j\neq i}x_ix_j\sigma_{ij}$ 表示组合的风险。资产 i 的边际风险贡献 $\frac{\partial\sigma(x)}{\partial x_i}$ 的定义如下：

$$\frac{\partial\sigma(x)}{\partial x_i}=\frac{x_i\sigma_i^2+\sum_{j\neq i}x_j\sigma_{ij}}{\sigma(x)}$$

资产 i 的风险贡献记为$\sigma_i(x)=x_i\times\frac{\partial\sigma(x)}{\partial x_i}$,则有组合的风险等于单个资产的风险贡献之和：

$$\sigma(x)=\sum_{i=1}^{n}\sigma_i(x)$$

在风险贡献 $\sigma_i(x)$ 定义的基础上,等权重风险贡献策略旨在找到一个风险平衡的组合,该组合中所有资产的风险贡献均相等。在数学上,这个策略可以表达为：

$$x^*=\left\{x\in[0,1]^n:\sum x_i=1,x_i\times\frac{\partial\sigma(x)}{\partial x_i}=x_j\times\frac{\partial\sigma(x)}{\partial x_j},\forall i,j\right\}$$

上述问题可以转化为一个最优化问题,最优化问题的目标函数如下：

$$x^*=\operatorname{argmin}f(x)$$
$$u.c.\ 1^Tx=1\ \text{and}\ 0<x<1$$

其中,

$$f(x)=\sum_{i=1}^{n}\sum_{j=1}^{n}(\sigma_i(x)-\sigma_j(x))^2$$

如果 ERC 组合 x^* 存在,则有 $f(x^*)=0$,即对于任意资产 i 与 j,$\sigma_i(x)=\sigma_j(x)$。在求解方面,该最优化问题不存在闭式解,可以采用序列二次规划方法(SQP)求出数值解。

3. CPPI 策略

(1)策略简介。CPPI 是 Constant Proportation Portfolio Insurance,即固定比例投资组合保险策略的简称,是一种通过固定比例来构建组合、有固定投资期限的策略。根据市场的实际情况,该策略将灵活调整波动性高的风险资产与收益稳健的低风险资产在投资组合中的比重,使得投资组合在一段时间后的收益率不低于一定的目标值,并在此基础上获取部分超额收益,是由 Black、Jones 和 Perold 于 1987 年提出的资产配置模型。它是目前市场上主流的保本策略之一。

简单解释,CPPI 策略先用本金的绝大部分购买稳健资产,积累“安全垫”,预计这部分资产到期时加上收益能达到产品募集额的 100%,达到保证本金安全的目的,再用剩下的一小部分进行股票等高风险投资,如图 4—10 所示。

(2)CPPI 策略的具体运作。CPPI 的运作一般分为以下三个步骤:首先,确定收益目标。对于这类策略而言,投资目标一般是为了实现本金的稳健投资。其次,寻找合适的低风险资产。在实际投资中,这类资产主要是一些高信用等级的债券,通过对这类资产的配置,可以获取较为稳定的收益。最后,确定风险资产的投资金额。当前资

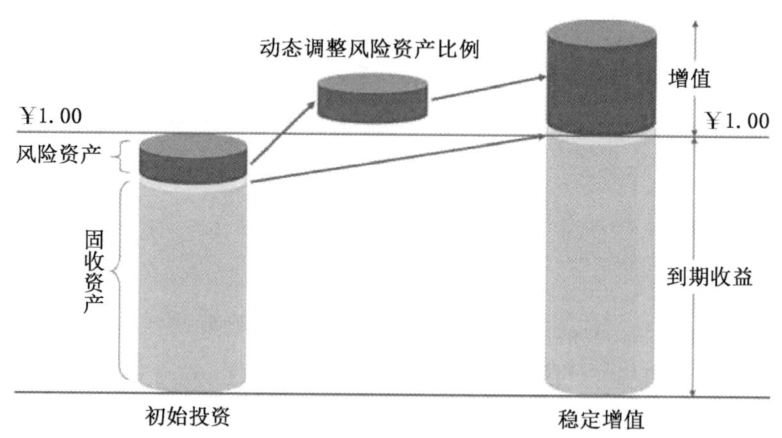

图 4—10 CPPI 策略示意

产总值与本金之间的差额称之为安全垫。在产品运作初期，一般会通过投资低风险的固收类资产来实现稳健增值，从而积累相应的安全垫，以用于后续风险资产的投资。之后，再根据安全垫厚度和对市场走势的判断，确定具体的风险乘数，将该数值与安全垫相乘之后，得到实际的风险资产投资金额。如果看好风险资产未来的走势，CPPI 策略可以放大风险乘数、增加对风险资产的投资，从而在牛市中获取更高的收益；反之，则可以降低风险乘数以应对熊市的下跌。如果风险资产未来出现下跌，导致收益目标可能无法实现，组合会及时进行仓位上的调整，降低风险资产的权重，从而及时止损。

(3)举例说明。假设初始本金为 1 万元，买入 9 600 元的债券 B，可保证一年到期后本金安全，而用剩余的 400 元购买股票 A。若 A 股上涨，则最终盈利 6%；即使 A 股下跌，最终也可获得 2%的收益。

也就是说，CPPI 策略可以在熊市中追求本金安全，在牛市中稳定分享市场收益，如图 4—11 所示。

(4)CPPI 策略的优势：进可攻，退可守。CPPI 策略有着严格的纪律性，在市场上涨的情况下可以获得超额收益，在市场下跌时也会及时调整。具体而言，当风险资产增值、安全垫增厚的时候，通过放大风险乘数，可以对风险资产进行加仓，反之则会在市场下跌时及时减仓。通过这种动态调整的方式，可以使组合的整体运行更加稳健。

除了严格的纪律性，CPPI 策略的另一大优势在于灵活性。在实际的市场运作中，采取这类策略的理财需要将大部分资产投入低风险资产，只用积累的安全垫来进行投资，因此，牛市中的收益率会逊于纯权益类理财。但在熊市或者震荡行情里，CPPI 的投资策略就会凸显其灵活安全的优势，在股市上涨的时候提升股票仓位，获取超额收益；在股票下跌的时候做好止损，从而在抓住阶段性机会的同时控制风险，实现资产的稳步增值。

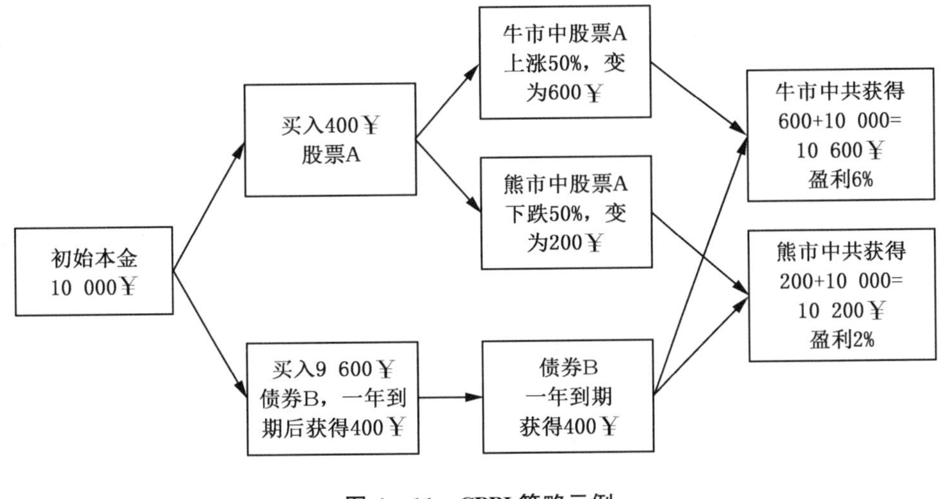

图 4—11　CPPI 策略示例

(五)自上而下的资产配置框架

自上而下的资产配置框架包括两个方面:分析框架的自上而下与投资流程的自上而下。

1. 分析框架的自上而下

它主要是指构建包括宏观、中观和微观层面的分析框架。

(1)宏观层面分析要处理好三个问题。宏观层面分析框架要以经济增长、通胀、货币政策和宏观监管为核心,同时注意处理好三个问题。

一是重视周期形成的内在逻辑。宏观数据之间经常会“打架”,所以要重视周期形成的内在逻辑,需要对宏观数据做主次分类,研究在本轮周期的当前阶段应该主要观察哪些数据,次要观察哪些数据,在主逻辑未破坏前不轻易对大周期做拐点判断。

二是重视全球宏观经济的联动性。全球经济常常通过汇率、大宗商品价格、进出口贸易、制造业产出四个渠道影响国内资本市场和资产价格,后三者作用于基本面,有一定的滞后性;而汇率弹性决定了海外基本面对国内资产价格的影响程度,汇率弹性越大,海外经济越容易对国内资产价格产生影响。

三是政策层面要重视宏观政策和监管导向的变化,重视政策的连续性和创新点,把握政策逻辑和政策目标,投资框架需要能灵活反映这些因素的变化。

(2)中观层面——决定大类资产配置的关键因素。自上而下体系中,中观层面是决定大类资产配置的关键因素,决定了各类资产在不同板块/行业内的具体权重。投资人对中观层面的跟踪和分析会具体落实到资产组合的变动上。要结合上、中、下游产业数据和高频宏观数据追踪潜在机会，产业数据和高频宏观指标可以对具体的行业投资做参考，也可以用于预测宏观数据的未来走势。

(3)微观层面——把握重要因素。微观层面要把握的因素包括流动性因素和投资者行为因素。流动性因素可以看作是基本面因素的延长线，但是流动性与基本面的需要经常不同步，这将对市场产生一定的扰动。不过，流动性因素始终是短期因素，长期价格走势会回归基本面。

国内不同类属的投资者行为也会对市场产生不同的影响，这一点在债券市场上尤为明显。

个券/个股估值与具体投资价值的分析，这是一个信息跟踪、汇总和挖掘的问题。

2. 投资流程的自上而下

坚持大类资产配置风格的投资管理人，除了分析框架，在投资流程上也需要坚持自上而下。

(1)做好年度配置主线对当年回报至关重要。投资经理一般需要预判每半年/或每季度的宏观因素、流动性和市场供求变化，做好组合仓位、久期、杠杆、信用等级等的调整，这将有助于把业绩做到行业领先水平。对于固收理财产品而言，把握好了利率债、信用债和可转债的配置时机和侧重点，合理安排债券的总体仓位与久期，严格做好信用分析，固收理财产品的业绩就能够较大概率达到市场的平均水平之上。

(2)适度把握交易性机会。对于市场的短期波动，投资经理要适度把握交易性机会，特别是在市场出现意外走势或组合配置失误时，减缓组合净值的负面冲击程度。这是投资经理勤勉尽职、维护持有人利益的体现。

(3)战术层面把握防御策略与进攻策略。良好的投资业绩离不开良好的具体操作思路。通常来讲，防御策略要优先于进攻策略，避免高仓位“踩雷”是组合稳健的前提，其他防御策略主要包括对冲和止损。

对冲并非只在市场往不利方向发展时才用得上，在组合中预留小仓位低成本对冲工具，当风险来临时对净值形成保护是良好的习惯。

止损则主要看资产的波动性。一类资产的波动性越大，那么其止损的纪律性也要越严格；反之，止损的纪律性可以相对宽松。债券虽然波动性低，但比如长端利率债在短期内大幅上行且超出其波动性的正常区间，这时就要认真分析并决策是否需立即止损。

进攻策略核心有两个方面：一是在于基于市场的预期主线做有效配置，同时预留部分高流动性资产，避免组合始终运行在高仓位或高杠杆上；二是提前测算新配置资产对整体组合的收益、风险和夏普比率的边际贡献。

二、理财产品投资管理的合规性要求

(一)规范资金池

根据《资管新规》的规定,金融机构应当做到每只理财产品的资金单独管理、单独建账、单独核算,不得开展或者参与具有滚动发行、集合运作、分离定价特征的资金池业务。

金融机构应当合理确定理财产品所投资资产的期限,加强对期限错配的流动性风险管理。

为降低期限错配风险,金融机构应当强化理财产品久期管理,封闭式理财产品最短期限不得低于 90 天。

(二)限制非标投资

理财产品投资于非标准化债权类资产的,应当遵守如下规定:

(1)确保理财产品投资与审批流程相分离,银行资管部发行的产品投资非标资产,要比照自营贷款管理要求实施投前尽职调查、风险审查和投后风险管理,并纳入全行统一的信用风险管理体系。

(2)商业银行全部理财产品投资于单一债务人及其关联企业的非标准化债权类资产余额,不得超过本行资本净额的 10%;商业银行全部理财产品投资于非标准化债权类资产的余额在任何时点均不得超过理财产品净资产的 35%,也不得超过本行上一年度审计报告披露总资产的 4%。

(3)理财公司全部理财产品投资于非标准化债权类资产的余额在任何时点均不得超过理财产品净资产的 35%。

(4)理财产品直接或者间接投资于非标准化债权类资产的,非标准化债权类资产的终止日不得晚于封闭式理财产品的到期日或者开放式理财产品的最近一次开放日。

(三)集中度要求

金融机构应当控制理财产品所投资资产的集中度。

单只公募理财产品投资单只证券或者单只证券投资基金的市值不得超过该理财产品净资产的 10%;同一金融机构发行的全部公募理财产品投资单只证券或者单只证券投资基金的市值不得超过该证券市值或者证券投资基金市值的 30%;全部开放式公募理财产品投资单一上市公司发行的股票不得超过该上市公司可流通股票的 15%;全部理财产品投资单一上市公司发行的股票不得超过该上市公司可流通股票的

30%。

非因金融机构主观因素致使不符合前述比例限制的，金融机构应在流动性受限资产可出售、转让或者恢复交易的10个交易日内进行调整。

(四)统一负债要求

理财应当设定负债比例(总资产/净资产)上限，同类产品适用统一的负债比例上限。每只开放式公募产品的总资产不得超过该产品净资产的140%，每只封闭式公募产品、每只私募产品的总资产不得超过该产品净资产的200%。计算单只产品的总资产时应当按照穿透原则合并计算所投资理财产品的总资产。

三、债券投资模式

理财公司一般采用“债券库—投资池”模式来进行债券投资。理财公司信评团队对拟投资债券开展信用研究与分析，基于行业、主体的市场分析，进行内部评级，对于符合相关内部评级规定且符合理财公司风险管理政策的主体或债项纳入理财项下“债券库”进行管理；投资经理在“债券库”中选择主体或债项进行投资，投资金额应符合“投资池”风险指标管理要求。

(一)债券库

理财公司会对债券进行内部评级，采取定量与定性分析相结合的方法，就偿债主体或债项按照约定及时还本付息的可能性进行综合评价，一般采用主体信用评级和债项评级相结合的二元评级法。

主体信用评级是对受评主体偿债能力和偿债意愿的综合判断。对于受评主体偿债能力评估包括个体实力评估和外部支持评估。个体实力评估主要分析发债主体的公司治理和管理类能力分析、企业财务状况分析、发债主体偿债意愿评估。外部支持评估主要分析发债主体在相应经济区域中的地位、股东结构和政府支持程度，以及需要资金时获得外部支持的能力。

债项评级是对受评对象按时足额偿付某一特定债务本息的能力和意愿的评估，在评定了偿债主体、担保人信用等级的基础上，根据不同的担保类别及方式和相关条款内容来确定债项的信用等级。

债券经信用分析师评定级别，经有权人审批后形成备选债券名录，组成“债券库”，并做好存续期监测管理，关注与受评对象有关的宏观、行业等外部环境情况，以及受评对象内部经营、财务状况、定期财务报告等信息，以日常负面信息跟踪监测、跟踪评级等方式，排查债券库以及投资池的主体/债项信用状况，及时发布入库主体的风险预警信息，提出内部评级调整或出库意见或债券减持意见，并要求投资经理执行。

(二)投资池

“投资池”是指投资经理对已纳入“债券库”管理的主体及债券，发起投资构建形成的各类债券投资组合。对于全公司理财项下债券投资池，一般从以下几个方面设置比例或限额指标，以实现分散投资，控制信用风险敞口。

(1)单一主体集中度管理。每只理财产品持有一家机构所发行的所有债券不得超过该理财产品余额的一定比例。

(2)单一债券集中度管理。理财公司全部理财产品持有一家机构所发行的债券不得超过该债券总规模的一定比例。

(3)行业限额管理。根据行业研究意见，对高风险行业设置行业限额或投资比例上限，控制行业风险。

(4)不同级别债券限额管理。对不同内评等级的债券，设置不同的限额，控制风险。

四、委托投资

(一)委托投资的定义

委托投资业务，是指委托人将资金委托给外部机构管理人，由外部机构管理人按照约定的范围进行主动管理的投资业务模式。委托人按照协议约定获得投资管理的收益，管理人一般以“固定管理费率加超额业绩分成”的方式收取管理费，如图 4—12 所示。

(二)理财产品委托投资流程

委托投资的形式包括三类。第一类是专户类委托投资产品，即机构将理财资金以一对一专户或一对多集合等形式委托给专业管理人，其按照约定的范围进行主动管理，理财公司对持仓资产可实时监控并穿透管理。第二类为公募类委托投资产品，即机构将理财资金直接认购专业管理机构发行的公募类产品。第三类由信托、基金等通道方作为产品管理人，由私募等专业投资机构作为该资管计划的投资顾问。理财公司脱胎于银行，比较擅长固定收益类投资，对权益类的投资经验和能力普遍不足，因此，对权益的投资很大部分采取委外的方式。

理财公司一般有一套严谨的流程来开展委托投资业务。

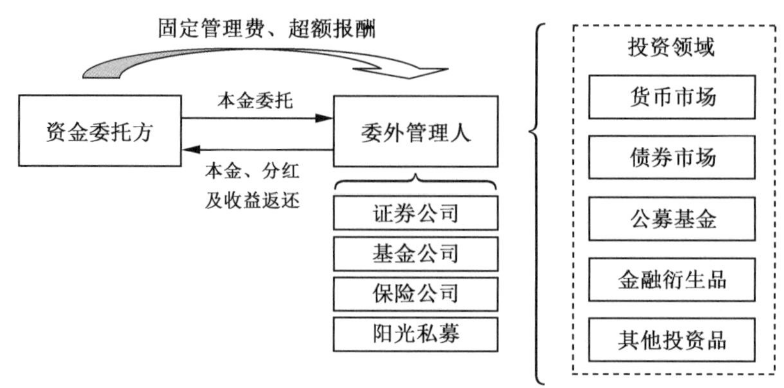

图 4—12　委托投资业务

1. 确定委外投资策略

理财公司根据业务发展情况、大类资产配置情况、市场情况等，会确定委外投资策略，包括产品策略、管理人遴选、策略风险收益特征、市场容量、计划配置规模、新老策略互补性，并拟定投资范围和投资限制。

2. 确定管理人黑白名单

在确定管理人名单方面，一般建立专业管理人及投资经理公正透明的遴选机制。从投资能力、风险控制、投资业绩、机构基础等方面对专业管理人（含投资经理，下同）进行全面评价，并根据业绩情况，进行归因分析，通过与市场管理人横向比较等对专业管理人投资风格、投资能力、尽职履责情况以及是否出现策略漂移进行分析，确定管理人白名单。同时，在此基础上建立相应的专业管理人后评价及优胜劣汰机制，对于出现重大不尽职行为的专业管理人，纳入黑名单管理。

3. 存续期管理

存续期的管理主要包括日常净值监控、应急措施、指标分析、绩效分析、业绩考核等。

日常净值监控是指每日监控产品净值变化，严格执行投资纪律，当触发预警平仓线时，督促跟进相关方按照合同约定及时采取处置措施。

应急措施包括在市场情况、监管政策和管理人发生重大变化时，以及其他可能危及理财资金安全的情况时，及时与管理人或合作机构沟通解决方案，并跟进方案执行进度。

指标分析包括统计分析各项指标，包括绝对收益、年化收益、区间收益等收益指标，波动率、下行风险、最大回撤等风险指标，夏普比率等收益风险指标。采取横向和纵向比较的方式考察管理人。横向比较是指管理人之间各指标的比较；纵向比较是指单一管理人对权益类投资组合的业绩贡献和风险贡献。比较结果出来后，约谈表现不佳的管理人，了解原因和解决方案，对回撤较大的管理人采取警示。

绩效分析要求管理人每季度出具投资报告，对管理人进行绩效分析。绩效分析主要解决策略的盈利来源，如择股、行业偏离、交易效率、基差波动。通过绩效分析，判断管理人是否有策略漂移，通过与管理人沟通，分析过往投资策略间的相关性和互补性，并了解管理人根据新的市场变化对原策略的升级更新情况，进而了解其未来投资逻辑。对业绩亏损且无合理改善措施的管理人采取警示、部分赎回或全部赎回措施。

业绩考核是对管理人业绩进行评价，并决定后续追加投资，或者赎回、退出。

五、理财投资策略

理财投资策略是指利用定性分析和定量分析方法，通过对金融工具的积极投资，在有效控制投资风险和保持流动性的基础上，力争获得高于业绩比较基准的投资回报。下面我们介绍债券投资常用策略和含权产品投资常用策略。

（一）收益策略

收益策略可分为绝对收益策略和相对收益策略。

1. 绝对收益策略

绝对收益以一个正绝对值的投资收益为目标，追求在不同市场条件下保持“淡定”，围绕收益目标稳健增值，降低组合波动性。采用绝对收益策略的理财产品具有低波动、低回撤的特点，在风险可控的前提下增厚产品收益，投资追求的是一种稳健回报。但绝对收益只是一种策略和目标，并不等于“绝对赚钱”。资本市场具有天然的风险性和波动性，采用绝对收益策略的产品并不意味着在任何投资周期都不会出现亏损。固定收益类理财大多采用绝对收益策略。

2. 相对收益策略

相对收益以跑赢市场指数或者业绩比较基准为目标，追求在同类产品中的排名。当市场上涨的时候，力争超越基准；当市场下跌的时候，争取跌的幅度更小。假如业绩基准在一段时间内跌了 20%，某理财产品跌了 5%，虽然是亏的，这种情况下，该理财产品仍然实现了业绩目标。

（二）债券投资常用策略

1. 配置型投资策略

配置型投资策略，也称为票息策略，是一种不依赖于市场变化而保持固定收益的投资方法。其做法是买入债券并持有至到期，以获得债券利息收入和到期安全收回本金。因此,配置型投资策略也常常被称作保守型投资策略。

采用配置型投资策略需根据理财产品资金的使用状况来选择适当期限的债券。一般情况下,期限越长的债券,其收益率也往往越高。但期限越长对投资资金锁定的要求也越高,该种策略在收益率高点择时买入并且选择没有或者很小信用风险的债券品种尤为关键,机构的选择品种多为利率债和高等级信用债。

下面以 21 北京 31(186320. SH)北京地方政府债为例进行说明。

2021 年 11 月 26 日 21 北京 31(186320. SH)北京地方政府债的报价如下:

对于 21 北京 31,就是一直持有到 2023 年 8 月 23 日,持有期累计为 665 天,即 1. 822 年。

如果买入债券后一直持有至到期,那么投资者会在 2022 年 8 月 23 日获得利息 2. 66 元(该债券的票面利率为 2. 66%),2023 年 8 月 23 日获得本金 100 元和利息 2. 66 元。则投资债券的收益率为:

(2. 66+100+2. 66-100. 574)/100. 574/665×365≈2. 59%

有人问,报价时候不是写了到期收益率是 2. 6%吗?怎么少了 0. 01%?这是因为我们上面的计算公式没有把 2. 66 元的利息再投资获得的收益加进去,按照同样的收益率加进去的话,就是 2. 6%了,如图 4—13 所示。

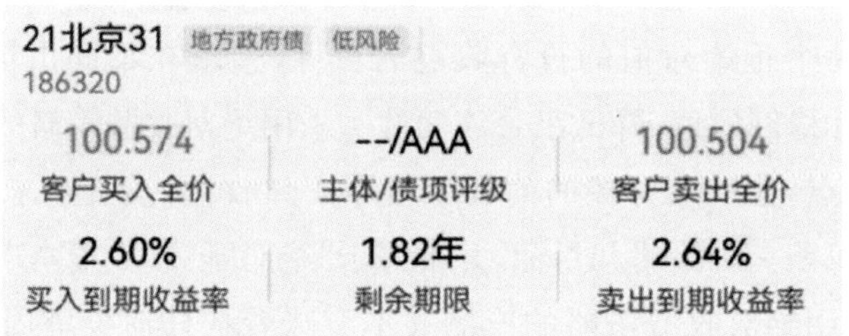

图 4—13 北京地方债

2. 波段交易策略

波段交易策略是指投资者通过主动预测债券收益率的变化,预测出债券价格的变化方向和幅度,通过在二级市场上买卖债券获取差价收益。因此,波段交易策略也常常被称作积极型投资策略。

当市场利率上行时,债券的价格通常会下跌。这种方法要求投资者具有丰富的投资知识及市场操作经验,并且要支付相对较多的交易成本。如果对市场的走势预测正确,此策略下投资者除了票息收入还可以获得资本利得的回报。

接上述例子,假设 1 个月之后,市场收益率下行 0. 05%至 2. 55%。卖出债券,此时 21 北京 31 卖出收益率为 2. 55%,当日结算的全价为 100. 89148 元/张,那么持有该债期间段(31 天)的实际投资年化收益率为：

(100.891 48－100.574)/100.574/31×365≈3.72％

收益率会高于持有到期的利率，当然，如果债券价格下跌，那就发生亏损。

3. 骑乘策略

骑乘策略又称收益率曲线追踪策略，是债券投资中常用的策略之一。其原理是随着债券剩余期限的缩短，长期限债券的到期收益率将沿着收益率曲线向下移动，由此带来债券价格的升高，从而投资者可获得价差收益，即资本利得收入。采用骑乘策略必须满足两个条件：一是债券收益率曲线向上倾斜，即长期债券的收益率较短期债券高；二是投资者确信收益率曲线将保持上升的态势，而不会发生变化。

所谓骑乘，形象地讲，是指好像骑马一样骑乘着那条收益率曲线，从长期限往左骑来到短期限。

一般而言，长期限债券收益率更高，而短期限债券收益率更低，曲线是斜向上的，如图 4－14 所示。那么，当买入长期限债券后，随着剩余期限的缩短，债券收益率会比买入时有所下降，对应债券价格上升，从而带来价差的收益。

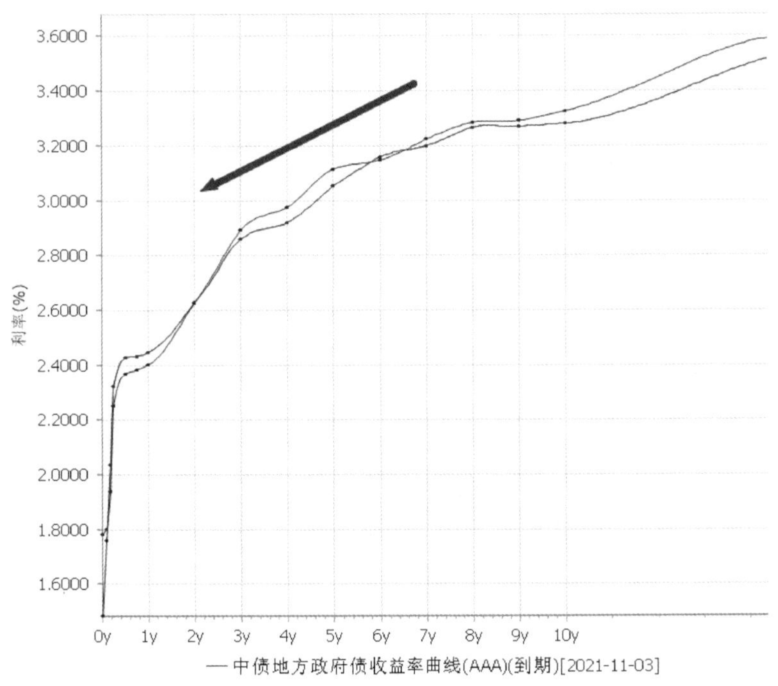

图 4－14　骑乘策略

接上述例子，假设持有此债券到 2022 年 8 月 23 日卖出，此时债券剩余期限只有一年，其收益率可能下降至 2.40％(期初买入时收益率为 2.60％)，此时债券价格为

100.254 元(基于债券定价公式)。此时卖出债券获得的收益为：

(100.254＋2.66－100.574)/300×365≈2.85％

持有该债券期间段(300 天)的实际投资年化收益率为 2.85％，比持有至到期收益率 2.6％要高一点。

4. 久期策略

债券有两大风险：一是利率风险，二是信用风险。其中，利率风险通常以久期来衡量，即利率变化对债券价格有怎样的影响。债券还本的时间越长，面临的利率风险就越大。但是，我们不能仅仅考虑最后到期的那笔本金兑付，还要综合考虑到期前的每一笔现金流(利息)。

久期最早是由 F. R. 麦考雷(F. R. Macaulay)在 1938 年提出的，因此又被称为麦考雷久期(简记为 D)。它是将未来时间产生的现金流，按照到期收益率折算为现值，以各期现金流的现值所占权重来计算的加权平均剩余期限。

久期策略主要是指将久期作为债券配置的思路。利率变化时，长久期的债券价格变动比短久期的价格变动幅度大。债券的价格与利率成反比关系，当利率上行时，债券价格下降；当利率下行时，债券价格向上。

当预期利率水平有可能上升时，长久期的债券价格下跌比短久期的要多，此时减少债券组合久期，集中投资于短期债券，从而更好地规避债券价格下降的风险，也就是所谓的在市场收益率往上的时候要采取缩短久期的策略；当投资者预期利率水平有可能下降时，长久期的债券价格上涨比短久期的将要多，此时应拉长债券组合久期，增加长期债券的投资，从而在债市的上涨中获得更高溢价，也就是所谓的在市场收益率往下的时候要采取拉长久期的策略。

5. 信用策略

产品管理人通过建立完善的内部信用评级体系，通过宏观、中观、微观等自上而下对发行人进行研究，并从经营风险、财务风险、外部支持等多方面对个券进行全面研究，积极主动挖掘到风险收益匹配度较好的投资品种，为实时交易提供参考，并重点研究信用市场环境的变化，掌握并预测信用利差波动的规律，以此作为信用品种配置时机的重要依据。

信用下沉是指充分挖掘出一些企业，虽然它的评级不高，但实际上它的偿债能力很好，从而进行价值投资。比如说，某个债券的评级是 AA，但是通过对它的各种调查，包括看它的一些报表，包括去企业实地调研，觉得这个企业的偿债能力还是挺好的，另外还有相关的增信措施来保障这个债券。由于它的评级是 AA，票息率和收益率高于 AAA 的债券，值得买入。相较于以前一直买 AAA 债券，现在买 AA 债券，就是信用下沉。

再举个实际例子，比如很著名的“永煤债券”在2020年曾发生兑付危机，债券评级也马上被调低，但有些机构经过研究，认为有投资价值，进行了信用下沉，在十几元时买入，最终债券按全额进行了兑付，获得了很好的收益。

6. 杠杆策略

阿基米德有一句名言——“给我一根杠杆和一个支点，就能撬动地球”，它很好地概括了杠杆原理的放大效应。

杠杆投资指的是利用“杠杆原理”(Leverage)进行投资，利用小额资金来进行数倍于原始金额的投资，可以将它简单理解为“借钱投资”。比如，在做生意、炒股、买房等投资活动中，当自己的资金不够，需要借钱来填补。借的这部分钱，就叫“杠杆”，整个投资活动就属于“杠杆投资”。

杠杆策略应用于债券投资领域，对回购利率与短期债券收益率、存款利率进行比较，并在对资金面进行综合分析的基础上，判断利差套利空间，利用债券质押式回购进行融资，保持组合的收益大于融资成本，追求稳定的收益增厚。

比如，假设现在10年国债的收益率是3.2%，10年AA＋企业债券的收益率为4.5%，银行间市场债券质押式回购的7天平均利率为2.3%，假设现在有10亿元可以投资，那怎么样才能创造更高的收益率呢？

第一种：把10亿元全部投资于10年期国债，那1年的收益率就是3.2%。

第二种：把10亿元全部投资于10年期AA＋企业债，那1年的年收益率就是4.5%。

第三种：先用10亿元投资国债，先保证这10亿元国债的收益率1年是3.2%。然后再把这10亿元国债在银行间市场质押出去，付出的成本是质押式回购7天的利率为2.3%，再把借入的10亿元买AA＋企业债。此时的持仓为10亿元的国债，再加借入的10亿元购买的AA＋企业债，一共是20亿元，获得的收益是10亿元国债的收益3.2%，再加上AA＋企业债的收益率4.5%，再减去滚动的融资成本，债券质押式回购的7天平均利率为2.3%，那最后算下来的年化收益率就是5.4%(5.4%＝3.2%＋4.5%－2.3%)。那假设把买进来的AA＋企业债再拿去质押融资，还可以继续放大杠杆，所以理论上这是个可以一直继续下去的过程。但是，从监管或者说从风险控制的角度来说，它一定是有一个限制的，比如封闭式理财的最大杠杆为2倍。

总结一句话，杠杆策略就是用低息负债来买高收益的资产。但债券杠杆策略存在短借长投、期限错配的问题，存在资金利率上升过快，波动加大，滚动融资成本上升，或者无法借贷到资金等风险。

(三)含权产品投资常用策略

1.“二八轮动”策略

“二八轮动”策略又叫大小盘轮动策略,其中“二”代表数量占比20%左右的大盘权重股,“八”代表数量占比80%左右的中小盘股票。“二八轮动”就是指在大盘股与小盘股之间不断切换,轮流持有。

“二八轮动”策略主要有两大投资理念:风格轮动和趋势交易。风格轮动解决了投资者“买什么”的痛点,而趋势交易解决了投资者“择时”的难题。

风格轮动是指市场上往往一段时间内会存在大小盘的风格差异,即大盘涨小盘跌,小盘涨大盘跌。如果我们能抓住这一机会,每次都买入上涨的标的,而避开下跌的标的,就能从中获取超额收益。大盘表现强势,则投资大盘指数代表权重股;中小盘表现强势,则投资中小盘指数代表成分股;在市场整体不好,大小盘都表现较弱时,则持有货币类资产或固定收益类资产进行避险。

趋势交易的理论依据是“动量效应”,又称“惯性效应”。它是由Jegadeesh和Titman(1993)提出,是指股票的收益率有延续原来运动方向的趋势,即过去一段时间收益率较高的股票在未来收益率仍会高于过去收益率较低的股票。简单来说,就是认为投资的上涨是具有惯性的,如果在一定的时间内投资标的出现了上涨,那么上涨会持续。因此,“二八轮动”策略是根据动量效应设计的一种“追涨杀跌”的趋势投资方法。

2. 量化对冲策略

“量化对冲”是“量化”和“对冲”两个概念的结合。

“量化”即量化投资,是指通过数学统计模型等各种数量化的方法,从市场的海量历史数据中寻找能够带来稳定超额收益的“大概率”策略,纪律严明地依照所构建的量化模型指导投资,规避情绪波动对投资决策的扰动,力求取得稳定的、可持续的、高于平均的超额回报。

“对冲”则是一种交易模式,最早由Alfred W. Jones于1949年创立第一只对冲基金时提出,是指通过管理对冲掉多头组合部分的系统性风险(Beta),以应对金融市场变化,获得相对稳定的收益。

“量化对冲”就是先用量化投资的方式构建股票多头组合,然后通过空头股指期货,剥离或降低投资组合的系统性风险(Beta),最终使得投资组合无论在市场上涨或下跌时均能获取稳定的超额收益(Alpha)。

量化对冲策略的投资范围广泛,股票、债权、期货、大宗商品等都可以作为投资标的,且与主要市场指数的相关性低,能够弱化系统性风险(Beta)对投资造成的负面影响,为长期投资提供更好的防御性。

不过，量化对冲策略也存在一定的风险，如投资组合的系统性风险（Beta）无法通过股指期货完全对冲掉，以及量化选股模型阶段性失效、业绩表现低于大市、超额收益（Alpha）较低等。

量化对冲策略利用定量投资模型，灵活应用多种策略对冲投资组合的市场风险，谋求投资组合资产的长期增值。量化对冲策略有如下两个特点：一是业绩表现与全市场涨跌的相关性低。通过股指期货对冲剥离出 Alpha，力争最大程度降低系统性风险 Beta；与股票市场、利率市场相关性较低。二是严格控制回撤和波动性。以中低风险绝对收益策略为重要投资方式，严格控制回撤；通过行业中性、市值中性、风险因子中性来控制跟踪误差。

3. 股债平衡策略

“股债平衡策略”最早出现在格雷厄姆的《聪明的投资者》一书中，他提出了一个简单有效的资产配置方法，即把自己 3 年甚至更长时间的闲钱分成平均的两部分：50%买入股票，50%买入债券，每年年底后进行一次再平衡，这就是股债平衡策略。

再平衡简单理解就是“高抛低吸”，即在股票（债券）上涨时卖出部分股票（债券），在股票（债券）下跌时买入部分股票（债券）。因为市场行情是不断变化的，股票和债券的价格也会产生波动。股债平衡策略本质上是根据市值变化进行仓位调整。初始仓位的 50%∶50%，经过一段时间行情的演变之后，持仓比例肯定会出现变化，此时可以卖出比例超过 50%的品种，买入比例低于 50%的品种，主动将股债的比例调整回 50%∶50%的平衡状态。

例如，假设理财产品的规模为 10 亿元，那么最开始各买入 5 亿元的股票资产和债券资产。市场总会波动，假设一年后股票资产的市值上涨到 6 亿元，债券下跌到 4.8 亿元，产品规模变为了 10.8 亿元，那 50%为 5.4 亿元。这个时候就需要把两者的比例再平衡到 1∶1，即卖出 6 000 万（6 亿－5.4 亿＝0.6 亿）股票资产，对应的钱买入债券资产。接下来，仍可重复以上操作。但需要注意的是，股债平衡策略的比例也不局限于 1∶1，还可以是 3∶7、2∶8 等。

股债平衡策略的优势主要有以下两点：

第一，基于股债“跷跷板”效应，可以风险对冲。从过去几年沪深 300 指数及中证全债指数季度涨跌幅来看，股债之间存在“跷跷板”效应，两大指数极少出现同时下跌的情况。因此，合理地运用股债平衡策略，可以有效分散单一资产波动，实现风险对冲。

第二，有助于投资者坚持长期持有。从长期回报来看，股票资产的收益率较高，但是短期波动比较大；债券的特性是长期收益较低，但是波动较小。因此，通过股债平衡策略，投资者在投资过程中心理压力较小，持有体验会更好。

4. CTA 策略

CTA(Commodity Trading Advisor),即商品交易顾问。它是以基于对商品或股指等标的物的未来价格走势做出的预判,使用期权、期货等金融衍生工具进行做多或做空的投资操作,以赚取投资回报。由于 CTA 的交易对象通常是商品期货和金融期货,因而也被称作管理期货(Managed Futures)策略。

2008 年次贷危机,是 CTA 策略大放异彩的时刻。2008 年全球对冲基金规模下降了 31.7%,标普 200 指数收益率为-38.5%。许多金融机构和巨头公司破产倒闭,而 CTA 策略不仅实现了正收益,收益率更是高达 19.45%。随着量化 CTA 占据市场主流,程序化交易有效避免了投资者的非理性错误,且波动更低回撤更小。诸多优势让 CTA 策略成为一种具备较高收益风险比、较低资产相关性以及具备危机 Alpha 特征的策略类型,更成为不可或缺的资产配置工具。CTA 具有如下优势:

第一,CTA 作为另类策略,与股票、债券等资产的相关性很低,同时配置可以降低组合的波动率,与股票资产不同,CTA 策略有做空机制,是少数几个无论市场上涨还是下跌都有机会赚钱的策略。其投资标的既涉及金属、能源化工、农产品等不同板块的大宗商品,又涉及股指、国债等金融类标的。CTA 策略利用衍生品合约流动性好、保证金交易(杠杆交易)以及可多可空的特点,把握不同周期下的衍生品合约单方面的趋势性交易机会以及跨合约、跨品种之间的套利交易机会。

第二,CTA 也被称为危机 alpha 策略,在经济下滑和风险冲击过程中,存在获得较高收益的机会,有着风险稳定器的作用。当传统的股票、债券市场出现危机时,资本将转而流向大宗商品、外汇等资产,使这类资产出现趋势性行情,而 CTA 策略在危机时刻往往可以力挽狂澜,获得超额收益。

CTA 策略的形式主要有三类:

趋势策略是 CTA 策略中最为核心的策略,着眼于捕捉市场方向性波动的收益,趋势成立有明确表征后才会进行交易。该策略胜率总体相对较低,但一旦成功捕捉趋势行情,将显著提高策略收益。

统计套利策略通过交易两个或多个相关品种,利用价差回归的原理做空高估品种,做多低估品种来获取收益。套利策略逻辑确定性较强,总体胜率较高但收益相对较低,需要提高交易频次来保证策略的收益。

做市策略是一种通过被动接受标的市场的双边报价,赚取低买高卖收益的策略。它与套利策略在理念及收益特征上较相似,但需要对冲交易来淡化趋势行情下单方向成交导致的持仓风险。

为了保证产品净值曲线的稳定、更好地满足客户需求,产品管理人通常会选择将上述策略在多策略、多品种、多周期的视角下组合搭配后运行。

5. 打新策略

(1)策略简介。打新策略,大多时候是指A股市场新股投资策略。投资者通过对A股市场首次发行股票基本面的深入研究,结合股票市场整体定价水平、新股投资资金供求关系等因素,确定申购价格以成功入围获配新股,再择机卖出获取收益的策略。

打新策略的收益主要来自新股上市后的涨幅。据中信证券统计,2021年2亿元至5亿元A类账户打新收益率为6.2%至12.3%。2020年,2亿元至5亿元A类账户打新收益率为10.5%至17.4%。但值得注意的是,证监会2021年9月18日对《创业板首次公开发行证券发行与承销特别规定》进行适当优化,沪深证券交易所、中国证券业协会同步完善了科创板、创业板新股发行定价相关业务规则。"询价新规"实施以来,新股破发现象逐步常态化。

(2)打新策略操作步骤。第一步,布局底仓,取得打新资格。按照科创板和创业板发行制度,网下投资人需要具备沪深两市各6 000万股票底仓以参与两市打新。从理财产品发行募集资金到构建底仓并取得打新资格,往往需要1—2个月时间。所以,产品净值在产品成立初期呈现缓慢爬坡走势。一旦具备打新资格后,理财产品净值跟随新股发行节奏,就会有显著提升。第二步,对冲底仓风险,专注打新收益。底仓布局完成意味着面临底仓波动风险,在极端情况下可能出现底仓股票下跌超过打新收益的情形。股指期货、场外收益互换、融券卖出是较为常用的对冲方式。这些对冲方式各有特点,需要根据时点的具体市场环境来选择对冲方式。当然,在市场上行预期较为明确的时候,也可持有少量多头获取底仓股票上涨的收益,但应该严格控制实际回撤。第三步,深入研究新股,挖掘投资价值。科创板、创业板均采用机构投资人询价方式确定发行价格,不同新股投资价值存在一定差异。专业机构投资者通过对新股的深入研究,选择优质个股、合理科学地报价参与,当市场价格超过股票实际价值时卖出获利。

(3)通过理财产品参与打新的优势。

第一,科创板和创业板约60%—70%的主要额度均向网下专业机构投资者分配,理财产品可以获配更多新股;第二,理财产品可采用多种对冲工具降低底仓风险,并且在打新市场环境变化时及时做出理性应对,降低打新潜在风险;第三,新股破发现象逐步常态化,后续打新要遴选绩优股票,考量分析定价的合理性,更需专业人员进行打新;第四,从操作角度来看,理财产品一般会委托专业打新团队,通过研究新股、结合实际操作,不断迭代提升打新能力。

6. 国债期货套保策略

(1)国债期货概念及特点。国债期货是金融期货中利率期货的一个主要品种。简单来说,国债期货就是以国债为标的物、在交易所交易的期货品种。自2013年9月6日,国债期货正式在中国金融期货交易所上市交易。目前我国的国债期货有两年期、5

年期和10年期三个品种。

国债期货具有可以主动规避利率风险、交易成本低、流动性高和信用风险低等特点。国债期货走势与现货紧密联动，运用国债期货可以在不大幅变动资产负债结构的前提下，快速完成对利率风险头寸的调整，从而降低操作成本，有效控制利率风险。

国债期货采用保证金交易，标准化合约形式，并在交易所集中交易，可以以其较高的流动性有效降低交易者的套期保值成本。在国债期货交易中，买卖双方均需交纳保证金，同时交易所实行当日无负债结算制度。这有效地降低了交易中的信用风险。

(2)国债期货套期保值在投资中的主要功能。在投资过程中，我们可以通过国债期货套期保值交易避免利率波动造成的资产损失，如果预期未来现券收益率上行，可以通过做空国债期货进行风险对冲。以最常见的空头套期保值为例，国债期货套期保值是对持有的债券资产进行对冲，特别是在债券市场快速调整时期，通过迅速构建国债期货套保头寸来达到对冲利率风险的目的。

六、理财产品投资评价

如何对一个理财产品投资的好坏做出科学评价，常见的理财产品评价指标主要包括：收益率标准差、贝塔系数、最大回撤、夏普比率和卡玛比率等。

(一)收益率标准差

收益率标准差衡量理财每日收益率相对于平均收益率的偏差程度大小，用于度量理财收益的波动程度。理财标准差越大，相应的风险也就越大。如图4—15所示，理财A和理财B的净值在一段时间里都增长了30%，理财A平稳增长，其标准差为12%，而理财B则大起大落，标准差为23%。虽然两支理财净值涨幅一致，但理财B相较理财A的波动风险更大。

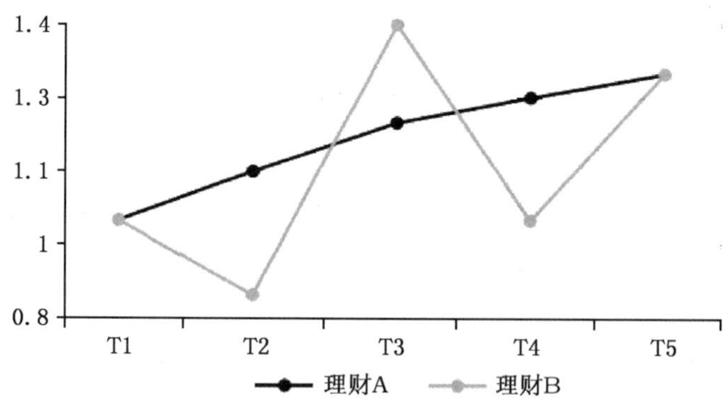

图4—15 收益率标准差

(二)“阿尔法”收益和“贝塔”收益

诺贝尔经济学奖得主威廉·夏普(William Sharpe)在1964年发表的一篇论文中，将金融资产的收益拆分为两部分：阿尔法(α)收益和贝塔(β)收益。

资产收益＝阿尔法收益＋贝塔收益＋残留收益

其中，残留收益为随机变量，平均值为0，可忽略不计。

进一步表示为：

资产收益＝α＋β×市场涨跌

总收益中一部分与α有关，代表理财的超额收益，该部分收益与市场涨跌无关，衡量的是投资经理的投资管理能力；总收益中另一部分与β有关，衡量该理财相对于整个市场的价格变动方向及幅度。

例如，某产品的业绩基准上涨5%，其β系数为1.1，则贝塔收益为5.5%。而该产品通过管理人的专业能力取得了6.5%的收益率，则1%的超额收益就是阿尔法(α)收益。

1. 贝塔(β)

贝塔(β)，是一种评估证券系统性风险的工具，用来衡量一种证券或一个投资组合相对于业绩评价基准收益的总体波动性。它是通过承担市场风险所带来的收益，代表着市场的平均回报。

当β<0时，代表理财与市场表现基本呈现反向变动，少数理财的贝塔值为负；

当0<β<1时，代表理财与市场表现基本呈现同向变动，且比市场波动要小；

当β=1时，代表理财与市场表现基本呈现一致变动；

当β>1时，代表理财与市场表现基本呈现同向变动，且比市场波动更大。

例如，A产品β系数为1，那么市场涨10%，A产品就涨10%；市场跌10%，A产品就跌10%(涨跌和市场完全一致)。

B产品β系数为1.5，那么市场涨10%，B产品就涨15%；市场跌10%，B产品就跌15%(涨跌幅度较市场更大)。

C产品β系数为0.5，那么市场涨10%，C产品就涨5%；市场跌10%，C产品就跌5%(涨跌幅度较市场更小)。

A、B、C三种理财产品β系数如图4—16所示。

β作为一种“中性指标”，并不是越高越好。虽然β系数越高，代表市场上涨时该产品涨得也越高，但是反过来，当市场下跌时，该产品同样跌得也更厉害。

当市场处于底部阶段时，可以选择β系数较大的产品，一旦市场开始上涨，该产品可以表现出更快的上涨趋势；当市场处于高位时，则可以选择β系数较小的产品，在市场下跌时能表现出更强的抗跌性。

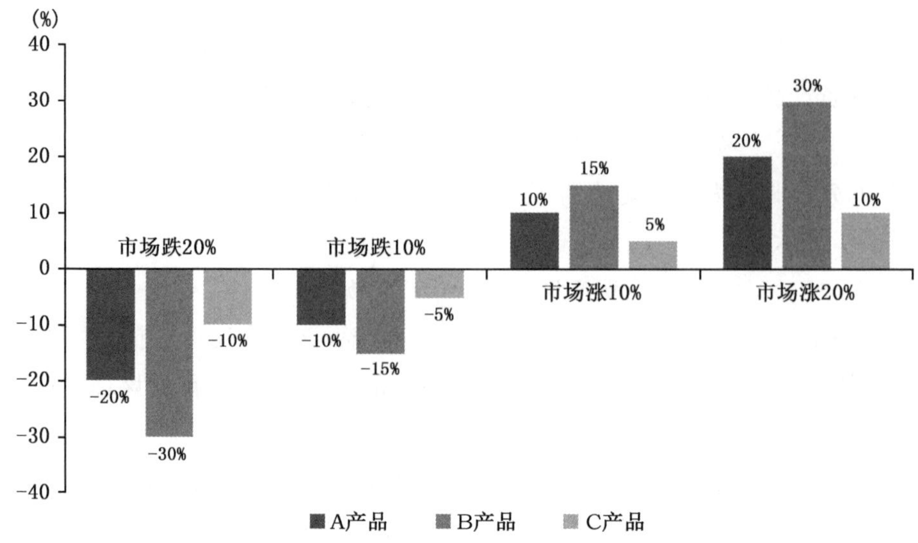

图 4—16　三种理财产品不同 β 系数的涨跌幅度

2. 阿尔法(α)

阿尔法(α),是指某个投资品种的实际收益与投资品种整体收益(贝塔收益)的差值,即超额收益。这部分收益是产品管理人通过专业能力,实现超越市场平均水平的更高的回报。

α 系数越高,则说明产品获得超额收益的能力越强。因此,可选择 α 系数较大的投资产品来获得更高的超额收益。

(三)最大回撤

1. 定义

最大回撤的准确概念是指在选定周期内任一历史时点往后推,产品净值走到最低点时的收益率回撤幅度的最大值。例如,假设某权益类理财产品 1 年内的净值,总共经历了两次下跌,从 4 月份的 1.9 元跌向 6 月份的 1.2 元,随后在 8 月上涨到 2 元,然后再次下跌到 11 月的 1.7 元。那么这只理财产品,4 月到 6 月最大回撤,就是从 4 月的 1.9 元下跌到 6 月的 1.2 元,跌幅 37%[(1.2—1.9)÷1.9=—37%]。

如果换成 8 月到 11 月,那么这只理财产品的最大回撤,就变成了净值从区间最高点 2 元跌向 1.7 元时的跌幅 15%,[(1.7—2)÷2=—15%],如图 4—17 所示。

最大回撤并不是一个固定值。最大回撤,即某理财产品在过去的某个时间段内,所产生的最大亏损幅度,代表的是某理财产品在某个时间段最糟糕的业绩表现。

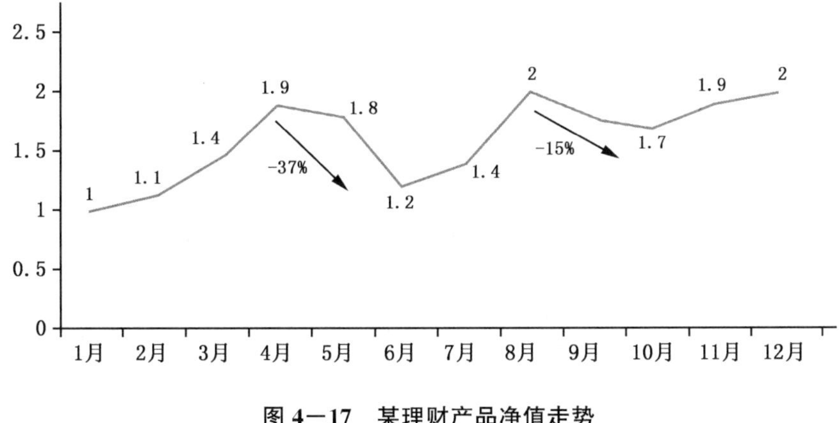

图 4—17　某理财产品净值走势

2. 最大回撤指标的作用

投资不仅要看收益，也要看风险。作为衡量风险的重要指标之一，最大回撤有如下作用：

第一，帮助衡量投资者的风险承受力。每个人的风险承受能力都不一样，市场下跌的时候，有些人跌 10％就会觉得恐慌，有些人跌 20％也能保持淡定。

最大回撤是衡量产品在某段时间内最糟糕的业绩表现，也是衡量投资经理择时、控制风险的能力。最大回撤越大，对于投资者的心理考验就越大，毕竟回撤太大超出投资者的承受范围，肯定会影响投资者的持有感受，甚至会因为焦虑、恐慌等负面情绪，做出不理智的投资行为。

第二，帮助筛选产品。举个例子，如图 4—18 所示，假设在同一时期内，A、B 两只产品的收益率都是 100％，选择哪一只更好？

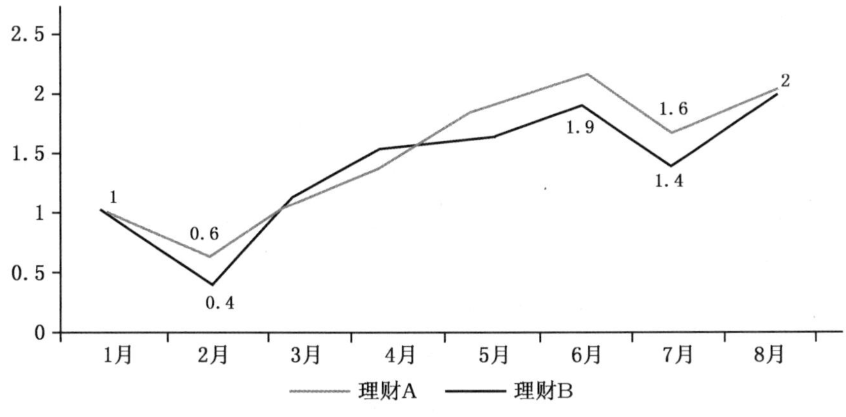

图 4—18　A、B 理财产收益率

其实A、B两只产品特点鲜明，A产品在该时间段内波动率和回撤都相对小(最大回撤40%)，B产品的特点是波动率和回撤率都相对较大(最大回撤60%)。换言之，在图4—18的整个投资周期内，虽然两只产品的最终收益是相同的，但很明显，A产品的最大回撤更小，持有体验更好。

第三，帮助分析产品的发展潜力。不要低估回撤控制的重要性，如果产品回撤控制较好并取得适量增长，综合投资结果可能更优一些，有时候"防守会是另外一种更有效的进攻"。

比如某产品，第一年亏损50%，第二年上涨100%，综合投资结果是不亏不赚；而若第一年亏损25%，第二年上涨50%，综合投资结果为获利12.5%。

再比如，看以下数列：

假如本金亏损10%，需要上涨11%回本；

假如本金亏损30%，需要上涨44%回本；

假如本金亏损50%，需要上涨100%回本；

假如本金亏损70%，需要上涨233%才能回本。

当亏损幅度越大，回本的难度系数越高，获得正收益的概率更低。所以说，在投资时控制回撤非常重要。

第四，帮助做好仓位管理。对于大部分投资者来说，可以通过仓位管理来控制风险，而最大回撤提供了一个可计算的参考值。具体来说，就是根据单只产品的最大回撤，计算出符合风险承受力的仓位，公式为：

仓位=可承受最大亏损/产品最大回撤

例如，某只权益理财产品的最大回撤是30%，但某投资者只能承受15%的最大亏损，那么投资者应该购买最多配置50%仓位、最大回撤为30%左右的权益产品，剩下的仓位应该做一些风险相对较低的投资。

3. 科学看待回撤指标

基于以上内容，可能有人觉得最大回撤一定是越小越好，回撤大的产品都很差。这个想法其实也过于偏颇，因为仅通过最大回撤率，无法单纯地评判一只产品的好坏。还要结合产品类型、投资风格、成立时间、收益等情况综合起来评价。

第一，产品类型。目前理财产品有很多类型，比如固定收益类、混合类或者权益类等等，不同的产品类型，对应的投资标的也不一样。

理解最大回撤，首先要同类产品做对比，因为不同的产品类型带来的最大回撤可能相距甚远。比如，权益类产品的最大回撤大概率高于固收类产品。换言之，将权益产品和固收产品的最大回撤做对比，就好比把重量级拳击手和轻量级拳击手拉过来同场竞技，不在一个量级，没办法评判好坏。对比最大回撤的正确方式，应该是在收益水平接近、波动水平类似的同类产品中进行对比。

第二，看产品成立时间。市场行情也会直接影响产品回撤的幅度，如牛市的回撤自然会比熊市的小。很多成立时间较短，没有经历过熊市的产品，最大回撤自然会比成立时间久、经历过牛熊市的产品小，所以在看最大回撤的时候，也要参考同期数据。

第三，看产品上涨周期的超额收益能力。如果有一只产品，不涨也不跌，回撤非常小，也不能说它是只好产品，因为这只产品无法为投资者盈利，所以在筛选和对比的时候，不能单一地认为最大回撤20%的产品，就一定比最大回撤10%的产品差。

(四)夏普比率

1. 定义

夏普比率(Sharpe Ratio)，是由诺贝尔经济学奖得主威廉·夏普于1966年提出。它又被称为夏普指数，是一个可以同时对收益与风险加以综合考量的指标。其公式如下：

$$SharpeRatio=\frac{E(R_P)-R_f}{\sigma_P}$$

其中，$E(Rp)$为投资组合预期报酬率；R_f 为无风险利率；σ_P 为投资组合的标准差。

夏普比率表示投资者每承担1份单位风险，所能获得多少的超额报酬。夏普比率大于1，代表投资组合报酬率高于风险；若小于1，则代表投资组合报酬率低于风险。因此，产品的夏普比率越高，说明投资者在承担一定风险的情况下，所获得的超额回报越高，投资组合越佳。

例如，A产品历史年化收益率为10%，夏普比率为0.5；B产品历史年化收益率为5%，夏普比率为1。虽然产品A年化收益率更高，但在承担相同风险的情况下，B产品获得了更高的超额回报。

2. 使用夏普比率注意事项

虽然夏普比率给予了衡量风险和超额收益的标尺，但投资者需要注意的有以下几点：

(1)夏普比率的数值大小本身没有意义，只有在与其他组合的比较中才有价值。

(2)夏普比率能衡量常态化的风险和超额收益，无法衡量“黑天鹅”风险。

(3)夏普比率衡量的是历史表现，无法预测产品未来的收益与风险。

(五)卡玛比率

1. 定义

挑选理财产品时，或许都会碰到一些令人纠结的问题。比方说，A理财过去一年收益率30%，最大回撤8%；而B理财过去一年收益率26%，最大回撤6%。那么，如果两只理财投资风格相近，到底哪只“满意度”更高呢？

可以用卡玛比率来对理财进行衡量。卡玛比率（Calmar Ratio）描述的是产品收益与最大回撤之间的关系，公式如下：

卡玛比率=区间年化收益率/区间最大回撤

从公式中就能看出，卡玛比率衡量的是，在购买理财产品时投资者承受每单位回撤能够获得的收益水平。卡玛比率越高，说明这只产品在承受单位回撤时所获得的回报也越高，业绩回报和最大回撤的“综合性价比”也就更高，投资者的“满意度”就更高；反之亦然。比如前面列举的两只理财，经计算后得知，A理财近一年卡玛比率3.75，而B理财近一年卡玛比率4.33，显然后者的表现要更好些。

2. 卡玛比率与夏普比率

夏普比率=（预期收益率-无风险利率）/投资组合标准差

在夏普比率的公式中，用标准差来衡量投资产品所承担的风险，用预期收益率减去无风险利率来代表超额收益，代表投资者每多承担一份风险所带来的收益。比如说，某产品的夏普比率为1.5，则表示投资者每承担1份风险，能够换来1.5份的回报。

而卡玛比率则是用区间最大回撤来衡量风险，相比标准差，最大回撤能更准确地衡量产品历史风险情况，同时也能在同一时间维度内比较投资经理回撤控制的优劣。

此外，产品的风险来源可能有很多，标准差无法全面覆盖，但最大回撤却是一个非常清晰明了的数字。因此，卡玛比率会比夏普比率更具象，更适合普通投资者用来衡量“产品性价比”“投资满意度”。

3. 如何使用卡玛比率

首先，由以上内容，我们了解到卡玛比率是越大越好的，但需提醒的是，这个指标在同类之间比较才有价值。

比如，很多权益类产品虽然长期来看能实现较高的年化收益，但其回撤幅度一般都比较大，换言之，这类产品的卡玛比率都较低；相比而言，固收类产品普遍回撤相对较小，虽然它的长期收益水平也相对较低，但卡玛比率却相比更高。如果把这两类不同产品的卡玛比率放在一起比较，显然不具备参考价值。

其次，在挑选“固收+”产品时，卡玛比率的应用更广泛，也更具实操性。这是因为固收+产品多数强调绝对收益，且更多的是追求严控回撤基础上的更高收益。如果更具量化性地应用这个指标的话，业内普遍认为，卡玛比率不低于2的“固收+”产品，能体现较好的风险收益比，同时也有望获取稳健的超额回报。而当卡玛比率大于3时，投资者的“满意度”会比较高。

最后，卡玛比率只是衡量产品性价比的众多指标中的一个，在选择投资产品时需要多方面考虑，在其他指标差不多的情况下，挑选卡玛比率更高的产品，切忌无视其他指标。

第二节　理财产品主要风险及防控

理财公司一般会打造“矩阵式”立体化风险防控体系，实现由“点”及“线”至“面”多层次、全流程风险管理。制度层面涵盖公司治理、管理制度、业务流程、操作细则、消费者保护等，产品层面包括产品创设、投资管理、销售管理，运营层面包括估值管理、信息披露、清算核算、系统建设，风险监控层面涉及日常监测、绩效与风险评价、风险报告等。本节对理财公司风险管理体系、信用风险及管理、市场风险及管理、流动性风险及管理、利率风险及管理等进行详细介绍。

一、理财公司风险管理体系

(一)风险管理组织架构

理财公司经营管理层一般都设有风险控制委员会，负责公司全面风险管理、风险评审等相关工作。

具体部门设置上，一般设有合规与风险职能部门。其主要职责包括但不限于：负责理财产品创设发行、日常运营及投资运作过程中的风险控制与法律合规工作，主要包括针对产品创设方案出具合规性审核意见；通过实施事前控制、事中审核、事后监测相结合的风险管控手段，督促落实产品风险指标、阈值及其他合规性要求的识别与控制；按规定对产品开展压力测试并提出解决建议；负责对相关法律文本的法律合规审核。

(二)投前评审机制

理财公司一般建立了严谨的投前评审机制，按照资产类型的不同相应建立了信用债券、同业信用、股权投资、非标债权的评审思路及要求，对不同资产的风险进行科学区分，有效实现投前评审的风险管控目标。

(三)投中风险控制

1. 风险识别

根据合同、法律法规制作“风险控制阈值表”，明确产品组合在投资运作环节须遵守的各项合规风控指标。

2. 风险控制

在交易系统中设置并及时维护合规风控指标，投资指令经交易系统合规风控模块审核通过后方可流转至交易处室进行指令执行。

3. 风险报告

为及时发现并处理产品所遇到的风险，应该建立完善的报告制度。定期报告对账户每日和每月合规风控指标监控情况进行总结；不定期报告包括超标类风险和预警类风险揭示报告，对超标和预警事项进行书面确认，并提出调整措施。

4. 绩效评估

对产品组合收益和风险进行整体和局部分析。整体收益分析包括收益率和超额收益，以及标准差、夏普比率等常用指标的计算；局部分析对账户进行归因分解、集中度测算等具体分析，揭示风险并对投资决策进行支持。

（四）投后管理

债券投资类、同业信用类、权益投资类、非标债权投资类等各类资产管理类业务的基础资产全面纳入资产质量考评及风险监控体系。

按照各类资产的不同属性，科学建立各品种差异化投后管理制度，针对资产管理业务各品种特有风险要素，有效实行各类资产的投后管理要求。

建立矩阵式投后管理机制，发挥前台业务团队一线触角功能，实现对风险的快速反应；完善内控管理及综合考评体系，强化投后管理“执行力”。

二、信用风险及管理

（一）风险描述

信用风险是指因交易对手未能履行合同义务而造成经济损失的风险，债券、非标资产的信用风险包括违约风险和市场价格风险（价差风险）。债券、非标资产发行者因各种原因不能按时兑付契约规定的利息和本金而发生违约，由此带来的风险叫作违约风险。价差风险是指由于债务人信用评级下降而导致价格下降的风险。

发行人财务状况越差，违约风险越大，意味着不会按计划支付利息和本金的可能性越大。例如，2014 年 3 月 4 日，A 股上市公司 * ST 超日（股票代码：002506）公告称“11 超日债”本期利息将无法于原定付息日 2014 年 3 月 7 日按期全额支付，仅能够按期支付共计 400 万元人民币，付息比例仅为 4.5%，并正式宣告违约，成为国内首例违约的公募债券。

(二)风险防控

为了防范信用风险,理财公司一般从以下方面进行防控:

第一,有专业的信评团队。理财公司不仅仅参考外部评级公司的意见,一般拥有自己专业的信评团队,严格把控信用风险。

第二,有完善的信评体系。投前做好准入控制,投后做好存续期管理。通过定性定量结合,理财公司有更细化、更严格的评级体系,对主体及债项进行内评审定,建立债券库,把控投资主体的出库、入库和日常跟踪。对入库的主体与债项,信评团队进行日常跟踪,定期出具跟踪报告,如因宏观经济、行业或者具体公司出现重大风险事件,及时提出减持意见。

第三,控制集中度。在集中度管理方面,在符合监管要求下,从内外部评级、流动性限制、关联主体等方面进行控制,同时进行压力测试,降低产品单券集中度,减少个券波动估值影响,充分分散风险。

第四,非标业务与母行联动。有些理财子公司依托母行进行业务联动,充分利用母行的客户资源、信息资源、客户经理团队资源等降低风险。联动分行须严格按母行表内自营尽职调查工作要求,负责完成客户的尽职调查与需求调查工作,收集并核实客户信息、交易背景、财务报告、项目信息、风险缓释等相关材料,提供完整的尽职调查报告,对尽职调查内容的真实性、完整性以及有效性负责。理财公司再根据具体业务情况,采取现场及非现场等差异化调查方式,并综合运用行内外信息查询系统,负责对联动分行尽职调查内容的真实性、完整性以及有效性进行核查,发表独立的复核评价意见,并参考母行授信政策,按照客户主体、客户区域进行客户分层,划分优先合作、适度合作、审慎合作以及禁止进入客户,严控业务风险。

三、市场风险及管理

(一)市场风险管理流程

市场风险是指由宏观经济、国家政策、投资心理、交易制度等因素发生变化所引发的市场价格波动的风险。例如,当经济处于下行周期时,股票市场整体可能会面临下跌风险,以投资权益类资产为主的理财产品,收益可能会受到较大影响。

1. 市场风险识别

市场风险识别是指识别理财产品存在的各类市场风险及导致市场风险的具体因素,是个持续的过程。它具体包括:识别理财产品运作中存在的市场风险类别并确定其风险因素及性质;确定市场风险识别贯彻于产品创设、产品内外部交易和交易后整个过程中;确定市场风险识别落实于新产品/业务的开发与审批流程;分析市场风险来源及影响范围;评定市场风险可能性大小、风险程度高低和后果等级等。

2. 市场风险计量

根据不同的业务性质、规模和复杂程度,对不同类别的市场风险选择适当的计量方法,基于合理的假设前提和参数,尽可能准确计算可量化的市场风险和评估难以量化的市场风险。

采取措施确保假设前提、参数、数据来源和计量程序的合理性和准确性,对市场风险计量系统的假设前提和参数定期进行评估,并制订修改假设前提和参数的内部程序。计量方式包括:缺口分析、久期分析、敏感性分析、情景分析等。

以不同市场风险计量方法的优势和局限性,采用压力测试等其他分析手段进行补充。

3. 市场风险监测

市场风险监测是指对理财产品的各项市场风险指标(包括但不限于久期、集中度、杠杆率等指标)以及配置标准化资产的公开市场信息(例如收益波动、价格异常等情况)进行定期监测。

监管法规、产品合同以及内控管理有明确要求市场风险指标限制的,实施严格的限额或比例监控,一般设置预警和违规(止损)两档提示机制,在风控系统或内控管理流程中设置相应的控制限额。

对于接近、超出限额或比例的情况,按照严重程度的不同建立不同等级的预警机制及处理程序。

4. 市场风险控制

持续提高市场风险的控制能力,确保市场风险状况及例外情况得到及时发现,对经过识别和计量的市场风险采取分散、对冲、转移、规避和补偿等措施,进行有效管理和控制。

(二)市场风险应对措施

若市场风险管理中发现特定情景的出现将会对某些理财产品造成显著的负面影响时,要对潜在风险情况进行评估,应对措施包括但不限于:调整产品持仓结构、变更投资标的、资产卖出、控制产品申赎规模等。

四、流动性风险及管理

流动性风险包括两个维度:一个是投资者维度的流动性风险。投资者只能在产品开放期的交易时间内进行申购、赎回,如果投资者产生流动性需求,可能面临理财产品不能随时变现、持有期与资金需求日不匹配的流动性风险。理财产品开放期内，若发生大额赎回，投资者将面临不能及时赎回理财产品的流动性风险。另一个是产品维度的流动性风险。

为保证产品的正常赎回，有效应对大额赎回，理财公司要加强流动性风险的管理。

（一）流动性风险管理基本框架

1. 建立完善的内部控制体系

理财公司应建立、健全流动性风险管理的内部控制体系，包括但不限于：严密完备的管理制度、科学规范的业务控制流程、清晰明确的组织架构与职责分工、独立严格的监督制衡与评估机制、灵活有效的应急处置计划等。

2. 制定有效的流动性风险管理措施

理财产品管理人在实施流动性风险管理时，应当详细分析基础资产、产品结构和投资者偏好等多维度的影响，包括但不限于基础资产的投资策略、产品估值方法、历史申购与赎回数据、销售渠道、投资者类型、投资者结构、投资者风险偏好与潜在的流动性要求、市场环境等多种因素，按照变现能力对理财产品所持有的组合资产进行适当分类，审慎评估各类资产的流动性，有针对性地制定流动性风险管理措施。

3. 建立流动性风险监测与预警制度

应当全覆盖、多维度建立以压力测试为核心的流动性风险监测与预警制度，包括流动性风险识别、计量和监测，现金流测算和分析，流动性风险限额管理，日间流动性风险监测，压力测试及应急计划，对影响流动性风险的潜在因素进行持续监测和分析等。

（二）流动性风险管理手段

1. 日常流动性安排

（1）资产负债久期管理。控制产品期限和资产久期的错配程度，并预留足够的高流动性资产以应付赎回，合理设计产品期限（或开放频率）、投资范围、杠杆比例和集中度等要素。

（2）现金流缺口测算与分析。现金流缺口的测算和分析是流动性风险管理手段的重要组成部分。通过有效计量、监测和控制正常和压力情景下未来不同时间段的现金流缺口，根据不同期限测算未来的现金流缺口情况，并根据现金流缺口情况对理财业务流动性风险进行分析与判断，在保障流动性安全的前提下提高资金使用效率。

（3）资金头寸预报机制。完善头寸预报机制，在保证日常流动性管理高效运作基础上，加强对大额资金流动的实时监控、事中控制和事后监督，是流动性管理的重要手段之一。

2. 建立各层次流动性储备

理财项下的流动性资产主要包括货币基金及类货币基金、银行存款、债券质押式回购等。

(1)货币基金(及类货币基金)。货币基金属于标准化产品,其优势在于申购赎回便捷、时效性高、流动性较强、收益相对稳定;劣势在于 T+1 起息,资金使用效率较低,且受市场流动性影响可能会遇到基金限购或限制赎回。

(2)银行存款。同业活期存款流动性最高,其优势在于 T+0 起息、资金使用效率高;缺点是受存放行的头寸及可用授信额度限制,且资产收益率相对较低。为平衡流动性和收益性,可以合理布局活期存款及短期定期存款的比例。

(3)债券质押式回购。债券质押式正回购是指将债券出质给资金供给方来融入资金。该交易方式相比产品端负债,更灵活、更主动、更便捷,是目前理财产品获得流动性最常用的手段之一。

通常来讲,市场上的主要资金融出方接受度较高的质押品种从高到低依次为利率债、同业存单、普通信用债、二级资本债及 PPN。因此,为流动性管理需要,基础资产中应保持一定比例的高流动性债券,或者通过“债券借贷”等通道,以保证不同时点、不同资金融出方对质押品的要求。

3. 压力测试和应急预案

(1)流动性风险指标管理。在整体流动性风险管理框架下,根据业务规模、性质、复杂程度、流动性风险偏好和外部形势变化情况,对流动性风险实施限额管理,对各项流动性风险监管指标和流动性风险监测指标设立风险容忍度进行控制,设立警戒值和容忍值,定期或不定期进行监控。

流动性风险管理主要指标具体包括但不限于:现金流缺口、杠杆率、(1 个月或 1 季度内的)流动性充足率等。流动性管理指标将根据理财公司经营管理和外部监管变化进行相应动态调整,确保流动性风险可控。原则上,当流动性风险指标触及预警值后,须及时将指标降至预警值内,否则应启动资产流量控制,并尽可能从各渠道获取资金。

(2)压力测试。有效的压力测试应具备两个前提:一是要充分了解导致产生流动性压力的所有原因及发生传导机制,并纳入压力测试的情境中;二是压力测试不仅要定期进行,还要根据外部市场环境变化或内部环境及业务创新的发展不定期进行,在出现市场剧烈波动等情况时,相应加大压力测试频度。

理财项下应定期开展流动性风险压力测试,充分考虑各类风险与流动性风险的内在关联性,市场流动性对理财流动性风险的影响和压力情景对各项流动性风险要素的影响及其反作用。

流动性压力情景设置包括但不限于开放式产品连续大额赎回、货币市场流动性严重缺乏、产品销售进度跟不上、融资工具使用情况评估等。同时，还考虑情景的严重程度，将压力情景进行不同程度区分。针对不同压力情况进行分析、预防，定期或不定期形成压力测试报告，相应安排流动性风险缓释措施，尽可能做到针对所有的流动性压力情景均有风险预案。

(3)流动性风险应急预案。流动性风险应急预案是为防范和控制可能存在的流动性风险和支付危机而制订的紧急情况下弥补现金流量不足的应对方法和程序。

理财项下的流动性风险应急预案包括：风险预警、风险报告和风险应急处置流程等。根据流动性风险预警的不同级别，建立流动性风险报告的级别和范围，并采取不同的流动性风险处置措施。

五、利率风险及管理

(一)风险描述

利率风险是指利率变动引起债券价格波动的风险。债券的价格与利率呈反向变动关系：利率上升时，债券价格下降。例如，10 年前你购买了一种面值 100 元、年息 10%利率的债券，到现在，如果其他债券都支付 12%的年利，你就不可能再以 100 元的面值将这种债券卖给别人，你的售价肯定会低于面值，使得其实际收益率达到 12%的水平。

再通过常见的固定利率债券的估值法来解释一下。固定利率债券是一种按照票面金额计算利息，票面上附有作为定期支付利息凭证的期票的债券。投资者不仅可以在债券期满时收回本金(面值)，而且可以定期获得固定的利息收入。所以，投资者未来的现金流包括了两部分：本金和利息。固定利率债券的估值公式如下：

$$V=\frac{C}{1+r}+\frac{C}{(1+r)^2}+\cdots+\frac{C}{(1+r)^n}+\frac{M}{(1+r)^n}$$

式中，V 表示固定利率债券的内在价值；C 表示每期支付的利息；M 表示面值；r 表示市场利率；n 表示债券到期时间。

通过上述公式可以看出，r 越大，分母越大，则 V 越小；r 越小，分母越小，则 V 越大。固定利率债券的内在价值与市场利率成反比。市场利率升高，固定利率债券的内在价值降低，价格降低；市场利率降低，固定利率债券的内在价值提高，价格提高。

这种由于未来利率变化产生的不确定性，而导致债券贬值的风险，便是债券的利率风险。

(二)风险防控

为应对利率风险,可采取如下措施:

(1)合理控制投资组合的资产久期;

(2)合理控制杠杆水平;

(3)设置止盈止损。

(4)可采用国债期货进行套期保值,对冲利率风险。

六、理财产品其他常见风险

(一)政策风险

理财产品是在遵循相关法律法规、监管政策要求下设计、发行的。如果国家宏观政策和相关法律法规、监管规定发生变化,进而影响理财产品的发行、管理、投资运作和清算分配等业务的正常进行,就可能导致理财产品收益降低或无收益,甚至损失部分或全部本金。

(二)管理风险

管理风险是指在理财产品的投资运作过程中,产品管理人的知识储备、投资经验和是否勤勉尽职,都会影响其对信息的处理和对经济形势、市场价格走势的判断,若判断有误或操作不当,理财产品的收益和本金可能会受到影响。

(三)不可抗力风险

自然灾害、战争、证券交易所系统性故障等不可抗力因素的出现,将严重影响市场的正常运行,可能导致理财产品的本金和收益遭受部分或全部的损失。

(四)延期分配风险

它是指因市场内部和外部的原因导致理财基础资产不能及时变现而造成理财产品不能按时分配,理财期限将相应延长,从而导致产品资金的延期分配。

(五)早偿风险

如遇国家金融政策重大调整影响产品正常运作时、理财产品的投资资产提前终止、司法机关要求,或发生其他产品管理人认为需要提前终止产品等情况,产品管理人有权部分或全部提前终止理财产品,投资者将面临再投资机会风险。

(六)理财产品不成立风险

如理财产品自开始募集至认购期结束,认购总金额未达到产品最小成立规模(如有约定),或融资人取消融资计划,或市场发生剧烈波动,或发生不可抗力,或相关法律法规以及监管部门规定等原因,经产品管理人谨慎合理判断难以按照理财产品销售文件有关规定向投资者提供产品,产品管理人有权宣布产品不成立并及时返还投资者资金,投资者将承担投资产品不成立的风险。

虽然上述风险都是客观存在的,但并不意味着投资理财过程中一定会发生,理财公司会尽最大努力规避风险;相反,“忽视风险”才是最大的风险。只有真正认识风险、了解风险、重视风险,才能更好地防御风险。理财经理、客户经理要结合产品与客户情况,在不确定的市场波动中追求相对的确定性,让“对的钱”在“对的时间”投资“对的产品”。

第五章

基础资产

第一节　货币市场工具基础知识

一、货币市场工具的特点

中国人民银行对货币市场的定义:货币市场是指期限在1年以内、以短期金融工具为媒介进行资金融通和借贷的市场,是1年期以内的短期融资工具交易所形成的供求关系及其运行机制的总和。

货币市场工具产生于信用活动,交易价格为利率,是固定收益证券的一部分。因其具有良好的流动性和对经济环境的敏感性,在金融市场中发挥着十分重要的功能。一方面,货币市场工具为商业银行管理流动性以及企业融通短期资金提供了有效的手段;另一方面,因货币市场工具交易而形成的短期利率在整个市场的利率体系中充当了基准利率,为市场上其余证券利率的确定提供了重要的参考依据,是判断市场上银根松紧程度的重要指标。

在我国,货币市场可以进一步划分为银行间货币市场和交易所货币市场两大部分。由于交易所市场交易量与机构投资者参与度与银行间货币市场存在较大差距,通常所指的货币市场主要是银行间货币市场。

货币市场工具有以下特点:(1)均是债务契约;(2)期限在1年以内(含1年);(3)流动性高;(4)大宗交易,主要由机构投资者参与,个人投资者很少有机会参与买卖;(5)本金安全性高,风险较低。

二、常用的货币市场工具

在发达国家，货币市场工具主要有银行间短期资金（同业拆借）、短期政府债券、短期金融债券、中央银行票据、商业票据、商业汇票、大额可转让存单、银行贷款等。在我国，货币市场工具主要包括现金，期限在 1 年以内（含 1 年）的银行存款、债券回购、中央银行票据、同业存单，剩余期限在 397 天以内（含 397 天）的债券、非金融企业债务融资工具、资产支持证券，以及中国证监会、中国人民银行认可的其他具有良好流动性的货币市场工具。

（一）短期融资券

1. 短期融资券的概念

2005 年，中国人民银行颁布了《短期融资券管理办法》《短期融资券承销规程》《短期融资券信息披露规程》，允许符合相应条件的企业按相关规定向机构投资者发行短期融资券。中国的短期融资券是境内具有法人资格的企业发行的，仅在银行间债券市场上流通的短期债务工具。短期融资券的期限不超过 1 年，交易品种有 3 个月、6 个月、9 个月、1 年。其特征与商业票据十分相似。

2. 短期融资券的发行

短期融资券由商业银行承销并采用无担保的方式发行（信用发行），通过市场招标确定发行利率。发行者必须为具有法人资格的企业，投资者则为银行间债券市场的机构投资者。企业发行短期融资券的主要目的是获得短期流动性，由于对资金用途并无明确限制，深受企业喜爱。

3. 短期融资券风险

（1）信用风险。由于公司治理结构不规范，违规成本低，部分企业为了达到低成本融资的目的，对披露的财务数据、经营业绩进行一定的修饰，隐藏了一定的信用风险。

（2）滚动发行机制隐含“短债长用”的投资风险。部分企业有可能绕过中长期企业债的限制，通过滚动发行短期融资券进行长期融资。任何中长期投资项目都面临市场、技术、产品等方面的风险，随着短期融资券发行规模的扩大，其隐含的投资风险将不断加大。

（二）短期政府债券

1. 短期政府债券的概念

短期政府债券，是由一国的政府部门发行并承担到期偿付本息责任的，期限在 1 年及 1 年以内的债务凭证。广义的短期政府证券不仅包括国家财政部发行的债券，还包括地方政府及政府代理机构所发行的证券。狭义的短期政府债券则仅指国库券。一般所说的短期政府债券市场指的就是国库券市场。

短期政府债券以贴现的形式发行，为无息票债券，投资者获得的投资收益是证券的购买价和证券票面价值的差额。短期政府债券投资收益根据拍卖竞价决定，因此，不存在发行过多或发行不足的问题。

政府发行短期政府债券，通常是为满足短期资金周转的需要。除外，它也为中央银行的公开市场业务提供了一种可操作的工具。

2. 短期政府债券的特点

短期政府债券主要有三个特点：一是违约风险小。由国家信用和财政收入作保证，几乎不存在违约风险。二是流动性强。交易成本和价格风险极低，十分容易变现。三是利息免税。根据我国相关法律规定，对国库券的利息收益免征所得税。

(三)短期回购协议

1. 回购协议的概念

回购协议是指资金需求方在出售证券的同时与证券的购买方约定在一定期限后按约定价格购回所卖证券的交易行为。其中，证券的出售方为资金借入方，即正回购方(也被称为卖出回购方)；证券的购买方为资金贷出方，即逆回购方(也被称为买入返售方)；正、逆回购是一个问题的两个方面。

回购实质是以证券为质押品而进行的短期资金融通。证券的卖方以一定数量的证券为质押品进行短期借款，条件是在规定期限内再购回证券，且购回价格高于卖出价格，两者的差额即为借款的利息。

2. 回购协议的功能

证券回购协议的主要功能有三个：一是中国人民银行以此为工具进行公开市场操作，方便中央银行投放(收回)基础货币，形成合理的短期利率；二是为商业银行的流动性和资产结构的管理提供了必要的工具；三是各类非银行金融机构可以通过证券回购协议实现套期保值、头寸管理、资产管理、增值等目的。

3. 回购协议市场

我国金融市场上的回购协议以国债回购协议为主。由于历史沿革的因素，我国存在两个分离的国债回购市场——场内交易市场与场外交易市场。在我国，场内交易是指上交所和深交所开办的国债标准回购业务，参与者包括个人投资者和企业。因为标准化的缘故，场内交易的回购协议对国债种类、期限、合约金额、清算方式都有极其严格的规定。场外交易则是指银行间国债回购市场，参与者包括中国人民银行、商业银行、证券公司、基金管理公司、理财公司等金融机构。

4. 回购协议的主要类型

按回购期限划分，我国在交易所挂牌的国债回购可以分为1天(隔夜回购)、2天、3天、4天、7天、14天、28天、91天以及182天。国债回购作为一种短期融资工具，在各国市场中最长期限均不超过1年。

按逆回购方是否有权处置回购协议的标的国债划分，国债回购可以分为质押式回购和买断式回购。在交易期间，对于质押式回购，质押的国债的所有权仍属于国债的出让方(正回购方)，受让方(逆回购方)无权处置，国债被证券交易中心冻结，质押式回购的期限为1天到365天；对于买断式回购，出售的国债的所有权转移给国债的受让方(逆回购方)，受让方有权处置该国债，只需在到期日按约定价格回售先前的国债，买断式回购的期限为1天到91天。由于质押式回购历史很长，回购市场目前以质押式回购为主要交易品种。近年来，虽然也存在买断式回购品种，但由于交易习惯、结算和会计处理等原因，交易量并不大。

5. 影响回购协议利率的因素

(1)抵押证券的质量。抵押证券的流动性越好、信用程度越高，回购利率越低。

(2)回购期限的长短。一般来说，回购期限越短，抵押品的价格风险越低，回购利率越低。

(3)交割的条件。若采用实物交割，回购利率较低。目前的大部分回购协议，尤其是期限较短的回购协议，一般不采用实物交付，而是将抵押的证券交付至贷款人的清算银行的保管账户或借款人专用的证券保管账户中。

(4)货币市场其他子市场的利率。货币市场的各个子市场的利率主要反映市场短期的流动性情况，并且具有很强的联动性，其他子市场如同业拆借市场、票据市场等利率的高低会对回购市场利率的高低产生正向影响。

6. 回购协议的风险

尽管回购协议中的抵押品一般是风险较低的国债，但交易过程中仍然存在信用风险，尤其是市场流动性紧张导致短期利率迅速飙升的情形。回购协议中的信用风险存在以下两类：

第一类是到期时，证券的出让方(正回购方)无法按约定价格赎回，证券的受让方(逆回购方)只能保留作为抵押品的证券。此时，若适逢利率上升，则该抵押品价格下降，抵押品的价值便低于出借资金的价值，客户蒙受损失。

第二类是到期时，证券的受让方(逆回购方)不愿意按约定价格将抵押的证券回售给证券的出让方(正回购方)。此类信用风险一般发生在利率下跌、抵押品价格上涨的情形下。

减少上述信用风险的方法主要有两种：第一种，对抵押品进行限定，且倾向于流动性高、容易变现的抵押物,如只接受短期国债或中央银行票据为抵押品。第二种,提高抵押率的要求,一般要求提供更多的抵押品。

(四)中央银行票据

1. 中央银行票据的概念

中央银行票据(Central Bank Bill)是中央银行为调节商业银行超额准备金而向商业银行发行的短期债务凭证,其实质是中央银行债券,之所以叫"中央银行票据",是为了突出其短期性特点。

2. 中央银行票据的特征

各发债主体发行的债券是一种筹集资金的手段,其目的是为了筹集资金,即增加可用资金;而中央银行发行的央行票据是中央银行调节基础货币的一种货币政策工具,目的是减少商业银行可贷资金量。商业银行在支付认购央行票据的款项后,其直接结果就是可贷资金量减少,从而影响整个市场的货币供给水平。

(五)其他货币市场工具

随着我国金融市场的不断发展,除了上述主流的货币市场工具外,其他货币市场工具也不断扩展。现对中国证监会、中国人民银行认可的具有良好流动性的其他货币市场工具简要介绍如下:

1. 同业拆借

同业拆借是指金融机构之间以货币借贷方式进行短期资金融通的行为。同业拆借的期限一般较短,最短的是隔夜拆借,最长的接近 1 年。同业拆借市场属于银行间市场,交易主体为商业银行、保险公司、证券公司、基金公司等大型金融机构。交易过程涉及资金的拆入方(借方)和拆出方(贷方)。

同业拆借对金融市场具有重要意义,拆借的资金一般用于缓解金融机构短期流动性紧张、弥补票据清算的差额等。对资金拆入方来说,同业拆借市场的存在降低了金融机构的流动性风险;对资金拆出方来说,同业拆借市场的存在提高了金融机构的获利能力,使得原本存放在中央银行无法生息的资产实现利息收入;对中央银行来说,其可以通过提高存款准备金率来影响同业拆借利率,从而实现货币政策的传导;对整个市场来说,同业拆借市场是对短期流动性最敏感的市场,同业拆借利率作为市场的基准利率,是衡量市场流动性的重要指标,为市场上其他利率的确定提供了重要的参考依据。

同业拆借活动起源于存款准备金制度。各国央行规定商业银行获得的存款必须按一定比例计提存款准备金(不生息),准备数额不足,将受到一定的经济处罚。理论上，商业银行可用于贷款和投资的金额应不高于负债扣除法定存款准备金数额。而实际情况中，由于清算业务和日常收付数额的变动，往往会出现银行存款准备金盈余或不足的情况。由于准备金是不生息资产，准备金盈余的银行（拥有超额准备金）希望寻找合理的投资渠道，准备金不足的银行则需要多余的资金弥补准备金的缺口（否则只能卖出资产、收回贷款等），同业拆借活动则提供了上述情况的解决方案。目前，同业拆借的对象不仅限于商业银行的超额准备金，还包括商业银行的同业存款、证券交易商及政府拥有的活期存款。拆借的目的除了满足准备金的需求外，还拓展到解决临时性、季节性资金需求，以及轧平票据的差额等。

同业拆借市场并不是有形的交易市场，而是一个由参与其中的金融机构通过通信设备连接构筑的无形市场。整个交易过程通过中央银行的电子资金转账系统实现。同业拆借既可以通过交易商完成，也可以由双方直接联系完成交易。市场中的交易商有两类：一类是专门从事货币市场各子市场交易中介业务的交易商；另一类是由一些大银行组成的兼营交易商。美国的联邦资金市场是美国的银行间同业拆借市场，主要目的是调剂联邦储备银行会员银行的准备金头寸。英国伦敦的银行间同业拆借市场是世界上规模最大的同业拆借市场之一，交易的货币包括欧洲美元、英镑及其他欧洲货币；相应地，伦敦同业拆借利率（LIBOR）则是国际金融市场中大多数浮动利率的基础利率，是衡量全球市场流动性的重要指标。

2007 年 1 月 4 日，衡量我国市场上短期流动性水平的"上海银行间同业拆借利率"（SHIBOR）正式运行。我国同业拆借市场上交易活跃的品种有 1 天（隔夜）、7 天、14 天、1 个月、3 个月、6 个月、9 个月和 1 年。同业拆借的利息是按日结算的。拆息率则根据剔除该品种每天最高和最低的报价后的算术平均数得到，并于每天上午 11:30 对外发布。各个品种的拆息率每天都会调整，灵敏度极高。SHIBOR 在我国债券定价的过程中发挥着十分重要的作用，市场上不仅有以 SHIBOR 发行的浮息债，SHIBOR 也是公司（企业）债利率确定的重要参考，还是部分短期融资券和中期票据的定价基础。

2. 银行承兑汇票

银行承兑汇票是由在承兑银行开立存款账户的存款人出票，向开户银行申请并经银行审查同意承兑的，保证在指定日期无条件支付确定的金额给收款人或持票人的票据，是商业票据的一种。对出票人签发的商业汇票进行承兑是银行基于对出票人资信的认可而给予的信用支持。银行承兑汇票的主要功能是方便商业交易活动，减少了因售货方对购货方信用不了解而产生的不信任，在对外贸易中运用较多。

银行承兑汇票的业务主要体现在银行承兑汇票的承兑和贴现业务上，在我国全部票据业务中占比超过 90%。承兑业务由银行提供，其本质是由银行将其信用出借给企业，因此，企业必须缴纳一定的手续费。贴现业务是持票人或收款人有资金需求时，将未到期的银行承兑汇票向银行申请贴现，银行扣除贴现息后将余额支付给持票人或收款人。贴现银行可在到期日时凭该票据向承兑行收取票款。本质上，贴现业务就是向企业提供短期贷款。一般票据的贴现期不超过6个月，贴现期从贴现日起计算至票据到期日。

银行承兑汇票可以进行转贴现和再贴现。银行A在持有贴现获得的银行承兑汇票的期间，因短期资金需要将该汇票向银行B(不包括中央银行分支机构)贴现的行为便是转贴现。若银行B是中央银行或其分支机构，则称为再贴现。转贴现大致存在两类。若转贴现后该汇票的所有权归银行B，银行不再买回，则称其为买(卖)断式转贴现。若银行A转贴现后与银行B约定在某一到期日重新买回该汇票，则称其为回购式转贴现。转(再)贴现也需要向贴现行支付贴现息，计算过程与贴现过程一致。

3. 大额可转让定期存单

大额可转让定期存单(Negotiable Certificate of Deposit)是银行发行的具有固定期限和一定利率的，且可以在二级市场上转让的金融工具。

与普通的银行定期存款相比，大额可转让定期存单有以下特征：

(1)定期存款记名且不可转让；大额可转让定期存单不记名，并且可以在二级市场上转让，可转让是其最大的特点。

(2)定期存款的金额一般由存款者自身决定，可有零可整；大额可转让定期存单一般面额较大，且为整数。

(3)定期存款的投资者可以是个人投资者、机构投资者、企业等；由于面额较大，大额可转让定期存单的投资者一般为机构投资者和资金雄厚的企业。

(4)定期存款的利率固定；大额可转让定期存单的利率可以是固定的，也可以是浮动的，且一般比同期的定期存款利率要高，一般也高于同期国债的利率。

(5)定期存款可以提前支取，但需要罚息；大额转让定期存单原则上不能提前支取，只能在二级市场上转让。

(6)定期存款期限较长，一般都在1年以上；而大额可转让定期存单的期限较短，一般在1年以内，最短的是14天，以3个月、6个月为主。

大额可转让定期存单的一级市场即发行市场，发行人多为大银行。发行时按面额平价发行，票面利率取决于银行的信用级别、存单期限、存单面额、存单的供求关系、货币市场其他子市场的利率水平以及相关的法律法规。存单发行的形式有两类：一是批发式发行，即发行银行将发行数量、面值大小、利率、发行日期、期限等信息预先公布，供投资者自行认购。二是零售式发行，即为满足投资者的不同需求，不定时发行，利率、罚息方式也与投资者协商后确定。

大额可转让定期存单的风险有：一是信用风险，是指发行存单的银行在期满时无法偿付本金和利息。二是市场风险，是指投资者无法在二级市场上立即变现或不能以合理的价格变现。尽管大额可转让定期存单的二级市场较为发达，但不如短期政府债券市场的流动性高。尤其当市场流动性出现极端情况引发系统性流动性不足时，市场风险便会显现。

4. 同业存单

同业存单是存款类金融机构在全国银行间市场上发行的记账式定期存款凭证，是一种货币市场工具。其投资和交易主体为全国银行间同业拆借市场成员、基金管理公司及基金类产品（包括信托公司）。同业存单的发行利率、发行价格等以市场化方式确定。目前，同业存单已经成为银行业存款类金融机构的重要短期融资工具。

为规范同业存单业务，拓展银行业存款类金融机构的融资渠道，促进货币市场发展，中国人民银行在 2013 年 12 月制定并实施《同业存单管理暂行办法》，并于 2017 年发布了补充公告〔2017〕第 12 号，同业存单期限不超过 1 年，为 1 个月、3 个月、6 个月、9 个月和 1 年，可按固定利率或浮动利率计息，并参考同期限上海银行间同业拆借利率定价。同时，存款类金融机构在当年发行备案额度内，自行确定每期同业存单的发行金额、期限，但单期发行金额不得低于 5 000 万元人民币。发行人应当于每期同业存单发行前和发行后分别披露该期同业存单的发行要素公告和发行情况公告。下面为广东华兴银行股份有限公司 2022 年度第 134 期同业存单发行要素，参见表 5—1：

表 5—1　　广东华兴银行同业存单发行示例

发行要素					
发行人	广东华兴银行股份有限公司				
主体评级等级	AA＋	主体评级机构	中诚信国际信用评级有限责任公司		
存单全称	广东华兴银行股份有限公司 2022 年第 134 期同业存单				
存单代码	112298464	存单简称	22 广东华兴银行 CD134		
发行方式	报价发行	计划发行量（亿元）	0. 5	期限	1Y
发行价格（元）	97. 376 0	面值（元）	100	息票类型	零息
起息日	2022—05—06	首次付息日		到期日	2023—05—06
参考兑付日	2023—05—08	缴款日	2022—05—06	参考收益率	2. 6800％
票面利率（％）		发行日	2022—05—05	发行开始时间	2022—05—05 09:30
发行结束时间	2022—05—05 16：30	基准利率		基准利率精度	
利差（BP）		付息频率	期满	计息基准	A/360

续表

首次利率确定日		币种		人民币	
申购约束					
单笔最低认购量（亿元）		单笔最高认购量（亿元）	0.1	最高认购总量（亿元）	

同业存单因为其便捷的发行流程、融资资金不需缴纳存款准备金、发行规模自主掌握等优势受到商业银行特别是中小银行的欢迎。随着同业存单自律机制成员的扩容，同业存单发行量迅速增长。

从实际操作效果来看，同业存单的发展，一方面形成对线下资金的有效替代，以提升市场透明度；另一方面有限提升 Shibor 利率的有效性。同业存单与线下同业业务相比具有明显优势：在发行方面，发行流程简易，无审批环节；在交易方面，同业存单流通性良好，市场运行透明，资金归集快；同时，债权债务关系标准化、规范化程度更高。近年来，市场对同业存单特别是高等级同业存单的投资需求较旺。

银行理财产品开展同业存单投资业务，将同业存单作为货币市场工具类资产进行配资，同时也是理财产品的流动性管理工具。

5. 存放同业

它是指以理财产品投资管理为目的，将合法管理或所有的资金直接或间接存放于境内其他金融机构，或以理财资金受让存量存放同业资产的业务。

理财投资存放同业的业务模式有两种：直接存放和间接存放。直接存放是指资金按照约定的价格直接存放给存放接收金融机构。间接存放是指资金投向证券公司、基金公司或保险公司等资产管理机构所设立的各类资产管理计划（或债权计划），上述交易对手作为管理人再以对应计划的名义将理财管理人委托资金存放在理财管理人认可的金融机构。

理财存放同业业务的对象包括有同业负债或者一般性存款需求的金融机构，最长期限不得超过 1 年；同业定期存款一般采用固定利率定价、积数计息法计算利息，不分段计息到期一次性还本付息；同业活期存款一般采用积数计息法计算利息，按日分段计息，按季结息。

第二节　债券基础知识

债券要比股票的历史悠久得多。据文献记载，债券最早出现在奴隶时代的古希腊。古希腊城邦众多，城邦之间频繁发生战争。战争大量消耗资源，严重损失人口，其最终体现就是人财匮乏。为解决军费短缺的问题,古希腊城邦国家创造了债券市场。当时产生的是公债,也就是国家向商人、高利贷者或者寺院借的债。进入封建社会后,公债就得到了进一步的发展,当帝王或者一些封建主遇到财政困难时,就会发行公债。随着经济的发展,很多地区都纷纷效仿这种形式。到了 19 世纪末 20 世纪初,欧美资本主义相继进入垄断阶段,为了巩固他们的地位,股份公司开始大量发行公司债,并创造出了不同种类的债券,也就形成了今天多样化的债券体系。新中国债券市场从 1981 年恢复国债发行开始,在曲折中前行,走过了 40 年不同寻常的发展历程。1996 年末中央托管机构建立,债券市场由此进入快速发展期,市场规模迅速壮大,市场创新不断涌现,市场主体日趋多元,市场活跃度稳步提升,对外开放稳步推进,制度框架也逐步完善。中国债券市场已成为全球第二大债券市场。截至 2022 年 5 月底,中国的债券市场总存量为 138.5 万亿元,占 GDP 的 117%,参见图 5—1。

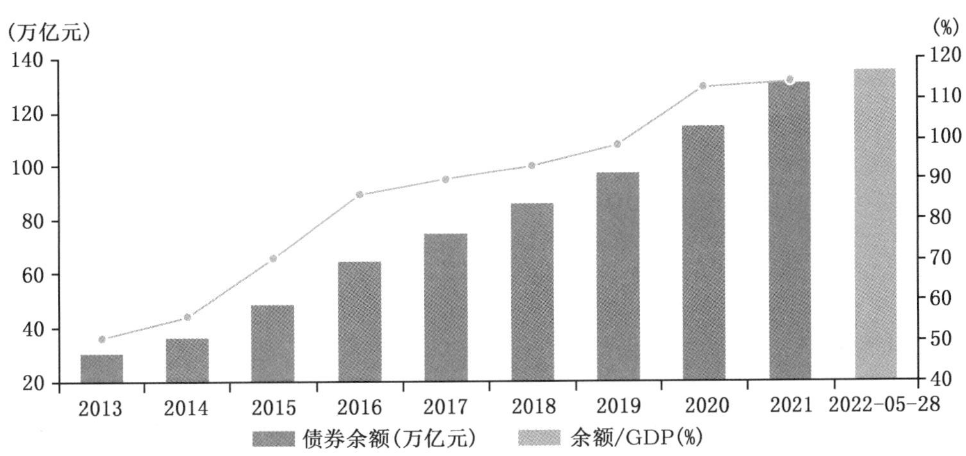

数据来源:WIND。

图 5—1　中国债券市场近十年历史存量

债券市场的重要性日渐凸显。党的十八届三中全会决议提出,要发展并规范债券市场,提高直接融资比重。“十三五”规划纲要指出,要完善债券发行注册制和债券市场基础设施,加快债券市场互联互通,稳妥推进债券产品创新。“十四五”规划纲要指出,要完善市场化债券发行机制,稳步扩大债券市场规模,丰富债券品种,发行长期国债和基础设施长期债券。作为资本市场重要组成部分,中国债券市场正步入重大战略机遇期。

具体到理财市场,理财产品资产配置以固定收益类资产为主,《资管新规》发布后,投向债券类资产的余额和比例不断提高。根据《中国银行业理财市场报告》(2022 年上半年报),截至 2022 年 6 月底,理财产品中债券类余额达到 21.58 万亿元,占总投资资产的67.84%(图5—2)。债券对理财业务的重要性不言而喻。

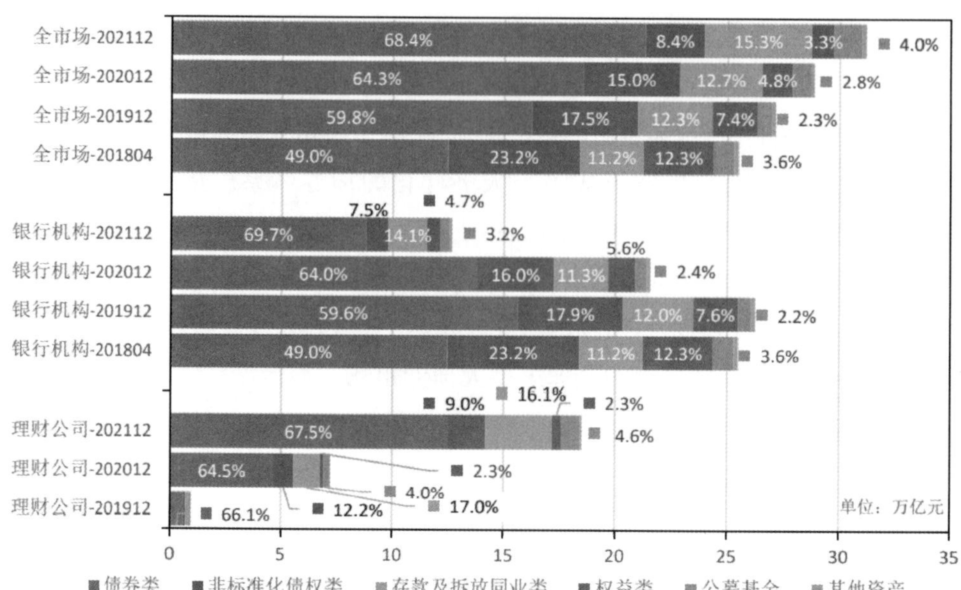

资料来源:银行业理财登记托管中心。

图5—2 近年各类债券比例

一、债券

债券(Bond)是一种有价证券,是社会各类经济主体为筹集资金而向债券投资者出具的、承诺定期支付利息并到期偿还本金的债权债务凭证。债券的发行主体可以是政府(或政府机构)、非金融企业、金融机构,还可以是国际组织。

债券,通常又称固定收益证券(Fixed-income Securities),因为这类金融工具能够提供固定数额或根据固定公式计算出的现金流。例如,固定利率债券的发行人将承诺每年向债券持有人支付一定固定数额的利息,浮动利率债券则以当期的市场利率为基础支付利息。

(一)债券的特征

1. 偿还性

债券持有人按规定获得利息和收回本金,债券发行人按约定条件偿还本金并支付利息。

2. 流通性

在流通市场上,债券一般都可以自由转让。

3. 优先性

企业破产时，债券持有者享有优先于股票持有者对企业剩余资产的分配权。

4. 收益性

债券的收益性表现在两个方面：一是债券可以获得固定的利息收入；二是可以通过在证券市场上的买卖交易，获得差价收入。

（二）投资债券的收益来源

投资债券的收益来源包括利息收入和资本利得两个部分。其中，利息收入是根据债券发行时的票面利率计算的持有债券应得利息；资本利得是债券买入价与卖出价或买入价与到期偿还额之间的差额。当卖出价或偿还额大于买入价时，为资本收益；当卖出价或偿还额小于买入价时，为资本损失。

（三）债券类型

债券种类很多，在债券的历史发展过程中，曾经出现过很多不同品种的债券，各种债券共同构成了一个完整的债券体系。债券可以依据不同的标准进行分类。

1. 按发行主体划分

按发行主体，债券可分为政府债券（包括国债和地方债）、中央银行票据、政府支持机构债券、金融债券、公司信用类债券、信贷资产支持证券、同业存单等。

根据中国人民银行统计，2021年债券市场共发行各类债券61.9万亿元，较2020年增长8.0%。其中国债发行6.7万亿元，地方政府债券发行7.5万亿元，中央银行票据没有发行，政府支持机构债券发行0.19万亿元，金融债券发行9.6万亿元，公司信用类债券发行14.8万亿元，信贷资产支持证券发行0.88万亿元，同业存单发行21.8万亿元。

（1）政府债券。政府债券是政府为筹集资金而发行的债券，主要包括国债和地方债，具有安全性高、流通性强、收益稳定、免税待遇的特点。

①国债。发行主体是中央政府，具有最高信用等级，由财政部具体进行发行操作，分为记账式国债和储蓄国债。国债因其信誉好、风险小被称为金边债券。其中，记账式国债通过中央结算公司招标发行，在中央结算公司总托管。目前贴现国债有91天、182天、273天三个品种，附息国债有1年、2年、3年、5年、7年、10年、15年、20年、30年、50年期等品种。

储蓄国债通过商业银行柜台面向个人投资者发行，分为凭证式和电子式，其中储蓄国债（电子式）在中央结算公司总托管。

②地方政府债券。发行主体是地方政府，分为一般债券和专项债券。通过中央结

算公司招标或承销发行，在中央结算公司总托管。目前有 1 年、2 年、3 年、5 年、7 年、10 年、15 年、20 年、30 年等品种。自 2019 年起，地方政府债券可在商业银行柜台发行。

（2）中央银行票据。发行主体为中国人民银行，是为调节货币供应量面向商业银行（一级交易商）发行的债务凭证，其实质是中央银行债券。期限一般不超过 1 年，但也有长至 3 年的品种。央行票据通过央行公开市场操作系统发行，在中央结算公司托管。

各发债主体发行的债券是一种筹集资金的手段，其目的是为了筹集资金，即增加可用资金；而中央银行发行的央行票据是中央银行调节基础货币的一项货币政策工具，目的是减少商业银行可贷资金量。商业银行在支付认购央行票据的款项后，其直接结果就是可贷资金量的减少，从而影响整个市场的货币供给水平。

（3）政府支持机构债券。一般地，政府支持机构债券通过中央结算公司发行，主要在中央结算公司托管。

①铁道债券。发行主体为中国国家铁路集团有限公司（前身为铁道部），由国家发改委注册发行。

②中央汇金债券。发行主体为中央汇金投资有限责任公司，经中国人民银行批准发行。

（4）金融债券。金融债券是由银行和非银行金融机构发行的债券。一般地，金融债券通过中央结算公司发行，在中央结算公司托管。

①政策性金融债券。发行主体为开发性金融机构（国家开发银行）和政策性银行（中国进出口银行、中国农业发展银行）。近年来，政策性金融债券加大创新力度，推出扶贫专项金融债、“债券通”绿色金融债等品种，试点弹性招标发行。政策性金融债券已在商业银行柜台交易，其中国开债在柜台已实现常规化发行。

②商业银行债券。发行主体为境内设立的商业银行法人，分为一般金融债券、小微企业贷款专项债、“三农”专项金融债、次级债券、二级资本工具、无固定期限资本债券等品种。

③非银行金融债券。发行主体为境内设立的非银行金融机构法人，包括银行业金融机构发行的财务公司债券、金融租赁公司债券、证券公司债券、保险公司金融债和保险公司次级债。

（5）企业信用债券。

①企业债券。发行主体为企业，经国家发改委注册后发行。国家发改委指定相关机构负责企业债券的受理、审核，其中，中央结算公司为受理机构，中央结算公司、银行间市场交易商协会为审核机构。企业债券通过中央结算公司发行系统，面向银行间和

交易所发行，在中央结算公司总登记托管。

②公司债券。发行主体为上市公司或非上市公众公司，在中国证券登记结算有限公司（以下简称“中证登”）登记托管。

企业债和公司债的主要区别如下：

第一，发行主体不同。企业债券一般是由中央政府部门所属机构、国有独资企业或国有控股企业发行；而公司债券是由股份有限公司或有限责任公司发行的债券，非公司制企业不得发行公司债券。

第二，监管机构不同。企业债券发行的核准机构是发改委，而公司债的发行核准机构则是证监会。

第三，流通场所。企业债券的流通场所是银行间市场，参与的都是机构投资者；而公司债券的流通场所是证券交易所，除机构投资者外，个人投资者也有机会参与其中。

③非金融企业债务融资工具。在交易商协会注册发行，发行主体为具有法人资格的非金融企业，在上海清算所登记托管。非金融企业债务融资工具主要包括短期融资券（短融，CP）、中期票据（中票，MTN）、非公开定向发行债务融资工具（PPN）、超短期融资券（超短融，SCP）、资产支持票据（ABN）、中小企业集合票据（SMECN）等类型。

A. 短期融资券（短融，CP）。短期融资券是指具有法人资格的非金融企业在银行间债券市场发行的，约定在1年内还本付息的债务融资工具，待偿还余额不得超过企业净资产的40%，所募集的资金应用于符合国家相关法律法规及政策要求的企业生产经营活动。

短期融资券具有如下特点：第一，市场化定价。信用评级较高的企业融资成本低于同期贷款基准利率；第二，资金用途灵活，包括偿还银行贷款、补充企业营运资金等；第三，融资效率较高，一次注册、分期发行，注册两年内有效；第四，发行手续简便，无需担保，在两年注册有效期和注册额度内，企业可根据自身资金需求，灵活确定发行时点。

B. 中期票据（中票，MTN）。中期票据是指具有法人资格的非金融企业在银行间债券市场按照计划分期发行的，约定在一定期限还本付息的债务融资工具，偿还余额不得超过企业净资产的40%，所募集的资金应用于符合国家法律法规及政策要求的企业生产经营活动。

中期票据具有如下特点：第一，发行期限较长，一般为3—5年，募集资金可用于项目建设；第二，发行方式灵活，一次注册、一次或分期发行，无须抵押、担保；第三，对于资质较好的企业，融资成本与同期贷款基准利率相比有一定的优势；第四，长期限含权中期票据在满足一定条件下可计入权益，能够帮助发行人改善资产负债结构与财务指标。

C. 非公开定向发行债务融资工具(PPN)。非公开定向发行债务融资工具是指具有法人资格的非金融企业,向银行间市场特定机构投资人发行,并在定向投资人范围内流通转让的债务融资工具。非公开定向发行债务融资工具有如下特点:第一,公开市场披露信息相对较少;第二,发行规模不受净资产 40%的限制;第三,较之其他的债务融资工具存在一定的流动性溢价。

D. 超短期融资券(超短融,SCP)。超短期融资券是指具有法人资格、信用评级较高的非金融企业在银行间债券市场发行的,期限在 270 天以内的短期融资券。所募集的资金应用于符合国家法律法规及政策要求的流动资金需要,不得用于长期投资。超短期融资券具有如下特点:第一,一次注册,分期发行,注册两年有效;第二,发行快捷、便利,发行效率高;第三,发行规模不受净资产 40%限制;第四,发行期限最长不超过 270 天。

E. 非金融企业资产支持票据(ABN)。非金融企业资产支持票据是指非金融企业在银行间债券市场发行的,由基础资产所产生的现金流作为还款支持的,约定在一定期限内还本付息的债务融资工具。

非金融企业资产支持票据具有如下特点:第一,对于发行主体资质无明确的严格要求;第二,发行期限取决于发行人所属基础资产的现金流情况;第三,发行方式灵活,可采用公开或非公开方式发行;第四,偿债资金来源于基础资产产生的现金流。

F. 中小非金融企业集合票据(SMECN)。中小非金融企业集合票据是指 2 个(含)以上、10 个(含)以下具有法人资格的企业,在银行间债券市场以统一产品设计、统一券种冠名、统一信用增进、统一发行注册方式共同发行的,约定在一定期限还本付息的债务融资工具。任一企业集合票据待偿还余额不得超过该企业净资产的 40%。任一企业集合票据募集资金额不超过 2 亿元人民币,单支集合票据注册金额不超过 10 亿元人民币。所募集的资金应用于符合国家相关法律法规及政策要求的企业生产经营活动。企业在发行文件中应明确披露具体资金用途。

中小非金融企业集合票据具有如下特点:第一,对发行人的主体资质要求相对较低(主要为符合法律规定的中小企业);第二,一次注册、一次发行;第三,发行期限最长可为 3 年,拓宽中小企业的融资渠道;第四,票面利率市场化,信用增级可降低企业融资成本。

④可转换公司债券。可转换公司债券又简称可转债,是一种可以在特定时间、按特定条件转换为普通股票的特殊企业债券。发行主体为境内上市公司,在一定期间内依据约定条件可以转换成股份。可转换公司债券是债券持有人可按照发行时约定的价格将债券转换成公司的普通股票的债券。如果债券持有人不想转换,则可以继续持有债券,直到偿还期满时收取本金和利息,或者在流通市场出售变现。如果持有人看

好发债公司股票增值潜力，在宽限期之后可以行使转换权，按照预定转换价格将债券转换成为股票，发债公司不得拒绝。该债券利率一般低于普通公司的债券利率，企业发行可转换债券可以降低筹资成本。可转换公司债券持有人还享有在一定条件下将债券回售给发行人的权利，发行人在一定条件下拥有强制赎回债券的权利。

⑤中小企业私募债券。发行主体为境内中小微型企业，在中证登登记托管。

(6)资产支持证券。资产证券化业务是指购买以资产证券化产品为基础资产的信托公司信托计划、证券公司及其子公司资产管理计划、基金管理公司及子公司资产管理计划、保险业资产管理机构资产管理计划等特定目的载体(Special Purpose Vehicle，简称 SPV)的投资行为。

资产证券化产品是指以特定基础资产或资产组合所产生的现金流为偿付支持，通过结构化设计及其他有效方式进行信用增级，并在此基础上发行的资产支持证券。

按照交易场所的不同，资产证券化产品可以分为“标准资产证券化产品”和“非标准资产证券化产品”两大类。

“标准资产证券化产品”是指在全国银行间债券市场、证券交易所、保险交易所所挂牌交易的资产证券化产品。

其他具有“资产证券化产品”特征的，包括但不限于稳定现金流、结构化设计、公开市场评级、风险隔离安排等，但没有在前述交易场所交易的，视为“非标准资产证券化产品”，目前主要包括银行业信贷资产登记流转中心有限公司(简称“银登中心”)流转模式的结构化财产权信托产品。

按照底层基础资产来源的不同，资产证券化产品主要分为“信贷资产证券化产品”“企业资产证券化产品”和“其他类资产证券化产品”。

①信贷资产支持证券。信贷资产证券化产品的发起机构一般为金融机构，产品管理人一般为信托公司，交易场所主要在全国银行间债券市场，基础资产主要包括一般企业贷款、个人住房抵押贷款、汽车抵押贷款、消费贷款、金融租赁公司租赁资产、信用卡分期资产、公积金贷款和不良贷款等。

②企业资产支持证券。企业资产证券化产品(含 REITs)的发起机构一般为非金融企业，产品管理人一般为证券公司或基金管理公司子公司，交易场所主要在证券交易所，基础资产主要包括应收账款、债权、收益权、小额贷款和不动产等。

③其他类资产证券化产品包括但不限于交易商协会主管的资产支持票据(ABN)、保监会主管的保险资产支持计划等。

(7)按发行主体分类债券一览表，见表 5—2。

表 5—2　　按发行主体分类债券一览表

大　类	品　种	发行主体	交易场所
政府债券	国债	中央政府	记账式国债在银行间市场、交易所交易，储蓄式国债通过商业银行柜台向个人投资者发行
	地方政府债券	地方政府	银行间市场、交易所
中央银行债券	中央银行票据	中国人民银行	银行间市场
政府支持机构债券	铁道债券	中国铁路总公司	银行间市场、交易所
	中央汇金债券	中央汇金投资有限责任公司	银行间市场
金融债券	政策性金融债券	国家开发银行和政策性银行、中国进出口银行、中国农业发展银行	银行间市场、交易所
	商业银行债券	境内设立的商业银行法人	银行间市场
	非银行金融债券	境内设立的非银行金融机构法人	银行间市场、交易所
企业信用债券	企业债	境内具有法人资格的企业	银行间市场
	公司债	公司制法人（不包括地方政府融资平台公司）	交易所
	非金融企业债务融资工具	具有法人资格的非金融企业	银行间市场
	可转换公司债券	境内上市公司	交易所
资产支持证券	信贷资产支持证券	特定目的的信托受托机构（信托公司）	银行间市场
	企业资产支持证券	证券公司或基金管理公司子公司专项计划	交易所
其他	同业存单	存款类金融机构法人	银行间市场

(8)各类债券发行数量和存量分布。截至 2022 年 6 月底，各类债券发行数量和存量分布，参见表 5—3。

表 5—3　　各类债券发行数量和存量分布(2022 年 6 月)

类　别	债券数量（只）	债券数量比重（%）	债券余额（亿元）	余额比重（%）
国债	256	0.38	236 250.86	17.06
地方政府债	9 025	13.44	345 504.22	24.95

续表

类　别	债券数量（只）	债券数量比重（%）	债券余额（亿元）	余额比重（%）
央行票据	3	0.00	150.00	0.01
同业存单	16 158	24.07	146 506.20	10.58
金融债	2 550	3.80	318 262.12	22.98
政策银行债	303	0.45	210 737.02	15.21
商业银行债	325	0.48	23 361.92	1.69
商业银行次级债券	604	0.90	51 193.60	3.70
保险公司债	80	0.12	3 185.50	0.23
证券公司债	937	1.40	21 667.08	1.56
证券公司短期融资券	117	0.17	2 145.00	0.15
其他金融机构债	184	0.27	5 972.00	0.43
企业债	2 753	4.10	22 197.97	1.60
一般企业债	2 749	4.09	22 167.57	1.60
集合企业债	4	0.01	30.40	0.00
公司债	11 422	17.01	103 330.81	7.46
一般公司债	4 429	6.60	51 649.18	3.73
私募债	6 993	10.42	51 681.62	3.73
中期票据	8 027	11.96	85 808.92	6.20
一般中期票据	8 027	11.96	85 808.92	6.20
短期融资券	3 039	4.53	28 148.44	2.03
一般短期融资券	614	0.91	6 006.20	0.43
超短期融资债券	2 425	3.61	22 142.24	1.60
定向工具	3 619	5.39	23 450.20	1.69
国际机构债	20	0.03	440.00	0.03
政府支持机构债	185	0.28	18 525.00	1.34
资产支持证券	9 523	14.18	47 197.51	3.41
交易商协会 ABN	2 001	2.98	9 531.27	0.69
证监会主管 ABS	6 213	9.25	21 758.39	1.57
银保监会主管 ABS	1 309	1.95	15 907.85	1.15
可转债	449	0.67	7 681.20	0.55
可交换债	83	0.12	1 484.47	0.11

续表

类　别	债券数量（只）	债券数量比重（%）	债券余额（亿元）	余额比重（%）
项目收益票据	28	0.04	126.00	0.01
合计	67 140	100.00	1 385 063.92	100.00

数据来源：WIND。

2. 按付息方式划分

(1)零息债券。低于面值折价发行，到期按面值一次性偿还，期限在1年以上。

(2)贴现债券。低于面值折价发行，到期按面值一次性偿还，期限在1年以内。

(3)固定利率付息债券。发行时标明票面利率、付息频率、付息日期等要素，按照约定利率定期支付利息，到期日偿还最后一次利息和本金。例如，债券“01国债04”是2001年6月6日为起息日的附息固定利率债券，15年期，每半年支付一次利息，债券面值100元，票面利率4.69%。因此，2001—2015年每年的付息日6月6日和12月6日每单位该国债的持有者可收到利息2.345元，2016年6月6日收到利息和本金102.345元。

(4)浮动利率付息债券。以某一短期货币市场参考指标为债券基准利率并加上利差(发行主体可通过招标确定)作为票面利率，基准利率在待偿期内可能变化，但基本利差不变。浮动利率可以表达为：浮动利率＝基准利率＋利差。

(5)利随本清债券。发行时标明票面利率，到期兑付日前不支付利息，全部利息累计至到期兑付日和本金一同偿付。

3. 按币种划分

(1)人民币债券。以人民币计价的债券，包括境内机构发行的人民币债券和境外机构发行的熊猫债券，占中国债券市场的绝大部分。

(2)外币债券。以外币计价的债券。

(3)SDR债券。以特别提款权(SDR)计价的债券。

4. 按流通方式划分

(1)流通债券。可在银行间债券市场、交易所债券市场、商业银行柜台等市场中一个或多个市场交易流通的债券。

(2)不可流通债券。不可流通转让的债券，可提前兑取、质押贷款、非交易过户等。

5. 按期限划分

按期限不同，债券可划分为短期债券、中期债券和长期债券。

(1)短期债券是指偿还期限在1年以下的债券，短期债券的发行者主要是企业和政府。企业发行短期债券大多是为了筹集临时性周转资金；政府发行短期债券大多是为了平衡预算开支。

(2)中期债券是指期限在 1 年以上、10 年以下的债券。我国政府发行的各种国债和银行发行的金融债券，多属于中期债券。

(3)长期债券是指偿还期限在 10 年以上的债券。其发行者主要是政府和金融机构。

值得注意的是，不同于国债的期限划分标准，我国短期公司（企业）债券的偿还期限在 1 年以内，偿还期限在 1 年以上 5 年以下的为中期公司（企业）债券，偿还期限在 5 年以上的为长期公司（企业）债券。

6. 按募集方式划分

按募集方式分类，债券可分为公募债券和私募债券。

(1)公募债券是指向社会公开发行，任何投资者均可购买，向不特定的多数投资者公开募集的债券，它可以在证券市场上转让。

(2)私募债券是指向与发行者有特定关系的少数投资者募集的债券，其发行和转让均有一定的局限性。

7. 特色主题债券

(1)绿色债券。绿色债券是指募集资金专门用于支持符合规定条件的绿色产业、绿色项目或绿色经济活动，依照法定程序发行并按约定还本付息的有价证券。按照募集资金投向领域，绿色债券分为募集资金投向可持续型海洋经济领域的蓝色债券、募集资金专项用于实现碳减排目标的碳中和债券等。根据中央结算公司中债研发中心统计，2021 年，境内主体发行“投向绿”债券约 13 289 亿元。其中，贴标绿债发行规模约 6 041 亿元，包含在岸贴标绿债 5 592 亿元、离岸贴标绿债 449 亿元；非贴标绿债规模为 7 248 亿元。截至 2021 年年末，我国累计发行贴标绿色债券 1.7 万亿元，规模位居全球第二。“投向绿”是指募集资金投向符合我国《绿色债券支持项目目录》、国际资本市场协会(ICMA)《绿色债券原则》、气候债券倡议组织(CBI)《气候债券分类方案》这三项绿色债券标准之一，且投向绿色产业项目的资金规模在募集资金中占比不低于贴标绿债券规定要求的债券。

(2)社会效应债券。将募集资金用于社会公共服务领域的有情怀的债券，注重用市场化手段解决社会性问题。2016 年，中国首单社会效应债券——山东省沂南县扶贫社会效应债券在银行间交易商协会完成注册，募集资金 5 亿元，用于当地的扶贫工作。

(3)疫情防控债券。为应对新冠肺炎疫情，支持企业复工复产，中央和地方纷纷出台扶持政策，资本市场也加大对疫情防控领域的支持力度，疫情防控债券也应运而生。具体品种包括抗疫特别国债，以及募集资金用于受疫情影响较大的行业、企业或为疫情防控领域相关项目而发行的金融债、公司债、资产支持证券、债务融资工具等。

(4)ESG 主题债券。近年来,环境、社会和治理(ESG)问题日益成为全球关注的热点话题,ESG 主题类债券应运而生,即募集资金投向 ESG 相关领域的债券。ESG 主题债券主要包括绿色债券、社会责任债券、可持续发展债券、可持续发展挂钩债券等。ESG 债券市场发展以绿色债券为主体,其余品类债券正在积极探索,增势强劲。

(四)利率债和信用债

利率债主要是指国债、地方政府债券、政策性金融债和央行票据等以政府信用为依托的主体发行的债券,利率债价格主要受实际利率的影响。

信用债是指政府之外的主体发行的债券,具体包括企业债、公司债、短期融资券、中期票据、可转债等品种,信用债价格除受到实际利率影响外,还受发行主体信用状况的影响。

截至 2022 年 6 月底,我国利率债存量余额为 79.25 万亿元,信用债存量余额为 44.58 万亿元。

根据《中国银行业理财市场报告》(2021 年报),截至 2021 底,从配置债券类别来看,理财产品持有信用债 15.17 万亿元,占总投资资产的 48.13%;持有利率债 1.83 万亿元,占总投资资产的 5.81%。

(五)债券基本要素

1. 债券面值

债券面值是指债券的票面价格,并应注明币种。

2. 债务人与债权人

债券的发行人是债务人,为筹集所需资金,发行人按照法定程序发行债券,从而取得一定时期内资金的使用权,但同时又承担着偿付债券的义务,需要按时还本付息。

债券的购买者(或称持有者)是债权人,在约定期限内转让资金的使用权,依法或按债券募集说明书规定取得利息和到期收回本金。

3. 债券的价格

债券是一种可以买卖的有价证券,是债券市场上的一种商品,有其价格。债券的价格是由面值、收益和供求关系共同决定的。

4. 还本付息期限

债券发行人必须在规定的期限内偿还债券本金和利息,因此,债券需约定还本付息期限。

5. 债券利率

债券利率是计算利息的依据。它一般是根据政府的相关法规确定，或根据资金市场供求状况确定。

(六)债券的价格

债券价格分为发行价格和交易价格。债券的发行价格可能不等于债券面值。当债券发行价格高于面值时，称为溢价发行；当债券发行价格低于面值时，称为折价发行；当债券发行价格等于面值时，称为平价发行。

债券的交易价格是指投资者在二级市场转让债券的成交价。有的债券成交不活跃，一些机构投资者通常用第三方估值，例如中央国债登记结算公司、中证指数公司的债券估值来计量债券价值。

(七)债券收益率

债券收益率可分为当期收益率、到期收益率、持有期收益率、提前赎回收益率等。

1. 当期收益率

当期收益率是债券的年息除以债券当前的市场价格所计算出的收益率，不考虑债券投资所获得的资本利得或是损失，只衡量债券某一期间所获得的现金收入相较于债券价格的比率。

2. 到期收益率

到期收益率是使投资购买债券获得的未来现金流现值等于债券当前市价的贴现率，相当于投资者按照当前市场价格购买并且一直持有至到期时可获得的年平均收益率。设 F 为债券的面值，C 为按票面利率每年支付的利息，P_v 为债券当前市场价格，r 为到期收益率，则：

$$P_v=\frac{C_1}{1+r}+\frac{C_2}{(1+r)^2}+\cdots+\frac{C_n}{(1+r)^n}+\frac{F}{(1+r)^n}$$

3. 持有期收益率

它是指投资者持有债券期间的利息收入加上买卖价差占债券买入价格的比率。

4. 提前赎回收益率

债券发行人在债券规定到期日之前赎回债券时投资人所取得的收益率。

(八)债券久期

债券久期是用债券未来每一期现金流的折现值除以债券现价作为权重，分别乘以每一期现金流距现在的时间，然后相加得到的收回债券现金流的加权平均剩余期限。

设 D 为久期，B 为债券当前市场价格，$PV(Ct)$ 为债券未来第 t 期现金流现值；T 为到期时间，则：

$$D=\frac{\sum_{t=1}^{T}PV(c_t)\times t}{B}=\sum_{t=1}^{T}\left[\frac{PV(c_t)}{P_0}\times t\right]$$

久期的经济学意义是用来衡量债券价格对收益率微小变动的敏感程度。久期越长，收益率微小变动导致债券价格变动幅度越大。

（九）马尔基尔五大债券定价定理

1962 年伯顿·马尔基尔（Burton Malkiel）在对债券价格、债券利息率、到期年限以及到期收益率之间进行了研究后，提出了债券定价的五个定理。这五个定理仍被视为债券定价理论的经典。

定理一：债券的市场价格与到期收益率呈反比关系，即到期收益率上升时，债券价格会下降；反之，到期收益率下降时，债券价格会上升。

定理二：当债券的收益率不变，即债券的息票率与收益率之间的差额固定不变时，债券的到期时间与债券价格的波动幅度之间成正比关系。到期时间越长，价格波动幅度越大；反之，到期时间越短，价格波动幅度越小。

定理三：随着债券到期时间的临近，债券价格的波动幅度减少，并且是以递增的速度减少；反之，到期时间越长，债券价格波动幅度增加，并且是以递减的速度增加。

定理四：对于期限既定的债券，由收益率下降导致的债券价格上升的幅度大于同等幅度的收益率上升导致的债券价格下降的幅度。

定理五：对于给定的收益率变动幅度，债券的息票率与债券价格的波动幅度之间成反比关系，即息票率越高，债券价格的波动幅度越小。

（十）信用评级

1. 信用评级分类

信用评级分为主体信用评级和债券信用评级两种。主体信用评级是以企业或经济主体为对象进行的信用评级。债券信用评级是以企业或经济主体发行的有价债券为对象进行的信用评级。信用评级是对债券发行主体及其所发行债券按期还本付息的可靠程度进行评估，并标示其信用程度的等级。

2. 信用等级和定义

根据央行制定的《信贷市场和银行间债券市场信用评级规范》，分长期债券评级和短期债券评级。

银行间债券市场长期债券信用等级划分为三等九级，符号表示分别为：AAA、AA、A、BBB、BB、B、CCC、CC、C。等级含义参见表5—4：

表5—4　　长期债券信用等级的含义

等　级	定　义
AAA级	偿还债务的能力极强，基本不受不利经济环境的影响，违约风险极低
AA级	偿还债务的能力很强，受不利经济环境的影响不大，违约风险很低
A级	偿还债务能力较强，较易受不利经济环境的影响，违约风险较低
BBB级	偿还债务能力一般，受不利经济环境影响较大，违约风险一般
BB级	偿还债务能力较弱，受不利经济环境影响很大，有较高违约风险
B级	偿还债务的能力较大地依赖于良好的经济环境，违约风险很高
CCC级	偿还债务的能力极度依赖于良好的经济环境，违约风险极高
CC级	在破产或重组时可获得保护较小，基本不能保证偿还债务
C级	不能偿还债务

除AAA级，CCC级以下等级外，每一个信用等级可用"＋""－"符号进行微调，表示略高或略低于本等级。

银行间债券市场短期债券信用等级划分为四等六级，符号表示分别为：A－1、A－2、A－3、B、C、D。等级含义如表5—5所示：

表5—5　　短期债券信用等级含义

等　级	定　义
A－1级	为最高级短期债券，其还本付息能力最强，安全性最高
A－2级	还本付息能力较强，安全性较高
A－3级	还本付息能力一般，安全性易受不良环境变化的影响
B级	还本付息能力较低，有一定的违约风险
C级	还本付息能力很低，违约风险较高
D级	不能按期还本付息

注：每一个信用等级均不进行微调。

不同的评级公司对发债主体的评级方法不同，评估结果也不一定一致。一般来说，在其他条件相同的情况下，信用等级越低，债券风险越大。但应注意到，信用评级只是对债券未来偿付概率的预测，信用等级会随着发债主体偿债意愿和增信措施有效性的变化而动态调整，并非是一成不变的。具体到某一只债券而言，高评级的债券也有可能会发生违约，低评级的债券也有可能不违约。固然评级是标识债券风险的一把尺子，但不宜完全依赖评级来判断债券风险。

中国人民银行公布，评级结果可以在银行间债券市场使用的评级机构名单有：大公国际资信评估有限公司、上海新世纪资信评估投资服务有限公司、联合资信评估有限公司、中诚信国际信用评级有限责任公司、东方金诚国际信用评估有限公司、中债资信评估有限责任公司。

3. 理财市场情况

具体到理财市场，理财产品主要配置 AA＋及以上信用债。根据《中国银行业理财市场报告》(2022 年上半年报)，截至 2022 年 6 月底，理财产品持有 AA＋及以上信用债规模达 13.01 万亿元，占持有信用债总规模的 85.09%，如图 5—3 所示。

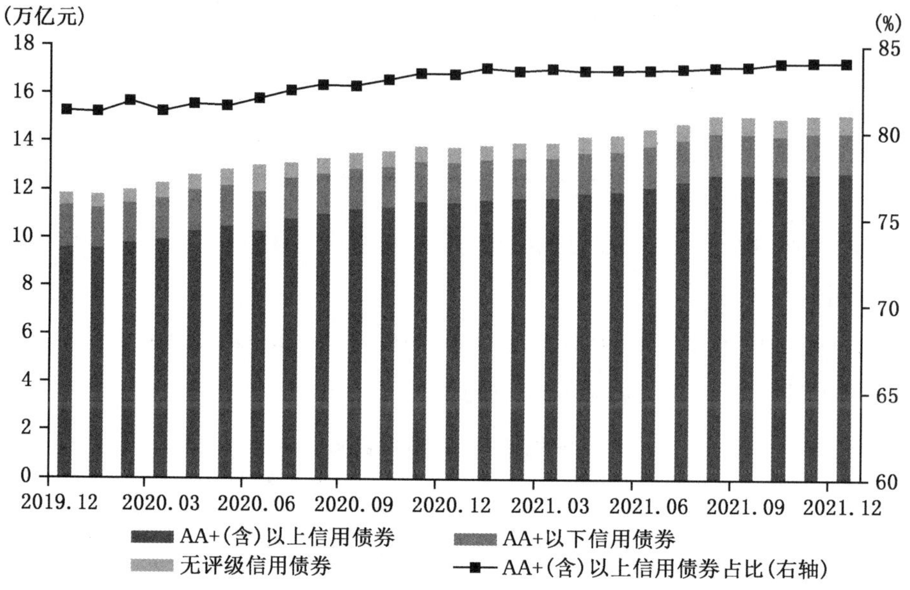

资料来源：银行业理财登记托管中心。

图 5—3 2022 年 6 月底理财产品配置信用债概况

(十一)债券基本条款举例

表 5—6 为碧桂园地产集团有限公司 2021 年面向专业投资者公开发行公司债券(第四期)的基本条款。

表 5－6　　碧桂园公司债(第四期)

债券代码	149748.SZ	债券简称	21 碧地 04
当前余额(亿元)	10	债券类型	一般公司债
质押券代码	——	折合标准券(元)	33
上市日期	2021－12－27	摘牌日期	2025－12－16
交易市场	149748.SZ(深圳)	海外评级	无
最新债项评级	AAA(首次,2021－11－17)	评级机构	中诚信国际信用评级有限责任公司
票面利率(当期)	6.3	发行价格(元)/最新面值(元)	100/100
利率类型	累进利率	息票品种	附息
付息频率	每年付息 1 次	下一付息日	2022－12－17
利率说明	20211217－20231216,票面利率：6.3%；20231217－20251216,票面利率：6.3%＋调整基点	距下一付息日(天)	203
计息基准	A/365F	票息类型	附息
剩余期限(年)	1.5562＋2	期限(年)	4(2＋2)
起息日期	2021－12－17	到期日期	2025－12－17
发行规模(亿元)	10	发行方式	公募
债券全称	碧桂园地产集团有限公司 2021 年面向专业投资者公开发行公司债券(第四期)	是否城投债	否
发行人	碧桂园地产集团有限公司	城投行政级别	——
发行人注册地址	广东省佛山市顺德区北滘镇碧桂园大道 1 号碧桂园中心七楼 705 室	发行人企业性质	民营企业
托管机构	中国证券登记结算有限责任公司,中信建投证券股份有限公司	担保人	——
增信方式	——	增信情况	——
缴款日期	2021－12－17	主承销商	中信建投证券股份有限公司,光大证券股份有限公司,申港证券股份有限公司

信息来源：WIND。

(十二)债券与股票的区别

股票是股份公司发给投资者作为投资入股的所有权凭证,购买股票者就成为公司股东，股东凭此取得相应的权益，并承担公司相应的责任与风险。由此可以看出，债券与股票同为有价证券，是一种虚拟资本，是经济运行中实际运用的真实资本的证书，都起到募集社会资金，将闲散资金转化为生产和建设资金的作用。同时，股票和债券都可以在市场上流通，投资者通过投资股票和债券都可获得相应的收益。

债券与股票的区别，参见表5—7。

表5—7　　债券与股票的区别

主要区别	债　券	股　票
发行主体	政府、金融机构或企业（公司）	股份有限公司
所有者关系	债券是一种债权债务关系证书，反映发行者与投资者之间的资金借贷关系，投资者是债权人，发行债券所筹集的资金列入发行者的负债。	股票是一种所有权证书，反映股票持有人与其所投资的企业之间所有权关系，投资者是公司的股东，发行股票所筹措的资金列入公司的资本（资产）。
所有者权利	债券投资者不能参与发行单位的经营管理活动，只能到期要求发行者还本付息。	股票持有人作为公司的股东，有权参加股东大会，参与公司的经营管理活动和利润分配，但不能从公司资本中收回本金，不能退股。
存续时限	债券作为一种投资是有时间性的，它是事先确定期限的有价证券，到期后就要偿还。	股票是没有期限的有价证券，企业无须偿还，投资者只能转让不能退股。
收益来源	债券投资者从发行者手中得到的收益是利息收入，债券利息固定，属于公司的成本费用支出，计入公司运作中的财务成本。在进行债券买卖时，投资者还可能得到资本收益。	股票投资者作为公司股东，有权参与公司利润分配，得到股息、红利，股息和红利是公司利润的一部分，在股票市场上买卖股票时，投资者还可能得到资本收益。
价值的回归性	债券投资的价值回归性，是指债券在到期时，其价值往往是相对固定的，不会随市场的变化而波动。	股票的投资价值依赖于市场对相关股份公司前景的预期或判断，其价格在很大程度上取决公司的成长性，而不是其股息分配情况。
风险性	(1)债券投资资金作为公司的债务，其本金和利息收入相对有保障； (2)债券由于其偿还期限固定，最终收益固定，因此其市场价格也相对稳定。	(1)股票持有人只有待债券持有人及其他债权人的债务充分清偿后，才能就剩余资产进行分配； (2)股票价格的波动比债券要剧烈得多，其价格对各种“消息”极度敏感。

二、债券市场

债券市场是债券发行和交易场所。根据功能划分，分为发行市场（一级市场）和流通市场（二级市场）；按组织形式划分，分为场内交易市场和场外交易市场。

(一)债券市场的功能

1. 融资和投资功能

债券市场作为金融市场的重要组成部分,具有使资金从资金剩余者流向资金需求者,为资金不足者筹集资金的功能。而对投资者来说,债券市场提供了丰富的债券投资标的,有利于满足其多元化资产配置需要。

2. 资源配置功能

债券市场在宏观上还能优化资源的配置。效益好的企业发行的债券往往受投资者欢迎,发行时利率低,筹资成本较低;相反,那些效益差的企业发行的债券风险相对较大,不太受投资者欢迎,需要更高的风险溢价,相应筹资成本也较高。因此,通过债券市场定价,资金以合理的价格被分配到不同资质的需求者手中,从而有利于资源更加合理地得到配置。

3. 宏观调控功能

作为国家货币政策的制定与实施部门,中央银行主要依靠公开市场业务、存款准备金、再贴现和再贷款、利率政策、常备借贷便利、中期借贷便利、抵押补充贷款、定向中期借贷便利等货币政策工具进行宏观经济调控。

4. 提供市场基准利率的功能

一般来说,在比较健全的金融市场上,只有那些信誉高、流通性强的金融产品的利率才能成为基准利率,如国债利率就符合这点。它通常被视为是无风险利率,国债流动性高、开放性强、价格发现机制成熟,可作为其他资产和衍生工具进行定价的基准。

5. 防范金融风险的功能

一个较为完备的债券市场可有效降低该国金融系统的风险。金融债的发行极大地补充了银行的附属资本,尤其是通过次级债券的发行,银行不仅获得了稳定的资金来源,而且在股东之外还增加了债权人的约束,这样有利于银行的稳健运作。而且债券市场是一个投资者的行为高度市场化的市场,如果企业债务不偿付,会导致债权人“用脚投票”,不但有效地遏制了企业的无度融资,还会迅速导致公司在投资者群体中的名誉大损,这种惩罚自动扩散到整个市场和社会,给公司造成重大影响。

(二)场内市场和场外市场

债券市场可分为场内市场和场外市场。场内市场包括深圳证券交易所和上海证券交易所;场外市场包括银行间市场和柜台市场。

根据中国人民银行统计,截至 2021 年 12 月末,债券市场托管余额 133.5 万亿元,其中交易所市场托管余额 18.8 万亿元,银行间债券市场托管余额 114.7 万亿元,商业银行柜台债券托管余额599.9亿元。场内占比为14.08%,场外占比为85.92%。

1. 场内市场

场内市场是指由法律规定的证券交易场所,是有组织、制度化的市场。由各类社会投资者参与,属于集中撮合交易的零售市场,典型的结算方式是净额结算。我国债券的场内市场包括深圳证券交易所和上海证券交易所。

2. 场外市场

场外市场是在证券交易所外进行证券买卖的市场。我国债券的场外市场主要包括银行间市场和柜台市场。

银行间市场主要是商业银行、农村信用联社、保险公司、证券公司、基金公司、理财公司等金融机构进行债券买卖和回购的市场。银行间市场是中国债券市场的主体,债券存量接近全市场的90%。该市场属于大宗交易市场(批发市场),参与者是各类机构投资者,实行双边谈判成交,主要实行"实时、全额、逐笔"的结算方式。

柜台市场主要是银行通过营业网点(含电子银行系统)与投资人进行债券买卖,并办理相关托管与结算等业务。

3. 银行间债券市场与交易所债券市场对比

以银行间债券市场为代表的场外市场与以交易所债券市场为代表的场内市场对比如表5—8所示。

表5—8　场外市场与场内市场比较

市场要素	银行间债券市场	交易所债券市场
市场类型	场外市场	场内市场
监管机构	中国人民银行	证监会
参与主体	机构投资者	机构投资者、个人投资者
交易机制	询价交易	集中竞价交易
登记、托管与清算机构	中央国债登记结算有限责任公司、银行间市场清算所股份有限公司	中国证券登记结算有限公司
债券品种	国债、地方政府债、金融债、企业债及债务融资工具、资产支持票据(ABN)等	国债、地方政府债、金融债、企业债、公司债、可转债、可交换债、资产支持证券(ABS)等

(三)一级市场与二级市场

债券的发行市场又称为一级市场,是各主体发行债券融资的场所。投资者可以通过在一级市场上认购债券成为发行主体的债权人,享有获取债券利息收入并到期收回本金的权利。

债券的交易市场又称债券二级市场，是已发行债券进行买卖转让的市场。债券一经认购，即确立了一定期限的债权债务关系，在债券上市后投资者可以通过债券流通市场转让债券，实现债务债权关系的转让，提前收回投资本金。

（四）主要债券交易类型

1. 现券交易

交易双方在交易达成当日或者次日（交易对手方有境外投资者参与的，结算周期可适当延长），以约定的品种、数量、价格转让债券所有权。

2. 回购交易

回购一直是债券市场最主要的交易品种，在货币调控及商业银行等机构流动性管理中发挥重要作用。债券回购是指交易双方在进行债券交易的同时，以契约方式约定在将来某一日期以约定的价格（本金和按约定回购利率计算的利息），由债券的"卖方"（正回购方）向"买方"（逆回购方）再次购回该笔债券的交易行为。债券回购交易有质押式回购和买断式回购两种。

（1）质押式回购。交易双方以债券为权利质押进行短期资金融通，资金融入方（正回购方）在将债券出质给资金融出方（逆回购方）融入资金的同时，双方约定在未来某一指定日期由正回购方按约定的回购利率计算的资金额向逆回购方返还资金，逆回购方向正回购方解押出质债券。回购期内正回购方出质的债券，回购双方均不得动用，冻结期间债券利息归出质方所有。

（2）买断式回购。正回购方将债券卖给逆回购方的同时，交易双方约定在未来某一日期，正回购方再以约定价格从逆回购方买回同等数量同种债券。与质押式回购不同，买断式回购期间，逆回购方不仅可获得回购期间融出资金的利息收入，亦可获得回购期间债券的所有权和使用权，只要到期有足够的同种债券返还给正回购方即可。回购期间债券利息归债券持有人所有。

与质押式回购相比，买断式回购的首期和到期交易均采用买断的形式，回购期间债券所有权转移到逆回购方，而不是在正回购方账户冻结，逆回购方对这部分债券具有完全支配权，这是两者的根本区别。买断式回购的主要功能包括以下方面：一是买断式回购在保留融资功能的同时，兼具了融券（资金与债券的等值交换）的功能，在一定程度上弥补了银行间债券市场长期缺乏融券机制和做空机制的不足，给市场参与者提供较大的投资空间；二是买断式回购形式上变现为即期与远期交易的组合，将其与现券交易适当结合，就可实现债券远期的功能；三是买断式回购引入的做空机制也进一步完善了现券市场价格的形成机制，推进了债券价格和利率期限结构趋向合理。

3. 债券借贷

债券融入方以一定数量的债券为质物，从债券融出方借入标的债券，同时约定在未来某一日期归还所借入标的债券，并由债券融出方返还相应质物的债券融通行为。债券借贷期间，如果发生标的债券付息，债券融入方应及时向债券融出方返还标的债券利息。债券融入方向融出方支付债券借贷费用，费用标准由借贷双方协商确定。

4. 债券衍生品交易

(1)债券远期。交易双方约定在未来某一日期，以约定价格和数量买卖标的债券。债券远期的交易标的为在银行间债券市场进行现券交易的券种。债券远期从成交日至结算日的期限最长不超过365天。

(2)国债期货。由国债交易双方订立的标准化契约，约定在未来某一日期以成交价交收一定数量的国债凭证。国债期货合约目前有2年期、5年期和10年期三个品种。国债期货采用实物交割，可交割国债须是同时在银行间债券市场、沪深交易所交易的记账式国债，投资者参与国债期货交割须通过中金所会员向中金所申报国债托管账户。

(五)净价交易和全价交易

全价交易是指债券价格中把应计利息包含在债券报价中的债券交易；净价交易是指在现券买卖时，以不含有自然增长应计利息的价格报价并成交的交易方式，即将债券的报价与应计利息分解，价格只反映本金市值的变化，利息按票面利率以天计算，债券持有人享有持有期的利息收入。

全价＝净价＋应计利息

在净价交易条件下，由于债券交易价格不含有应计利息，其价格形成及变动能够更加准确地体现债券的内在价值、供求关系及市场利率的变动趋势。通过净价交易，有利于投资者对于市场利率走势和债券交易决策做出更为理性的判断。

我国交易所市场的企业债和可转债的报价采用全价；而交易所国债和银行间所有债券的报价采用净价，所有债券的计算交割价格均为全价。

(六)债券收益率曲线

债券市场在其筹资功能的基础上，还为各种资产的定价提供基本的参照。这是通过市场环境下不同期限的国债市场形成的国债收益率曲线来实现的。国债收益率曲线是反映远期利率的有效途径，它的水平和斜率反映了经济主体对未来通货膨胀的预期和对未来基本的经济形势的判断，蕴含了关于经济主体的风险态度的信息。而且，由于国债的发行主体是国家，其被认为不存在违约风险，所以国债收益率曲线便成为对市场无风险利率最合适的替代，从而为其他债券和金融资产以及投资项目提供定价的基准。

1. 债券收益率曲线定义

债券收益率曲线是一条描绘一簇相同等级债券剩余期限与收益率之间关系的曲线，一般以债券剩余期限为横坐标，以债券收益率为纵坐标。债券收益率曲线的绘制，首先要选取充足的相同等级、不同期限的样本券；其次要计算确定各只样本券的收益率；最后要将不同期限样本券收益率进行联结，得到债券收益率曲线，参见表5—9和图5—4。

表5—9　　中债国债收益率曲线(到期)数据(2022年7月1日)

标准期限(年)	收益率(%)
0	1.32
0.08	1.4845
0.17	1.5179
0.25	1.5328
0.5	1.7598
0.75	1.8596
1	1.9324
2	2.2908
3	2.4455
5	2.6485
7	2.8425
10	2.8255
15	3.1268
20	3.1693
30	3.2926
40	3.3555
50	3.39

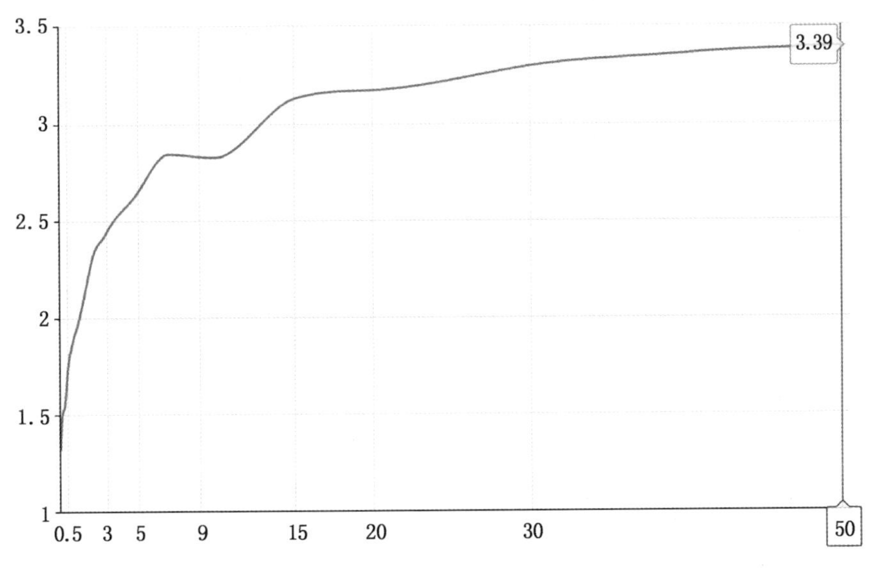

图5—4　债券收益率曲线

如果按照债券类型划分，债券收益率曲线包括国债收益率曲线、政策性金融债收益率曲线、商业银行次级债收益率曲线、企业债收益率曲线（AAA 级、AA＋级或 AA 级等）、公司债收益率曲线（AAA 级、AA＋级或 AA 级等）等；如果按照收益率类型划分，债券收益率曲线包括到期收益率曲线、即期收益率曲线、远期收益率曲线等。

债券收益率曲线反映了某一天某一等级、不同期限债券的收益率水平。它是债券定价的重要工具，为发行人债券发行以及投资者债券分析和交易提供了重要参考。

根据米什金的《货币银行学》，陡峭上升的收益率曲线意味着短期利率将上升；相对平缓上升的收益率曲线表明未来短期利率将不变；平坦的收益率曲线表明未来短期利率将有所下降；翻转的收益率曲线表明未来短期利率将大幅下跌。

2. 中债收益率曲线

中央国债登记结算有限责任公司、中证指数有限公司、上海清算所等机构会定期发布我国各类债券的收益率曲线。我们列举中央国债登记结算有限责任公司发布的中债收益率曲线进行进一步说明。

中债收益率曲线是反映当前中国债券市场上相同信用等级、不同待偿期限利率水平的曲线族系。中债债券收益率曲线包括国债、政策性金融债、公司信用类债券、资产支持证券等完整曲线族系。根据不同利率种类又分为到期收益率曲线、即期收益率曲线、远期收益率曲线。1999 年中国第一条国债收益率曲线由中央结算公司发布。目前中债收益率曲线覆盖了中国债券市场所有债券品种和所有信用级别。截至 2021 年末，中央结算公司每日日终发布各类收益率曲线总计超过 3 500 条，其中，到期曲线 238 条，即期曲线 212 条和远期曲线 3 074 条。

作为中债价格指标系的基础依据，中债国债收益率曲线具有国内经济先行指标的作用，同时是各类金融资产的定价参考基准以及市场风险管理及投资业绩考核的计量参考，可用作股权类证券和国债期货等金融衍生工具定价的参考，商业银行存贷款及内部转移定价的参考和协议存款定价的参考。比如，2004 年，央行和财政部在定期发布的相关政策报告中持续引用中债收益率曲线和指数，以反映债券市场整体情况；2009 年，财政部代理招标发行地方政府债以中债银行间固定利率国债曲线为定价基准；2010 年，原保监会将中债银行间固定利率国债即期收益率曲线的 3 年移动平均线作为保险业保险准备金计量参考；2011 年，财政部招标发行 50 年期固定利率记账式国债，它是以中债银行间固定利率国债曲线为定价基准；2015 年 12 月，国际货币基金组织（IMF）批准中债 3 个月期国债收益率作为人民币短期债务工具代表性利率纳入 SDR 利率篮子，成为加权平均构成 SDR 利率的全球五个组成利率之一，并于 2016 年 10 月 1 日正式启用等。

三、常用指数

(一)债券指数定义

债券指数反映的是债券市场价格总体走势的指标体系。和股票指数一样,债券指数是一个比值,其数值反映了当前市场规定范围内的全部债券(指数样本券),按照一定的加权方法(如市值加权平均法)所计算出来的平均价格,相对于基期时刻以相同方法计算的这些债券的平均价格的位置,为依托于债券市场中的债券价格产生出的衍生产品。目前,中国的主要债券指数包括由中央国债登记结算有限责任公司(简称中央结算)编制的中债指数和由中证指数有限公司编制的中证债券指数和上证债券指数。

(二)债券指数的作用

从实际运用的角度来说,债券指数主要有以下方面的作用:

第一,债券指数反映债券市场的总体价格状况,揭示市场走势特征表现,作为衡量债券市场整体收益率的基准,也可用作宏观经济的分析参考依据,对市场进行分析研究。

第二,作为衡量债券整体市场整体收益率水平的基础,是评估投资人业绩优良的标准。投资人可选择一定的投资评估区间,在这段时间内计算出指数的回报率,然后再与自己投资回报水平进行比较,评判出投资业绩的优劣。这也为金融机构考核债券投资相关部门的业绩提供了依据。

第三,帮助投资人建立指数型债券投资组合。债券指数可以帮助投资人建立指数型债券投资组合,用以模拟和钉住债券市场整体收益水平,减少频繁交易操作的成本,跟踪债券市场整体收益水平。

第四,帮助金融监管部门及时掌握债券市场的信息。债券指数作为债券市场整体的价格走势指标,可以帮助金融监管部门及时准确地掌握市场当前的情况,制定公开市场操作的策略。同时,市场上离奇的价格也会在指数上清晰地反映出来,可以帮助监管部门及时地发现违规的市场行为。

第五,帮助债券发行主体了解市场情况,确立发债计划。各类债券的发行主体可以通过债券指数了解债券市场的当前行情和历史情况,为其制定债券发行的期限和价格提供决策帮助。

(三)中债指数的分类

中债指数是旨在多角度客观反映人民币债券市场走势特征的一系列债券指数。经过不断完善和改进,中债指数已渐形成一个指标丰富、覆盖面广的指数体系。按编制方法不同,该体系分为中债总指数族、中债成分指数族、中债策略型指数族、中债投资者分类指数族、中债外币计价指数族、中债绿色系列债券指数族、中债持仓指数族、中债定制指数族八大系列。中央结算公司为绝大部分的中债指数提供了财富、全价、净价三组总值和 6 个按照待偿期分段的子指数,并对应分别附有久期、凸性等指数的评价指标。其中,财富指数是以债券全价计算的指数值,考虑了付息日利息再投资因素,在样本券付息时再投资计入指数之中。全价指数是以债券全价计算的指数值,债券付息后利息不再计入指数之中。净价指数则不考虑债券利息。待偿期分段子指数则是将指数中的成分券按待偿期的不同,细分为 1 年以下、1—3 年、3—5 年、5—7 年、7—10 年、10 年以上 6 个区间段,各区间段单独形成一个子指数。

随着中债指数的发展以及市场需求的不断深化,中债指数的应用领域也在不断延伸,已逐渐成为境内基金领域重要的业绩比较基准和跟踪标的。截至 2021 年 12 月底,已有 4 000 余只基金使用中债指数作为业绩基准,35 支中债指数已成为 137 支境内外基金产品、2 支资管产品及 2 支收益凭证的投资跟踪标的。

(四)中证债券指数的分类

中证债券指数包含综合、利率、信用以及可转债指数。其中中证全债指数和中证综合债券指数是两个常用的综合指数。

中证全债指数是中证指数公司编制的综合反映银行间债券市场和深沪交易所债券市场的跨市场债券指数,也是中证指数公司编制并发布的首只债券类指数。该指数的样本由银行间市场和深沪交易所市场中信用级别投资级以上、剩余期限 1 年及以上的所有国债、金融债券及企业债券组成,采用市值加权计算,以反映全市场相应期限投资级债券的整体表现。中证指数公司每日计算并发布中证全债的收盘指数及相应的债券属性指标,为债券投资者提供投资分析工具和业绩评价基准。

中证综合债券指数是综合反映银行间和交易所市场国债、金融债、企业债、央票及短融整体走势的跨市场债券指数,其选样是在中证全债指数样本的基础上,增加了央行票据、短期融资券以及 1 年期以下的国债、金融债和企业债,样本券剩余期限在 1 个月以上。该指数的推出旨在更全面地反映我国债券市场的整体价格变动趋势,为债券投资者提供更切合的市场基准。

四、债券投资

(一)债券投资策略

1. 配置型投资策略

配置型投资策略是一种不依赖于市场变化而保持固定收益的投资方法。其做法是买入债券并持有至到期,以获得债券利息收入和到期安全收回本金。因此,配置型投资策略也常常被称作保守型投资策略。

采用配置型投资策略需根据投资者资金的使用状况来选择适当期限的债券。一般情况下,期限越长的债券,其收益率也往往越高。但期限越长对投资资金锁定的要求也越高,该种策略在收益率高点择时买入且选择没有或者很小信用风险的债券品种尤为关键,机构的选择品种多为利率债和高等级信用债。

2. 交易型投资策略

交易型投资策略是指投资者通过主动预测债券收益率的变化,预测出债券价格的变化方向和幅度,通过在二级市场上买卖债券获取差价收益。因此,交易型投资策略也常常被称作积极型投资策略。

当市场利率上行时,债券的价格通常会下跌。这种方法要求投资者具有丰富的投资知识及市场操作经验,并且要支付相对较多的交易成本。如果对市场的走势预测正确,此策略下投资者除了票息收入外还可以获得资本利得的回报。

(二)债券市场利率分析

1. 影响债券市场利率的主要因素

债券收益率受到经济基本面、资金面、政策面、供需关系和市场情绪等五个方面因素的影响。

(1)经济基本面。主要包括经济增长情况和通货膨胀指标。如果经济面临下行压力,利率下行的可能性更大,利好债市;而通货膨胀越严重,则对债市越不利。

(2)资金面。资金面通常指银行间市场流动性的多少,与央行公开市场操作、缴税因素、节假日取现需求、月末和季末的季节性因素等密切相关。资金面松有利于债券价格上涨,资金面紧则对债市构成利空。

(3)政策面。政策面包括货币政策、财政政策以及监管政策等。政策面通过影响资金面、经济运行和市场参与者行为来影响债券市场。一般来说,货币政策偏宽松对债市构成利好,财政政策偏积极对债市构成利空,监管政策影响需视具体情况分析。

(4)供需关系。债券市场的供求直接影响债券价格。供给增加或需求减弱时,债券价格通常下跌；当供给减少或需求上涨时，债券价格通常上涨。债券供需关系对债券收益率产生扰动，但不影响趋势。供给端是观测的重点，短期内发行放量可能对债市构成利空。

(5)市场情绪。投资者情绪是利率走势的重要影响因素。在政策面、信息面等因素催化下，投资者情绪可能偏向乐观和悲观，并促使利率走势出现快速变化。债券是重要的避险资产，如果市场风险偏好下降，资金通常流出股市流向债券，因此我们常常看到“股债跷跷板”现象。

2. 衡量经济基本面的指标

(1)经济增长的衡量指标。从长期来看，名义经济增长决定资产回报，资产回报引导负债成本。如果经济面临下行压力，那么整体利率水平也会面临下行压力，从而利好债市。分析经济增长情况有助于判断债券市场利率走势，而 GDP 同比增速及 PMI 则是两个重要的经济增长衡量指标。

①GDP(Gross Domestic Product)同比增速。一个国家或地区的经济社会，在一定时期内运用生产要素所生产全部最终产品(产品和服务)的市场价值，即国内生产总值，通常用 GDP 同比增速衡量经济增长的情况。

②工业增加值。它是指工业企业在报告期内以货币形式表现的工业生产活动的最终成果，是工业企业全部生产活动的总成果扣除了在生产过程中消耗或转移的物质产品和劳务价值后的余额，是工业企业生产过程中新增加的价值。

③固定资产投资额。以货币表现的建造和购置固定资产的工作量以及与此有关的费用的总称，反映固定资产投资规模、速度和投资比例关系的综合性指标。

④PMI(采购经理人指数，Purchasing Managers’ Index)。它是反映经济状况的先行指标，具有较强的预测和预警作用。PMI 指数分综合 PMI 指数、制造业 PMI 指数和非制造业 PMI 指数，分别反映当期全行业、制造业和非制造业的运行情况。PMI 通常以 50%作为经济强弱的分界点，PMI 高于 50%时，反映经济总体扩张；低于 50%，则反映经济总体收缩。我国目前公布的有官方 PMI 和财新 PMI 两种，官方 PMI 主要针对全国大中型企业的 PMI 统计调查，而财新 PMI 则聚焦于中小企业的 PMI 统计调查。

⑤社会融资规模增量。它是指一定时期内实体经济从金融体系获得的资金额。社会融资规模(简称社融)与新增人民币信贷数据，大体可以反映实体的融资需求和金融机构放贷意愿，但社融相对于新增贷款量是更广义的货币流通量统计指标，更加真实地反映社会经济资金的供求状况。这里的金融体系为整体金融的概念，从机构看，包括银行、证券、保险等金融机构；从市场看，包括信贷市场、债券市场、股票市场、保险市场以及中间业务市场等。打个比喻，如果社会经济是一个池子，那么社融就像从外

面流进来的水。如果社融规模大，那池子里的水就增多，池子可能就会充满生机；如果社融规模小，池子里的水就少，可能没有那么活跃。

（2）通货膨胀衡量指标。通货膨胀是指一段时间内物价持续而普遍地上涨现象。短期利率与通货膨胀及通货膨胀缺口成正向关系，短期利率的抬升会通过利率传导机制传导至长期利率。因此，当通货膨胀率走高或超预期时，对债市往往是利空的，债券收益率也会预期走高。通货膨胀水平通常用 CPI 和 PPI 来衡量。

CPI（Consumer Price Index），即居民消费价格指数，反映一定时期内城乡居民所购买的生活消费品和服务项目价格变动趋势与程度的相对数。CPI 的同比或者环比变动可用来衡量通货膨胀的程度。一般判断标准是这样的：CPI 涨幅达到 3%，被视为通货膨胀的警戒线；CPI 涨幅大于 5%，被视为严重通货膨胀。

PPI（Producer Price Index），即生产者物价指数，反映一定时期内全部工业产品出厂价格总水平的变动趋势和程度的相对数。通过该指标可观察出厂价格变动对工业总产值及增加值的影响。PPI 上涨→出厂价格高了→有通胀趋势，PPI 下降→出厂价格低了→有通缩趋势。

PPI 反映了生产端的价格变化，CPI 反映了消费环节的商品和服务价格的变化水平。PPI 是 CPI 的先行指标，或者说，PPI 上涨最终会传导并加速 CPI 的上涨。理论上，从经济运行和生产流程的角度，整个关系可以这样表示：PPI 上升（生产原料及半制成品价格上升）→消费产品的价格上升→CPI 上升（整体物价水平的上升）→通胀加剧；反之，亦然。当然，引发通货膨胀的因素还有许多例外，比如战争等。

3. 资金面分析的重点

市场的资金面状况是影响债券收益率及市场走向的关键因素之一。货币市场利率体现了金融机构（尤其是银行）拆借资金成本，反映出当前金融体系资金供需状况，对短端债券的收益率有直接影响。货币市场利率中关注度最高的是 7 天存款类机构质押式回购拆借利率（DR007），这也是央行监测货币市场运行的核心指标。通过对货币市场量价关系、期限占比的分析可反映市场对资金面的预期。一般预期宽松且资金利率较低时，市场倾向于借短期限的资金。当预期偏紧时，一般倾向于锁定风险以及资金成本，借长期限的资金。

4. 政策面分析技巧

货币政策和财政政策是影响债券利率最重要的两个因素，此外金融监管政策对债券利率的影响也日益增强。

（1）货币政策。货币政策是中央银行为实现其特定的经济目标而采用的各种控制和调节货币供应量和信用量的方针、政策和措施的总称。运用各种工具调节货币供应量来调节市场利率，通过市场利率的变化来影响民间的资本投资，影响总需求来影响宏观经济运行的各种方针措施。当央行采取宽松的货币政策时，金融市场可用资金增加、成本下降，债市收益率往往下行。调节总需求的货币政策的三大工具为法定准备金率、公开市场业务和再贴现政策。

①法定准备金率。它是指存款货币银行按法律规定存放在中央银行的存款与其吸收存款的比率。法定存款准备金率政策的真实效用体现在它对存款货币银行的信用扩张能力、对货币乘数的调节。由于存款货币银行的信用扩张能力与中央银行投放的基础货币存在乘数关系，而乘数的大小与法定存款准备金率成反比。因此，若中央银行采取紧缩政策，中央银行提高法定存款准备金率，则限制了存款货币银行的信用扩张能力，降低了货币乘数，最终起到收缩货币供应量和信贷量的效果；反之，亦然。

②公开市场业务。中央银行公开买卖债券等的业务活动即为中央银行的公开市场业务。公开市场业务是指中央银行通过买进或卖出有价证券，吞吐基础货币，调节货币供应量的活动。根据经济形势的发展，当中央银行认为需要采取紧缩的货币政策时，便卖出证券，相应地收回一部分基础货币，减少金融机构可用资金的数量；相反，当中央银行认为需要采取宽松的货币政策时，便买入证券，扩大基础货币供应，直接增加金融机构可用资金的数量。

③再贴现政策。再贴现是指存款银行持客户贴现的商业票据向中央银行请求贴现，以取得中央银行的信用支持。中央银行根据政策需要调整再贴现率，当中央银行提高再贴现率时，存款银行借入资金的成本上升，基础货币得到收缩，反之亦然。

(2)财政政策。它是政府进行宏观调控的主要手段之一，对经济运行影响很大，分为扩张的财政政策和紧缩的财政政策。扩张的财政政策主要通过扩大财政支出(增加财政赤字)、减税等方式刺激社会总需求。一般而言，可通过看政府每年拟定的预算财政赤字和财政赤字率以探查财政支出政策，财政赤字越大、赤字率同比增长越多，说明政府计划性支出越多，经济走强的概率也就相对越大。

5. 供求关系分析技巧

债市收益率受到债券供求关系的影响，债券市场供给压力往往会推高债券收益率，而市场旺盛的需求则会导致债市收益率的下行。

(1)供给方面。国债、政策性金融债与地方政府债的年度净增量有额度约束，结合到期量数据可以较好地预测利率债年度总供给，发行节奏则受到市场收益率变化的影响。信用债的供给弹性相对大，发行速度受收益率变动及发行审批节奏的影响。债券收益率走高时，信用债的发行节奏往往会放缓。

(2)需求方面。银行自营是利率债的主要投资者，广义基金(公募基金、银行理财等)更偏好信用债投资，因此，债券投资需求受配置机构资金安排的影响。同时，随着债市开放政策进一步深化，境外机构投资者逐步成为中国债市的重要参与者，其行为特征也将对债市供求关系产生影响。机构规模变化，如银行委外和相应监管政策下机构的品种投资限制，都会对不同品种的供求关系产生影响。

6. 市场情绪对债券价格的影响

投资者情绪是利率走势的重要影响因素。在政策面、信息面等因素催化下，投资者情绪可能偏向乐观或悲观，并促使利率走势出现快速变化。市场情绪通常指风险偏好，在市场没有增量信息的情况下往往会影响债市波动。当风险偏好上升时，债券价格下跌，股票价格上涨，通常称为“股债跷跷板”现象。

7. 长端利率分析技巧

从经济基本面角度来看，名义增长率的变化体现了经济体中融资需求的变化，只要名义经济增长率上(下)行，名义利率也会上(下)行，尤其是长端债券。名义增长率包含了通货膨胀和实际经济增长率两个组成部分。经济增长和通胀上升都会导致利率水平上行，即利空债市。通货膨胀率相当于购买债券的成本，通货膨胀越高，对债券越不利。因为名义利率越大，把钱存入银行也会有较高的利率，高通胀率利空债券；而实际经济增长率更直接反映了融资需求，在消费和净出口保持不变的情形下，如果经济上行，那么房地产、基建、制造业等投资需求必然增加，那么大多数资金便会流向这些实体经济，反而也不利于债市。

通货膨胀是一个较为复杂的概念。根据凯恩斯新古典经济学定义，通货膨胀表现为宏观经济体中的总供求关系，在观察时通常把价格型指标作为观察窗口。其中 PPI 和 CPI 为更加主流的价格指标。由于 PPI 反映了成本价格，所以传导方向是 PPI 向 CPI 传导。作为最重要的终端价格指标 CPI，价格权重中包含了食品类和非食品类。从历史变化来看，引发 CPI 变化的主要因素是食品项目，所以经常看到各类债券投资者把分析重点集中在对各类食品价格走势的判断上。

经济增长分析是一个更加庞大的体系。从经济增长“三驾马车”的角度来看，消费(社会消费品零售总额)和投资(城镇固定资产投资完成额)的数据反映了经济的内需，出口反映了外需。在分析经济增长率时，GDP 虽然是最重要、最全面的经济增长类指标，但是发布频率过低，在投资中不具备及时性。衡量经济增长率，尤其是实际经济增长率，工业增加值是一个值得关注的指标。统计局每个月发布的工业增加值同比增长率是一个不变价格指标，提出了月度期间价格变化因素，更反映实际增长率。

8. 短端利率分析技巧

资金的流动性主要反映在央行向市场投放货币规模，流动性越高，资金比较宽松，所以可借的资金成本就低，投资者可以借更多的钱去买债券；相反，如果资金短缺，那么借钱买券的成本就提高，对债券市场是不利的。

货币政策的流动性指标包括 M0(流通中现金)、M1(现金＋企事业单位活期存款)和 M2(M1＋居民储蓄存款＋单位定期存款＋单位其他存款＋证券公司客户保证金)。在这三个层次中,M0 与消费变动密切相关,是最活跃的货币;M1 反映居民和企业资金松紧变化,是经济周期波动的先行指标,流动性仅次于 M0;M2 流动性偏弱,但反映的是社会总需求的变化和未来通货膨胀的压力状况,通常所说的货币供应量,主要指 M2 。如果 M1 和 M2 的剪刀差扩大,说明企业对未来经济前景不乐观。除此之外,汇率下降会导致外汇储备的增加,从而增加国内资金供应量,所以汇率和外汇储备也是投资者重要的观察指标。

作为债券市场的投资者,除定期发布的 M0、M1 和 M2 数据,通常会从每天的回购市场中观察资金面短期走向,获得更及时的资金面信息。回购利率是反映市场资金面状况最为敏感的指标。在银行间市场中,最为重要和常用的两个资金类指标是隔夜回购利率和 7 天回购利率。当资金面宽松且资金需求方对资金面预期十分乐观时,融资人才会用短期工具来进行融资,隔夜回购更受青睐;反之,7 天回购交易量会明显放大。所以,1 天回购和 7 天回购的交易量变化以及利差变化都反映了即期和预期的资金面状况。

(三)债券信用分析

1. 信用风险定义

狭义的信用风险又叫违约风险,是指债券发行人未按照契约的规定支付债券的本金和利息,给债券投资者带来损失的可能性。广义的信用风险除违约之外,还包括由发行主体信用资质的改变导致的信用债价格的变化。

2. 债券的信用分析

债券的信用分析即是通过分析债务人的现金流充沛程度和稳定性,评估债务人的偿债能力,以期尽量规避由于信用风险导致的投资损失。

3. 信用分析的基本框架

信用分析需要采用定性分析和定量分析相结合。定性分析包括外部宏观环境分析、行业状况分析、与信用主体的竞争地位分析和管理战略分析,以及股东背景、公司治理等层面的分析。定量分析包括对债务人盈利能力、现金获取能力、偿债能力和资本结构的分析。

4. 信用分析中的定性分析

对债券投资主体的信用状况进行定性分析包括宏观环境分析、行业状况分析、竞争地位分析、股东背景分析、公司治理分析和管理战略分析等六个部分。

(1)宏观环境。关注宏观经济状况和经济增长速度、当前所处的经济周期、宏观经济政策和法律制度。宏观经济周期与债券市场违约率存在很强的负相关关系。在经济下行时，企业的信用状况会恶化，企业所发债券的违约率会上升。

(2)行业状况。关注发行主体所处行业的景气度与发展趋势，关注行业周期、产品生命周期和行业在产业链中的地位。如果一个行业出现产能显著过剩等趋势性恶化且短期内难以扭转，则即使行业内最好的企业信用状况也存在恶化的可能。

(3)竞争地位。关注企业在市场中的地位、企业的关键竞争优势、市场占有率等。企业在行业中越处于相对有利的竞争地位时，公司经营的稳健性往往越能得以保障。

(4)股东背景。根据控股股东背景，可以将信用主体划分为中央国有企业、地方国有企业以及民营企业等。中央国有企业、地方国有企业的股东实力往往比较雄厚，抗风险能力更强，发生信用风险的概率相对较低；民营企业的信用风险相对较大。

需要注意的是，国有企业发行的债券也不是没有违约风险，只是相对较低。国有企业发行的债券偿债保障来源于其自身财务资源和商业化的增信安排，政府没有兜底的法律义务。当国有企业陷入经营困境，内部现金流不足且不能及时从外部获取资金时，其发行的债券也会违约。例如，2015 年，央企控股的保定天威集团有限公司在银行间市场发行的中期票据和定向债务融资工具未能按时足额兑付，成为近年来我国首单实质违约的国有企业发行的公募债券。2016 年，国有企业东北特钢在银行间市场发行的短期融资券、中期票据也出现了违约。因此，投资者购买债券，不能只看“名头”，不能认为购买国企发行的债券就会高枕无忧。

(5)公司治理。公司治理主要涉及企业各相关利益主体之间的责、权、利的划分与相互的制衡。公司治理风险主要包括股权之争、大股东掏空、管理层激进等方面。

①实际控制权之争，在侵害债权人和中小股东利益的同时，也会加剧信用风险。

②控股股东利用绝对控股地位，采用不合法手段，转移下属公司资源，侵占中小股东及债权人利益。融资主体被大股东掏空后往往会成为空壳，债权人的利益难以保障，极有可能引发债务违约。

③公司管理层风格过于激进，极有可能导致企业无法承担陡增的债务负担，从而导致基本面恶化，并最终引发违约。

(6)管理战略。对公司的经营目标、管理风格、财务政策和融资战略等进行分析。稳健的经营管理战略有助于增强公司的稳定性。

5. 信用分析中的定量分析

对债券投资的主体的信用状况进行定量分析包括盈利能力分析、现金获取能力分析、偿债能力分析和资本结构分析等四个部分。

(1)盈利能力。雄厚的获利能力是现金产生能力的基础，也是企业偿还债务的保障。衡量公司盈利能力的指标包括：①主营业务收入及增长率；②主营业务利润率；③总资产收益率(ROA)＝净利润/平均总资产；④净资产收益率(ROE)＝净利润/平均净资产；⑤营业利润率；⑥净利率及增长率等。

(2)现金获取能力。由于企业必须用现金而不是账面盈利来偿还债务，因此，现金流分析是信用分析的基础，需考察现金流规模、构成、变化及其稳定性。考察企业现金获取能力的指标包括但不限于：①经营活动现金流及增长率；②投资活动现金流；③自由现金流、筹资现金流；④现金收入比＝销售商品、提供劳务收到的现金/主营业务收入净额；⑤应收账款周转率＝主营业务收入/平均应收账款余额；⑥存货周转率＝主营业务成本/平均存货余额等。

(3)偿债能力。衡量企业偿债能力的核心是衡量企业可支配资金与需偿付债务的对比关系。衡量企业偿债能力的指标包括：①经营活动现金流/总债务；②到期债务偿付比率＝经营活动现金流/(现金利息支出＋本期到期的本金)；③利率覆盖倍数＝经营现金流/利息支出；④货币资金/短期债务；⑤流动比率＝流动资产/流动负债；⑥速动比率＝(流动资产－存货)/流动负债。

(4)资本结构。资本结构衡量的是公司的财务杠杆和举债程度，公司的财务杠杆越高，则面临的偿债压力越大。衡量公司资本结构的指标有：①资产负债率＝总负债/总资产；②短期债务比率＝短期债务/总负债；③总债务资本比＝总债务/(总债务＋所有者权益)；④长期债务资本比＝长期债务/(长期债务＋所有者权益)。

6. 增信机制与偿债保障措施

发行人可采取内外部增信机制、偿债保障措施，提高偿债能力，控制公司债券风险。内外部增信机制、偿债保障措施包括但不限于下列方式：

(1)第三方担保，即第三方签署担保函、担保合同，为发行人债券发行承担担保责任；

(2)资产抵押、质押担保，即签署抵质押合同，并对担保物进行评估、抵质押登记或托管，并办理相关法律手续；

(3)商业保险，即签署相关保险合同；

(4)偿债专项基金，成立专项基金并办理相关登记备案手续；

(5)限制发行人债务及对外担保规模；

(6)限制发行人对外投资规模；

(7)限制发行人向第三方出售或抵押主要资产；

(8)设置债券回售条款。

五、债券投资风险

债券投资面临的主要风险有以下几点：

1. 利率风险

利率风险是指利率变动引起债券价格波动的风险。债券的价格与利率呈反向变动关系:利率上升时,债券价格下降。例如,10 年前你购买了一种面值 100 元、年息 10%利率的债券,到现在,如果其他债券都支付 12%的年利,你就不可能再以 100 元的面值将这种债券卖给别人,你的售价肯定会低于面值,使得其实际收益率达到 12%的水平。

再通过常见的固定利率债券的估值法来解释一下。固定利率债券是一种按照票面金额计算利息,票面上附有作为定期支付利息凭证的期票的债券。投资者不仅可以在债券期满时收回本金(面值),而且可以定期获得固定的利息收入。所以,投资者未来的现金流包括了两部分:本金和利息。固定利率债券的估值公式如下:

$$V=\frac{C}{1+r}+\frac{C}{(1+r)^2}+\cdots+\frac{C}{(1+r)^n}+\frac{M}{(1+r)^n}$$

式中,V 表示固定利率债券的内在价值;C 表示每期支付的利息;M 表示面值;r 表示市场利率;n 表示债券到期时间。

通过上述公式可以看出,r 越大,分母越大,则 V 越小;r 越小,分母越小,则 V 越大,固定利率债券的内在价值与市场利率成反比。市场利率升高,固定利率债券的内在价值降低,价格降低;市场利率降低,固定利率债券的内在价值提高,价格提高。

这种由于未来利率变化不确定性,而导致债券贬值的风险,便是债券的利率风险。

2. 通货膨胀风险

在现实生活中,每个人都会遇到这样的问题,由于物价的上涨,同样金额的资金,未必能买到过去同样的商品。这种物价的变化导致的资金实际购买力的不确定性,称为购买力风险,或通货膨胀风险。同样在债券市场上,由于投资债券的回报是以货币的形式来支付的,在通货膨胀时期,货币的购买力下降,也就是投资的实际收益下降,也存在给投资者带来损失的可能。值得注意的是,债券的利率风险和通货膨胀风险不是割裂的,通货膨胀率会影响市场的利率水平。

3. 信用风险

信用风险是指因交易对手未能履行合同义务而造成经济损失的风险,债券的信用风险包括违约风险和市场价格风险(价差风险)。债券发行者由于各种原因不能按时兑付债券契约规定的利息和本金而发生违约,由此带给债券投资者的风险叫作违约风险。价差风险是指由于债务人信用评级下降而导致价格下降的风险。

发行人财务状况越差,债券违约风险越大,意味着不会按计划支付利息和本金的可能性越大。例如,2014 年 3 月 4 日,A 股上市公司 * ST 超日(股票代码:002506)公告称“11 超日债”本期利息将无法于原定付息日 2014 年 3 月 7 日按期全额支付,仅能够按期支付共计 400 万元人民币，付息比例仅为 4.5%，并正式宣告违约，成为国内首例违约的公募债券。

4. 流动性风险

债券的流动性衡量的是债券投资者将手中的债券变现的能力。债券投资的流动性风险是指目前交易所有些债券的交投非常不活跃，投资者在短期内无法以合理价格出售债券。但若准备持有到期，则不需要考虑流动性风险。

5. 提前赎回风险

提前赎回风险是指对于含有提前赎回条款的公司债，发行公司可能在市场利率大幅下降时，行使提前赎回权，在到期日前赎回债券，从而使投资者因提前赎回导致的利息损失和降低再投资回报的风险。

6. 放大交易风险

放大交易风险指的是投资人利用现券和回购两个品种进行债券投资的杠杆操作，既有可能放大投资收益，也有可能放大投资风险。

7. 再投资风险

再投资风险是指在市场利率下行的环境中，附息债券收回的利息或者提前于到期日收回的本金只能以低于原债券到期收益率的利率水平再投资于相同属性的债券，从而产生的风险。

六、债券市场参与者

随着市场发展，中国债券市场的参与者群体不断扩大，参与者层次也日益丰富，为债市发展注入了强大活力。

（一）债券现货市场参与者

1. 发行人

经监管部门审批或备案具备发行资格的筹资人可在银行间债券市场、交易所、商业银行柜台发行债券。它包括中央及地方政府、中央银行、政府支持的机构、金融机构、企业法人、国际开发机构等。

2. 承销商

指导与帮助发行人完成债券发行，参与债券发行投标或认购，在发行期内将承销债券向其他结算成员（和分销认购人）进行分销，并在债券存续期内牵头其他市场中介一起监督债券发行人履行相关义务的金融机构。它一般由依法取得承销资格的商业银行、证券公司担任。

3. 做市商

做市商是指经中国人民银行批准，在银行间债券市场开展做市业务，享有规定权利并承担相应义务的金融机构，由商业银行和证券公司担任。做市商按照有关要求连续报出做市券种的现券买、卖双边价格，并按其报价与其他市场参与者达成交易。截至 2021 年 12 月 31 日，银行间债券市场现券做市商综合类成员共 79 家。

4. 货币经纪公司

货币经纪公司是指经银保监会批准在中国境内设立的，通过电子技术或其他手段，专门从事促进金融机构间资金融通和外汇交易等经纪服务，并从中收取佣金的非银行金融机构。其进入银行间债券市场从事经纪业务须向中国人民银行备案。目前国内有 5 家货币经纪公司，分别是上海国利货币经纪有限公司、上海国际货币经纪有限责任公司、平安利顺国际货币经纪有限责任公司、中诚宝捷思货币经纪有限公司、天津信唐货币经纪有限责任公司。

5. 结算代理人

结算代理人是指受市场其他参与者的委托并为其办理债券结算等业务的金融机构，由中国人民银行批准的商业银行担任。在开办结算代理业务前，结算代理人应与委托人签订代理协议，结算代理人为委托人在中央结算公司以委托人的名义开立债券托管账户，代理委托人使用该账户进行债券托管和债券结算。

6. 境内投资人

境内投资人包括商业银行、信用社、非银行金融机构（包括信托公司、财务公司、租赁公司和汽车金融公司等）、证券公司、保险公司、基金公司、理财公司、非金融机构、非法人机构投资者、个人投资者等。

7. 境外投资人

它包括境外央行或货币当局、主权财富基金、国际金融组织、人民币业务清算行、跨境贸易人民币结算境外参加行、境外保险机构、合格境外机构投资者（QFII）、人民币合格境外机构投资者（RQFII）以及在境外依法注册成立的商业银行、保险公司、证券公司、基金管理公司及其他资产管理机构等各类金融机构，上述机构可以依法合规面向客户发行投资产品，以及养老基金、慈善基金、捐赠基金等人民银行认可的其他中长期机构投资者。

8. 登记托管机构

债券托管是指托管机构接受债券持有人委托，对债券持有人的债券权益进行维护和管理的行为。债券登记是指登记机构依据法律法规，受债务人委托，以簿记方式记录债券信息，确认债券权属的行为。在中国境内，债券中央托管机构同时承担债券登记职能，又称债券登记托管结算机构。中国债券市场上，目前涉及债券集中登记托管业务的机构有 3 家:中央国债登记结算有限责任公司(简称中债登)、中国证券登记结算有限责任公司(简称中证登)、银行间市场清算所股份有限公司(简称上清所)。其中,中央结算公司占市场主要份额。

“中证登”服务于交易所市场的股票及债券。“中债登”和“上清所”服务于银行间债券市场的债券,只不过两者在服务债券种类上有所区别:“中债登”主要负责国债、金融债等利率债和以企业债为主的部分信用债,而“上清所”主要负责短融、超短融、中票等信用债。

(二)债券衍生品市场参与者

1. 场内债券衍生品市场

其交易前台为中国金融期货交易所(简称中金所)。投资人为符合标准的自然人、一般单位客户和特殊单位客户,其中特殊单位客户包括证券公司、基金管理公司、信托公司等。此外,根据 2020 年 2 月证监会与财政部、中国人民银行、银保监会联合发布的《关于商业银行、保险机构参与中国金融期货交易所国债期货交易的公告》,符合条件的试点商业银行和具备投资管理能力的保险机构,按照依法合规、风险可控、商业可持续的原则,可参与中金所国债期货交易。

2. 场外债券衍生品市场

场外债券衍生品的交易登记和辅助报价前台是外汇交易中心。投资人开展交易,需签订《中国银行间市场金融衍生产品交易主协议》。场外债券衍生品根据债券品种的不同分别在中央结算公司或上清所结算交割。

第三节　常见非标准化债权类资产

非标准化债权资产(简称非标资产)是银行理财的传统高收益资产,一直是银行理财超额收益的主要来源。非标资产质量优质,能够兼顾安全性和收益性,既能增强收益,又能有效平滑净值,具有较高的性价比,是值得配置的投资品种。目前银行及理财公司在非标资产投资领域已经具有非常丰富的经验和完整的风控体系。

一、传统项目类非标资产

1. 信托贷款

它是指信托机构在国家规定的范围内通过信托计划募集的信托资金,对自行审定的单位和项目发放的贷款。

在贷款信托担保关系中，存在委托人（贷款人）、受托人（信托担保公司）和受益人（借款人）三方当事人。信托财产既独立于委托人的财产，也独立于信托担保公司的财产。受托人享有信托财产普通法上的所有权，受益人享有衡平法上的源于所有权的受益权。受益人对信托财产享有的受益权是一种不同于债权的权利。当借款人无力偿还贷款时，贷款人有权要求信托担保公司以信托财产偿还贷款。

2. 委托贷款

它是指由政府部门、企事业单位及个人等委托人提供合法来源资金，由商业银行（即受托人）根据委托人确定的贷款对象、用途、金额、期限、利率等代为发放、监督使用并协助收回的贷款。

3. 信贷资产转让

它是指以存量贷款合同为基础、以认可的信贷资产为标的，与金融机构协商后以约定的价格、在约定的期限内转让信贷资产。

4. 票据类

它包括未在银行间和证券交易所市场交易的已贴现或未贴现的商业承兑汇票及其收（受）益权、已贴现或未贴现的银行承兑汇票及其收（受）益权、已贴现或未贴现的其他票据及其收（受）益权。

5. 信用证

它是指银行（即开证行）依据进口商（即开证申请人）的要求和指示，对出口商（即受益人）发出的、授权出口商签发以银行或进口商为付款人的汇票，保证在交来符合信用证条款规定的汇票和单据时，必定承兑和付款的保证文件。

6. 收/受益权

它是指交易双方通过订立合同，享受基础资产经过管理或者处理后的收/受益权利。基础资产包括除票据类、信用证以外的非标准化债权类资产，如信贷资产转让、信托贷款、委托贷款、委托债权、应收账款、带回购条款的股权性融资、私募债权、融资融券、证券公司收益凭证等。

7. 应收账款

它是指企业在正常的经营过程中因销售商品、产品、提供劳务等业务，应向购买单位收取的款项。理财产品通过受让融资企业的应收账款，从而通过债权转让的形式达到向融资人发放资金的目的。

二、同业借款

“同业借款”是指与现行法律法规赋予此项业务范围的金融机构开展的本外币同业资金借出业务。

同业借款交易对手主要包括外资银行境内分行或子行、金融资产管理公司、金融资产投资公司、金融租赁公司、汽车金融公司、消费金融公司、信托业保障基金等金融机构。

三、银行业理财登记托管中心有限公司的理财直接融资工具

(一)产品介绍

1. 产品释义

理财直接融资工具业务是指由商业银行作为发起管理人发起设立、以单一企业的直接融资为资金投向、在指定的登记托管结算机构(银行业理财登记托管中心)统一登记托管、在合格投资者之间公开交易、在指定渠道(中国理财网)进行公开信息披露的标准化投资载体,如图5—5所示。

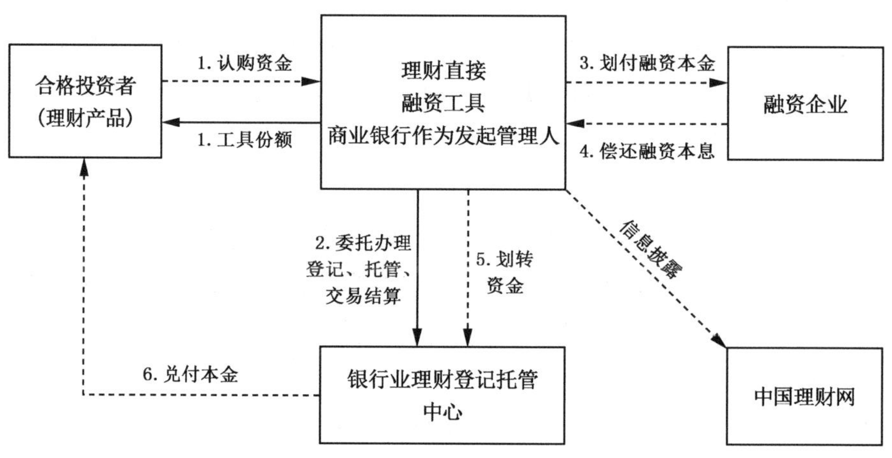

图5—5 理财直接融资业务指南

2. 产品特点

(1)理财资金和理财工具对接,在缩短企业融资链条的同时,扩宽了企业融资渠道;

(2)理财直接融资工具以信用方式发起设立为主。

3. 适用范围

(1)理财直接融资工具产品主要适用于符合国家产业政策的中等评级企业;

(2)目前理财直接融资工具产品主要适用于满足上述企业的中短期融资需求。

(二)理财中心介绍

银行业理财登记托管中心有限公司(简称"理财中心")是经财政部、银保监会(原银监会)批准,由中央国债登记结算有限责任公司(简称"中央结算公司")于 2016 年全资发起设立的中立性理财市场服务机构,是我国银行业理财市场的重要基础设施。根据原银监会的批复,理财中心的业务范围为:理财登记托管结算业务;理财业务的风险监测与分析;理财大数据库建设、信息和技术服务、市场研究;理财直接融资工具和银行理财管理计划业务的综合服务;理财信息披露、培训宣传、咨询评价和投资者教育等服务;银监会同意的其他业务。

四、银行业信贷资产登记流转中心有限公司的信贷资产流转和收益权转让相关产品

(一)产品介绍

信贷资产流转登记是指登记机构对流转标的及其对应的底层资产(如有)的登记要素进行格式化记载,对权利人持有的流转标的进行簿记,对交易文件、流转标的及其对应底层资产(如有)的相关证明文件进行电子化存储等登记行为。

信贷资产收益权是指获取信贷资产所对应的本金、利息和其他约定款项的权利。银行业信贷资产登记流转中心有限公司(以下简称"银登中心")按照银保监会的要求,具体负责信贷资产收益权转让业务的产品备案审核、集中登记、交易结算、信息披露和统计监测等工作,并及时向银保监会报告重要情况。

(二)银登中心介绍

银登中心于 2014 年 6 月注册成立,注册资本 3.5 亿元,业务上接受中国银行保险监督管理委员会监管,是我国银行业重要的金融基础设施。

银登中心的成立,是监管部门落实国务院"盘活货币信贷存量,支持实体经济转型升级"的要求,是提高资金使用效率、降低社会融资成本的具体举措;是契合加强金融基础设施建设,健全金融市场体系,构建规范化、阳光化的信贷资产流转市场,促进商业银行经营模式的转型升级,推动金融创新的需要。

银登中心的经营范围为:信贷资产及银行业其他金融资产的登记、托管、流转、结算服务,代理本息兑付服务,交易管理和市场监测服务;金融信息服务和有关的咨询、技术服务;银保监会批准的其他业务。

五、北京金融资产交易所有限公司的债权融资计划

(一)产品介绍

1. 产品释义

债权融资计划是指融资人向具备相应风险融资识别和承担能力的合格投资者,以非公开方式挂牌募集资金的债权性固定收益类产品。北京金融资产交易所有限公司(以下简称“北金所”)对在北金所开展的债权融资计划业务提供服务。

2. 适合对象

中华人民共和国境内依法设立的法人机构,以及监管部门认可的境外机构,在最近 12 个月不存在重大违法行为,机构财务会计文件不存在虚假记载。

3. 产品特色

可为企业拓宽融资渠道;备案挂牌效率高;产品灵活,可设计产品期限、计息方式、增信方式、含权方式等满足融资人、投资者个性化需求。

(二)北金所介绍

北金所是在中国人民银行、财政部指导下,经北京市人民政府批准成立的专业化金融资产交易机构,于 2010 年 5 月 30 日正式揭牌运营。

北金所是中国人民银行批准的债券发行、交易平台,是中国人民银行批准的中国银行间市场交易商协会指定交易平台,是中国人民银行授权的到期违约债券转让和债券回购违约处置服务平台,是财政部 54 号令项下授权的金融类国有资产交易平台,是积极稳妥降低企业杠杆率工作部际联席会议办公室授权的市场化债转股转股资产交易场所和“市场化债转股信息报送平台”技术支持及运营维护机构,是国家外汇管理局批准的不良资产跨境转让服务平台。在交易商协会党委的领导下,北金所为市场提供债券发行与交易、到期违约债券转让、债券回购违约处置、债权融资计划、企业股权交易、市场化债转股转股资产交易、债权和抵债资产交易等服务,为各类金融资产提供从备案、挂牌、信息披露、信息记载、交易到结算的高效服务。

六、中证机构间报价系统股份有限公司的收益凭证

(一)产品介绍

证券公司收益凭证产品投资业务是指理财资金投资证券公司依照证监会相关规定发行,约定到期时按协议约定支付固定收益或挂钩特定标的收益的有价证券的业务。

(二)中证报价介绍

中证机构间报价系统股份有限公司(以下简称“中证报价”),原名中证资本市场发展监测中心有限责任公司,2013 年 2 月 27 日成立,2015 年 2 月 10 日更名改制,是经中国证监会批准并由中国证券业协会按照市场化原则管理的金融机构。公司的经营范围是:提供以非公开募集方式设立产品的报价、发行与转让服务;提供证券公司柜台市场、区域性股权交易市场等私募市场的信息和交易联网服务,并开展相关业务合作;提供以非公开募集方式设立产品的登记结算和担保品第三方管理等服务;管理和公布机构间私募产品报价与服务系统相关信息,提供私募市场的监测、统计分析服务等。

七、上海保险交易所股份有限公司的债权投资计划

(一)产品介绍

1. 产品释义

保险债权投资计划是指保险资产管理公司基于特定的基础设施项目或不动产项目,发起设立债权投资计划并向保监会注册,注册通过后向保险公司或保险资产管理公司或其他机构投资者募集资金,并将资金以债权的方式提供给融资企业,融资企业按照合同约定支付本金和预期收益。

(二)上海保交所介绍

上海保险交易所(以下简称“上海保交所”)于 2015 年 11 月获国务院批准设立,2016 年 6 月 12 日正式开业,由中国银行保险监督管理委员会直接管理。

上海保险交易所的经营范围为:为保险、再保险、保险资产管理及相关产品的交易提供场所、设施和服务,制定并实施相关业务规则,协助委托人选择保险经纪公司、保险公司、再保险公司等保险机构及办理相关手续等业务。

八、股票质押业务

1. 股票质押的定义

股票质押业务是指符合条件的资金融入方以所持有的股票或其他证券质押,向符合条件的资金融出方融入资金,并约定在未来返还资金、解除质押的交易。

2. 股票质押业务模式

根据交易所和中国结算公司对股票质押业务办理流程的不同规定,股票质押可分为场内和场外两种模式。场内模式主要委托证券公司远程办理,严格遵循“券商—交

易所—中登公司”逐级电子申报的流程。场外质押须申请人亲自前往中登公司营业大厅办理。

股票质押均属于非标准化产品，其中场内股票质押式回购具有时效性和便利性，投资资金大多来源于金融机构，需引入第三方托管机构，对融资人资质以及标的证券要求较高。场外质押无须借助券商通道，风险条款由融资双方协商约定，标的证券的选择更加灵活多变，资金无须进行托管。两种股票质押的业务模式如图 5—6 所示。

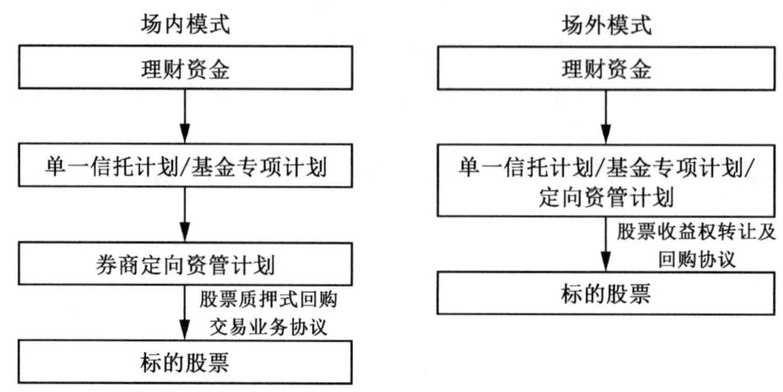

图 5—6　股票质押类业务模式

第四节　资产证券化

一、资产证券化相关概念

(一)资产证券化定义

资产证券化(Asset-backed Securities，简称 ABS)是指将缺乏流动性但具有可预期收入的资产，通过特殊目的载体(Special Purpose Vehicle，简称 SPV)包装成流动性较强的证券，在资本市场上发行出售给投资者，以获取融资的过程。其实质是原始权益人通过出售基础资产的未来现金流进行融资。下面举个形象的例子来说明。

小明养了一头奶牛，奶牛每天可以产一桶奶，一桶奶可以卖出 100 元。在这里，奶牛就是可以产生稳定现金流的资产。

为了提高牛奶的产量，早日发家致富，小明希望能够融资得到一笔钱来再购买几头奶牛。但小明除了这头奶牛以外没有别的资产，没有抵押资产，银行也没办法给他发放贷款。于是他找到了发行 ABS 的机构，机构答应帮他发行“小明牛奶券”来募集资金，购买该券的人每个月都能获得小明卖牛奶所带来的收益。

在这里，“小明牛奶券”就是以小明的奶牛所产的牛奶所带来的预期收益作为支持的资产支持证券。

但是口说无凭，为了使“小明牛奶券”更加有信服力，机构让小明把奶牛抵押给了他们，并请来了专业检疫机构来给小明的奶牛验明正身并开出健康证明。另外，还请来了村长为小明的牛奶券作担保，如果小明到期还不了钱，机构就可以通过出售小明的奶牛或者让村长替他还钱。这些都是资产证券化中的增信措施。

正因为有这些增信措施的加入，使得 ABS 能够在债券市场中独树一帜，获得许多投资人的青睐，让他们更加放心。

（二）常见 ABS

从理论上来说，任何可以在未来产生稳定现金流的资产都可以进行资产证券化融资，可谓“万物皆可证券化”。常见的 ABS 有以下几种：

1. 个人贷款资产

在 ABS 市场较为主流的就是个人贷款资产，包括房贷、车贷、信用卡贷，甚至连我们日常使用的支付宝的“花呗”，还有京东的白条都已经实现资产证券化，小而分散的底层资产也是这类 ABS 的一大特点。

2. 收费收益权类 ABS

收费收益权类 ABS，其中包括铁路、公交客运收费，供电、供水、供热收费，比如广州地铁就是国内第一个实现资产证券化的地铁客运。

3. 商业地产证券化产品

商业地产证券化产品（Commercial Mortgage Backed Securities ，简称 CMBS），主要是通过物业稳定的租金收入，还有物业的抵押来支持发行。目前在我国，许多的地标性物业都已经实现证券化，比如耳熟能详的北京银泰中心、广州正佳广场、深圳 COCO Park，还有三亚亚特兰蒂斯酒店等。

（三）资产证券化的作用

从融资者（发起人）角度看，资产证券化可以满足其以下诉求：

一是增加融资渠道。这是非银行发起人发行 ABS 的主要诉求，通过将公司资产打包发行，走向公开市场，将未来收益提前变现，使企业在银行贷款、发行股票和债券之外增加了新的融资渠道。例如，房地产公司的物业费、尾款、租金收益权资产证券化，即是为了满足融资需求。

二是降低资本消耗。这是银行发起人发行 ABS 的主要诉求，通过将表内持有的信贷资产或非标资产打包为信贷 ABS 出售，实现资产出表，节约风险资产，降低资本消耗。

三是美化财务报表。无论是银行或非银企业，都可以通过 ABS 盘活流动效率低下、无法变现的存量资产，从而实现改善债务结构、增强资产流动性、化解资本约束、美化报表的目的。

四是提高知名度。资产支持证券需要在公开市场上发行，跟公司发行股票和债券类似，可以提高自己公司品牌的知名度，获得资本市场的青睐，宣传公司的产品。

二、资产证券化核心参与主体

原始权益人：即发起人，将所持有的基础资产出售给 SPV 。

SPV：具有破产隔离法律效力的实体，信贷资产证券化产品 SPV 为信托计划，企业资产证券化产品为券商或基金子公司专项计划。SPV 创设机构即为产品管理人。

服务机构：负责基础资产现金流的回收、分配，逾期贷款的催收和诉讼等，一般即是发起人自身。

托管人：负责基础资产资金的管理。

承销商：负责资产支持证券的销售。

信用增级机构：银行、保险公司或其他提供外部信用增级的机构。

信用评估机构：为证券发行和后续跟踪提供信用评级报告。

律师事务所、会计师事务所：为证券发行提供法律意见，对资产组合进行尽职调查等。

投资者：认购资产支持证券的个人或机构。

三、常见资产证券化品种介绍

以常见的企业 ABS、信贷 ABS、ABN 为例，主要业务要素见表 5—10 的对比。

表 5—10　　各类 ABS 要素对比

要素	企业 ABS	信贷 ABS	ABN
监管部门	证监会	央行、证监会	银行间交易商协会
审核方式	注册制	央行注册制＋银保监会备案制	备案制
发起机构	主要为非金融企业	银行业金融机构	非金融企业
基础资产	实现负面清单制，要求符合法律法规规定，权属明确，可以产生独立、可预测的现金流且可以特定化的财产，也可以是单项财产权利或多项财产权利或财产权利的资产组合，如企业应收账款、租赁债权、信托收益权、基础设施等。	银行信贷资产（含不良信贷）、汽车贷款、租赁资产、消费金融公司贷款等	符合法律法规规定，权属明确，可以依法转让，能够产生稳定持续的现金流且可以特定化的财产、财产权利或财产权利的组合。形成基础资产的交易基础应当真实，交易对价应当公允。可以是企业应收账款，租赁债权、信托收益权等财产权利，以及基础设施、商业物业等不动产及相关财产权利。
发行载体	特殊目的载体，为证券公司和基金子公司资产支持专项计划，或者证监会认可的其他特殊目的载体。	特殊目的信托	特殊目的载体，可以为特定目的信托、特定目的公司或者交易商认可的其他特定目的载体，也可以为发起机构。
登记托管	中证登或中证机构间报价系统股份有限公司。	中债登	银行间市场清算股份有限公司。
交易场所	证券交易所、股转系统、证券业协会机构间报价与服务系统、证券公司柜台市场。	全国银行间债券市场	全国银行间债券市场。
投资者	合格投资者，且合计不超过 200 人，穿透审核。	银行间市场投资者	公开发行面向银行间市场所有投资者，定向发行面向特定机构投资者。

（一）企业 ABS

企业资产证券化流程分为以下几个步骤：

1. 构建资产池

由发起人根据自己的融资需求和自己拥有的资产情况，将符合证券化要求的基础资产汇集成资产池。可证券化的资产要求：拥有独立、持续、稳定、可预测的现金流。

2. 设立特殊目的载体（SPV）

计划管理人根据发起人的委托，设立资产支持专项计划，发起人向专项计划转让基础资产，实现基础资产破产隔离的目的。计划管理人作为 SPV 的管理人和代表，是发起人和投资者之间的桥梁，同时负责整个业务过程中 SPV 的运营。

3. 设计交易结构

SPV 与托管银行、承销机构、担保公司签订托管合同、承销协议、担保合同等，完善交易结构，进行信用增级。

4. 发行资产支持证券

SPV 通过承销机构向投资者销售资产支持证券，投资者购买证券后，SPV 将募集资金用于支付发起人基础资产的转让款，发起人实现筹资目的。证券发行完毕后到交易所挂牌上市，实现流动性，在资产支持证券的存续期间，SPV 用基础资产产生的现金流按协议约定向投资者偿付本金和收益，直至到期，整个资产证券化过程结束。

在上述过程中，律师事务所、会计师事务所、资产评估机构、信用评级机构作为中介机构，在各自的领域里为整个资产证券化过程提供专业服务。

典型的企业资产证券化交易结构参见图 5—7。

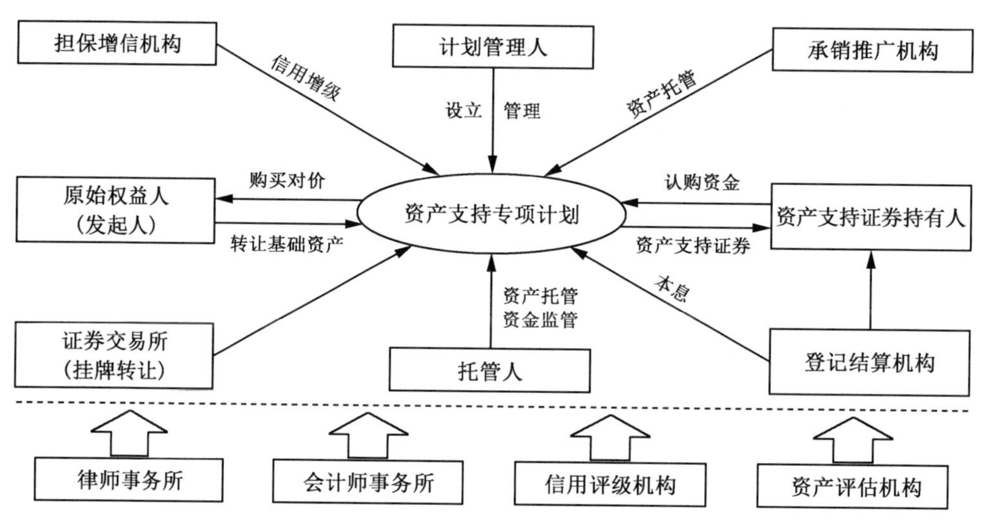

图 5—7 企业资产证券化交易结构

(二)信贷 ABS

信贷资产证券化流程与企业资产证券化基本相同，区别主要有以下两点：

一是发行载体不同。企业资产证券化的载体是资产支持专项计划，信贷资产证券化的载体是特殊目的信托(SPT)。这是由于两者的监管部门和适用法规不同所造成，企业资产证券化由证监会监管，适用法规为《证券公司及基金管理公司子公司资产证券化业务管理规定》。信贷资产证券化由人民银行和银保监会监管，适用的法规为《信贷资产证券化试点管理办法》。该办法规定，信贷资产证券化中特定目的信托受托机构是因承诺信托而负责管理特定目的信托财产并发行资产支持证券的机构，受托机构由依法设立的信托投资公司或中国银保监会批准的其他机构担任。SPT 跟 SPV 一样，具有破产隔离的功能，这是由《信托法》规定的。

二是参与主体略有不同。与企业资产证券化相比，信贷资产证券化增加了借款人，减少了外部担保机构。这是由于信贷资产证券化的发起人为银行或银保监会监管的其他金融机构，基础资产为其拥有的债权，信用资质一般较好，因此较少采取担保等外部增信措施，主要靠产品内部交易结构的设计来进行增信，如将产品设为优先级、劣后级，劣后级的结构安排即是为了实现内部增信。

典型的信贷资产证券化交易结构如图 5—8 所示。

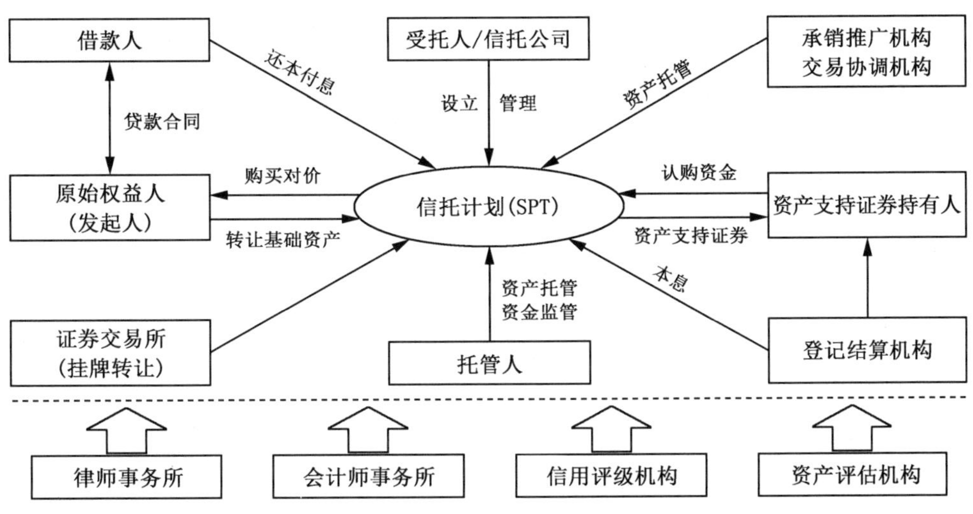

图 5—8　信贷资产证券化交易结构

(三)ABN

资产支持票据，是指非金融企业(以下称发起机构)为实现融资目的，采用结构化方式，通过发行载体发行的，由基础资产所产生的现金流作为收益支持的，按约定以还本付息等方式支付收益的证券化融资工具。

发行载体可以为特定目的信托、特定目的公司或交易商协会认可的其他特定目的载体(以下统称特定目的载体)，也可以为发起机构。

基础资产是指符合法律法规规定，权属明确，可以依法转让，能够产生持续稳定、独立、可预测的现金流且可特定化的财产、财产权利或财产和财产权利的组合，可以是企业应收账款、租赁债权、信托受益权等财产权利，以及基础设施、商业物业等不动产财产或相关财产权利等。

资产支持票据交易结构如图 5—9 所示。

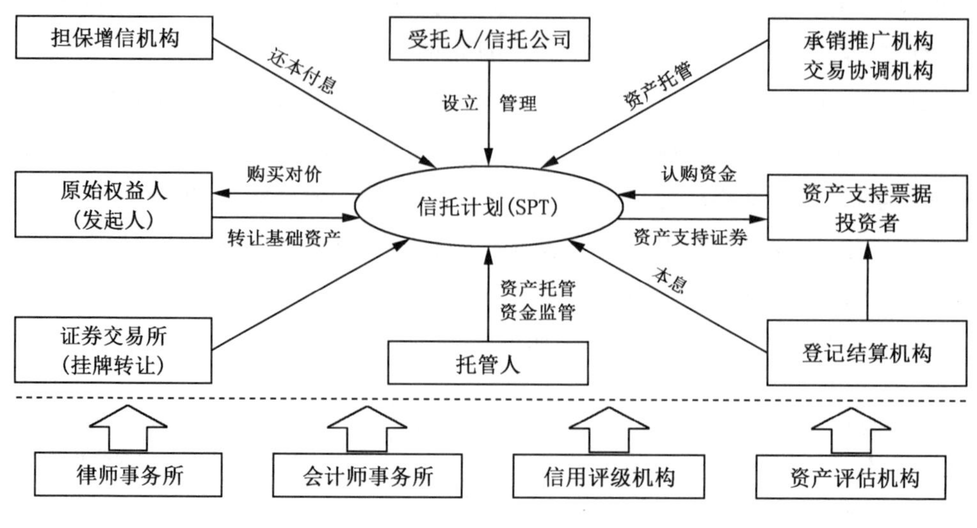

图 5—9 ABN 交易结构

四、资产证券化业务的增信措施

增信措施可以分内部增信与外部增信。内部增信措施主要有:内部分层、超额抵押、超额利差等。外部增信措施主要是原始权益人本身差额补足及股东或第三方提供的担保等增信。如果选用担保的增信措施,需要关注担保的真实性及担保人偿付能力。常见的外部增信措施有保证担保、保证保险承诺等。

(一)主要内部增信措施

1. 优先/次级分层结构

优先/次级分层结构是指按照现金偿还顺序,将 ABS 产品分为优先级、次优级、次级等多个档次,使得不同档次证券在本息偿付、损失分担上享有不同权利和义务的结构安排,是 ABS 产品中最常用的一种内部信用增级措施。

在 ABS 产品中,较为典型的现金流分配顺序为各项税费——优先档利息——次优档利息——优先档本金——次优档本金,最后剩余部分作为次级档的本金和收益。当资产池出现违约损失时,首先由次级承担,其次由次优级承担,最后才由优先级承担。通过以上分层结构,优先级获得了次优级和次级提供的信用支持,有利于其获得更高的信用评级。

2. 超额利差

超额利差是指基础资产产生的利息流入超过 ABS 产品各项税费和应付证券利息之和的部分,主要出现在以债权为基础资产的 ABS 产品中。

例如，若基础资产的利率为8%，而ABS产品的利率为5%(假设已包含相关税费)，则超额利差为3%，意味着基础资产在正常情况下，除可以满足ABS产品5%的付息要求外，还能额外提供3%的利差保护。

超额利差在小贷ABS、车贷ABS、个人消费贷款ABS中均较为明显。以小贷ABS为例，小额贷款利率最高可达到银行同类贷款利率的4倍。实际中，小贷公司贷款利率普遍超过10%，因而具备为ABS产品提供较为充足超额利差的条件。

3. 超额抵押

超额抵押是指基础资产本金超过发行证券本金，主要应用在以债权为基础资产的ABS产品中。例如，基础资产规模3.50亿元，ABS产品发行规模3亿元，则超额抵押0.50亿元，即通过扩大基础资产规模，使得ABS产品额外获得了0.5亿元的保护。在该情形下，即使基础资产发生0.50亿元损失，ABS产品依然可能获得足额本金兑付。

(二)外部增信措施

1. 保证担保

保证担保是最常见和通用的外部增信措施，也是法律基础最强的外部增信，适用于《担保法》。常见的合同要件为《保证合同》，一般是原始权益人、计划管理人和保证人三方签署，其中计划管理人是代证券持有人代为签署。

保证担保对象为ABS发行的目标证券，且基本是为目标证券的本息偿付提供全额无条件连带责任担保，担保范围是目标证券的未偿应付本息，属于无上限担保金额类型。

2. 保证保险承诺

保证保险承诺适用于《保险法》，常见的合同要件为《保证保险条款》和《保证保险业务合作协议》，二者作为交易文件之一上报监管机构，后者一般是原始权益人、计划管理人和保险人三方签署。

保证保险承诺的增信方式是为目标证券持有人进行财产投保，并约定赔偿限额、保险期间、保险费结算方式、赔偿处理方式和具体触发机制。

五、主要风险点

资产证券化产品投资主要面临以下风险点：

(一)信用风险

信用风险主要针对底层资产债务人未能履行相应义务，对资产支持证券的投资收益产生重大影响,包括借款人或保证人(如有)、应收账款债务人等信用风险。

(二)管理风险

它包括管理人、资产服务机构、托管人违规风险,可能会影响资产支持证券持有人按时、足额获得本金和预期收益。

(三)基础资产风险

它包括原始权益人履约风险、现金流预测风险等。

(四)信用增级措施相关风险

如果基础资产现金流损失已经超过次级资产支持证券,且原始权益人无法进行差额补足时,优先级资产支持证券将受到损失。

(五)评级风险

评级机构可能会根据未来具体情况,撤销资产支持证券的评级或降低资产支持证券的评级,这可能对资产支持证券价值带来负面影响。

六、案例:个人住房抵押贷款资产支持证券

(一) 基本要素

产品名称:JY2016 年第一期个人住房抵押贷款资产支持证券

基础资产类型:个人住房抵押贷款债权。J 银行向 50816 户借款人发放的 50 816 笔人民币个人住房抵押贷款,入池贷款的未偿本金余额为人民币 9.7 亿元,入池贷款单笔贷款最大未偿本金余额为 380.57 万元,占比为 0.039%,单户借款人集中度很低;抵押物所属地区涉及 6 个省份,共计 39 个城市;贷款最短账龄为 2.70 年,最长账龄为 17.05 年,加权平均账龄为 6.00 年,资产池整体账龄较长。

(二)项目背景

2015 年四季度以来住房抵押贷款投放快速增长带来商业银行出表需求的上升,同时随着央行发布《进一步做好住房金融服务工作的通知》,鼓励银行业金融机构发放住房抵押贷款支持证券(RMBS)产品等系列政策出台,将表内存量个人住房抵押贷款通过资产证券化实现流转成为商业银行既能留住存量资产超额收益,又能释放信贷规模、吸引留住高端零售客户的最佳选择。

当时工商企业信用风险事件逐步暴露，低风险的 RMBS 优先档期限较住房抵押贷款更短、经济资本成本更低，且当时因资产证券化市场参与方不多而流动性溢价较高，成为非常适合同业投资持有到期的高性价比品种。

（三）产品交易结构

J 银行将其合法所有且符合信托合同约定的合格标准的 9.7 亿元个人住房抵押贷款及其相关权益作为基础资产，采用特殊目的信托载体机制，通过 J 信托设立"JY2016 年第一期个人住房抵押贷款证券化信托"。J 信托以受托的基础资产为支持在全国银行间债券市场发行优先档（包括优先 A—1 档、优先 A—2 档、优先 A—3 档）和次级档资产支持证券。投资者通过购买并持有该资产支持证券取得本信托项下相应的信托受益权。

第五节　债权类资产

根据中国人民银行、中国银行保险监督管理委员会、中国证券监督管理委员会、国家外汇管理局公告〔2020〕第 5 号《标准化债权类资产认定规则》，债权类资产分为标准化债权类资产和非标准化债权类资产（简称"非标资产"）。

一、标准化债权类资产

（一）定义

标准化债权类资产是指依法发行的债券、资产支持证券等固定收益证券，主要包括国债、中央银行票据、地方政府债券、政府支持机构债券、金融债券、非金融企业债务融资工具、公司债券、企业债券、国际机构债券、同业存单、信贷资产支持证券、资产支持票据、证券交易所挂牌交易的资产支持证券，以及固定收益类公开募集证券投资基金等。另外，还包括存款（包括大额存单）以及债券逆回购、同业拆借等形成的资产。

（二）标准化债权类资产认定条件

其他债权类资产被认定为标准化债权类资产的，应当同时符合以下条件：

1. 等分化，可交易

以簿记建档或招标方式非公开发行，发行与存续期间有 2 个（含）以上合格投资者，以票面金额或其整数倍作为最小交易单位，具有标准化的交易合同文本。

2. 信息披露充分

发行文件对信息披露方式、内容、频率等具体安排有明确约定，信息披露责任主体确保信息披露真实、准确、完整、及时。

发行文件中明确发行人有义务通过提供现金或金融工具等偿付投资者，或明确以破产隔离的基础资产所产生的现金流偿付投资者，并至少包含发行金额、票面金额、发行价格或利率确定方式、期限、发行方式、承销方式等要素。

3. 集中登记，独立托管

在中国人民银行和金融监督管理部门认可的债券市场登记托管机构集中登记、独立托管。

4. 公允定价，流动性机制完善

采用询价、双边报价、竞价撮合等交易方式，有做市机构、承销商等积极提供做市、估值等服务。买卖双方优先依据近期成交价格或做市机构、承销商报价确定交易价格。若该资产无近期成交价格或报价，可参考其他第三方估值。提供估值服务的其他第三方估值机构具备完善的公司治理结构，能够有效处理利益冲突，同时通过合理的质量控制手段确保估值质量，并公开估值方法、估值流程，确保估值透明。

5. 在银行间市场、证券交易所市场等国务院同意设立的交易市场交易

为其提供登记托管、清算结算等基础设施服务的机构，已纳入银行间、交易所债券市场基础设施统筹监管，按照分层有序、有机互补、服务多元的原则与债券市场其他基础设施协调配合，相关业务遵循债券和资产支持证券统一规范安排。

二、非标准化债权类资产

标准化债权类资产之外的债权类资产均为非标准化债权类资产，包括但不限于信贷资产、信托贷款、委托债权、承兑汇票、信用证、应收账款、各类受(收)益权、带回购条款的股权性融资等。《标准化债权类资产认定规则》明确，银行业理财登记托管中心有限公司的理财直接融资工具，银行业信贷资产登记流转中心有限公司的信贷资产流转和收益权转让相关产品，北京金融资产交易所有限公司的债权融资计划，中证机构间报价系统股份有限公司的收益凭证，上海保险交易所股份有限公司的债权投资计划、资产支持计划，以及其他未同时符合标准化债权类资产认定条件的为单一企业提供债权融资的各类金融产品，是非标准化债权类资产。

非标资产投资产品能够较好兼顾安全性和收益性，增强收益，有效平滑净值，具有较高的性价比。非标资产的优势主要体现在以下几个方面：

1. 安全性

首先，一般通过非标资产进行融资的主体，主要是国企、央企以及实力较强的民

企，资金用于企业的日常经营周转、偿还有息债务等。其次，因为主要投向的是优质企业的非标资产，对于部分资产会设置保证、抵（质）押担保等各类增信措施，能够有效地缓释信用风险的发生，安全系数较高。

2. 收益性

相对于公募的 ABS/ABN、信用债等标准化债权资产，同样的融资主体非标准化债权资产的收益普遍更高。相对于二级市场股票、股指期货等权益类投资，非标投资大部分为固定收益型，不常会发生净值剧烈波动的情况，将非标配置到理财产品中，可以进一步增厚产品收益。

3. 规范性

非标资产投资普遍要经过一系列的规范性审核，如投前的尽职调查、投中的合规及信用风险审批、投后管理等全面审查，具有较强的规范性。

第六节　股票基础知识

一、股票

股票是一种有价证券，它是股份有限公司签发的证明股东所持股份的凭证。通俗地说，股票就是证明股东身份的凭证，股东凭借股票可以获得公司的股息和红利，参加股东大会并行使自己的权利，同时也承担相应的责任与风险。

（一）股票特征

股票具有以下五个方面的特征：

（1）收益性。收益性是股票最基本的特征，它是指股票可能为持有人带来收益的特性。

（2）风险性。股票投资收益具有不确定性，或者说实际收益与预期收益之间可能存在偏离。投资者在买入股票时，对其未来收益会有一个预期，但真正实现的收益可能会高于或低于原先的预期，也可能产生亏损。

（3）流动性。股票可以通过依法转让而变现，即在本金保持相对稳定、变现交易成本较小的条件下，股票很容易变现。

（4）永久性。股票所载权利的有效性是始终不变的，因为它是一种无期限的法律凭证。股票的有效期与股份公司的存续期间相联系，二者是并存的关系。

（5）参与性。股票持有人作为股份公司的股东，有权出席股东大会，行使对公司经营决策的参与权。

(二)购买股票的收益

投资股票可能带来的收益主要包括两部分:一是按照持有股份的多少,从公司获得的股利(包括现金股利和股票股利);二是因持有股票的价格上升所形成的资本增值,即低价购买某种股票然后高价卖出所赚取的买卖差价收益。

(三)股票分类

在我国,根据不同的分类标准,股票有不同的类型。目前主要有以下分类:

1. 按股东享有权利不同,可分为普通股和优先股

(1)普通股是最基本、最常见的一种股票,其持有者享有股东的基本权利和义务。普通股权利完全随公司盈利的高低而变化,与优先股相比,普通股是为大众熟知的股票。

(2)优先股是一种特殊股票,在其股东权利、义务中附加了某些特别的条件。优先股的股息率是固定的,其持有者的股东权利受到一定限制,但在公司盈利和剩余财产的分配顺序上比普通股股东享有优先权。

2. 按流通受限与否,可分为流通股和限售股

(1)流通股是指上市公司发行的、可以在证券交易所上市流通的股份。流通股是相对于非流通股而言的,流通股并不是特指某一种股票。

(2)限售股是指股份持有人依照法律法规或按自身承诺而持有的转让受限的股份。目前我国市场的限售股主要包括但不限于股改产生的限售股、新股首次发行上市(IPO)产生的限售股以及依照减持相关法律法规产生的限售股。

3. 按照市场属性和所面对投资者的不同,有A股、B股、H股

A股、B股、H股是根据股票的市场属性和所面对投资者的不同而作的分类。

(1)A股的正式名称是人民币普通股票,是以人民币标明面值、以人民币认购和交易,在境内证券交易所上市交易。

(2)B股的正式名称是人民币特种股票,是以人民币标明面值,以外币认购和买卖,在境内证券交易所上市交易。

(3)H股是指在我国境内(不含港、澳、台)注册,在中国香港上市的公司的股票,以人民币标明面值,供境外投资者以港币认购和交易。

(四)股票面值与净值

1. 股票面值

股票面值是指股票的票面价值,即在股票票面上标明的金额。该种股票被称为有

面额股票。

股票票面价值的作用主要体现在以下两方面：

(1)票面价值在初次发行时有一定的参考意义。如果以面值作为发行价，称为平价发行；如果发行价格高于面值，称为溢价发行。募集的资金中等于面值总和的部分计入资本账户，溢价发行时股份公司实际收到的款项超过发行股票面值总额的数额作为股本溢价列入公司资本公积。发行价格低于面值称为折价发行，我国不允许股票折价发行。

(2)票面价值代表了每一份股份占总股份的比例，在确定股东权益时具有一定的意义。

2. 股票净值

股票净值是指股票的账面价值，又称每股净资产。在没有优先股的条件下，每股账面价值等于公司净资产除以发行在外普通股票的股数。在有优先股的条件下，每股账面价值等于公司净值减去发行在外的公司优先股总面额后的余额再除以发行在外的普通股数。公司净资产是公司资产总额减去负债总额后的净值，从会计角度说，等于股东权益价值。

(五)股利派发

实务中股利主要通过以下几种形式进行派发：

(1)派现。派现也称为现金股利，是指股份公司以现金分红方式将盈余公积和当期应付利润的部分或全部发放给股东，股东为此应支付所得税。

(2)送股。送股也称股票股利，是指股份公司对原有股东采取无偿派发股票的行为。投资者获得上市公司送股时也需缴纳所得税。

(3)资本公积转增股本。资本公积是在公司的生产经营之外，由资本、资产本身及其他原因形成的股东权益收入。资本公积转增股本是在股东权益内部，把公积金按照投资者所持有公司的股份份额比例的大小分到各个投资者的账户中，以此增加每个投资者的投入资本。资本公积转增股本同样会增加投资者持有的股份数量，但实际上，它不属于利润分配行为，因此投资者无须纳税。

(六)除权与除息

除权，是指由于公司股本增加，每股股票所代表的企业实际价值(每股净资产)有所减少，需要在发生该事实之后股票市场价格中剔除这部分因素，而形成的剔除行为。

除息，是指由于公司股东分配红利，每股股票所代表的企业实际价值(每股净资产)有所减少，需要在发生该事实之后从股票市场价格中剔除这部分因素而形成的剔除行为。强制除权除息是为了保护投资者利益。因为市场上的股票很多，哪只股票何时送股、转增股本或现金分红，一般投资者可能不清楚。如果没有强行除权除息，当投资者看到股权登记日收盘价是10元，由于其不知道分红的事，可能会于次日以10元为参考价格参与集合竞价，这样对投资者来说，利益会受到损害。

除权(息)价的计算公式为：

除权(息)参考价＝[(前收盘价－现金红利)＋配股价格×股份变动比例]÷(1＋股份变动比例)

(七)股权登记日与除权除息日

股权登记日是指董事会规定的登记有权领取股利的股东名单的截止日期，股权登记日通常在股利宣告日的两周以后，在股权登记日拥有公司股票的人能够分得股利。

除权除息日通常为股权登记日之后的1个交易日，股权登记日次日买入的股票不再享有本期股利。

(八)股票代码规则

股票代码是以数字、字母或其他符号来代表某只股票。每只股票都有自己的股票代码。我国不同股票代码的开头表示的含义主要有：

(1)600或601开头的表示该股票为上海证券交易所上市的沪市A股；

(2)900开头的表示该股票为上海证券交易所上市的沪市B股；

(3)000开头的表示该股票为深圳证券交易所上市的深市A股；

(4)200开头的表示该股票为深圳证券交易所上市的深市B股；

(5)002开头的表示该股票为深圳证券交易所上市的中小板股票；

(6)300开头的表示该股票为深圳证券交易所上市的创业板股票；

(7)730开头的股票代码表示该股票为沪市新股申购，深市新股申购的代码与深市股票买卖代码相同；

(8)股票配股代码沪市以700开头、深市以080开头。

二、股票市场

股票市场是股票发行和交易的场所。根据市场的功能划分，分为发行市场和流通市场。根据市场的组织形式划分，分为场内交易市场和场外交易市场。

(一)股票市场功能

股票市场对推动国民经济迅速增长和世界经济一体化影响巨大，有以下主要功能：

1. 筹集资金

筹集资金是股票市场的首要功能。企业通过在股票市场上发行股票，把分散在社会上的闲置资金集中起来，形成巨额的、可供长期使用的资本，用于支持社会化大生产和大规模经营。

2. 转换机制

对于我国企业来说，股票市场可促进公司转换经营机制，建立现代企业制度。企业要成为上市公司，必须先改制为股份有限公司，完善公司内控制度；上市后，必须履行信息披露义务，这就使企业时时处在各方面的监督之中，企业治理也更为完善。

3. 优化资源配置

股票市场的优化资源配置功能，是通过一级市场筹资、二级市场股票的流动来实现的。投资者通过及时披露的各种信息，选择成长性好、盈利潜力大的股票进行投资，使资金逐渐流向效益好、发展前景好的企业。

4. 分散风险

股票市场在给投资者和融资者提供了投融资渠道的同时，也提供了分散风险的途径。从资金需求者角度来看，通过发行股票筹集了资金，同时将其经营风险部分地转移和分散给投资者，实现了风险的社会化。从投资者角度看，可以根据个人承担风险的程度，通过买卖股票和建立投资组合来转移和分散风险。

(二)场内市场和场外市场

场内市场是指由法律规定的证券交易场所。该市场是有组织、制度化的市场。一般而言，股票必须达到证券交易所等机构规定的标准才能够在场内交易。

场外市场是在证券交易所外进行证券买卖的市场，例如证券公司柜台市场、地方交易场所、全国中小企业股份转让系统等。

(三)发行市场与交易市场

发行市场是指股票的一级市场(初级市场)，是筹集资金的公司将其新发行的股票销售给最初购买者的金融市场，在这个市场上投资者可以认购公司发行的股票。通过发行市场，发行人筹措到了公司所需资金，而投资人则购买了公司的股票成为公司的股东，实现了储蓄转化为资本的过程。

股票交易市场是指股票的二级市场、流通市场，是已发行股票进行转让的市场。已发行的股票一经上市，就进入二级市场。投资人根据自己的判断和需要买进或卖出股票，其交易价格由买卖双方来决定。

(四)股票市场参与者

投资者向证券公司发出买入指令,证券公司把投资者的买入指令再发送给交易所,成交后将股票放在登记结算公司投资者本人的证券账户中。卖出时,投资者把卖出指令发送给证券公司,证券公司将其卖出指令发送给交易所,成交后,登记结算公司从投资者证券账户中扣除相应的证券。在这个交易过程中,市场中的各类主体各司其职,共同配合,支持了股票市场的高速运转。主要参与者有以下类型:

1. 发行人

它是指为筹措资金而发行股票的发行主体,只有股份有限公司才能发行股票。

2. 投资者

主要是指以获取股息或资本收益为目的而买入股票的机构或个人。按参与对象,投资者可分为机构投资者和个人投资者两大类;按专业程度,投资者可分为专业投资者和普通投资者两大类。

(1)机构投资者和个人投资者。目前我国机构投资者主要有金融机构及其发行的理财产品,社会保障基金、企业年金等养老基金,合格境外机构投资者(QFII),人民币合格境外机构投资者(RQFII),法人或者其他组织等。

个人投资者是指从事证券投资的社会自然人,是证券市场最广泛的投资者。

(2)专业投资者和普通投资者。《证券期货投资者适当性管理办法》第八条规定:符合下列条件之一的是专业投资者:

①经有关金融监管部门批准设立的金融机构,包括证券公司、期货公司、基金管理公司及其子公司、商业银行、保险公司、信托公司、财务公司等;经行业协会备案或者登记的证券公司子公司、期货公司子公司、私募基金管理人。

②上述机构面向投资者发行的理财产品,包括但不限于证券公司资产管理产品、基金管理公司及其子公司产品、期货公司资产管理产品、银行理财产品、保险产品、信托产品、经行业协会备案的私募基金。

③社会保障基金、企业年金等养老基金,慈善基金等社会公益基金,合格境外机构投资者(QFII)、人民币合格境外机构投资者(RQFII)。

④同时符合下列条件的法人或者其他组织:

A. 最近1年末净资产不低于2 000万元;

B. 最近1年末金融资产不低于1 000万元;

C. 具有2年以上证券、基金、期货、黄金、外汇等投资经历。

⑤同时符合下列条件的自然人:

A. 金融资产不低于500万元,或者最近3年个人年均收入不低于50万元;

B. 具有 2 年以上证券、基金、期货、黄金、外汇等投资经历，或者具有 2 年以上金融产品设计、投资、风险管理及相关工作经历，或者属于本条第①项规定的专业投资者的高级管理人员、获得职业资格认证的从事金融相关业务的注册会计师和律师。

前款所称金融资产，是指银行存款、股票、债券、基金份额、资产管理计划、银行理财产品、信托计划、保险产品、期货及其他衍生产品等。

除上述专业投资者之外的投资者均为普通投资者。

3. 中介机构

它是指为股票的发行、交易提供服务的各类机构。在股票市场起中介作用的机构是证券公司和其他证券服务机构。

证券公司又称券商。它是指依照《公司法》《证券法》规定并经国务院证券监督管理机构批准经营证券业务的有限责任公司或者股份有限公司。证券公司的主要业务有证券经纪业务、证券投资咨询业务，与证券交易、证券投资活动有关的财务顾问业务、证券承销与保荐业务、证券自营业务、证券资产管理业务、融资融券业务、证券公司中间介绍(IB)业务等。其中，证券经纪业务是指证券公司接受客户委托，按照客户要求代理客户买卖有价证券并提供相关服务，证券公司收取佣金作为报酬的证券中介业务。

证券服务机构是指依法设立的从事证券服务业务的法人机构，主要包括律师事务所、会计师事务所、证券投资咨询机构、资信评级机构、资产评估机构等。

4. 自律性组织

它包括证券交易所、证券业协会、证券登记结算机构、证券投资者保护基金。

(1)证券交易所是证券买卖双方公开交易的场所，是一个高度组织化、集中进行证券交易的市场，是整个证券市场的核心。证券交易所本身并不买卖证券，也不决定证券价格，而是为证券交易提供一定的场所和设施，配备必要的管理和服务人员，为证券交易顺利进行提供一个稳定、公开、高效的市场。从世界各国的情况看，证券交易所有公司制的营利性法人和会员制的非营利性法人。目前，大陆有三家证券交易所，即 1990 年 12 月 19 日开业的上海证券交易所、1990 年 12 月 1 日开业的深圳证券交易所和 2021 年 11 月 15 日开业的北京证券交易所。其中，上海证券交易所和深圳证券交易所属于会员制，北京证券交易所属于公司制。

(2)证券业协会是证券业的自律性组织，是社会团体法人。中国证券业协会具有独立法人地位，采取会员制的组织形式，协会的权力机构为全体会员组成的会员大会。其自律管理体现在保护行业共同利益、促进行业共同发展方面。

(3)证券登记结算机构是为证券交易提供集中登记、存管与结算服务，不以营利为目的的法人。证券登记结算机构实行行业自律管理。我国的证券登记结算机构为中国证券登记结算有限责任公司。

(4)证券投资者保护基金是指按照《证券投资者保护基金管理办法》筹集形成的、在防范和处置证券公司风险中用于保护证券投资者利益的资金。保护基金的主要用途是证券公司被撤销、关闭和破产或被中国证监会实施行政接管、托管经营等强制性监管措施时,按照国家有关政策规定对债权人予以偿付。

(5)中证中小投资者服务中心有限责任公司(简称投服中心),是经中国证监会批准设立并直接管理的证券金融类公益机构,主要业务包括持股行权、纠纷调解、诉讼与支持诉讼、投资者教育等。其具体包括:公益性持有证券等品种,以股东身份行权和维权;受中小投资者委托,提供调解服务;为中小投资者自主维权提供法律支持等服务;面向中小投资者开展公益性宣传和教育;代表中小投资者,向政府机构、监管部门反映诉求;中国证监会委托的其他业务。

5. 监管机构

它是指中国证监会及其派出机构。在我国,证券监管机构是指中国证监会及其派出机构。中国证监会为国务院直属正部级事业单位,依照法律、法规和国务院授权,统一监督管理全国证券期货市场,维护证券期货市场秩序,保障其合法运行。

(五)股市交易时间

除国家法定假日和交易所公告的休市日外,每周一至周五为交易日。开盘集合竞价时间为每个交易日的9:15至9:25,连续竞价时间为每个交易日的9:30至11:30,13:00至14:57,收盘集合竞价时间为每个交易日的14:57至15:00。

集合竞价是指对一段时间内接受的买卖申报一次性集中撮合的竞价方式。我国竞价交易制度,集合竞价时成交价格的确定原则是:(1)在有效价格范围内选取成交量最大的价位;(2)高于成交价格的买进申报与低于成交价格的卖出申报全部成交;(3)与成交价格相同的买方或卖方至少一方全部成交。两个以上价位符合上述条件的,上海证券交易所规定使未成交量最小的申报价格为成交价格。若仍有两个以上申报价格符合条件,取其中间价为成交价格。深圳证券交易所取距前收盘价最近的价位为成交价。集合竞价的所有交易以同一价格成交。集合竞价未成交的部分,自动进入连续竞价。

连续竞价是指对买卖申报逐笔连续撮合的竞价方式。

(六)股市常见指数

股票价格指数是衡量股票市场总体价格水平及其变动趋势的尺度,也是反映一个国家或地区政治、经济发展状态的灵敏信号,也称股票市场指数,简称“股指”。它是基于报告期的一组股票价格与基期的一组股票价格进行平均计算和动态对比后得出的。它反映和描述一个国家或地区、某一行业或主题的股票市场价格水平及其变动趋势的动态相对数，是测量股市行情变化幅度的重要指标参数，同时也是反映当前总体经济或部分行业发展状态的灵敏信号。

1. 指数类型

我国主要的股票价格指数包括以下几类：

(1)中证指数有限公司旗下指数。

①沪深 300 指数。

②中证规模指数。它包括中证 100、中证 200、中证 500、中证 700、中证 800、中证 1000、中证流通、中证超大、中证全指、中证 A 股指数。

(2)上海证券交易所的股价指数。

①成分指数类。它包括上证成分股指数、上证 50 指数、上证 380 指数。

②综合指数类。它包括上证综合指数、新上证综合指数。

(3)深圳证券交易所的股价指数。

①成分指数类。它包括深证成分股指数、深证 100 指数。

②综合指数类。它包括深证综合指数、深证 A 股指数、深证 B 股指数、行业分类指数、中小板综合指数、创业板综合指数和深证新指数。

其中，创业板指数充分体现深市创新创业特色，选取创业板市场市值大、流动性好的 100 家公司为样本，是创业板市场的标尺和产品指数。创业板指数涵盖中国主要战略新兴产业和创新创业企业，高新技术企业在指数中占比超过 9 成，战略新兴产业占比超过 8 成。

(4)中国香港和台湾的主要股价指数包括恒生指数、恒生综合指数系列、恒生流通综合指数系列、恒生流通精选指数系列、台湾证券交易所发行量加权股价指数。

2. 大盘指数

大盘是指股票、期货市场交易的整体行情。大盘指数是运用统计学中的指数方法编制而成的，反映股市总体价格或某类股价变动和走势的指标，一般是指沪市的“上证综合指数”和深市的“深证成分股指数”。

上证综合指数，简称上证综指，是反映上海证券交易所全部上市股票总体走势的统计指标。它是以上海证券交易所挂牌上市的全部股票为样本，以股票发行量为权数，按加权平均法计算得出的指数，其中新上市股票在挂牌第二天纳入股票指数的计算范围。

深证成分指数，简称深证成指，由深圳证券交易所发布。深证成指定位于深市标尺指数，选取深交所市场市值大、流动性好的 500 家公司为样本，并以流通股为权数计算得出的加权股价指数，刻画深交所多层次市场特色，反映深市整体运行情况。深证成指代表中国新兴成长性企业，与上证综指一起，已成为中国证券市场最重要的两大标尺指数。

三、基本面分析基础知识

买股票就是买公司。基本面分析的根本，就是试图从公司角度找出股票的"内在价值"，从而与股票市场价值进行比较，挑选出最具投资价值的股票。

基本面分析又称基本分析，是指通过经济因素评估证券价值的分析方法。基本面分析是以证券的内在价值为依据，着重于对影响证券价格及其走势的各项因素的分析，以此决定何时投资购买何种证券。基本分析的假设前提是证券的价格是由其内在价值决定的，价格受政治、经济、心理等诸多因素的影响而频繁变动，很难与价值完全一致，但总是围绕价值上下波动。理性的投资者应根据证券价格与价值的关系进行投资决策。基本分析主要适用于周期相对比较长的证券价格预测。

（一）基本面分析的基本任务和分析要素

1. 证券基本面分析的两项基本任务

一是评估证券的内在价值，其作用在于为判断证券市场价格的高低确立一个参照标准；二是因素分析，即试图通过对与证券价格存在逻辑联系的各种因素进行分析，探索决定证券价格及其变动的内在原因，并在此基础上对证券价格的走势进行判断。

2. 基本面分析的基本要素

（1）经济因素。经济周期、国家财政状况、金融环境、国际收支状况、行业经济地位的变化、国家汇率的调整等，都将影响股价的涨跌。经济周期是由经济运行内在矛盾引发的经济波动，是一种不以人们意志为转移的客观规律。股市直接受经济状况的影响，必然也会呈现一种周期性的波动。经济衰退时，股市行情必然随之疲软下跌；经济复苏繁荣时，股价也会上升或呈现坚挺的上涨走势。一般来说，股票市场往往也是经济状况的晴雨表。

（2）政治因素。国家的政策调整或改变、领导人更迭、国际政治风波、在国际舞台上较为重要的国家政权转移、国家间发生战事、某些国家发生劳资纠纷甚至罢工风潮等都经常导致股价波动。

（3）公司自身因素。股票自身价值是决定股价最基本的因素，而这主要取决于发行公司的经营业绩、资信水平以及连带而来的股息红利派发状况、发展前景、股票预期收益水平等。

（4）行业因素。行业在国民经济中地位的变更、行业的发展前景和发展潜力、新兴行业引来的冲击等，以及上市公司在行业中所处的地位、经营业绩、经营状况、资产结构的改变及领导层人事变动等都会影响相关股票的价格。

(5)市场因素。投资者的动向、公司间的合作或相互持股、信用交易和期货交易的增减、投机者的套利行为、公司的增资方式和增资额度等均可能对股价形成较大影响。

(二)宏观面分析

股票的宏观面分析就是从社会整体出发，通过宏观经济指标、国家宏观经济政策以及其他宏观方面因素对股票市场进行分析判断。

常见的影响股市的宏观经济指标主要有利率、汇率、失业率、CPI、通货膨胀、国内生产总值与经济增长等。国家宏观经济政策主要包括货币政策、财政政策和国家对股市的调控政策等。其他宏观方面因素对股市的影响主要表现在当前国内市场的经济运作状态、国际金融市场环境、政治事件等方面。

(三)行业面分析

行业分析是指根据经济学原理，综合应用统计学、计量经济学等分析工具对行业经济的运行状况、产品生产、销售、消费、技术、行业竞争力、市场竞争格局、行业政策等行业要素进行深入的分析，从而发现行业运行的内在经济规律，进而进一步预测未来行业发展的趋势。

它的主要任务是解释行业本身所处的发展阶段及其在国民经济中的地位，分析影响行业发展的各种因素以及判断对行业的影响力度，预测并引导行业的未来发展趋势，判断行业投资价值，揭示行业投资风险，为政府部门、投资者以及其他机构提供决策依据或投资依据。行业分析具体可以从行业的市场类型、行业的经济周期分析、行业生命周期模型、行业特征等方面展开。

(四)公司面分析

在实际投资活动中，投资者对于上市公司的了解是必要的。无论是判断投资环境的宏观经济分析，还是选择投资领域的中微观行业分析，对于具体投资对象的选择最终都将落实在微观层面的上市公司分析上。公司分析中最重要的是财务状况分析。在信息披露规范的前提下，已公布的财务报表是上市公司投资价值预测与证券定价的重要信息来源。

投资者在公司面分析中要研究分析的项目和内容包括：公司财务报表的分析、公司行业地位分析、公司产品分析、公司文化和管理层素质的分析、公司的实地考察等。

按中国股票市场监管层的规定，上市公司财务报表每年要提供年报、中报和季报。

在对上市公司财务报表的分析中可以关注下面几个重要的技术指标和项目：

(1)市盈率。其计算公式如下：

市盈率＝每股市价/每股收益

这是证券投资中需要关注的一个重要指标，它代表市场上投资者对公司每股盈利付出的价格。如公司的市盈率高于股市的平均市盈率，代表投资者看好这家公司的未来成长性；反之，是不看好该公司的成长性。

(2)每股收益。其计算公式如下：

每股收益＝税后净利润/总股本

该比率反映了每股创造的税后利润，比率越高，代表所创造的利润越多，这也是评价上市公司财务和盈利能力的重要指标。它体现了公司的经营能力、管理能力和对股东的回报能力。该指标可以用逐年进行对比的方法来评价一个公司的成长性，也可以和其他公司进行对比，找出公司之间的经营差距。上市公司利润包括主营业务利润、投资收益、营业外收入、其他业务利润。只有主营业务利润收入才是决定公司长期和稳定发展的重要因素。靠买卖股票、资产置换、政府补贴、一段时期的税收返还和减免、处置固定资产的投资收入以及其他营业外收入都不能代表公司的持久经营能力和获利能力。

(3)每股净资产。其计算公式如下：

每股净资产＝股东权益/总股本

每股净资产反映每股股票所拥有的资产现值，体现上市公司的资本扩张能力。每股净资产越高，表明股东拥有的资产现值越多；反之，越少。从会计报表看，上市公司的每股净资产主要由股本、资本公积金、盈余公积金和未分配利润组成。

(4)市净率。其计算公式如下：

市净率＝每股市价/每股净资产

市净率反映了普通股东愿意为每一元净资产支付的价格，说明市场对公司资产质量的评价。

(5)净资产收益率。其计算公式如下：

净资产收益率＝净利润/平均股东权益

净资产收益率可以衡量公司对股东投入资本的利用效率，体现了自有资本获得净收益的能力。净资产收益率越高，说明资产的盈利能力越强，带来的收益就越高。

(6)成本费用率。其计算公式如下：

成本费用率＝利润总额/成本费用总额

成本费用率反映每花掉 1 元费用给公司带来的利润。对于投资者来说，该指标越高，给投资者带来的利润越高。

(7)销售净利润。其计算公式如下：

销售净利润＝净利润/销售收入

销售净利润反映每1元销售收入给公司带来的净利润量，表示销售收入的收益水平。该指标越高，公司的销售能力越强。

(8)流动比率。其计算公式如下：

流动比率＝流动资产/流动负债

流动比率是指企业流动资产与流动负债的比率。流动比率越高，说明资产的流动性越大，短期偿债的能力越强。但这个比例过高，同时也表明上市公司的资产利用率较低。一般认为，生产企业合理的流动比率是2。上市公司所属行业不同，流动比率也不同。

(9)应收账款周转率。其计算公式如下：

应收账款周转率＝销售收入/应收账款平均余额

应收账款周转率是指在一定时期内(通常为1年)应收账款转化为现金的平均次数。该比率越高，平均应收账款周期越短，资金回收越快，公司的资金使用效率就能大幅提高。一般情况下，应收账款周转率越高，表明账龄较短，资产流动性较强，短期偿债能力也较强。

(10)负债权益比率。其计算公式如下：

负债权益比率＝企业负债/所有者权益

在广义的资本结构含义下，负债权益比率是指企业负债总额与所有者权益(股东权益)之间的比值，又称产权比率。在狭义的资本结构含义下，负债权益比率是指企业的长期负债与所有者权益(股东权益)之间的比值。

(11)现金比率。其计算公式如下：

现金比率＝(货币资金＋交易性金融资产)/流动负债

现金比率是指流动资产中现金资产与流动负债的比率。现金比率是速动资产扣除应收账款后的余额与流动负债的比率，最能反映企业直接偿付流动负债的能力。但这一比率过高，也意味着企业流动资产未能得到合理运用。

四、技术分析基础知识

技术分析是指通过市场行为的历史记录(主要是图表)来预测价格走势并决定投资的策略。技术分析以市场过去和现在的行为为研究对象，从中归纳出典型的市场行为，从而对证券市场的未来趋势做出预测。这些市场行为主要包括价格的高低、价格的变化、价格变化所伴随的成交量的变化以及完成这些变化所经过的时间等。技术分析理论一般建立在三个假设之上：市场行为包含一切信息、价格沿趋势移动、历史会不断重演。

(一)技术分析理论分类

技术分析的主要手段是对历史量价资料进行统计、数学计算和图表分析。从这个意义上讲,技术分析可以分为很多种。按照目前主流观点,大致分为指标类、切线类、形态类、K线类和波浪类五大类别。K线类将在下文介绍,这里我们主要说明其他四类。

1. 指标类

指标类是根据价、量的历史资料,通过建立数学模型,给出数学上的计算公式,得到体现金融市场的某个方面内在实质的指标值。指标反映的内容大多是无法从行情报表中直接看到的,可以为投资者的操作行为提供指导,常见的指标有相对强弱指标(RSI)、随机指标(KDJ)、趋向指标(DMI)、平滑异同移动平均线(MACD)、能量潮(OBV)、心理线(PSY)、乖离率(BIAS)等。

2. 切线类

切线类是按一定方法和原则,在根据价格数据所描绘的图表中画出一些直线,然后根据这些直线的情况推测价格的未来趋势,为投资者的操作行为提供参考。这些直线就叫切线。常见的切线有趋势线、轨道线、黄金分割线、甘特线、角度线等。

3. 形态类

形态类是根据价格图表中过去一段时间走过的轨迹形态来预测价格未来趋势的方法。价格走过的形态是市场行为的重要部分,从价格轨迹的形态中,投资者可以推测出证券市场处在一个什么样的大环境之中,由此,对今后的投资给予一定的指导。主要的形态有M头、W底、头肩顶、头肩底等十几种。

4. 波浪类

波浪理论是把价格的上下变动和不同时期的持续上涨、下跌看成是波浪的上下起伏,认为价格运动遵循波浪起伏的规律,数清楚了各个波浪就能准确地预见趋势。波浪理论主要考虑的因素有三个方面:价格走势所形成的形态、价格走势图中各个高点和低点所处的相对位置、完成某个形态所经历的时间长短。

(二)K线图分析

K线图又称“蜡烛图”“日本线”“阴阳线”,是线形图和柱状图的结合,反应一段时间内证券走势。就股票K线图来说,一般以交易时间为横坐标、股票价格为纵坐标,每根K线(柱状)表示一定时间内价格波动的范围。K线图的画法包含四个数据:开盘价、最高价、最低价、收盘价。K线可以分为阳线、阴线和中立线,其中阳线代表收盘价大于开盘价，阴线代表开盘价大于收盘价，中立线代表开盘价等于收盘价，参见图 5—10。

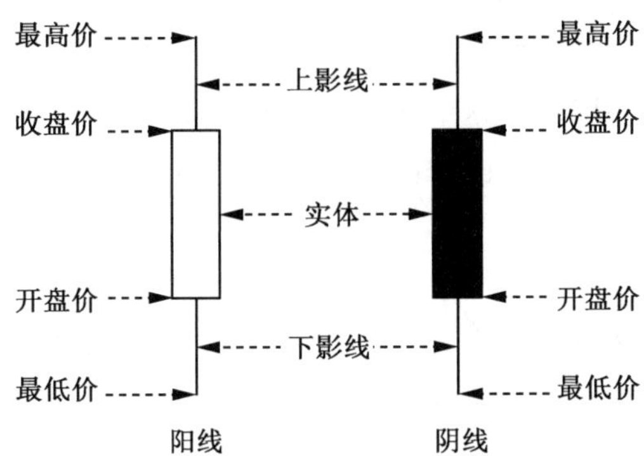

图 5—10　股票阳线、阴线、K 线的形成

通过 K 线图，能够把每日或某一周期的市况表现完全记录下来，股价经过一段时间的盘档后，在图上即形成一种特殊区域或形态，不同的形态显示出不同意义。我们可以从这些形态的变化中摸索出一些规律。

以绘制日 K 线为例，首先确定开盘和收盘的价格，它们之间的部分画成矩形实体。如果收盘价格高于开盘价格，则 K 线被称为阳线，用空心的实体表示；反之，则为阴线。在国内股票和期货市场，通常用红色表示阳线，绿色表示阴线。用较细的线将最高价和最低价分别与实体连接。最高价和实体之间的线被称为上影线，最低价和实体间的线称为下影线。用同样的方法，如果用一分钟价格数据来绘 K 线图，就称为 1 分钟 K 线。用 1 个月的数据绘制 K 线图，就称为月 K 线图。绘图周期可以根据需要灵活选择。

(三)切线理论

切线理论指股票投资“顺势而为”是非常重要的，这个势就是趋势。简单地说，趋势就是股票价格的波动方向，或者说是股票市场运动的方向。趋势的方向有三个：上升方向、下降方向、水平方向(即无趋势方向)。按道氏理论的分类，趋势分为三个类型：主要趋势、次要趋势和短暂趋势。

(1)支撑线和压力线。

①支撑线和压力线的作用。支撑线又称为抵抗线。当股价跌到某个价位附近时，股价停止下跌，甚至有可能回升。这个起着阻止股价继续下跌或暂时阻止股价继续下跌的价格就是支撑线所在的位置。压力线又称为阻力线。当股价上涨到某个价位附

近时，股价会停止上涨，甚至回落。这个起着阻止或暂时阻止股价继续上升的价位就是压力线所在的位置。支撑线和压力线的作用是阻止或暂时阻止股价向一个方向继续运动。同时，支撑线和压力线又有彻底阻止股价按原方向变动的可能。

②支撑线与压力线相互转化。一条支撑线如果被跌破，那么这个支撑线将成为压力线；同理，一条压力线被突破，这个压力线将成为支撑线。这说明支撑线和压力线的性质不是一成不变的，而是可以改变的，条件是它被有效的足够强大的股价变动突破。

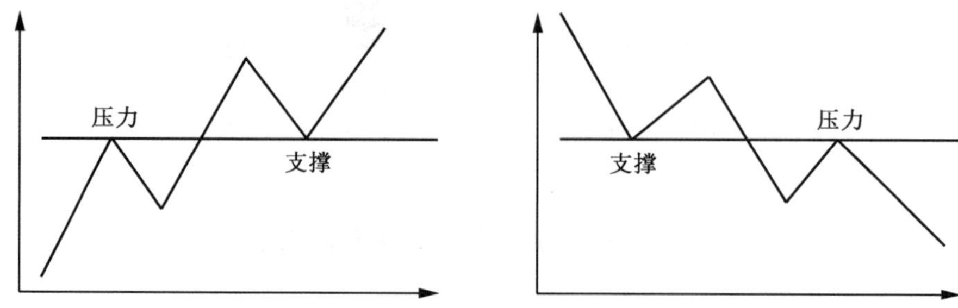

图 5—11 股价的支撑线和压力线

③支撑线和压力线的确认和印证。一般来说，一条支撑线或压力线对当前影响的重要性有三个方面的考虑：一是股价在这个区域停留时间的长短；二是股价在这个区域伴随的成交量大小；三是这个支撑区域或压力区域发生的时间距离当前这个时期的远近。

(2)趋势线和轨道线。

①趋势线。趋势线是衡量价格波动的方向，由趋势线的方向可以明确地看出股价的趋势。在上升趋势中，将两个低点连成一条直线，就得到上升趋势线。在下降趋势中，将两个高点连成一条直线，就得到下降趋势线。要得到一条真正起作用的趋势线，要经多方面的验证才能最终确认。首先，必须确实有趋势存在。其次，画出直线后，还应得到第三个点的验证才能确认这条趋势线是有效的。

②轨道线。轨道线又称通道线或管道线，是基于趋势线的一种方法。在已经得到了趋势线后，通过第一个峰和谷可以做出这条趋势线的平行线，这条平行线就是轨道线。两条平行线组成一个轨道，这就是常说的上升和下降轨道。轨道的作用是限制股价的变动范围。对上面的或下面的直线的突破将意味着有一个大的变化。与突破趋势线不同，对轨道线的突破并不是趋势反向的开始，而是趋势加速的开始。轨道线的另一个作用是提出趋势转向的警报。

(四)形态理论

形态理论是技术分析的重要组成部分,它通过对市场横向运动时形成的各种价格形态进行分析,并且配合成交量的变化,推断出市场现存的趋势将会延续或反转。价格形态可分为反转形态和持续形态。

反转形态是指股票价格改变原有的运行趋势所形成的运动轨迹。反转形态存在的前提是市场原先确有趋势出现,而经过横向运动后改变了原有的方向。反转形态的规模,包括空间和时间跨度,决定了随之而来的市场动作的规模。也就是说,形态的规模越大,新趋势的市场动作也越大。在底部区域,市场形成反转形态需要较长的时间,而在顶部区域,则经历的时间较短,但其波动性远大于底部形态。交易量是确认反转形态的重要指标,而在向上突破时,交易量更具参考价值。

持续形态是指股票价格维持原有的运动轨迹。市场事先确有趋势存在,是持续形态成立的前提。市场经过一段趋势运动后积累了大量的获利筹码,随着获利盘纷纷套现,价格出现回落。但同时对后市继续看好的交易者大量入场,对市场价格构成支撑,因而价格在高价区小幅震荡,市场采用横向运动的方式消化获利筹码,重新积聚了能量,然后又恢复原先的趋势。持续形态即为市场的横向运动,它是市场原有趋势的暂时休止。与反转形态相比,持续形态形成的时间较短,这可能是市场惯性的作用,保持原有趋势比扭转趋势更容易。持续形态形成的过程中,价格震荡幅度应当逐步收敛,同时,成交量也应逐步萎缩。最后在价格顺着原趋势方向突破时,应当伴随大的成交量。

五、股市风险

证券投资是一种风险性投资。证券投资的风险是指证券预期收益变动的可能性及变动幅度,与证券投资相关的所有风险可分为系统性风险和非系统性风险。

系统性风险与非系统性风险并不是相互独立的,而是相互作用和相互影响的。其中,系统性风险是指由于某种全局性的共同因素引起的投资收益的可能变动,这种因素以同样的方式对所有证券的收益产生影响,也称“不可回避风险”或“不可分散风险”。系统性风险包括政策风险、经济周期性波动风险、利率风险、购买力风险和市场风险等。

非系统性风险是指只对某个行业或个别公司的证券产生影响的风险。它通常由某一特殊因素引起,与整个证券市场的价格不存在系统、全面的联系,而只对个别或少数证券的收益产生影响。这种因行业或企业自身因素改变而带来的证券价格变化与其他证券的价格、收益没有必然的内在联系,不会因此影响其他证券的收益。这种风险可以通过分散投资来抵消，因此，又被称为“可分散风险”或“可回避风险”。非系统性风险包括信用风险、经营风险、财务风险、流动性风险等。

(一)系统性风险

股市是“国民经济的晴雨表”。宏观经济形势的好坏、财政政策和货币政策的调整、政局的变化、汇率的波动、资金供求关系的变动等都会引起股票市场的波动。对于证券投资者来说，这种风险是无法消除的，投资者无法通过多样化的投资组合进行证券保值，这就是系统性风险。系统性风险主要包括政策风险、利率风险、通货膨胀风险、市场风险等。

1. 政策风险

政府的经济政策和管理措施可能会造成证券收益的损失，这在新兴股市表现得尤为突出。经济政策的变化，可以影响到公司利润、债券收益的变化；证券交易政策的变化，可以直接影响到证券的价格。而一些看似无关的政策变化，比如对于私人购房的政策，也可能影响证券市场的资金供求关系。因此，每一项经济政策、法规出台或调整，对证券市场都会有一定的影响，有的甚至会产生很大的影响，从而引起市场整体的较大波动。

2. 利率风险

不同的金融工具，存在着不同的风险和收益。即使是像国债这样几乎没有信用风险的债券，也不是什么投资风险也没有。例如，10 年前你购买了一种面值 1 000 元、年息 10%利率的债券，到现在，如果其他债券都支付 12%的年利，你就不可能再以 1 000 元的面值将这种债券卖给别人，你的售价肯定会低于面值，使得其实际收益率达到 12%的水平。这种由于未来利率变化的不确定性，而导致债券贬值的风险，便是债券的利率风险。

在证券交易市场上，证券的交易价格是按市场价格进行，而不是按其票面价值进行交易的。市场价格的变化也随时受市场利率水平的影响。一般来说，市场利率提高时，证券市场价格就会下降；而市场利率下调时，证券市场价格就会上升。这种反向变动的趋势在债券市场上尤为突出。

3. 通货膨胀风险

在现实生活中，每个人都会遇到这样的问题，由于物价的上涨，同样金额的资金，未必能买到过去同样的商品。这种物价的变化导致了资金实际购买力的不确定性，称为购买力风险，或通货膨胀风险。同样，在证券市场上，由于投资证券的回报是以货币的形式来支付的，在通货膨胀时期，货币的购买力下降，也就是投资的实际收益下降，也存在给投资者带来损失的可能。

4. 市场风险

市场风险是证券投资活动中最普遍、最常见的风险，是由证券价格的涨落直接引起的。尤其在新兴市场上，造成股市波动的因素更为复杂，价格波动大，市场风险也大。

（二）非系统性风险

单个股票价格同上市公司的经营业绩和重大事件密切相关。公司的经营管理、财务状况、市场销售、重大投资等因素的变化都会影响公司的股价走势。这种风险主要影响某一种证券，与市场的其他证券没有直接联系，投资者可以通过分散投资的方法，来抵消该种风险，这就是非系统性风险。非系统性风险因此也可称为可分散风险，主要包括经营风险、财务风险、道德风险等。

1. 经营风险

经营风险主要指公司经营不景气，甚至失败、倒闭而给投资者带来损失。公司经营、生产和投资活动的变化，导致公司盈利的变动，从而造成投资者收益本金的减少或损失。例如，经济周期或商业营业周期的变化对公司收益的影响、竞争对手的变化对公司经营的影响、公司自身的管理和决策水平等都可能会导致经营风险。

影响公司经营业绩的因素很多，投资者在分析公司的经营风险时，既要把握宏观经济大环境的影响，又要把握不同行业、不同所有制类型、不同经营规模、不同管理风格、不同产品特点等对公司经营业绩的影响。

2. 财务风险

财务风险是指公司财务结构不合理、融资不当使公司可能丧失偿债能力而导致投资者预期收益下降的风险。公司的财务风险主要表现为：无力偿还到期的债务、利率变动风险（即公司在负债期间，由于通货膨胀等的影响，贷款利率发生增长变化，利率的增长必然增加公司的资金成本，从而抵减了预期收益）、再筹资风险（由于公司的负债经营导致公司负债比率加大，相应降低了公司对债权人的债权保证程度，从而限制了公司从其他渠道增加负债筹资的能力）等。

形成财务风险的因素主要有资本负债比率、资产与负债的期限、债务结构等因素。一般来说，公司的资本负债比率越高，债务结构越不合理，其财务风险越大。投资者在投资时应特别注重公司财务风险的分析。

3. 道德风险

道德风险主要是指上市公司管理者可能给投资者带来损失的风险。上市公司的股东和管理者是一种委托—代理关系。由于管理者和股东追求的目标不同，尤其在双方信息不对称的情况下，管理者的行为可能会造成对股东利益的损害。

附录:常用术语

1. 开盘价

开盘价又称开市价,是指某种证券在证券交易所每个交易日开市后的第一笔每股买卖成交价格。世界上大多数证券交易所都采用成交额最大原则来确定开盘价。如果开市后一段时间内(通常为半小时)某种证券没有买卖或没有成交,则取前一日的收盘价作为当日证券的开盘价。如果某证券连续数日未成交,则由证券交易所的场内中介经纪人根据客户对该证券买卖委托的价格走势提出指导价,促使成交后作为该证券的开盘价。在无形化交易市场中,如果某种证券连续数日未成交,以前一日的收盘价作为它的开盘价。

2. 多头

它是指投资者对股市看好,预计股价将会上涨,趁低价买进股票,待股票上涨至某一价位时再卖出,以获取差额收益。

3. 空头

它是指投资者对股市前景不看好,预计股价将会下跌,趁相对高价卖出股票,待股票下降至某一价位再买入,以获取差额收益。

4. 利多

它又叫利好。对个股而言,利多就是指有助于提升股价的信息。利多信息大部分来自公司内部经营情况向好的信息披露,如营业收入创新高、接获某大订单等;对股市整体而言,利多是指能促使大盘上涨的信息。

5. 利空

对个股而言,利空是指能够导致股价下跌的信息。例如,上市公司经营业绩恶化;对股市整体而言,利空会导致大盘下跌,比如经济衰退、天灾人祸等,以及其他政治、经济军事、外交等方面的不利消息。

6. 买空

它是股票、期货等市场的一种操作模式。买空亦称"多头交易"(Long Sale),与卖空(Short Sale)相对应。它是指投资者预测某一证券价格将会上涨,但自有资金有限不能大量买入,于是先缴纳部分保证金并支付一定利息向券商借入资金买入证券(期货交易是买入看涨合约),待证券价格上涨一定幅度时再卖,以获取差额收益。

7. 卖空

与买空相对,卖空理论上是先借贷卖出,再买进归还。做空是指预期未来行情下跌,将手中借入的股票按目前价格卖出,待股价下跌后买进再归还,获取差额收益。其交易行为特点为先卖后买。实际上有点像商业中的赊货交易模式。这种模式在价格下跌的波段中能够获利，就是先在高位借券卖出，等下跌之后再买进归还。比如，预计某一股票未来会跌，就在当期价位高时借入此股票（期货交易是买入看跌的合约）卖出，再到股价跌到一定程度时买进，以现价还给卖方，产生的差价扣除交易费用后就是利润。

8. 建仓

对股票市场而言，建仓指投资者新买入股票的行为。在期货市场上，建仓即开仓，它是指期货投资者新买入或新卖出一定数量的期货合约。

9. 平仓

它是指期货交易者买入或者卖出与其所持期货合约的品种、数量及交割月份相同但交易方向相反的期货合约，了结期货交易的行为，“原先买入就卖出，原先是卖出的就买入”。

10. 斩仓

它是指在买入标的（或股票或期货合约）后，①标的价格（或股票或期货）下跌，投资者为止损而低价卖出标的（或股票或期货合约）；②为资金周转需要而低价卖出标的（或股票或期货合约）。

11. 拔档

持有股票的多头遇到股价下跌，并预期未来股价下跌概率较高，卖出股票并等待股价调整后再补回，以减少损失。

12. 回档

它是指股价在上升趋势中因涨幅较高而暂时回调的现象。

13. 反弹

它是指股价在下跌趋势中因股价下跌速度过快而反转回升到某一价位的调整现象。

14. 开高

开高是指今日开盘价在昨日收盘价之上。

15. 开平

开平是指今日开盘价与昨日收盘价相同。

16. 开低

开低是指今日开盘价在昨日收盘价之下。

17. 超卖

它是指一种证券在一段时间内因过度卖出导致价格显著下跌后，近期内可能上涨。

18. 超买

它是指一种证券在一段时间内因过度买入导致价格短时间内急涨后，近期内可能下跌。

19. T+1 交收

它是指交易双方在交易次日完成与交易有关的证券、款项收付，即买方收到证券、卖方收到款项。

20. 除权除息

上市公司以股票股利分配给股东，也就是公司的盈余转为增资时，或进行配股时，就要对股价进行除权(XR)，XR 是 Exclude(除去)Right(权利)的简写。上市公司将盈余以现金分配给股东，股价就要除息(XD)，XD 是 Exclude(除去)Dividend(利息)的简写。除权除息日购入该公司股票的股东则不可以享有本次分红派息或配股。

第七节　基金基础知识

证券投资基金(简称“基金”)是指通过发售基金份额，把众多投资人的资金集中起来，形成独立财产，由基金托管人托管，基金管理人管理，以投资组合的方式进行证券投资的一种利益共享、风险共担的集合投资方式，其示意图参见图 5—12。

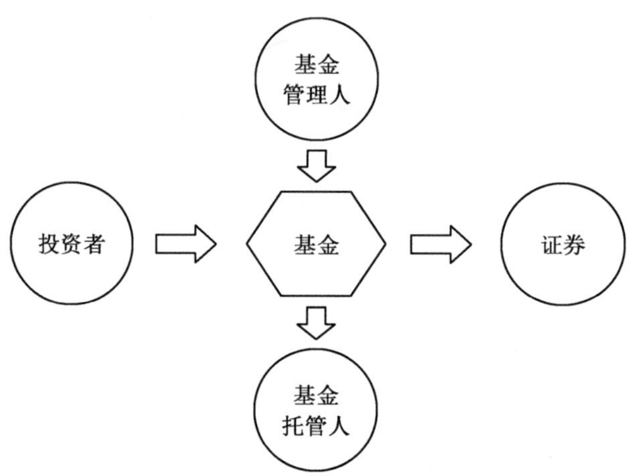

图 5—12　基金三要素示意图

从本质上来说，证券投资基金是一种间接通过基金管理人代理投资的一种方式。投资人通过基金管理人的专业资产管理，以期得到比自行管理更高的收益。

经过二十多年的发展，我国公募基金行业从无到有，从小到大，成为普惠金融的典范和服务实体经济的重要载体。根据中国证券投资基金业协会统计，截至 2022 年 7

月底，公募基金的规模已达 27.06 万亿元，基金数量达到 10 123 只，基金公司 154 家。

一、基金特点

(一)集合理财、专业管理

基金将众多投资者的资金集中起来，委托基金管理人进行共同投资，表现出一种集合理财的特点。通过汇集众多投资者的资金，积少成多，有利于发挥资金的规模优势，降低投资成本。基金由基金管理人进行投资管理和运作。基金管理人一般拥有大量的专业投资研究人员和强大的信息网络，能够更好地对证券市场进行全方位的动态跟踪与深入分析。将资金交给基金管理人管理，使中小投资者也能享受到专业化的投资管理服务。

(二)组合投资、分散风险

为降低投资风险，一些国家的法律法规规定基金除另有规定外，一般须以组合投资的方式进行投资运作，从而使“组合投资、分散风险”成为基金的一大特色。中小投资者由于资金量小，一般无法通过购买数量众多的股票分散投资风险。基金通常会购买几十种甚至上百种股票，投资者购买基金就相当于用很少的资金购买了一篮子股票。在多数情况下，某些股票价格下跌造成的损失可以用其他股票价格上涨产生的盈利来弥补，因此，可以充分享受到组合投资、分散风险的好处。

(三)利益共享、风险共担

证券投资基金实行利益共享、风险共担的原则。基金投资者是基金的所有者。基金投资收益在扣除由基金承担的费用后的盈余一般归基金投资者所有，基金投资一般会按照所持有的基金份额比例进行分配。为基金提供服务的基金托管人、基金管理人一般按基金合同的规定从基金资产中收取一定比例的托管费、管理费。

(四)严格监管、信息透明

为切实保护投资者的利益，增强投资者对基金投资的信心，各国(地区)基金监管机构都对证券投资基金业实行严格的监管，对各种有损于投资者利益的行为进行严厉的打击，并强制基金进行及时、准确、充分的信息披露。在这种情况下，严格监管与信息透明也就成为公募证券投资基金的一个显著特点。

(五)独立托管、保障安全

基金管理人负责基金的投资操作，本身并不参与基金财产的保管，基金财产的保管由独立于基金管理人的基金托管人负责。这种相互制约、相互监督的制衡机制为投资者的利益提供了重要的保障。

二、基金分类

(一)根据募集方式分类

根据募集方式的不同,基金可以分为公开募集基金(也称为公募基金)和非公开募集基金(也称为私募基金)。公募基金是指以公开方式向社会公众投资者募集资金并以证券为投资对象的证券投资基金。公募基金在法律法规的严格监管下,在投资范围、投资策略、信息披露、利润分配、运行管理等方面有着严格的行业规范。本文所述"基金",除特别说明外,均指公开募集基金。公募基金和私募基金的主要区别有如下几点:

第一,公募基金以公开方式向社会公众投资者募集基金,可以通过基金公司直销、第三方代售等方式面向公众公开发行;而私募基金不能公开发行,只能向特定合格投资者募集。

第二,公募基金作为普惠金融产品,所要求的购买资金门槛通常比较低;而私募基金要求投资者具有较高的风险识别能力以及风险承担能力,相应的购买资金门槛比较高。

第三,公募基金透明度相对更高,通过季报、半年报、年报等定期报告,定期公布产品投资运作的相关信息;而私募基金只向特定的合格投资者披露产品信息,披露内容非公开发布。

第四,公募基金在风控和合规方面较为严格,投资过程中受到的限制相对较多,而私募基金则较为灵活。例如,公募基金组合的投向和可运用的投资工具比较单一,而且由合同事先约定,在投资过程中很难直接变更。而私募组合通常约定较少,在投资工具运用方面也更加灵活。

第五,公募基金和私募基金的收费机制不同。公募基金收入主要来源于固定管理费,而私募基金收入主要来源于浮动管理费(业绩提成)。例如,私募基金可在合同中约定在投资收益中提取20%作为提成。

第六,公募基金的流动性通常要好于私募基金。在产品成立后,采取开放式运作方式的公募基金在经过一段时间的建仓封闭期运作后通常就可以进行申赎;而私募基金通常采取定期开放的形式,如每个季度或者每半年开放赎回一次。

(二)按投资对象分类

根据投资对象的不同,可以将其分为股票型基金、债券型基金、混合型基金和货币型基金。根据证监会对基金的分类标准,股票型基金是指基金资产 80%以上投资于股票的基金;80%以上基金资产投资于债券的基金为债券型基金。混合型基金是指以股票、债券等为投资对象的基金。混合基金根据股、债资产投资比例及其投资策略又可分为偏股型基金、偏债型基金、平衡型基金等。货币型基金主要投资于国债、央行票据、银行定期存单、同业存款等低风险的短期有价证券。

根据中国证券投资基金业协会统计,截至 2022 年 7 月底,从数量上来看,混合基金的数量最多;从余额上看,货币基金规模最大,参见表 5—5、图 5—14、图 5—15。

表 5—5　　截至 2022 年 7 月基金数量与市值

类　型	股票型基金	混合型基金	货币型基金	债券型基金
基金数量(只)	1 942	4 358	357	2 024
余额(万亿元)	2.41	5.21	11.09	4.83

1. 股票型基金

股票型基金在证券投资基金中通常属于高风险的品种,其预期风险和收益通常高于混合基金、债券基金和货币市场基金。股票基金提供了一种长期的投资增值性,但股票基金也面临一定的投资风险,主要包括系统性风险、非系统性风险以及管理运作风险。系统性风险即市场风险,是指由整体政治、经济、社会等环境因素对证券价格所造成的影响。非系统性风险是指个别证券特有的风险。管理运作风险是指由于基金经理对基金的主动性操作行为而导致的风险。股票基金通过分散投资可以降低个股投资的非系统性风险,但却不能回避系统性投资风险,而管理运作风险则因基金而异。

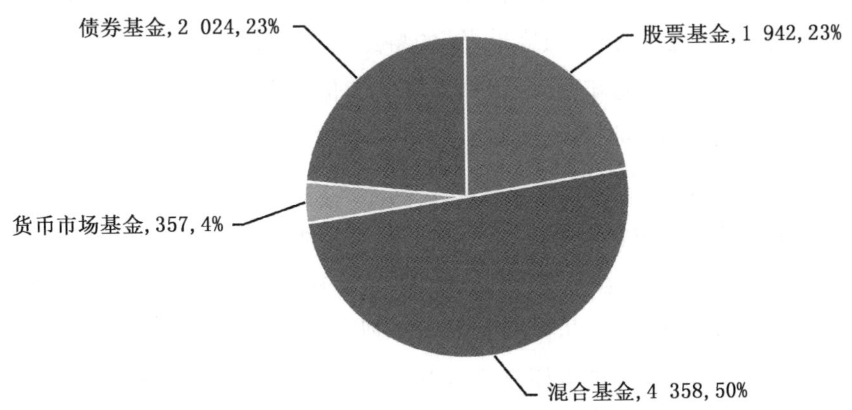

图 5—13　各类型基金数量

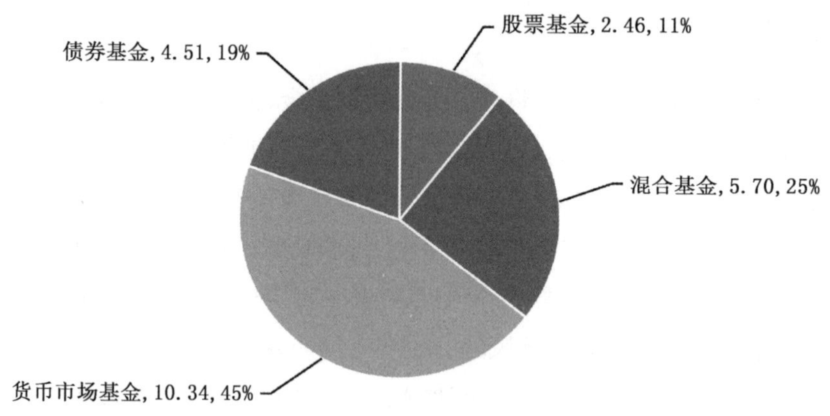

图 5—14　各类型基金余额(万亿元，%)

2. 债券型基金

债券型基金是指以国债、金融债等固定收益类金融工具为主要投资对象的基金，通常又被称为“固定收益基金”。但是根据债券基金投资范围的不同，其内在风险差异也较大，投资者应在购买前要认真区别。根据债券基金的具体投资范围，又可以分为纯债基金、一级债基、二级债基(可以在二级市场参与股票投资，故得名二级债基)，可转债基金等。

纯债基金仅投资于债券，不投资股票、可转债等权益资产，也不参与新股打新，是债性最为纯正的债券基金，波动性也相对最小；一级债基除投资债券以外，还可以参与可转债的投资，因而其波动性大于纯债基金；二级债基除了投资债券、打新外，还可以投资不超过 20％的股票等权益资产，因而其预期收益和风险也相对较高；可转债基金是比较特殊的一类，其主要以转债为投资标的，可转债同时兼具股性和债性，有着比较特殊的风险收益特征。

部分银行理财会投二级债基，二级债基可以充分利用大类资产配置的优势，把握股、债两大市场的投资机会，具有“攻守兼备”的特点。其主要特点为：

第一，权益市场震荡时“能守”。二级债基属于偏债品种，将至少 80％的基金资产投资于债券，可用于获取基础收益，波动较小，可作为整个投资组合的“稳定器”，避免基金净值大幅下跌的风险。

第二，权益市场预期向好时“能攻”。当预期股市反弹时，可通过 20％的股票仓位抓住上涨趋势，通过基本面量化＋精选个股增强收益，从而提高投资组合的预期回报。

第三，当股债双市预期不明朗时，两大类资产则同时为组合收益保驾护航。

第四，在市场震荡环境下，二级债基主要优势在于，可通过 80％以上的债券投资积累基础性收益和安全垫，同时通过 20％以内的权益性仓位，灵活抓取股票市场的波段操作机会，以此作为固定收益之外的增强收益补充。简而言之，二级债基是一款“股债之间，攻守兼备”的产品。

需要注意的是，二级债基并不是官方分类，基金全名中也不会带“二级”等字样，投资者需要通过基金合同里的投资范围和投资策略进行区分；一般的纯债基金不能参与二级市场股票投资。

3. 货币型基金

货币型基金在证券投资基金中通常属于低风险的品种，其预期风险和收益低于债券型基金、混合型基金和股票型基金。货币基金以货币市场工具为投资对象。与其他类型的基金相比，货币市场基金具有风险低、流动性好的特点。货币市场基金是厌恶风险、对资产流动性和安全性要求较高的投资者进行短期投资的理想工具，或是暂时存放现金的理想场所。需要注意的是，货币市场基金的长期收益率较低。

货币市场基金同样会面临利率风险、购买力风险、信用风险、流动性风险。但由于我国货币基金不得投资于剩余期限高于 397 天的债券，实际上货币市场基金的风险是较小的。

4. 混合型基金

混合型基金在证券投资基金中通常属于中等风险的品种，其预期风险与收益通常高于债券型基金和货币市场基金，低于股票型基金。混合基金同时以股票、债券等为投资对象，以期通过在不同资产类别上的投资，实现收益与风险之间的平衡。混合基金的预期风险低于股票基金，预期收益则要高于债券基金。它为投资者提供了一种在不同资产类别之间进行分散投资的工具。

混合基金的投资风险主要取决于股票和债券配置比例的大小。一般而言，偏股型基金、灵活配置型基金的风险较高，但预期收益率也较高；偏债型基金的风险较低，预期收益率也较低；股债平衡型基金的风险与收益则较为适中。

（三）按运作方式分类

根据运作方式的不同，可分为开放式基金和封闭式基金。

开放式基金的基金份额总数不固定，通常在基金发行成立后，投资者在每个交易日都可以进行申购或者赎回，产品流动性较好。而封闭式基金存在固定的封闭存续期，封闭期内的基金总份额不变，投资者在基金发行成立后的封闭期内不可以直接进行申购或赎回，在可上市交易的情况下可通过二级市场买卖基金份额方式实现退出。和开放式基金相比，封闭式基金虽然流动性较低，但规模稳定，有利于基金经理的投资管理。

截至 2022 年 7 月底，根据中国证券投资基金业协会统计，封闭式基金产品数量为

1 238 只，占比 12.22%；开放式基金产品数量为 8 885 只，占比 87.77%。封闭式基金产品余额为 3.2 万亿元，占比 11.91%；开放式基金产品余额为 23.84 万亿元，占比 88.09%。

（四）按投资地域分类

根据投资地域的不同，可分为投资国内证券市场的 A 股基金和投资境外市场的 QDII（Qualified Domestic Institutional Investor，即合格境内机构投资者）基金。

QDII 基金是指在一国境内设立，经该国有关部门批准从事境外证券市场的股票、债券等有价证券投资的基金。由于境外证券市场和境内证券市场常常在走势上存在一定的差异，因而配置一定比例的 QDII 基金可以分散风险，在一定程度上规避单一市场的系统性风险。

（五）按投资策略分类

根据投资策略的不同，可分为主动基金和被动基金。

1. 主动基金

主动基金是基金管理人主动管理，以取得超越市场的业绩表现为目标的一种基金，需要由基金经理对证券市场进行深入研究，主动选择投资品种来确定投资组合。

2. 被动基金

被动基金一般指的是指数基金。指数基金是以特定指数（如沪深 300 指数、标普 500 指数等）为标的指数，并以该指数的成分证券为投资对象，通过购买该指数的全部或部分成分证券构建投资组合，以追踪标的指数表现的基金产品。指数基金一般以紧密跟踪标的指数、跟踪误差最小化为投资目标，旨在使投资组合的变动趋势接近于标的指数，以取得与标的指数大致相同的收益率。

指数基金具有费率成本低、投资风险分散、运作透明度高、运作过程中受投资经理主观因素影响较小等特点。近些年指数基金不断发展壮大，产品类型可以覆盖境内外市场和多项大类资产，已成为资产配置工具的重要选择。

指数基金按复制方式可以分为完全复制型指数基金和增强型指数基金。完全复制指数基金力求按照基准指数中的证券成分和权重进行配置，以最大限度地减小跟踪误差为目标。增强型指数基金则在将大部分资产按照基准指数权重配置的基础上，也用一部分资产进行积极的投资。其目标为在紧密跟踪基准指数的同时获得高于基准指数的收益。

指数基金按交易机制划分又可以分为封闭式指数基金、开放式指数基金、指数型 ETF、指数型 LOF 等。其中，指数型 ETF 可以在二级市场交易，也可以申购、赎回，但申购、赎回必须采用组合证券的形式；而指数型 LOF 既可以在二级市场交易，也可以申购、赎回，但采用现金申赎的形式。

从代表性来看，指数基金可以分为宽基指数和窄基指数。宽基指数是指覆盖股票面广泛，具有相当代表性的指数，像沪深 300、中证 500 就属于宽基指数。与宽基指数相对应的窄基指数，是除了宽基指数以外的风格指数、行业指数、主题指数等，相比宽基指数的行业多、股票多，窄基指数往往追踪单一行业和主题，目标更为集中。

三、基金规则

(一)常见基金交易

在基金首次募集期购买基金的行为称为认购；在基金成立后购买基金的行为称为申购。认购期购买的基金一般要经过封闭期才能赎回，申购的普通开放式基金在申购成功后的第二个交易日即可进行赎回。

认购份额＝(认购金额＋认购利息－认购费)/基金份额面值

申购份额＝净申购金额/T 日基金份额净值

赎回是指投资者直接或通过代销机构间接向基金管理公司提出将部分或全部基金投资退出的要求，并将相应的资金款项等退回至该投资者账户内的过程。

转换是指投资者在持有某基金公司的开放式基金后，可将其持有的基金份额直接转换成该基金公司管理的其他开放式基金的基金份额，而不需要先赎回已持有的基金，再申购目标基金的一种业务模式。

买入是指投资者通过证券公司在证券交易所竞价买入或大宗买入其他投资者持有的场内基金份额的过程。买入不同于申购，买入只是投资者之间的交易过程，不会创设新的基金份额，基金的总份额不会增加。

卖出是指投资者通过证券公司在证券交易所竞价卖出或大宗卖出其他投资者持有的场内基金份额的过程。卖出不同于赎回，赎回后基金的总份额将会减少，而卖出则不会。

(二)购买基金的收益

基金管理人通过专业的投资管理，实现基金份额净值的增长。例如，投资者购买基金的基金份额净值从 1 元增长到 1.5 元，在这种情况下可通过以当前净值赎回基金份额实现基金投资收益。此外，当基金满足基金合同约定的收益分配条件时，基金管理人可进行收益分配，将基金投资实现的利润分配给投资者，投资者可享受基金的分红收益。

(三)基金分红

基金分红是指基金将收益的一部分以现金方式或者红利再投资的方式派发给基金投资人。基金分红本身不会创造收益,可以理解为把投资人账面上的钱,变现一部分成为口袋里的钱。当基金分红时,会在除权日当天将每份基金份额分红的金额在当天的基金净值中扣除。由于这部分用来分红的收益已经派发了,所以看上去当天的基金净值可能会有所下跌,但实际并不是下跌,而是由分红引起的。投资的公募基金是否分红,主要看基金合同约定。但是一般来说,当基金收益达到一个标准时基金管理人可以进行分红。

目前基金分红的方式有两种:现金分红和红利再投资。其中红利再投资是货币基金默认的分红方式,分红的资金直接用于增加持有份额;而现金分红是非货币基金的默认分红方式,其分红的资金将发放至投资者活期账户或者银行账户中。

两种分红方式的区别在于:首先,费用不同。选择现金分红后,进行再投资需要支付申购费,而红利再投资一般不收申购费;其次,风险不同。现金分红意味着落袋为安,选择红利再投资则需要承担基金亏损的风险。

基金是长期投资工具。当投资者看好后市或对所持产品后续表现有信心时,选择红利再投资的分红方式较好,因为分红的资金可以免申购费转换成基金份额,再投资份额还可分享市场上涨收益。分红的资金如果选择现金红利,钱到账户就变成活期的利率了,再投资基金就要申购费用。在市场下跌时,选择现金分红落袋为安可以规避投资风险。

(四)基金净值

1. 份额净值

基金份额净值是指基金在某一个时点上,按照公允价格计算的基金资产扣除负债后的余额除以对应的基金份额数。它代表基金持有人的权益,也可以简单理解为买卖一份基金的价格。计算公式为:

基金份额净值=(基金资产总值−基金负债)/基金总份额

对于开放式基金而言,基金份额总数每天都可能发生变化,因此,基金管理者须在当日交易截止之后进行统计,然后再以当日的基金资产净值除以份额,这样就得到了当日的基金份额净值,也就是投资者申购赎回的依据。

2. 基金的累计净值和复权净值

除了基金份额净值外,投资者也会经常看到累计净值和复权净值的说法,这又是什么含义呢? 我们知道,一些基金每年或多或少会有分红,而这些分红没有反映在基金的份额净值里，那么通过基金份额净值就无从知道基金往常的全部盈利情况，而通过观察累计净值就能弥补。例如，2019 年 4 月 30 日，某只基金产品的单位净值是 14.029 元，而累计净值达到 18.309 元，说明成立以来每份额累计分红为 4.28 元，基金份额累计净值＝基金份额净值＋基金成立后份额的累计分红金额。

复权单位净值反映的是分红再投资的收益。复权单位净值将分红加回单位净值，并作为再投资进行复利计算，即假设投资者获得分红均选择红利再投资的情况下基金净值的水平。同样以某只基金为例，2019 年 4 月 30 日它的复权净值为 1.674 2，意味着如果投资者在基金成立之初即持有基金，并且每次分红均选择红利再投资，则其总资产为当初本金的 1.674 2 倍。

· 知识专题：每份基金的价格（净值）越低越好吗？ ·

基金并不是越便宜越好，越便宜的基金越要谨慎。

很多人在买基金时会这样算账，同样 1 万元，净值 1 元钱的基金能够买到 1 万份，但 1.3 元的基金就只能买到 7 600 多份。价格便宜的基金可以得到更多份额，因此，就买了价格便宜的基金。实际上，价格的高低并不影响投资基金的风险和收益，打个比方（去除手续费因素）：现有 1 000 元准备投资基金，A 基金目前净值 0.5 元，B 基金目前净值 1 元。如果用 500 元买 A 基金的话，可以买入份额 1 000 份；而用另外 500 元买 B 基金的话，则买入份额为 500 份。第二日基金大涨，A 基金和 B 基金都涨了 2%，那么 A 基金每份涨了 0.01 元，B 基金每份涨了 0.02 元，盈利情况分别是：

（1）A 基金盈利：本金 500 元×2%＝10 元或 0.01 元×1 000 份＝10（元）。

（2）B 基金盈利：本金 500 元×2%＝10 元或 0.02 元×500 份＝10（元）。

从以上例子可以看出其实高价低价的基金所带来的盈利或损失主要看投入的本金和每日的涨跌幅，与份额没有关系。价格低的基金虽然能买到更多份额，但并不意味着比价格高的基金赢利更多。

认为基金价格越低越好的另一个原因是，很多人认为越便宜的基金，上涨的空间越大。实际上，基金跟股票不一样。股价取决于其基本面和市场供求，而基金价格反映的是基金所持股票、债券等资产的价值。单位净值低也就是价格低的基金并不一定上涨快。基金业绩的好坏与价格高低无关。在同一时点，无论价格低的基金，还是价格高的基金，面临的市场条件都是相同的，而基金未来的投资收益完全取决于基金管理人的投资水平，与目前基金的价格基本没有关系。

基金的现有净值只是基金历史业绩的一种反映，并不代表基金的未来业绩。当挑选一只基金产品时，买的只是基金的即期净值，而基金的远期净值变化是不可预测的，存在走高、走平或走低的可能性。因此，以当前基金净值的高低，作为是否购买基金的依据也是有失偏颇的，并不是说净值越低，投资的价值就越大。

（五）基金费用

投资者投资基金产品，可能涉及的费用包括认购费、申购费、赎回费、管理费、托管费和销售服务费。能够在二级市场交易的基金，还涉及交易佣金、过户费等交易费用。其具体含义如下：

1. 申购（认购）费

申购费和认购费定义有一定的类似，只是它们发生在基金的发行和存续期内不同的阶段。认购费是基金管理人在发行时收取的费用。而申购费则是在基金存续期内办理基金份额申购时发生的费用。计算公式为：

申（认）购费用＝净申（认）购金额×申（认）购费率

根据规定，各个基金公司会根据基金的类型以及基金的申购金额来设置不同档次的费率，详见基金信息披露材料。

2. 赎回费

赎回费是基金持有人赎回持有基金时支付的费用。计算公式为：

赎回费用＝赎回金额×赎回费率

另外，赎回费主要是为了“惩罚”基金持有人频繁买卖基金的行为，一般来说，基金持有期越长，其赎回费用明显降低。

3. 管理费

管理费是支付给基金管理人为管理基金资产而收取的费用，它一般是基于基金净资产值按照一定的比率从基金资产中提取，每日计提。计算公式通常为：

每日应计提的管理费＝前日基金资产净值×管理费年费率/当年天数

4. 托管费

托管费是支付给托管方为保管基金资产而收取的费用，它一般是基于基金净资产值按照一定的比率从基金资产中提取，每日计提。计算公式通常为：

每日应计提的托管费＝前日基金资产净值×托管费年费率/当年天数

5. 销售服务费

销售服务费是支付给基金代销机构的基金营销费用和基金份额持有人服务费的费用，它一般是基于基金净资产值按照一定的比率从基金资产中提取，每日计提，每月支付。计算公式为：

每日应计提的销售服务费＝前日基金资产净值×销售服务年费率/当年天数

值得指出的是，货币基金没有申购赎回费，但会有一定的销售服务费。

(六)基金份额

基于基金不同份额间的收费方式、交易方式、交易限额或风险收益特征等存在不同，基金产品会分成多种份额，其中投资者比较常见的就是A类和C类份额。基金的A类/C类份额的差异主要体现在费率上。对于A类基金份额、C类基金份额而言，其对应的管理费和托管费是一致的，区别在于A类基金份额收取认/申购费，不收取销售服务费；而C类基金份额不收取认/申购费，但每日会计提销售服务费。

A类基金份额和C类基金份额只是同一个基金产品的两类份额，两类份额同时运作，但有各自的基金代码，分别公布基金份额净值。对于投资者来说，如果需要灵活操作，短期交易，可考虑选择C类基金份额；如果希望长期持有，则选择A类基金份额可能会更划算，具体投资时请综合考虑基金具体费用结构、拟持有期限等因素后审慎确定。

(七)暂停申购或限制申购

投资者在投资基金的过程中，经常会发现个别基金会标明暂停申购的字样，或是限制最高的申购金额，其实这是基金运作时会出现的正常情况。

为了保障基金投资者的权益，证监会规定在发生特殊情形时，基金管理公司可以暂停受理客户提出的购买基金要求。特殊情形包括但不限于：

(1)天灾、战争等不可抗力的情况；

(2)证券交易所在交易时间内非正常地停市；

(3)基金资产规模过大，使基金管理公司没办法找到合适的投资品种；

(4)可能对现有基金持有人的利益造成损害；

(5)基金管理人、基金托管人、基金销售代理人和注册与过户登记人的技术保障或人员支持等不充分。

在实际情况中，很多基金产品限制或暂停申购更多的是出于对规模稳定性的保护，规模增长过快或波动太大都会给基金经理的操作带来不利影响。因此，综合来看，基金暂停或限制申购主要为了保障基金持有人的利益。

四、基金风险

基金投资主要存在市场风险、流动性风险、管理风险及其他风险。

(一)市场风险

市场风险是指证券市场价格因受到经济因素、政治因素、投资心理和交易制度等各种因素的影响而产生波动,导致基金收益水平发生变化,主要包括政策风险、利率风险、信用风险、经营风险、经济周期风险等。

1. 政策风险

因国家宏观政策(如货币政策、财政政策、产业政策、地区发展政策等)发生变化导致市场价格波动的风险。

2. 利率风险

因金融市场利率的波动而导致证券市场价格和收益率变动的风险。其中,利率波动受货币政策、经济周期等多因素影响。

3. 信用风险

债券发行主体等信用状况恶化而可能产生的到期不能兑付的风险。

4. 经营风险

债券发行主体或上市公司的经营状况受多种因素的影响,如经营不善,其证券价格可能下跌,从而使基金投资收益下降的风险。

5. 经济周期风险

随着经济运行的周期性变化,证券市场的收益水平也呈周期性变化,基金投资的收益水平也会随之变化,从而产生相应风险。

(二)流动性风险

流动性风险属于综合性风险,主要受到证券市场走势、金融市场整体流动性、基金管理人流动性管理能力、基金类型、基金份额持有人结构及投资者行为等多方面因素的影响。

对于大多数基金而言,在特殊情况下可能会面临所投资品种不能迅速、低成本地变现为现金,或者不能应付可能出现的投资者大额赎回的风险。前者是指所投资品种不能及时变现或无法按照正常的市场价格交易而引起损失的可能性;后者是指开放式基金在运作过程中可能会发生巨额赎回的情形,可能导致基金仓位调整出现困难,从而导致流动性风险,甚至影响到基金单位净值。

(三)管理风险

在基金管理运作过程中,基金管理人的知识、经验等,会影响其对信息的处理以及对经济形势、证券价格走势等的判断,从而影响到基金的收益水平。此外,基金管理人的管理手段和技术等多重因素同样会影响基金的收益水平。

(四)其他风险

基金投资中其他风险主要包括:

(1)因技术因素而产生的风险;

(2)因战争、自然灾害等不可抗力影响基金运作的风险;

(3)因金融市场危机、基金托管人违约等超出基金管理人自身控制能力的因素出现,可能导致基金或者投资者利益受损的风险;

(4)其他意外导致的风险等。

第八节　常见商品基础知识

一、黄金

(一)黄金基础知识

1. 黄金的属性

(1)自然属性。黄金,又称金,化学符号 Au,原子序数 79,原子量 197,质量数 183—204。黄金的熔点 1063℃,沸点 2808℃。黄金的密度较大,在 20℃时为 19.32 克/立方厘米。

黄金的柔软性好,易锻造和延展。现在的技术可把黄金碾成 0.000 01 毫米厚的薄膜;把黄金拉成细丝,一克黄金可拉成 3.5 公里长、直径为 0.004 3 毫米的细丝。黄金的硬度较低,矿物硬度为 3.7,24K 黄金首饰的硬度仅为 2.5。

黄金具有良好的导电性和导热性。黄金是抗磁体,但含锰的金磁化率很高,含大量的铁、镍、钴的金是强磁体。

黄金的反射性能在红外线区域内,具有高反射率、低辐射率的特性。黄金中含有其他元素的合金能改变波长,即改变颜色。黄金有再结晶温度低的特点。

黄金具有极佳的抗化学腐蚀和抗变色性能力。黄金的化学稳定性极高,在碱及各种酸中都极稳定，在空气中不被氧化，也不变色。黄金在氢、氧、氮中明显地显示出不溶性。氧不影响它的高温特性，在 1 000℃高温下不熔化、不氧化、不变色、不损耗。这是黄金与其他所有金属最显著的不同。

(2)文化属性。黄金是人类较早发现和利用的金属。由于它稀少、特殊和珍贵，自古以来被视为五金之首，有“金属之王”的称号，享有其他金属无法比拟的盛誉。

黄金的历史几乎与人类的历史一样古老。自从人类在一万两千多年前发现黄金之后，人类就疯狂地爱上了黄金，在人类的意念中，没有什么东西比黄金更能体现纯洁与神圣。

对于黄金本身来说，它已经成为一种跨越种族、文化，甚至是统治世界的另一种物质。黄金就像一条金色的血脉，贯穿于整个人类的历史。

从古埃及法老的黄金面具，到古蜀先民的太阳金箔，无论古今，无论东西，无论中外，这种古罗马人以曙光女神欧若拉命名的金属和人类相依相伴，可谓是源远流长。

(3)金融属性。黄金不同于一般商品，从被人类发现开始就具备了金融属性，并始终贯穿人类社会发展的整个历史，只是其金融属性在不同的历史阶段表现出不同的作用和影响力。

目前，中国香港、伦敦及纽约为全球三大黄金交易市场，黄金交易时间几乎 24 小时循环不息。事实上，黄金本身和黄金交易的一些特性使它仍然是全球金融投资中的重要一环。其主要体现在：

①黄金具有高度的流通性。黄金本身是一种举世公认的高度流通的资产，全球的黄金交易基本上 24 小时都在进行，而且参与黄金投资的人非常多，人为操控金价不易。

②具有风险对冲功能。黄金价格对其他一些金融投资产品有“背道而驰”的特性，如美元强黄金价格下跌；反之，美元弱黄金价格走强，所以能起着风险对冲的作用。

③投资方法多样化。随着黄金期货、期权和杠杆买卖的出现，黄金投资的方法趋多样化，黄金投资早已实行“双向买卖”，提供更多的机会获利，所以黄金的投资价值不容忽视。

2. 黄金的供应

世界黄金市场的供给主要有以下几个方面：世界各产金国的矿产金；再生金；官方售金，如央行或国际货币基金组织售金。

世界上有 80 多个国家生产黄金，南非的黄金资源量和储量基础分别占全球总量的 50%和 38%，其他主要的黄金资源国是俄罗斯、中国、美国、乌兹别克斯坦、澳大利亚、加拿大、巴西等。截至 2016 年，中国已探明黄金储量为 1.21 万多吨，仅次于南非，居全球第二位。

中国是世界上最重要的黄金生产国之一，已经连续多年产量位居全球第一，黄金产地遍布全国各地，几乎每一个省都有黄金储藏。中国的黄金生产主要集中在山东、河南、江西、福建、云南等地。据中国黄金协会最新统计数据显示：2021 年，国内原料黄金产量为 328.98 吨，其中，黄金矿产金完成 258.09 吨，有色副产金完成 70.89 吨。另外，2021 年进口原料产金 114.58 吨，若加上这部分进口原料产金，全国共生产黄金 443.56 吨。

3. 黄金的需求

根据目前已知的数据估计，历史上已开采大约 205 238 吨黄金，其中大约 2/3 在 1950 年后开采。由于黄金基本上不可毁坏，因此，所有黄金仍然以某种形式存在于世界上。如果所有黄金全部放在一起，形成的纯金立方体边长可达 22 米。

地上存量总计（截至 2021 年底）205 238 吨，包括：(1)首饰，94 464 吨，占 46%；(2)私人投资，45 456 吨，占 22.0%；(3)官方部门，34 592 吨，占 17.0%；(4)其他，30 726 吨，占 15%。另外，地下储藏量为 53 000 吨。

据中国黄金协会最新统计数据显示：2021 年，全国黄金实际消费量 1 120.90 吨，与 2020 年同期相比增长 36.53%，较疫情前 2019 年同期增长 11.78%。其中，黄金首饰 711.29 吨，较 2020 年同期增长 44.99%，较 2019 年同期增长 5.18%；金条及金币 312.86 吨，较 2020 年同期增长 26.87%，较 2019 年同期增长 38.56%；工业及其他用金 96.75 吨，同比增长 15.44%。黄金的主要需求有以下几个方面：

(1)珠宝制造需求。世界经济的发展状况决定了黄金的居民消费需求，在经济持续增长，人们收入水平持续提高，生活水平不断改善的时候，对黄金饰品、摆件等的需求就会增加。从目前黄金需求结构看，珠宝制造需求占总市场需求的 40%以上。亚洲，特别是中国和印度，具有黄金消费的传统和习惯，并且这两个大国的经济正在快速发展，居民经济收入正在快速提高。

(2)科技需求。因为黄金所特有的物化性质（具有极高抗腐蚀的稳定性；良好的导电性和导热性；原子核具有较大捕获中子的有效截面；对红外线的反射能力接近 100%；在黄金的合金中具有各种触媒性质；还有良好的工艺性，极易加工成超薄金箔、微米金丝和金粉，很容易镀到其他金属、陶器及玻璃的表面上；在一定压力下黄金容易被熔焊和锻焊；可制成超导体与有机金等），所以它广泛应用于工业和现代高新技术产业中，如电子、通信、宇航、化工、医疗等领域。

(3)投资需求。黄金饰品一直是社会地位和财富的象征。随着人们收入的不断提高、财富的不断增加，保值和分散化投资意识的不断提高，也促进了这方面需求量的逐年增加。

对于普通投资者，投资黄金主要是在通货膨胀情况下，达到保值的目的。此外，投资者也可以利用金价波动,获取价差收益。目前,世界经济形势错综复杂,局部地区政治局势动荡,黄金价格波动较为剧烈,黄金现货及依附于黄金的衍生品品种众多,黄金的投资价值凸显,黄金的投资需求不断放大。

(4)储备需求。由于黄金的优良特性,历史上黄金具有价值尺度、流通手段、储藏手段、支付手段和世界货币等职能。20 世纪 70 年代黄金与美元脱钩后,黄金退出流通货币的舞台,黄金的货币职能大大减弱。但是,目前许多国家的外汇储备中,黄金仍占有相当重要的地位。

黄金的储备需求主要是指官方储备。官方储备是央行用于防范金融风险的重要手段之一。从目前世界各国中央银行的情况来看,俄罗斯、中国、日本作为政治经济大国,黄金储备量偏小。

(二)世界黄金市场概况

1. 世界黄金市场的发展历史

从某种意义上来说,世界黄金市场的发展历史就是一部国际货币本位制度变迁的历史。

(1)金本位制出现前。金本位制出现前,虽然黄金充当交易媒介的历史已有 3000 多年。但由于其稀缺性,在交易中白银和其他金属更多地承担了支付手段的角色,只有大额交易才采用黄金计价。同时大多数黄金基本被帝王或宗教神权独占,作为权力和财富的象征而储藏着,很难进入流通。在这种情况下,自由交易的市场交换方式难以发展,即使存在,其规模也非常小。因此,在金本位制出现以前,并不存在人规模的世界黄金市场。

(2)金本位时期。进入 19 世纪,人们先后在俄国、美国、澳大利亚、南非和加拿大发现了丰富的金矿资源,黄金生产力得到迅速发展,黄金供给大大增加。仅 19 世纪后半叶,人类生产的黄金就超过了过去 5 千年产量的总和。由于黄金产量的增加,人类增加黄金需求才有了现实的物质条件,以黄金生产力的发展为前提,人类进入到金本位时期。货币金本位的建立意味着黄金从帝王专有走向了广阔的社会,从狭窄的宫廷范畴进入了平常的经济生活,从特权华贵的象征演变为资产富有的象征。英国于 1816 年率先建立金本位制,到 19 世纪末,世界主要的国家基本都实行了金本位。金本位制是以黄金为本位货币的货币制度。同时,黄金也是国际贸易的支付手段,可自由进、出口,当国际贸易出现赤字时,可以用黄金支付;在一国之内,黄金可以做货币流通。金本位制具有自由铸造、自由兑换、自由输出等三大特点。

在金本位的货币体制下,黄金作为商品交换的一般等价物,成为商品交换过程中的媒介,黄金的社会流动性增加。黄金市场的发展有了客观的社会条件和经济需求。

金本位时期，各国中央银行虽都可以按各国货币平价规定的金价无限制买卖黄金，但实际仍是通过市场吞吐黄金，黄金市场得到一定程度的发展，但仍然受到严格控制，不能得到自由发展。直到第一次世界大战之前，世界上只有英国伦敦黄金市场是国际性市场。

第一次世界大战爆发严重地冲击了金本位制。20 世纪 30 年代又暴发了世界性的经济危机，使"金本位制"彻底崩溃，各国纷纷加强了贸易管制，禁止黄金自由买卖和进出口，公开的黄金市场失去了存在的基础，伦敦黄金市场关闭。伦敦黄金市场直至 15 年之后的 1954 年方重新开张。在此期间一些国家实行"金块本位制"或"金汇兑本位制"，大大压缩了黄金的货币功能，使之退出了国内流通支付领域，但在国际储备资产中，黄金仍是最后的支付手段，充当世界货币的职能，依然受到国家的严格管理。从 1914 年至 1938 年，西方的矿产金绝大部分被各国中央银行吸收，黄金市场的活动有限。此后对黄金的管理虽有所松动，但长期人为地确定官价，而且国与国之间贸易壁垒森严，所以黄金的流动性很差，市场机制被严重抑制，黄金市场的发育受到了严重阻碍。

(3)布雷顿森林体系时期。20 世纪 30 年代金本位制崩溃至第二次世界大战结束前，国际货币体系的混乱和动荡不安严重损害了世界各国的利益。为尽早结束此局面，在美、英等国的推动下，1941 年开始了重建国际货币体系的努力。1944 年，经过激烈的争论，英美两国达成了共识，美国于当年 5 月邀请参加筹建联合国的 44 国政府代表在美国布雷顿森林举行会议，签订了《布雷顿森林协议》，由此建立起"金本位制"崩溃后人类第二个国际货币体系。

在这一体系中，美元与黄金挂钩，美国承担以官价兑换黄金的义务；各国货币与美元挂钩，美元处于中心地位，起世界货币的作用。这种货币体制实际是一种新的金汇兑本位制。在布雷顿森林体制中，黄金无论在流通还是在国际储备方面的作用都有所降低，而美元成为这一体系的主角。但因为黄金是稳定这一货币体系的最后屏障，所以黄金的价格及流动仍受到较严格的控制，各国禁止居民自由买卖黄金，市场机制难以有效发挥作用。伦敦黄金市场在该体系建立 10 年后才得以恢复。

布雷顿森林体系的建立体现了第二次世界大战后国际地缘政治权力中心的转移，美国想借此机会以美元取代黄金，使之成为国际贸易唯一的支付手段。它的正常运转与美元的信誉和地位密切相关。但 20 世纪 60 年代美国深陷越南战争的泥潭，财政赤字巨大，国际收入情况恶化，美元的信誉受到极大的冲击。大量资本出逃，各国纷纷抛售自己手中的美元，抢购黄金，使美国黄金储备急剧减少，伦敦金价暴涨。

为了抑制金价上涨，保持美元汇率稳定，减少黄金储备流失，美国联合英国、瑞士、法国、西德、意大利、荷兰、比利时 8 个国家于 1961 年 10 月建立了"黄金总库"，8 国央行共拿出2.7亿美元的黄金，由英格兰银行为黄金总库的代理机关，负责维持伦敦黄金价格，并采取各种手段阻止外国政府持美元外汇向美国兑换黄金。

20世纪60年代后期，美国进一步扩大了越南战争，国际收支进一步恶化，美元危机再度爆发。1968年3月的半个月中，美国黄金储备流出了14亿多美元，仅3月14日一天，伦敦黄金市场的成交量达到了350～400吨的破纪录数字。美国再也没有能力维持黄金官价，经与黄金总库成员协商后，宣布不再按每盎司35美元官价向市场供应黄金，市场金价自由浮动，但各国政府或中央银行仍按官价结算，从此黄金开始了双价制阶段。但双价制只维持了3年时间，原因一是美国国际收支仍不断恶化，美元不稳；二是西方各国不满美国以一己私利为原则，不顾美元危机拒不贬值，强行维持固定汇率。于是欧洲一些国家不断地以手中的美元兑换美国的储备黄金，导致美国黄金储备进一步剧减。当1971年8月传出法国等西欧国家要以美元大量兑换黄金的消息后，尼克松政府不得不于8月15日宣布关闭黄金兑换窗口，停止履行对外国政府或中央银行以美元向美国兑换黄金的义务。

由于美元不断贬值，1973年3月再次引发了欧洲国家抛售美元、抢购黄金的风潮。西欧和日本外汇市场不得不关闭了17天。各国经过磋商最后达成协议，西方国家放弃固定汇率，实行浮动汇率。至此布雷顿森林体系完全崩溃，从此开始了黄金非货币化的改革进程。但从法律角度看，国际货币体系的黄金非货币化到1978年才正式明确。国际货币基金组织（IMF）在1978年以多数票通过批准了修改后的《国际货币基金协定》，即《牙买加协议》。该协议删除了以前有关黄金的所有规定，并宣布：黄金不再作为货币定值标准，废除黄金官价，可在市场上自由买卖黄金；取消对IMF必须用黄金支付的规定；出售IMF1/6的黄金，所得利润用于建立帮助低收入国家优惠贷款基金；设立特别提款权代替黄金用于会员国与IMF之间的某些支付等等。

在这一时期黄金价格一直受到各国的严格控制，政府对黄金市场的介入干预时有发生，黄金市场仅是国家进行黄金管制的一种调节工具，难以发挥市场资源配置作用。

（4）信用本位时期。为了彻底废除金本位制，1975年1月1日美国政府宣布居民可以持有黄金，从而解除了长达40年的黄金持有禁令。同年，纽约商品交易所（COMEX）推出了黄金期货交易。

《牙买加协议》的实施标志着黄金正式非货币化，同时也为现代黄金市场的蓬勃发展提供了制度环境。1978年4月这一协议正式生效后，以价格剧烈波动为标志的现代黄金市场在各主要国家迅速发展，黄金的美元价格从布雷顿森林体系解体前的35美元/盎司，到解体不久的1973年就超过100美元/盎司，《牙买加协议》生效的1978年突破了200美元，至1980年1月21日达到850美元/盎司的高位。

20世纪80年代初，里根当选美国总统，为缓解通货膨胀的压力以及黄金价格的持续上升对美元形成的冲击，实行了紧缩银根和高利率政策，在政策导向上促进货币市场、资本市场和商品（期货）市场的发展，提高持有黄金的机会成本，抑制黄金市场金价的上涨。随着里根政策效果显现，在美国政府的政策影响及理论界的推动下，掀起了金融自由化和经济全球化的浪潮，促使全球消解美元泡沫。随之，黄金市场朝国际化的方向发展，逐渐形成了以伦敦为黄金交易中心，苏黎世为转运中心，连接中国香港、东京、纽约等地的全球市场运作模式。1988 年伦敦黄金市场重组，传统封闭的黄金期货业务逐步向其他金融机构开放，通过各种形式使黄金市场和其他金融市场联系更为紧密。1993 年以后，黄金市场推出了多样化黄金衍生工具及融资工具，各国中央银行在管理黄金时更加积极地利用世界黄金市场。与这一过程相对应，黄金价格走入了慢慢的 20 年熊市，金价从 1980 年初的 850 美元/盎司，跌至 1999 年的 8 月曾一度逼近 250 美元/盎司。

2001 年初美国经济结束了长达 10 年以“新经济”为特征的持续增长，美元开始对主要货币贬值，金价才重整升势。随后发生了“9・11”事件，受此影响美国实行先发制人的反恐战略，国际政治关系从此步入了动荡的新纪元。随着一系列政治经济事件的发生，国际政治、经济和金融风险逐步显现，于是金价持续上扬，世界黄金市场进一步得到发展。

2. 世界黄金市场的属性特征

（1）黄金市场的参与主体。抽象地说，在黄金市场上作为卖方出现的主要有：生产黄金的企业、存有黄金需要出售的集团和个人、为解决外汇短缺和支付困难的各国中央银行、预测黄金价格下跌做“空头”的投机商等。

作为买方出现的有：需要黄金做原材料的生产者、需要黄金作投资或保值承担物的人、需增加官方储备资产的中央银行、预测黄金价格将上涨而做“多头”的投机商等。在现实中，出现在黄金市场的主体有国际金商、银行、对冲基金以及中央银行、各个法人机构、私人投资者以及黄金期货公司。

（2）黄金市场的分类。

第一，按交易所形态的不同划分为场外黄金交易市场和场内黄金交易市场。

场外黄金交易市场是指没有一个固定交易场所的黄金市场，比如伦敦黄金市场。它是由各大金商及其下属公司相互联系组成的，通过金商与客户之间的电话、电传等进行交易；而苏黎世黄金市场，则由三大银行为客户代为买卖并负责结账清算。伦敦和苏黎世黄金市场上的买价和卖价基本上是保密的，其交易量也都难以真实统计。

场内黄金交易市场是指建立在典型的期货市场基础上的黄金市场，黄金交易类似于在该市场上进行的其他商品交易。商品（期货）交易所作为一个非营利性机构本身不参加黄金交易，只是提供场地、设备，同时制定有关交易规则，依法确保交易公平、公正地进行，并对黄金交易进行严格监控。例如，美国 COMEX 黄金期货和上海黄金期货均都是在场内市场交易的。

第二，从黄金市场的交割形式来划分，可以将黄金市场分为实物交割市场、金币交割市场、账面划拨交割市场和黄金券交易市场。

第三，从黄金交割的时间划分，可以分为现货市场（即期市场）和期货市场（远期市场）。

第四，从对世界黄金交易的影响程度划分，可以分为全球主导市场和区域性市场。

（3）世界黄金价格的历史走势。从历史上看，20 世纪 70 年代以前，国际黄金价格比较稳定，波动较小。70 年代以后，国际黄金价格波动频繁且幅度较大，其主要原因是布雷顿森林体系的瓦解，浮动汇率制度登上历史舞台，黄金的货币职能受到削弱，而作为储备资产的功能得到加强。各国官方黄金储备量增加，从而直接导致了国际黄金价格大幅度上涨。

20 世纪 90 年代以后，各国央行开始重新看待黄金在外汇储备中的作用。中央银行日渐独立以及日益市场化，使其更加强调储备资产组合的收益。在这种背景下，没有任何利息收入的黄金（除了参与借贷市场能够得到一点收益外）地位有所下降。部分中央银行决定减少黄金储备，结果 1999 年比 1980 年的黄金储备量减少了 10%，正是由于主要国家抛售黄金，导致黄金价格长期处于低迷状态。

进入 21 世纪，经济金融全球化逐步走向深入，通货膨胀开始抬头，国际黄金价格摆脱低迷，逐步走强。2008 年国际金融危机后，黄金投资需求的快速增长带动国际黄金价格屡破新高。

（4）全球主要黄金市场概况。全球黄金市场主要分布在欧、亚、北美三个区域。欧洲以伦敦、苏黎世黄金市场为代表；北美主要以纽约、芝加哥为代表；亚洲主要以日本东京、中国香港为代表，各市场交易的时间参见图 5－15。

①美国黄金市场。美国黄金市场是 20 世纪 70 年代中期发展起来的，主要原因是 1977 年后，美元贬值，美国人（主要是以法人团体为主）为了套期保值和投资增值获利发展起来的。美国黄金市场经过了一系列合并整合，如今以美国芝加哥商业交易所（Chicago Mercantile Exchange，以下简称 CME）集团下属的 COMEX 交易所为主。美国芝加哥商业交易所成立于 1898 年，发展至今，已经成为美国最大的期货交易所、世界上最大的金融衍生品交易所和第二大期货期权合约的交易所。

美国黄金市场以做黄金期货交易为主。目前纽约黄金市场已成为世界上交易量最大和最活跃的期金市场。1974 年 12 月 31 日，COMEX 市场上开始进行黄金交易。1994 年 8 月 3 日，NYMEX 和 COMEX 正式合并，合并后的名称仍为纽约商品交易所，而原先的 COMEX 则作为分部。合并后的交易所一跃成为世界上最大的商品期

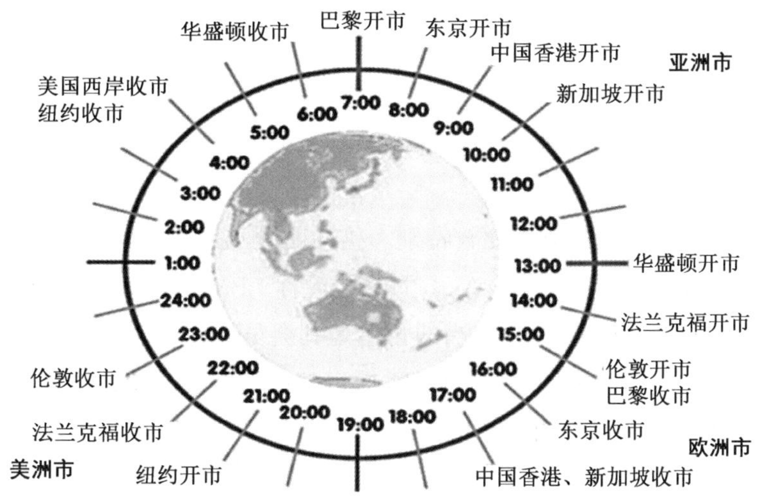

图 5—15　世界黄金市场及主要汇市交易时间表(北京时间)

货交易所。2007 年和 2008 年,芝加哥商业交易所分别收购芝加哥商品交易所(Chicago Board of Trade,以下简称 CBOT)和纽约商品交易所(NYMEX-COMEX),成为全球规模最大且多元化的交易所集团。根据 CME 集团的界定,它的黄金期货交易归下属的 COMEX 交易所负责。COMEX 目前交易的品种有黄金期货、迷你期货、微型期货以及期权和基金。COMEX 黄金期货每宗交易量为 100 金衡制盎司,最小波动价格为 0.1 美元/金衡制盎司,交易标的为 99.5%的成色金。迷你黄金期货,每宗交易量为 50 金衡制盎司,最小波动价格为 0.25 美元/金衡制盎司。微型黄金期货,每宗交易量为 10 金衡制盎司,最小波动价格为 0.25 美元/金衡制盎司。COMEX 的黄金交易往往可以主导全球金价的走向,实际黄金实物的交收占很少的比例。参与 COMEX 黄金买卖以大型的对冲基金及机构投资者为主,他们的买卖对金市产生极大的交易动力;庞大的交易量吸引了众多投机者加入,整个黄金期货交易市场有很高的市场流动性。

②伦敦黄金市场。伦敦是世界上最大的黄金市场,其发展历史可追溯到 300 多年前。1804 年,伦敦取代阿姆斯特丹成为世界黄金交易的中心。1919 年伦敦金市正式成立,每天进行上午和下午的两次黄金定价。由五大金行(巴克莱、德意志银行、加拿大丰业银行、汇丰、法国兴业银行)定出当日的黄金市场价格,该价格一直影响纽约和中国香港的交易。但德意志银行宣布在 2014 年 5 月退出定盘价机制后,有着 117 年历史之久的伦敦白银定盘价于 2014 年 8 月终结。2015 年 3 月 20 日,伦敦黄金定盘价被 LBMA 黄金价格取代,新定价机制仍然每天两次定价(伦敦当地时间 10:30 和 15:00)。但它与之前少数银行通过电话定价方法不同,这是一个电子和可交易的拍卖

过程，独立管理，买卖集合竞价并实时发布，参与者数量可以尽可能地多。

伦敦金银市场协会是金银基准价知识产权的所有者，黄金基准定价由洲际交易所(ICE)旗下的ICE Benchmark Administration(IBA)提供定价管理。白银基准定价则由芝加哥交易所集团(CME Group Inc)和汤森路透(Thomson Reuters Corp)共同管理。

伦敦黄金市场的交易制度比较特别。狭义地说，伦敦黄金市场主要指伦敦金银市场协会(London Bullion Market Association，简称LBMA)，该市场不是以交易所形式存在，而是OTC市场。LBMA充当的角色是其会员与交易对手的协调者，其主要职责是作为时常与规则制定者之间的桥梁，通过其职员及委员会的工作，确保伦敦始终能够满足全球金银市场革新的需求。

LBMA的运作方式是通过无形方式——会员的业务网络来完成，市场监管主要以自律为主。LBMA的会员主要有两类：做市商和普通会员。做市商均为知名投行，如巴克莱银行、汇丰银行、高盛国际、瑞银、摩根大通等。LBMA黄金的最小交易量为1金衡制盎司，标准金成色为99.5%。

③苏黎世黄金市场。苏黎世黄金市场是第二次世界大战后发展起来的世界黄金市场。由于瑞士特殊的银行体系和辅助性的黄金交易服务体系，为黄金买卖者提供了一个既自由又保密的环境。瑞士与南非也有优惠协议，获得了80%的南非金，苏联的黄金也聚集于此，使得瑞士不仅是世界上新增黄金的最大中转站，也是世界上最大的私人黄金的存储与借贷中心。苏黎世黄金市场在世界黄金市场上的地位仅次于伦敦。

苏黎世黄金市场没有正式组织结构，由瑞士联合银行集团和瑞士信贷银行负责结算结账。这两大银行不仅可为客户代行交易，而且黄金交易也是这两家银行本身的主要业务，提供优良安全的保险柜和黄金账户。苏黎世黄金总库(Zurich Gold Pool)建立在瑞士两大银行非正式协商的基础上，不受政府管辖，作为交易商的联合体与清算系统混合体在市场上起中介作用。

苏黎世黄金市场无金价定盘制度，在每个交易日特定时间，根据供需状况议定当日交易金价，这一价格为苏黎世黄金官价。全日金价在此基础上的波动无涨停板限制。苏黎世金市的金条规格与伦敦金市相同，可方便参与者同时利用伦敦市场，增加流通性，其交易为99.5%的成色金，交割地点为苏黎世的黄金库或其他指定保管库。

④东京黄金市场。日本黄金交易所成立于1981年4月，1982年开设期货，是日本政府正式批准的唯一黄金期货市场，为日本的黄金从业者提供了一个具有透明度和有效率的交易平台。之后在1984年与东京橡胶交易所等合并为东京工业品交易所。1991年4月，东京工业品交易所将黄金市场原有的日本传统的定盘交易方式改为与世界主要市场一样的自动盘交易，同时引进电子屏幕交易系统。该系统完全实现了电

子操作，远程控制。交易所又在配备全新系统的基础上，采用全电子化连续交易技术。2004 年，黄金期权获准上市，日本的黄金期货市场更加活跃。在 24 小时的黄金交易市场中，东京市场成为伦敦、纽约交易时间外的亚洲时段的重要交易市场。日本市场与欧美市场的不同之处在于，欧美的黄金市场以美元/金衡制盎司计，而日本市场以日元/克计，每宗交易合约为 1000 克，交收纯度为 99.99%的金锭，在指定的交割地点交割。

⑤中国黄金市场。第一，中国香港黄金市场。香港黄金市场发展历史已逾百年，虽然较之伦敦黄金市场，香港市场起步晚得多，但是，由于在 1974 年当时的香港政府撤销了对黄金进出口的管制，香港金市开始快速发展；又因为香港黄金市场在时差上刚好填补了纽约、芝加哥市场收市和伦敦开市前的空档，可以连贯亚、欧、美，形成完整的世界黄金市场，具备了“地利”和“人和”的条件。于是，伦敦五大金商、瑞士三大银行等纷纷来到香港设立分公司。他们将在伦敦交易的买卖活动带到香港，形成了一个无形的“伦敦金市场”。此后，香港交易所成立，黄金期货合约推出，伦敦金标准合约在金银贸易场推出，众多举措使香港发展成为世界五大黄金交易市场之一。目前香港最重要的黄金交易市场有香港金银贸易场、伦敦金市场以及期货市场。

第二，中国大陆黄金市场。20 世纪 30 年代，上海金业交易所曾是远东最大的黄金交易中心之一，炒金是当时流行的投资方式。

新中国建立后，政府对黄金实行统一管理。1950 年 4 月，中国人民银行制定下发《金银管理办法》，冻结民间金银买卖，明确规定国内的金银买卖统一由中国人民银行经营管理。

1983 年 6 月 15 日，《中华人民共和国金银管理条例》颁布实施，其基本内容是国家对金银实行统一管理、统收统配的政策，即对黄金实行市场管制，国家管理金银的主管机关为中国人民银行。

1993 年，我国黄金市场启动改革，同年国务院 63 号函确立了黄金市场化方向。

2001 年 4 月，中国人民银行行长戴相龙宣布取消黄金“统购统配”的计划管理体制，在上海组建黄金交易所。2002 年 10 月上海黄金交易所开业，标志着中国的黄金业开始走向市场化。

2008 年 1 月 9 日，经国务院同意和中国证监会批准，黄金期货在上海期货交易所上市。

目前，我国黄金市场体系基本建成，初步形成了上海黄金交易所黄金业务、商业银行黄金业务和上海期货交易所黄金期货业务共同发展的市场格局，形成了与黄金产业协同发展的良好局面。

·知识专题:上海金·

上海金由上海黄金交易所(以下简称“交易所”)自2016年4月19日起正式挂牌。上海金集中定价交易是指市场参与者在交易所平台上,按照以价询量、数量撮合的集中交易方式,在达到市场量价相对平衡后,最终形成上海金人民币基准价的交易。上海金集中定价合约的合约代码为SHAU,报价单位为人民币元/克,交易单位1千克/手,每日集中定价交易分早盘和午盘两场,早盘的集中定价开始时间为10:15,午盘集中定价开始时间为14:15,每场集中定价开始前分别有5分钟的参考价报入时间和1分钟的初始价显示时间。

上海金基准价(Shanghai Gold Benchmark Price)是指“上海金”在上海黄金交易所指定的定价交易平台通过“以价询量”的集中交易方式,在达到市场量价平衡后,最终形成的人民币基准价格。

上海金基准价的推出将有助于中国黄金金融衍生品市场的发展,亦将对与黄金相关的金融产品、理财产品及衍生品的价格产生重要影响。

(三)黄金价格影响因素

由于黄金兼具商品属性和金融属性,又是资产的象征,所以影响黄金价格的因素有很多,如供求关系、国际地缘政治、欧美主要国家的利率和货币政策、通货膨胀和美国实际利率、各国央行对黄金储备的增减、黄金开采成本的升降、国际基金的持仓、投资者的心理预期等因素。这些因素相互作用或连锁反应对黄金价格产生重要影响。

1. 黄金供需关系

黄金作为一种商品,具有商品属性。任何商品的价格都会受到供需关系的影响,所以黄金的供需关系是影响黄金价格最基本的因素。当黄金市场供大于求时,黄金的价格就会有所下降;当黄金市场供小于求时,黄金的价格就会上升。此外,黄金新矿的发现、新型采金技术的应用同样可以影响黄金的供需情况,从而影响黄金的价格。特别是近年来受全球金融危机等因素影响,黄金投资需求的快速增长对金价影响较大。黄金复杂的属性和市场特点,决定了供求分析要与其他因素分析有机结合起来,才能更有效地判断金价趋势。

2. 国际地缘政治

黄金作为一种避险资产，对地缘政治的发展情况较为敏感。在国际地缘政治发生变动时，黄金价格也会产生巨大波动，尤其是涉及大型经济体和重要地区时表现更为明显。特别是发生在中东或美国直接参与的地缘政治危机，对金价走势影响巨大。因为中东发生的地缘危机往往提升石油价格和全球通胀预期，而美国参与的战争则意味着美元中长期贬值概率增大，这将会极大提升黄金的保值和避险需求。如1965年越南战争、1973年第四次中东战争、1979年底“伊朗扣押美国人质”事件、2001年美国“9·11”事件、2003年伊拉克战争等，都使金价出现较大程度的攀升。2001年美国发生“9·11”恐怖袭击后，先后发动了阿富汗和伊拉克两场战争，军费开支的激增使得美国财政收支迅速恶化，美元指数在此期间从122大幅走低至2004年底的81附近，NYMEX原油价格从每桶19美元大涨至54美元，而伦敦金价则从每盎司280美元大涨至438美元。但战争对金价的影响需综合考虑，历史上也有战争时期金价下跌的例子。比如，在1989年至1992年间，世界上出现了许多的政治动荡和零星战乱，但金价却没有因此而上升，原因就是当时人人持有美元，舍弃黄金。故投资者不可机械地套用战乱因素来预测金价，还要考虑美元等其他因素。

战争对金价的影响可参照图5—16、图5—17。

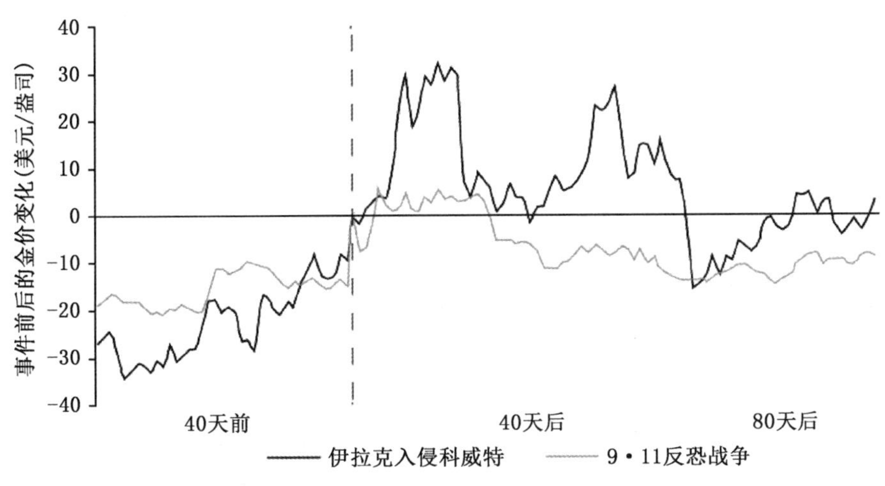

图5—16　第二次世界大战后黄金上涨事件

总体来看，对于货币信用体系稳定性影响越大的地缘政治格局，或对资源供给和资源价格影响越大的地缘政治事件，其对于金价的影响越大；反之，则对金价不构成明显的影响。

3. 就业数据

就业数据是各国经济形势的晴雨表。对于黄金市场来说，美国的就业形势对黄金

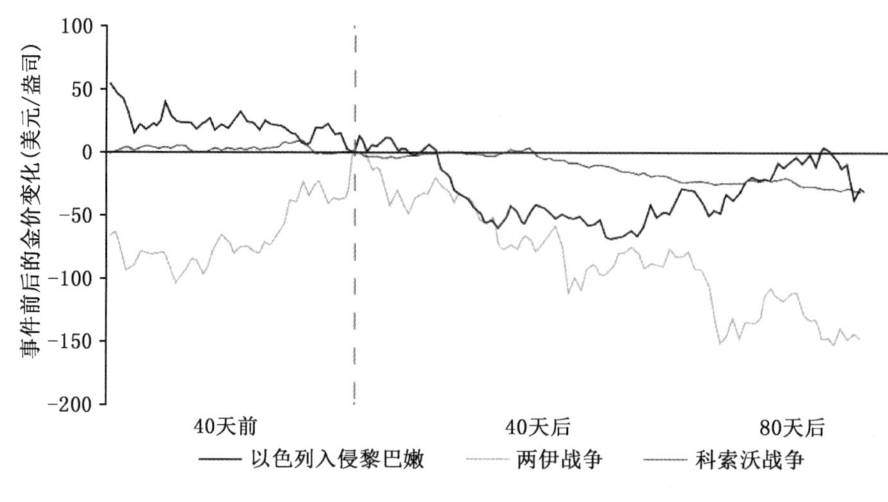

图 5—17　第二次世界大战后黄金下跌事件

价格走势有着强烈的影响。美国新增非农就业数据,是美国就业数据中的一项,反映出农业就业人口以外的新增就业人数,和失业率同时发布。由美国劳工部统计局在每月第一个星期五美国东部时间 8:30 也就是北京时间星期五 20:30 发布前一个月的数据。目前为止,该数据是美国经济指标中最重要的一项,是影响汇市波动最大的经济数据之一。就业报告通常被誉为外汇市场能够做出反应的所有经济指标中的"皇冠上的宝石"。同时,它影响黄金格走势的就业数据还包括美国的失业率、首次申请失业金人数等指标,均是重要的反映经济状况的数据。

由于失业率和非农就业人数直接与当前美联储实施的货币政策相挂钩,因此,数据的好坏通过直接影响市场对于货币政策变化的预期,从而影响到外汇及黄金市场。美国是一个以消费为主导的巨型经济体。美国当前 70%的 GDP 由国内消费拉动,这也是为什么劳工部的就业报告如此重要的原因(参见图 5—18)。

4. 美元汇率

作为全球最主要的储备货币和核心货币,美元汇率(如美元指数等)是影响金价波动的重要因素。美元指数是综合反映美元在国际外汇市场的汇率情况的指标,用来衡量美元对一揽子货币的汇率变化程度。它通过计算美元和对选定的一揽子货币的综合的变化率,来衡量美元的强弱程度。国际市场上黄金价格是以美元标价的,金价分析往往也是以美元金价为基础的。因此,美元升值会促使黄金价格下跌,而美元贬值又会推动黄金价格上涨,美元的走势强弱会对黄金价格产生直接和迅速的影响。但在某些特殊时段,尤其是黄金走势非常强或非常弱的时期,黄金价格也会摆脱美元影响,走出独自的趋势。

美元坚挺一般代表美国国内经济形势良好,美国国内股票和债券将得到投资者竞

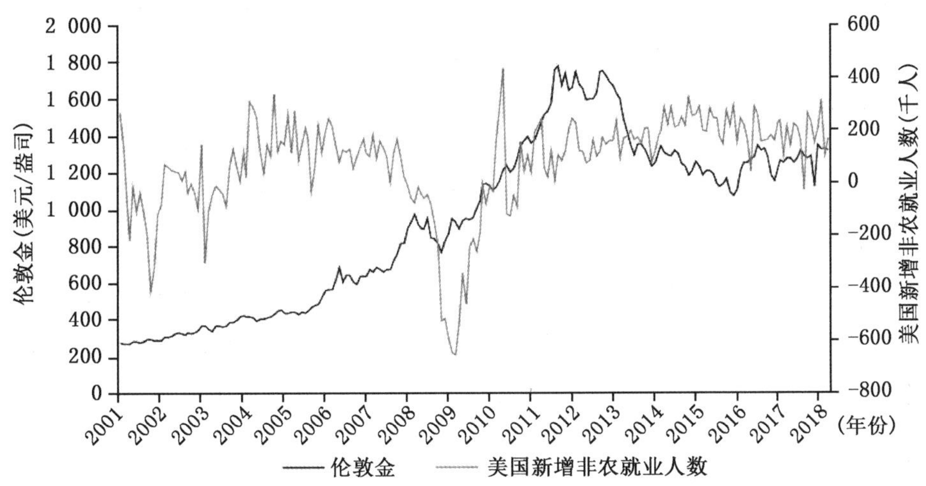

数据来源：路透社。

图 5—18　美国非农就业数据和伦敦金价走势对比

相追捧，黄金作为价值贮藏手段的功能受到削弱；而美元汇率下降，则往往与通货膨胀、股市低迷等有关，黄金的保值功能又再次体现，在美元贬值和通货膨胀加剧时往往会刺激对黄金保值和投机性需求的上升。回顾过去 20 年历史，当美元对其他西方货币坚挺，国际黄金价格就会下跌；当美元贬值，国际黄金价格就会上涨。过去 10 年，大多数情况下金价与美元走势负相关(图 5—19)。但不可否认的是，二者之间的负相关性也不是“亘古不变”，在特殊的市场情况中，二者也可能发生同向波动。

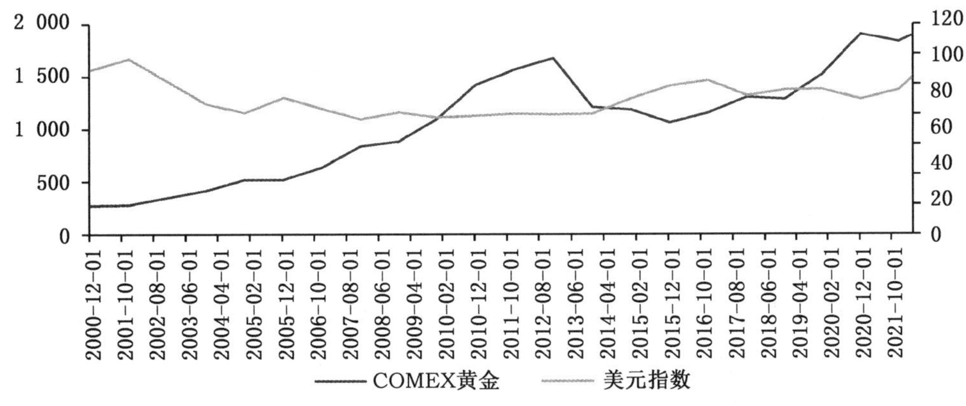

数据来源：WIND。

图 5—19　COMEX 黄金期货价格与美元指数走势对比

5. 石油价格

石油是全球性的资源，与各国的战略、经济息息相关，在国际大宗商品市场上，原油是最为重要的大宗商品之一。而黄金则是通胀之下的保值品，与美国的通货膨胀形影不离，观察黄金价格和国际原油价格走势，发现原油价格一直和黄金价格紧密关联。黄金具有抵御通货膨胀的功能，而国际原油价格又与通胀水平密切相关，因此，黄金价格与国际原油价格往往呈现正向运行的互动关系。由于黄金价格和石油价格受共同因素的影响，当这些因素发生变化时，黄金价格和原油价格就会有一定的同涨同跌性，可以说两者相关度较明显。当然在个别的时候，也会出现负相关的情况。从历史数据上看（图 5—20），近 20 年，油价与金价呈 80%左右的正相关关系。原油价格上涨，金价强势，原油价格回落，金价弱势。在石油是全球最重要的经济资源情况下，石油价格仍将是全球物价水平和经济稳定性的重要影响因素，金价与油价正相关的关系将长期存在。

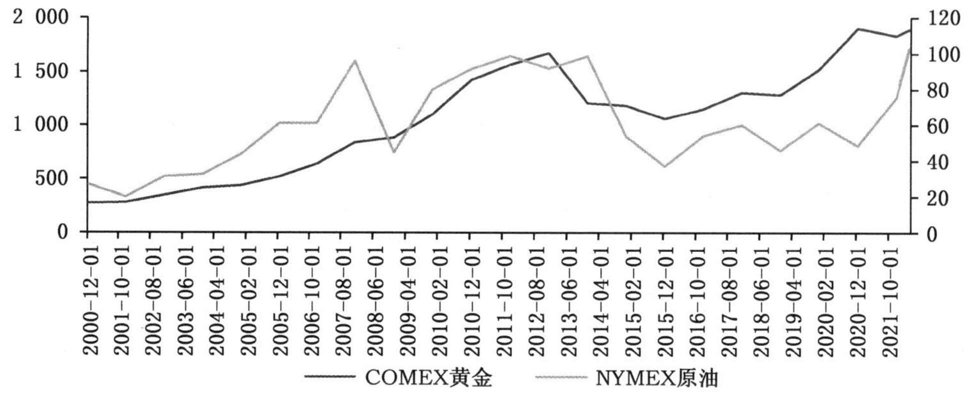

数据来源：WIND。

图 5—20 COMEX 黄金与 NYMEX 原油走势对比

6. 通货膨胀

通货膨胀是指一般物价水平在某一时期内，连续性地以相当的幅度上涨的状态，又称为物价上升。现代经济学一般用 CPI（消费者物价指数）和 PPI（生产者物价指数）两个指标来衡量某个经济体通货膨胀指数的高低。

一个国家货币的购买能力，是基于物价指数而决定的。当一国的物价稳定时，其货币的购买能力就越稳定；相反，通胀率越高，货币的购买力就越弱，这种货币就越缺乏吸引力。如果美国和世界主要地区的物价指数保持平稳，持有现金也不会贬值，又有利息收入，必然成为投资者的首选；相反，如果通胀剧烈，持有现金根本没有保障，收取利息也赶不上物价的上升。人们就会购买并持有黄金，因为此时黄金会受到替代纸币作用的推动而需求上升，黄金的理论价格会随通胀而上涨。西方主要国家的通胀越高，以黄金作保值的要求也就越大，国际金价也会越高。其中，美国的通胀率最容易左右黄金的变动，而一些较小国家的通货膨胀即便很高，对国际金价影响也非常有限；相反，当一国的物价稳定时，其货币的购买能力就越稳定(图 5—21)。如果美国和世界主要地区的物价指数保持平稳，持有现金也不会贬值，又有利息收入，必然成为投资者的首选，那么金价就会走势疲弱。

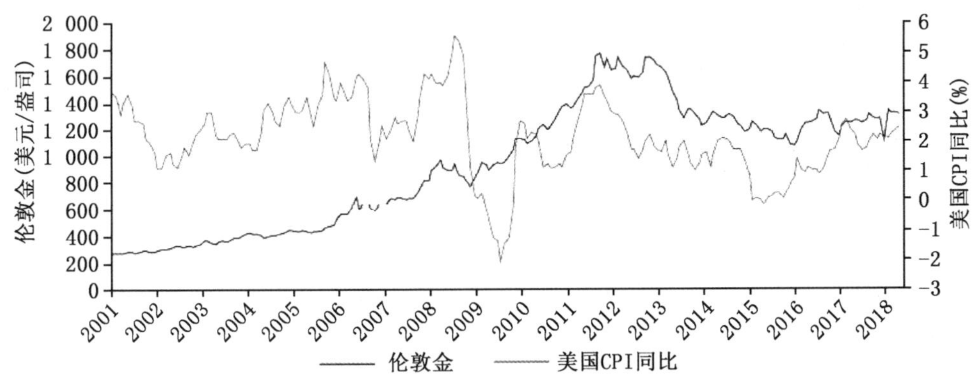

数据来源：WIND。

图 5—21 美国 CPI 同比与伦敦金价格走势对比

7. 美国实际利率

美元利率水平也是市场判断黄金价格走势的重要指引之一，全球主要投研机构在预测金价走势时都对该指标非常重视。实际利率往往与金价走势负相关。实际利率是指剔除通货膨胀率后储户或投资者得到利息回报的真实利率。通常来说，一个国家的实际利率越高，热钱向那里流入的机会就越高。如果美元的实际利率走高，美联储的加息预期增强，那么国际热钱向美国投资流向就比较明显，美元指数就会走强，而金价下行的概率就会增大，参见图 5—22。

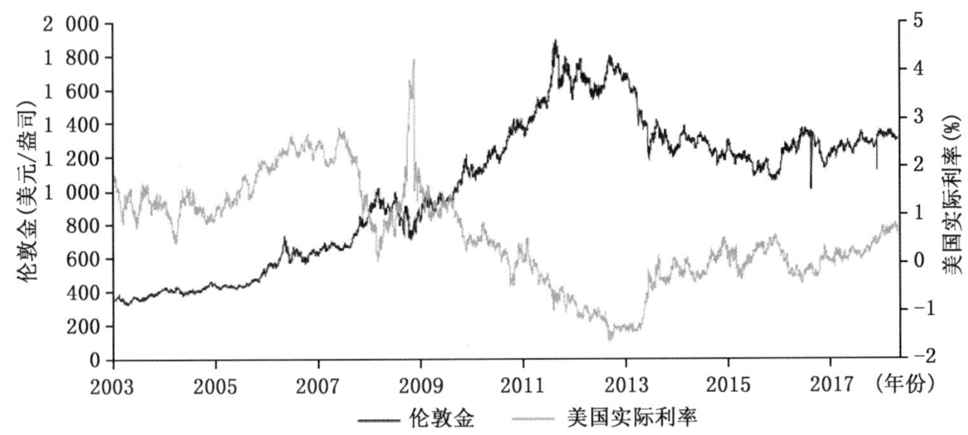

数据来源：WIND。

图 5—22 美国实际利率与伦敦金价格走势对比

扣除通货膨胀后的实际利率实质上是持有黄金的机会成本（因为黄金不能生息，实际利率是人们持有黄金必须放弃的收益），实际利率为负的时期，人们更愿意持有黄金；实际利率长期为正的时期，人们更倾向于抛售黄金而持有其他高息资产。

8. 国际基金持仓水平

美国的次贷危机引发的全球性货币信用危机，促使机构投资者寻找更合适的投资品种来对冲汇率不稳定的风险。以原油、黄金为代表的商品市场吸引了众多机构者的视线，国际对冲基金纷纷进入黄金市场和其他商品市场。国际对冲基金具有信息以及技术上的优势，因此，它们在一定程度上具有先知先觉性与前瞻性。可以说，近年来黄金价格的大幅上涨既是投资背景发生深刻变化的必然产物，也是国际对冲基金大肆炒作的结果，所以在关注黄金价格走势时，也应该密切关注国际基金持仓水平的动向。

此外，与对冲基金有所不同的黄金 ETF 基金（Exchange Traded Fund）近几年规模迅速扩大，持仓量较高，也成为影响黄金价格波动因素之一。黄金 ETF 基金持仓变化代表着市场上专业的投资机构对于金价长期的看法，养老金、共同基金等大型公募投资基金由于不能直接持有黄金实物，因此，ETF 即成为其间接投资于黄金市场的不二选择。与对冲基金不同，这类投资机构持有的仓位不会频繁地发生变化，因此，从历史数据得出的经验来看，黄金 ETF 持仓变化往往存在一定的趋势性。持仓数量增加代表专业机构的黄金投资需求增加；反之，则意味着市场黄金投资需求的减少。自 2013 年初以来，全球最大黄金 ETF 基金 SPDR 的累计黄金持有量下跌了 500 吨，对应着金价从 1 700 美元上方大幅回调，参见图 5—23。

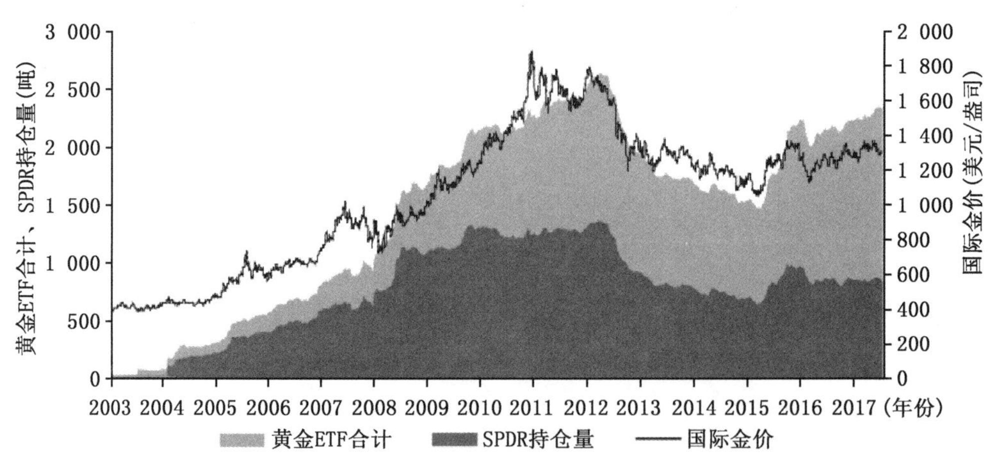

数据来源：Bloomberg。

图 5—23 黄金 ETF 基金持仓量与伦敦金价走势对比图

9. 黄金出借利率

一般来说，在其他因素保持不变的情况下，黄金出借利率相当于借入黄金的成本。当利率走高时，大型银行倾向于借出黄金，黄金供应量增加，对应着市场可能下跌；相反，当该利率走低时，大型银行倾向于借入黄金，实物黄金的需求增加，对应着金价则可能上涨(图 5—24)。

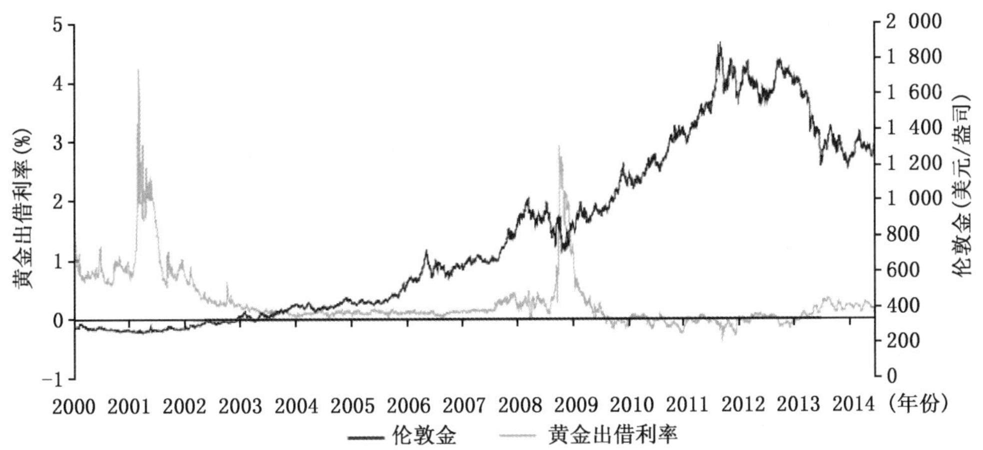

注：自 2014 年 9 月 22 日起，伦敦金银市场协会(LBMA)已停止公布黄金远期利率(GOFO)。

数据来源：路透社。

图 5—24 黄金出借利率与伦敦金价格走势对比

10. 央行黄金储备情况

在全球黄金市场中，除了个人投资者和机构投资者之外，其实大部分的实物黄金都储存于各大央行(包括 IMF)手中。由于黄金具有特殊的货币属性，因此，其一般作为外汇储备的补充存在于央行的资产负债表中。

一般来说，央行售金一直是市场上实物黄金供给的主要来源之一。从 2004 年到 2008 年的 5 年时间里，全球各大央行的累计售金重量超过 2 000 吨。但自 2008 年全球金融危机爆发以来，各国央行为了对冲持有大量美元资产的风险，开始逐步缩减售金的规模，甚至开始在市场上买入黄金。央行在实物黄金市场中的头寸变化无疑会引起供需基本面的变化，从而影响价格。

11. 投资者的心理预期等其他因素

投资者的心理预期是影响黄金价格剧烈波动的重要因素。但是，投资者的心理预期往往是配合其他方面因素的共同作用，起到放大价格的波动幅度的作用，从而给黄金期货和现货投资创造了大量的价差交易机会。

二、原油

原油，号称黑色金子，被誉为“工业的血液”，是大自然赠予人类最宝贵的天然财富之一。人类进入工业时代之后，科技能够有现在的成就，有很大一部分功劳要归到原油上。

（一）原油基础知识

1. 原油的一般性质

原油是指从地下天然油直接开采得到的液态碳氢化合物或其天然形式的混合物，通常是流动或半流动的黏稠液体。

世界各产油区所产原油的性质和外观都有不同程度的差别。从颜色上看，绝大多数是黑色，但也有暗黑、暗绿、暗褐，甚至呈赤褐、浅黄、无色等；以相对密度论，绝大多数原油介于0.8—0.98之间。原油的主要元素为碳、氢、硫、氮、氧及微量元素。原油是一种多组分的复杂混合物，其沸点范围很宽，从常温一直到500℃以上。

2. 原油分类

国际石油市场上常用的计价标准是按比重指数API度分类和含硫量分类的。API度是美国石油学会（American Petroleum Institute，简称API）制订的用以表示石油及石油产品密度的一种量度。国际上把API度作为决定原油价格的主要标准之一。它的数值愈大，表示原油愈轻，价格愈高，参见表5—6。

表5—6　　　　原油按API度分类标准

类别	API度	密度（20℃）分类（kg/m3）
轻质原油	＞34.9	≤850
中质原油	＞29.2	≤880
重质原油	＞20.6	≤930
特重原油	≤20.6	＞930

数据来源：《进口原油质量评价要求》（SN/T2999—2011）。

3. 石油产品及其主要用途

石油产品是以石油或石油某一部分做原料直接生产出来的各种商品的总称。一般不包括以石油为原料合成的石油化工产品，主要分为六大类：燃料、润滑剂、石油沥青、石油蜡、石油焦、溶剂和化工原料。燃料主要包括汽油、柴油和航空煤油等发动机燃料以及灯用煤油、燃料油等。我国的石油燃料约占石油产品的80%，其中的六成左右为各种发动机燃料。润滑剂品种达百种以上，但仅占石油产品总量的5%左右。溶剂和化工原料包括生产乙烯的裂解原料、石油芳烃及各种溶剂油，约占石油产品总量的 10%左右。石油沥青、石油蜡和石油焦约占石油产品总量的 5%—6%。

(二)国内外石油市场概况

世界石油工业诞生已经有 150 多年的历史，但真正意义上自由贸易的国际石油市场是在 20 世纪 60 年代后期才逐步萌芽。

在 20 世纪的前 70 年里，尽管存在着两次世界大战以及一些世界性的冲突，但是石油价格还是相当稳定的，西方跨国石油公司通过“租让协议”控制中东地区绝大部分石油资源，进而控制石油价格。1960 年，石油输出国组织欧佩克(OPEC)的成立标志着当时西方世界石油价格的控制权开始逐渐向 OPEC 转移。20 世纪 70 年代在沙特阿拉伯和伊朗先后爆发了石油危机，石油价格开始随着 OPEC 对石油供应的控制而大幅上涨。20 世纪 80 年代，非 OPEC 石油生产国的石油产量逐渐超过了 OPEC 产量，全球石油出现供应过剩的局面，随之油价暴跌的“反向石油危机”标志着 OPEC 单方面决定石油价格的格局逐步瓦解，世界石油市场进入了以市场供需为基础的多元定价阶段。

随着国际油价的波动加剧，市场产生了规避价格风险的强烈需求。在这样的背景下，国际石油期货市场发展起来，20 世纪 90 年代以来，石油期货市场发展迅速。

1. 国际石油市场概况

(1)世界石油资源分布。世界石油资源的分布总体来看极端不平衡：从东西半球看，约 3/4 集中于东半球，西半球占 1/4；从南北半球看，主要集中于北半球；从纬度分布看，主要集中在北纬 20°—40°和 50°—70°两个纬度带内。波斯湾及墨西哥湾两大油区和北非油田均处于北纬 20°—40°内。该带集中了 51.3%的世界石油储量；50°—70°纬度带内有著名的北海油田、俄罗斯西伯利亚油区、伏尔加—乌拉尔油区等。

随着石油勘探新技术的运用以及石油需求的增加，世界各个国家和地区石油探明储量呈现逐年增长的趋势。从历年来看，由《BP 世界能源统计年鉴 2021》的数据可知，2010 年的探明储量为 1.64 万亿桶，2020 年的探明储量为 1.73 万亿桶，10 年增长 5.49%。

从地区来看，已探明石油储量中，地区分化比较严重，其中中东地区储量为 0.84 万亿桶，占全球总储量的 48.3%；整个欧洲和欧亚大陆的储量为 0.01 万亿桶，占全球总储量的 0.8%；中南美洲和非洲的储量分别为 0.32 万亿桶和 0.13 万亿桶，各占 18.7%和 7.2%；北美 0.24 万亿桶，占 14.0%；亚太地区只有 0.05 万亿桶，占比为 2.6%。增长速度最快的是中南美洲地区，近 10 年年均增长达 3.3%，参见图 5—25。

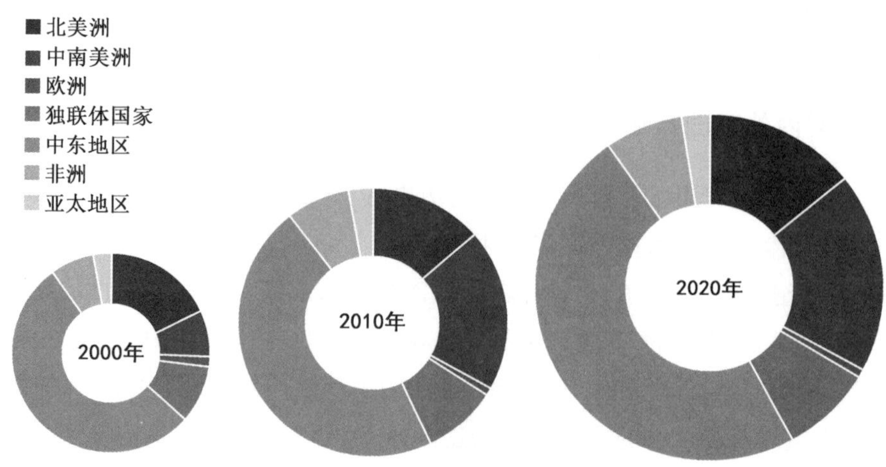

数据来源:《BP世界能源统计年鉴2021》。

图5—25 2000年、2010年、2020年世界石油探明储量(单位:10亿桶)

从国家来看,截至2020年底,委内瑞拉已探明总储量达到3 038亿桶,占世界储量的17.5%,其拥有世界上最大的重油蕴藏区——奥里诺科重油带。其次是沙特阿拉伯和加拿大,占比分别为17.2%和9.7%,其中加拿大阿尔伯特省北部的油砂储藏属于非常规原油矿藏,但占整个加拿大原油矿藏的95.7%以上。已探明总储量世界排名前五的国家还包括伊朗和伊拉克。2020年我国已探明储量为260亿桶,占全球储量的1.5%(图5—26)。近年来,随着非常规油气资源开采技术的进步,特别是以美国页岩油气、致密岩性油气资源为代表的非常规能源的勘探开发正在改变全球能源供应格局。

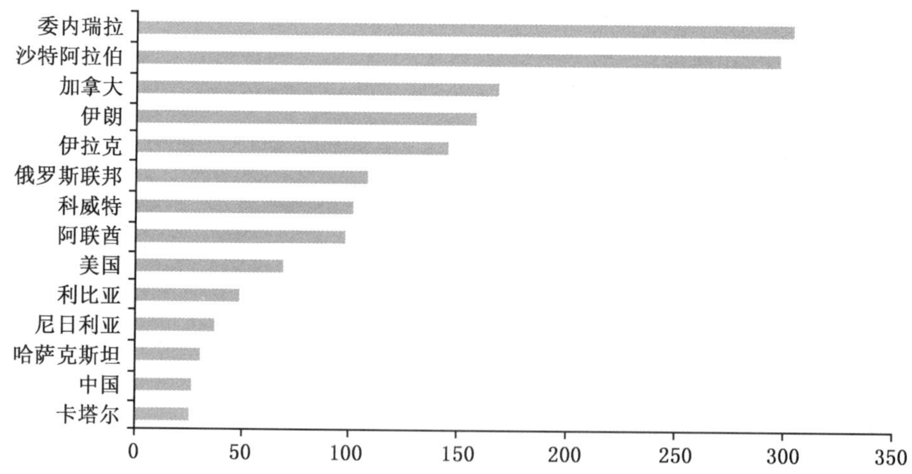

数据来源:《BP世界能源统计年鉴2021》。

图5—26 2020年末世界各国探明石油储量(单位:10亿桶)

(2)世界石油生产与消费。

第一,世界石油产量及其分布。根据《BP 世界能源统计年鉴 2021》,2020 年世界石油产量为 8 839 万桶/日,从 2000 年到 2020 年的 20 年间,世界石油总产量年均增长 0.93%。

从区域来看,世界石油产量主要集中在中东、北美、欧洲及独联体国家,2020 年这些地区的石油产量分别为 2 766 万桶/日、2 352 万桶/日、1 708 万桶/日,分别占世界总量的 31.3%、26.6%、19.3%。

从各个国家 2020 年的石油产量来看,美国、沙特阿拉伯、俄罗斯、伊朗、伊拉克、加拿大和阿联酋,其石油日产量合计为 5 417 万桶/日,约占世界总产量的 61.3%。

第二,世界石油消费现状。2020 年,全球石油消费量为 8 858 万桶/日,较上一年下降 9.3%,这也是二十年来的最大降幅。石油需求空前减少主要是因为全球各地为控制新冠疫情的传播,采取了不同程度的封锁措施,导致与运输相关的能源需求锐减。在主要石油消费国中,仅有中国凭借对疫情的有效防控实现了石油消费量 1.6%的正增长。

从消费量来看,2020 年世界石油消费量最多的五个国家分别为美国、中国、印度、日本及沙特阿拉伯,石油消费合计 4 632 万桶/日,约占世界消费量 47.1%。其中美国是世界第一大石油消费国,2019 年石油消费 1 718 万桶/日,约占世界消费量的 19.4%;石油消费增长最快的是中国,目前已跃居世界第二大石油消费国,消费量从 2010 年的 939 万桶/日增长到 2020 年的 1 423 万桶/日,年均增长 5.15%,参见图 5—27。

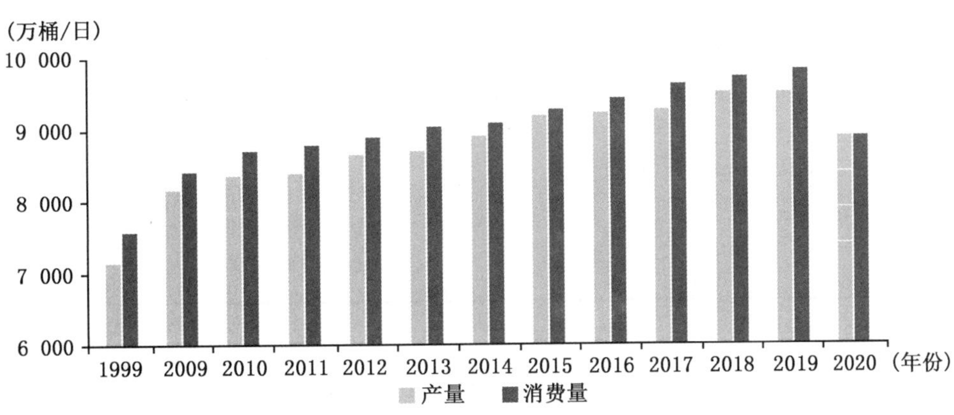

数据来源:《BP 世界能源统计年鉴 2021》。

图 5—27 世界石油生产与消费量(单位:万桶/日)

2. 国际主要原油期货交易所

目前国际上有 10 余家交易所推出了原油期货。芝加哥商品交易所集团旗下纽约商业交易所(NYMEX)和洲际交易所(ICE)为影响力最大的世界两大原油期货交易中心,其对应的WTI、布伦特两种原油期货,也分别扮演着美国和欧洲基准原油合约的角色。另外,迪拜商品交易所(DME)上市的阿曼(Oman)原油期货也是重要的原油期货基准合约。上海期货交易所的上海原油期货合约经过多年的发展,已经成为全球交易规模第三大的原油期货合约。

根据国际期货业协会(FIA)2021年最新数据显示,按全年交易量来看,排名靠前的原油期货合约为莫斯科交易所的布伦特原油期货合约、纽约商业交易所的WTI原油期货、洲际交易所的布伦特期货合约、洲际交易所的WTI原油期货合约,以及上海原油期货合约(参见表5—7)。

表5—7　　2021年国际主要原油合约的交易量　　单位:手

	交易所	合　约	交易量(手)
1	Moscow Exchange	Brent Oil Futures	579 590 791
2	New York Mercantile Exchange	WTI Light Sweet Crude Oil (CL) Futures	248 314 481
3	ICE Futures Europe	Brent Crude Oil Futures	243 666 353
4	ICE Futures Europe	WTI Light Sweet Crude Oil Futures	51 721 597
5	Shanghai International Energy Exchange	Medium Sour Crude Oil Futures	42 645 180
6	New York Mercantile Exchange	Crude Oil (LO) Options	30 006 061
7	ICE Futures Europe	Brent Crude Oil Options	29 017 774
8	New York Mercantile Exchange	Brent Crude Oil Last Day Financial (BZ) Futures	24 184 136
9	Multi Commodity Exchange of India	Crude Oil Futures	19 083 426
10	Multi Commodity Exchange of India	Crude Oil Options	15 798 979

数据来源:FIA。

注:莫斯科交易所布伦特原油期货合约交易单位为10桶/手;印度大宗商品交易所原油期货合约交易单位为100桶/手。

3. 我国石油市场概况

(1)我国石油资源分布。我国石油资源集中分布在渤海湾、松辽、塔里木、鄂尔多斯、准噶尔、珠江口、柴达木和东海大陆架八大盆地,可采资源量为172亿吨,占全国的81.13%。

从资源深度分布看，我国石油可采资源有80%集中分布在浅层（<2 000米）和中深层（2 000米～3 500米），而深层（3 500米～4 500米）和超深层（>4 500米）分布较少。从地理环境分布看，我国石油可采资源有76%分布在平原、浅海、戈壁和沙漠。从资源品位看，我国石油可采资源中优质资源占63%，低渗透资源占28%，重油占9%。

在我国，中石油、中石化及中海油旗下都有数个大油气田。其中，隶属中石油的有：大庆油田、长庆油田、延长油田、新疆油田、辽河油田、吉林油田、塔里木油田等；隶属中石化的有：胜利油田、中原油田、江汉油田等；隶属中海油的有渤海油田等。

(2)我国原油生产与消费。我国的原油生产主要集中在东北、西北、华北、山东和渤海湾等地区，消费则覆盖全国，主要中心集中在环渤海、长江三角洲及珠江三角洲等地区。

目前我国原油主要消费在工业部门，其次是交通运输业、农业、商业和生活消费等部门。其中，工业石油消费占全国石油消费总量的比重一直保持在50%以上；交通运输石油消费量仅次于工业，占25%左右。

根据《BP世界能源统计年鉴2021》统计，2014年至2020年，我国石油产量从1.85亿吨上升至1.95亿吨，年均增长0.7%，为世界第八大产油国；石油消费量从4.46亿吨上升至6.69亿吨，年均增长7.14%，目前为世界第二大石油消费国（参见图5—28）。

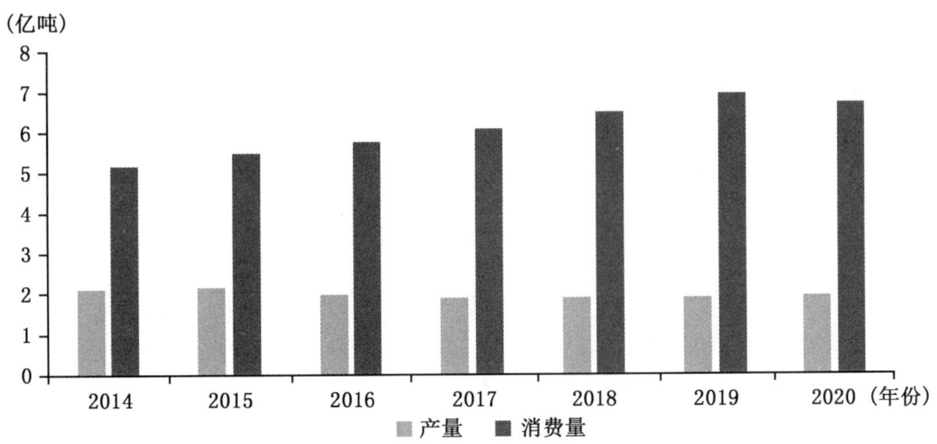

数据来源：《BP世界能源统计年鉴2021》。

图5—28 我国原油产量与消费量

(3)我国原油进出口情况。1996年，我国成为原油净进口国。随着国内需求的不断增加，原油进口量也在逐年攀升。

据中国海关数据统计，2015 年至 2021 年，我国原油进口量从 3.35 亿吨上升至 5.13 亿吨。我国目前是全球第一大原油进口国。

2021 年，位列前十的原油进口来源国为：沙特阿拉伯、俄罗斯、伊拉克、阿曼、安哥拉、阿联酋、巴西、科威特、马来西亚、挪威。中东地区仍然是我国进口原油的主要地区，占比达进口总量的 48.6%。

20 世纪 90 年代以前，原油出口曾是我国出口创汇的重要商品。随着我国经济发展对石油需求的增长，自 90 年代中期以来原油出口逐步减少。目前少量的原油出口主要是履行与有关国家签订的长期贸易协定。根据《BP 世界能源统计年鉴 2020》统计，2019 年我国累计出口原油 40 万吨，同比减少 83.3%，参见图 5—29。

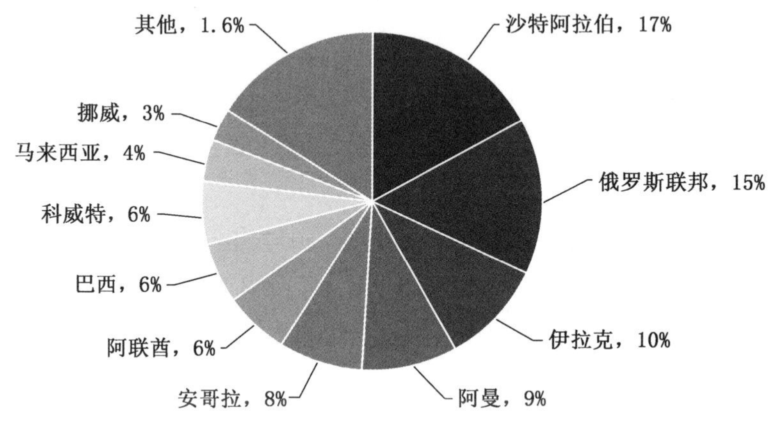

数据来源：中国海关总署。

图 5—29 2021 年中国原油进口结构(分国别)

(三)原油期货价格的构成及影响因素

1. 原油期货价格的构成因素

原油期货价格与一般商品期货价格的构成基本类似，包括两大部分：一是产品生产过程中的成本、利润和税金；二是期货交易中发生的成本、商品流通费用和预期利润。具体来说，原油期货的价格由五个部分构成。

(1)产品生产过程中的成本。与其他商品一样，原油生产中也要发生诸如设备费用、人员工资等成本，同时还要向所在地区政府部门缴纳相关的税金，这些支出构成了原油期货价格的基础部分。但需要特别注意的是，原油生产尤其是原油生产中的成本与期货价格的关系呈现两个显著特点。首先，原油生产的成本并不是直接而是间接影响国际原油期货的价格。原油资源全球分布的不平衡性和原油需求的刚性，使得原油生产中存在高额的“级差地租”。世界原油的价格一般向高成本原油和替代能源的价格看齐,实际上原油的生产成本远低于它的售价。在原油生产领域,由于原油的埋藏条件、油品特性和开采技术方法的不同,生产成本有很大差别。其次,原油生产中前期用于勘探和开发的成本对价格的影响主要是通过影响生产者的产量决策进而影响市场供应量,最后才间接影响市场价格。在原油生产中,前期投资构成生产成本相当重要的组成部分。原油生产中的成本主要可以分为三个部分:地质勘探费用、钻井及油田地面建设费和开采操作费。因此,对原油成本的考察不能仅关注开采费用,更要重点考虑前期费用。

(2)产品的利润。企业的目的包括经济目的、社会目的和其他目的,其中经济目的是企业的本质特征,而利润就是经济目的的核心。原油期货价格包括产品生产过程中的利润,而且由于原油资源的垄断性,该利润比正常情况下的社会平均利润高得多,具有超额垄断利润的特点。由于原油形成需要特定的地质条件,世界原油资源的分布极为不均,这决定了原油市场具有垄断性。按照经济学原理,在垄断条件下,产品的价格并不直接由生产成本决定,与它的自身价值也没有直接的关系,而是由购买者的需求和支付能力决定。虽然原油市场并不是完全的垄断市场,但由跨国大原油公司、OPEC 国家和非 OPEC 产油国组成的供应者集团已经控制了绝大部分原油资源和产量。它们往往愿意维持原油的相对高价,但也不希望太高,以获得超额垄断利润,而这种利润预期也反映在原油期货的价格当中。由此我们也容易理解,虽然全球原油生产总成本相差甚大,但几乎都投入生产,因为它们只是获得的利润稍低,却不会被市场淘汰。

(3)期货交易中的费用。期货交易费用是在期货交易过程中发生和形成的交易者必须支付的费用,主要包括佣金和交易手续费。原油期货交易中,双方需要相应人员和设备的参与,需要以保证金的形式占用资金。在通常的情况下,保证金金额为期货合约总值的 5%—10%左右。保证金是交易者跻身于期货交易所必需的投资资金,但它并不是原油期货价格的构成要素。这些沉淀资金的成本和手续费最后都要反映到期货价格当中。这些交易成本都是原油期货价格中不可忽视的组成部分。

(4)期货交易预期的利润。期货交易中的预期利润既包括所占用资金的社会平均投资盈利,也包括承担交易风险的风险报酬。原油期货交易者可以分为两类:套期保值者和投机者。套期保值者参与期货交易的主要目的是锁定交易风险,并没有太高的利润预期,但投机者之所以进入市场,就是为了在价格波动中寻找机会获利。在期货交易中,投机者的参与既是市场活跃的重要条件,也是合约成功的重要基础,因此,原油期货的价格反映着他们合理的利润预期。

(5)期货商品流通费用。期货商品流通费用包括期货商品的运杂费、包装费和保管费。期货贸易以未来实际物品的可交割性为基础,因此一般期货合约都规定了交割地点，如 NYMEX 中交易的轻质低硫原油期货合约的交割地定在美国俄克拉荷马州的库欣。由于大部分交易的原油不在交割地生产，因此生产者必须将它们运至交割地并将相应的费用纳入，从而构成原油期货价格的重要组成部分。

2. 原油期货价格的影响因素

期货市场是在现货市场基础上发展起来的，所以期货市场的进一步发展必然不能脱离现货市场。期货市场与现货市场对新的市场信息的反应非常接近，期货价格与现货价格运动的方向基本一致，并且两者的价格变动幅度也非常接近，即原油期货价格与原油现货价格之间相互引导，存在着长期的均衡关系。

国际原油市场的价格是由原油现货市场和期货市场的价格共同决定的。因此，影响原油现货价格的因素，即原油市场供需矛盾等因素也会影响原油期货价格。然而，原油期货价格与现货价格也会出现短时间的偏离，因此，还有一些特殊因素会影响原油期货价格，如投资基金的炒作等金融因素。

除此之外，原油作为商品，与其他的商品一样，其价格也是由供需关系决定的。但是，原油不是一般的商品，它是重要的战略物资，是一种特殊的商品，对于国际原油价格影响因素很多，在很大程度上还受国际政治、经济、外交和军事的影响。综上所述，影响原油期货价格的因素主要有以下几点：(1)现货市场因素；(2)投资基金炒作；(3)汇率、利率及资金流动性；(4)突发事件和政治因素。

第九节　衍生品基础知识

一、衍生工具概述

(一)衍生工具的定义

衍生工具(Derivatives)，是由另一种基础资产(股票、债券、货币或商品等)构成或衍生而来的交易合约。衍生工具的价值取决于一种或多种基础资产，这些基础资产通常被称作合约标的资产。合约标的资产可以是股票、债券、货币等金融资产，也可以是黄金、原油等贵金属或大宗商品。常见的衍生工具有远期、期货、期权和互换等。

在远期和期货合约中，在未来买入合约标的资产(或者买入合约标的资产权利)的一方称为多头(Long Position)，在未来卖出合约标的资产(或者卖出合约标的资产权利)的一方称为空头(Short Position)。

一般而言，衍生工具可由以下五个共同的要素组成。

1. 合约标的资产

衍生工具是在合约标的资产基础上创造出来的。所有的衍生品合约追根溯源都是以标的资产作为基础的。合约标的资产的例子包括:市场利率、股票、股票市场指数和债券市场指数及小麦、大豆等农产品。

2. 到期日

所有的衍生工具都会规定一个合约到期日。

3. 交易单位

交易单位,又称合约规模(Contract Size),是指在交易时每一份衍生工具所规定的交易数量。在交易时,只能以交易单位的整数倍进行买卖。

4. 交割价格

衍生工具的交割价格(Delivery Price)是未来买卖合约标的资产的价格。通常取决于合约标的资产的价格和交易双方的预期。

5. 结算

衍生工具的结算可以按合约规定在到期日或者在到期日之前结算。一些衍生工具在结算时要求实物交割;其他的衍生工具允许计算出净现金盈亏,用现金结算。

在衍生工具的交易中,交易双方中某一方违约的风险被称作交易对手风险(Counterparty Risk)。履约保函(Performance Bond)是第三方(通常是保险公司)开具的当某一方违约时保证偿付的保单。另外,抵押品也能保护交易双方免受违约带来的损失。

(二)衍生工具的特点

与股票、债券等金融工具有所不同,衍生工具具有跨期性、杠杆性、联动性、不确定性或高风险性四个显著的特点。

1. 跨期性

衍生工具是交易双方根据对价格(如商品价格、利率、股价等)变化的预测,约定在未来某一确定的时间按照某一条件进行交易或有选择是否交易的权利,涉及基础资产的跨期转移。每一种衍生工具都会影响交易者在未来某一时间的现金流,跨期交易的特点非常明显。

2. 杠杆性

衍生工具只要支付少量保证金或权利金就可以买入。例如,如果期货交易保证金为合约金额的5%,则可以控制20倍于所投资金额的合约资产,实现小资金撬动大资金。这也在很大程度上决定了衍生工具所具有的高风险性。

3. 联动性

联动性指衍生工具的价值与合约标的资产价值紧密相关，衍生资产价格与标的资产的价格具有联动性。例如，我国股指期货沪深300指数合约与沪深300股票指数价格走势密切相关，内在价值存在高度关联性。

4. 不确定性或高风险性

衍生工具的价值与合约标的资产紧密相关，合约标的资产的价格变化会导致衍生工具的价格变动。而且衍生工具通常存在较大的杠杆，会放大风险。衍生工具面临的风险主要包括：

(1)交易双方中的某方违约的违约风险；

(2)因为资产价格或指数变动导致损失的价格风险；

(3)因为缺少交易对手而不能平仓或变现的流动性风险；

(4)因为交易对手无法按时付款或者按时交割带来的结算风险；

(5)因为操作人员人为错误或系统故障或控制失灵导致的运作风险；

(6)因为合约不符合所在国法律带来的法律风险。

(三)衍生工具的分类

衍生工具可以按不同的标准来分类。一般而言，按合约特点、产品形态、合约标的资产的种类以及交易场所分类是四种比较常见的分类方式。

1. 按合约特点分类

衍生工具按其自身的合约特点可以分为远期合约、期货合约、期权合约、互换合约和结构化金融衍生工具五种。远期合约、期货合约、期权合约、互换合约是四种基本的衍生工具，所有的金融衍生工具均可以由这四种合约构造出来。

(1)远期合约。远期合约(Forward Contract)是指交易双方约定在未来的某一确定的时间，按约定的价格买入或卖出一定数量的某种合约标的资产的合约。远期合约是非标准化的合约，即它不在交易所交易，而是交易双方通过谈判后签署的。

(2)期货合约。期货合约(Futures Contract)是指交易双方签署的在未来某个确定的时间按确定的价格买入或卖出某项合约标的资产的合约。相对远期合约而言，期货合约是标准化合约。

(3)期权合约。期权合约(Option Contract)，称作选择权合约，是指赋予期权买方在规定期限内按双方约定的价格买入或卖出一定数量的某种金融资产的权利的合同。约定的价格被称作执行价格(Exercise Price)或协议价格。

(4)互换合约。互换合约(Swap Contract)是指交易双方约定在未来某一时期相互交换某种合约标的资产的合约。更为准确地说，互换合约是指交易双方之间约定的在未来某一期间内交换其认为具有相等经济价值的现金流(Cash Flow)的合约。

(5)结构化金融衍生工具。上面介绍的四种基本的金融衍生工具也常被称作“基础性衍生模块”,它们是相对简单,也是最基础的衍生工具。利用它们的结构化特性,通过相互结合或者与基础金融工具相结合,能够开发和设计出更多具有复杂特性的金融衍生工具。这些金融衍生工具通常被称为结构化金融衍生工具,或者简称为“结构化产品”。

2. 按产品形态分类

按照衍生工具的产品形态分类,衍生工具可以分为独立衍生工具和嵌入式衍生工具。

(1)独立衍生工具。独立衍生工具是指本身即为独立存在的金融合约,如期权合约、期货合约或者互换合约等。

(2)嵌入式衍生工具(Embedded Derivatives)。嵌入式衍生工具是指嵌入非衍生合约(简称主合约)中的衍生工具。该衍生工具使主合约的部分或全部现金流量将按照特定利率、金融工具价格、汇率、价格或者利率指数、信用等级或信用指数,或类似变量的变动而发生调整,如公司债券条款中包含的赎回条款、返售条款、转股条款、重设条款等。

3. 按合约标的资产的种类分类

衍生工具从合约标的资产角度分类,可以分为货币衍生工具、利率衍生工具、股权类产品的衍生工具、信用衍生工具、商品衍生工具以及其他衍生工具。

(1)货币衍生工具。货币衍生工具是指以各种货币作为合约标的资产的金融衍生工具,主要包括远期外汇合约、货币期货合约、货币期权合约、货币互换合约以及上述合约的混合交易合约。

(2)利率衍生工具。利率衍生工具是指以利率或利率的载体为合约标的资产的金融衍生工具,主要包括远期利率合约、利率期货合约、利率期权合约、利率互换合约以及上述合约的混合交易合约。

(3)股权类产品的衍生工具。股权类产品的衍生工具是指以股票或股票指数为合约标的资产的金融衍生工具,主要包括股票期货合约、股票期权合约、股票指数期货合约、股票指数期权合约以及上述合约的混合交易合约。

(4)信用衍生工具。信用衍生工具是指以基础产品所蕴含的信用风险或违约风险为合约标的资产(准确地说,这是一种结果)的金融衍生工具,用于转移或防范信用风险。这是20世纪90年代以来发展最为迅速的一类金融衍生工具,主要包括信用互换合约、信用联结票据等。

(5)商品衍生工具。商品衍生工具是指以商品为合约标的资产的金融衍生工具,主要包括各种大宗商品的期货合约。

(6)其他衍生工具。除以上五类金融衍生工具外,还有相当数量金融衍生工具是在非金融变量的基础上开发的。例如,用于管理气温变化风险的天气期货合约,用于管理政治风险的政治期货合约,用于管理巨灾风险的巨灾衍生产品等。

4. 按交易场所分类

衍生工具按交易场所可以分为两类。

(1)交易所交易的衍生工具。这是指在有组织的交易所上市交易的衍生工具。例如,在股票交易所交易的股票期权产品,在期货交易所和专门的期权交易所交易的各类期货合约、期权合约等。

(2)场外交易市场(OTC)交易的衍生工具。这是指通过各种通信方式,不通过集中的交易所,而是实行分散的、一对一交易的衍生工具。例如,金融机构之间、金融机构与大规模交易者之间进行的各类互换交易和信用衍生工具交易。从近年来的发展看,这类衍生工具的交易量逐年增大,已经超过交易所市场的交易额,市场流动性也得到增强,还发展出专业化的交易商。

二、远期合约和期货合约

(一)远期合约概述

1. 远期合约的概念

远期合约是一种最简单的衍生品合约。现货交易的最大缺点在于无法规避现货价格波动的风险。例如,一家大豆加工公司的收益很大程度上依赖于生产时的大豆现货市场价格。如果在投资规划时就能确定大豆买入的价格,企业家就可安心致力于大豆加工生产了。远期合约正是为了满足这种规避未来风险的需要而产生的。

远期合约是指交易双方约定在未来的某一确定的时间,按约定的价格买入或卖出一定数量的某种合约标的资产的合约。合约标的资产通常为大宗商品和农产品(如大豆和石油等),外汇和利率等金融工具。金融远期合约主要包括远期利率合约、远期外汇合约和远期股票合约。

远期合约是一种非标准化的合约,即远期合约一般不在交易所进行交易,而是在金融机构之间或金融机构与客户之间谈判后签署的。远期合约通常用实物交割。已经签订的远期合约也可以在场外市场交易。在签署远期合约之前,双方可以就交割地点、到期日、交割价格、交易单位和合约标的资产的质量等细节进行谈判,以便尽量满足双方的需要。因此,远期合约与后面将要介绍的期货合约相比,远期合约相对而言比较灵活。这正是远期合约最主要的优点。

但远期合约也有一些明显的缺点。首先，因为远期合约没有固定的、集中的交易场所，不利于市场信息的披露，也就不能形成统一的市场价格，所以远期合约市场的效率偏低；其次，每份远期合约在交割地点、到期日、交割价格、交易单位和合约标的资产的质量等细节上差异很大，给远期合约的流通造成很大不便，因此，远期合约的流动性比较差；最后，远期合约的履行没有保证，当价格变动对其中一方有利时，交易对手有可能没有能力或没有意愿按规定履行合约，因此，远期合约的违约风险会比较高。

2. 远期合约的定价

远期价格是远期市场为当前交易的一个远期合约而提供的交割价格，它使得远期合约的当前价值为零。远期价格与标的资产的现货价格紧密相关。这个远期价格显然是理论价格，它与远期合约在实际交易中形成的实际价格（双方签约时要确定的交割价格）并不一定相等。但是，一旦理论价格与实际价格不相等，就会出现套利机会。若交割价格高于远期价格，套利者就可以通过买入标的资产现货、卖出远期并等待交割来获取无风险利润，从而促使现货价格上涨，交割价格下降，直至套利机会消失；若交割价格低于远期价格，套利者就可以通过卖空标的资产现货、买入远期来获取无风险利润，从而促使现货价格下降，交割价格上涨，直至套利机会消失。最终，远期价格又等于实际价格。

（二）期货合约概述

1. 期货合约的概念

尽管远期合约交易非常简单，但远期合约在交易过程中也遇到了一些困难，如合约标的资产的质量和价格、到期日、交割地点等都是根据交易双方的具体情况达成的。当双方情况或市场价格发生变化，需要转让已经签订的合约时，就变得非常困难。另外，远期合约最终能否履行主要依赖对方的信用，而对交易对手的信用状况做细致全面的调查，成本较高，难以大规模进行，这就使交易的风险增大。正是这类问题促使期货合约和期货交易所的产生。但是交易所在将合约标准化过程中却遇到一项重大挑战：将到期日、交割的商品的数量和质量、交割地点标准化是相对而言比较简单的事情，但是将远期价格标准化则是不可能的。假定合约在今天已经订立，其交割价格为P1，而第二天的远期价格可能发生变化，则第二天创立的远期合约可能具有不同的交割价格P2。事实上，定价合理的交割价格甚至可能在一个交易日里出现连续不断地变化。

这个问题随着期货合约的产生而顺利解决。期货合约随着价格变化而修改合约，它是远期合约的替代物。再次考虑以交割价格P1签订的远期合约，并且在第二天新合约的交割价格为P2。此时，交易所的清算机构将所有较早合约的交割价格都通过调整到P2,以此消除价格的多样性,这也是期货合约能够替代远期合约的优势所在。

期货合约(futures contract)是指交易双方签署的在未来某个确定的时间按确定的价格买入或卖出某项合约标的资产的合约。期货合约在交易所中交易,一般用现金进行结算。期货市场的发展,大致经历了由商品期货到金融期货,交易品种不断增加,交易规模不断扩大的过程。商品期货是最早产生的期货合约,其标的资产为实物商品。按照实物商品的种类不同,商品期货可分为农产品期货、金属期货与能源期货三种。商品期货推出后,随着布雷顿森林体系的解体,20 世纪 70 年代初国际经济的形势发生剧烈变化,占主导地位的固定汇率制被浮动汇率制所取代,利率管制等金融管制政策也被逐渐取消,汇率、利率频繁剧烈波动,促使人们重新认识期货市场。在这种背景下,金融期货开始被普遍使用。金融期货主要包括货币期货、利率期货、股票指数期货和股票期货四种。率先出现的是外汇期货,利率期货和股票指数期货也紧接着产生。20 世纪 90 年代后在欧洲和亚洲市场,金融交易已经占据了市场的大部分份额,而在国际期货市场上,金融期货也成为交易的主要品种。近年来,不少交易所又陆续推出更多新型的期货品种,如房地产价格指数期货、通货膨胀指数期货等。

我国的商品期货市场开始于 20 世纪 90 年代。2006 年 9 月,中国金融期货交易所正式成立。2010 年 4 月,中国金融期货交易所推出沪深 300 指数期货,结束了我国股票现货和股指期货市场割裂的局面,对于降低投资者的操作成本,提高资产配置效率,以及完善我国多层次资本市场结构均具有重大的意义。2013 年 9 月 6 日首批 3 个 5 年期国债期货合约正式在中国金融期货交易所推出。国债期货对债券市场定价和避险具有关键作用。

2. 期货合约的要素

在签署一份新的期货合约时,期货交易所详细地规定了合约的确切条款,这主要包括期货品种、交易单位、最小变动单位、价格波动限制和最后交易日等一系列内容。

(1)期货品种。期货品种是指具有期货商品性能,并经过批准允许进入交易所进行期货买卖的标的资产品种,通常分为商品期货和金融期货两种。

(2)交易单位。交易单位也称合约规模,是指在期货交易所交易的每一份期货合约上所规定的交易数量。在交易期货合约时,只能以交易单位的整数倍进行买卖。确定期货合约交易单位的大小,主要应该考虑合约标的资产的市场规模、交易者的资金规模、期货交易所会员结构以及这种标的资产现货交易习惯等因素。一般来说,某种标的资产的市场规模较大,交易者的资金规模比较大,则这种期货合约的交易单位就可以相应地设计得比较大。

(3)最小变动单位。最小变动单位(Minimum Price Change)是指在期货交易所公开竞价过程中,商品报价单位在每一次报价时所允许的最小价格变动量。有了最小变动单位的规定,竞价双方就都有了标准,在相同的价位上就可以成交。最小变动单位乘以交易单位,就是该合约的最小变动值。在期货交易中,每次报价必须是其合约规定的最小变动单位的整数倍。期货合约最小变动单位的确定,取决于该合约标的资产的种类、性质、市场价格波动情况和商业规范等。

(4)每日价格最大波动限制。每日价格最大波动限制(Daily Price Limit),也称为每日涨跌停板制度,即期货合约在一个交易日中的交易价格波动不得高于规定的涨跌幅度(Limit Up)或者低于规定的涨跌幅度(Limit Down),超过该涨跌幅度的报价将被视为无效,不能成交。涨跌停板一般是以合约上一交易日的结算价为基准确定的。该条款的规定在于防止价格波动幅度过大造成交易者重大损失,但同时阻碍了价格迅速移向新的均衡水平。从经济效益上讲,它阻止了市场及时恢复均衡,限制了价格发现功能的实现。涨跌停板的确定,主要取决于该种标的资产现货市场价格波动的频繁程度和波幅的大小。一般来说,现货的价格波动越频繁、越剧烈,该标的资产合约的每日涨跌停板就应设置得大一些;反之,则小一些。

(5)合约月份。合约月份(Contract Months)是指期货合约到期交收实物的月份。期货的合约月份由期货交易所规定,期货交易者可自由选择不同合约月份的期货合约。在金融期货中,除少数合约有特殊规定外,绝大多数合约的交割月份都定为每年的 3 月、6 月、9 月和 12 月。商品期货合约月份的确定,一般由其生产、使用和消费等特点决定。此外,合约月份的确定还会受到该合约商品的储藏、保管、流通、运输方式和特点等的影响。

(6)交易时间。期货合约的交易时间是固定的。每个交易所对交易时间都有严格的规定,不同的交易所可以规定不同的交易时间。

(7)最后交易日。最后交易日(Last Trading Day)是指期货合约在合约月份中可以进行交易的最后一个交易日。在期货交易中,绝大多数成交的合约都是通过对冲交易结清的,如果过了最后交易日仍未做对冲,那就必须进行实物交割或现金结算。根据不同期货合约标的资产的生产、消费和交易特点,期货交易所确定其不同的最后交易日。

(8)交割等级。交割等级是指由交易所统一规定的、准许上市交易的标的资产的质量等级。在进行期货交易时,交易双方没有必要对标的资产的质量等级进行协商,发生实物交割时按期货合约规定的标准质量等级进行交割。交易所在制定标的资产的等级时,常常采用国内或国际贸易中最通用和交易量较大的标准品的质量等级作为标准交割等级。一般来说,为了保证期货交易能够顺利进行,许多期货交易所都允许在实物交割时,实际交割的商品的质量等级与合约规定的标准交割等级有所差别。替代品的质量等级和品种一般也由期货交易所规定。交货人用交易所认可的替代品代替标准品进行实物交割时,收货人不能拒收。用替代品进行实物交割时,价格需要升水或贴水。

(9)其他交割条款。其他交割条款是指由交易所规定的各种期货合约因到期未做对冲平仓而进行实际交割的各项条款,包括交割日、交割方式和交割地点等。

·知识专题:《上海期货交易所黄金期货合约》·

表 5—8

交易品种	黄金
交易单位	1 000 克/手
报价单位	元(人民币)/克
最小变动价位	0.02 元/克
涨跌停板幅度	上一交易日结算价±3%
合约月份	最近三个连续月份的合约以及最近 13 个月以内的双月合约
交易时间	上午 9:00—11:30 ,下午 1:30—3:00 和交易所规定的其他交易时间
最后交易日	合约月份的 15 日(遇国家法定节假日顺延,春节月份等最后交易日交易所可另行调整并通知)
交割日期	最后交易日后第一个工作日
交割品级	金含量不小于 99.95%的国产金锭及经交易所认可的伦敦金银市场协会(LBMA)认定的合格供货商或精炼厂生产的标准金锭。
交割地点	交易所指定交割金库
最低交易保证金	合约价值的 4%
交割方式	实物交割
交割单位	3 000 克
交易代码	AU
上市交易所	上海期货交易所

·知识专题：期货形象化示例·

为了让大家更直观地了解期货，我们举一个形象化的例子。

小明在淘宝上以300元/张的价格购买了一张炙手可热的演出门票，并与淘宝卖家约定现在付票价的50%，演出当天在国家大剧院门口拿到票后付余下的150元。他们的约定可以简化为表5—9，而其实这和期货合约很像。

表5—9　　小明演出门票的价格合约

期货标的对应坐标	10排8座
交割日期	××××年1月1日
交易日期	××××年10月13日
付款方式	现在支付50%(150元)　支付保证金50%
	演唱会当日支付50%(150元)—交割日支付剩余货款
交割地点	国家大剧院门口

他们的约定可以简化为图5—30，而其实这和期货合约很像。

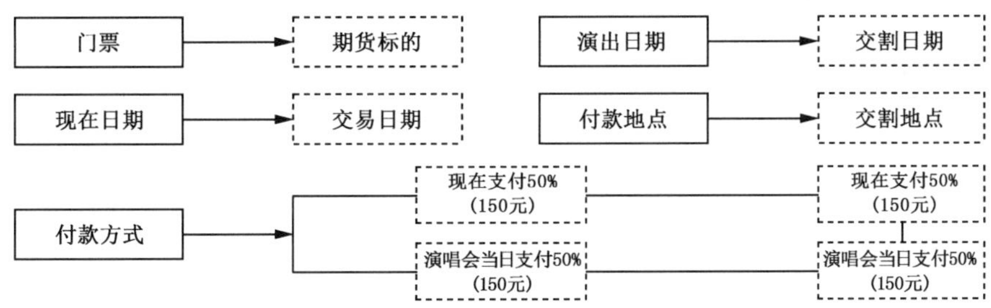

图5—30　小明演出门票的合约

通过这笔交易小明得到了什么呢？参见图5—31。

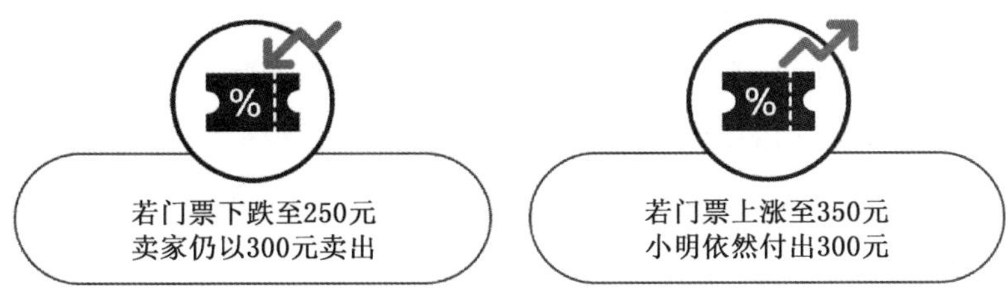

图5—31　小明演出门票的涨跌

无论演唱会当天票价涨跌，小明和卖家都已经在今天将票价锁定为300元，这笔交易对双方都有利，规避了未来票价波动的风险。若门票上涨至350元，小明依然付出300元；若门票下跌至250元，卖家仍以300元卖出。

这和最早的期货交易十分类似，期货合约就类似小明和卖家达成的交易，在未来某日、某地交易某物，这个某物可以是商品，如铜或原油，也可以是某个金融工具，如外汇、债券，还可以是某个金融指标，如3个月同业拆借利率或股票指数。

再说说后面的了结方式。

情形一：若演唱会当天，小明来到国家大剧院，与卖家一手交钱，一手交货，这叫到期交割。

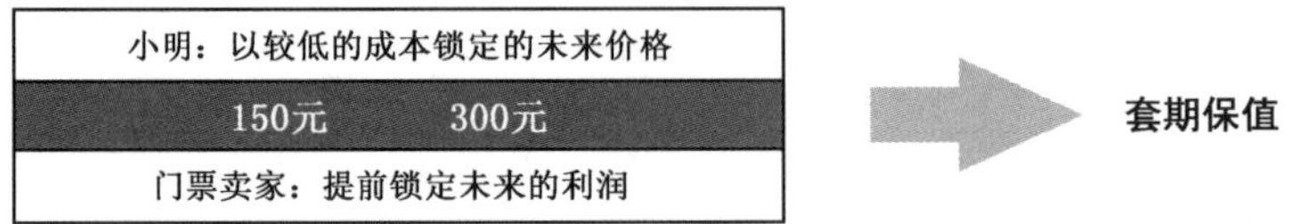

情形二：若演唱会开始之前，小明以300元/张购入门票，并以350元/张卖给另一位买家，这叫对冲了结。

小明：低买高卖，获取收益350-300=50(元)

投机

3. 期货市场的交易制度

(1)保证金制度。在期货交易中，交易者必须按其所买卖期货合约价值的一定比例缴纳资金，作为其履行期货合约的财力担保。保证金的作用好像杠杆，让投资者可以用少量资金做大生意。另外，由于保证金节约了投入成本，期货交易的投资回报率也相应地被放大了，但风险也被放大了。

(2)每日无负债结算制度。该制度又称“逐日盯市”，即每日交易结束后，交易所按当日结算价结算所有合约的盈亏、交易保证金及手续费、税金等费用，对应收应付的款项同时划转，相应增加或减少会员的结算准备金。会员同样会对每个投资者进行结算。

(3)涨跌停板制度。涨跌停板制度又称每日价格最大波动限制，即期货合约在一个交易日中的交易价格波动不得高于或者低于规定的涨跌幅度(以上一交易日的结算价为基准)，超过该涨跌幅度的报价将被视为无效，不能成交。

(4)强行平仓制度。这是交易所对违规者的有关持仓实行平仓的一种强制措施。符合以下条件的可以强行平仓：结算准备金小于零，并未能在规定时间内补足的；持仓量超出其限仓规定的；因违规受到交易所强行平仓处罚的。

(5)实物交割制度。当期货合约到期时，交易双方将期货合约所载商品的所有权按规定进行转移，了结未平仓。

(6)大户报告制度。当会员或客户某品种持仓合约的投机头寸达到交易所对其规定的头寸持仓限量80%以上(含本数)时，会员或客户应向交易所报告其资金情况、头寸情况等。

(7)持仓限额制度。为了防范操纵市场价格的行为和防止期货市场风险过度集中于少数投资者，期货交易所对会员及客户的持仓数量进行限制。

4. 期货市场的基本功能

根据之前介绍的期货合约的定义和要素，一般而言，期货市场的基本功能有以下三种：

(1)风险管理。现货价格风险是指商品生产者或者商品经营者在生产、经营过程中不可避免地会遇到的风险，即无论价格向哪个方向变动，总会使一部分商品生产者或者商品经营者遭受损失。期货市场的最基本的功能就是风险管理，具体表现为利用商品期货管理价格风险、利用外汇期货管理汇率风险、利用利率期货管理利率风险以及利用股指期货管理股票市场系统性风险。在某些特定的假设前提下，期货交易可以使风险在具有不同风险偏好的投资者之间进行转移和再分配，从而有助于投资者获得各自满意的风险类型和数量，优化各自的风险偏好。这将优化金融市场风险结构，增强金融市场的稳定性和抗击重大危机的弹性。

(2)价格发现。在市场经济条件下，价格是根据市场供求状况形成的。期货市场上来自各个地方的交易者带来了大量的供求信息，标准化合约的转让又增加了市场流动性，市场中形成的价格能真实地反映供求状况，同时又为现货市场提供了参考价格，起到了“价格发现”的功能。

研究表明，期货市场的交易者具有更好的信息，因此，能将经济运行状况的信息传递给现货市场的交易者。在期货交易中，投机者为了能在交易中获利，必须努力寻找和评估有关期货的价格信息。由于期货市场上存在着这样一批专业化信息收集和分析的投机者，使得期货市场的信息利用效率大大提高。他们在交易的过程中频繁地根据新获得的信息进行买卖交易。这些交易行为本身将各种标的资产所内含信息的变化、市场参与者对新信息的判断以及他们对标的资产未来价格变化趋势的预测，通过各自的交易行为传递给市场。由于市场的高度可竞争性以及交易者为了获利而进行的信息搜寻活动,使期货合约的价格能够及时、准确地反映标的资产所包含的信息的变化,交易者也将迅速调整自己的资产组合,使得期货的价格能够更好地反映未来市场的变化。这些调整资产组合的行动以及现货和期货市场的套利活动将对现货市场产生影响,使得现货市场的价格能够更好地反映其内在价值。期货合约具有的价格发现功能以及降低信息不对称的功能,有利于实现社会资源的合理配置。

(3)投机。期货市场的一个主要经济功能是为生产、加工和经营者等提供价格风险转移工具。要实现这一目的,就必须有人愿意承担风险并提供风险资金。扮演这一角色的就是投机者。投机者是期货市场的重要组成部分,是期货市场必不可少的润滑剂。投机交易增强了市场的流动性,承担了套期保值交易转移的风险,是期货市场正常运营的保证。如果没有这些风险承担者,只有套期保值者参与期货交易,那么只有在买入套期保值者和卖出套期保值者的交易数量完全相等时,交易才能成立,风险才能得以成功转移。但从实际来看,买入套期保值者和卖出套期保值者之间的不平衡是经常发生的。投机者的加入恰好能抵消这种不平衡,促使套期保值交易活动的实现。因此,可以这样说,正是因为有投机者参与,套期保值才能顺利进行,而使期货市场具有经济功能。

·知识专题:如何利用期货进行套期保值·

套期保值是以规避现货价格风险为目的的期货交易行为,即在买进或卖出现货的同时,在期货市场上卖出或买进同等数量的期货;或者计划在未来买进或卖出现货时,在期货市场上买进或卖出同等数量的期货。经过一段时间,当价格变动使现货买卖上出现盈亏时,可从期货交易上的亏盈中得到抵消或弥补,从而在“现货”与“期货”之间建立一种对冲机制,以使价格风险降低到较低限度。

一、套期保值的原理

在期货套期保值操作中,投资者会根据现货头寸反向建立期货头寸,其目的是使得期货和现货的组合头寸风险尽量呈现中性。如此操作的原因主要在于,期货和标的现货价格之间会存在较强的相关关系。

1. 期货与标的现货价格走势基本一致

虽然现货市场与期货市场是两个各自独立的市场,但由于期货价格最主要的影响因素就是标的现货的价格,因而一般情况下两个市场的价格变动趋势是基本一致的。如果期货与标的现货价格的走势出现偏离,有无风险套利机会存在，则市场套利者会进行操作，最终使得期货与标的现货价格回复到无套利的市场均衡价格上。

2. 现货市场与期货市场价格趋向一致

期货合约的交割制度，保证了标的现货与期货价格随期货合约到期日的临近而趋于收敛。如果在交割日，期货价格与现货价格不同，例如期货价格高于现货价格，那么套利交易者就会卖出高价的期货合约，同时买入低价的现货，在无风险的情况下交割获利。这种套利交易最终使国债期货价格和现货价格趋向一致。

正是上述经济原理的作用，一旦投资者建立了与现货市场相反的期货头寸，则无论市场价格朝哪一方向变动，构建的现货与期货组合均可避免风险，实现保值。

需要说明的是，投资者在套期保值中，也失去了价格朝有利方向变动而获利的机会。这是因为一个市场上获得的利润将被另一个市场上的损失所抵消。因此，套期保值在锁定风险的同时，也锁定了未来交易的损益。

二、套期保值的操作原则

套期保值应大致遵循标的品种相同、交易方向相反、数量相当、月份相同或相近等原则。

1. 标的品种相同或相近原则

在做套期保值交易时，选择的期货品种应尽量和所需套保的现货品种相同，若没有完全相同的期货品种时，应选择最相近的期货品种来保值。只有期货标的和所需套保的现货品种相同或相近时，期货价格和所需套保的现货价格之间才有可能形成紧密的关系，从而在两个市场上采取反向操作才能有效规避风险。

2. 交易方向相反原则

交易方向相反原则是指在做套期保值交易时，套期保值者应在现货和期货市场上采取相反的买卖行动，即在两个市场上处于相反的买卖头寸位置。由于期货和相应现货价格变动趋势相同，只有遵循交易方向相反原则，交易者才能在一个市场上亏损的同时在另一个市场上盈利，从而达到风险中性的目的。

3. 数量相当原则

这里的数量相当并不是指期货数量与现货数量一致，而是指为达到套期保值目的所需的期货合约数量是与现货数量有一定关系，必须依据现货数量合理确定期货合约数量。

4. 月份相同或相近原则

月份相同或相近原则是指在做套期保值交易时，所选用的期货合约的交割月份最好与交易者将来在现货市场上实际买进或卖出现货的时间相同或相近。因为随着期货合约交割期的到来，期货价格和现货价格趋向一致，套期保值的损益受期末期货和现货差异的影响较小，而是完全由期初建仓时期货和现货价格决定。

三、商品套期保值示例

下面以原油为例进行商品套期保值演示。

1. 产油商和炼厂的卖期保值

向市场提供原油的产油商和提供成品油的炼厂，作为社会商品的供应者，为了保证其已经生产出来准备提供给市场或尚在生产过程中将来要向市场出售的商品的合理的经济利润，以防止正式出售时价格下跌而遭受损失，可采用相应商品期货的卖期保值的交易方式来减小价格风险。也就是说，在期货市场以卖主的身份售出数量相等的期货，等到要销售现货时再买进期货头寸对冲作为保值手段。

例如，7 月份，某油田了解到原油价格为 350 元/桶，它对这个价格比较满意，因此，该油田加紧生产。但是，它担心现货市场上的过度供给会使得原油价格下跌，从而减少收益。为避免将来价格下跌带来的风险，该油田决定在上海国际能源交易中心进行原油期货的套期保值交易。其交易和损益情况如表 5—9 所示：

表 5—9　　某油田公司的套期保值

	现货市场	期货市场	基差
7 月 1 日	原油价格 350 元/桶	卖出 10 手 9 月份原油合约：价格 370 元/桶	—20 元/桶
8 月 1 日	卖出 10 000 桶原油：价格 325 元/桶	买入 10 手 9 月份原油合约：价格 345 元/桶	—20 元/桶
套保结果	亏损 25 元/桶	盈利 25 元/桶	
净盈利 0			

备注：上海国际能源交易中心原油期货标准合约中，一手为 1 000 桶。

通过这一套期保值交易，虽然现货市场价格出现了对该油田不利的变动，价格下跌了 25 元/桶，因而少收入了 25 万元；但是，在期货市场上的交易盈利了 25 万元，从而消除了价格不利变动的影响。

2. 炼厂和石化企业等石油产品加工企业，以及航空公司等成品油消费

企业的买期保值

对于以原油等为原料的石化企业或炼厂和航空公司等成品油消费企业来说，它们担心原油或成品油价格上涨，为了防止其需要进原料时，石油价格上涨而遭受损失，可采用买期保值的交易方式来减小价格风险，即在期货市场以买主的身份买进数量相等的期货合约，等到要进石油现货时再卖出期货头寸对冲作为保值手段。

例如，6 月 1 日，一个炼油厂和当地分销商达成一份远期合约，同意在 9 月份供应一批货。当时现货市场原油价格为 350 元/桶，而炼油厂并没有货，也没有用于提炼的原油的货源保证或定价。为了锁定成本从而锁定利润，该炼厂决定在上海国际能源交易中心进行原油期货交易。交易情况如 5—10 表所示。

表 5—10　　某炼油厂的套期保值

	现货市场	期货市场	基差
6 月 1 日	原油价格 350 元/桶	卖入 10 手 9 月份原油合约：价格 370 元/桶	—20 元/桶
8 月 25 日	卖出 10 000 桶原油：价格 375 元/桶	买出 10 手 9 月份原油合约：价格 395 元/桶	—20 元/桶
套保结果	亏损 25 元/桶	盈利 25 元/桶	
净盈利 0			

通过这一套期保值交易，虽然现货市场价格出现了对该加工厂不利的变动，该炼厂在现货市场损失了 25 万元；但是在期货市场上的交易盈利了 25 万元，从而消除了价格不利变动的影响。

四、金融产品套期保值示例

下面以国债期货为例进行演示。

1. 买入套期保值

买入套期保值涉及买入期货合约，通常被用来锁定利润。它是指交易者先在国债期货市场买入期货，以便将来在固定收益债券现货市场买进现货时不致因利率下降而给自己造成经济损失。这种用期货市场的盈利对冲现货市场亏损的做法，可以将未来的买入价格固定在预计的水平上。买入套期保值是需要现货商品而又担心价格上涨的客户常用的保值方法。

例如，某投资者在 3 个月后(4 月 20 日)将收到 100 万元的资金，该笔资金可用于投资，于是他打算买入长期国债。该投资者认为目前(1 月 20 日)4.76%的利率水平已经较高，到时利率可能会下跌，买入国债的价格会上涨。为锁定未来买入国债的成本,他在期货市场上买进1张长期国债期货合约,每个合约的面值为100万元(见表5—11)。3个月后,当他把这笔资金投资到长期国债上时,利率实际上已经降低,国债价格随之上升。在这个例子中,机会损失是20 000元。同时,他卖出了1张期货合约,平仓了结期货头寸。由于现货利率降低,期货价格随着现货价格上升而上升,卖出期货合约获得收益,冲抵了现货市场上的损失。

表5—11　　买入套期保值交易策略与结果一览表

	现货市场	期货市场
1月20日	投资者将于4月20日投资100万元于长期国债市场,息票利率4.25%、收益率是4.76%。国债市场价格是95.16元。	投资者买入1张5月份面值100万元长期国债期货,价格为95.00元。
4月20日	投资者买入100万元长期国债,息票利率4.25%,由于利率下降,使国债价格上升为97.16元。	投资者卖出1张5月份面值为100万元长期国债期货合约,价格为97.00元。
交易结果	现货市场损失=10 000元×(97.16−95.16)=20 000(元)	期货市场盈利=10 000×(97.00−95.00)=20 000(元)

注:这里假定基差不变,并且不考虑交易成本和保证金成本,还假定期货合约名义利率与长期国债票面利率相同。

在买入套期保值交易中,也可能会出现投资者的预测与市场实际走势不一致的情况,即利率出现不降反升的相反情况,则投资者的损失会因在国债市场上的盈利而加以补偿,因此,仍能达到保值目的。

2. 卖出套期保值

卖出套期保值是与买入套期保值相反的一种交易。它是指交易者先在期货市场卖出期货,当利率上升,债券现货价格下跌时以期货市场的盈利来弥补现货市场的损失,从而达到保值目的的一种交易方式。卖出套期保值主要适用于持有债券的投资者,他们担心将来债券价格下跌使自己遭受损失。卖出套期保值的另一种情况是,需要在将来借入款项的投资者用来防范利率的上升,控制借款成本。

例如,1月20日,一个投资者持有长期国债,票面价值为100万元,打算3个月后卖出这项资产(见表5—12)。在此期间,投资者面临着利率提高的风险,这将引起固定收益证券价格下跌,从而持有这项资产就会蒙受损失。为了避免预期利率提高的风险,这个投资者本可以立即卖出长期国债,投资到两个月的定期存款上,但他却进行了国债期货交易,因为国债期货交易成本较低,信用风险较小。这样他在现货市场上的多头资产就与期货市场上相反的空头资产损益相抵。

表 5—12　　某投资者卖出套期保值交易策略与结果一览表

	现货市场	期货市场
1 月 20 日	投资者拥有息票利率 4.25%、票面价值总共 10 万元的长期国债，该国债的市场价格为 95.16 元，收益率为 4.76%。	投资者卖出一个 5 月份的长期国债合约价格为 95.00 元。
4 月 20 日	卖出息票利率为 4.25%、票面价值为 10 万元的长期国债，卖价为 92.16 元。	投资者买入一个 5 月份的长期国债合约价格为 92.00 元。
交易结果	现货交易损失＝(95.16－92.16)×1 000＝3 000(元)	期货交易盈利＝(95－92)×1 000＝3 000(元)

注：假定基差不变，并不计交易成本和保证金成本，还假定期货合约名义利率与长期国债票面利率相同。

3 个月后，投资者在现货市场上卖出长期国债，由于利率像预测的那样提高了，投资者在现货交易中受到了损失。同时，他结清了期货交易。由于利率提高，期货合约的价格与现货价格一样下跌，投资者买进合约所支付的价格，比他在卖出合约时所得到的价格低，因此，在期货市场上的交易获得了一定的利润，抵补了现货市场的亏损。

如果假设与交易者的预测相反，在这期间利率降低了，卖出现货债券本来可以获利，但是随着现货价格的上升，期货价格也上升了，要以更高的价格买回期货合约，这冲销了现货市场上的利润。因此，交易者不受利率变动影响的目标达到了，但也无法享受利率变动带来的利润，如果不进行套期保值的话，其境况会更好些。

·知识专题：如何利用期货进行套利·

套利是指同时买进和卖出两张不同的期货合约，交易者从两合约价格间的变动关系中获利。套利交易分为跨期套利、跨品种套利和跨市套利。

1. 跨期套利

跨期套利是利用同一商品(品种)但不同交割月份之间正常价格差距出现异常变化时进行对冲而获利的，又可分为牛市套利(Bull Spread)和熊市套利(Bear Spread)两种形式。

例如，在进行能源中心原油期货合约牛市套利时，买入近期交割月份的原油期货合约，同时卖出远期交割月份的上海原油期货合约，希望近期合约价格上涨幅度大于远期合约价格的上涨幅度；而熊市套利则相反，即卖出近期交割月份合约，买入远期交割月份合约，并期望远期合约价格下跌幅度小于近期合约的价格下跌幅度。

从本例可见（见表5—13），正向市场上，价差是否缩小决定了套利是否成功。对原油期货来说，一般原油仓单每个月的持仓费决定了相邻两个交割月份合约的价差。同一原油生产年度内的两个相邻月份的合约，如果较远期月份合约与较近期月份合约的价差大于持仓费，预计将来价差回归至持仓费，那么卖远期月份的同时，买近期月份合约也可以获利，且价差越大，风险越小，获利空间越大。

表5—13　　牛市套利

			基差
5月1日	买入10手8月份原油合约：价格350元/桶	卖出10手10月份原油合约：价格356元/桶	6元/桶
6月1日	卖出10手8月份原油合约：价格360元/桶	买入10手10月份原油合约：价格362元/桶	2元/桶
套保结果	盈利10元/桶	亏损6元/桶	
净盈利＝(10元/桶－6元/桶)×10 000桶＝40 000元			

如果是在反向市场中（见表5—14），则是价差扩大对套利者有利。另外，由于近期合约对远期合约的升水没有限制，而远期合约对近期合约的升水却受制于持仓费，所以这种牛市套利的获利潜力巨大，风险却有限。

表5—14　　熊市套利

			基差
7月1日	买入10手10月份原油合约：价格354元/桶	卖出10手12月份原油合约：价格355元/桶	1元/桶
8月1日	卖出10手10月份原油合约：价格350元/桶	买入10手12月份原油合约：价格352元/桶	2元/桶
套保结果	盈利4元/桶	亏损3元/桶	
净盈利＝(4元/桶－3元/桶)×10 000桶＝10 000元			

与上例不同的是，价差是否扩大决定了套利是否成功。如果远期月份与近期月份合约的价差小于持仓费，预计将来价差回归至持仓费，那么买远期月份的同时，卖近期月份合约就能获利，且价差越小，风险越小，获利空间越大。

如果在反向市场中，则是价差缩小对套利者有利。另外，由于正向市场中价差的扩大受制于持仓费，而反向市场中近期合约对远期合约的升水却可以是很大的，所以这种熊市套利可能获得的利益有限，可能受到的损失却是无限的。

2. 跨品种套利

跨品种套利是指利用两种不同的但相互关联的商品（品种）之间的期货合约价格差异进行套利交易，即买入某一交割月份某种商品（品种）的期货合约，同时卖出另一相同交割月份、相互关联的商品（品种）期货合约，以期在有利时机同时将这两种合约对冲平仓获利。跨品种套利必须具备以下条件：一是两种商品（品种）之间应具有关联性与相互替代性；二是交易受同一因素制约；三是买进或卖出的期货合约通常应在相同的交割月份。下面以国债期货为例进行说明。

所谓国债期货的跨品种套利，是指投资者买进或卖出一个国债期货合约，同时卖出或买进另外一个不同品种的国债期货，利用这两个不同品种国债期货合约价差变化获取利润的交易方式。套利者进行跨品种套利交易时，着眼点不在于债券现货市场上涨或下跌的整体运动方向上，关键是相对于另一种国债期货合约而言，某种国债期货合约在多头市场上是否上涨幅度较大或在空头市场中下跌幅度较小，由此确定该种国债期货合约是否为相对强势合约。

对信用级别相同或相近的债券品种期货而言，跨品种套利的交易策略主要是利用不同期限债券对市场利率变动的不同敏感程度而制定的。一般来说，期限长的债券对利率变动的敏感程度要大于期限短的债券对利率变动的敏感程度。也就是说，当市场利率上升或下跌时，长期债券价格的下跌或上涨幅度将大于短期债券价格的下跌或上涨幅度。依据投资者对市场利率变动趋势的预测，投资者可以选择买入或卖出长期债券期货合约，同时卖出或买入短期债券期货合约，等到市场利率出现预期变动时，再对冲获利。

例如，5 年期国债期货与长期国债期货之间的套利。这种套利交易旨在利用 5 年期国债期货合约与长期国债期货合约之间的价差变化来获利。其具体做法有两种形式：

(1) 当预期 5 年期国债期货合约价格上涨幅度将大于长期国债期货时，或 5 年期国债期货合约价格下跌幅度将小于长期国债期货时，买进 5 年期国债期货，卖出长期国债期货。

(2) 当预期长期国债期货价格上涨幅度将大于 5 年期国债期货合约时，

或长期国债期货价格下跌幅度将小于5年期国债期货合约时，卖出5年期国债期货，买进长期国债期货。

譬如，2003年第一季度以来，某投资者认为美国联邦储备委员会可能会进一步降低利率以抵制潜在的通货紧缩，引起中长期债券价格的大幅波动，使得5年期国债和长期国债价差扩大。于是，该投资者决定在5年期国债期货和长期国债期货之间进行跨品种套利交易。他在4月中旬买进一份9月份交割的长期国债期货合约，同时卖出一份9月份交割的5年期国债期货合约。到6月26日，美联储果然宣布将利率降低25个基点，5年期国债期货合约价格上涨幅度明显低于长期国债期货价格的上涨幅度，价差缩小。于是，该投资者在6月底将所持有的国债期货合约对冲获利，套利结果见表5—15。

表5—15　　国债期货跨品种套利交易结果　　单位：美元

	5年期国债期货合约	长期国债期货合约	价差
4月15日	110.25(卖出)	102.15(买入)	8.10
6月28日	122.23(买入)	117.04(卖出)	5.19
盈亏	−11.98	14.89	2.91

3. 跨市套利

所谓跨市套利，就是利用同一品种期货合约在不同市场上存在的价差和这种价差关系的变化，在一个交易所买入(或卖出)某一交割月份的某种期货合约，同时在另一个交易所卖出(或买入)同一交割月份的同种期货合约，以期在有利时机分别在两个交易所对冲在手的合约获取利润的交易活动。这种套利可以在国内交易所之间进行，自然也可以在国内交易所与国外交易所之间进行。

例如，在2003年初，美国地方政府发行的免税市政债券为投资者带来的收益几乎与同类美国国债完全一样。但某投资者注意到美国经济复苏有望，联邦利率很有可能在将来某个时候调高，而市政债券更容易受市场利率上升的影响。因此，该投资者决定利用这一机会在市政债券现货和10年期美国国债期货之间进行跨市套利交易。他于2月份在OTC债券现货市场以99.05美元的价格卖空2张免税市政债券，同时在期货市场以102.2美元的价格买进2张10年期美国国债期货9月合约，二者价差为3.15美元。到8月份，美联储果然宣布提高联邦基金利率，市政债券和国债价格都出现下跌，分别跌至95.6美元和99.95美元，二者价差扩大至4.35美元。于是该投资者从 OTC 市场上买进市政债券，并将国债期货合约平仓，套利结果见表 5—16。

表 5—16　　债券期货跨市套利交易结果　　单位：美元

	市政债券	10 年期国债期货合约	价差
2 月 15 日	99.05(卖出)	102.2(买入)	3.15
8 月 15 日	95.6(买入)	99.95(卖出)	4.35
盈亏	3.45	—2.25	1.20

由于该投资者准确预见了利率变动趋势，套利是成功的。如果投资者仅卖空市政债券，那么他就能获取更高的利润，但也将自己置于很大的风险中。如果他判断失误，利率不升反降，那么他将遭受很大损失。进行跨市套利就能避免这一风险，即使出现利率下降的不利局面，投资者在市政债券上的损失也将会得到期货收益的弥补。因此，虽然跨市套利冲销了部分利润，但同时也降低了可能面临的风险。

三、期权合约

(一)期权合约概述

期权的早期形式可以追溯到几百年之前。较早的期权交易主要是用于实物商品、房地产和贵金属业务，即都是现货期权。20 世纪 20 年代，美国已经出现了股票的期权交易，但由于它带着较为浓厚的投机色彩而不为多数人所接受。全美范围内的标准化的期权合约是从 1973 年芝加哥期权交易所的看涨期权交易开始的。随后，期权产品在全球范围内获得了超常的发展，拥有巨大的交易量。

期权合约又称作选择权合约，是指赋予期权买方在规定期限内按双方约定的价格买入或卖出一定数量的某种金融资产的权利的合同。约定的价格被称作执行价格(Exercise Price)或协议价格。

这种金融衍生工具与前面讨论的远期合约和期货合约的不同之处在哪里？其实，远期合约和期货合约有一个共同的特点，即买方和卖方的盈利与亏损的机会均等，该交易的预期价值为零。买方只是简单地和卖方签订了一份有约束力的协议，他们达成一致，但没有支付任何费用，市场价格是对合同双方都有利的价格。而期权则不同，它允许买方从市场的一种变动中受益，但市场朝相反方向变动时也不会遭受损失。这意味着期权的买方和卖方获利和损失的机会不是均等的。期权的买方获得了好处而没有任何坏处，获得了一种权利而没有义务。买方为获得这种权利而支付一定费用是合理的；同样，对于只会遭受损失的卖方而言，收取一定费用也是合理的。因此，期权和之前所述的金融衍生产品的不同之处是它的损益的不对称性，以及买方需要事先交付一笔费用（期权费）给卖方。

1. 期权合约的要素

根据上面关于期权的定义可以得出，期权合约的要素主要有以下七个方面：

（1）标的资产。标的资产即期权合约中约定交易的资产，可以是实物商品、金融资产、利率、汇率或各种综合价格指数等。

（2）期权的买方。买方为买入期权的一方，即支付费用从而获得权利的一方，也称期权的多头。

（3）期权的卖方。卖方为卖出期权的一方，即获得费用因而承担着在规定的时间内履行该期权合约义务的一方，也称期权的空头。

（4）执行价格。执行价格，又称协议价格，是指期权合约所规定的，期权买方在行使权利时所实际执行的价格。这一价格一旦确定，则在期权有效期内，无论期权标的物的市场价格上涨或下降到什么程度，只要期权买方要求执行期权，期权卖方就必须以执行价格履行相应的义务。

在金融期权交易中，交易所内交易的合约的执行价格是由交易所根据标的资产的价格变化趋势确定的，场外交易的合约的执行价格则由交易双方商定。

（5）期权费。期权费是指期权买方为获取期权合约所赋予的权利而向期权卖方支付的费用。期权费支付后，即使买方选择不执行期权，也不能向卖方索回期权费。它是期权合约中唯一的变量，大小取决于期权合约的要素，包括合约标的资产、到期日和执行价格等。对于卖方而言，它是期权的回报；对于买方而言，它是买入期权所遭受损失的最高限度。期权费是交易双方在期权交易所内竞价形成的。

在金融期权交易中，期权费的确定是一个既复杂又重要的问题。因此，区分期权费和执行价格是非常重要的。执行价格指的是期权合约中标的资产的价格；而期权费是期权合约的价格，更准确地说，是期权合约所规定的权利的价格。

（6）通知日。当期权买方要求履行标的物的交付时，它必须在预先确定的交货和提运日之前的某一天先通知卖方，以便让卖方做好准备，这一天就是通知日。

（7）到期日。到期日是指期权合约必须履行的时间。

·知识专题：上海期货交易所黄金期货期权合约·

表 5—17

合约标的物	黄金期货合约（1000 克）
合约类型	看涨期权，看跌期权
交易单位	1 手黄金期货合约
报价单位	元（人民币）/克
最小变动价位	0.02 元/克
涨跌停板幅度	与黄金期货合约涨跌停板幅度相同
合约月份	最近两个连续月份合约，其后月份在标的期货合约结算后持仓量达到一定数值之后的第二个交易日挂牌。具体数值交易所另行发布
交易时间	上午 9:00—11:30 下午 13:30—15:00 及交易所规定的其他时间
最后交易日	标的期货合约交割月前第一月的倒数第五个交易日，交易所可以根据国家法定节假日等调整最后交易日
到期日	同最后交易日
行权价格	行权价格覆盖黄金期货合约上一交易日结算价上下浮动 1.5 倍当日涨跌停板幅度对应的价格范围 行权价格≤200 元/克，行权价格间距为 2 元/克 200 元/克＜行权价格≤400 元/克，行权价格间距为 4 元/克 行权价格＞400 元/克，行权价格间距为 8 元/克
行权方式	美式。买方可以在到期日前任一交易日的交易时间提交行权申请；买方可以在到期日 15:30 之前提出行权申请、放弃申请
交易代码	看涨期权：AU—合约月份—C—行权价格 看跌期权：AU—合约月份—P—行权价格
上市交易所	上海期货交易所

2. 期权合约的常见类型

期权合约的分类标准有很多种，按不同的标准可以分为不同的类型，下面从三个常用的角度对期权进行分类。

（1）按期权买方执行期权的时限分类。按期权买方执行期权的时限分类，期权可分为欧式期权（European Options）和美式期权（American Options）两种。

欧式期权是指期权的买方只有在期权到期日才能执行期权（即行使买入或卖出标

的资产的权利），能提前但不能推迟。如果买方要提前执行权利，期权卖出者可以拒绝履约；如果推迟，期权则将被作废。

美式期权则允许期权买方在期权到期前的任何时间执行期权。美式期权的买方既可以在期权到期日这一天行使期权，也可以在期权到期日之前的任何一个交易时段执行期权。超过到期日，美式期权同样也失效。

对期权买方来说，很明显美式期权的条件比欧式期权更为有利。因为买入这种期权后，其可以在期权有效期内更灵活地根据市场价格的变化和自己的实际需要而主动地选择履约时间；相反，对期权卖出者来说，美式期权显然比欧式期权使其承担着更大的风险，他必须随时为履约做好准备。因此，在其他条件都一样的情况下，美式期权的期权费通常要比欧式期权的期权费高一些。

从上面的分析可以看出，所谓的“欧式期权”和“美式期权”实际上已经并没有任何地理位置上的含义，而只是对期权买方执行期权的时间有着不同的约定。因此，即使在欧洲国家的金融期权市场上也同样大量交易美式期权，在美国的金融期权市场上也同样大量交易欧式期权。世界范围内，在交易所进行交易的多数期权均为美式期权，而在大部分场外交易中广泛采用的是欧式期权。

（2）按期权买方的权利分类。按期权买方的权利分类，期权可分为看涨期权（Call Options）和看跌期权（Put Options）两种。

看涨期权是指赋予期权的买方在事先约定的时间以执行价格从期权卖方手中买入一定数量的标的资产的权利的合约，又称买入期权。为取得这种买的权利，期权买方需要在买入期权时支付给期权卖出者一定的期权费。因为它是人们预期某种标的资产的未来价格上涨时买入的期权，所以被称为看涨期权。

而看跌期权是指期权买方拥有一种权利，在预先规定的时间以执行价格向期权卖出者卖出规定的标的资产，又称卖出期权。为取得这种卖的权利，期权买方需要在买入期权时支付给期权卖出者一定的期权费。因为它是人们预期某种标的资产的未来价格下跌时才买入的期权，所以被称为看跌期权。

（3）按执行价格与标的资产市场价格的关系分类。按照执行价格与标的资产市场价格的关系来分类，期权可以分为实值期权（In-the-Money Options）、平价期权（At-the-Money Options）和虚值期权（Out-of-the Money Options）三种。

实值期权是指如果期权立即被执行，买方具有正的现金流；平价期权是指买方此时的现金流为零；而虚值期权是指买方此时具有负的现金流。

实值期权、平价期权和虚值期权描述的是期权在有效期内的某个具体的时间点上的状态，随着时间的变化，同一期权的状态也会不断变化。有时是实值期权，有时是平价期权，而有时又变成虚值期权。

(二)期权合约的价值

期权合约的价值可以分为两部分:内在价值(Intrinsic Value)和时间价值(Time Value)。一份期权合约的价值等于其内在价值与时间价值之和。

期权的内在价值是指多头行使期权时可以获得的收益的现值,即资产的市场价格与执行价格之间的差额。而时间价值是指在期权有效期内标的资产价格波动为期权持有者带来收益的可能性所隐含的价值。

期权合约与远期合约以及期货合约的不同之处主要在于期权合约损益的不对称性。

(三)影响期权价格的因素

1. 合约标的资产的市场价格与期权的执行价格

根据上面对各种期权盈亏分布的分析可以得出:看涨期权在执行时,其收益等于标的资产的市场价格与执行价格之差。因此,标的资产的价格越高、执行价格越低,看涨期权的价格就越高。

对于看跌期权而言,由于执行时其收益等于执行价格与标的资产市场价格的差额,因此,标的资产的价格越低、执行价格越高,看跌期权的价格就越高。

2. 期权的有效期

对于美式期权而言,由于它可以在有效期内任何时间执行,有效期越长,买方获利机会就越大,而且有效期长的期权包含了有效期短的期权的所有执行机会,所以有效期越长,期权价格越高。

对于欧式期权而言,由于它只能在期末执行,有效期长的期权不一定包含有效期短的期权的所有执行机会。这就使欧式期权的有效期与期权价格之间的关系显得非常复杂。但在一般情况下(即剔除标的资产支付大量红利这种特殊情况),因为有效期越长,合约标的资产的风险就越大,空头亏损的风险也越大,所以对于欧式期权,也是期权合约的有效期越长,期权价格越高。

3. 无风险利率水平

看涨期权买方只需支付期权费买入期权,其剩余资金可以无风险利率进行投资。故当无风险利率上升时,看涨期权的价格随之升高。看涨期权卖方需要等到买方行权才能卖出合约标的资产收回现金。故当无风险利率升高时,卖方资金的机会成本会变高,从而看跌期权的价值随之降低;当无风险利率下降时,无风险利率对看涨期权价格和看跌期权价格的作用则相反。

4. 标的资产价格的波动率

简单地说，标的资产价格的波动率是用来衡量标的资产未来价格变动不确定性的指标，一般以百分比表示。由于期权多头的最大亏损额仅限于期权价格，而最大盈利额则取决于执行期权时标的资产市场价格与执行价格的差额，因此，波动率越大，对期权多头越有利，期权价格也应越高。

常用的波动率有历史波动率（Historical Volatility）及隐含波动率（Implied Volatility）两种。历史波动率是以合约标的资产（如期货合约）的历史价格数据为基础计算的收益率年度化的标准差，是对历史价格波动情况的反映。然而，由于股价波动难以预测，利用历史波动率进行预测一般都不能保证准确。隐含波动率则是指市场上交易的期权价格蕴含的波动率。它是将期权市场上某一期权合约的期权费及其他几个参数输入期权定价模型后，反过来计算得来的，反映的则是市场对价格波动率的看法。

5. 合约标的资产的分红

由于标的资产的分红付息等将降低标的资产的价格，而执行价格并未因此进行相应的调整，因此，在期权有效期内，标的资产产生的红利将使看涨期权价格下降，而使看跌期权价格上涨。

（四）期权方向性策略

1. 看涨策略

看涨策略是预期标的物价格上涨时使用的期权交易策略，以买入看涨期权为例，如图5—32所示。

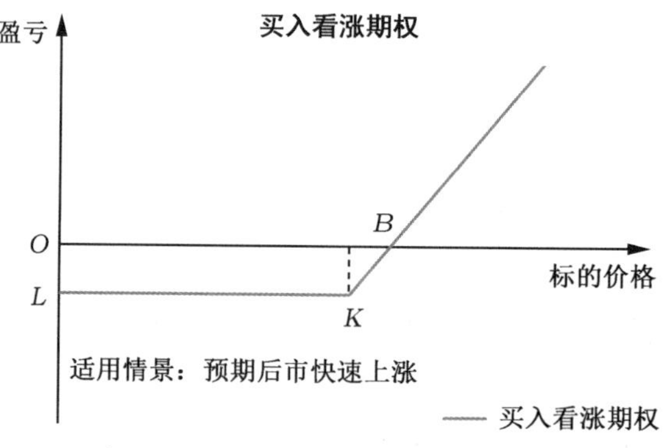

（B：盈亏平衡点；K：行权价；L：最大亏损）

图5—32　买入看涨期权到期盈亏

（1）基本原理。买入看涨期权，买方向卖方支付一定数量的权利金，获得在未来某时间以行权价格购买标的物的权利。

标的物价格上涨，期权买方可以行权或平仓，获得价格上涨的收益。

(2)使用动机。当投资者预期标的物价格上涨，可以买入看涨期权。买入看涨期权而不买入标的物，目的是为了避免因价格下跌而扩大损失。同时，用较少的资金获得价格上涨时更大的收益。

(3)盈亏说明。对于看涨期权买方来说，理论上，当市场价格上涨时，潜在盈利无限；当市场价格下跌时，风险有限，最大亏损是所支付的权利金。

期权到期时盈亏平衡点，等于行权价格加上买方买入期权时所支付的权利金(不考虑交易成本)，即盈亏平衡点＝行权价格＋支付的权利金。

期权到期时，市场价格高于盈亏平衡点越多，期权买方的盈利越多。

2. 看跌策略

看跌策略是预期标的物价格下跌时使用的交易策略，以买入看跌期权为例，如图5—33所示。

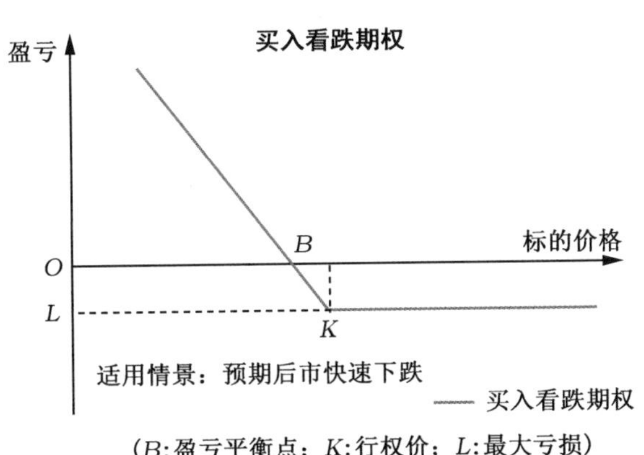

图5—33　买入看跌期权到期盈亏

(1)基本原理。买入看跌期权，买方向卖方支付一定数量的权利金，获得在未来某一时间以行权价格卖出标的物的权利。

标的物价格下跌，期权买方可以行权或平仓，获得价格下跌的收益。

(2) 使用动机。当投资者预期市场价格将快速下跌，可以买入看跌期权。买入看跌期权可以避免因价格上涨而扩大损失，同时用较少的资金获得价格下跌时更大的收益。

(3)盈亏说明。对于看跌期权买方来说，理论上，当市场价格下跌时，潜在盈利巨大，当市场价格上涨时，风险有限，最大亏损是支付的权利金。

期权到期时的盈亏平衡点等于行权价格减去买方买入期权时支付的权利金(不考虑交易成本)。

·知识专题:期货套保与期权套保的对比(以黄金为例)·

黄金期货套期保值是指在买进或卖出黄金现货的同时,在期货市场上卖出或买进黄金期货合约,通过期货市场买卖黄金期货合约,从而规避现货市场中价格波动的风险。

黄金价格波动的风险大致可分为两种:一种是价格下跌的风险,生产黄金的企业,担心未来黄金价格下跌,企业利润减少;另一种是价格上涨的风险,加工黄金的企业,担心未来黄金原材料价格上涨,企业成本增加。期货市场黄金套期保值最基本的两种操作方式,为卖出黄金期货套期保值和买入黄金期权套期保值。

利用期货进行套期保值相对比较简单,但是也存在一定的不利因素,比如期货价格向反方向大幅波动时,面临追加保证金的风险,造成一定的资金压力。

与期货不同,在采用期权进行套期保值时,不论黄金价格如何波动,期权买方不会面临追加保证金的风险。同时,期权买方在对冲价格风险的同时仍可以在价格向有利方向变动时获利。但是,期权套期保值的买方需要为购入期权付出一笔权利金。

例如,某黄金加工企业签订了100千克黄金购买合同,1个月之后按当时价格交付钱款与货物。目前,黄金现货价格为298元/克,因担心黄金价格进一步上涨,有买入套期保值需求。

表5—19　　某黄金加工企业套期保值方案

套保类型	方案	具体措施
期货	买入期货合约	买入1个月后交割的沪黄金期货合约100手,价格为300元/克。
期权	买入看涨期权	买入100手执行价格为300元/克的看涨期权、标的物是1个月后交割的沪黄金期货合约,支付权利金3元/克。

(1)假设一个月后现货价格上涨至310元/克,期货价格上涨至311元/克。期货套期保值策略:

现货盈亏:298—310=—12(元/克)

期货盈亏:311—300=11(元/克)

最终盈亏:11—12=—1(元/克)

实际买入价＝298＋1＝299(元/克)

期权套期保值策略：

现货盈亏：298－310＝－12(元/克)

期权盈亏(期权选择行权)：311－300－3＝8(元/克)

最终盈亏：8－12＝－4(元/克)

实际买入价＝298＋4＝302(元/克)

(2)假设1个月后现货价格下跌至290元/克，期货价格下跌至291元/克。期货套期保值策略：

现货盈亏：298－290＝8(元/克)

期货盈亏：291－300＝－9(元/克)

最终盈亏：8－9＝－1(元/克)

实际买入价＝298＋1＝299(元/克)

期权套期保值策略：

现货盈亏：298－290＝8(元/克)

期权盈亏(期权不选择行权)：亏损权利金＝－3(元/克)

最终盈亏：8－3＝5(元/克)

实际买入价＝298－5＝293(元/克)

期货套期保值效果和期权套期保值效率分别参见图5－34、图5－35。

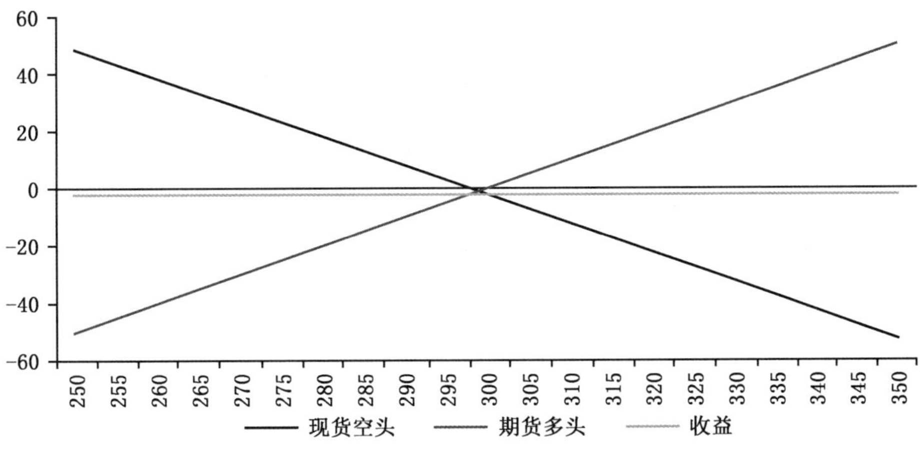

图5－34　期货套期保值效果图

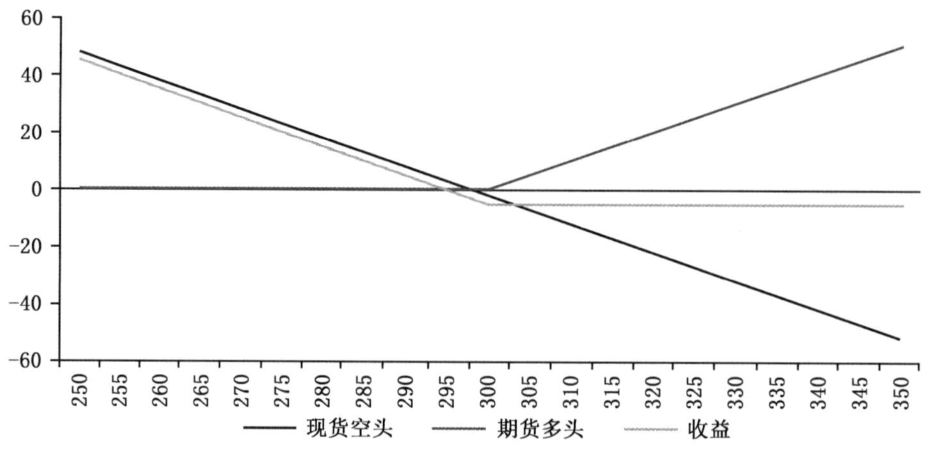

图 5—35 期权套期保值效果

期货与期权套期保值的比较参见表 5—20 所示。

表 5—20 期货与期权套期保值特点

套保工具	期 货	期 权
买卖双方的权利与义务	完全对等	不对等，买方有以约定价格买入或卖出标的物的权利，而卖方则有履约的义务
套保效果	锁定价格风险，无法享受未来有利的价格收益	锁定价格风险，需要支出一定的权利金，但是有机会获得额外收益
保证金收取	买卖双方均需要交纳保证金	买方不需要交纳保证金，卖方需要交纳保证金
到期前盈亏	线性的，亏损和盈利相对应	非线性，亏损和盈利不对应
套保区间	完全套保	可以通过期权组合做部分价格区间套

四、互换合约

(一)互换合约概述

1. 互换合约概念

互换合约(Swap Contract)是指交易双方约定在未来某一时期相互交换某种合

约标的资产的合约。准确地说，互换合约是指交易双方之间约定的在未来某一期间内交换他们认为具有相等经济价值的现金流（Cash Flow）的合约。在现实生活中较为常见的两种合约是利率互换合约和货币互换合约，此外还有股权互换、信用违约互换等互换合约。利率互换合约是同种货币资金的不同种类利率之间的交换合约，一般并不伴随本金。货币互换合约是指两种货币之间的交换合约，在一般情况下，是指两种货币资金的本金交换。

自从 1981 年美国所罗门兄弟公司为 IBM 和世界银行办理首笔美元与德国马克和瑞士法郎之间的货币互换业务以来，互换市场的发展非常迅猛。按名义金额算的互换合约已成为交易量最大的金融衍生工具。但是，在 2008 全球性金融危机中，导致大量金融机构陷入危机的最重要的衍生金融工具也正是信用违约互换（CDS）。信用违约互换涉及两个当事人，双方约定以某一信用工具为参考，一方向另一方出售信用保护，若信用工具发生违约事件，则信用保护出售方必须向购买方支付赔偿。

我国 20 世纪 80 代已经推出货币互换合约，之后推出利率互换合约。近年来我国互换合约市场高速成长，互换合约也成为许多投资组合的重要组成部分。目前，中国外汇交易中心人民币利率互换参考利率包括上海银行间同业拆借利率（含隔夜、1 周、3 个月期等品种）、国债回购利率（7 天）、1 年期定期存款利率，互换期限从 7 天到 3 年，交易双方可协商确定付息频率、利率重置期限、计息方式等合约条款。

2. 互换原理

互换交易的基本原理就是大卫·李嘉图的比较优势理论与利益共享。首先，根据比较优势理论，由于筹资双方信用等级、筹资渠道、地理位置以及信息掌握程度等方面的不同，在各自的领域存在着比较优势。因此，双方愿意达成协议，发挥各自优势，然后再互相交换债务，达到两者总成本的降低，进而由于利益共享，最终使得互换双方的筹资成本都能够得到一定的降低。

例如，假设有甲、乙两家公司，其信用等级及各自在固定利率市场和浮动利率市场上的借款成本如表 5－21 所示：

表 5－21　　　　**甲、乙两家公司的借款成本**

	甲公司	乙公司
信用等级	AAA	BBB
固定利率	9％	10.5％
浮动利率	6 个月 LIBOR＋0.2％	6 个月 LIBOR＋0.5％

通过表中的数据可以看出，甲公司由于信用等级高，在浮动利率市场和固定利率市场都有优势，但是，不难发现两公司固定利率之差为 1.5％，而浮动利率之差仅为

0.3%。因此,可以认为甲公司在固定利率市场具有比较优势。假设甲公司根据资产匹配的要求希望支付浮动利率利息,而乙公司希望支付固定利率利息,如果二者按照各自原本的借款成本借款,总的成本为:

6 个月 LIBOR+0.2%+10.5%=6 个月 LIBOR+10.7%

若根据双方的比较优势,甲公司借入固定利率贷款,乙公司借入浮动利率贷款,然后再进行互换,总的成本为:

9%+6 个月 LIBOR+0.5%=6 个月 LIBOR+9.5%

很显然,相对于不进行互换而言一共节省成本 1.2%。双方可以按照事先确定的比例分享这部分节省下来的成本。比如,按照利益均分原则每一方就可以节省 0.6%。其具体的操作流程可以由图 5—36 演示。

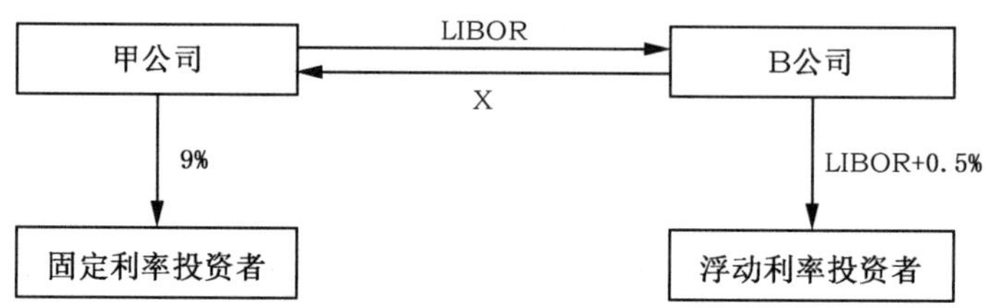

图 5—36 利率互换示意图

假设二者利益均分,即每一方节省 0.6%,X=9.4%,那么,甲公司的实际贷款成本为:

9%+LIBOR−9.4%=LIBOR−0.4%

而乙公司的贷款成本为:

LIBOR+O.5%−LIBOR+9.4%=9.9%

双方成本都节省了 0.6%。

(二)互换合约的类型

1. 利率互换

利率互换(Interest Rate Swap),是指互换合约双方同意在约定期限内按不同的利息计算方式分期向对方支付由币种相同的名义本金额所确定的利息。由于双方使用相同的货币,利率互换采用净额支付的方式,即互换双方不交换本金,只按期由一方向另一方支付本金所产生的利息净额。利率互换有两种形式:一是息票互换,即固定利率对浮动利率的互换;二是基础互换,即双方以不同参照利率互换利息支付,如美国优惠利率对 LIBOR。

2. 货币互换

货币互换(Currency Swap),是指互换合约双方同意在约定期限内按相同或不同的利息计算方式分期向对方支付由不同币种的等值本金额确定的利息,并在期初和期末交换本金。与利率互换的不同之处在于,货币互换中双方要以不同货币支付利息及本金,所以在每一个阶段双方都要以不同货币支付现金利息给对方,而不是只有一方支付现金给另一方。根据利息支付方式不同,货币互换可分为三种形式:一是固定对固定,即将一种货币的本金和固定利息与另一种货币的等价本金和固定利息进行交换;二是固定对浮动,即将一种货币的本金和固定利息与另一种货币的等价本金和浮动利息进行交换;三是浮动对浮动,即将一种货币的本金和浮动利息与另一种货币的等价本金和浮动利息进行交换。

货币互换产生的主要原因是双方在各自国家中的金融市场上具有比较优势。假定欧元兑美元汇率为 1 欧元=1.5 美元。A 公司想借入 5 年期的 1 500 万美元借款,以浮动利率支付利息;B 公司想借入 5 年期的 1 000 万欧元借款,以固定利率支付利息。但两公司在不同市场的信用等级不同,两国金融市场对 A、B 两公司熟悉情况不同,因此,市场向它们提供的利率也不相同,如表 5—22 所示。两家公司通过银行中介进行货币互换,并且支付给银行中介一定的利差。

表 5—22　　市场提供给 A、B 两家公司的借款利率互换

公司	欧元	美元
A 公司	5.6%	LIBOR+0.2%
B 公司	6.7%	LIBOR

从双方的融资成本看,双方各有优势。A 公司在欧元市场上具有融资优势,B 公司在美元市场上具有融资优势,双方通过银行进行货币互换,即 A 公司以固定利率的欧元融资与 B 公司的浮动利率美元融资进行互换,这样双方都能通过互换获得利益。双方进行货币互换的过程如图 5—37 所示。

双方的融资方案为:A 公司在欧元固定利率市场上以 5.6%的利率借入 5 年期 1 000 万欧元借款,B 公司在美元浮动利率市场上以美元 LIBOR 利率借入 5 年期 1 500 万美元借款,双方互换本金,期间双方互换不同币种利息,并在期末再次交换本金。通过互换,两家公司的融资成本结果见表 5—23,其中 A 公司能节约成本 0.5%,B 公司能节约成本 0.5%,而银行中介从中赚取的利差为欧元 0.1%和美元 0.2%,两家公司通过货币互换降低了融资成本,获得互换利益。

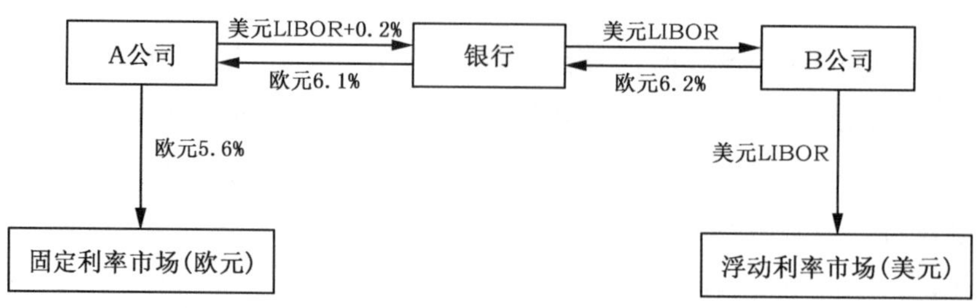

图 5—37 货币互换示意

表 5—23 货币互换前后 A、B 两家公司融资成本

公司	互换前成本	互换后成本	节约的融资成本
A公司	美元:LIBOR+0.2%	美元:LIBOR+0.2% 欧元:5.6%-6.1%=-0.5%	欧元:0.5%
B公司	欧元:6.7%	美元:LIBOR-LIBOR=0 欧元:6.2%	欧元:0.5%

通过对上述互换案例的分析,可总结出确定互换方案的基本过程:(1)建立成本和融资渠道矩阵;(2)确定各方比较优势;(3)划分互换利益;(4)为互换定价,即确定互换合约中各方应支付的利率。

五、远期合约、期货合约、期权合约和互换合约的区别

远期合约、期货合约、期权合约和互换合约是四种最常见的衍生工具。其中,远期合约和期货合约最为相似,经常会混淆。我们可以从合约的标准化程度、交易场所、损益特性、信用风险、交割方式、执行方式、杠杆等角度来分析这四种主要衍生工具的区别。

(一)交易场所与合约

衍生品合约可以在交易所和场外交易。期货合约只在交易所交易。期权合约大部分在交易所交易。远期合约和互换合约通常在场外交易,采用非标准形式进行,以满足交易各方需求,具有较高的灵活性。这也使得其谈判较为复杂,交易成本较高。

(二)损益特性

远期合约、期货合约和大部分互换合约都包括买卖双方在未来应尽的义务。因此,它们有时被称作远期承诺(Forward Commitment)或者双边合约(Bilateral Contracts)。与此相反,期权合约和信用违约互换合约只有一方在未来有义务,因此,被称

作单边合约(Unilateral Contracts)。期权合约和信用违约互换合约使买方可以对卖方行使某种权利。当情形对自己有利或者特定条件被满足时,买方可以行权。期权合约与远期合约以及期货合约的不同之处是它的损益的不对称性。

(三)信用风险

双边合约因为包括买卖双方在未来应尽的义务使双方暴露在对方违约的风险中,单边合约仅使买方暴露在这种风险中。期货合约由于具备对冲机制,实物交割比例非常低,交易价格受最小价格变动单位和日涨跌停板限定。远期合约如要中途取消,必须双方同意,任何单方面意愿是无法取消合约的,其实物交割比例非常高。

(四)执行方式

四种基本衍生工具合约的执行方式大相径庭。一般而言,远期合约和互换合约通常用实物进行交割。值得注意的是,远期合约的两个合约即使是方向相反也不能自动抵消。期货合约绝大多数通过对冲相抵消,通常用现金结算,极少实物交割。而期权合约则是买方根据当时的情况判断行权对自己是否有利来决定行权与否。

(五)杠杆

由于远期合约、期货合约、期权合约和互换合约的交易规则不同,它们有的会存在杠杆效应,而有的不存在。期货合约通常采用保证金交易,有明显的杠杆效应。期权合约中买方需要支付期权费,卖方需要缴纳保证金,也存在杠杆效应。远期合约和互换合约的杠杆效应与合约规定的交易方式有关。

第十节 基础设施公募 REITs 介绍

基础设施公募 REITs 是贯彻落实党中央、国务院关于防风险、去杠杆、稳投资、补短板决策部署的有效政策工具,对提升基础设施产业发展的质效、降低宏观杠杆率、丰富资本市场品种等具有重要意义,有利于更好发挥资本市场的枢纽作用、提升服务实体经济能力,也是理财产品重要的投资资产。

一、基础设施公募 REITs 的定义

我国公开募集基础设施证券投资基金(Real Estate Investment Trusts,以下简称基础设施公募 REITs)是指依法向社会投资者公开募集资金形成基金财产,通过基础

设施资产支持证券等特殊目的载体持有基础设施项目,由基金管理人等主动管理运营上述基础设施项目,并将产生的绝大部分收益分配给投资者的标准化金融产品。按照规定,我国基础设施公募 REITs 在证券交易所上市交易。

基础设施资产支持证券是指依据《证券公司及基金管理公司子公司资产证券化业务管理规定》等有关规定,以基础设施项目产生的现金流为偿付来源,以基础设施资产支持专项计划为载体,向投资者发行的代表基础设施财产或财产权益份额的有价证券。基础设施项目主要包括仓储物流,收费公路、机场港口等交通设施,水电气热等市政设施,污染治理、信息网络、产业园区等其他基础设施。

简单来说,基础设施公募 REITs 通过募集众多投资者的资金,用于投资不动产资产来获得收益。与股票和债券相比,基础设施公募 REITs 具有相对中等风险、中等收益的特征。

二、基础设施公募 REITs 的意义

基础设施公募 REITs 是国际通行的配置资产,具有流动性较高、收益相对稳定、安全性较强等特点,能有效盘活存量资产,填补当前金融产品空白,拓宽社会资本投资渠道,提升直接融资比重,增强资本市场服务实体经济的绩效。短期看有利于广泛筹集项目资本金,降低债务风险,是稳投资、补短板的有效政策工具;长期看有利于完善储蓄转化投资机制,降低实体经济杠杆,推动基础设施投融资市场化、规范化健康发展。

建设好中国版基础设施公募 REITs 市场,具有以下意义:

第一,我国基础设施公募 REITs 市场具有广阔的发展前景。基础设施公募 REITs 起源于房地产领域,因此,有观点认为 REITs 主要适用于房地产行业。事实上,在成熟市场中,基础设施公募 REITs 已经形成规模化的大类资产,涵盖了仓储物流、通信设施、电力配送网络、高速公路及其他能产生长期稳定现金流的基础设施资产。在美国,基础设施公募 REITs 市场占比接近 40%。相较而言,我国基础设施体系规模庞大且具备大量优质资产,存量已达 130 万亿元。其中,适合作为基础设施公募 REITs 投资标的的资产规模超过 30 万亿元,尤其在长三角等经济发达地区,基础设施资产类别全、规模大、收益好,具备区域一体化的联动和集聚优势,有望在全国率先形成基础设施公募 REITs 产业要素聚集地和发展高地。近期,国家发改委发布的 958 号文将全国 31 个省市纳入试点范围,并新增清洁能源类、租赁住房类、旅游类资产等基础设施,为基础设施 REITs 发展注入了新动能。

第二,基础设施公募 REITs 市场建设有利于提升权益融资比重,助力化解地方政府债务。从融资结构看,我国权益类融资占比仍然较低,宏观杠杆率已达 277%,相对倚重债务融资的现状不利于经济高质量发展。基础设施公募 REITs 是企业资产的公

开发行上市，属于权益型金融工具，在制度设计上充分借鉴了股票市场经验，其基础资产现金流的产生具备独立性，不依赖外部增信，不附带隐性债务。由于基础设施公募REITs需要持续分红，有观点认为，发行基础设施公募REITs增加刚性兑付债务，可能导致地方政府隐性债务提升。但事实上，持续分红派息特征，只是将经营产生的现金流按比例向投资人分配，不引发发行人刚性兑付义务。这不仅不会增加企业和政府债务负担，还有效拓宽了长期权益型融资渠道，引导政府和企业投融资从传统的聚焦于负债端管理延伸到资产端管理，为化解地方政府债务开辟了新路径。

第三，基础设施公募REITs有利于企业降低融资成本。有观点认为，基础设施公募REITs发行条件要求4%现金流分派率，高于部分国有企业的债务利息，发行基础设施公募REITs不利于企业降低融资成本。事实上，这样的比较忽视了基础设施公募REITs对企业资产价值重估、管理效率提高、与企业债务结构改善等多方面的综合作用。IPO是企业上市，而基础设施公募REITs可以看作资产上市。优质资产的份额化交易有利于提升资产流动性，促进合理定价。同时，企业可以比照股票上市的做法，依托“PE＋REITs”机制和扩募收购机制，利用企业专业管理优势，培育优质资产。后续还可通过持续注入或置换，形成“开发＋运营＋金融”的全链条经营模式，打造企业的“资产上市平台”，实现资产整合和战略调整，提升企业投资价值。

第四，基础设施REITs有利于国有资产保值增值。近年来，交通、市政等基础设施类上市公司市净率水平偏低，部分基建企业市净率甚至低于0.3倍。相较于股权融资，基础设施公募REITs基于现金流收益法估值，可提供更加合理的整体估值水平，其定价主要“锚”定于资产价值。以首批试点项目来看，二级市场“市净率”整体可观。同时，企业可以通过并表方式继续保有对国有资产的控制。上市后，相关规则明确了权益变动的“爬坡”信息披露机制和要约收购机制，能够有效防止恶意收购基础设施公募REITs的控制权。通过发行基础设施公募REITs，将基础设施资产导入资本市场，将会为做优做强国有资产提供一个重要路径。

三、基础设施公募REITs架构的特点

基础设施公募REITs的架构特点如下：

一是80%以上基金资产投资于基础设施资产支持证券，并持有其全部份额；基金通过基础设施资产支持证券持有基础设施项目公司全部股权；

二是基金通过资产支持证券和项目公司等特殊目的载体取得基础设施项目完全所有权或经营权利；

三是基金管理人主动运营管理基础设施项目，以获取基础设施项目租金、收费等稳定现金流为主要目的；

四是采取封闭式运作，收益分配比例不低于合并后基金年度可供分配金额的90%。

四、基础设施公募 REITs 产品的特点

基础设施公募 REITs 是并列于股票、债券、基金和衍生品的证券品种。其产品具备以下特点：

一是基础设施公募 REITs 可盘活存量资产，提升基础设施资产估值，获得流动性溢价，同时提供增量投资资金，改善企业负债水平，降低企业杠杆率，助力企业向“轻资产”运营模式转型，更好地推动资本市场服务实体经济。

二是基础设施公募 REITs 产品将 90%的基金年度可分配利润用于分配，高比例分红。同时，由于基础设施项目权属清晰，现金流持续、稳定，投资回报良好，填补了当前金融产品的空白，丰富了投资品种，便利投资者投资于流动性较弱的基础设施项目。

三是基础设施公募 REITs 产品规则透明健全，比照公开发行证券要求建立上市审查制度，制定了完备的发售、上市、交易、收购、信息披露、退市等具体业务规则。基础设施项目可借助资本市场公开、透明机制，通过资本市场融资，引导金融资金参与实体项目建设，实现高质量发展(见图 5—38)。

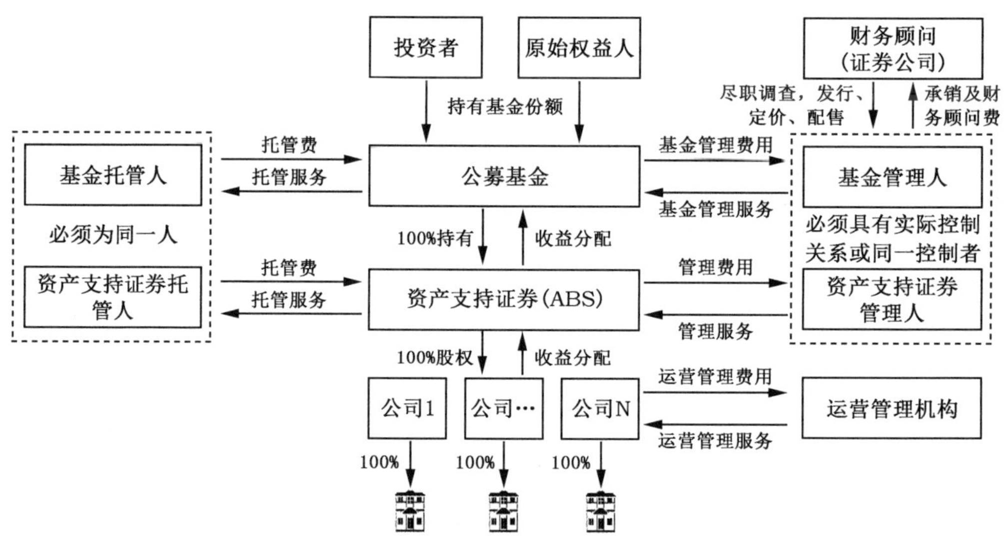

图 5—38　基础设施公募 REITs 示例图

五、基础设施公募 REITs 与股票、债券、基金的区别

(一)基础设施公募 REITs 与股票的比较

如果说股票是“公司上市”后发行的有价证券,基础设施公募 REITs 可以被形象地理解为“资产上市”后发行的有价证券。投资人通过持有基础设施公募 REITs 基金份额,间接成为基础设施项目的“股东”,且基金上市之后也会有交易报价,与股票投资有异曲同工之妙。

不同于股票,基础设施公募 REITs 又具有以下不同于股票的特点:首先,基础设施公募 REITs 市场波动相对较小。基础设施公募 REITs 底层资产主要为成熟优质、运营稳定的基础设施项目,现金流预期相对明确,单位价值波动性原则上相对有限。其次,基础设施公募 REITs 收益的增长空间相对有限。从物业运营角度来看,出现物业收入大幅增长或维持持续性高增长的可能性较小。在此基础上,基础设施公募 REITs 具有较高的分红比例。基础设施公募 REITs 设有强制分红比例,收益分配比例不低于合并后基金年度可供分配金额的 90%收益分配机制相较股票更为严格。

(二)基础设施公募 REITs 与债券的比较

一方面,基础设施公募 REITs 没有固定利息回报,其收益主要依靠资产本身的现金流产生能力,以及资产增值带来的份额价值提升预期,会有一定的变动。另一方面,基础设施公募 REITs 本息没有主体信用担保,依赖于资产本身的运营。因此,受基金管理人及资产运营管理机构能力的影响,存在由于运营等因素造成单位价值下跌的风险。

(三)基础设施公募 REITs 与普通公募基金的比较

不同于普通公募基金,基础设施公募 REITs 具有以下特点:

一是资金投向不同。基础设施公募 REITs 产品以拥有持续、稳定经营现金流的一个或数个基础设施项目作为底层基础资产;而普通公募基金主要投资标的为分散化配置的股票、债券等。

二是收益来源不同。基础设施公募 REITs 收益来源主要为底层资产经营收益和物业资产增值收益;而普通主动型公募基金除股息、利息收益外,还包括通过灵活调整投资组合获取的资本利得,指数型公募基金的收益情况则取决于指数表现。

三是产品定位不同。基础设施公募 REITs 借助发行人、管理人在基础设施项目运营及投资管理领域的专业优势及资源积累,通过运营维护基础设施项目,来获得基

金价值的不断提升;而普通主动型公募基金主要依靠基金管理人的主动投资能力,通过灵活配置资产,实现投资收益。

六、基础设施公募 REITs 的风险

投资基础设施基金可能面临包括但不限于以下风险:

(一)基金价格波动风险

基础设施基金大部分资产投资于基础设施项目,具有权益属性,受经济环境、运营管理等因素影响,基础设施项目市场价值及现金流情况可能发生变化,可能引起基础设施基金价格波动,甚至存在基础设施项目遭遇极端事件(如地震、台风等)发生较大损失而影响基金价格的风险。

(二)基础设施项目运营风险

基础设施基金投资集中度高,收益率很大程度依赖基础设施项目运营情况,基础设施项目可能因经济环境变化或运营不善等因素影响,导致实际现金流大幅低于测算现金流,存在基金收益率不佳的风险。基础设施项目运营过程中租金、收费等收入的波动也将影响基金收益分配水平的稳定。此外,基础设施基金可直接或间接对外借款,存在基础设施项目经营不达预期,基金无法偿还借款的风险。

(三)流动性风险

基础设施基金采取封闭式运作,不开通申购赎回,只能在二级市场交易,存在流动性不足的风险。

(四)终止上市风险

基础设施基金运作过程中可能因触发法律法规或交易所规定的终止上市情形而终止上市,导致投资者无法在二级市场交易。

(五)税收等政策调整风险

基础设施基金运作过程中可能涉及基金持有人、公募基金、资产支持证券、项目公司等多层面税负,如果国家税收等政策发生调整,可能影响投资运作与基金收益。

第二篇

合规销售

第六章

合规销售应知应会

第一节　法律法规基础知识

理财经理、客户经理学习法律基础知识具有非常重要的意义。学法才能了解业务本质，学法才能防范风险，学法才能知法、懂法、守法、用法。法律法规是规则，规则界定了行为边界，法律意识不足，会超出边界而受到处罚。因此，掌握工作中所涉及的法律法规，成为理财经理、客户经理开展一切理财活动的基础。

一、法律知识的重要性

我们生活在一个法治社会。具备法律意识、掌握基本法律知识，是理财经理、客户经理顺利开展日常业务的重要保障。虽然理财经理、客户经理不具备专业的法律服务资格，但是具备良好的法律知识基础，能帮助理财经理、客户经理在服务客户的过程中更好地保护自己，同时为客户提供更为专业的投资建议，有助于理财经理、客户经理更加顺利地开展各项工作。

法律意识是法治社会公民对法律和法律对象的主观把握方式，是社会主体对法律的知识、意志和情感的总和。法律配置资源的方法是明确主体、确认产权和规范物权以及债权。第一，法律将人们按照一定规则划分为具有特定属性的主体，如国家、组织、个人；第二，法律规定人们对物的财产权利，如公有、共有、私有；第三，法律规范人们处理物权的行为，如占有、使用、收益和处分；第四，法律使人们的社会关系上升为法律关系，即法定权利和义务关系；第五，法律约束人们的行为，即假定、处理和制裁；第六，法律规范由国家强制力保证实施。所以，法律是人们的行为规范。法律文化的科学性在于法律教会人们透过社会现象看问题本质。法律的规范性、强制性和深层逻辑性决定了法律是理财经理、客户经理设计理财方案和服务客户的重要内容与依据，良好的法律意识是理财经理、客户经理必须具备的基本素质。

二、中国的法律体系

理财经理、客户经理在日常服务客户的活动中经常需要接触各种法律法规，熟悉我国的法律体系可以帮助理财经理、客户经理更好地服务客户并保护自己。

中国特色社会主义法律体系，是以宪法为统率，以法律为主干，以行政法规、地方性法规为重要组成部分，由宪法相关法、民法、商法、行政法、经济法、社会法、刑法、诉讼与非诉讼程序法等多个法律部门组成的有机统一整体。

理财经理、客户经理的日常工作主要涉及的法律包括《中华人民共和国民法典》《中华人民共和国商业银行法》《中华人民共和国证券法》《中华人民共和国证券投资基金法》《中华人民共和国保险法》《中华人民共和国信托法》等。

除了法律法规外，理财经理、客户经理日常工作还涉及大量的行政规章，比如《商业银行理财业务监督管理办法》《证券投资基金销售管理办法》等。行政规章是由政府机构依照相应法律法规进行细化后的规则，更加贴近理财经理、客户经理的实际工作，也是理财经理、客户经理执业的主要依据。

三、民事法律关系介绍

个人理财业务活动中法律关系的主体主要有两个：金融机构和客户。金融机构和客户是两个平等的民事主体，金融机构为客户提供财务分析、财务规划、投资顾问、资产管理等专业化服务活动。民事主体之间进行的民事活动，应当遵守《中华人民共和国民法典》（以下简称《民法典》）的规定。

《民法典》是我国对民事活动中一些共同性问题所做的法律规定。它确定了进行民事活动的基本原则，包括自然人和法人的法律地位、民事法律行为、民事代理制度、民事权利和民事责任等内容。

1. 民事法律行为的基本原则

民事法律行为是指民事主体通过意思表示设立、变更、终止民事法律关系的行为。平等的民事法律主体之间进行的民事法律活动，应当遵循民事法律的自愿、公平、诚信原则，不得违背公序良俗。

诚信原则是指民事活动中，民事主体应该诚实、恪守承诺，正当行使权利和义务。诚信原则是民事活动中最核心、最基本的原则。

诚信原则和公平原则一样，是市场活动中重要的道德规范，也是道德规范在法律上的表现。当法律中无明确规定时，开展个人理财业务必须遵守民事法律的基本原则。

2. 民事法律关系主体

民事法律关系主体是指参与民事法律关系、享有民事权利并承担民事义务的“人”。这里的“人”应作宽泛的理解，包括自然人、法人以及非法人组织。

在个人理财业务中，民事法律关系的主体就是金融机构和个人客户。这里的金融机构是法人组织，个人客户一般是指自然人。

(1)自然人。自然人是基于人类自然规律而出生和存在的个人。《民法典》对自然人的民事权利能力和民事行为能力做了以下规定：

①民事权利能力。自然人从出生时起到死亡时止，具有民事权利能力，依法享有民事权利，承担民事义务，自然人的民事权利一律平等。

②民事行为能力。《民法典》对自然人的民事行为能力根据自然人的年龄、智力与精神状况做了如下分类：

第一，完全民事行为能力人。18 周岁以上的自然人是成年人，不满 18 周岁的自然人为未成年人。成年人为完全民事行为能力人，可以独立实施民事法律行为。16 周岁以上的未成年人，以自己的劳动收入为主要生活来源的，视为完全民事行为能力人。

第二，限制民事行为能力人。8 周岁以上的未成年人为限制民事行为能力人，实施民事法律行为由其法定代理人代理或者经其法定代理人同意、追认；但是，可以独立实施纯获利益的民事法律行为或者与其年龄、智力相适应的民事法律行为。不能完全辨认自己行为的成年人为限制民事行为能力人，实施民事法律行为由其法定代理人代理或者经其法定代理人同意、追认；但是，可以独立实施纯获利益的民事法律行为或者与其智力、精神健康状况相适应的民事法律行为。综上所述，限制行为能力人包括 8 周岁以上的未成年人和不能完全辨认自己行为的成年人。

第三，无民事行为能力人。不满 8 周岁的未成年人为无民事行为能力人，由其法定代理人代理实施民事法律行为。不能辨认自己行为的成年人为无民事行为能力人，由其法定代理人代理实施民事法律行为。8 周岁以上的未成年人不能辨认自己行为的，适用前述规定。综上所述，无民事行为能力人包括不满 8 周岁的未成年人、不能辨认自己行为的成年人以及不能辨认自己行为的 8 周岁以上的未成年人。

无民事行为能力人、限制民事行为能力人的监护人是其法定代理人。

个人理财业务的客户应当是具有完全民事行为能力的自然人或无民事行为能力人或限制民事行为能力人的法定代理人。

(2)法人。

①法人的概念。法人是具有民事权利能力和民事行为能力,依法独立享有民事权利和承担民事义务的组织。

②法人成立的要件。法人应当依法成立。法人应当有自己的名称、组织机构住所、财产或者经费。

③法人的分类。《民法典》以法人活动的性质为标准,将法人分为营利法人、非营利法人和特别法人。其中,营利法人包括有限责任公司、股份有限公司和其他企业法人等;非营利法人包括事业单位、社会团体、基金会、社会服务机构等。

在个人理财业务中,最常见的法人客户是营利法人。营利法人是指以取得利润并分配给股东等出资人为目的成立的法人。在我国,公司法人是最普遍的营利法人形式。

3. 民事代理制度

民事代理制度是重要的民事法律制度。个人理财业务中客户委托金融机构投资理财,客户和金融机构之间就形成了委托代理关系。《民法典》第一编第七章规定了代理相关内容,其中与个人理财业务相关的重要内容如下:

(1)代理的基本含义。根据《民法典》第一百六十一条和第一百六十二条的规定,民事主体可以通过代理人实施民事法律行为。依照法律规定、当事人约定或者民事法律行为的性质,应当由本人亲自实施的民事法律行为,不得代理。代理人在代理权限内,以被代理人名义实施的民事法律行为,对被代理人发生效力。

(2)代理的分类。根据代理权产生的根据不同,可以将代理分为委托代理和法定代理。委托代理人按照被代理人的委托行使代理权,法定代理人依照法律的规定行使代理权。

(3)委托代理。根据《民法典》第一百六十五条和第一百六十九条的规定,委托代理授权采用书面形式的,授权委托书应当载明代理人的姓名或者名称、代理事项、权限和期限,并由被代理人签名或者盖章。

代理人需要转委托第三人代理的,应当取得被代理人的同意或者追认。转委托代理经被代理人同意或者追认的,被代理人可以就代理事务直接指示转委托的第三人,代理人仅就第三人的选任以及对第三人的指示承担责任。转委托代理未经被代理人同意或者追认的,代理人应当对转委托的第三人的行为承担责任;但是,在紧急情况下代理人为了维护被代理人的利益需要转委托第三人代理的除外。

(4)代理的法律责任。根据《民法典》第一百六十四条、第一百六十七条、第一百七十一条的相关规定:

①代理人不履行或者不完全履行职责,造成被代理人损害的,应当承担民事责任。

②代理人和相对人(指合同对方当事人)恶意串通,损害被代理人合法权益的,代

理人和相对人应当承担连带责任。

③代理人知道或者应当知道代理项违法仍然实施代理行为，或者被代理人知道或者应当知道代理人的代理行为违法而未做反对表示的，被代理人和代理人应当承担连带责任。

④行为人没有代理权、超越代理权或者代理权终止后，仍然实施代理行为，未经被代理人追认的，对被代理人不发生效力。

⑤相对人知道或者应当知道行为人无权代理的，相对人和行为人按照各自的过错承担责任。

(5)代理的终止。根据《民法典》第一百七十三条、第一百七十五条的相关规定，有下列情形之一的，委托代理终止：

①代理期限满或者代理事务完成；

②被代理人取消委托或者代理人辞去委托；

③代理人丧失民事行为能力；

④代理人或者被代理人死亡；

⑤作为代理人或者被代理人的法人、非法人组织终止。

四、合同法律制度

合同是建立民事法律关系的常见方式。客户在购买理财产品时与银行或理财公司签订的理财协议书，都属于合同范畴。个人理财业务建立在金融机构和客户签订的相关合同基础之上，理财业务的合同应当符合法律的规定。《民法典》中第三编规定了与合同相关的内容。

1. 合同的概念

《民法典》第四百六十四条第一款规定："合同是民事主体之间设立、变更、终止民事法律关系的协议。"

2. 合同的订立

根据《民法典》第四百六十九条和第五百零一条的规定：

当事人订立合同，可以采用书面形式、口头形式或者其他形式。法律、行政法规规定采用书面形式的，应当采用书面形式。当事人约定采用书面形式的，应当采用书面形式。书面形式是合同书、信件、电报、电传、传真等可以有形地表现所载内容的形式。以电子数据交换、电子邮件等方式能够有形地表现所载内容，并可以随时调取查用的数据电文，视为书面形式。

当事人订立合同，应当具有相应的民事权利能力和民事行为能力。当事人依法可以委托代理人订立合同。当事人在订立合同过程中知悉的商业秘密或者其他应当保密的信息,无论合同是否成立,不得泄露或者不正当地使用。泄露、不正当地使用该商业秘密或者信息,造成对方损失的,应当承担损害赔偿责任。

3. 格式条款合同

根据《民法典》第四百九十六条、第四百九十八条的规定:

格式条款是当事人为了重复使用而预先拟定,并在订立合同时未与对方协商的条款。

采用格式条款订立合同的,提供格式条款的一方应当遵循公平原则确定当事人之间的权利和义务,并采取合理的方式提示对方注意免除或者减轻其责任等与对方有重大利害关系的条款,按照对方的要求,对该条款予以说明。提供格式条款的一方未履行提示或者说明义务,致使对方没有注意或者理解与其有重大利害关系的条款的,对方可以主张该条款不成为合同的内容。

对格式条款的理解发生争议的,应当按照通常理解予以解释。对格式条款有两种以上解释的,应当做出不利于提供格式条款一方的解释。格式条款和非格式条款不一致的,应当采用非格式条款。

理财业务中的销售文件,如《投资协议书》《(代理)销售协议书》等属于格式条款,因此,文本中有大量字体被加粗、加大,提示客户仔细阅读重要条款。

4. 合同中免责条款的无效情形

根据《民法典》第五百零六条的规定,合同中的下列免责条款无效:

(1)造成对方人身伤害的;

(2)因故意或者重大过失造成对方财产损失的。

5. 可撤销的合同

根据《民法典》的相关规定,基于重大误解、以欺诈手段实施、受第三人欺诈或胁迫等签订的合同,属于可撤销合同。当事人可以向人民法院或仲裁机关提出撤销合同的请求。

6. 违约责任

当事人一方不履行合同义务或者履行合同义务不符合约定的,应当承担继续履行、采取补救措施或者赔偿损失等违约责任。

违约责任的承担形式主要有继续履行、支付违约金、赔偿损失、遵守定金罚则以及采取补救措施等。

五、理财业务相关文件

(一)《资管新规》

2018 年 4 月 27 日,中国人民银行、中国银行保险监督管理委员会、中国证券监督管理委员会、国家外汇管理局联合发布了《关于规范金融机构资产管理业务的指导意见》(银发〔2018〕106 号,以下简称《资管新规》)。《资管新规》按照资产管理产品的类型制定统一的监管标准,对同类资产管理业务做出一致性规定,明确资产管理产品主要包括银行非保本理财产品,资金信托,证券公司、证券公司子公司、基金管理公司、基金管理公司子公司、期货公司、期货公司子公司、保险资产管理机构、金融资产投资公司发行的资产管理产品等。

《资管新规》明确资产管理业务是指银行、信托、证券、基金、期货、保险资产管理机构、金融资产投资公司等金融机构接受投资者委托,对受托的投资者财产进行投资和管理的金融服务。

(二)《理财新规》

2018 年 9 月 26 日,银保监会发布《商业银行理财业务监督管理办法》(银保监会令〔2018〕6 号,以下简称《理财新规》),作为《资管新规》配套实施细则,主要内容包括:严格区分公募和私募理财产品,加强投资者适当性管理;规范产品运作,实行净值化管理;规范资金池运作,防范"影子银行"风险;去除通道,强化穿透管理:设定限额,控制集中度风险;加强流动性风险管控,控制杠杆水平;加强理财投资合作机构管理,强化信息披露,保护投资者合法权益;实行产品集中登记,加强理财产品合规性管理等。

《理财新规》明确理财业务是指商业银行接受投资者委托,按照与投资者事先约定的投资策略、风险承担和收益分配方式,对受托的投资者财产进行投资和管理的金融服务。

(三)《理财公司销售管理办法》

2021 年 6 月 27 日,银保监会发布《理财公司理财产品销售管理暂行办法》(银保监会令 2021 年第 4 号,以下简称《理财公司销售管理办法》),规范了从事理财产品销售业务活动应当具备的条件要求;从销售机构的维度,规范了理财产品销售的制度框架、董事会和高管层责任、信息系统要求、反欺诈要求、档案管理等;结合理财产品销售流程,对宣传销售文本、认赎安排、资金交付与管理、对账制度、持续信息服务等主要环节提出要求;对机构和员工分别提出管理要求;提出了适当性管理、客户信息保护以及投资者投诉等要求。

(四)其他重要的部门规章

2016 年 5 月 13 日,原银监会发布《中国银监会关于规范商业银行代理销售业务的通知》(银监发〔2016〕24 号)。

2017 年 8 月 23 日，原银监会发布《银行业金融机构销售专区录音录像管理暂行规定》(银监办发〔2017〕110 号)。

第二节 《资管新规》应知应会

一、《资规新规》的出台

(一)出台的背景

2021 年 12 月 31 日，《资规新规》过渡期正式结束，标志着一个旧时代的落幕和一个新时代的开始。

回望 2018 年，《资管新规》受命于影子银行风险愈演愈烈之际。我国金融机构开展资产管理业务，始于 20 世纪 90 年代初，经过 20 多年高速发展，我国金融机构资管业务快速发展，规模不断攀升，截至《资规新规》出台时，资管业务总规模已达百万亿元。资管业务在满足居民财富管理需求、增强金融机构盈利能力、优化社会融资结构、支持实体经济等方面发挥了积极作用。但由于同类资管业务的监管规则和标准不一致，导致监管套利活动频繁，一些产品多层嵌套，风险底数不清，资金池模式蕴含流动性风险，部分产品成为信贷出表的渠道，刚性兑付普遍，在正规金融体系之外形成监管不足的影子银行，一定程度上干扰了宏观调控，提高了社会融资成本，影响了金融服务实体经济的质效，加剧了风险的跨行业、跨市场传递。

(二)出台的过程

应对风险必须正本清源，统一监管标准、规范发展成为关键。在党中央、国务院的领导下，中国人民银行会同中国银行保险监督管理委员会、中国证券监督管理委员会、国家外汇管理局等部门，坚持问题导向，从弥补监管短板、提高监管有效性入手，在充分立足各行业金融机构资管业务开展情况和监管实践的基础上，制定了《关于规范金融机构资产管理业务的指导意见》，作为部门规章，该文件由央行主导起草，经金融稳定发展委员会讨论，并由中央会议审议通过，制定规格之高历史罕见。这充分彰显出中央规范资管行业、防范和化解重大风险的态度和决心，其从征求意见到正式实施经过了以下几个过程：

(1)经国务院批准，《关于规范金融机构资产管理业务的指导意见》(征求意见稿)于 2017 年 11 月 17 日起向社会公开征求意见。

(2)2018 年 3 月 28 日,中共中央总书记、国家主席、中央军委主席、中央全面深化改革委员会主任习近平主持召开中央全面深化改革委员会第一次会议,会议审议通过了《关于规范金融机构资产管理业务的指导意见》等文件。

(3)2018 年 4 月 27 日,经国务院同意,《关于规范金融机构资产管理业务的指导意见》正式发布,并设过渡期至 2020 年底。

(4)2020 年 7 月 31 日,经国务院同意,人民银行会同发展改革委、财政部、银保监会、证监会、外汇局等部门,充分考虑疫情影响实际,在资管新规框架下,审慎研究决定,延长《关于规范金融机构资产管理业务的指导意见》过渡期至 2021 年底。

(5)2022 年 1 月 1 日,《关于规范金融机构资产管理业务的指导意见》正式实施。

(三)出台的思路

《资管新规》全文共 31 条,11 137 字,其总体思路是:按照资管产品的类型制定统一的监管标准,对同类资管业务做出一致性规定,实行公平的市场准入和监管,最大限度地消除监管套利空间,为资管业务健康发展创造良好的制度环境。

(四)出台的原则

《资管新规》遵循以下原则:

(1)坚持严控风险的底线思维。把防范和化解资产管理业务风险放到更加重要的位置,减少存量风险,严防增量风险。

(2)坚持服务实体经济的根本目标。既充分发挥资产管理业务功能,切实服务实体经济投融资需求,又严格规范引导,避免资金脱实向虚在金融体系内部自我循环,防止产品过于复杂,加剧风险跨行业、跨市场、跨区域传递。

(3)坚持宏观审慎管理与微观审慎监管相结合、机构监管与功能监管相结合的监管理念。实现对各类机构开展资产管理业务的全面、统一覆盖,采取有效监管措施,加强金融消费者权益保护。

所谓机构监管,是指金融监管部门按照不同机构来划分监管对象的金融监管模式,如银行机构、证券机构、保险机构、信托机构等,对金融机构的市场准入、持续的稳健经营、风险管控和风险处置、市场退出进行监管;所谓功能监管,就是对相同功能、相同法律关系的金融产品按照同一规则由同一监管部门监管,比如银行销售基金产品要到证监会获得基金销售牌照。

(4)坚持有的放矢的问题导向。重点针对资产管理业务的多层嵌套、杠杆不清、套利严重、投机频繁等问题,设定统一的标准规制,同时对金融创新坚持趋利避害、一分为二,留出发展空间。

(5)坚持积极稳妥审慎推进。正确处理改革、发展、稳定关系,坚持防范风险与有序规范相结合,在下决心处置风险的同时,充分考虑市场承受能力,合理设置过渡期,把握好工作的次序、节奏、力度,加强市场沟通,有效引导市场预期。

《资管新规》结构完善,内容丰富,结合一线理财经理、客户经理的工作需要,我们从规范金融机构、规范资产管理产品、规范资产管理投资运作三个角度进行了整理、提炼,便于大家理解和掌握。

二、规范金融机构

(一)明确资产管理定义与范围

《资管新规》开宗明义,第二条规定:资产管理业务是指银行、信托、证券、基金、期货、保险资产管理机构、金融资产投资公司等金融机构接受投资者委托,对受托的投资者财产进行投资和管理的金融服务。金融机构为委托人利益履行诚实信用、勤勉尽责义务并收取相应的管理费用,委托人自担投资风险并获得收益。

在这个定义中,明确了投资者与金融机构之间的法律关系,即委托之法律关系,资管业务是"受人之托、代人理财"的金融服务。这也表明资管业务不能"刚性兑付",存在刚性兑付时,资产管理关系就变成了债权债务关系,资管业务就沦为了影子银行,完全脱离了资管本质。

同时,"大资管时代"扑面而来。以《资管新规》为指引,各类资产管理机构依托不同资源禀赋,既竞争又合作,迎来"百花齐放,各领风骚"的资管春天。公募基金主要立足标准化市场,以主动权益、指数及 ETF 等为主导产品;信托资管回归本源,开展家族信托、TOF 等高净值客户服务;证券资管发挥投资银行优势,以私募证券投资业务为主;而银行理财公司紧紧围绕银行客户群财富管理需求,深耕稳健型的理财产品。

(二)资产管理机构

1. 规范资产管理机构和人员

为保障委托人的合法权益,《资管新规》要求金融机构符合一定的资质要求,并切实履行管理职责,若出现问题,既罚单位,又罚个人。此次处罚直接到个人,这与以前大部分违规业务只处理金融机构的做法相比,威慑力更大,同时对资管行业从业人员的处罚更是做到了"统一认定",如在一个金融机构取消了从业资格,则禁止其在其他类型金融机构从事资产管理业务,从业人员必将慎之又慎。

《资管新规》第七条规定:

第一,金融机构开展资产管理业务,应当具备与资产管理业务发展相适应的管理体系和管理制度，公司治理良好，风险管理、内部控制和问责机制健全。

第二，金融机构应当建立健全资产管理业务人员的资格认定、培训、考核评价和问责制度，确保从事资产管理业务的人员具备必要的专业知识、行业经验和管理能力，充分了解相关法律法规、监管规定以及资产管理产品的法律关系、交易结构、主要风险和风险管控方式，遵守行为准则和职业道德标准。

第三，对于违反相关法律法规以及本意见规定的金融机构资产管理业务从业人员，依法采取处罚措施直至取消从业资格，禁止其在其他类型金融机构从事资产管理业务。

2. 管理人的主要职责

《资管新规》第八条对产品管理人的职责进行了详细规定，涉及产品“募一投一管一退”各个阶段，在打破刚兑的前提下，管理人需要更加注重管理职责及其履职。其规定：

金融机构运用受托资金进行投资，应当遵守审慎经营规则，制定科学合理的投资策略和风险管理制度，有效防范和控制风险。金融机构应当履行以下管理人职责：

(1)依法募集资金，办理产品份额的发售和登记事宜。

(2)办理产品登记备案或者注册手续。

(3)对所管理的不同产品受托财产分别管理、分别记账，进行投资。

(4)按照产品合同的约定确定收益分配方案，及时向投资者分配收益。

(5)进行产品会计核算并编制产品财务会计报告。

(6)依法计算并披露产品净值或者投资收益情况，确定申购、赎回价格。

(7)办理与受托财产管理业务活动有关的信息披露事项。

(8)保存受托财产管理业务活动的记录、账册、报表和其他相关资料。

(9)以管理人名义，代表投资者利益行使诉讼权利或者实施其他法律行为。

(10)在兑付受托资金及收益时，金融机构应当保证受托资金及收益返回委托人的原账户、同名账户或者合同约定的受益人账户。

(11)金融监督管理部门规定的其他职责。

金融机构未按照诚实信用、勤勉尽责原则切实履行受托管理职责，造成投资者损失的，应当依法向投资者承担赔偿责任。

(三)牌照化管理

1. 资产管理业务持牌要求

《资管新规》未出台时，互联网企业、各类投资顾问公司等非金融机构开展资管业务十分活跃，但由于缺乏市场准入和持续监管，产品分拆、误导宣传、资金侵占等问题较为突出，甚至演变为非法集资、非法吸收公众存款、非法发行证券，扰乱金融秩序，威胁社会稳定。为规范市场秩序，切实保障投资者合法权益，《资管新规》第三十条规定：资产管理业务作为金融业务，属于特许经营行业，必须纳入金融监管。非金融机构不得发行、销售资产管理产品，国家另有规定的除外。

非金融机构违反上述规定，为扩大投资者范围、降低投资门槛，利用互联网平台等公开宣传、分拆销售具有投资门槛的投资标的、过度强调增信措施掩盖产品风险、设立产品二级交易市场等行为，按照国家规定进行规范清理，构成非法集资、非法吸收公众存款、非法发行证券的，依法追究法律责任。非金融机构违法违规开展资产管理业务的，依法予以处罚；同时承诺或进行刚性兑付的，依法从重处罚。

"国家另有规定的除外"主要指私募投资基金的发行和销售，私募投资基金适用私募投资基金专门法律、行政法规，私募投资基金专门法律、行政法规中没有明确规定的，适用《资管新规》。

2. 银行资产管理业务持牌要求

《资管新规》第十三条规定：主营业务不包括资产管理业务的金融机构应当设立具有独立法人地位的资产管理子公司开展资产管理业务，强化法人风险隔离，暂不具备条件的可以设立专门的资产管理业务经营部门开展业务。

金融机构开展资产管理业务，应当确保资产管理业务与其他业务相分离，资产管理产品与其代销的金融产品相分离，资产管理产品之间相分离，资产管理业务操作与其他业务操作相分离。《资管新规》第十四条进一步指出：过渡期后，具有证券投资基金托管业务资质的商业银行应当设立具有独立法人地位的子公司开展资产管理业务。

商业银行设立理财子公司开展资管业务，有利于强化银行理财业务风险隔离，推动银行理财回归资管业务本源，逐步有序打破刚性兑付，更好保护投资者合法权益；有利于优化组织管理体系，建立符合资管业务特点的风控制度和激励机制，促进理财业务规范转型；同时，也有助于培育和壮大机构投资者队伍，引导理财资金以合法、规范形式进入金融市场和支持实体经济发展。

3. 投资顾问持牌要求

金融科技的发展正在深刻改变金融业的服务方式，在资管领域就突出体现在智能投资顾问。近年来，智能投资顾问在美国市场快速崛起，在国内也发展迅速。但运用人工智能技术开展投资顾问、资管等业务，由于服务对象多为长尾客户，风险承受能力较低，如果投资者适当性管理、风险提示不到位，容易引发不稳定事件。而且，算法同质化可能引发顺周期高频交易，加剧市场波动，算法的"黑箱属性"还可能使其成为规避监管的工具，技术局限、网络安全等风险也不容忽视。

为此，《资管新规》从前瞻性角度，区分金融机构运用人工智能技术开展投资顾问和资管业务两种情形，分别进行了规范。一方面，取得投资顾问资质的机构在具备相应技术条件的情况下，可以运用人工智能技术开展投资顾问业务，非金融机构不得借助智能投资顾问超范围经营或变相开展资管业务。另一方面，金融机构运用人工智能技术开展资管业务，不得夸大宣传或误导投资者，应当报备模型主要参数及资产配置主要逻辑，明晰交易流程，强化留痕管理，避免算法同质化，因算法模型缺陷或信息系统异常引发羊群效应时，应当强制人工介入。

《资管新规》第二十三规定：运用人工智能技术开展投资顾问业务应当取得投资顾问资质，非金融机构不得借助智能投资顾问超范围经营或者变相开展资产管理业务。

金融机构运用人工智能技术开展资产管理业务，应当严格遵守本意见有关投资者适当性、投资范围、信息披露、风险隔离等一般性规定，不得借助人工智能业务夸大宣传资产管理产品或者误导投资者。金融机构应当向金融监督管理部门报备人工智能模型的主要参数以及资产配置的主要逻辑，为投资者单独设立智能管理账户，充分提示人工智能算法的固有缺陷和使用风险，明晰交易流程，强化留痕管理，严格监控智能管理账户的交易头寸、风险限额、交易种类、价格权限等。金融机构因违法违规或者管理不当造成投资者损失的，应当依法承担损害赔偿责任。

金融机构应当根据不同产品投资策略研发对应的人工智能算法或者程序化交易，避免算法同质化加剧投资行为的顺周期性，并针对由此可能引发的市场波动风险制定应对预案。因算法同质化、编程设计错误、对数据利用深度不够等人工智能算法模型缺陷或者系统异常，导致“羊群效应”、影响金融市场稳定运行的，金融机构应当及时采取人工干预措施，强制调整或者终止人工智能业务。

(四)规范销售机构

1. 适当性要求

金融机构及其人员，一方面要充分做好 KYC(Know Your Customer，了解你的客户)，另一方面也要做好 KYP(Know Your Product，了解你的产品)。金融机构要真正从客户角度出发，构建产品货架，既要对客户分层，更要对产品分层。客户可以根据财富规模、投资经验、风险偏好等多个维度分层，产品端从风险、收益、流动性等三个维度进行多个层次的组合设计与供需匹配。

为此，《资管新规》第六条规定：金融机构发行和销售资产管理产品，应当坚持“了解产品”和“了解客户”的经营理念，加强投资者适当性管理，向投资者销售与其风险识别能力和风险承担能力相适应的资产管理产品。禁止欺诈或者误导投资者购买与其风险承担能力不匹配的资产管理产品。金融机构不得通过拆分资产管理产品的方式，向风险识别能力和风险承担能力低于产品风险等级的投资者销售资产管理产品。

金融机构应当加强投资者教育，不断提高投资者的金融知识水平和风险意识，向投资者传递“卖者尽责、买者自负”的理念，打破刚性兑付。

2. 代理销售资管产品的要求

《资管新规》对代理销售资管产品提出了更高要求，第九条规定：金融机构代理销售其他金融机构发行的资产管理产品，应当符合金融监督管理部门规定的资质条件。未经金融监督管理部门许可，任何非金融机构和个人不得代理销售资产管理产品。

代销机构需持牌照代销资管产品，没有牌照的相关机构一律不得销售资管产品，进一步规范资管市场中各机构尤其是互联网机构理财销售行为，整顿金融市场乱象。

第九条还规定：金融机构应当建立资产管理产品的销售授权管理体系，明确代理销售机构的准入标准和程序，明确界定双方的权利与义务，明确相关风险的承担责任和转移方式。

金融机构代理销售资产管理产品，应当建立相应的内部审批和风险控制程序，对发行或者管理机构的信用状况、经营管理能力、市场投资能力、风险处置能力等开展尽职调查，要求发行或者管理机构提供详细的产品介绍、相关市场分析和风险收益测算报告，进行充分的信息验证和风险审查，确保代理销售的产品符合本意见规定并承担相应责任。

理财产品的销售合规要求，具体参见 2018 年 9 月 28 日发布的《商业银行理财业务监督管理办法》和 2021 年 5 月 11 日发布的《理财公司理财产品销售管理暂行办法》。

借鉴基金行业经验，在全面净值化时代下，理财产品拥有更广阔的发展空间，理财公司在维护原有母行渠道的基础上，也在积极拓展行外渠道，充分利用代销渠道资源提升获客能力，扩大理财公司品牌影响力。从代销机构情况来看，根据《理财公司理财产品销售管理暂行办法》，理财产品代理销售机构现阶段为其他理财公司和吸收公众存款的银行业金融机构。

（五）风险补偿机制

资管业务属于金融机构的表外业务，投资风险应由投资者自担，但为了应对操作风险或其他非预期风险，仍需建立一定的风险补偿机制，计提相应的风险准备金，或在资本计量时考虑相关风险因素。《资管新规》第十七条规定：

金融机构应当按照资产管理产品管理费收入的 10%计提风险准备金，或者按照规定计量操作风险资本或相应风险资本准备。风险准备金余额达到产品余额的 1%时可以不再提取。

同时，对风险准备金的用途做了明确规定，主要用于弥补因金融机构违法违规、违反资产管理产品协议、操作错误或者技术故障等给资产管理产品财产或者投资者造成的损失。

(六)独立托管

为保护资管产品份额持有人及相关当事人合法权益,促进资管行业健康发展,独立托管是一项制度性安排。托管人应按照法律法规的规定及合同的约定,对资产管理产品履行安全保管财产、办理清算交割、复核审查净值信息、开展投资监督等职责。

《资管新规》第十三条规定:

金融机构发行的资产管理产品资产应当由具有托管资质的第三方机构独立托管,法律、行政法规另有规定的除外。

具有证券投资基金托管业务资质的商业银行可以托管本行理财产品,但应当为每只产品单独开立托管账户,确保资产隔离,可以托管子公司发行的资产管理产品,但应当实现实质性的独立托管。独立托管有名无实的,由金融监督管理部门进行纠正和处罚。

三、规范资产管理产品

《资管新规》第三条规定:

资产管理产品包括但不限于人民币或外币形式的银行非保本理财产品,资金信托、证券公司、证券公司子公司、基金管理公司、基金管理子公司、期货公司、期货公司子公司、保险资产管理机构、金融资产投资公司发行的资产管理产品等。依据金融管理部门颁布规则开展的资产证券化业务,依据人力资源社会保障部门颁布规则发行的养老金产品,不适用本意见。

因为资管产品主要分为两端即资金端和资产端,所以为对同类产品适用统一的监管规则,《资管新规》从两个维度对资管产品进行分类:一是从资金来源端。按照募集方式分为公募产品和私募产品两大类。二是从资金运用端。根据投资性质分为固定收益类产品、权益类产品、商品及金融衍生品类产品、混合类产品四大类。

(一)按产品募集方式分类

《资管新规》第四条明确:

资产管理产品按照募集方式的不同,分为公募产品和私募产品。公募产品面向不特定社会公众公开发行。公开发行的认定标准依照《中华人民共和国证券法》执行。私募产品面向合格投资者通过非公开方式发行。

资管产品的类型(公募、私募)不同,其产品风险等级也不同,所以对投资者的风险承受能力要求也不同。其中,公募产品具有规范化、标准化、透明化、流动性强等特征,产品风险等级较低,所以可以面向社会公众发行,但其风险外溢性强,在投资范围等方面监管要求较私募产品严格。私募产品投资范围更广,产品风险更高,需要投资者具有较高的投资经验、风险识别能力及风险承担能力,所以对其投资者有较高要求。比如,自然人要具有相关投资经历,能够识别产品特征和风险,具有一定的收入水平或金融资产实力,可以承受较大的风险损失等。另外,根据产品风险特征进行单笔认购规模的限制,可以排除风险承担能力较弱的投资者。两者具体有以下区别:

1. 发行方式

公募产品面向不特定社会公众公开发行。公开发行的认定标准依照《中华人民共和国证券法》执行,具体指有下列情形之一的,为公开发行:(1)向不特定对象发行证券;(2)向特定对象发行证券累计超过二百人;(3)法律、行政法规规定的其他发行行为。私募产品面向合格投资者通过非公开方式发行。

2. 投资者分类

《资管新规》第五条规定:

资产管理产品的投资者分为不特定社会公众和合格投资者两大类。合格投资者是指具备相应风险识别能力和风险承担能力,投资于单只资产管理产品不低于一定金额且符合下列条件的自然人和法人或者其他组织。

(1)具有2年以上投资经历,且满足以下条件之一:家庭金融净资产不低于300万元,家庭金融资产不低于500万元,或者近3年本人年均收入不低于40万元。

(2)最近1年末净资产不低于1 000万元的法人单位。

(3)金融管理部门视为合格投资者的其他情形。

3. 投资范围

《资管新规》第十条规定:

公募产品主要投资标准化债权类资产以及上市交易的股票,除法律法规和金融管理部门另有规定外,不得投资未上市企业股权。公募产品可以投资商品及金融衍生品,但应当符合法律法规以及金融管理部门的相关规定。

私募产品的投资范围由合同约定,可以投资债权类资产、上市或挂牌交易的股票、未上市企业股权(含债转股)和受(收)益权以及符合法律法规规定的其他资产,并严格遵守投资者适当性管理要求。鼓励充分运用私募产品支持市场化、法治化债转股。

4. 信息披露

《资管新规》第十二条规定:

对于公募产品,金融机构应当建立严格的信息披露管理制度,明确定期报告、临时报告、重大事项公告、投资风险披露要求以及具体内容、格式。在本机构官方网站或者通过投资者便于获取的方式披露产品净值或者投资收益情况，并定期披露其他重要信息：开放式产品按照开放频率披露，封闭式产品至少每周披露一次。

对于私募产品，其信息披露方式、内容、频率由产品合同约定，但金融机构应当至少每季度向投资者披露产品净值和其他重要信息。

(二)按产品投资性质分类

从资金运用端，根据投资性质"80%"的比例，理财分为四大类。

1. 分类原则

《资管新规》第四条规定：资产管理产品按照投资性质的不同，分为固定收益类产品、权益类产品、商品及金融衍生品类产品和混合类产品。固定收益类产品投资于存款、债券等债权类资产的比例不低于80%，权益类产品投资于股票、未上市企业股权等权益类资产的比例不低于80%，商品及金融衍生品类产品投资于商品及金融衍生品的比例不低于80%，混合类产品投资于债权类资产、权益类资产、商品及金融衍生品类资产且任一资产的投资比例未达到前三类产品标准。非因金融机构主观因素导致突破前述比例限制的，金融机构应当在流动性受限资产可出售、可转让或者恢复交易的15个交易日内调整至符合要求。

金融机构在发行资产管理产品时，应当按照上述分类标准向投资者明示资产管理产品的类型，并按照确定的产品性质进行投资。在产品成立后至到期日前，不得擅自改变产品类型。混合类产品投资债权类资产、权益类资产和商品及金融衍生品类资产的比例范围应当在发行产品时予以确定并向投资者明示，在产品成立后至到期日前不得擅自改变。产品的实际投向不得违反合同约定，如有改变，除高风险类型的产品超出比例范围投资较低风险资产外，应当先行取得投资者书面同意，并履行登记备案等法律法规以及金融监督管理部门规定的程序。

2. 合格投资者起购金额的要求

风险越高，起购金额越高。《资管新规》第五条规定：

合格投资者投资于单只固定收益类产品的金额不低于30万元，投资于单只混合类产品的金额不低于40万元，投资于单只权益类产品、单只商品及金融衍生品类产品的金额不低于100万元。

3. 信息披露要求

加强信息披露不仅是有效识别潜在风险的重要途径，而且有助于加强投资者教育，利于引导理财产品的净值化转型，最终实现"卖者有责、买者自负"的经营理念。《资管新规》第十二条规定：

对于固定收益类产品，金融机构应当通过醒目方式向投资者充分披露和提示产品的投资风险，包括但不限于产品投资债券面临的利率、汇率变化等市场风险以及债券价格波动情况，产品投资每笔非标准化债权类资产的融资客户、项目名称、剩余融资期限、到期收益分配、交易结构、风险状况等。

对于权益类产品，金融机构应当通过醒目方式向投资者充分披露和提示产品的投资风险，包括产品投资股票面临的风险以及股票价格波动情况等。

对于商品及金融衍生品类产品，金融机构应当通过醒目方式向投资者充分披露产品的挂钩资产、持仓风险、控制措施以及衍生品公允价值变化等。

对于混合类产品，金融机构应当通过醒目方式向投资者清晰披露产品的投资资产组合情况，并根据固定收益类、权益类、商品及金融衍生品类资产投资比例充分披露和提示相应的投资风险。

对产品从以上两个维度进行分类的目的在于：一是按照“实质重于形式”原则强化功能监管。实践中，不同行业金融机构开展资管业务，按照机构类型适用不同的监管规则和标准，为监管套利创造了空间，因而需要按照业务功能对资管产品进行分类，对同类产品适用统一的监管标准。二是贯彻“合适的产品卖给合适的投资者”理念：一方面，公募产品和私募产品分别对应社会公众和合格投资者两类不同的投资群体，体现不同的投资者适当性管理要求；另一方面，根据投资性质将资管产品分为不同类型，以此可区分产品的风险等级，同时要求资管产品发行时明示产品类型，可避免“挂羊头卖狗肉”，切实保护金融消费者权益。

四、规范资产管理投资运作

资产管理行业是金融行业的重要分支，其蓬勃的生命力为社会发展进步贡献了不可忽视的价值。在《资管新规》出台前，资产管理行业快速发展的同时也逐步暴露出一些乱象：一是刚性兑付扭曲了金融行业最基本的风险收益匹配原则，部分金融机构并没有为此充分计量资本占用；二是资金池运作模式使得单个客户的理财资金无法与单个产品的资产一一对应，产品之间的风险容易互相传染；三是产品投向资产期限与产品期限不匹配加大了产品的兑付风险；四是产品之间层层嵌套使得底层资产信息极为不透明。

为了让资产管理机构积极创设老百姓看得懂、买得起、购得到、拿得住、收得回、叫得响的资管产品，《资管新规》进行了如下规范：

（一）明确标与非标定义

非标具有期限、流动性和信用转换功能，透明度较低，流动性较弱，规避了宏观调控政策和资本约束等监管要求，部分投向限制性领域，影子银行特征明显。为此，《资管新规》规定，资管产品投资非标应当遵守金融监督管理部门有关限额管理、流动性管理等监管标准。

1. 明确定义

首先，《资管新规》明确了“标”（标准化债权类资产）和“非标”（非标准化债权类资产）的定义。第十一条规定，标准化债权类资产应当同时符合以下条件：

（1）等分化，可交易。

（2）信息披露充分。

（3）集中登记，独立托管。

（4）公允定价，流动性机制完善。

（5）在银行间市场、证券交易所市场等经国务院同意设立的交易市场交易。

标准化债权类资产的具体认定规则根据中国人民银行、中国银行保险监督管理委员会、中国证券监督管理委员会、国家外汇管理局公告〔2020〕第5号《标准化债权类资产认定规则》进行认定。

这是监管文件首次对标准化债权资产进行明确定义，相较于银监会2013年8号文，定义更加严格，将标准化债权类资产外的资产均视为非标资产。

2. 划定禁区

《资管新规》第十一条规定：

金融机构发行资产管理产品投资于非标准化债权类资产的，应当遵守金融监督管理部门制定的有关限额管理、流动性管理等监管标准。

金融机构不得将资产管理产品资金直接投资于商业银行信贷资产。商业银行信贷资产受（收）益权的投资限制由金融管理部门另行制定。

做出上述规范的目的是，避免资管业务沦为变相的信贷业务，防控影子银行风险，缩短融资链条，降低融资成本，提高金融服务实体经济的效率和水平。

（二）打破刚性兑付

刚性兑付偏离了资管产品“受人之托、代人理财”的本质，抬高无风险收益率水平，干扰资金价格，不仅影响发挥市场在资源配置中的决定性作用，还弱化了市场纪律，导致一些投资者冒险投机，金融机构不尽职尽责，道德风险较为严重。打破刚性兑付已经成为社会共识。《资管新规》做出了一系列细化安排，精准“拆弹”，旨在打破刚性兑付。

1. 划定底线

在定义资管业务时，要求金融机构不得承诺保本保收益，产品出现兑付困难时不得以任何形式垫资兑付。《资管新规》第二条明确规定：资产管理业务是金融机构的表外业务，金融机构开展资产管理业务时不得承诺保本保收益。出现兑付困难时，金融机构不得以任何形式垫资兑付。这也标志着表内保本理财将逐步清理,银行将不得发行保本理财;为满足市场对保本类产品的需求,转型的方向是结构化存款、大额存单等。

2. 净值化转型

引导金融机构转变预期收益率模式,强化产品净值化管理,并明确核算原则。

第一,在预期收益率模式下,基础资产的风险不能及时反映到产品的价值变化中,投资者不清楚自身承担的风险大小,进而缺少风险自担意识。《资管新规》第十八条明确规定,金融机构对资产管理产品应当实行净值化管理。因此,从 2022 年 1 月 1 日起,预期收益型产品彻底成了历史。

第二,为使净值化能落地,《资管新规》第十八条进一步要求,净值生成应当符合企业会计准则规定,及时反映基础金融资产的收益和风险,由托管机构进行核算并定期提供报告,由外部审计机构进行审计确认,被审计金融机构应当披露审计结果并同时报送金融管理部门。可见,产品净值的生成非常严肃,管理人计算后,还需接受"托管机构""外部审计机构"和"金融管理部门"三方的监督和检查。

第三,产品管理人的收益模式"堵偏门开正门"。以前金融机构将投资收益超过预期收益的部分转化为管理费或直接纳入中间业务收入,而非给予投资者,也难以要求投资者自担风险。为了推动预期收益型产品向净值型产品转型,让投资者在明晰风险、尽享收益的基础上自担风险,《资管新规》第二条对金融机构作为产品管理人的收费也做了规定:金融机构为委托人利益履行诚实信用、勤勉尽责义务并收取相应的管理费用,委托人自担投资风险并获得收益。金融机构可以与委托人在合同中事先约定收取合理的业绩报酬,业绩报酬计入管理费,须与产品一一对应并逐个结算,不同产品之间不得相互串用。因此,作为管理人,可以收取两个费用:一个是"管理费用",银行理财一般称为"投资管理费"。该费用每日计提,计算公式为:每日应计提的产品投资管理费=前一日的理财资产净值×投资管理费年费率÷365;另一个是"业绩报酬",若理财资产扣除销售服务费、产品托管费和投资管理费等相关费用后,产品份额净值折算的年化收益率超过当期业绩比较基准上限,则产品管理人收取超出部分的一定比例作为超额业绩报酬,一般管理人收取少部分,大部分仍归投资者。

3. 界定行为

《资管新规》第十九条明确以下为刚性兑付行为:

(1)资产管理产品的发行人或者管理人违反真实公允确定净值原则,对产品进行保本保收益。

(2)采取滚动发行等方式,使得资产管理产品的本金、收益、风险在不同投资者之间发生转移,实现产品保本保收益。

(3)资产管理产品不能如期兑付或者兑付困难时,发行或者管理该产品的金融机构自行筹集资金偿付或者委托其他机构代为偿付。

(4)金融管理部门认定的其他情形。

4. 分类惩处

存款类金融机构发生刚性兑付,足额补缴存款准备金和存款保险保费,非存款类持牌金融机构由金融监督管理部门和中国人民银行依法纠正并予以处罚。此外,强化了外部审计机构的审计责任和报告要求,外部审计机构在对金融机构进行审计时,如果发现金融机构存在刚性兑付行为的,应当及时报告金融管理部门。外部审计机构在审计过程中未能勤勉尽责,依法追究相应责任或依法依规给予行政处罚,并将相关信息纳入全国信用信息共享平台,建立联合惩戒机制。

《资管新规》建立了“连坐式”的惩处机制,不仅处罚金融机构,也处罚外部审计机构,达到“ 不敢刚兑”“不能刚兑”“不想刚兑”的目的。

5. 举报有奖

《资管新规》第十九条还提到,任何单位和个人发现金融机构存在刚性兑付行为的,可以向金融管理部门举报,查证属实且举报内容未被相关部门掌握的,给予适当奖励。

(三)严禁资金池

以前有部分金融机构在开展资管业务过程中,曾通过滚动发行、集合运作、分离定价的方式,对募集资金进行资金池运作。在这种运作模式下,多只资管产品对应多项资产,每只产品的收益来自哪些资产无法辨识,风险也难以衡量。同时,将募集的短期资金投放到长期的债权或股权项目,加大了资管产品的流动性风险,一旦难以募集到后续资金,容易发生流动性紧张。为严禁资金池,《资管新规》从以下几方面做了安排:

1.“三单”要求

《资管新规》第十五条明确规定:金融机构应当做到每只资产管理产品的资金单独管理、单独建账、单独核算,不得开展或者参与具有滚动发行、集合运作、分离定价特征的资金池业务。

2. 久期管理

为纠正资管产品短期化倾向,切实减少和消除资金来源端和运用端的期限错配和流动性风险,降低短募长投,引导长期投资理念,《资管新规》第十五条进一步要求:为降低期限错配风险,金融机构应当强化资产管理产品久期管理,封闭式资产管理产品期限不得低于 90 天。因此,曾经风靡一时的 1 个月、2 个月、3 个月短期限封闭式产品成了历史,原有的封闭式短期限产品逐步转换成开放式短期限产品。

3. 禁止期限错配

《资管新规》第十五条同时规定，资产管理产品直接或者间接投资于非标准化债权类资产的，非标准化债权类资产的终止日不得晚于封闭式资产管理产品的到期日或者开放式资产管理产品的最近一次开放日。监管对期限错配进行了非常清晰的定义，使得以短投长、长拆短卖的行为受到限制。

4. 限制大拆小

为防止同一资产发生风险波及多只产品，《资管新规》第十五条要求：同一金融机构发行多只资管产品投资同一资产的资金总规模不得超过300亿元，如果超出该规模，需经金融监督管理部门批准。

（四）降低杠杆

为维护债券、股票等金融市场平稳运行，抑制资产价格泡沫，应当控制资管产品的杠杆水平。资管产品的杠杆分为两类：一类是负债杠杆，即产品募集后，金融机构通过拆借、质押回购等负债行为，增加投资杠杆；另一类是分级杠杆，即金融机构对产品进行优先、劣后的份额分级，优先级投资者向劣后级投资者提供融资杠杆。

1. 控制负债杠杆

在负债杠杆方面，《资管新规》规定了杠杆上限。《资管新规》第二十条规定：资产管理产品应当设定负债比例（总资产/净资产）上限，同类产品适用统一的负债比例上限。每只开放式公募产品的总资产不得超过该产品净资产的140%，每只封闭式公募产品、每只私募产品的总资产不得超过该产品净资产的200%。

由于不同的杠杆比率，同样期限的产品，封闭式的产品一般会比开放式产品的潜在收益率更高一些，当然风险也更大一些。

2. 控制分级杠杆

在分级产品方面，《资管新规》禁止公募产品和开放式私募产品进行份额分级。在可以分级的封闭式私募产品中，固定收益类产品的分级比例（优先级份额/劣后级份额）不得超过3∶1，权益类产品不得超过1∶1，商品及金融衍生品类产品、混合类产品均不得超过2∶1。

（五）消除多层嵌套

由于投资范围、资本计提、分级杠杆等监管标准在不同行业存在差异等因素，出现了不同金融机构相互合作、多层嵌套的资产管理业务模式。特别是银行在不愿放弃优质项目的情况下，银行理财以信托、证券、基金为通道，形成各种嵌套产品。

资管产品多层嵌套，不仅增加了产品的复杂程度，导致底层资产不清，也拉长了资金链条，抬高了社会融资成本。大量分级产品的嵌入，还导致杠杆成倍聚集，加剧了市场波动。多层嵌套的资产管理产品夹杂多层法律关系，如果委托机构主动管理缺失，通道机构尽职调查能力不足，发生损失时也容易出现责任推诿。为此，《资管新规》进行了如下规范：

1. 平等准入

为从根本上抑制多层嵌套的动机，《资管新规》明确资管产品应当在账户开立、产权登记、法律诉讼等方面享有平等地位，要求金融监督管理部门对各类金融机构开展资管业务平等准入。

2. 严禁通道

《资管新规》第二十二条明确：

金融机构不得为其他金融机构的资产管理产品提供规避投资范围、杠杆约束等监管要求的通道服务。资产管理产品可以再投资一层资产管理产品，但所投资的资产管理产品不得再投资公募证券投资基金以外的资产管理产品。

(六)集中度要求

为降低风险，进行分散投资，金融机构应当控制资产管理产品所投资资产的集中度，《资管新规》第十六条规定：

(1)单只公募资产管理产品投资单只证券或者单只证券投资基金的市值不得超过该资产管理产品净资产的10%。

(2)同一金融机构发行的全部公募资产管理产品投资单只证券或者单只证券投资基金的市值不得超过该证券市值或者证券投资基金市值的30%。其中，同一金融机构全部开放式公募资产管理产品投资单一上市公司发行的股票不得超过该上市公司可流通股票的15%。

(3)同一金融机构全部资产管理产品投资单一上市公司发行的股票不得超过该上市公司可流通股票的30%。

五、严肃监管纪律

(一)监管原则

《资管新规》第二十七条，对资产管理业务实施监管制定了如下原则：

(1)机构监管与功能监管相结合，按照产品类型而不是机构类型实施功能监管，同一类型的资产管理产品适用同一监管标准，减少监管真空和套利。

(2)实行穿透式监管，对于多层嵌套资产管理产品，向上识别产品的最终投资者，向下识别产品的底层资产(公募证券投资基金除外)。

(3)强化宏观审慎管理,建立资产管理业务的宏观审慎政策框架,完善政策工具,从宏观、逆周期、跨市场的角度加强监测、评估和调节。

(4)实现实时监管,对资产管理产品的发行销售、投资、兑付等各环节进行全面动态监管,建立综合统计制度。

(二)统一报告制度

《资管新规》第二十五条规定:

金融机构于每只资产管理产品成立后5个工作日内,向中国人民银行和金融监督管理部门同时报送产品基本信息和起始募集信息;于每月10日前报送存续期募集信息、资产负债信息,于产品终止后5个工作日内报送终止信息。

中央国债登记结算有限责任公司、中国证券登记结算有限公司、银行间市场清算所股份有限公司、上海票据交易所股份有限公司、上海黄金交易所、上海保险交易所股份有限公司、中保保险资产登记交易系统有限公司于每月10日前向中国人民银行和金融监督管理部门同时报送资产管理产品持有其登记托管的金融工具的信息。

这一条是资管产品落实统一监管、落实《资管新规》的有力保障,解决前期由于信息割裂导致的监管套利、穿透核查困难的问题,打破传统分业监管下的监管套利弊病。

《资管新规》的正式发布,确立了一系列基本制度:对资管产品进行分类监管和功能监管,严格单独管理、单独建账、单独核算,减少期限错配,打破刚性兑付,控制杠杆水平,抑制多层嵌套和通道业务,加强监管协调。这些监管制度立足中国实践,与国际标准逐渐接轨,符合金融市场发展规律,将经受历史和实践的检验。

《资管新规》具有里程碑意义,资管行业的重塑由此开启。资管法规从无到有,弥补了监管制度短板,在它所确定的原则和框架下,银行、证券、保险、信托各行业的配套监管细则陆续出台,金融机构着手整改和转型,理财公司有序建立,非标投资回归表内,影子银行规模大幅压降,通道业务基本消除,行业套利空间和泡沫大幅减少。资产管理业务逐步向“受人之托、代人理财”的本源回归,行业格局正在进行深刻变化和调整。

《资管新规》的发布实施既是防范化解金融风险的一项重要举措,也是资管行业乃至整个金融领域的一项重大改革举措。新规实施以来,一方面,监管体系不断完善,前期若干行业乱象得到根本治理,为防范化解重大金融风险攻坚战取得阶段性成效奠定了基础;另一方面,资管行业发展先破后立,逐步迈向新阶段,呈现出新模式、新产品、新格局特征。

惟改革者进,惟创新者强,惟改革创新者胜!改革创新推动行业发展。《资管新规》已经不再是财富管理行业高悬的“达摩克利斯之剑”，而是引导行业规范健康发展、引导机构深耕财富管理的“灯塔”。《资管新规》作为纲领性的文件，引领资产管理行业凤凰涅槃，浴火重生，展翅高飞。

第三节　《理财新规》应知应会

2000年以来，我国商业银行陆续开展了理财业务。银行理财业务在丰富金融产品供给、满足投资者资金配置需求、推动利率市场化等方面发挥了积极作用，但在快速发展中也出现了一些问题，如业务运作不够规范、投资者适当性管理不到位、信息披露不够充分、尚未真正实现“卖者有责”基础上的“买者自负”等。

为落实党中央、国务院关于打好防范化解重大风险攻坚战的决策部署，促进统一资产管理产品监管标准，推动银行理财业务规范健康发展，中国银行保险监督管理委员会制定了《商业银行理财业务监督管理办法》(以下简称《理财新规》)，作为《关于规范金融机构资产管理业务的指导意见》配套实施细则公布，自2018年9月26日起正式施行。

发布实施《理财新规》，既是落实《资管新规》的重要举措，也有利于细化银行理财监管要求，消除市场不确定性，稳定市场预期，加快新产品研发，引导理财资金以合法、规范形式进入实体经济和金融市场；促进统一同类资管产品监管标准，更好保护投资者合法权益，逐步有序打破刚性兑付，有效防控金融风险。

本节以银行理财经理、客户经理的视角来解读与学习《理财新规》。

一、《理财新规》制定的总体原则

《理财新规》的制定主要遵循了以下原则：

一是与《资管新规》保持一致，并延续银行理财业务良好监管做法，充分借鉴国内外资管行业的监管制度；

二是推动理财业务规范转型，促进理财资金以合法、规范形式进入实体经济和金融市场；

三是强化投资者适当性管理，区分公募和私募理财产品，引导投资者购买与其风险承受能力相匹配的理财产品，切实保护投资者合法权益；

四是促进银行理财回归资管业务本源，打破刚性兑付。

《理财新规》与《资管新规》保持一致，商业银行理财产品主要需根据已发布实施的《资管新规》进行规范转型，有利于促进新旧规则有序衔接和银行理财业务平稳过渡。

二、理财业务的定义

《理财新规》第三条明确指出：

本办法所称理财业务是指商业银行接受投资者委托，按照与投资者事先约定的投资策略、风险承担和收益分配方式，对受托的投资者财产进行投资和管理的金融服务。

本办法所称理财产品是指商业银行按照约定条件和实际投资收益情况向投资者支付收益、不保证本金支付和收益水平的非保本理财产品。

《理财新规》与《资管新规》保持一致，定位于规范银行非保本理财产品。

上述新规发布前，银行发行的理财产品主要有保本和非保本理财产品两大类。非保本理财产品为真正意义上的资管产品；保本理财产品按照是否挂钩衍生产品，可以分为结构性理财产品和非结构性理财产品，应分别按照结构性存款或者其他存款进行管理。结构性存款在国际上普遍存在，在法律关系、业务实质、管理模式、会计处理、风险隔离等方面，与非保本理财产品“代客理财”的资产管理属性存在本质差异。

《理财新规》规定保本理财产品按照结构性存款或者其他存款进行规范管理。其第七十五条规定：

商业银行已经发行的保证收益型和保本浮动收益型理财产品应当按照结构性存款或者其他存款进行规范管理。

本办法所称结构性存款是指商业银行吸收的嵌入金融衍生产品的存款，通过与利率、汇率、指数等的波动挂钩或者与某实体的信用情况挂钩，使存款人在承担一定风险的基础上获得相应收益的产品。

结构性存款应当纳入商业银行表内核算，按照存款管理，纳入存款准备金和存款保险保费的缴纳范围，相关资产应当按照国务院银行业监督管理机构的相关规定计提资本和拨备。衍生产品交易部分按照衍生产品业务管理，应当有真实的交易对手和交易行为。

三、理财产品分类

关于理财产品分类，一方面《理财新规》延续了《资管新规》的分类方法，从资金来源端，按照募集方式分为公募产品和私募产品两大类；从资金运用端，根据投资性质分为固定收益类产品、权益类产品、商品及金融衍生品类产品、混合类产品四大类。另一方面，增加了根据运作方式的不同，将理财产品分为封闭式理财产品和开放式理财产品。

(一)根据募集方式分类

资管产品的类型(公募、私募)不同,其产品风险等级不同,所以对投资者的风险承受能力要求也不同,其中公募产品具有规范化、标准化、透明化、流动性强等特征,产品风险等级较低,所以可以面向社会公众发行,但其风险外溢性强,在投资范围、信息披露等方面,监管要求较私募产品严格。私募产品投资范围更广,产品风险更高,需要投资者具有较高的投资经验、风险识别能力及风险承担能力,所以对其投资者有较高要求。比如,自然人具有相关投资经历,能够识别产品特征和风险,具有一定的收入水平或金融资产实力,可以承受较大的风险损失等。《理财新规》规定:

第八条　商业银行应当根据募集方式的不同,将理财产品分为公募理财产品和私募理财产品。

本办法所称公募理财产品是指商业银行面向不特定社会公众公开发行的理财产品。公开发行的认定标准按照《中华人民共和国证券法》执行。

公开发行的认定标准依照《中华人民共和国证券法》执行,具体指有下列情形之一的,为公开发行:(一)向不特定对象发行证券;(二)向特定对象发行证券累计超过二百人;(三)法律、行政法规规定的其他发行行为。

本办法所称私募理财产品是指商业银行面向合格投资者非公开发行的理财产品。合格投资者是指具备相应风险识别能力和风险承受能力,投资于单只理财产品不低于一定金额且符合下列条件的自然人、法人或者依法成立的其他组织:

(一)具有 2 年以上投资经历,且满足家庭金融净资产不低于 300 万元人民币,或者家庭金融资产不低于 500 万元人民币,或者近 3 年本人年均收入不低于 40 万元人民币;

(二)最近 1 年末净资产不低于 1 000 万元人民币的法人或者依法成立的其他组织;

(三)国务院银行业监督管理机构规定的其他情形。

私募理财产品的投资范围由合同约定,可以投资于债权类资产和权益类资产等。权益类资产是指上市交易的股票、未上市企业股权及其受(收)益权。

公募理财产品仍是银行理财的绝对主力。根据《中国银行业理财市场年度报告(2022 年上半年)》,2022 年上半年,公募理财产品累计募集资金 47.44 万亿元,占全部理财产品募集资金的 99.00%;私募理财产品累计募集资金 0.48 万亿元,占全部理财产品募集资金的 1.00%。

(二)根据投资性质分类

从资金运用端,根据投资性质"80%"的比例,分为固定收益类产品、权益类产品、商品及金融衍生品类产品、混合类产品四大类。《理财新规》规定如下:

第九条 商业银行应当根据投资性质的不同,将理财产品分为固定收益类理财产品、权益类理财产品、商品及金融衍生品类理财产品和混合类理财产品。固定收益类理财产品投资于存款、债券等债权类资产的比例不低于80%;权益类理财产品投资于权益类资产的比例不低于80%;商品及金融衍生品类理财产品投资于商品及金融衍生品的比例不低于80%;混合类理财产品投资于债权类资产、权益类资产、商品及金融衍生品类资产且任一资产的投资比例未达到前三类理财产品标准。

银行理财目前仍然以固定收益类理财产品为主。根据《中国银行业理财市场年度报告(2022年上半年)》,截至2022年6月底,固定收益类理财产品存续余额27.35万亿元,占全部理财产品存续余额的93.83%;混合类理财产品存续余额1.72万亿元,占全部理财产品存续余额的5.90%;权益类理财产品存续余额795亿元,占全部理财产品存续余额的0.27%;商品及金融衍生品类理财产品规模较小,为65亿元。

固定收益类理财中比较特殊的是现金管理类产品,现金管理类产品是指仅投资于货币市场工具,每个交易日可办理产品份额认购、赎回的商业银行或者理财公司理财产品。在产品名称中使用"货币""现金""流动"等类似字样的理财产品视为现金管理类产品。现金管理类产品的收益较为稳健,原因主要有两点:一是其投资范围分布于高评级的货币市场工具和固定收益类资产,久期短,波动小;二是现金管理产品大多采用摊余成本法估值,净值稳定,受市场波动影响很小。

(三)根据运作方式分类

银行理财最开始主要是封闭式产品,后面随着监管的引导,逐步加大开放式产品的创设、发行。根据《中国银行业理财市场年度报告(2022年上半年)》,截至2022年6月底,开放式理财产品存续余额为24.29万亿元,占全部理财产品存续余额的83.33%;封闭式理财产品存续余额为4.86万亿元,占全部理财产品存续余额的16.67%。按运作方式分类,《理财新规》规定如下:

第十条 商业银行应当根据运作方式的不同,将理财产品分为封闭式理财产品和开放式理财产品。

本办法所称封闭式理财产品是指有确定到期日,且自产品成立日至终止日期间,投资者不得进行认购或者赎回的理财产品。开放式理财产品是指自产品成立日至终止日期间,理财产品份额总额不固定,投资者可以按照协议约定,在开放日和相应场所进行认购或者赎回的理财产品。

四、投资者保护相关规定

银保监会高度重视理财产品投资者保护工作，《理财新规》在投资者适当性管理、合规销售、信息登记和信息披露等环节，进一步强化了对投资者合法权益的保护。

（一）加强投资者适当性管理

1. 区分公募和私募理财产品

公募理财产品面向不特定社会公众发行，风险外溢性强，在投资范围、杠杆比例、流动性管理、信息披露等方面的监管要求相对审慎；私募理财产品面向不超过 200 名合格投资者非公开发行，投资者风险承受能力较强，投资范围等监管要求相对宽松。

2. 遵循风险匹配原则

延续理财监管要求，规定银行应对理财产品进行风险评级，对投资者风险承受能力进行评估，并根据风险匹配原则，向投资者销售风险等级等于或低于其风险承受能力等级的理财产品。《理财新规》第二十七条、二十八条、二十九条专门规定：

第二十七条　商业银行应当采用科学合理的方法，根据理财产品的投资组合、同类产品过往业绩和风险水平等因素，对拟销售的理财产品进行风险评级。

理财产品风险评级结果应当以风险等级体现，由低到高至少包括一级至五级，并可以根据实际情况进一步细分。

第二十八条　商业银行应当对非机构投资者的风险承受能力进行评估，确定投资者风险承受能力等级，由低到高至少包括一级至五级，并可以根据实际情况进一步细分。

商业银行不得在风险承受能力评估过程中误导投资者或者代为操作，确保风险承受能力评估结果的真实性和有效性。

第二十九条　商业银行只能向投资者销售风险等级等于或低于其风险承受能力等级的理财产品，并在销售文件中明确提示产品适合销售的投资者范围，在销售系统中设置销售限制措施。

银行理财产品以二级（中低）及以下的理财产品为主。根据《中国银行业理财市场年度报告（2022 年上半年）》，截至 2022 年 6 月底，持有理财产品的个人投资者中数量最多的仍为风险偏好为二级（稳健型）的投资者，占比为 35.51％。

3. 设定单只理财产品销售起点

将单只公募理财产品销售起点由目前的 5 万元降至 1 万元；单只私募理财产品销售起点与“资管新规”保持一致。《理财新规》第三十条规定：

第三十条　商业银行应当根据理财产品的性质和风险特征，设置适当的期限和销售起点金额。

商业银行发行公募理财产品的，单一投资者销售起点金额不得低于 1 万元人民币。

商业银行发行私募理财产品的，合格投资者投资于单只固定收益类理财产品的金额不得低于 30 万元人民币，投资于单只混合类理财产品的金额不得低于 40 万元人民币，投资于单只权益类理财产品、单只商品及金融衍生品类理财产品的金额不得低于 100 万元人民币。

需要注意的是，理财子公司发行的公募产品没有销售起点的限制。

4. 个人首次购买需进行面签

《理财新规》要求，个人首次购买商业银行发行的理财产品，应在银行网点进行风险承受能力评估。《理财新规》的附件《商业银行理财产品销售管理要求》中要求：商业银行应当在投资者首次购买理财产品前在本行网点进行风险承受能力评估。

需要注意的是，理财子公司发行的产品，个人首次购买不需要进行面签。

（二）加强产品销售的合规管理

1. 规范销售渠道，实行专区销售和双录

《理财新规》要求，银行通过本行或其他银行业金融机构销售理财产品；通过营业场所向非机构投资者销售理财产品的，应实施专区销售，对每笔理财产品销售过程进行录音、录像。《理财新规》第三十二条规定：

第三十二条　商业银行通过营业场所向非机构投资者销售理财产品的，应当按照国务院银行业监督管理机构的相关规定实施理财产品销售专区管理，并在销售专区内对每只理财产品销售过程进行录音、录像。

2. 加强销售管理

银行销售理财产品还应执行《理财新规》附件关于理财产品宣传销售文本管理、风险承受能力评估、销售过程管理、销售人员管理等方面的具体规定。由于合规销售内容较多，详见《理财产品合规销售指引》专题。

3. 引入投资冷静期

对于私募理财产品，银行应当在销售文件中约定不少于 24 小时的投资冷静期。冷静期内，如投资者改变决定，银行应当遵从投资者意愿，解除已签订的销售文件，并及时退还投资者的全部投资款项。保险行业早已有冷静期规定，银行理财引入 24 小时冷静期，给了客户更多考虑时间，也有利于减少银行理财领域的纠纷。《理财新规》的附件《商业银行理财产品销售管理要求》中要求：

（九）商业银行应当在私募理财产品的销售文件中约定不少于二十四小时的投资冷静期，并载明投资者在投资冷静期内的权利。在投资冷静期内，如果投资者改变决定，商业银行应当遵从投资者意愿，解除已签订的销售文件，并及时退还投资者的全部投资款项。投资冷静期自销售文件签字确认后起算。

（三）强化信息披露

在与《资管新规》保持一致的同时，进一步区分公募和私募理财产品，分别列示其信息披露要求：公募开放式理财产品应披露每个开放日的净值，公募封闭式理财产品每周披露一次净值，公募理财产品应按月向投资者提供账单；私募理财产品每季度披露一次净值和其他重要信息；银行每半年向社会公众披露本行理财业务总体情况。

第五十六条　商业银行发行公募理财产品的，应当在本行官方网站或者按照与投资者约定的方式，披露以下理财产品信息：

（一）在全国银行业理财信息登记系统获取的登记编码；

（二）销售文件，包括说明书、销售协议书、风险揭示书和投资者权益须知；

（三）发行公告，包括理财产品成立日期和募集规模等信息；

（四）定期报告，包括理财产品的存续规模、收益表现，并分别列示直接和间接投资的资产种类、投资比例、投资组合的流动性风险分析，以及前十项资产具体名称、规模和比例等信息；

（五）到期公告，包括理财产品的存续期限、终止日期、收费情况和收益分配情况等信息；

（六）重大事项公告；

（七）临时性信息披露；

（八）国务院银行业监督管理机构规定的其他信息。

商业银行应当在理财产品成立之后 5 日内披露发行公告，在理财产品终止后 5 日内披露到期公告，在发生可能对理财产品投资者或者理财产品收益产生重大影响的事件后 2 日内发布重大事项公告。

商业银行应当在每个季度结束之日起 15 日内、上半年结束之日起 60 日内、每年结束之日起 90 日内，编制完成理财产品的季度、半年和年度报告等定期报告。理财产品成立不足 90 日或者剩余存续期不超过 90 日的，商业银行可以不编制理财产品当期的季度、半年和年度报告。

第五十九条　商业银行发行私募理财产品的，应当按照与合格投资者约定的方式和频率，披露以下理财产品信息：

（一）在全国银行业理财信息登记系统获取的登记编码；

（二）销售文件，包括说明书、销售协议书、风险揭示书和投资者权益须知；

（三）至少每季度向合格投资者披露理财产品的资产净值、份额净值和其他重要信息；

（四）定期报告，至少包括季度、半年和年度报告；

（五）到期报告；

（六）重大事项报告；

（七）临时性信息披露；

（八）国务院银行业监督管理机构规定的其他信息。

（四）防范“虚假理财”和“飞单”

《理财新规》要求银行在全国银行业理财信息登记系统（以下简称理财系统）对理财产品进行“全流程、穿透式”集中登记。银行只能发行已在理财系统进行登记并获得登记编码的理财产品。投资者可依据该登记编码在中国理财网查询产品信息，核对所购买产品是否为银行发行的正规理财产品，有助于防范“虚假理财”和“飞单”，加强投资者保护。第十二条规定：

第十二条　商业银行总行应当按照以下要求，在全国银行业理财信息登记系统对理财产品进行集中登记：

（一）商业银行发行公募理财产品的，应当在理财产品销售前10日，在全国银行业理财信息登记系统进行登记；

（二）商业银行发行私募理财产品的，应当在理财产品销售前2日，在全国银行业理财信息登记系统进行登记；

（三）在理财产品募集和存续期间，按照有关规定持续登记理财产品的募集情况、认购赎回情况、投资者信息、投资资产、资产交易明细、资产估值、负债情况等信息；

（四）在理财产品终止后5日内完成终止登记。

商业银行应当确保本行理财产品登记信息的真实性、准确性、完整性和及时性。信息登记不齐全或者不符合要求的，应当进行补充或者重新登记。

商业银行不得发行未在全国银行业理财信息登记系统进行登记并获得登记编码的理财产品。商业银行应当在理财产品销售文件的显著位置列明该产品在全国银行业理财信息登记系统获得的登记编码，并提示投资者可以依据该登记编码在中国理财网查询产品信息。

（五）妥善处理投诉

监管部门高度重视投资者诉讼，一般在《投资者权益须知》中会列明投诉方法、投诉电话等信息。《理财新规》第二十三条规定：

第二十三条　商业银行应当建立有效的理财业务投资者投诉处理机制，明确受理和处理投资者投诉的途径、程序和方式，根据法律、行政法规、金融监管规定和合同约定妥善处理投资者投诉。

五、理财业务规范化运作相关规定

《理财新规》在推动理财业务规范运作、实现净值化管理方面主要有以下规定：

(一)确保理财产品独立性

规范了滚动发行、集合运作、分离定价的资金池理财业务；延续"三单"要求，每只理财产品做到单独管理、单独建账和单独核算。《理财新规》第十八条规定：

第十八条　商业银行开展理财业务，应当确保每只理财产品与所投资资产相对应，做到每只理财产品单独管理、单独建账和单独核算，不得开展或者参与具有滚动发行、集合运作、分离定价特征的资金池理财业务。

本办法所称单独管理是指对每只理财产品进行独立的投资管理。单独建账是指为每只理财产品建立投资明细账，确保投资资产逐项清晰明确。单独核算是指对每只理财产品单独进行会计账务处理，确保每只理财产品具有资产负债表、利润表、产品净值变动表等财务会计报表。

(二)强化管理人职责

要求银行诚实守信、勤勉尽责地履行受人之托、代人理财的职责，提高投资者自担风险认知，银行销售理财产品时不得宣传或承诺保本保收益。《理财新规》第二十六条规定：

第二十六条　商业银行销售理财产品，应当加强投资者适当性管理，向投资者充分披露信息和揭示风险，不得宣传或承诺保本保收益，不得误导投资者购买与其风险承受能力不相匹配的理财产品。

商业银行理财产品宣传销售文本应当全面、如实、客观地反映理财产品的重要特性，充分披露理财产品类型、投资组合、估值方法、托管安排、风险和收费等重要信息，所使用的语言表述必须真实、准确和清晰。

商业银行发行理财产品，不得宣传理财产品预期收益率，在理财产品宣传销售文本中只能登载该理财产品或者本行同类理财产品的过往平均业绩和最好、最差业绩，并以醒目文字提醒投资者"理财产品过往业绩不代表其未来表现，不等于理财产品实际收益，投资须谨慎"。

(三)实行净值化管理

与《资管新规》一致,要求理财产品实行净值化管理,坚持公允价值计量原则,鼓励以市值计量所投资资产,允许符合条件的封闭式理财产品采用摊余成本法计量,通过净值波动及时反映产品的收益和风险,让投资者在清楚知晓风险的基础上自担风险。《理财新规》第十九条规定:

第十九条　商业银行开展理财业务,应当按照《企业会计准则》和《指导意见》等关于金融工具估值核算的相关规定,确认和计量理财产品的净值。

(四)明确投资范围

《理财新规》第三十五条规定了理财产品的投资范围,值得注意的地方有两点:一是银保监会放松了公募理财投资公募基金的要求,允许公募理财产品通过投资各类公募基金间接进入股市。这既有利于公募理财产品发展,更有利于公募基金行业的发展。二是采纳市场反馈意见,明确在银行间市场发行的资产支持证券(包括ABN)属于理财产品的投资范围,资产支持证券或票据在这几年发展很快,也是监管层倡导的创新金融产品,券商、银行、基金子公司都有这部分业务,银行理财产品投资范围拓展到资产支持证券,对银行理财和资产支持证券都有好处。

第三十五条　商业银行理财产品可以投资于国债、地方政府债券、中央银行票据、政府机构债券、金融债券、银行存款、大额存单、同业存单、公司信用类债券、在银行间市场和证券交易所市场发行的资产支持证券、公募证券投资基金、其他债权类资产、权益类资产以及国务院银行业监督管理机构认可的其他资产。

根据《中国银行业理财市场年度报告(2022年上半年)》,理财产品资产配置以固收类为主,投向债券类、非标准化债权类资产、权益类资产余额分别为21.58万亿元、2.27万亿元、1.02万亿元,分别占总投资资产的67.84%、7.14%、3.21%。

(五)负面清单

为保证理财产品稳健运作,《理财新规》规定了很多负面清单,划出了投资禁地。

第三十六条　商业银行理财产品不得直接投资于信贷资产,不得直接或间接投资于本行信贷资产,不得直接或间接投资于本行或其他银行业金融机构发行的理财产品,不得直接或间接投资于本行发行的次级档信贷资产支持证券。

商业银行面向非机构投资者发行的理财产品不得直接或间接投资于不良资产、不良资产支持证券,国务院银行业监督管理机构另有规定的除外。

商业银行理财产品不得直接或间接投资于本办法第三十五条所列示资产之外,由未经金融监督管理部门许可设立、不持有金融牌照的机构发行的产品或管理的资产，金融资产投资公司的附属机构依法依规设立的私募股权投资基金以及国务院银行业监督管理机构另有规定的除外。

以《理财新规》为指引，理财行业发展将逐步进入高质量发展新阶段。在发展新阶段，理财必将飞入更多的寻常百姓家，助力于家庭资产增值保值，助力于共同富裕。理财行业在服务国家战略、服务居民财富管理、服务金融改革深化上将承担更重要的使命和任务，在构建新发展格局中，理财行业也将迎来新征程。

第四节　《理财公司销售管理办法》应知应会

为规范理财公司理财产品销售业务活动，保护投资者合法权益，促进理财业务健康发展，中国银行保险监督管理委员会发布《理财公司理财产品销售管理暂行办法》（以下简称《理财公司销售管理办法》），并自 2021 年 6 月 27 日起施行。

本节以银行理财经理、客户经理的视角来解读与学习《理财公司销售管理办法》。

一、背景和总体思路

（一）制定《理财公司销售管理办法》的背景

一是进一步完善理财公司制度规则体系的需要。《理财公司销售管理办法》发布前，理财公司主要沿用商业银行理财、代销等监管规则，全面性和适用性存在不足。

二是适应理财产品销售法律关系变化的需要。理财公司设立后，产品销售的相关法律主体扩展为理财公司、代理销售机构和投资者三方。各方在理财产品销售过程中的法律定位、权责关系、风险预期均发生变化，需要进一步细化明确相关规范。

三是对标看齐资管行业统一标准的需要。充分研究借鉴国内外资管产品销售已有的成熟监管标准和实践经验，积极推进监管规则一致，避免制度洼地。

值得一提的是，《理财公司销售管理办法》对理财公司进行了全新定义：

第二条　本办法所称理财公司是指在中华人民共和国境内依法设立的商业银行理财子公司，以及中国银行保险监督管理委员会批准设立的其他主要从事理财业务的非银行金融机构。

在征集社会意见后，名称从原来的《商业银行理财子公司理财产品销售管理暂行办法》修改为《理财公司理财产品销售管理暂行办法》，并明确理财公司包括商业银行理财子公司和银保监会批准设立的其他理财公司，从而将外方控股的合资理财公司纳入适用机构范围。此系落实国务院金融稳定发展委员会 2019 年 7 月 20 日作出的金融业进一步对外开放的政策措施之一“允许境外资产管理机构与中资银行或保险公司的子公司合资设立由外方控股的理财公司”。截至 2022 年 5 月底，已有 3 家外方控股合资理财公司成立，分别是汇华理财、贝莱德建信理财和施罗德交银理财。

(二)制定《理财公司销售管理办法》的总体思路

落实资管新规、理财新规和《商业银行理财子公司管理办法》等制度规则，针对理财公司特点，加强理财产品销售机构和行为监管规范，压实理财产品销售和管理责任，强化投资者适当性管理，切实保护投资者合法权益，推进公平竞争，打破刚性兑付，为理财业务健康发展创造良好的制度环境。

开展理财公司产品销售业务活动需要同时遵守《资管新规》《理财新规》《商业银行理财子公司管理办法》和《理财公司销售管理办法》等制度规定。《理财公司销售管理办法》共八章 69 条。

第一章“总则”，明确了立法依据、基本概念、机构范围、基本原则、监督管理等。

第二章“理财产品销售机构”，规范了从事理财产品销售业务活动应当具备的条件要求等。

第三章“风险管理与内部控制”，主要从销售机构的维度，规范了理财产品销售的制度框架、董事会和高管层责任、信息系统要求、反欺诈要求、档案管理等。

第四章“理财产品销售管理”，主要结合理财产品销售流程，对宣传销售文本、认赎安排、资金交付与管理、对账制度、持续信息服务等主要环节提出要求。

第五章“销售人员管理”，对机构和员工分别提出管理要求。

第六章“投资者合法权益保护”，提出了适当性管理、客户信息保护以及投资者投诉等要求。

第七章“监督管理与法律责任”，对信息报告、信息登记等提出了要求，并制定了监管措施和行政处罚措施。

第八章“附则”，主要是要求在发布之日起，六个月内完成整改。

二、理财产品销售机构及其销售业务活动规范

(一)界定理财产品销售活动概念范畴

《理财公司销售管理办法》第二条规定：

第二条　本办法所称理财产品销售包括面向投资者开展的以下部分或全部业务活动：

（一）以展示、介绍、比较单只或多只理财产品部分或全部特征信息并直接或间接提供认购、申购、赎回服务等方式宣传推介理财产品；

（二）提供单只或多只理财产品投资建议；

（三）为投资者办理理财产品认购、申购和赎回；

（四）银保监会认定的其他业务活动。

与征求意见稿相比，在“以展示、介绍、比较单只或多只理财产品部分或全部特征信息”后增加了“并直接或间接提供认购、申购、赎回服务等方式宣传推介理财产品”，这意味着单纯的宣传推介不再视为理财产品销售。销售包括两部分：一部分是营销匹配，一部分是买卖交易，全部实施完成，才构成销售，参见图 6－1。

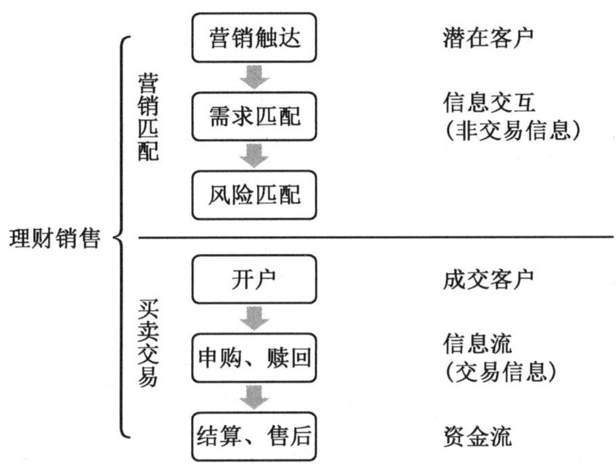

图 6—1　理财公司理财产品销售示意图

《理财公司销售管理办法》与《资管新规》统一要求、紧密衔接，明确规定未经金融监督管理部门许可，任何非金融机构和个人不得代理销售理财产品，严禁随意使用“理财”字样。第八条规定：

第八条　未经金融监督管理部门许可，任何非金融机构和个人不得代理销售理财产品。

理财产品销售机构不得以理财名义或使用“理财”字样开展其他金融产品销售业务活动。

（二）明确理财产品销售机构范围

理财产品销售模式分为自销和代销。自销模式下，理财公司兼具理财产品的发行人和销售机构的双重身份。代销模式下，理财公司作为发行人与代理销售机构建立委托法律关系，代理销售机构接受发行人委托完成金融消费者适当性管理、办理理财产品的认(申)购、赎回等业务。《理财公司销售管理办法》第三条规定：

第三条 理财产品销售机构包括：

(一)销售本公司发行理财产品的理财公司；

(二)接受理财公司委托销售其发行理财产品的代理销售机构，包括其他理财公司，商业银行、农村合作银行、村镇银行、农村信用合作社等吸收公众存款的银行业金融机构，以及银保监会规定的其他机构。

《理财公司销售管理办法》现阶段允许理财公司和吸收公众存款的银行业金融机构作为代理销售机构，保持了现有理财产品销售制度的连续性和平稳性。理财公司属于新型非银行金融机构，机构类型、产品属性、品牌声誉等处于起步培育阶段，区分辨识度需要逐步提升。现有销售机构范围总体延续了银行理财产品销售的成熟渠道模式，便于投资者识别。值得关注的是，互联网平台，包括支付宝、微信等，暂时还不具备销售理财产品的资格；以前曾广泛开展代销理财的证券公司也暂不具备销售资格。

下一步，银保监会将根据银行理财产品的转型发展情况，适时将理财产品销售机构范围扩展至其他金融机构和专业机构。

(三)从事销售业务活动应当持续具备的条件

这些条件具体包括：财务状况良好，运作规范稳定，具备与独立开展理财产品销售业务活动相适应的自有渠道、信息系统等设施和销售流程自主管控能力，安全可靠的数据保障能力、管理体系和配套设施，完善的管理制度、组织体系、操作流程、监测机制等方面的要求。《理财公司销售管理办法》第七条规定：

第七条 理财产品销售机构从事理财产品销售业务活动，应当持续具备下列条件：

(一)财务状况良好，运作规范稳定。

(二)具备与独立开展理财产品销售业务活动相适应的自有渠道(含营业网点或电子渠道)、信息系统等设施和销售流程自主管控能力；具备安全、高效的办理理财产品认(申)购和赎回等业务的技术设施和销售系统；代理销售机构与理财公司实施信息系统联网，能够满足数据传输需要。

(三)具备安全可靠的理财产品销售数据保障能力、管理机制和配套设施，能够持续满足理财产品销售和交易行为记录、保存、回溯检查的需要；能够持续满足在全国银行业理财信息登记系统登记以及银保监会及其派出机构实施非现场监管、现场检查等的数据需要。

(四)具备完善的防火墙、入侵检测、数据加密以及灾难恢复等信息安全管理体系和设施。

（五）具备完善的理财产品销售投资者适当性管理、投资者权益保护、销售人员执业操守、应急处理等制度，以及满足理财产品销售管理需要的组织体系、操作流程和监测机制。

（六）具备完善的理财产品销售结算资金管理制度。

（七）具备完善的反洗钱、反恐怖融资及非居民金融账户涉税信息尽职调查内部控制制度。

（八）主要监管指标符合金融监督管理部门的规定。

（九）银保监会规定的其他条件。

三、理财公司和代理销售机构的销售责任规定

（一）共同承担理财产品销售管理责任

《理财公司销售管理办法》坚持理财公司和代理销售机构共同承担销售责任。理财公司设计发行理财产品，代理销售机构面向投资者实施销售行为，共同承担理财产品的合规销售和投资者合法权益保护义务，共同承担反欺诈的责任，参见表6－1。

表6－1　　理财公司和代销机构共同承担责任一览表

共同责任	条目	具体内容
基本原则	第四条	从事理财产品销售业务活动，应当遵守法律法规、监管规定、合作协议及理财产品销售文件的约定，诚实守信，谨慎勤勉，恪守职业道德和行为规范，向投资者充分披露信息和揭示风险，打破刚性兑付，不得直接或变相宣传、承诺保本保收益，不得损害国家利益、社会公共利益和投资者的合法权益。 理财公司和代理销售机构应当根据法律法规、监管规定和合作协议的约定，合理划分双方权责，共同承担理财产品销售管理责任。
消费者权益保护	第十四条	理财公司发现代理销售机构存在本办法第二十五条规定的禁止行为或认定代理销售机构销售行为严重损害投资者合法权益的，应当及时予以纠正。
反欺诈	第二十一条	理财公司委托代理销售机构销售理财产品的，代理销售机构和理财公司应当建立联防联控的反欺诈体系，共同承担反欺诈的责任。

值得关注的是，《全国法院民商事审判工作会议纪要》（又称《九民纪要》）规定，“金融产品发行人、销售者未尽适当性义务，导致金融消费者在购买金融产品过程中遭受损失的，金融消费者既可以请求金融产品的发行人承担赔偿责任，也可以请求金融产品的销售者承担赔偿责任，还可以根据《民法总则》第167条的规定，请求金融产品的发行人、销售者共同承担连带赔偿责任”。以前很多人认为，理财销售合规管理，应由销售机构承担，但根据《九民纪要》《理财公司销售管理办法》，理财公司也要承担相应

责任。理财公司要做好销售机构的管理工作。

(二)理财公司责任规定

理财公司是理财产品的设计发行方,主要责任是确定如实反映产品属性的统一信息内容和披露标准(即"是什么产品"),筛选合格的代理销售机构并实施持续有效管理(即"由谁来卖"),明确规范销售的执行标准和约束机制(即"如何管理卖方")。《理财公司销售管理办法》相关规定,参见表6—2。

表6—2　　理财公司的责任

职责	条目	具体内容
对代销机构的管理责任	第九条	理财公司应当对拟委托销售的本公司理财产品建立适合性调查、评估和审批制度,审慎选择代理销售机构,切实履行对代理销售机构的管理责任。理财公司应当对代理销售机构理财产品销售业务活动情况至少每年开展一次规范性评估。
对代销机构的尽职调查	第十条	理财公司应当对代理销售机构的条件要求、专业服务能力和风险管理水平等开展尽职调查,实行专门的名单制管理,明确规定准入标准和程序、责任与义务、存续期管理、利益冲突防范机制、信息披露义务及退出机制等。 代理销售机构的名单应当至少由理财公司高级管理层批准并定期评估,并根据实际情况对名单及时调整。理财公司不得因其他机构代理销售而免除自身应当承担的责任。
特定条件下中止合作	第十四条	代理销售机构不符合本办法第七条规定条件的,或代理销售机构未按规定接受理财公司对理财产品销售业务活动定期规范性评估的,理财公司应当按照代理销售合作协议约定暂停或中止与代理销售机构的业务合作,并在5个工作日内至少通过本公司、代理销售机构的官方渠道予以公告。 理财公司发现代理销售机构存在本办法第二十五条规定的禁止行为或认定代理销售机构销售行为严重损害投资者合法权益的,应当及时予以纠正。代理销售机构未采取有效纠正措施的,理财公司应当按照代理销售合作协议约定中止与代理销售机构的部分或全部业务合作,并在5个工作日内至少通过本公司、代理销售机构的官方渠道予以公告。

(三)代销机构责任规定

代理销售机构面向投资者实施销售行为,主要责任是选择适宜本机构特点和目标客群的理财产品(即"卖什么产品"),履行投资者适当性义务,评估筛选合适的投资者(即"卖给谁"),以及依法依规和按协议约定确保本机构及人员持续履行合规销售的管控义务(即"该怎么卖")。

《理财公司销售管理办法》对代理销售机构的职责相关规定,参见表6—3。

《理财公司销售管理办法》将理财产品销售重要策略、制度和程序的审批权限提升至董事会层面，可见监管部门对理财销售机构内控流程要求严格把关，通过明确各级别人员、部门的责任分工，有利于销售机构决策效率和工作效果的提高。对代理销售机构的相关机构、人员的具体要求，参见表6—4。

表6—3　　理财代销机构的责任

职责	条目	具体内容
对拟销售的理财产品开展尽职调查	第十三条	代理销售机构总部应当对拟销售的理财产品开展尽职调查，并承担审批职责，纳入本机构统一专门名单管理，不得仅以理财公司相关产品资料或其出具意见作为审批依据；通过分支机构销售的，应当以书面形式对分支机构进行明确授权，载明该分支机构可销售的理财产品范围。
	第十八条	理财产品销售机构应当对拟向特定对象销售的理财产品实施专门的尽职调查和风险评估，充分了解拟销售产品的投资方向、策略、风险以及投资者适当性要求等，出具专项合规意见并留存备查。
制度体系建设	第十五条	理财产品销售机构应当具备并有效执行理财产品销售业务制度，制定与本机构发展战略相适应的产品准入、风险管理与内部控制、投资者适当性管理、业务操作、资金清算、客户服务、信息披露、合作机构管理、人员及行为管理、投诉和应急处理、保密管理等制度，及时评估和完善相关制度，确保制度有效性。
对分支机构管理	第十九条	理财产品销售机构应当对分支机构从事理财产品销售业务活动实行统一管理，不得通过与他人合资、合作经营管理分支机构，或将分支机构承包或者委托给他人等方式开展理财产品销售业务。
利益冲突防范	第二十条	理财产品销售机构应当建立健全业务范围管控制度，审慎评估理财产品销售业务与其依法开展或拟开展的其他业务之间可能存在的利益冲突，建立严格的利益冲突防范机制并确保有效实施。
信息系统管理	第二十一条	理财产品销售机构应当加强信息科技风险管理，建立网络安全监测和应急响应体系，保障网络和信息系统安全可靠、可持续服务。理财产品销售机构应当采取可靠的技术措施，确保客户信息安全。 理财产品销售机构应当充分利用科技手段，加强对伪冒网站、伪冒产品等监测，有效防范各类欺诈风险。 理财公司委托代理销售机构销售理财产品的，代理销售机构和理财公司应当建立联防联控的反欺诈体系，共同承担反欺诈的责任。
销售回溯	第二十二条	理财产品销售机构应当完整记录和保存销售业务活动信息，确保记录信息全面、准确和不可篡改，并持续满足银保监会及其派出机构依法实施信息采集、核查、取证等监管行为的要求。记录信息应当至少包括：投资者身份证明资料、宣传销售文本、产品风险及其他关键信息提示、交易记录与确认信息等。
档案管理	第二十三条	理财产品销售机构应当建立健全档案管理制度，妥善保管投资者理财产品销售相关资料，保管年限不得低于20年。

续表

职责	条目	具体内容
离任审计	第二十四条	理财产品销售机构及其分支机构的理财产品销售部门负责人以及承担本办法第十七条规定职责的部门负责人离任的，应当进行审计。

表 6—4　　代理销售机构(人员)的要求

机构或人员	条目	具体内容
董事会	第十六条	理财产品销售机构董事会负责审核批准理财产品销售重要策略、制度和程序。
高级管理层	第十六条	高级管理层负责根据董事会批准的理财产品销售策略、制度和程序，对理财产品销售业务风险进行管理，制定并监督执行有关投资者权益保护与内部控制制度，向董事会定期报告理财产品销售总体情况、重大事项及潜在风险，确保风险管理的有效性。
合规管理部门及人员	第十七条	理财产品销售机构应当指定专门部门和人员负责对理财产品销售业务活动的合法合规性进行审查、监督和检查，并确保该部门和人员独立、有效履行职责。该部门人员不得兼任经营管理等与岗位职责存在利益冲突的职务。 该部门应当对理财产品销售准入、产品合规及风险评估的标准和流程等销售业务内部制度以及新销售产品、新业务方案等进行合规审查，并出具合规审查意见。 该部门发现本机构存在与理财产品销售相关的重大风险或违法违规行为，应当提出处理意见，并督促整改。理财产品销售机构应当就重大风险或违法违规行为及时向银保监会或其派出机构报告，并视情况告知相关合作机构。

(四)合作公告

为防止“飞单”“假理财”等风险事件发生，《理财公司销售管理办法》要求双方签订合作协议后要及时公告。

第十二条　理财公司与代理销售机构合作，理财公司与代理销售机构应当在代理销售合作协议签订 10 个工作日内，至少通过本公司、代理销售机构的官方渠道予以公告。

以下截图为信银理财和北京银行建立合作时的公告，供参阅。

信银理财有限责任公司关于新增北京银行为代销机构的公告

尊敬的投资者：

近日，信银理财有限责任公司（以下简称“信银理财”）与北京银行股份有限公司（以下简称“北京银行”）签署《理财产品代理销售合作协议》，即将开展理财产品代销业务合作。

根据监管要求，现将北京银行相关信息公告如下：

代销机构名称	北京银行股份有限公司
注册地址	北京市西城区金融大街甲 17 号首层
办公地址	北京市西城区金融大街甲 17 号首层
法定代表人	张东宁
官方网址	www.bankofbeijing.com
客服电话	95526

特此公告！

感谢您一直以来对信银理财的支持！

信银理财有限责任公司

2022 年 03 月 15 日

2022年3月26日 星期六

关爱版 | 今日京行 | 存款保险 | 机构网点 | 人才招聘 | ENGLISH

首页 | 个人金融服务 | 公司金融服务 | 金融市场及国际业务 | 投资者关系 | 电子银行 | 信用卡 | 直销银行

您的位置：首页 > 资讯信息

北京银行股份有限公司与信银理财有限责任公司签订代销合作协议的公告

发布日期：2022-03-16

尊敬的投资者：

北京银行股份有限公司（以下简称“北京银行”）于2022年3月14日与信银理财有限责任公司（以下简称“信银理财”）签订代理销售合作协议，该协议自签约之日起生效，我行正式成为信银理财理财产品代理销售合作机构。

特此公告。

北京银行股份有限公司

2022年3月16日

四、销售业务活动禁止性要求

《理财公司销售管理办法》规定了理财产品销售机构及其销售人员从事理财产品销售业务活动的禁止行为，针对资管产品销售面临的突出问题，进一步明确规则要求，强化行为规范。

第二十五条　理财产品销售机构及其销售人员从事理财产品销售业务活动，不得有下列情形：

（一）误导投资者购买与其风险承受能力不相匹配的理财产品；

（二）虚假宣传、片面或者不当宣传，夸大过往业绩，预测理财产品的投资业绩，或者出具、宣传理财产品预期收益率；

（三）使用未说明选择原因、测算依据或计算方法的业绩比较基准，单独或突出使用绝对数值、区间数值展示业绩比较基准；

（四）将销售的理财产品与存款或其他产品进行混同（合规提示："混同"的对象不再限于"存款"而包括"其他产品"）；

（五）在理财产品销售过程中强制捆绑、搭售其他服务或产品（合规提示：捆绑销售、搭售的对象增加"其他服务"。以前部分理财销售机构为避免合规风险，不直接将其他金融产品作为搭售对象，而采用诸如提供会员服务等形式进行捆绑销售，现明确禁止在理财销售时搭售任何"服务"）；

（六）提供抽奖、回扣、馈赠实物、代金权益及金融产品等销售理财产品（合规提示：尽管监管政策一再强调禁止通过抽奖、赠送实物等不正当竞争手段来吸引理财投资者，但现实中此类营销行为却屡禁不止，此次特地增加了禁止赠送"代金权益、金融产品"的要求，所涵盖的违规操作范围更广，诸如买理财送会员、送份额等营销方式将面临合规风险）；

（七）违背投资者利益优先原则，为谋取机构或人员的利益，诱导投资者进行短期、频繁购买和赎回操作；

（八）由销售人员违规代替投资者签署销售业务相关文件，或者代替投资者进行风险承受能力评估、理财产品购买等操作，代替投资者持有或安排他人代替投资者持有本机构销售的理财产品；

（九）为理财产品提供直接或间接、显性或隐性担保，包括部分或全部承诺本金或收益保障；

（十）利用或者承诺利用理财产品和理财产品销售业务进行利益输送或利益交换；

（十一）给予、收取或索要理财产品销售合作协议约定以外的利益；

（十二）恶意诋毁、贬低其他理财产品销售机构或者其他理财产品；

（十三）截留、挪用理财产品销售结算资金；

（十四）违法违规提供理财产品投资者相关信息；

（十五）未经授权或超越授权范围开展销售业务，私自推介、销售未经本机构审批的理财产品，通过营业网点或电子渠道提供未经本机构审批的理财产品销售相关文件和资料；

（十六）未按规定或者协议约定的时间发行理财产品，或者擅自变更理财产品的发行日期；

（十七）在全国银行业理财信息登记系统对理财产品进行登记并获得登记编码前，办理理财产品销售业务，发布理财产品宣传推介材料（合规提示：这条规定意味着针对产品的预热营销行为也必须以“登记”为前提条件）；

（十八）银保监会规定禁止的其他情形。

五、销售渠道要求

理财产品销售机构可以通过营业网点销售理财公司理财产品，也可以通过官方网站、移动金融客户端应用软件（手机银行 APP）等自有的电子渠道销售理财产品。

（一）营业网点销售要求

对于通过营业网点向非机构投资者销售理财产品的，《理财公司销售管理办法》要求专区双录。

第二十六条　理财产品销售机构通过营业网点向非机构投资者销售理财产品的，应当按照银保监会的相关规定实施理财产品销售专区管理，面向投资者严格有效区分理财产品与其他金融产品。理财产品销售机构应当在销售专区内对每只理财产品销售过程进行录音、录像，销售专区应当具有明显标识。

除非与非机构投资者当面书面约定，评级为四级以上理财产品销售，应当在营业网点进行。

在网点销售中，防范出现代理风险，比如像银保合作中，很多保险公司冒充银行员工销售保险产品，产生很多销售纠纷，《理财公司销售管理办法》第十九条对分支机构销售做出规定。

第十九条　理财产品销售机构应当对分支机构从事理财产品销售业务活动实行统一管理，不得通过与他人合资、合作经营管理分支机构，或将分支机构承包或者委托给他人等方式开展理财产品销售业务。

(二)电子渠道销售要求

对于通过电子渠道向非机构投资者销售理财产品的,《理财公司销售管理办法》要求做到“可回溯”。第二十六条规定:

理财产品销售机构通过电子渠道向非机构投资者销售理财产品的,应当积极采取有效措施和技术手段完整客观记录营销推介、产品风险和关键信息提示、投资者确认和反馈等重点销售环节,确保能够满足回溯检查和核查取证的需要。理财产品销售机构进行上述记录行为的,应当征得投资者同意,否则不得向其销售理财产品。

“可回溯”是参考其他行业经验,提出的规范性要求,有利于在出现争议时厘清投资者与理财公司、代理销售机构之间的责任,保护各方合法权益。“可回溯”也是根据《九民纪要》提到的举证责任,卖方机构不能提供其已经建立了金融产品(或者服务)的风险评估及相应管理制度、对金融消费者的风险认知、风险偏好和风险承受能力进行了测试、向金融消费者告知产品(或者服务)的收益和主要风险因素等相关证据的,应当承担举证不能的法律后果。《理财公司销售管理办法》第五十一条规定:

第五十一条　因电子渠道销售业务产生投诉纠纷的,理财产品销售机构应当在处理过程中提供投资者交易记录和确认信息等。因机构自身原因不能提供交易记录等历史信息的,应当按照有利于投资者的原则处理投资者诉求。

六、宣传销售文本要求

(一)《理财公司销售管理办法》与《理财新规》保持一致

将理财产品宣传销售文本分为两类:一是宣传推介材料,二是销售文件。

第二十七条　理财产品宣传销售文本包括宣传推介材料和销售文件。

宣传推介材料是指理财产品销售机构为宣传推介理财产品向投资者分发或者发布,使投资者可以获得的文字、图片、音频、视频以及其他形式的信息。

销售文件包括理财产品投资协议书、销售(代理销售)协议书、理财产品说明书、风险揭示书、投资者权益须知等,应当严谨清晰界定理财公司、代理销售机构以及投资者之间关于投资和销售等权责关系;经投资者签字确认的销售文件,理财产品销售机构和投资者双方均应留存。

(二)强化集中统一管理责任

《理财公司销售管理办法》注重强化宣传销售文本的集中统一管理责任,明确制作分发、授权管理及委托编制的主体,厘清各方的权利义务和责任承担。

第二十八条　理财公司应当对本公司理财产品的全部宣传推介材料内容承担管理责任。

未经理财公司授权和审核同意，代理销售机构不得擅自设计、修改、增减任何理财公司理财产品宣传推介材料的文字、数据、公式、表格、示意图等内容信息要素，不得制作分发。

（三）强调推介信息的集权管理与授权

在宣传推介材料方面，理财公司对本公司所有产品宣传推介信息实行集中统一的管理和授权，是宣传推介材料最终责任承担者。

第二十九条　理财公司应当统一编制本公司理财产品投资协议书和理财产品说明书。代理销售机构可以接受理财公司委托编制代理销售协议书、风险揭示书、投资者权益须知等销售文件，并应当对其编制的销售文件进行合规性审核，使用前向理财公司备案。

七、销售人员要求

《理财公司销售管理办法》从机构和员工两个层面分别提出理财产品销售人员管理要求。

（一）在机构层面压实责任

1. 销售机构应承担的责任

第四十二条　理财产品销售机构应当建立健全理财产品销售人员的上岗资格、持续培训、信息公示与查询核实等制度，确保理财产品销售人员具备必要的专业知识、行业经验和管理能力，熟悉相关法律、行政法规、监管规定，充分了解理财产品的法律关系、交易结构、主要风险及风险管控方式，遵守行为准则和职业道德标准。

理财产品销售机构应当承担本机构理财产品销售人员管理的主体责任，加强对本机构理财产品销售人员行为的持续监督和排查，严格防范私自销售。

2. 对销售人员应进行上岗资格认定并签订劳动合同

《理财公司销售管理办法》在学历、工作经验、诚信记录等方面对理财销售人员的任职规定了较为严格的限制条件，同时强调上岗资格认定和劳动合同签署，大大提升了销售人员的准入门槛。

第四十三条　理财产品销售人员应当至少具备下列条件：

（一）具有完全民事行为能力；

（二）具有高中以上文化程度；

（三）从事金融工作1年以上；

（四）具备良好的诚信记录及职业操守；

（五）熟悉理财业务活动及理财产品销售相关的法律法规；

（六）银保监会规定的其他条件。

未经理财产品销售机构进行上岗资格认定并签订劳动合同，任何人员不得从事理财产品销售业务活动，银保监会另有规定的除外。

3. 持续培训

第四十四条　理财产品销售机构应当有效执行理财产品销售人员的持续培训制度，通过内外部培训、考核等方式，确保销售人员熟悉理财产品销售政策法规及理财产品业务知识，具备与理财产品销售相匹配的专业技能。

理财产品销售机构应当对理财产品销售人员培训情况进行记录并存档。每个销售人员每年接受本机构组织或认可的培训时间不得少于20小时。

4. 对所有销售人员信息进行登记和公示

第四十五条　理财产品销售机构应当在营业网点和电子渠道显著位置对理财产品销售人员信息进行公示。

（二）在员工层面强化约束

要求销售人员在向投资者宣传销售理财产品前进行自我介绍并告知信息查询和核实渠道，便于投资者查询核实，防止伪冒身份和虚假宣传。

第四十五条　理财产品销售人员在向投资者宣传销售理财产品前，应当进行自我介绍并告知理财产品销售人员信息查询和核实渠道，尊重投资者意愿，不得在投资者不愿或不便的情况下进行宣传销售。

八、投资者合法权益保护要求

《理财公司销售管理办法》坚持“卖者尽责”与“买者自负”的有机统一，进一步厘清理财公司、代理销售机构和投资者三方权责，压实理财公司和代理销售机构在理财产品评级、投资者风险承受能力评估、信息披露要求、协议签署要求、宣传销售文件制作、投资者信息保护和信息使用、投诉处理等方面的责任，提高投资者适当性管理水平。其相关规定如下：

1. 关于产品风险评级

《理财公司销售管理办法》明确了代销模式之下产品发行机构和销售机构应当分别对理财产品进行风险评级。在出现评级结果不一致的情况下，代理销售机构应当采用对应较高风险等级的评级结果并予以披露。

理财公司和代销机构独立进行的“双重评级”能够更加保证评级结果的合理性，特别是代销机构基于对自己客户群的了解，站在投资者角度进行再次评估，能够起到帮助投资者有效识别理财产品风险等级、规避投资风险的作用。

第三十条　理财公司、代理销售机构应当设置科学合理的理财产品风险评级的方式和方法，根据理财产品的投资组合、同类产品过往业绩和风险状况等因素，对理财产品进行评级。理财产品风险评级结果应当以风险等级体现，由低到高至少包括一级至五级，并可以根据实际情况进一步细分。

理财公司应当对本公司发行的理财产品进行产品评级，代理销售机构应当根据本机构的方式和方法，独立、审慎地对代理销售的理财产品进行销售评级，并向理财公司及时、准确提供本机构销售评级结果等信息。

销售评级与理财公司产品评级结果不一致的，代理销售机构应当采用对应较高风险等级的评级结果并予以披露。理财公司应当在宣传销售文本等材料和理财产品登记信息中标明“该产品通过代理销售机构渠道销售的，理财产品评级应当以代理销售机构最终披露的评级结果为准”。

2. 投资者风险承受能力评估

在对非机构投资者风险承受能力评估上，《理财公司销售管理办法》的要求和《理财新规》保持一致。销售机构是进行风险评估的责任主体，明确规定在代销模式之下，代理销售机构应当将投资者风险承受能力评估结果以及投资者与理财产品进行匹配的方法，及时、准确提供给理财公司。

第三十一条　理财产品销售机构应当对非机构投资者的风险承受能力进行评估，制定投资者风险承受能力评估书，确定投资者风险承受能力等级，建立将投资者和理财产品进行匹配的方法。风险承受能力评估依据至少应当包括投资者年龄、财务状况、投资经验、投资目的、收益期望、风险偏好、流动性要求、风险认识及风险损失承受程度等。

理财产品销售机构应当定期或不定期地在本机构营业场所（含电子渠道）对非机构投资者进行风险承受能力持续评估，确保投资者风险承受能力评估的客观性、及时性和有效性。

超过一年未进行风险承受能力评估或发生可能影响自身风险承受能力情况的非机构投资者，再次购买理财产品时，应当在理财产品销售机构营业场所（含电子渠道）完成风险承受能力评估，评估结果应当由投资者签字确认。

理财公司委托代理销售机构销售理财产品的，代理销售机构应当将投资者风险承受能力评估结果以及投资者与理财产品进行匹配的方法，及时、准确提供给理财公司。

第四十七条　理财产品销售机构在销售产品过程中，应当对投资者身份信息的真实性进行验证。结合非机构投资者年龄、地区和行业背景，充分了解投资者基本信息、收入来源、财务状况、投资经验、投资目标和风险偏好等，严谨客观实施风险承受能力评估，审慎使用评估结果。根据投资者的风险承受能力销售不同风险等级的产品，把合适的理财产品销售给合适的投资者。

3. 信息披露要求

产品净值化后，信息披露尤其重要，特别是产品净值、运作报告、重大事项等信息披露材料，借鉴证券、基金等行业的发展历程，只有让客户真实、准确、完整、及时了解产品运作情况，并自主决定是否赎回，才能减少客户对净值化产品的投诉。如果客户兑付时才发现亏损很多，产品赎回窗口也没把握住，必将引起客户的强烈投诉。

第三十九条　理财产品销售机构应当做好投资者持续信息服务，包括但不限于以下方面：

（一）及时向投资者告知认（申）购、赎回理财产品的确认日期、确认份额和金额等信息；

（二）定期向投资者提供其所持有的理财产品基本信息，及时向投资者告知对其决策有重大影响的信息。

理财公司应当及时将上述信息提供给理财产品销售机构。理财产品销售机构应当做好信息传递工作，通过与投资者约定的方式向投资者提供前述信息。

第四十条　理财公司应当通过本公司和代理销售机构官方渠道、行业统一信息披露渠道或与投资者约定的其他渠道披露全部在售及存续的理财产品相关信息，并保证投资者能够按照销售协议约定的时间和方式及时获取披露信息。

理财公司委托代理销售机构销售理财产品的，双方应当按照法律、行政法规、监管规定及合作协议约定，确认信息披露义务人，真实、准确、完整进行信息披露。

4. 协议签署要求

为防止客户投诉，在一线操作时，务必让投资者独立对销售文件进行签字确认，切勿代客户签字。

第四十八条　理财产品销售机构应当要求投资者真实提供信息，自主做出认（申）购和赎回等决定，独立对销售文件进行签字确认，自主承担投资风险。投资者拒绝提供或者未按照要求提供信息的，理财产品销售机构应当告知投资者相应的后果及责任，并可拒绝向其提供销售服务。

5. 宣传销售文件制作

《理财公司销售管理办法》对宣传销售文件的要求非常严格，要充分提示客户各类风险，同时特别强调的是，一线理财经理、客户经理切勿自行制作宣传材料。

第四十九条　理财产品销售文件应当包含风险揭示书的专页，风险揭示书应当使用通俗易懂的语言，并至少包含以下内容：

（一）在醒目位置提示投资者，“理财非存款、产品有风险、投资须谨慎”；

（二）提示投资者，“如影响您风险承受能力的因素发生变化，请及时完成风险承受能力评估”；

（三）提示投资者注意投资风险，仔细阅读理财产品销售文件，了解理财产品具体情况；

（四）本理财产品类型、期限、评级结果、适合购买的投资者，并配以示例说明最不利投资情形下的投资结果；

（五）理财产品的风险揭示应当至少包含本理财产品不保证本金和收益，并根据理财产品评级结果提示投资者可能会因市场变动而蒙受损失的程度，以及需要充分认识投资风险，谨慎投资等；

（六）投资者风险承受能力评估结果，由投资者填写；

（七）投资者风险确认语句抄录，包括确认语句栏和签字栏，确认语句栏应当完整载明的风险确认语句“本人已经阅读风险揭示，愿意承担投资风险”，并在此语句下预留足够空间供投资者完整抄录和签字确认。

6. 客户信息保护和信息使用

《理财公司销售管理办法》将投资者信息保护提升到新的高度。一是在投资者信息的使用上，强调需要取得客户的“专门授权”；二是明确将违规使用投资者信息的行为纳入监管处罚情形之一。在银行理财办理流程高度信息化和全社会对强化个人信息保护的呼声日益高涨的当下，《理财公司销售管理办法》的出台给担心个人信息遭受不法侵害的投资者吃了一颗“定心丸”。

第五十条　理财产品销售机构收集、使用个人信息，应当按照法律法规规定，遵循正当、必要的原则，保证信息采集、处理及使用的安全性和合法性。未经客户专门授权，不得将客户个人信息及相关理财产品销售信息提供其他第三方机构和个人，法律、行政法规和银保监会另有规定的除外。

第六十一条　理财产品销售机构从事理财产品销售业务活动，有下列情形之一的，由银保监会及其派出机构依照法律法规予以处罚：（六）违法违规提供与理财产品持有人、理财产品投资运作相关非公开信息的。

7. 投诉处理

除要求销售机构持续完善投资者投诉途径、程序外，《理财公司销售管理办法》还明确要求理财公司和销售机构定期开展投诉自查和投资者保护评估工作，并将形成的工作记录留案备查，为投资者保护又设置了一道事后防线。

对投资者利益保护力度的提升，也会潜移默化地增强投资者购买理财产品的信心，从长远角度来看将助力银行理财客户群体的稳定增长。

第五十一条　理财公司和代理销售机构应当建立有效的理财产品销售业务投资者投诉处理机制，明确受理和处理投资者投诉的途径、程序和方式。

理财公司和代理销售机构应当根据法律、行政法规、监管规定和协议约定，明确划分双方责任和义务，及时、妥善处理投资者投诉。

第五十二条　理财公司和代理销售机构应当至少每半年开展一次投资者投诉处理情况自查和投资者权益保护工作评估，形成报告留存备查。理财公司和代理销售机构的高级管理层应当定期审议投资者投诉及权益保护工作情况，审视业务风险并督促整改，持续完善内控制度。

九、监督管理

银保监会及其派出机构会对理财产品销售业务进行现场和非现场检查，并对不合法、不合规的销售机构和个人进行处罚。

(一)对机构的处罚

对机构的处罚规定参见表6—5所示。

表6—5　　对机构的处罚规定

处罚对象	处罚事由	条目	具体内容
销售机构	违规销售	第六十一条	理财产品销售机构从事理财产品销售业务活动，有下列情形之一的，由银保监会及其派出机构依照法律法规予以处罚： (一)提供虚假的或者隐瞒重要事实的报表、报告等文件、资料的； (二)未按照规定进行风险揭示或者信息披露的； (三)误导投资者购买与其风险承受能力不相匹配的理财产品的； (四)截留、挪用理财产品销售结算资金的； (五)未按照本办法要求建立风险管理制度和相关信息系统，或者风险管理制度落实不到位、存在重大风险隐患或者引发较大风险事件的； (六)违法违规提供与理财产品持有人、理财产品投资运作相关非公开信息的； (七)拒绝执行本办法第六十条规定的措施的； (八)严重违反本办法规定的其他情形。

续表

处罚对象	处罚事由	条目	具体内容
销售机构	未履行报送职责	第六十三条	理财产品销售机构从事理财产品销售业务活动，未按照规定向银保监会及其派出机构报告或者报送有关文件、资料的，由银保监会及其派出机构责令改正，逾期不改正的，由银保监会及其派出机构依照法律法规予以处罚。
	违规转委托	第六十二条	代理销售机构直接或间接委托其他机构销售理财产品的，由银保监会及其派出机构依照法律法规予以处罚。
理财公司	与不符合资质要求的代销机构合作	第六十二条	理财公司与不具备本办法第七条规定条件的机构合作开办理财产品销售业务活动，由银保监会及其派出机构依照法律法规予以处罚。
	未开展规范性评估	第六十二条	理财公司未按照本办法要求对代理销售机构开展规范性评估，有效履行管理职责的，由银保监会及其派出机构依照法律法规予以处罚。

（二）对人员的处罚

除了对机构进行处罚外，《理财公司销售管理办法》还提到，视情况对违法违规人员进行处理，提高了监管的管威慑力，提高了从业人员的敬畏之心。

第六十四条　理财产品销售机构从事理财产品销售业务活动，违反有关法律、行政法规以及国家有关银行业监督管理规定的，银保监会及其派出机构除依照本办法第六十一条至第六十三条规定处罚外，还可以依照法律法规对直接负责的董事、高级管理人员和其他直接责任人员进行处理；涉嫌犯罪的，依法移送司法机关处理。

在商业银行理财子公司队伍逐渐壮大，外资控股合资理财公司陆续进场，理财代销机构快速扩容的市场大环境下，《理财公司销售管理办法》的落地补齐了对理财产品销售法律法规及监管规定全面性和适用性不足的短板。

“行稳方能致远。”《理财公司销售管理办法》的正式实施必将为理财市场的长远发展保驾护航。

第五节　理财产品合规销售指引

为保护投资者合法权益，避免投诉纠纷，促进理财业务健康发展，理财产品合规销售至关重要，监管部门出台了严格的要求。由于理财发行主体涉及商业银行和理财公司，涉及的规范文件很多，为便于一线理财经理、客户经理学习、执行，本节特地对监管的合规要求进行了梳理整合，归纳为销售人员合规要求，售前、售中、售后合规要求，理财销售渠道合规要求，销售合规监督机制等六个方面，并加入了一些案例、知识点，便于理解、记忆。

一、合规销售相关法律法规

（一）银保监会相关政策

为规范理财销售，作为理财业务的主管部门，银保监会牵头制定或参与制定了严格的政策，涉及理财销售的主要有 6 份文件，具体见表 6－6。总体来看，理财销售监管强调的核心精神是“适当性原则”，即在了解客户、了解产品的基础上，将适当的产品卖给适合的客户。监管政策均强调，要坚持“卖者尽责、买者自负”的原则，其中，“卖者尽责”是“买者自负”的前提和基础，“卖者尽责”的核心是履行了适当性义务。

表 6－6　　核心监管政策一览

政策名称	简　称
《关于规范金融机构资产管理业务的指导意见》	《资管新规》
《商业银行理财业务监督管理办法》	《理财新规》
《商业银行理财子公司管理办法》	《理财子管理办法》
《理财公司理财产品销售管理暂行办法》	《理财销售新规》
《银行业金融机构销售专区录音、录像管理暂行规定》	《双录规定》
《关于规范商业银行代理销售业务的通知》	《代销业务管理办法》

（二）九民纪要

最高人民法院于 2019 年 7 月 3 日至 4 日在黑龙江省哈尔滨市召开了全国法院民商事审判工作会议，会后发布了《全国法院民商事审判工作会议纪要》（又称《九民纪要》）。该文件对理财合规销售影响很大。

1. 会议精神

会议认为，在审理金融产品发行人、销售者以及金融服务提供者（以下简称卖方机构）与金融消费者之间因销售各类高风险等级金融产品和为金融消费者参与高风险等级投资活动提供服务而引发的民商事案件中，必须坚持“卖者尽责、买者自负”原则，将金融消费者是否充分了解相关金融产品、投资活动的性质及风险并在此基础上做出自主决定作为应当查明的案件基本事实，依法保护金融消费者的合法权益，规范卖方机构的经营行为，推动形成公开、公平、公正的市场环境和市场秩序。

2. 适当性义务

适当性义务是指卖方机构在向金融消费者推介、销售银行理财产品、保险投资产品、信托理财产品、券商集合理财计划、杠杆基金份额、期权及其他场外衍生品等高风险等级金融产品，以及为金融消费者参与融资融券、新三板、创业板、科创板、期货等高风险等级投资活动提供服务的过程中，必须履行了解客户、了解产品、将适当的产品（或者服务）销售（或者提供）给适合的金融消费者等义务。在推介、销售高风险等级金融产品和提供高风险等级金融服务领域，适当性义务的履行是“卖者尽责”的主要内容，也是“买者自负”的前提和基础。

3. 责任主体

金融产品发行人、销售者未尽适当性义务，导致金融消费者在购买金融产品过程中遭受损失的，金融消费者既可以请求金融产品的发行人承担赔偿责任，也可以请求金融产品的销售者承担赔偿责任，还可以根据法律的规定，请求金融产品的发行人、销售者共同承担连带赔偿责任。

4. 举证责任分配

在案件审理过程中，卖方机构不能提供其已经建立了金融产品（或者服务）的风险评估及相应管理制度，对金融消费者的风险认知、风险偏好和风险承受能力进行了测试，向金融消费者告知产品（或者服务）的收益和主要风险因素等相关证据的，应当承担举证不能的法律后果。

5. 告知说明义务

告知说明义务的履行是金融消费者能够真正了解各类高风险等级金融产品或者高风险等级投资活动的投资风险和收益的关键，人民法院应当根据产品、投资活动的风险和金融消费者的实际情况，综合理性人能够理解的客观标准和金融消费者能够理解的主观标准来确定卖方机构是否已经履行了告知说明义务。卖方机构简单地以金融消费者手写了诸如“本人明确知悉可能存在本金损失风险”等内容主张其已经履行了告知说明义务，不能提供其他相关证据的，人民法院对其抗辩理由不予支持。

（三）金融消费者权益保护实施办法

为了保护金融消费者合法权益，规范金融机构提供金融产品和服务的行为，维护公平、公正的市场环境，促进金融市场健康稳定运行，中国人民银行发布了《金融消费者权益保护实施办法》（中国人民银行令〔2020〕第 5 号）。结合理财销售，其有如下要点：

（1）建立健全全流程管控机制，包括事前审查机制、事中管控机制、事后监督机制。

（2）根据金融产品或者服务的特性评估其对金融消费者的适合度，合理划分金融产品和服务风险等级以及金融消费者风险承受等级，将合适的金融产品或者服务提供给适当的金融消费者。

(3)应当尊重金融消费者购买金融产品或者服务的真实意愿，不得擅自代理金融消费者办理业务，不得擅自修改金融消费者的业务指令，不得强制搭售其他产品或者服务。

(4)对金融产品和服务进行信息披露时，应当使用有利于金融消费者接受、理解的方式。对利率、费用、收益及风险等与金融消费者切身利益相关的重要信息，应当根据金融产品或者服务的复杂程度及风险等级，对其中关键的专业术语进行解释说明，并以适当方式供金融消费者确认其已接收完整信息。

(5)在提供金融产品或者服务的过程中，不得通过附加限制性条件的方式要求金融消费者购买、使用协议中未做明确要求的产品或者服务。

(6)不得收集与业务无关的消费者金融信息，不得采取不正当方式收集消费者金融信息，不得变相强制收集消费者金融信息。银行、支付机构不得以金融消费者不同意处理其金融信息为由拒绝提供金融产品或者服务，但处理其金融信息属于提供金融产品或者服务所必需的除外。

二、理财销售人员要求

销售人员是合规销售的“核心”与“灵魂”，销售人员的专业素质、合规意识等直接影响了销售的合规性。理财销售人员务必遵循以下原则和管理要求：

(一)遵循原则

1. 勤勉尽职原则

销售人员应当以对投资者高度负责的态度执业，认真履行各项职责。

2. 诚实守信原则

销售人员应当以诚实、公正的态度与合法的方式执业，如实告知投资者可能影响其利益的重要情况和理财产品风险评级情况。

3. 公平对待投资者原则

在理财产品销售活动中发生分歧或矛盾时，销售人员应当公平对待投资者，不得损害投资者合法权益。

4. 专业胜任原则

销售人员应当具备理财产品销售的专业资格和技能，熟悉相关法律、行政法规、监管规定，充分了解理财产品的法律关系、交易结构、主要风险及风险管控方式，胜任理财产品销售工作。

(二)管理要求

1. 上岗要求

理财产品销售人员应当至少具备下列条件:具有完全民事行为能力,具有高中以上文化程度,从事金融工作 1 年以上,具备良好的诚信记录及职业操守,熟悉理财业务活动及与理财产品销售相关的法律法规,经过上岗资格认定并签订劳动合同。

2. 持续培训

每年培训时间不得少于 20 小时,对培训情况进行记录并存档。

3. 信息公示

在营业网点和电子渠道显著位置对理财产品销售人员信息进行公示。

4. 监管备查

在中国理财网登记销售人员信息并及时更新。

三、售前合规要求

(一)销售定义

监管界定的理财产品销售包括面向投资者开展的以下部分或全部业务活动:

(1)以展示、介绍、比较单只或多只理财产品部分或全部特征信息并直接或间接提供认购、申购、赎回服务等方式宣传推介理财产品;

(2)提供单只或多只理财产品投资建议;

(3)为投资者办理理财产品认购、申购和赎回;

(4)银保监会认定的其他业务活动。

从事以上部分或全部业务活动的机构为理财产品销售机构。理财产品销售机构中从事以上部分或全部业务活动的人员为理财产品销售人员。

与《理财公司理财产品销售管理暂行办法》征求意见稿相比,在“以展示、介绍、比较单只或多只理财产品部分或全部特征信息”后增加了“并直接或间接提供认购、申购、赎回服务等方式宣传推介理财产品”,意味着单纯的宣传推介不再视为理财产品销售。销售包括两部分:一部分是营销匹配,一部分是买卖交易,全部实施完成,才构成销售。

(二)宣传销售文本“九要”“六不要”

理财产品宣传销售文本包括宣传推介材料和销售文件。宣传推介材料是指理财产品销售机构为宣传推介理财产品向投资者分发或者发布,使投资者可以获得的文字、图片、音频、视频以及其他形式的信息。销售文件包括理财产品投资协议书、销售(代理销售)协议书、理财产品说明书、风险揭示书、投资者权益须知等。

销售商业银行自营理财产品,宣传销售文本应当由商业银行总行统一管理和授权,分支机构未经总行授权不得擅自制作和分发宣传销售文本;代理销售理财公司的产品,未经理财公司授权和审核同意,代理销售机构不得擅自设计、修改、增减任何理财公司理财产品宣传推介材料的文字、数据、公式、表格、示意图等内容信息要素,不得制作分发。

理财产品宣传销售文本应当全面、客观反映理财产品的重要特性和与产品有关的重要事实,语言表述应当真实、准确和清晰,做到“九要”“六不要”。

1.“九要”

(1)经投资者签字确认的销售文件,理财产品销售机构和投资者双方均要留存。

(2)理财产品宣传销售文本提及第三方专业机构评价结果的,要列明第三方专业评价机构名称及刊登或发布评价的渠道与日期。

(3)理财产品销售文件要载明理财产品的认购和赎回安排、估值原则、估值方法、份额认购、赎回价格的计算方式,拟投资市场和资产的风险评估。

(4)理财产品销售文件要载明理财产品的托管机构、理财投资合作机构的基本信息和主要职责等。

(5)理财产品宣传材料要在醒目位置提示投资者,“理财非存款、产品有风险、投资须谨慎”。

(6)代销产品宣传推介材料首页显著位置要标明合作机构名称,并配备以下文字声明:“本产品由×××发行与管理,代销机构不承担产品的投资、兑付和风险管理责任。”

(7)理财产品销售文件要载明收取销售费、托管费、投资管理费等相关收费项目、收费条件、收费标准和收费方式。销售文件未载明的收费项目,不得向投资者收取。

(8)理财产品名称要恰当反映产品属性,不得使用带有诱惑性、误导性和承诺性的称谓以及易引发争议的模糊性语言。理财产品名称中含有拟投资资产名称的,拟投资该资产的比例须达到该理财产品规模的80%以上。

(9)理财产品宣传销售文本的内容发生变化时,商业银行要及时更新,并确保投资者及时知晓。

2.“六不要”

(1)不要虚假记载、误导性陈述或者重大遗漏;

(2)不要违规承诺收益或者承担损失;

(3)不要夸大或者片面宣传理财产品,违规使用“安全”“保证”“承诺”“保险”“避险”“有保障”“高收益”“无风险”等与产品风险收益特性不匹配的表述；

(4)不要登载单位或者个人的推荐性文字；

(5)不要在未提供客观证据的情况下，使用“业绩优良”“名列前茅”“位居前列”“最有价值”“首只”“最大”“最好”“最强”“唯一”等夸大过往业绩的表述；

(6)不要有其他易使投资者忽视风险的情形。

·违规事件警示：违规修改理财合同文本·

【典型案例】2020 年 4 月 16 日，银保监会消保局发布的案例通报中，某银行代理销售的私募产品出现延期兑付的问题，引发多起消费者投诉，存在以下侵害消费者权益的行为：

一是在准入环节未对所代理的产品进行充分分析，尽职调查不到位，与相关监管规定不符；

二是在向部分客户销售所代理的产品时，未按照监管要求，在网点专门区域销售代销产品并录音、录像，而是采用上门服务模式；

三是产品合同出现修改，首页出现了明显的本银行标识，容易使消费者误认为该产品为本银行自主管理理财产品，与相关监管规定不符；

四是风险揭示书中未包含产品类型、产品风险评级及适合购买的客户评级、客户权益须知等内容，与相关监管规定不符。

(三)风险揭示书与投资者权益须知

1. 风险揭示书要求

理财产品销售文件应当包含风险揭示书的专页，风险揭示书应当使用通俗易懂的语言，并至少包含以下内容：

(1)在醒目位置提示投资者，“理财非存款、产品有风险、投资须谨慎”；

(2)提示投资者，“如影响您风险承受能力的因素发生变化，请及时完成风险承受能力评估”；

(3)提示投资者注意投资风险，仔细阅读理财产品销售文件，了解理财产品具体情况；

(4)本理财产品类型、期限、评级结果、适合购买的投资者，并配以示例说明最不利投资情形下的投资结果；

(5)理财产品的风险揭示应当至少包含本理财产品不保证本金和收益，并根据理财产品评级结果提示投资者可能会因市场变动而蒙受损失的程度，以及需要充分认识投资风险，谨慎投资等；

(6)投资者风险承受能力评估结果，由投资者填写；

(7)投资者风险确认语句抄录，包括确认语句栏和签字栏，确认语句栏应当完整载明的风险确认语句“本人已经阅读风险揭示，愿意承担投资风险”，并在此语句下预留足够空间供投资者完整抄录和签字确认。

2. 投资者权益须知要求

理财产品销售文件应当包含投资者权益须知的专页，投资者权益须知应当至少包括以下内容：

(1)投资者办理理财产品的流程；

(2)投资者风险承受能力评估流程、评级具体含义以及适合购买的理财产品等相关内容；

(3)商业银行向投资者进行信息披露的方式、渠道和频率等；

(4)投资者向商业银行投诉的方式和程序；

(5)商业银行联络方式及其他需要向投资者说明的内容。

(四)电子渠道宣传注意事项

通过电子渠道进行宣传时，应注意以下事宜：

(1)商业银行发行的所有产品不得通过电视、电台、互联网等渠道对具体理财产品进行宣传，但银行理财子公司发行的公募产品可以，私募产品不行。

(2)通过电话、传真、短信、邮件等方式开展理财产品宣传时，如投资者明确表示不同意，禁止通过此种方式向投资者宣传理财产品。

(五)产品业绩宣传要求

理财产品宣传销售文本只能登载该款理财产品或同类理财产品过往平均业绩及最好、最差业绩，不得宣传理财产品预期收益率，同时应当遵守下列规定：

(1)引用的统计数据、图表和资料应当真实、准确、全面，并注明来源，不得引用未经核实的数据；

(2)真实、准确、合理地表述理财产品业绩；

(3)在宣传销售文本中应当以醒目文字提醒投资者“理财产品过往业绩不代表其未来表现，不等于理财产品实际收益，投资须谨慎”；

(4)禁止使用未说明选择原因、测算依据或计算方法的业绩比较基准,单独或突出使用绝对数值、区间数值展示业绩比较基准。

如理财产品宣传销售文本中使用模拟数据的,必须注明模拟数据。

·知识专题:如何正确理解业绩比较基准与历史业绩·

1. 业绩比较基准

业绩比较基准是管理人基于过往投资经验及对产品存续期投资市场波动的预判而对产品所设定的投资目标。比较基准一般仅作为管理人收取超额业绩报酬和动态调整投资管理费的参照,不代表理财产品未来表现,不等于理财产品实际收益,不作为产品收益的业绩保证,常用的业绩比较基准参见表6—7。

表6—7　　常用的四种业绩比较基准

类　型	例　子	介　绍
单一数值型	业绩比较基准为5.5%	采用单一固定数值作为产品的业绩比较基准,简洁明确,给投资者更直观的感受,便于投资者根据自身投资预期选择产品配置。主要应用于资产波动性相对较小的产品;或是一些期限较长,以之作为长期业绩目标的产品。
区间数值型	业绩比较基准为3%—4%	采用数字区间作为产品的业绩比较基准,通常是根据产品策略,使用历史数据回测模拟而推算出的收益率区间。对于一些波动性较小的固收产品,区间略窄;对于一些波动相对较大的含权益产品,区间略宽。
基准利率或市场化利率型	业绩比较基准为一年定期存款基准利率+上浮一定比例	这种方式是依据基准利率和市场化利率做"加减法",适用于追求绝对收益的理财产品。
指数型	沪深300指数收益率×80%+中证全债指数收益率×20%	采用指数、指数组合、指数加减数字作为产品的业绩比较基准,参照指数包括股票指数、债券指数等,通常是综合了产品类型、投资范围、投资比例、投资策略等因素。常适用于受市场影响较大,或投资策略为相对收益策略的产品。

2. 产品历史业绩

产品在过往不同时间段内实际实现的业绩回报,一定程度上反映了管理人历史上的产品管理能力 。

产品未来实际业绩受到多种无法提前预估的因素影响，因此，两者均不代表产品未来实际业绩，更不是本金收益承诺，仅供投资者参考。

四、售中合规要求

（一）适当性要求

投资者适当性管理，简单来说就是“将合适的产品或服务销售给合适的投资者”。央行发布的《中国人民银行金融消费者权益保护实施办法》规定了金融机构要合理划分金融产品和服务风险等级以及金融消费者风险承受等级，将合适的金融产品和服务提供给适当的金融消费者。理财产品销售机构在销售产品过程中，应当对投资者身份信息的真实性进行验证。结合非机构投资者年龄、地区和行业背景，充分了解投资者基本信息、收入来源、财务状况、投资经验、投资目标和风险偏好等，严谨客观实施风险承受能力评估，审慎使用评估结果。根据投资者的风险承受能力销售不同风险等级的产品，把合适的理财产品销售给合适的投资者。禁止误导投资者购买与其风险承受能力不相匹配的理财产品，只能向投资者销售风险等级等于或低于其风险承受能力等级的理财产品。

1. 风险承受能力评估

风险承受能力评估依据至少应当包括投资者年龄、财务状况、投资经验、投资目的、收益预期、风险偏好、流动性要求、风险认识以及风险损失承受程度等。

商业银行对超过 65 岁的投资者进行风险承受能力评估时，应当充分考虑投资者年龄、相关投资经验等因素。

商业银行完成投资者风险承受能力评估后应当将风险承受能力评估结果告知投资者，由投资者签名确认后留存。

商业银行分支机构理财产品销售部门负责人或经授权的业务主管人员应当定期对已完成的投资者风险承受能力评估书进行审核。

2. 首次风险评估要求

首次购买商业银行发行的理财产品，个人投资者需要到网点进行风险承受能力评估，但首次购买理财子公司发行的理财产品，个人投资者可以通过电子渠道进行评估。

3. 持续进行评估

商业银行应当在投资者风险承受能力评估书中明确提示，如投资者发生可能影响其自身风险承受能力的情形，再次购买理财产品时应当主动要求商业银行对其进行风险承受能力评估。

商业银行应当定期或不定期地在本行网点或采用网上银行方式对投资者进行风险承受能力持续评估。

超过1年未进行风险承受能力评估或发生可能影响自身风险承受能力情况的投资者,再次购买理财产品时,应当在商业银行网点或其网上银行完成风险承受能力评估,评估结果应当由投资者签名确认;未进行评估的,商业银行不得再次向其销售理财产品。

4. 私募产品销售要求

理财产品销售机构应当充分了解面向特定对象销售的理财产品的投资者信息,收集、核验投资者金融资产证明、收入证明或纳税凭证等材料,对非机构投资者风险识别能力和风险承受能力进行持续评估,并要求投资者承诺投资资金为自有资金。

理财产品销售机构应当完善合格投资者尽职调查流程并履行投资者签字确认程序,包括但不限于:合格投资者确认、投资者适当性匹配、风险揭示、自有资金投资承诺。

理财产品销售机构不得向不特定社会公众销售私募理财产品。

商业银行应当在私募理财产品的销售文件中约定不少于24小时的投资冷静期,并载明投资者在投资冷静期内的权利。在投资冷静期内,如果投资者改变决定,商业银行应当遵从投资者意愿,解除已签订的销售文件,并及时退还投资者的全部投资款项。投资冷静期自销售文件签字确认后起算。

投资者适当性管理的初衷和目的都是为了给投资者提供"权益的保护伞"。在大部分投资者心态不成熟、投资能力和经验也不是很充足的情况下,通过这种简明的分类匹配方式,把"对的产品"卖给"对的客户"。

(二)20种禁止行为

商业银行销售理财产品,应当加强投资者适当性管理,向投资者充分披露信息和揭示风险,不得宣传或承诺保本保收益,不得有如下20种禁止行为:

(1)禁止误导投资者购买与其风险承受能力不相匹配的理财产品,只能向投资者销售风险等级等于或低于其风险承受能力等级的理财产品。

适当性原则可以参见图6—2所示。

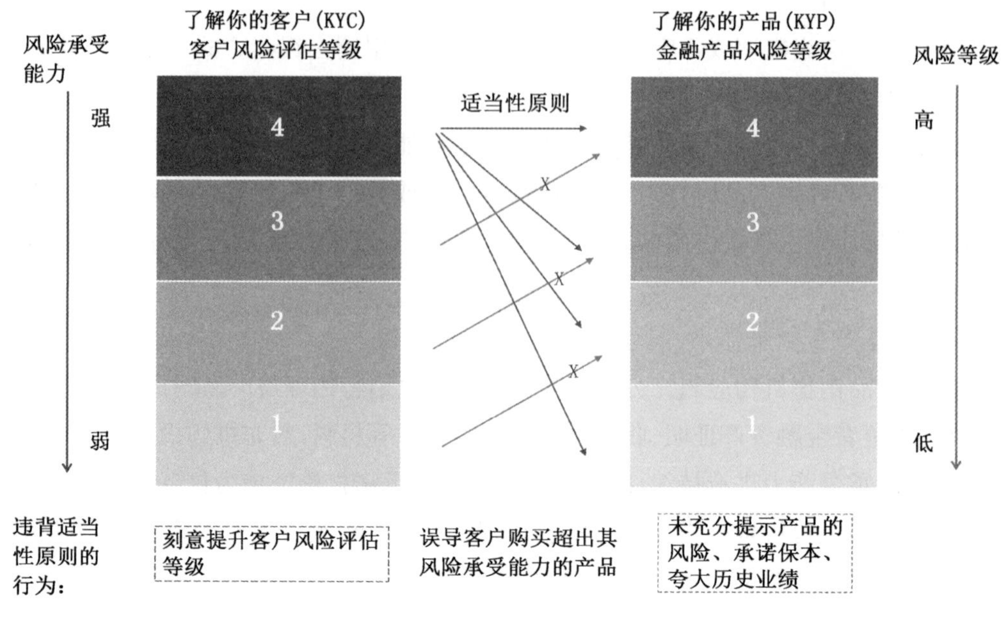

图 6—2 适当性原则

·违规事件警示:基金行业违反销售适当性案例借鉴·

案例来源:北京市高级人民法院民事裁定书〔2019〕京民申 3178 号。

案情回顾:2015 年 6 月,王某经 A 银行推荐,购买“某指数型证券投资基金”,认购金额 96.6 万元。2018 年 3 月赎回,本金亏损 57.7 万元,王某遂诉诸法院。

法院观点:其中一审法院认为 A 银行向王某主动推介了“风险较大”的“经评估不适宜购买”的财富产品,并且未向王某说明涉案基金的运作方式和风险情况,推介行为存在明显不当。二审法院进一步认为王某在评估问卷中明确表明其投资态度是保守投资,但是根据基金招募说明书显示,A 银行向王某推介的涉案基金为股票型基金,属证券投资基金中较高风险、较高收益品种。该基金类型明显与王某风险评估问卷的回答及评估结果不符。

判决结果:本案经过一审、二审,一审、二审法院认为 A 银行未尽适当性义务,判决银行对王某全部基金损失承担赔偿责任。

(2)禁止虚假宣传、片面或者不当宣传,禁止夸大过往业绩,预测理财产品的投资业绩,或者出具、宣传理财产品预期收益率。

(3)禁止使用未说明选择原因、测算依据或计算方法的业绩比较基准,单独或突出使用绝对数值、区间数值展示业绩比较基准。

(4)禁止将销售的理财产品与存款或其他产品进行混同(注意:"混同"的对象不再限于"存款"而包括"其他产品")。

(5)禁止在理财产品销售过程中强制捆绑、搭售其他服务或产品(注意:捆绑销售、搭售的对象增加"其他服务"。部分理财销售机构为避免合规风险,不直接将其他金融产品作为搭售对象,而采用诸如提供会员服务等形式进行捆绑销售,现明确禁止在理财销售时搭售任何"服务")。

(6)禁止提供抽奖、回扣、馈赠实物、代金权益及金融产品等销售理财产品(注意:尽管监管政策一再强调禁止通过抽奖、赠送实物等不正当竞争手段来吸引理财投资者,但现实中此类营销行为却屡禁不止,此次特地增加了禁止赠送"代金权益、金融产品"的要求,所涵盖的违规操作范围更广,诸如买理财送会员、送份额等营销方式将面临合规风险)。

(7)禁止违背投资者利益优先原则,为谋取机构或人员的利益,诱导投资者进行短期、频繁购买和赎回操作。

(8)禁止由销售人员违规代替投资者签署销售业务相关文件,或者代替投资者进行风险承受能力评估、理财产品购买、赎回等操作,代替投资者持有或安排他人代替投资者持有本机构销售的理财产品。

理财产品销售机构应当要求投资者真实提供信息,自主做出认(申)购和赎回等决定,独立对销售文件进行签字确认,自主承担投资风险。投资者拒绝提供或者未按照要求提供信息的,理财产品销售机构应当告知投资者相应的后果及责任,并可拒绝向其提供销售服务。

(9)禁止为理财产品提供直接或间接、显性或隐性担保,包括部分或全部承诺本金或收益保障。

(10)禁止利用或者承诺利用理财产品和理财产品销售业务进行利益输送或利益交换。

(11)禁止给予、收取或索要理财产品销售合作协议约定以外的利益。

(12)禁止恶意诋毁、贬低其他理财产品销售机构或者其他理财产品。

(13)禁止截留、挪用理财产品销售结算资金。

(14)禁止违法违规提供理财产品投资者相关信息。

(15)禁止未经授权或超越授权范围开展销售业务,私自推介、销售未经本机构审批的理财产品，通过营业网点或电子渠道提供未经本机构审批的理财产品销售相关文件和资料。

·知识专题：客户信息保护·

理财产品销售机构收集、使用个人信息，应当按照法律法规规定，遵循正当、必要的原则，保证信息采集、处理及使用的安全性和合法性。未经客户专门授权，不得将客户个人信息及相关理财产品销售信息提供给其他第三方机构和个人，法律、行政法规和银保监会另有规定的除外。

侵犯公民个人信息，后果非常严重。《中华人民共和国刑法》第二百五十三条之一【侵犯公民个人信息罪】：违反国家有关规定，向他人出售或者提供公民个人信息，情节严重的，处三年以下有期徒刑或者拘役，并处或者单处罚金；情节特别严重的，处三年以上七年以下有期徒刑，并处罚金。违反国家有关规定，将在履行职责或者提供服务过程中获得的公民个人信息，出售或者提供给他人的，依照前款的规定从重处罚。

·违规事件警示：池子个人账户流水被Z银行泄露·

2020年5月6日，池子发布微博称，Z银行虹口支行在未获池子授权情况下，将其个人账户流水提供给与其存在经济纠纷的上海笑果文化传媒有限公司（下称“笑果文化”）。

池子在微博中称：“你也没有我的身份证，你也没有我的银行卡，你也没有司法机关的调查令，笑果文化竟然能从Z银行拿到我近两年的流水还打印出来……之后我们打电话给Z银行，Z银行说这是配合大客户的要求。”池子质问道：“难道笑果文化可以随时调取公司上百名员工的个人隐私吗？难道Z银行就可以这么随便地给出成千上万的用户的个人隐私吗？”

2020年5月7日凌晨，Z银行发布致歉信称，经核实，系该行员工未严格按规定办理业务，提供了池子的收款记录。对此，Z银行向池子郑重道歉，表示已按制度规定对相关员工予以处分，并对支行行长予以撤职。

2020年5月9日，中国银保监会消费者权益保护局发布通报称：“2020年3月，Z银行在未经客户本人授权的情况下，向第三方提供个人银行账户交易明细，违背为存款人保密的原则，涉嫌违反《中华人民共和国商业银行法》和银保监会关于个人信息保护的监管规定，严重侵害消费者信息安全权，损害了消费者合法权益。我局将按照相关法律法规，启动立案调查程序，严格依法依规进行查处。”

2021 年 3 月 19 日，银保监会官网公布对 Z 银行的处罚决定，因客户信息保护体制、机制不健全等案由，Z 银行被银保监会罚款 450 万元。

·违规事件警示：谨防“飞单”·

“飞单”是指银行员工个人私自销售未与银行达成委托销售关系的金融产品。“飞单”兑付风险较大，对银行声誉及资产极易造成重大损失。

案例：2014 年 3 月 24 日，上海市第二中级人民法院对 H 银行前员工濮××“飞单”销售行为，以非法吸收公众存款罪，判处有期徒刑四年九个月。从濮××被判处非法吸收公众存款罪来看，濮××在投资者拿到全部本金没有造成损失、自身具有退赃情节、所在银行及投资者均为其求情的情况下，仍然难逃四年九个月的有期徒刑 。可见，司法对“飞单”的处罚非常严厉，务必引以为戒。

(16)禁止未按规定或者协议约定的时间发行理财产品，或者擅自变更理财产品的发行日期。

(17)禁止在全国银行业理财信息登记系统对理财产品进行登记并获得登记编码前，办理理财产品销售业务，发布理财产品宣传推介材料(注意：这条规定意味着针对产品的预热营销行为也必须以“登记”为前提条件)。

·知识专题：理财销售编码·

凡是理财产品，均具有唯一的产品登记编码，并可以用该编码在中国理财网(www. china—wealth. cn)查询到产品信息。

理财产品登记编码是全国银行业理财信息登记系统给每款银行理财产

品的标识码，具有惟一性，理财产品的登记编码一般是以大写字母“C”开头（银行发行）、“Z”开头（理财子公司发行），公募产品后面有13位数字，共14位的编码，私募产品后面有14位数字，共15位的编码。

（18）禁止散布虚假信息，扰乱市场秩序。

（19）禁止对投资者做出盈亏承诺，或与投资者以口头或书面形式约定利益分成或亏损分担。

（20）禁止擅自更改投资者交易指令。

五、售后合规要求

理财产品销售机构应当做好投资者持续信息服务。其主要包括以下方面：

（一）信息披露

信息披露工作极端重要，净值化后，不再是“黑盒”运作，要及时向投资者告知相关信息：

（1）认（申）购、赎回理财产品的确认日期、确认份额和金额等信息。对由于系统原因、客户账户异常等原因引起的确认失败，务必要逐一通知到客户。

（2）产品净值变化。

（3）发行公告，包括理财产品成立日期和募集规模等信息。

（4）定期报告，包括季报、半年报、年报等，提供理财产品的存续规模、收益表现、主要持仓、投资策略和运作分析等信息。

（5）到期公告，包括理财产品的存续期限、终止日期、收益分配情况等信息。

（6）重大事项公告。

（7）临时性信息披露。

上述信息，一般由客户自行到手机银行、官方网站进行查看，但对于重要客户，一线销售人员应主动告知，做好客户关系维护。

（二）投诉处理

针对投诉，要用“最快行动、最小成本、最小影响”来快速处置：

首先，高度重视。客户投诉为“紧急重要”事宜，接到客户投诉后，应列为“最优先”级事宜进行处理。

其次，沟通高效。一线销售人员应迅速了解清楚事情的来龙去脉，通过相关系统，查询客户的持仓情况，了解客户的主要疑问、诉求等，给予专业、高效解答。

再次，积极协调。若自己不能解决时，一线销售人员应寻求分行、总行的支持，对涉及产品的投诉，需总行联系产品管理人提供专业支持。若自己不能及时解决时，还应寻求上级主管部门支持。

六、理财销售渠道合规要求

（一）营业网点销售注意事项

1. 理财销售专区双录要求

理财产品销售机构通过营业网点向非机构投资者销售理财产品的，应当按照银保监会的相关规定实施理财产品销售专区管理，面向投资者严格有效区分理财产品与其他金融产品。理财产品销售机构应当在销售专区内对每只理财产品销售过程进行录音、录像，销售专区应当具有明显标识。

·违规事件警示：双录的重要性·

案例来源：北京市第二中级人民法院民事判决书〔2019〕京02民终15312号。

案情回顾：2015年5月，王某在A银行购买了一款证券公司集合资产管理计划产品100万元。2017年12月，王某赎回该产品，赎回金额77.2万元，因存在亏损，王某遂诉诸法院，请求判令A银行赔偿本息损失。

法院观点：一审法院以王某未能充分举证为由驳回其主张。二审法院认为本案举证责任之分配不应仅以金融消费者一方的单向举证为主，而应综合双方主要证据对关键事实做出认定。认为A银行未能与王某就涉案产品进行充分沟通，涉案产品的购买与王某自身情况及自身意愿未达到充分适当匹配程度，未能通过监控录像等充分举证已经详细合理说明该金融产品及服务的重要内容及充分揭示风险并得到王某确认……

判决结果：判决A银行对王某本金损失承担30%赔偿责任。

2. 销售人员注意事项

销售人员在向投资者宣传销售理财产品时，应当先做自我介绍，尊重投资者意愿，

不得在投资者不愿或不便的情况下进行宣传销售。销售人员在为投资者办理购买理财产品手续前,特别注意以下事项:

(1)有效识别投资者身份;

(2)向投资者介绍理财产品销售业务流程、收费标准及方式等;

(3)了解投资者风险承受能力评估情况、投资期限和流动性要求;

(4) 提醒投资者阅读销售文件,特别是风险揭示书和投资者权益须知;

(5)确认投资者抄录了风险确认语句。

3. 网点销售其他注意事项

(1)商业银行销售风险评级为四级以上理财产品时,除非与投资者书面约定,否则应当在商业银行网点进行。

(2)对于单笔投资金额较大的投资者,商业银行应当在完成销售前将销售文件至少报经商业银行分支机构销售部门负责人审核或其授权的业务主管人员审核;单笔金额标准和审核权限,由商业银行根据理财产品特性和本行风险管理要求制定。

(二)电子渠道销售注意事项

通过电子渠道进行销售时,应注意以下事宜:

(1)商业银行通过网上银行销售理财产品时,应当遵守关于非机构投资者风险承受能力评估的相关规定;销售过程应有醒目的风险提示,风险确认等环节工作要求不得低于网点标准,销售过程应当保留完整记录。

(2)商业银行通过电话银行销售理财产品时,应当遵守关于非机构投资者风险承受能力评估的相关规定;销售人员应当是具有理财从业资格的银行人员,销售过程应当使用统一的规范用语,妥善保管投资者信息,履行相应的保密义务。

商业银行通过电话银行向投资者销售理财产品应当征得投资者同意,明确告知投资者销售的是理财产品,不得误导投资者;销售过程中风险确认等环节工作要求不得低于网点标准,销售过程应当录音并妥善保存。

(3)理财产品销售机构通过电子渠道向非机构投资者销售理财产品的,应当积极采取有效措施和技术手段完整客观记录营销推介、产品风险和关键信息提示、投资者确认和反馈等重点销售环节,确保能够满足回溯检查和核查取证的需要。理财产品销售机构进行上述记录行为的,应当征得投资者同意,否则不得向其销售理财产品。

以上列举的就是理财销售渠道的合规要求。《九民纪要》指出,卖方机构不能提供其已经建立了金融产品(或者服务)的风险评估及相应管理制度,对金融消费者的风险认知、风险偏好和风险承受能力进行了测试、向金融消费者告知产品(或者服务)的收益和主要风险因素等相关证据的,应当承担举证不能的法律后果;卖方机构简单地以金融消费者手写了诸如“本人明确知悉可能存在本金损失风险”等内容主张其已经履行了告知说明义务，不能提供其他相关证据的，人民法院对其抗辩理由不予支持。为此，在营业网点销售要特别注意“双录”，电子渠道要特别注意“可回溯”。同时，需要注意的是，理财产品销售机构应当建立健全档案管理制度，妥善保管投资者理财产品销售相关资料，保管年限不得低于 20 年。

七、销售合规监督机制

(一)考核要求

商业银行应当建立健全销售人员资格考核、继续培训、跟踪评价等管理制度，不得对销售人员采用以销售业绩作为单一考核和奖励指标的考核方法，并应当将投资者投诉情况、误导销售以及其他违规行为纳入考核指标体系。

商业银行应当对销售人员在销售活动中出现的违规行为进行问责处理，将其纳入本行人力资源评价考核内容，持续跟踪考核。

对于频繁被投资者投诉、投诉事项查证属实的销售人员，应当将其调离销售岗位；情节严重的，应当按照规定承担相应法律责任。

(二)内部监督

1. 专人监督

理财产品销售机构应当指定专门部门和人员负责对理财产品销售业务活动的合法合规性进行审查、监督和检查，并确保该部门和人员独立、有效履行职责。该部门人员不得兼任经营管理等与岗位职责存在利益冲突的职务。

内部调查应当采用多样化的方式进行。对理财产品销售质量进行调查时，内部调查监督人员还应当亲自或委托适当的人员，以投资者身份进行调查。

内部调查监督人员应当在审查销售服务记录、合同和其他材料等基础上，重点检查是否存在不当销售的情况。

理财产品销售机构及其分支机构的理财产品销售部门负责人以及承担上述内部监督职责的部门负责人离任的，应当进行审计。

2. 内部审计

商业银行内部审计部门应当按照国务院银行业监督管理机构关于内部审计的相关规定，至少每年对理财业务进行一次内部审计，并将审计报告报送审计委员会及董事会。董事会应当针对内部审计发现的问题，督促高级管理层及时采取整改措施。内部审计部门应当跟踪检查整改措施的实施情况，并及时向董事会提交有关报告。

(三)外部监督

1. 理财公司规范性评估

理财公司应当对代理销售机构理财产品销售业务活动情况至少每年开展一次规范性评估,需要调阅相关资料的,代理销售机构应当予以配合。

2. 外部审计

商业银行应当按照国务院银行业监督管理机构关于外部审计的相关规定,委托外部审计机构至少每年对理财业务和公募理财产品进行一次外部审计,并针对外部审计发现的问题及时采取整改措施。

(四)监管报告

销售机构应当于每年度结束后 2 个月内向银保监会或其派出机构报告本机构理财产品销售合作情况年度报告。

(五)自查自纠

销售机构应当至少每半年开展一次投资者投诉处理情况自查和投资者权益保护工作评估,形成报告留存备查,高级管理层应当定期审议投资者投诉及权益保护工作情况。

八、监管处罚统计

目前,理财业务是监管检查与处罚的重点。为此,对 2021 年银保监会和中国人民银行官网公开的处罚信息进行了整理,总结了 10 项常见的监管“罚点”,以便“以案为鉴”,自查自纠,立查立改,参见表 6—8。

表 6—8　　2021 年监管处罚事项

1	“双录”管理审慎性不足,财富产品销售人员销售话术不当
2	理财、基金产品销售行为不审慎
3	理财经理盗取客户理财资金
4	销售非保本理财产品时违规出具承诺函
5	代理销售业务管理严重违反审慎经营规则、代销产品销售录音、录像管理不到位
6	代销产品风险评级结果与合作机构评级结果不一致,未采用较高风险评级的评级结果
7	未妥善保管代销文档、未以请客户抄写风险提示方式充分揭示代销产品风险
8	理财业务制度不健全

续表

9	私募理财产品销售文件未约定冷静期
10	理财销售内控管理不到位

以上就是理财产品合规销售指引的全部内容。一线理财经理、客户经理，务必以“学”提高合规认识，以“严”践行合规首义，以“治”落实展业方式转变，全力强化及贯彻“合规制胜”理念，提升专业能力素养。

第三篇

卓越销售

第七章

KYC 之术

第一节　销售冠军养成记

理财经理与客户经理如何做好 KYC(Know Your Customer)？这需要从修炼内功，掌握科学的 KYC 方法，对客户进行分类，以资产配置为切入点，给客户提供“顾问”“管家”“秘书”服务，实现从陌生到熟悉的转变。

每个理财经理、客户经理都渴望成功，但是如何成为一名销售冠军呢？本节将为大家提供“金点子”。

一、天道酬勤：量变引发质变

(一)业绩提升公式

达成业绩依赖于两个主要因素：一是客户接触数量，二是成功率。理财经理、客户经理要想提升业绩，必须不断提高向客户的营销频率，同时掌握必要的营销技巧，提高营销成功率。业绩提升可参考如下公式：

接触数量×成功率=达成业绩

(二)销售漏斗

一般而言，和客户面谈后，成交的概率最高。根据其他同业银行大数据统计，销售活动呈现明显的“销售漏斗”形态(见图 7—1)，一般是 20 个电话会促成 5 个面谈，5 个面谈中会有 3 个客户购买理财产品。“天道酬勤”——理财经理、客户经理必须以“勤”

为先，以“勤”为本。销售员如果能做到平均每天拨打 20 个电话，完成 5 个客户的面谈工作，完成 3 笔业务落地，必将“量变引起质变”，从而获得优异的销售成绩。

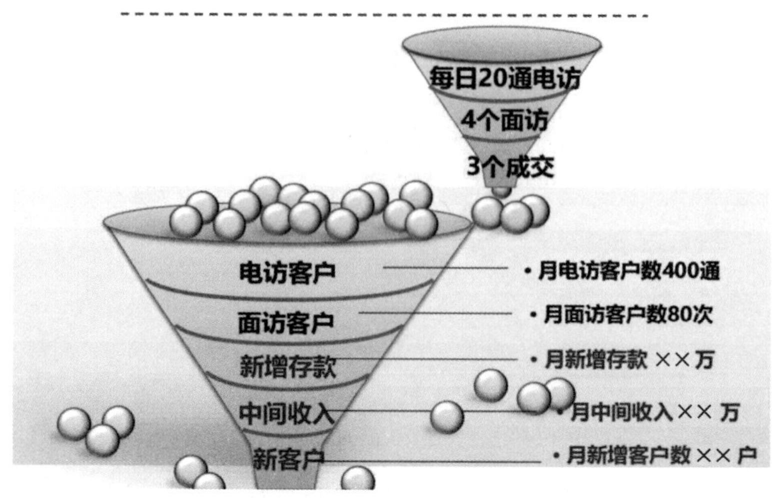

图 7—1 销售漏斗

二、时间管理技巧

理财经理、客户经理善于运用“优先矩阵”进行时间管理，才能达到事半功倍的效果。我们可根据事情的紧急程度、重要程度，把事情分为四类：又重要又紧急的事情；重要但不紧急的事情；不重要但紧急的事情；既不重要又不紧急的事情，如图 7—2 所示。

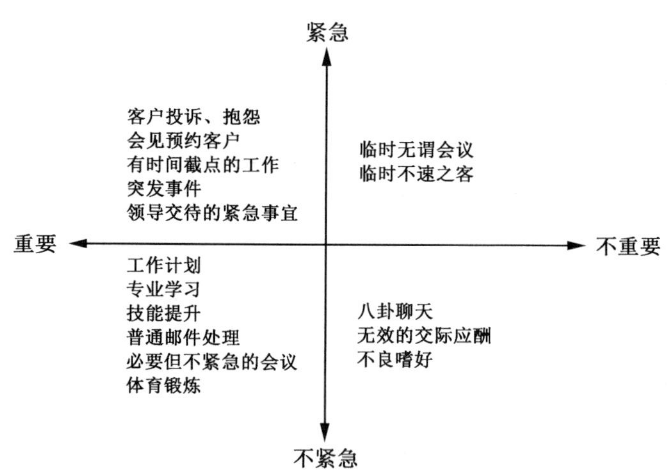

图 7—2 时间管理的“优先矩阵”

理财经理、客户经理应先做重要又紧急的事情，处理后应记录与检讨；多做重要不紧急的事情，要利用碎片化的时间，日积月累，设定工作目标和计划，有序推进；少做紧急不重要的事情，平常要预留时间弹性，寻求替代方案进行；不做不重要不紧急的事情，要勇于拒绝一些事情，戒除一些不良习惯。

三、理财经理高效的一天

作为一名理财经理或客户经理，一定要善于结合客户作息时间，合理安排当天营销维护工作日程，在客户相对空闲的时间段电话接触客户和接待预约到访客户，在客户相对繁忙的时间段开展客户维护准备工作。要做到平均每日发送短信、微信至少30条，平均每日拨打电话不少于20个，平均每日面谈客户5人。那么，具体该怎么做呢？现在就带大家一起走进理财经理或客户经理高效的一天，参见表7－1。

表7－1　　理财经理高效的一天工作内容

时　段	工作内容
8:30—8:45	仪表准备：干净整洁，有精气神。任何环境下，一个满身充满能量、朝气蓬勃的人可以给见到你的每一个人留下好的印象。职场中的你，在仪容仪表方面的细节问题不可忽视，工作穿职业装是最起码的要求，这就好比一个再蹩脚的医生穿上白大褂也会使紧张的患者产生信赖感。 班前准备：工作台面，电脑设备，业务凭证，宣传资料，产品协议等。 晨会学习：知悉分支行工作安排。
8:45—9:30	业务准备： 重要资讯：了解最新财经资讯（推荐东方财富网 https://www.eastmoney.com/，中国基金报微信公众号 chinafundnews）。 重要产品：掌握总行、分行最新主要推荐的产品，包括产品要素、产品优势、投资策略、营销话术等；前期重点产品的运作情况、最新净值等；同业在售的重点产品。 重要客户：梳理以往未达成的目标客户，形成电访名单和面访名单，查阅重点客户《KYC信息表》，重点掌握客户的如下数据：资产概貌、资产变动、持有产品的种类和盈亏。
9:30—9:50	利用短信、微信等方式批量向客户发送问候和最新推荐产品，与重点客户预约见面交流时间。
9:50—12:00 营销黄金时间	电访：至少与10个客户进行电话交流。 面访：接待预约客户，以深度KYC、提升交叉销售率为主，为重要客户提前预留好车位、准备好客户喜欢吃的零食；或接待随机到访的客户。 每完成一名客户的销售要及时更新《KYC信息表》，补充完善客户信息，记录营销线索。
12:00—14:30	午餐，休息。 梳理上午未完成的事宜、确定下午主要电访和面访名单。
14:30—17:00 营销黄金时间	至少与10个客户进行电话交流，接待预约客户与面访随机客户。 每完成一名客户的销售要及时更新《KYC信息表》，补充完善客户信息，记录营销线索。

续表

时　段	工作内容
17:00—17:30	总结:工作计划执行情况,分析得失。 统计:销售情况、工作业绩。 整理:业务凭证、协议书等。 填写:工作日志。 安排:新一天营销活动计划,筛选下一波接触的客户名单,注意新老客户比例。 清理:工作环境,关闭电子设备。
17:30 以后	参加晚会,对当日工作进行复盘、总结,彼此分享,交流经验。
到家后	备考相关资格证书、学习金融理财知识(你和同事间的差距在 8 小时之外逐步拉开)。

四、每日工作计划表

最后附上每日工作计划表(见表 7—2),以供理财经理、客户经理参考。应提前制定电访客户名单,对于当日完成电访的客户,要记录结果,将成功约访面谈的客户记录到“计划面访名单”。

表 7—2　　　　每日工作计划表(　年　月　日)

今日业绩(目标/实际)		计划电访名单				
今日目标		序号	姓名	切入点	目标	结果
		1				
		2				
		3				
		4				
		5				
		6				
今日产品		8				
		9				
		10				
		11				
		12				
		13				
		14				
		15				
今日业绩:万元		16				
存款		17				
理财		18				
基金		19				
保险		20				

续表

<table>
<tr><td>今日业绩
（目标/实际）</td><td colspan="5">计划电访名单</td></tr>
<tr><td rowspan="7">今日问题/点评</td><td colspan="5">计划面访名单</td></tr>
<tr><td>序号</td><td>时间</td><td>姓名</td><td>目标</td><td>结果</td></tr>
<tr><td>1</td><td></td><td></td><td></td><td></td></tr>
<tr><td>2</td><td></td><td></td><td></td><td></td></tr>
<tr><td>3</td><td></td><td></td><td></td><td></td></tr>
<tr><td>4</td><td></td><td></td><td></td><td></td></tr>
<tr><td>5</td><td></td><td></td><td></td><td></td></tr>
<tr><td colspan="6">每日总结</td></tr>
<tr><td>计划电访数：</td><td colspan="2">实际电访数：</td><td>计划面访数：</td><td colspan="2">实际面访数：</td></tr>
<tr><td>电访执行率：</td><td colspan="2">约访成功率：</td><td>面访执行率：</td><td colspan="2">面访成交率：</td></tr>
</table>

第二节　如何进行KYC

在讲解如何进行KYC之前，我们先讲解一个小故事。

有一位老奶奶去水果铺买李子，她走到第一个摊位，问摊主A：你家的李子酸不酸？

摊主A很不高兴地回答："我家李子不酸！"老奶奶扭头走了。摊主A心里骂了一句："老糊涂了吧，甜李子不买，买酸的！"

她走到第二个摊位，再次问道："你家的李子酸不酸？"摊主B回答："我这里的李子正常都很甜，但有些昨天刚到货的，有点酸。"老奶奶回答："好的，给我称一斤酸的。"摊主B给老奶奶称了一斤，虽感觉有点奇怪，但也没多问。

过了几天，她走到第三个摊位，再次问道："你家的李子酸不酸？"摊主C问道："在我这儿买李子的人，一般都喜欢甜的，可您为什么要买酸的呢？"老太太答道："哦，最近我儿媳妇怀上孩子啦，特别喜欢吃酸李子。"

摊主C满脸笑容地对老太太说："哎呀！那要特别恭喜您老人家，快要抱孙子了！有您这样会照顾的婆婆，可真是您儿媳妇天大的福气啊！"

老太太客气道："哪里！哪里！怀孕期间当然最要紧的是吃好、胃口好、营养好啊！"

摊主C用十分关心的语气道："是啊，怀孕期间的营养是非常关键的，不仅要多补充些高蛋白的食物，还要多吃些水果。听说多吃些维生素丰富的水果，生下的宝宝会更聪明些！”

老太太诧异道：“是吗？哪种水果含的维生素更丰富些呢？”

摊主C道：“很多书上说，猕猴桃含维生素最丰富！”

老太太问：“你这儿有猕猴桃卖吗？”

摊主C道：“当然有，您看我这里有新西兰进口的猕猴桃，个儿大、汁多，含维生素多，您要不先买一点回去给您儿媳妇尝尝？”

老太太问：“猕猴桃多少钱一斤？”

摊主C道：“老太太，猕猴桃不是按斤卖的，而是按个卖的。”

老太太问：“多少钱一个呢？”

摊主C道：“5元钱一个。”

老太太道：“这么贵啊！一个猕猴桃的价钱等于一斤李子，太贵了！”

摊主C道：“猕猴桃是比较贵，但是，为了您的宝贝孙子，这点投资值得，您说呢？”

老太太道：“您说的也在理，那就买十个吧！”

这样，老太太不仅买了一斤酸李子，还买了十个进口的猕猴桃。从那以后，老太太几乎每隔一两天就要来这家店里买各种水果，不但成为水果店的忠诚客户，还介绍了许多亲戚朋友来这家水果店购买各种水果。

摊主A，只会站在自己的角度去卖产品，没有去挖掘顾客的需求，没有实现销售。

摊主B只知道解决客户的表面需求，没能深入挖掘，实现少量销售。

摊主C通过巧妙的问答，激发了客户背后的隐含需求，并进行有效引导，提供解决方案，成功进行了销售。

虽然这个故事简单，但它却能使我们思考很多，也让我们了解到KYC（了解你的客户）的重要性，要懂得如何提问、如何引导、如何揣摩。

借助《KYC信息表》，在平时的工作中深入了解客户，才可以给客户推荐适合的产品，也才能挖掘客户的需求，提高营销成功率。

KYC信息表建议由三部分组成：一是客户基本情况，包括家庭情况、兴趣爱好、投资情况、银行情况、理财规划和自营企业情况等六个部分，基本涵盖了客户的各个方面；二是客户情况小结，基于客户基本情况，得出客户的性格特点、风险承受能力、推荐产品等，便于在后期进行营销维护；三是交流记录，记录与客户的沟通情况，以备跟踪商机。

一、客户的信息搜集不是一蹴而就的

“KYC信息表”中的客户信息、本行账户信息等可以从CRM系统中提取，其他信息要在与客户的交谈中逐步获取，每次与客户交谈前，要计划一下，了解哪些客户信息，交谈完后，要及时更新相关情况。

二、客户信息的搜集要讲究技巧

"KYC信息表"有很多敏感的信息。我们首先要与客户建立信任关系，客户才愿意提供相应的信息；其次向客户了解信息，要以聊天方式进行，避免采用人口普查方式，进行生硬问答，让客户反感。

比如，关于客户基本信息，你可以说：听您口音是某某地方的人吧？是在本市工作还是做生意呢？

刚才听到有小孩儿嬉戏的声音，是您的小孩子吗？

您刚才是不是开车过来的？我们可以给您提供免费停车卡。

关于兴趣和爱好，你可以这样问：您身材这么好，平常一定经常做运动吧？

关于客户投资经历，你可以这样问：您平时关注财经新闻吗？最近股票下跌较多，对您影响大吗？最近黄金价格变化比较大，有关注过贵金属市场吗？

三、重点了解客户过去、现在和未来的投资情况

一是过去。包括客户财富的积累方式、投资品种、盈亏情况、对投资风险的认识等。

二是现在。目前主要的投资方式，资产分布情况，特别是巧妙地问一下，在别的银行是否有理财、存款等产品，什么时候到期、后期投资计划等有价值的信息。

三是将来。对理财规划的预期目标、规划等。

四、严格保守客户信息

现在，法律法规对客户信息的保护重视程度提到前有未有的高度，理财经理、客户经理收集、使用个人信息，应当按照法律法规规定，遵循正当、必要的原则，保证信息采集、处理及使用的安全性和合法性。未经客户专门授权，不得将客户个人信息及相关理财产品销售信息提供给其他第三方机构和个人。

国家法律对个人信息保护有严格规定。《中华人民共和国刑法》第二百五十三条【侵犯公民个人信息罪】：违反国家有关规定，向他人出售或者提供公民个人信息，情节严重的，处三年以下有期徒刑或者拘役，并处或者单处罚金；情节特别严重的，处三年以上七年以下有期徒刑，并处罚金。违反国家有关规定，将在履行职责或者提供服务过程中获得的公民个人信息，出售或者提供给他人的，依照前款的规定从重处罚。

"KYC信息表"的制作如表7－3所示。

表 7—3　　客户 KYC 信息表

客户姓名：

一、客户基本情况					
分类	序号	项　目	内　容	目　的	情况
第一类 家庭情况	1	基本资料	夫妻双方年龄、教育背景、籍贯、星座等情况	了解客户基本情况	
	2	客户及家人的职业情况	夫妻双方单位、职位，谁是家里财权掌控人	了解经济支柱及关键人	
	3	家庭收入情况	双方工资收入	了解资金来源及数量	
	4		除工资外的其他收入来源		
	5	子女情况	子女数量，年龄，学校，兴趣，花费	了解子女教育投入度	
	6	目前成员保障情况	包括父母、子女现有保障	了解家庭成员保障缺口	
	7	房产情况	房产数量、状况、用途	了解其他资产情况	
	8	汽车类型及品牌	数量、品牌、车型等	了解家庭财力状况	
	9	家庭支出情况	按揭支出，日常生活，保姆，小孩投入等支出	了解家庭财力状况	
第二类 兴趣爱好	1	兴趣爱好	夫妻双方爱好，例如运动、旅行等	了解个人喜好	
	2	兴趣爱好投入度	投入时间和金钱情况，是否愿意参加银行类似活动	了解喜好程度及消费观念	
	3	喜欢的品牌情况	着装、随身物品等	了解消费观念及价值观	
	4	书籍或电视节目	喜欢的书籍类型，爱好的影视剧类型	了解个人文化修养	
	5	饮食习惯	喜欢的菜系、零食等	了解个性化爱好	
	6	其他爱好	宠物、信仰等	了解个性化爱好	
第三类 投资情况	1	过往投资经历及盈亏情况	股票、基金、理财产品、信托、期货、外汇、黄金、股权投资、房地产、艺术收藏品、海外投资情况	了解投资经验与水平	
	2	投资知识了解程度	对投资产品及市场的了解和理解程度	了解投资经验与水平	
	3	投资偏好与厌恶	对哪类投资市场有明显的偏好或厌恶	了解投资偏好	
	4	投资接受范围与程度	能接受的投资期限范围，能承受的亏损幅度的范围	了解风险偏好	
	5	现有金融资产的总额及分布	资产配置大类及具体品种	了解资产配置现状	
	6	市场观点	对现在和未来股市、债市的看法	寻找营销线索	
	7	未来投资计划	资金量、时间、拟投资品种	寻找营销线索	

续表

第四类 银行情况	1	银行负债情况	信用卡行、信用卡额度； 贷款行、贷款额度	了解负债情况	
	2	主账户行	主账户行、账户资产量	资产实力评估	
	3	其他银行的账户级别	普通/贵宾/私行	资产实力评估	
	4	其他银行存款情况	存款分布行、金额、到期日期	寻找营销线索	
	5	其他银行理财情况	理财分布行、金额、品种、 到期日期、盈亏情况	寻找营销线索	
	6	其他银行基金情况	基金分布行、金额、 基金品种、盈亏情况	寻找营销线索	
	7	股票持有情况	第三方存管银行、 主要持仓、盈亏情况	寻找营销线索	
	8	服务行理财经理满意度	对其他银行理财经理的 接受度和满意度	寻找营销线索	
	9	我行情况	开卡时间、历史最高级别、 现在级别、业务品种	寻找营销线索	
	10	我行存款情况	品种、金额、到期日期	寻找营销线索	
	11	我行理财情况	品种、金额、到期日期、 盈亏情况	寻找营销线索	
	12	我行基金情况	品种、金额、盈亏情况	寻找营销线索	
	13	家庭成员银行情况	是否在我行开卡、级别	寻找营销线索	
第五类 人生规划	1	购房、购车计划	购房、购车的计划	寻找营销线索	
	2	旅游计划	旅游的安排计划， 频率，花费	寻找营销线索	
	3	家庭医疗保障情况	医疗保障现有安排及规划	寻找营销线索	
	4	父母养老保障情况	双方父母辈的养老计划 现有安排及规划	寻找营销线索	
	5	自己养老保障情况	夫妻双方未来的养老计划 现有安排及规划	寻找营销线索	
	6	子女教育金安排情况	小孩的教育安排和投入的规划	寻找营销线索	
第六类 自营企业 情况	1	企业营运情况	销售额、利润率、债务、资产情况	了解当前经营状况	
	2	股东情况	股权结构、客户持股比例	了解客户资产实力	
	3	企业所属的行业及 市场情况	所属行业发展前景， 可能面临的风险	了解行业前景	
	4	企业在行业里的地位及 市场份额	企业未来发展的前景	了解企业前景	
	5	过往经营中特殊事件影响	过往有无行政处罚、 法律风险、重大损失	了解可能存在的风险	

二、客户情况小结			
性格特点		客户风险承受能力	
总资产		年收入	
客户忌讳		适合推荐产品	
本行理财产品 到期提醒时间		他行存款、理财产品到期时间	

续表

年度可投资金额			客户投资品种和期限偏好	
客户投资目的和计划			后续可营销产品	
三、客户交流记录				
序号	时间	方　式	交流情况备忘	

第三节　客户分类营销

“工欲善其事,必先利其器。”方法对头,事半功倍;方法不对,事倍功半。在理财营销推广过程中,理财经理、客户经理掌握一些营销技巧至关重要。客户分类营销是精准营销的重要前提和保证。本节分别介绍按性格和按职业,对客户进行分类的方法。

一、按性格分类——DISC 识人技术的应用

DISC,是由代表人类四种性格行为特质的四个单词首字母 D、I、S、C 组成,即 Dominance(D,支配/控制型),Influence(I,影响/互动型),Steadiness(S,稳定/稳健型),Compliance(C,服从/谨慎型)。其核心内涵,是指人们可以通过 DISC 识人技术正视自己和他人可观察的外在行为,识别和判断具体工作、生活情境下不同人的行事风格,从而调整自己的行动策略以满足互动需求或者适应环境变化。

DISC 识人技术最早是由美国心理学家威廉·莫尔顿·马斯顿博士提出。马斯顿博士在哥伦比亚大学讲授心理学课程期间主要研究人的血压变化对人的行为与反应的影响,曾研发多款基于心脏收缩压的测谎仪,被誉为“测谎仪之父”。后期由于发现很多人的外在行为表现均有情绪动力基础,决定研究出一种理论来解释人类的情绪反应。马斯顿博士于 1928 年在《常人之情绪》(The Emotions of Normal People)一书中正式予以公布并进行了阐述,首度将心理学从纯粹的临床试验向外延伸应用到普通人身上。

经过 90 多年的发展,DISC 理论的内涵和外延都发生了巨大变化,它已经不再是单纯作为人类情绪识别的工具,而是作为一种“人类行为语言”逐渐发展成为全世界最广泛采用的性格测评工具之一。

DISC定义了人类四种性格行为特质，为形象化展示，经过不断演绎，用四种动物进行代表。它们具体为：老虎型（支配型，Dominance）、孔雀型（互动型，Influence）、考拉型（稳健型，Steadiness）和猫头鹰型（谨慎型，Compliance）。总体而言，老虎型和孔雀型的偏外向，而考拉型和猫头鹰型的偏内向。老虎型和猫头鹰型以事为主，而孔雀型和考拉型的以人为主。营销理财产品时，针对老虎型的客户重在介绍利益点，比如预计的收益情况；针对孔雀型的客户重在介绍产品优势，比如相比其他理财的优势；针对考拉型的客户重在介绍产品特质，比如是ESG主题的；针对猫头鹰型的客户重在提供历史数据和投资逻辑，比如提供历史业绩，提供运作策略等。

"熟知人性是销售之本。"对人性格的把握会助力销售。我们应该了解客户可以分为哪些类型，不同类型的客户拥有什么样的性格特征，然后才能找到应对不同类型客户的正确方法。通过DISC的学习，一线理财经理和客户经理可通过理解自己和客户的DISC，有意识地调整和改变自己的行为以满足营销需求，因地制宜，因势利导，有的要以情动人，有的要以理服人；同时，哪怕是在相似的情境下，给不同DISC类型的人不同的建议往往能起到事半功倍的效果。

（一）老虎型

老虎型（支配型，Dominance）的人能主动改变环境，对事敏感，关注事情的结果；行为方式以解决问题为主，结果导向；喜欢统治和支配，说话直接、不达目的誓不罢休。自尊心强，在压力之下缺乏耐心，对人不敏感，情绪上易怒，有时显得粗鲁；希望得到直接答案、掌握状况、拿出成果，担心被别人利用。具备老虎型特质的人做事速度快、效率高。其鲜明标签是：做事爽快、决策果断、时间观念强、目标很明确。

1. 性格特点

（1）时间观念很强，讲求高效率，喜欢直入主题，不愿意闲聊；

（2）做事爽快，决策果断，以事实和任务为中心，属于强权派人物，喜欢支配人和下命令；

（3）你若能让他们相信你可以帮助他们，他们行动的速度会很快。

2. 交流特性

（1）电话讲话很快；

（2）音量也比较高；

（3）音调变化不大；

（4）客户握手有力。

3. 行为特征

（1）可能急不可待地想知道你的专业水平，能推荐什么好的产品。

(2)他们喜欢与人竞争，可能会在电话中刁难你。也许会问，这款产品的净值为什么不增长等诸如此类的问题。

(3)如果建立起信任关系，他们喜欢讲而不是听。

(4)对理财投资活动主动提出自己的看法。

4. 应对方案

(1)时间对他来说很重要，他喜欢直入主题，不会听你耐心地讲解。他想知道什么就告诉他什么，要结果先行，先说结果，先说利益，再说原因。

(2)不要让客户做问答题，而要做选择题，列出三个投资方案供客户选择，并列明优劣点。

(3)要表现得非常专业，要一针见血地指出对方资产配置中存在的问题，击中要害。

(4)在与他们探讨需求的时候，尽可能地使用可以刺激他们需求的话语和词汇，如投资经理很优秀，产品历史业绩很好，购买人很多。

5. 客户常见表现

行动迅速、缺乏耐性；不易听信别人意见，喜欢自己做决定。

6. 沟通小技巧

(1)不能直接否定他们的意见；

(2)注意产品呈现的过程不要超过 10 分钟；

(3)客户观点正确的时候，要适当地加以附和；

(4)对产品的特点、优势、利益进行描述时要充满自信；

(5)他们可能会指正你的一些看法，喜欢做导师，所以我们在某些话题上可以适度放低自己的姿态，坦陈自己确实不是特别清楚，向他们学习。

(二)孔雀型

孔雀型(互动型，Influence)，此类型的人能主动改变环境，对人敏感、重视人际关系。即便是在恶劣的环境中，孔雀型特质的人也有主动和人交往、带动气氛的动力。行为方式以人际优先，善于表达。喜欢与人交往，情绪上乐观。在压力之下容易口无遮拦，做事不究细节、不讲程序。希望别人给予声望与更多的尊重，担心被人排斥、失去众人认可。具备孔雀型特质的人爱说、爱笑、爱玩，在人群中喜欢表现，希望自己是大家关注的焦点。其鲜明标签是：以人为中心、爱好表现、善于沟通、追求认可。

1. 性格特点

(1)同理心强，做事比较爽快，决策果断的人；

(2)通常以人为中心，而不是以任务为中心；

(3)很擅长言语表达,具有丰富的面部表情;

(4)对他们来讲,得到别人的喜欢是很重要的;

(5)做决策时往往不关注细节,凭感觉做决策,做决策也很快。

2. 交流特性

(1)电话中往往讲话很快;

(2)音量也比较高;

(3)音调富有变化,抑扬顿挫;

(4)他们在电话中也会表现得很热情,对你很友好,你可能在电话中经常会听到对方爽朗的笑声;

(5)客户握手有力;

(6)喜欢眼光直接接触。

3. 行为特征

(1)他们追求的是能被其他人认可,希望不辜负其他人对他们的期望;

(2)他们也喜欢有新意的东西,那些习以为常、没有创意、重复枯燥的事情往往让他们倒胃口;

(3)如果建立起信任关系,他们喜欢讲而不是听;

(4)对理财投资主动提出自己的看法;

(5)他们往往对你所讲的东西反应迅速,有时会打断你。

4. 应对方案

(1)我们一定要做个倾听者,多赞美,多认同;

(2)找准适当的时机要插上关于理财产品的话题;

(3)在电话中,要将你的注意力完全放在他们身上,并让他们注意到这一点,从而可以显示你很看重他们,他们对你来讲很重要;

(4)在与他们探讨理财需求的时候,尽可能地使用可以刺激他们需求的话语和词汇,如首家推出、专门定制、限量销售、市场热卖等。

5. 客户常见表现

(1)说话嗓门比较大,而且愿意多说话,面部表情丰富;

(2)他们喜欢提问、提意见,以引起你的注意;

(3)比较急躁,没有耐心。

6. 沟通小技巧

(1)先交朋友,再谈业务。和他们接触,切忌一上来就谈事,这会让他们觉得很难受,要先拉拢感情,暖场不到位,就不要急于说事。

(2)认真倾听客户表达的看法,尽量多地赞美客户,但孔雀型的客户一般比我们理财经理、客户经理还要会说，千万不要让话题被他给带走了。

(3)多与客户沟通，客户也很愿意与你沟通。

(4)经常赠送一些小礼物、小纪念品等。

(5)耐心回答客户的询问，并且适当提供一些建议。

(三)考拉型

考拉型(稳健型，Steadiness)的人被动适应环境，对人敏感，同样重视人际关系。考拉型特质的人会优先考虑跟从大众和与人为善；行为方式容易预测，坚守信念。情绪稳定，有耐心、话不多、体贴、有同情心、谦虚忍让，遇事期望多点时间考虑。面对压力犹豫不决，惟命是从。希望别人提供保证并尽量不改变，害怕突然改变而失去保障。具备考拉型特质的人善于倾听，遵循旁观者清的原则，态度中立。其鲜明标签是：不急不躁、优柔寡断、按部就班、慵懒闲适。

1. 性格特点

(1)待人友好，属于特别好的人。

(2)商量的语气，犹豫的口吻。

(3)这类客户往往比较温文尔雅。当他们对你的产品或服务不感兴趣的时候，他们很难说出“不”字，他们会找一些借口，但他们的潜台词就是：我不愿意伤害你，但我希望你能够明白，我对你的产品不感兴趣。

(4)不善于改变，优柔寡断。

(5)他们往往比较单纯，个人关系、感情、信任、合作对他们很重要，他们做事情以稳妥为重。

(6)客户身上还有一种特质，那就是一旦和这类客户成交以后，他们的忠诚度非常高。

2. 交流特性

(1)音调变化不大；

(2)说话慢条斯理，声音轻柔；

(3)回答问题时，也总是不慌不忙，镇定自如；

(4)客户握手温和；

(5)避免目光接触。

3. 行为特征

(1)喜欢重复地问问题；

(2)不喜欢冒险，喜欢按部就班做事；

(3)做起事来显得不急不躁，比较缓慢。

4. 应对方案

(1)同考拉型的客户通电话,理财经理、客户经理要显得镇静,不可急躁,讲话速度要慢,音量不要太高;

(2)相对要控制自己的声音,并尽可能地显示出友好和平易近人,表现得要有礼貌;

(3)我们要帮他拿主意,多重复客户需求,帮客户下定决心;

(4)经常打交道时可采用的词汇有:销售很好,认可度很高,真诚推荐等。

5. 客户常见表现

(1)喜欢和理财经理、客户经理交换意见,为人和蔼,容易接触;

(2)对人宽容,很少提出要求,是个很好的倾听者;

(3)往往兴趣广泛,但是注意力不是很集中。

6. 沟通小技巧

(1)考拉型客户是非常注重信任感的。也就是说,我们在销售过程中应该把重点放在如何和客户快速地建立起信任。

(2)不要介绍过多的产品,选择一至两种最符合他们需求的产品就可以了。

(3)在交流过程中聊些可以拉近彼此关系的话题,产品呈现重点从感性方面加以描述,介绍产品特质。

(4)产品交流中尽量鼓励他们多表达自己的意见,以此来了解客户最真实的想法。

(5)可以多介绍别人对产品的看法和现在的销量,增强其安全感。

(四)猫头鹰型

猫头鹰型(谨慎型,Compliance)的人被动适应环境,对事敏感,关注事情的过程。无论恶劣还是温和的环境,猫头鹰型特质的人都追求完美,致力于关注事情细节。行为方式善于计划,注重细节。行事谨慎小心,追求完美。常常会问为什么,缺少变通,讲究程序,期望精准而有逻辑的方法。有危机意识,面对压力,因为想得多,所以经常慢半拍甚至退缩,希望别人提供完整说明及详细数据,恐惧被批评,缺乏标准。具备猫头鹰型特质的人善于思考、分析问题,同时也容易纠结。其鲜明标签是:不爱讲话、注重细节、要求精确、喜欢分析。

1. 性格特点

(1)显得有些孤僻;

(2)喜欢追求完美,喜欢分析;

(3)对数字很敏感,非常注意细节;

(4)平时也不太爱讲话,不太喜欢与人打交道;

(5)很难让人看得懂,他们不太容易向对方表示友好;

(6)有条理,做事情会有个圆满的结果。

2. 交流特性

(1)音调变化不大;

(2)说话慢条斯理,声音轻柔;

(3)回答问题时,总是不慌不忙,很镇静;

(4)客户握手温和;

(5)搓下巴、擦眼镜。

3. 行为特征

(1)做事动作缓慢;

(2)可能经常会"嗯嗯",让理财销售人员无从下手,讲起话来一般毫无面部表情;

(3)他们更喜欢通过大量的事实、数据来做判断,以确保他们做的是正确的事情;

(4)如果销售人员表现得很热情的话,他们往往觉得不适应,对事情也不主动表达看法,让人觉得难以理解。

4. 应对方法

(1)对待他们要认真,不可马虎,凡事考虑得要仔细;

(2)重在介绍理财产品投资策略和逻辑,介绍产品历史业绩;

(3)在电话中,不可与他们谈论太多与电话目的无关的东西,不要显得太过热情,要直入主题;

(4)他们会问到非常专业的问题,我们一定要做到让客户感觉到我们很专业,问什么都能对答自如。

5. 客户常见表现

(1)对产品的介绍,会认真仔细倾听;

(2)发表自己意见的时候经过详细斟酌;

(3)喜欢详细的资料、数字、证明,进行反复比较;

(4)疑心较重,反应平淡,喜怒不形于色。

6. 沟通小技巧

(1)准备较为详细的书面材料,最好有图、有表、有数据;

(2)不要过于热情,以避免他们对产品的真实性产生怀疑;

(3)有事说事,事情说清楚,再说其他,所以,切莫一见面就和他们套近乎,比如请吃饭,这会引起他们的反感;

(4)不急不躁,耐心向他们解释;

(5)产品介绍尽量多使用数据、资料和证明;

(6)在客户面前体现出产品专家的风范,帮助他们分析产品。

二、按职业分类划分——五大重点客户群营销策略

我们可以按照职业来划分客户群，参见表7—4。

表7—4　　按职业划分五大重点客户

客群	客群特性	客户关心的事情有哪些	主推理财产品类型	联系频率	沟通内容方向
企业主	1. 注重流动性大于收益 2. 有较高的风险承受能力	1. 追求更多事业投资机会 2. 要求流动性 3. 现金管理需求	1. 现金管理类理财 2. 混合类理财 3. 权益类理财	次/两周	1. 公司税务 2. 产业发展 3. 人事法规 4. 公司财务投资
企业高管	1. 有自己的投资观点 2. 重视服务及收益率 3. 更乐意通过金融投资增加资产	1. 自主投资族，有一定的专业性 2. 收入高、所得税高 3. 寻找金融市场的投资机会，有阅读财经新闻习惯 4. 退休计划/创业计划	1. 固收＋类理财 2. 混合类理财 3. 现金管理类理财	次/两周	1. 公司相关产业发展 2. 尊重客户专业，特意请教相关问题 3. 个人税务 4. 股权计划 5. 退休规划
白领	1. 对投资有自己的想法，也能接纳理财经理、客户经理的建议 2. 乐意通过风险投资增加资产	1. 赚更多的钱 2. 对风险投资又爱又怕 3. 家庭月/年的现金收支安排	1. 固收类理财 2. 固收＋类理财 3. 混合类理财 4. 权益类理财 5. 现金管理类理财	次/两周	1. 各种理财讲座 2. 理财规划小技巧运用 3. 投资资讯 4. 及时沟通，创造客户黏性
全职太太	1. 时间有弹性，容易邀约 2. 专业性不足 3. 重视资金安全性，对有限的资金运用有自己的想法 4. 对收益率敏感	1. 财富管理以家庭为中心 2. 会比较多家银行产品 3. 负责管理家庭资产	1. 固收类理财 2. 固收＋类理财 3. 现金管理类理财	次/月	1. 附近小区房价，学区房 2. 网点或商圈附近的优惠 3. 网点举办的各种活动 4. 子女教育规划 5. 家庭现金流计划
退休人士	1. 对收益率要求一般 2. 客户风险承受度较低 3. 时间多，邀约较容易	1. 保守理财，安全至上 2. 生活重心移转，注重健康养生 3. 开始关心传承需求	1. 固收类理财 2. 养老理财	次/月	1. 社区中心的各种活动 2. 各种养生班，健身班活动

第四节　客户资产配置

理财产品净值化后，带来三个方面的转变。一是产品的转变。产品由从“单一”到“多样”，由原来只有期限的区别，变为品种极其丰富。理财产品大类包括固定收益类、混合类、权益类和商品及金融衍生品类。每个大类下面又包含许多小类，比如固定收益类理财又包括现金管理类的、纯债的、非标驱动的、固收＋权益的、固收＋多资产等等。二是客户的转变。客户从“闭着眼睛买”到“睁大眼睛买”，客户不只是简单询问期限和报价，需要对产品的投向、风险、结构进行多维度考察，风险收益偏好浮出水面，客户面临分化。三是销售的转变。产品从“躺着赚钱”到“跑着赚钱”，销售理财需要更多专业能力，客户对理财经理的依赖度提高，服务附加值提高。销售净值化理财产品，最好的方式就是从客户资产配置的角度进行切入，结合客户情况，给客户提供一揽子的产品配置方案。

诺贝尔经济学奖获得者马科维茨早在 1952 年就系统地阐述了资产组合的选择问题，告诉我们一条简单的投资哲学：分散投资可以优化投资组合整体回报。这个“优化”，简单地说就是投资者在投资几种不完全相关的资产时，能够降低投资组合整体风险，从而达到 1＋1＞2 的效果。

从学术上看，投资界的资产配置理念较为深奥，需要很强的经济学、数学背景，为便于一线理财经理、客户经理维护客户，本节先介绍一下诺贝尔奖的案例，谈一下资产配置的重要性，再介绍三个形象生动、通俗易懂的模型：用帆船模型解释为什么要进行资产配置，用标准普尔资产象限图模型介绍如何进行资产配置，用美林时钟模型介绍怎样动态调整资产配置。

一、从诺贝尔奖看资产配置的重要性

2021 年诺贝尔奖于 10 月 4 日至 11 日陆续揭晓，6 大奖项名花有主。据诺贝尔委员会官网披露，2021 年诺贝尔奖每个奖项的奖金高达 1 000 万瑞典克朗，约合人民币 736 万元，6 个奖项总额为 6 000 万瑞典克朗。

诺贝尔奖是根据诺贝尔 1895 年的遗嘱而设立，包括物理学奖、化学奖、和平奖、生理学或医学奖和文学奖。瑞典中央银行 1968 年增设诺贝尔经济学奖，用于表彰在经济学领域杰出贡献的人。

最开始诺贝尔基金会遵照诺贝尔的遗愿，将基金用于银行存款或债券等固定收益类投资，但这些投资所获得的收益连通货膨胀都跑不赢。即便瑞典议会在 1946 年给

予诺贝尔基金免税待遇,情况也没好多少,到1953年基金会的资产已经流失了2/3,面临破产风险。

1953年,瑞典政府批准基金会独立投资,诺贝尔基金会开始投资于全球股票和房地产。随着第二次世界大战后全球经济复苏,基金会的投资收益稳步提升。1990年的美国股市开启了历史上著名的10年"长牛"。诺贝尔基金会因为对美股的持续加注获得了丰厚的回报。到1999年末诺贝尔基金会的资产总市值达到39.38亿瑞典克朗。

但是20世纪初期,美股爆发了互联网泡沫,短短两年时间,诺贝尔基金会持有资产的总市值缩水近10亿瑞典克朗,约占总市值的20%。之后诺贝尔基金会不断调整自己的投资策略,在稳健的基础上,积极寻找各种新的投资机会和替代投资产品。近年来,诺贝尔基金会的投资配比分散到股票、对冲基金、不动产基金、固定收益类投资等方向。

诺贝尔基金的股权类投资均匀地分布在各个股票市场上,包括瑞典股票市场,其他欧洲股票市场、美国股票市场、新兴国家股票市场等。诺贝尔基金的固收类资产也是多元化分布,包括现金、外国公司信贷、非上市公司债券基金等。

运作到2020年,诺贝尔基金的总投资资本的市场价值已经创造了历史新高,达到51.76亿瑞典克朗(约合38亿元人民币),相较于1901年的3 100万瑞典克朗的名义价值而言,实现了167倍增长。

诺贝尔基金会从投资存款和债券,到投资股票、不动产等高风险投资,再到全球化投资,100多年以来,基金会的投资策略和变化反映了资本市场的前进轨迹,更给我们带来了资产配置的启示。

二、为什么要进行资产配置——帆船模型

为什么要进行资产配置?如何给客户介绍资产配置理念?一线理财经理和客户经理可用"帆船理论"来讲解,该理论生动活泼,通俗易懂。

家庭资产配置,就好比茫茫大海中的一艘帆船。当然了,根据家庭资产规模的不同,船只有大有小,但每个家庭都追求能到达理想的彼岸。

海浪就是通货膨胀。一旦客户的资产什么都不投资,就会一直受到通货膨胀的侵蚀,就像帆船会随着海浪不断后退。这正如钱流动起来才会产生价值,若一直攥在手里,只会慢慢贬值。

海风则代表着市场机会和投资风险,抓住了机会,御风而行,则可能实现财富的快速积累,遇到金融风暴则有可能让前期的财富遭受损失。

家庭资产就像一艘行进中的帆船,帆船由船身、风帆、粮食与淡水、救生圈和锚构

成，就像家庭资产中的五类产品，船身像固定收益类产品，风帆像高收益类产品，粮食与淡水像现金管理类产品，救生圈像保险类产品，锚是实物类产品。只有合理配置这些产品，家庭的财富巨轮才能到达幸福的彼岸，参见图7—3。

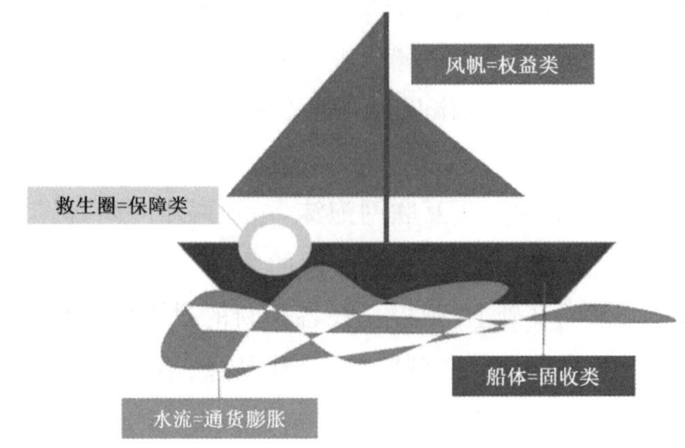

图7—3 资产配置的帆船模型

(一)船身——固定收益类产品:稳健担当,中流砥柱

在家庭资产配置的帆船理论中，固定收益类产品（如固定收益类理财产品、存款、国债、债券基金等）则是“中流砥柱”，是各种刚性需求（如教育、养老、医疗）等的安全依靠。只有有了强大而稳固的船身，帆船才能更好地抵御各种风浪，行驶得更“远”。但船身不见得越大越好，船身太大显得笨重，限制行驶速度（财富贬值），船身太小了也不行，容易翻船（无法应对突发状况）。

1. 作用

（1）人生中“大开支”的主要担当，家里的“养命钱”。

（2）作为风险收益特征相对较低的资产，在家庭组合中充当“安全垫”的作用。

（3）适合放置教育、养老金等数额较大，却又不能承受太大风险的财产。

2. TIPS

（1）固定收益类产品通常投资期限较长，要提前安排好要用的现金，避免一次性投入过多长期资产。

（2）由于个人无法直接投资，固定收益类理财、债券基金不失为固定收益投资的良好选择。

(二)船帆——高收益类产品:借风而行,收益担当

在家庭资产配置的“帆船理论”中，高收益类产品（如混合类理财、权益类理财、商

品及金融衍生品类理财、混合型基金、股票型基金、股票等）相当于一艘船的船帆，能够为帆船的前进提供源源不断的动能。

如果组合中没有了高收益类资产，不但会大幅降低组合的预期回报，更会让资产受到通胀的侵蚀。比如，权益类资产主要投资于上市公司证券，可以让资产与经济和市场共同成长；商品类资产与经济基本面的关系息息相关，随着经济的发展保持良好增长性。作为预期回报和风险相对较高的产品，高收益类资产是贡献组合回报的“重中之重”。

作为船体加速器，船帆过小容易导致航行速度过缓（难抵通货膨胀），但船帆太大会降低船的抗冲击能力，如遭遇风暴将承受巨大损失（投资失败）。

1. 作用

（1）船帆在家庭资产配置中起到的作用是“钱生钱”，实现家庭财富的快速增长，以期达到财富自由。

（2）长期的投资是抵御通货膨胀的利器。

（3）可为资产组合贡献可观的收益回报。

2. TIPS

（1）风险与收益并存。这部分资产的特点就是高风险、高回报，但如果过分追求高收益而忽视风险，也可能会带来可怕的后果。

（2）客户可根据自身能承受的风险水平与理财经理、客户经理商定投资的品种和比例。

（3）切忌追涨杀跌。买在无人问津之时，卖在人声鼎沸之际，要做时间的朋友。

（三）粮食与淡水——现金管理类产品：“生存”担当，日常必备

在航海中，即使船只坚固、风和日丽、导航明确，如果没有足够的可以用来赖以生存的食物和淡水，则在海洋中甚至支撑不到3—5天。企业破产的原因往往仅仅是短期内现金的短缺，而在家庭资产中，如果没有足够的现金储备（活期存款、现金管理类理财产品、货币型基金等），则可能会遭遇“饿肚子”“断供”的现金危机。

1. 作用

（1）日常生活所不可或缺的“零花钱”“应急钱”。

（2）高流动性，非常容易变现和对外支付。

2. TIPS

现金管理类产品是应对日常开支和紧急事件的支出，保证资金流动性和充足性即可，建议保留3—6个月的正常支出，如大量现金闲置，在账户中睡眠，则会因无法抵御通胀，而让资产贬值。

(四)救生圈——保险类产品:防范风险,“救命”担当

如家庭中一方成员因疾病丧失了收入能力,则家庭将会面临严重的财务危机。

巨额的医疗费和护养费、一家老小的生活开支,以及本该由两人共同承担的房贷……种种情况都会给家庭的财务状况造成巨大的负面影响。

即使帆船具备了坚固的船身与强力的风帆,但一旦天灾到来,市场中的所有人都无法幸免,保险则正是为经历天灾的人所提供的一把“保护伞”。

1. 作用

(1)不为家庭造成额外负担,是一份爱与家庭责任的体现。

(2)转移风险,助力家庭渡过难关。

(3)杠杆效应,用少量的保费可以得到足够的风险保障。

2. TIPS

(1)保险越早购买越好,保费越低。

(2)依据自身情况确定需要购买的保额。

(五)锚——实物类产品:紧急避险,应对极端

当有一天海上出现了惊涛骇浪,就像发生系统性风险、自然灾害、战争等,这时你应该把船上的锚放下去。

传统上充当“锚”资产的是实物黄金,家庭中可适当存储一些投资金条、熊猫金币等硬通货。另外,随着网络支付的发展,大部分人钱包中已不备现金,但为了应对突发风险,家庭中应适当备一些纸币,如人民币现钞、美元现钞、欧元现钞等。

1. 作用

当发生系统性风险、自然灾害、战争等突发事件时,正常的商业活动、公共服务、金融服务等都有可能停止,有时候会回到“以物易物”的状态,实物类的资产可为维持必要生计提供一定支持。

2. TIPS

中国金币总公司发行的普制熊猫金币具有法定货币、官方发行、国家信用、国际认可、工艺精湛、升水率低、性价比高、规格多样、挂牌回购、方便传承等优势,可作为实物类资产投资的首选。

(六)客户资产配置常见误区

帆船理论告诉我们,有远见的家庭要在固定收益类、权益类、现金管理类、保险类、实物类等方面进行配置,这样才能保证我们安全、平稳、快速地驶向目的地。道理非常

容易懂，现实中却很少有人可以驾驭好这艘帆船。家庭配置常见的误区，有以下几种：

1. 储蓄占比过高

很多客户投资理念落后，全部收入进行了储蓄，这种做法欠妥。如果储蓄占比过高，会影响家庭的资产配置，使得帆船行驶过慢而跑不过通货膨胀，从而导致财富缩水。

2. 资产过于集中投资

有些人天生喜欢冒险，对于风险投资有着极大的喜好，觉得人生就是放手一搏，却忽略了自己投资失败后，是否还有东山再起的资本。高收益人人都追求，为求稳妥，还是需要分散投资，给自己留个退路。

3. 觉得没必要有救生圈和锚

人活一世，如海洋行舟。曾经的风和日丽，不代表将来也不遭遇惊涛骇浪。救生圈、锚的支出很小，在关键时刻却能发挥巨大作用。当遭遇极端情况时，你会庆幸自己配置了保险，提前储备了实物资产。

三、如何进行资产配置——标准普尔资产象限图模型

(一)模型的由来

标准普尔(Standard & Poor's)为全球最具影响力的信用评级机构之一，专门提供有关信用评级、风险评估管理、指数编制、投资分析研究、资料处理和价值评估等重要资讯。美国股市最为著名的三大指数之一，"标普500指数"就是标准普尔公司于1957年编制的。

除了编制"标普500指数"，标准普尔公司还做了一件很有意义的事情。该公司曾调研全球十万个资产稳健增长的家庭，这些家庭都有一个共同的特点，那就是过去30年家庭资产一直在稳步增长。于是，标准普尔公司深入分析总结他们的家庭理财方式，最终提炼出一张成功理财的寻宝"地图"——标准普尔家庭资产象限图，简称标普资产象限图。标普资产象限图一经问世，便被世界多个大型财富管理机构所推崇，由此成为世界公认的家庭资产配置准则之一。

"标准普尔家庭资产象限图"把家庭资产分成四个账户，这四个账户作用不同，所以资金的投资渠道也各不相同，拥有这四个账户，并且按照固定合理的比例进行分配能使家庭资产长期、持续、稳健地增长。

(二)四类资产配置方法

1. 现金账户(要花的钱)10%

第一个账户为现金账户，也就是要花的钱，约占家庭资产的10%。这个账户对应

帆船理论的粮食与淡水。

(1)特点。追求流动性、牺牲收益性。

(2)产品。活期存款、现金管理类理财产品、货币型基金等。

2. 保险账户(保命的钱)20%

第二个账户是保险账户,也就是保命的钱,一般占家庭资产的20%,为的是以小博大,专门解决突发的大额开支。这个账户对应帆船理论的救生圈和锚,平时注入一滴水,难时拥有太平洋。

这个账户平时看不到什么作用,但是到了关键的时刻,只有它才能保障客户不会为了急用钱而去卖车卖房,股票低价套现,到处借钱,也不会因为突然的系统性风险、自然灾害、战争等束手无策。如果没有这个账户,客户的家庭资产就随时面临风险,所以叫保命的钱。

(1)特点。专款专用、以小博大、规避风险。

(2)产品。保障性保险、黄金等。

3. 投资账户(生钱的钱)30%

第三个账户是投资账户,也就是生钱的钱。一般占家庭资产的30%,这个账户对应帆船理论的船帆,为家庭创造收益,用有风险的投资创造高回报。这个账户的资金占比不能太大,客户要赚得起,赔得起,发生亏损对家庭不能有致命性的打击。

(1)特点。高收益、高风险。

(2)产品。混合类理财、权益类理财、商品及金融衍生品类理财、混合型基金、股票型基金、股票等

4. 长期收益账户(保本升值的钱)40%

第四个账户是长期收益账户,也就是稳健升值的钱。一般占家庭资产的40%。这个账户对应帆船理论的船身,一定要用提前准备的钱,主要是为保障家庭成员的养老金、子女教育金等。

这个账户为稳健升值的钱,所以收益不一定高,但却是长期稳定的,这个账户的资金不能随意取出使用,确保每年或每月都有固定的资金进入账户。

(1)特点:收益稳定、持续成长。

(2)产品:固定收益类理财产品、国债、债券基金、大额存单等。

标准普尔四类资产配置如图7—4所示。

综上所述,标准普尔家庭资产象限图是对家庭可支配资产提供配置指导,其目的是保障家庭资产的稳健增长和家庭生活的稳定延续。通过这种配置方式,我们既有应付短期生活需要的流动现金,也有满足家庭和家庭成员长期发展的储备金,更有转嫁突发风险造成的经济损失的准备。从家庭理财的角度讲,是一个攻守兼备的家庭财富

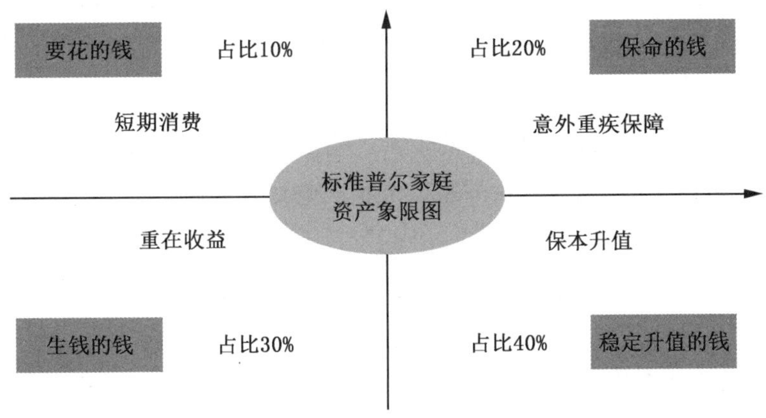

图 7—4　标准普尔四类资产配置图示

风险管理体系。

当然，不同的家庭会面临不同的情况，不同家庭成员在不同的生命阶段，也会有不同的需要，因此，这个象限图各部分的比例也仅仅是一个参考，我们可以根据实际情况进行调整。

特别是"生钱的钱"，投资较高风险资产的比例可根据"80 定律"来进行调节。一般而言，随着年龄的增长，进行风险投资的比例应该逐步降低。"80 定律"就是随着年龄的增长，应该把总资产的多少比例投资于股票等风险较高的投资品种。这个比例等于 80 减去投资者的年龄再乘以 1％。比如，如果投资者现在 30 岁，那么应该把总资产的 50％[50％＝(80－30)×1％]投资于股票；当投资者 50 岁时，这个比例应该是 30％。

标准普尔家庭资产象限图带给我们的，更多的是一种科学规划资金的思考方式，让理财经理、客户经理可以从宏观的角度去思考如何给客户进行资产配置。

四、怎样动态调整资产配置——美林时钟模型

客户的资产配置比例也不是一成不变的，而是要动态调整，特别是要根据经济周期进行调整。美林时钟为资产的动态配置提供了一个很好的指导。

(一)美林时钟的由来

"美林时钟"是由国际知名投行美林证券(Merrill Lynch，2008 年全球金融危机后成为美银美林)，在研究了美国 1973－2004 年 30 年间的历史数据之后，于 2004 年发布了一篇名为《投资时钟》的研究报告，提出了一个著名的资产配置理论。它是指通过将资产轮动及行业策略与经济周期联系起来，用经济增长和通货膨胀两个最基础的宏

观变量,以极其简洁的方式揭示了资产配置的一般规律,指导在经济周期不同阶段的资产配置。由于其简单易懂的经济逻辑广受业界研究和模仿,故此大家将投资时钟也叫作“美林时钟”。

在了解美林时钟之前,我们重温两个宏观指标——GDP 和 CPI。

GDP——国内生产总值,衡量国家经济状况的最佳指标之一,它代表了经济增长率。

CPI——居民消费价格指数,反映居民家庭所购买的消费品和服务项目价格水平变动情况的宏观经济指标,它代表了通货膨胀率。

一般来说,这两个指标具有正相关性,GDP 上升,CPI 也会上升;GDP 下降,CPI 也会下降,但 CPI 的变化会滞后于 GDP 的变化。

而美林时钟就是根据 GDP 和 CPI 两个指标的高低变化,把经济周期划分为四个象限:衰退、复苏、过热、滞涨四个阶段。在这四个阶段内,股票、商品、现金和债券等资产的表现各不相同。当经济在四个阶段顺序循环时,最佳的投资品种会进行相应的轮动,犹如春生、夏长、秋收、冬藏,特定的时间要做特定的事情,大类资产的表现会依次先后占优,对应的是债牛、股牛、商品牛以及现金牛,参见图 7—5。

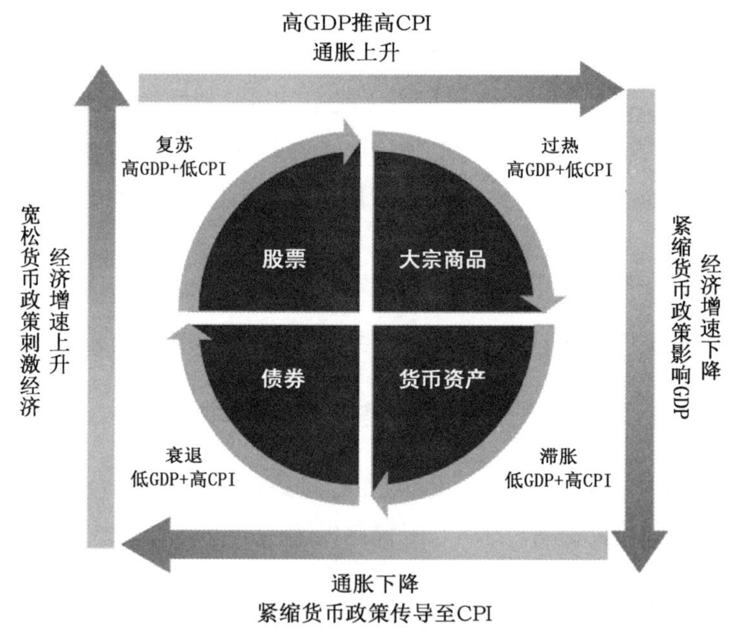

图 7—5

(二)美林时钟各阶段划分

如何理解衰退、复苏、过热、滞胀时期对应的债牛、股牛、商品牛、现金牛呢?

第一阶段:经济复苏期。

复苏代表的是GDP上行、CPI下行,这是市场公认的投资最好的时光。经济复苏会让企业的盈利能力变强,股票收益变好。这时候买入股票在未来一般都能够取得不错的收益。但由于在该时期物价下行的趋势还没有完全扭转,因此,大宗商品表现仍然较差。而利率在复苏期仍然维持低位,因此,债券还是值得配置,不过弱于股票。

这一阶段最佳资产配置是股票,其次是债券、现金,最后是商品(房地产、钢铁和农产品期货、现货等)。

第二阶段:经济过热期。

这一阶段GDP上行、CPI也上行,此时最佳资产选择是商品,其次是股票、现金,最后是债券。

在此阶段,随着源源不断的产出,经济发展起来了。由于前期的货币宽松政策,导致大量的资金释放到市场里面,会出现通货膨胀。我们都知道,通胀会诱导物价持续上涨,消费者买什么东西都比以往贵了不少。一般而言,在这一阶段持有大宗商品,可以享受到通胀带来的收益。

但是,物价问题是与国计民生息息相关的大问题,央行为了抑制物价会重新通过加息或者其他手段回笼资金。而加息或者通过收缩货币政策减少投放在市场上的钱,都会使得利率上升,债券价格下降,那么持有债券收益会不断下滑甚至转负。

同样,加息也会对股市估值起到压制作用,因为估值技术的折现率是基于利率进行计算的,作为分母的利率越大,那么意味着得到的估值会越低。所以,在该阶段市场对于股市预期会普遍较差,股市整体表现自然要弱于商品,这一阶段可以持有股票但要注意拐点的到来。

第三阶段:经济滞胀期。

该阶段GDP下行,CPI上行,最佳资产选择是现金,其次是商品、债券,最后是股票。当经济高速发展到一定程度,增速放缓或停滞就无可避免,这就是滞胀。在滞胀阶段,由于之前加息导致的利率上升仍在持续,债券市场依然处于熊市。

而股票方面,经历前几年的快速发展,部分企业业绩增长出现瓶颈,盈利能力开始变差,这会传导至股票,从而导致价格下跌。其次,大宗商品由于物价和通胀持续上行仍然表现较好,但是继续持有反而并不合适。因为当通胀涨到一定程度的时候,如果没有政策进行干预,那么最终将会形成超级通胀。所以,考虑到在这一阶段风险会被无限放大,滞胀期进行资产配置的策略是“现金为王”,经济不景气,股票与其他证券表现都较低迷，配置大额存单、货币基金、现金管理类理财等是较稳妥的选择。

第四阶段：经济衰退期。

衰退代表的是 GDP 下行，CPI 也下行，最佳选择是债券，配置顺序是债券→现金→股票→商品。在这个阶段意味着整体企业的盈利能力都在变差，那么理论上股票表现自然较差，同时通胀下行会导致物价比较低，使得大宗商品表现也不好。经济低迷，物价回落，股市机会不多，不过该阶段央行往往会通过降息或者开启印钞机去激发经济活力。降息导致利率下行，债券价格上升，这时持有债券的收益都会较好。举个例子，2008 年金融危机时期和 2013—2014 年经济下行期是近十年来的两个典型的经济衰退期，在这两个时期，我国 10 年期国债收益率分别下行了 200 个基点和 120 个基点，可谓是两轮波澜壮阔的债券大牛市。

以上四个阶段会像钟表一样，顺时针方向循环往复，这就是美林时钟。美林时钟所展示的大类资产轮动规律，可以指导我们在经济周期转换中把握趋势获利，让我们在正确的时间配置正确的资产。

（三）美林时钟有效性验证

任泽平宏观团队在分析了 1970—2020 年美林投资时钟下美国大类资产表现，发现基本符合上述理论。

按照周期划分，校验美林时钟不同时期各类资产表现，可以得出：

Ⅰ衰退：债券是衰退阶段的最佳选择。债券的收益率达到 6.30%，高于债券长期平均收益 3.23%。处于投资时钟对立位置的大宗商品表现最差。

Ⅱ 复苏：股票是复苏阶段的最佳选择。股票收益率达到 20.02%，高于股票长期平均收益 9.25%，现金收益远低于股票，大宗商品表现糟糕。

Ⅲ 过热：大宗商品是过热阶段的最佳选择。大宗商品年收益率为 26.74%，高于大宗商品长期平均收益 7.57%。处于投资时钟对立位置的债券表现糟糕，年收益率只有 2.87%。

Ⅳ 滞胀：现金是除大宗商品以外表现最好的。现金年均收益率为 5.09%。处于投资时钟对立位置的股票表现最糟糕，年收益率为−8.05%。大宗商品的年均收益率高达 22.56%，主要受 20 世纪 70 年代两次石油危机冲击的影响比较大，而同时期非石油类大宗商品价格主要呈下跌趋势。

美林时钟周期中美国四大资产收益率比较如表 7—5 所示。

表 7—5　　美林时钟中美国四大资产年化收益率

阶段	债券	股票	大宗商品	现金
Ⅰ衰退*	6.30%	−3.24%	−17.90%	4.49%
Ⅱ复苏	3.46%	20.02%	3.26%	3.69%
Ⅲ过热	2.87%	7.67%	26.74%	4.33%
Ⅳ滞胀	1.33%	−8.05%	22.56%	5.09%
均值	3.23%	9.25%	7.57%	4.35%

注：债券、股票、大宗商品、现金收益率数据分别源于 1970 年 1 月至 2020 年 9 月 Bloomberg Barclays US Aggregate Bond Index、S&P 500 Composite、Bloomberg Commodity Index、3-Month T-Bills.

* 1975 年，连跌两年的美股开始强劲反弹，1975Q1 年化股票收益率极高，导致整体数据有所失真，计算表中最终结果时已剔除。

资料来源：Wind，Bloomberg，Fred，泽平宏观。

(四)美林时钟使用注意事项

美林时钟很好地解释了美国的市场数据，但在中国有时候会失效。主要原因有以下几点：

第一，中国作为近年来发展最快的国家，经济环境及政策导向在加速变化，同时有央行托底的宏观调控政策，使得金融周期总是快于经济周期。

第二，传统美林时钟的基本假设和逻辑与美联储的货币政策框架相近，因而对美国大类资产配置的指导意义更强。而我国央行的货币政策框架需考虑多种因素，造成在部分时期，宏观条件与大类资产表现之间的关联性相对较低。

第三，我国大类资产表现除受货币政策影响外，还受金融监管、改革等政策影响。

第四，GDP、CPI 的概念、范畴和度量存在不足，造成实际经济周期的划分存在偏差。

我们在具体投资中可以参考美林时钟，但也要结合实际情况进行操作，只有充分认识到中国市场运行机制的特点以及实施货币政策的意图，再对美林投资时钟进行修正，才能获得更好的资产配置效果。

以上就是资产配置的所有内容，销售净值化理财环境下，理财经理、客户经理不应该是药店的销售员，只是机械地销售产品，而应该是老中医，望闻问切，对症下药，根据市场环境、客户情况等，一户一策，精选产品，合理配置，助力客户增值保值。

第五节　从陌生到熟悉，理财客户经营之道

人际关系是在人与人沟通和交往的过程中，逐渐形成的一种心理上的联系，它具有强烈的情感性。心理学研究表明熟悉是影响人际吸引的主要因素，熟悉感能够增加吸引的程度，也就是说越熟悉的两个人越容易产生感情，见面机会较多的两人，易形成熟悉感。理财经理、客户经理与客户从相遇，到相熟，再到相知，要以与客户交朋友的心态，共同成长，共同进步。

但有些员工，特别是新员工，不知道怎样与客户联系，生怕客户拒绝、反感；有些人觉得与客户无话可聊，交流一次不超过 3 分钟。

理财经理、客户经理应该成为客户的“顾问”“管家”和“秘书”，给客户提供全方位的服务，通过客户关系建立六部曲快速建立亲密关系，并对客户进行分层经营。

一、“顾问”服务

理财经理、客户经理首先是客户的财富管理“顾问”，要给客户提供专业的资讯服务、专业的推荐服务、专业的资产配置服务等。

理财经理、客户经理一定要提升自己的专业性。“专业性”是营销维护理财客户的基础，只有具备“专业性”，才能给客户提供有价值的信息与建议，助力客户资产保值增值；只有具备“专业性”，理财客户才会“信赖你”“依赖你”。理财经理、客户经理务必通过培训、考证等各种手段培养、提升自身专业素质。以“专业性”为基础，可以给客户提供更多的“顾问”服务。

（一）专业资讯服务

理财经理、客户经理应积极了解金融资讯，深入分析市场动态，每日为重点客户筛选、提供财经要闻和投资市场走势等理财资讯，遇突发性市场事件及时通知客户，并提出自己的专业建议，供客户参考。

（二）专业推荐服务

《资管新规》发布后，理财产品的种类极其丰富，产品的风险、收益的差异性很大，产品受经济、金融环境的影响很大，什么时候适合买什么产品，买多少金额比较合适，都需理财经理、客户经理给客户提供建议。

(三)资产配置服务

理财经理、客户经理应提供全方位投资咨询和理财规划服务,针对客户需求、资产配置状况及风险偏好,提供理财、基金、保险、贵金属、外汇等金融产品配置服务,为客户精选产品,构建组合。

(四)资产配置检视服务

理财经理、客户经理应对客户资产配置进行持续检视,包括客户理财目标和风险属性是否发生改变、客户投资组合的整体绩效或某只产品绩效的波动幅度是否超过预定范围、客户投资组合中的资产配置比例是否发生较大偏离、有无可能影响投资组合绩效的其他特殊情况。

二、"管家"服务

理财经理、客户经理应该是客户财富的"管家",有以下事件发生时,理财经理、客户经理应及时联系客户。联系的过程,也是给销售提供机会的过程。

(一)产品到期通知

理财经理、客户经理应提前做好产品到期客户的告知工作,避免客户资金长期闲置,同时检视客户的资产状况,分析客户的需求,根据客户的风险和投资偏好,结合市场行情,有针对性地做好产品推荐与对接。

针对重要客户的产品到期提醒,应不仅只针对本行产品,更应把了解到的客户在他行的产品也包括在内。

(二)资产大额变动通知

当产品盈亏发生较大变化时,要及时和客户沟通;达到客户设定的止赢、止损线时,要及时通知客户。

客户有大额资金进出时,理财经理、客户经理也应主动联系客户,了解资产大额变动原因,洞悉客户需求。资产大额增加时跟进产品销售,留存客户资产;资产大额减少时,做好流失挽回。

(三)层级变动通知

当客户层级上升时,理财经理、客户经理应主动邀请客户更换贵宾理财卡,并介绍本行贵宾客户增值服务,客户来换卡时为客户提供财富管理规划及资产配置建议,寻求交叉销售机会。

当客户快要降级时，要及时提醒客户，并了解降级流失原因，开展流失挽回。

三、"秘书"服务

理财经理、客户经理还应该是客户的"秘书"，银行业本质上讲也是"服务行业"，要给理财客户提供无微不至的服务，包括关怀服务、贵宾增值服务、移动互联服务等。

（一）客户关怀服务

理财经理、客户经理应主动关怀客户，告知客户本行最新活动内容，邀请客户积极参加；遇客户本人或家人生日、家庭重要纪念日及公众节日等联系客户致以祝福，加深客户与银行往来关系，提升客户对本行的信赖度。

（二）贵宾增值服务

理财经理、客户经理应主动向潜力客户介绍本行贵宾增值服务及相关费用优惠政策，邀请客户参与贵宾服务体验，根据客户实际情况提出增值服务使用建议，让客户充分享受到贵宾礼遇。

（三）移动互联网服务

理财经理、客户经理应适时推荐并指导客户使用本行网上银行、手机银行、微信银行等，建立便利、快捷的业务办理体验，充分运用微信、抖音等互联网工具，加强与客户的联系互动，进一步贴近客户生活。

四、客户关系建立六步骤

当理财经理、客户经理被分配到新的维护客户后，如何与客户快速建立亲密关系，可参考营销客户关系建立的六个步骤。

（一）"Do"是一条短信

理财经理、客户经理应通过银行官方的短信平台，给分配到自己的新客户发送关系确立短信，告知客户自己是其专属维护人员，建立初步印象。行文参考如下：

××先生（女士）您好，感谢您对××银行的支持与信任！我行秉承以客户为中心的服务理念，为向您提供更为优质的服务，现指派一位专属理财经理为您服务，您有任何理财业务方面的需求随时可以联系。您的专属理财经理为××××，联系电话：×××××××××××，微信号：×××××××××××。请您惠存！

同时，理财经理、客户经理要用自己的手机号给客户发送一条信息，参考内容如下：

尊敬的客户您好！我是××银行的理财经理×××，非常冒昧给您发这个信息。为了更好地为您提供理财服务，××银行特委派我作为您的专属理财顾问，希望能有这份荣幸给您提供投资理财建议。如果您感兴趣的话，我将于本周三上午10点左右给您致电，详细交流一下，或者您有更合适的时间也可以联系我。××银行××支行×××。

（二）"Re"是一通电话

短信发送后两个工作日内，理财经理、客户经理应致电客户，进行初步接触，作简要自我介绍，并邀约其面谈。

1. 前期准备

在给客户打电话之前，需先整理、查阅已有信息，建立客户的《KYC信息表》，准备好客户的资料，与客户进行有目的的沟通。同时，在电话之前要准备好笔纸，记下谈话的要点和相关信息，以便事后再去分析客户的情况。

打电话前，还需要准备好一系列问题，同时设想客户可能询问的内容，做好充分准备。

2. 电话沟通技巧

通话时，可通过频繁地称呼对方来代替眼神交流，达到面对面交流才有的亲密感觉，在互动中至少称呼客户两次；多使用"我们""我们共同的"词语，营造一种共同的关系氛围，这些词语将创造与客户融洽的人际关系；多使用"您说得太对了""您的见解非常高"等赞美的词，将你的点头等身体语言转化为声音，让对方听到，感受到你的真诚与热情。

与客户交流时，我们应尽量让自己的声音清晰悦耳，富有魅力，吸引客户与自己交谈。音量的大小能够反映出一名理财经理、客户经理的素养，音量过大容易给人缺少涵养的感觉，过小会给人自信不足的印象。所以，我们拨打电话时音量要适中，不能太大也不能太小。另外，讲话的语速，要控制好，千万不要太快。

3. 参考话术

针对各种情况，整理以下话术供理财经理、客户经理参考：

（1）邀请参加活动。

[客户经理]："早上好，×先生，我是××银行××支行的×××，给您打这个电话是想告诉您一个好消息，我们这周末针对我行的贵宾客户举办一场高端理财讲座，特别邀请到了××理财公司的投资经理介绍×××，时间是本周六上午10点，仅限30

名客户，您有兴趣参加吗?”

［客户］:“这样啊，有的。”

［客户经理］:“好的。×先生，××银行一直致力于为像您一样的成功人士提供各类理财服务，帮助您优化资产配置，实现资产保值增值，欢迎您本周六的到来，地址等会我短信发您。”

(2)给客户赠送纪念品。

［客户经理］:“早上好，×先生，我是××银行××支行的×××，今天给您打电话主要是代表我们银行感谢您一直以来的大力支持。”

［客户］:“客气了。”

［客户经理］:“为了感谢您的支持，我行特别赠送您一份礼物表示感谢。这份礼物是我行专为开户满 3 年的客户准备的，请问您什么时间方便过来拿一下呢?”

［客户］:“那明天我抽空过来一趟吧。”

(3)推荐产品。参考话术如下：

［客户经理］:×先生您好。我是您在××银行×××支行专属的理财经理×××！请问您现在方便接听电话吗?（稍作停顿，以待客户反应）

［客户经理］:您好，可以！

［客户经理］为回馈贵宾客户，我行近期将发行一款仅面向贵宾客户销售的理财产品，×××××××(产品介绍)，请问您有时间来我行网点，我给您详细介绍一下吗?

［客户］:好的，明天吧。

［客户经理］:期待与您的见面，祝您生活愉快，再见!

(4)提示产品到期。

［客户经理］:×先生，您好，今天给您打电话是系统显示您有一笔理财快要到期了，提醒您及时对接下期产品，避免造成资金闲置。不知道您有没有听说过国家已经实施的资管新规，对咱们买理财影响挺大的。您看您明天上午还是下午有时间过来一趟，我可以当面给您说下这个新政策，您再确定购买什么产品。

［客户］:可以。

［客户经理］:好的，那就明天上午吧，我在行里等您，咱们可以加个微信，我发我们行的定位给您，您按照定位来找我就行。

(5)提醒客户申领贵宾卡。

［客户经理］:×先生，您好！我是您在××银行×××支行专属的理财经理×××！恭喜您已经升级为我行××级贵宾客户。欢迎您来申领一张××级客户专属的贵宾卡，凭卡片您可以尊享很多增值服务，比如有……请问您什么时候有时间来办理一下呢?

［客户］：好的，那明天吧。

［客户经理］：期待与您的见面，祝您生活愉快，再见！

4. 短信、微信加深印象

由于电话交流时间比较短，交流完后，理财经理、客户经理可通过短信、微信再给客户发个信息。

您好！我是刚刚跟您电话联系的××银行的×××，非常荣幸成为您的专属理财经理。刚才和您通电话后，感觉特别投缘！后续，我将用我最大的努力为您提供最好、最全面的理财服务，您有任何问题都可以找我。银行地址：××区××路××号（标志性建筑附近），我的手机号是13×××××××××，请您惠存！

（三）"Mi"是一次见面

俗话说："见面三分熟。"理财经理、客户经理应在一个月内与客户在网点贵宾理财区域、客户企业、家庭或沙龙活动中进行面对面交流，深入了解客户。

1. 面谈准备

与客户正式见面前，需要查阅《KYC信息表》，了解客户的基本信息，从中简要分析出客户的金融需求与非金融需求。如果客户信息档案不全，应思考在面谈时希望获取哪些新的客户信息，并根据客户特点拟定要推介的产品方案，准备好该产品对应客户的哪些需求，对客户而言具有哪些优势和劣势。如遭客户异议时，应该准备用什么样的话术处理。

2. 面谈技巧

技巧一：巧妙的发问方式。

(1)封闭式发问。这种发问一般只是让客户做单选题和判断题，客户只能回答或选择一个答案。例如，您看您是买这款期限比较短、收益比较低，还是这款期限比较长、收益比较高的产品呢?

(2)开放式发问。按照"5W"和"2H"的发问流程：5W即什么时候(When)、什么地点(Where)、什么人(Who)、什么缘由(Why)、什么事(What)；2H即怎么做(How)、多少钱(How Much)。理财经理、客户经理通过提出这些问题，不仅可以了解到客户的需求和问题，而且可以让客户滔滔不绝，尽情发挥。

(3)引导式发问。在与客户交流前，理财经理、客户经理可以先列好发问提纲，然后按照提纲顺序一道一道向客户发问。

技巧二：完美呈现产品。

呈现产品常用的技巧之一就是FABER销售法，即Features（特性），Advantages（优点），Benefits（利益），Evidence（证据），Risks（风险）。我们介绍产品时，就是在找出客户最感兴趣的特征后，分析这一特征所产生的优点，找出这一优点能够带给客户的利益，然后提出证据，最后给客户揭示风险。通过这五个关键环节的介绍，解答客户心中的疑问，证实该产品确实能给客户带来利益，是值得购买的产品。具体可详见《理财产品销售万能话术——FABER销售法》课程。

3. 客户异议处理

当与客户深入交流时，客户难免会对产品、服务提出异议，甚至会是尖锐的批评或抱怨。我们可用拉波波特法则来有效处理客户异议。

世界著名博弈论专家阿纳托尔·拉波波特提出了“拉波波特法则”。它用四个步骤告诉我们，如何沟通才能有效处理异议，达成共识。

第一步：在你要反驳对方观点之前，要非常清楚、生动、不偏不倚地复述对方的想法，展现你的倾听和同理心。

第二步：你要把对方观点当中你同意的部分列成一个清单——第一，我同意你什么；第二，我同意你什么；第三……尽可能让这个清单，既要清楚，量又要足够多，要让对方觉得你是他的另一个自我。

第三步：你还要强调“对方的观点如何增进了我对问题的认识”。也就是说，你从对方的观点里学到了什么东西——这是在表达你的认知增量。做到这一点，不是礼貌就可以达成的，你必须要对对方的观点有深刻认识，必须要在听完对方观点以后，实质性修正你的某些看法，让对方实实在在感受到你从他的观点当中学到了什么。

第四步：开始阐述你对对方不同意的地方，让对方感觉“你就是他”，是一个正处于反省状态的他——你的这种行为不知不觉把对方带入到一种反省，或者一种“自我对话”的状态。你所不同意的观点，在你们相同的众多观点映衬下，就会显得特别突出，对方就会进入到一种自我修正的状态，这时就很容易达成共识了——这个共识就是一种认知增量。举例如下：

[客户]“和我买的股票比，你们这个××产品的收益太低了，时间太长，太不灵活了。”

[客户经理]“相对基金股票等高风险产品来说，我们的产品收益确实不高；相比股票每天都能买卖，投资时间确实没那么灵活。

您投资股票，投资经验非常丰富，这让我再次想起“高风险高回报，低风险低回报”这个市场规律。投资就像一场足球比赛，排兵布阵很重要：股票是前锋，积极进取，临门一脚；基金是中场，运筹帷幄，承上启下；存款是门将，固若金汤，保证胜利；而理财就是后卫了，偏重防御，攻守兼顾；加筑理财这道防线，才能全力做好资产防护，助力我们赢得人生的比赛！您想想，如果足球场上全是前锋，肯定不可以，是吧？

因为我们把××产品设计为固定收益类型，风险低了很多，风险和收益成正比，所以收益低了点；同时，理财产品倡导长期投资理念，让客户在长期投资中获得稳健收益，所以理财产品的期限一般都比较长。

您说，是不是这个道理？”

(四)“Fa”是一份资产配置建议书

针对一些重要的贵宾客户，理财经理、客户经理可以给客户出具一份《贵宾客户资产配置建议书》，从资产配置角度，从客户需求出发，为客户提供专业化的解决方案，展现工作专业性及规范性。

1. 编写方案

理财经理、客户经理应充分研究客户的《KYC信息表》，了解客户的财富管理目标、风险属性和目前资产负债情况，撰写定制化的《贵宾客户资产配置建议书》(以下简称《建议书》)。《建议书》中主要包括市场分析与后市展望，客户目前资产状况的分析，客户投资需求、风险属性和流动性偏好等，以及结合上述因素给出的资产大类配置与产品配置建议。

理财经理、客户经理应当面向客户提交《建议书》，并对方案进行详细解释和说明，与客户充分沟通，获取客户反馈。

2. 执行方案

理财经理、客户经理应按照客户认可的《建议书》的资产配置方案，协助客户落实、执行交易工作。在产品推荐、购买过程中，理财经理、客户经理应按照相关规定做好风险测评和风险提示等工作。

3. 跟进追踪

理财经理、客户经理应对客户投资组合进行定期跟踪和检视。检视内容包括：客户理财目标和风险属性是否发生改变、客户投资组合的整体绩效或某只产品绩效的波动幅度是否超过预定范围、客户投资组合中的资产配置比例是否发生较大偏离、有无可能影响投资组合绩效的其他特殊情况。

若根据检视情况需要对客户资产配置情况进行调整时，理财经理、客户经理应出具书面检视报。其主要内容包括：客户目前资产配置情况，客户投资组合在前6个月之中的业绩表现，最新的市场状况和趋势分析，投资组合调整的原因分析，投资组合调整建议，投资标的选择及相关风险提示等。理财经理、客户经理应当面向客户详细解释和说明，帮助客户实施调整。

(五)“Sol”是一份情谊

针对重要客户，我们要想客户之所想，急客户之所急，解客户之所难，与客户有一份“同甘共苦”的情谊。

“同甘”是指当重要客户工作上、生意上、生活上有什么喜事、好事,理财经理、客户经理一定要表达一下心意,如客户获得了晋升,可以举办一个小型的庆祝会;比如,客户或者其家人特别是小孩过生日,可以为客户操办生日 PARTY;“共苦”是指当客户遇到难事、烦心事时,一定要伸出援助之手,与客户共渡难关,如为客户及其家人介绍医生等。

(六)“La”是一项共同爱好

针对重要客户,除了“同甘共苦”,与客户加深感情的有效方法便是和客户有一项共同爱好,可以是体育爱好,和客户一起相约打球,一起出汗;也可以是文艺爱好,和客户一起参加音乐会、演唱会等。

超越商业关系建立的感情,会让客户更认可你,更愿追随你,也更愿意把资金交给你打理。理财经理、客户经理也能边玩边工作,提高业绩。

五、客户分层经营

(一)客户矩阵

根据客户的现有价值贡献度和 AUM,可把客户分为核心客户(约占 10%—15%)、重点客户(约占 50%)、潜力客户(约占 35%—40%),参见图 7—6。

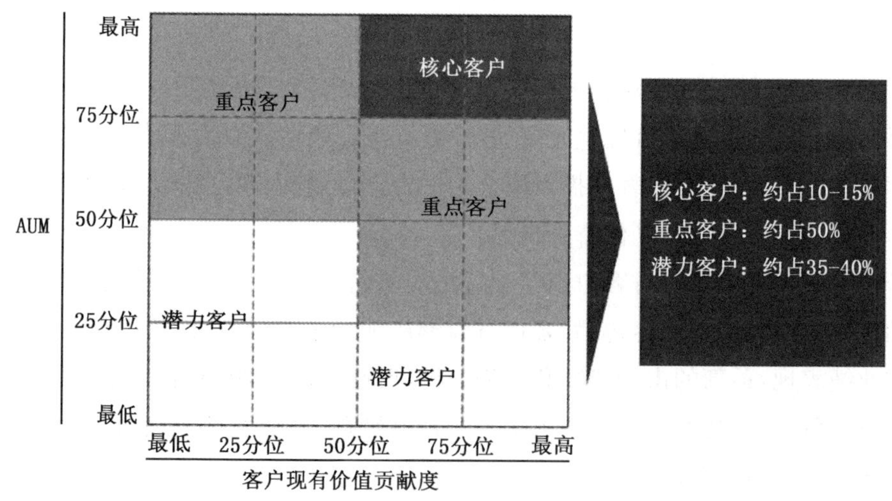

图 7—6　客户矩阵

(二)客户分层

每个理财经理、客户经理所能维护的最大客户量约为 400 名，这 400 名客户可分为三类，参见图 7—7。

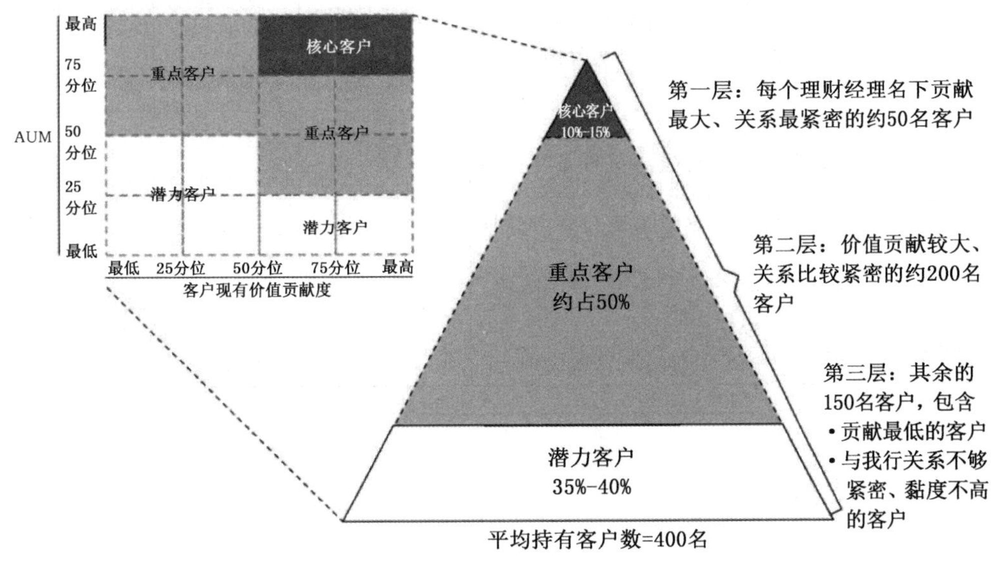

图 7—7　客户的三个层次

1. 核心客户

每个理财经理、客户经理名下贡献最大、关系最紧密的 50 名左右的客户。

2. 重点客户

价值贡献较大、关系比较紧密的约 200 名客户。

3. 潜力客户

贡献最低的客户，关系不够紧密、黏度不高的客户，约 150 名。

(三)客户分层维护标准

针对核心客户、重点客户、潜力客户，应提供不同的维护内容。一名理财经理、客户经理每月总计电话覆盖客户数约 450 人次，平均每天电话约 20 通。其具体情况参见表 7—5 所示。

表 7—5 三类客户每月电话维护数

客户类型	理财经理、客户经理	人数	每月电访数	支行领导
核心客户	1. 至少每周联络一次 2. 每周主动向支行领导报告大额资产变化及产品申购、赎回情况 3. 客户来行可请支行领导陪同面谈 4. 每季度邀请客户参加一次营销活动 5. 提供节假日、生日礼品	50	200	1. 认识所有客户，每季度至少主动联系一次 2. 每月至少电话抽查回访两名核心客户
重点客户	1. 每月至少联系一次 2. 每周主动向支行领导报告客户大额资产变化及产品申购、赎回情况 3. 重点客户来行尽量请支行领导陪同面谈 4. 每半年邀请客户参加一次营销活动	200	200	1. 每半年至少主动联系一次 2. 每月至少电话抽查回访 2 名重点客户
潜力客户	1. 每季度至少联系一次 2. 每年邀请客户参加一次营销活动	150	50	每月至少电话抽查回访 5 名潜力客户

第八章

KYP 之道

第一节　如何做好 KYP

理财如烹小鲜，各种滋味平衡调和，恰到好处，方成美味。对于一款理财产品，收益是蜜糖之甜，让人流连忘返；风险是劲爽之辣，因人而宜，让人又爱又恨；流动性好比调鲜，供需匹配时就是神来之笔。本节介绍以找对象的标准挑选理财产品，并介绍多维度考察理财产品的方法。

本章介绍挑选理财产品的方法、营销话术，特别是要重点介绍净值波动的应对之策。

一、以找对象的标准挑选理财产品

为形象化地展示如何选产品，我们拿找对象时参考的标准和条件，来类比挑选净值型理财产品的一些原则和方法，参见表 8－1。

表 8－1　　如何挑选理财产品

找对象		选理财	
家庭好　人品佳	小伙伴们找对象时一般会首先关注对方的家庭出身，以前讲究“门当户对”，因为家庭环境会对一个人的道德品质产生至关重要的影响。另外，也会打听考察对方的人品，人品好往往会给以后的婚姻生活提供重要保障。	口碑好　管理严	挑选理财产品时应该首先挑选市场口碑好、风险管理严格、发行管理经验丰富、历史兑付情况良好的管理人。净值型理财产品的管理运作要求发行人具有很强的投资研究能力、产品运营能力和风险处理能力。

续表

找对象		选理财	
长相出众	追求美好事物是人类的本能,小伙伴们都希望找到心目中理想的"白马王子"或"白雪公主",相貌长相是择偶过程中非常重要的考虑因素。	业绩比较基准突出	业绩比较基准是理财产品管理人根据过往投资运作经验,结合当前市场情况,并参考同类型产品运作情况,综合设定的产品投资目标,是产品管理人测算的"投资收益大概率实现的可能值",可为投资决策提供参考。
收入稳定 业绩优异	稳定的经济来源能够为未来生活打下坚实的基础,"经济基础决定上层建筑",良好的感情生活往往也依赖于稳定的收入水平。	净值平稳 收益稳健	净值型理财产品的净值变化,最能反映产品的运作管理能力,投资者应挑选净值波动小、净值稳步上升的产品,收获"稳稳的幸福",避免购买净值"上蹿下跳",或者持续下跌的产品,免得为此而"心惊胆战"。
性格相投	由于两个人生活背景不同、生活经历不同,两个人性格往往会不同。选择性格相投的人,彼此三观相近,相处起来往往会融洽得多。	风险匹配	由于净值型理财产品会出现净值波动,投资者在购买前,需要认真评估自身风险承受能力,认真进行风险测评,根据自身风险承受能力水平选择风险匹配的产品。
年龄合适	传统主流思想还是认为找对象时应该选择年龄适合的人,小伙伴们在择偶时需要考虑年龄因素,同时多听取一些长辈和家长的意见。	期限合适	目前市场上发行的有天天开放的现金管理类产品,有按周、月、季度、半年、1年等定期开放的定开式产品,有产品存续期间不能申赎的封闭式产品。需要根据投资者自身资金使用安排确定选择投资产品的期限。

二、多维度专业考察理财产品

上面介绍了简易、快捷、形象的挑选产品的方法,下面从理财公司维度、投资经理维度、产品维度、理财业绩维度和市场预期维度,更深入、专业、全面地考察理财产品。

(一)理财公司维度

1. 查看理财公司基本情况

查看理财公司的情况,考察理财公司是否有健全完善的理财产品体系、风险管理体系、投资研究体系,可看公司人数、部门设置等,窥一斑而知全豹;可特别考察理财公司与母行的联动机制,在基础资产提供、投资研究、风险管理等方面是否有密切的联动,是否得到母行的大力支持。

2. 研究理财公司的投资风格

理财公司的投资风格,可以从查看理财公司旗下产品的分布和收益分析入手。如果一个理财公司在某类理财中产品数量较多、布局广泛，那么可以说该理财公司的业务重点偏向于该类理财。如果一个理财公司的某类理财收益特别突出，在同类产品中长期保持优异的表现，那么说明该理财公司的投资优势集中于该类理财。

3. 考查理财公司的4P标准

(1)投资理念(Philosophy)。理财经理、客户经理首先要看理财所属公司的投资理念是否成熟而有效，其次看自己是否认可这一理念，进而是否认可该理财公司的投资管理模式。

(2)投资团队(People)。理财公司投资研究团队专业能力的强弱是其旗下理财业绩表现的一个极其重要的因素。考查理财公司投研团队的实力，可以重点观察该团队的组建时间和团队稳定性。

(3)投资流程(Process)。严密科学的投资流程可以规范理财管理，使理财业绩具备长期可持续性。

(4)投资业绩(Performance)。评估理财所属公司旗下理财的历史投资业绩，可以为理财投资做辅助性参考。

(二)投资经理维度

1. 投资经理的历史业绩

考察投资经理是否长期在一家公司任职并保持业绩稳定增长，投资能力是否全面。

2. 投资经理的投资理念

了解投资经理投资理念，以判断理财未来的投资方向。

3. 投资经理的从业年限

从业年限是不是够长，有没有经历过完整的牛熊市周期，控制回撤、择债、选股的能力是否优异。

(三)产品维度

针对一个具体的理财产品，理财经理、客户经理可以从以下四个方面深入了解产品：

1. 看产品风险等级

理财公司会根据理财产品的投资组合、同类产品过往业绩和风险水平等因素，对拟销售的理财产品进行风险评级。产品的风险评级是考察理财产品的首要因素。理财产品风险等级的含义参考如下，各家理财公司对理财产品风险评级依据和标准不尽相同，表8—2示例仅供参考。

表 8—2 理财产品的风险等级

风险评级	评级主要依据	评级说明	可销售对象
低风险级别(R1)	产品结构简单,过往业绩及净值的历史波动率低,投资标的流动性很好,不含衍生品,估值政策清晰,杠杆不超监管部门规定的标准。	理财产品的总体风险很低,理财投资本金遭受损失的可能性极低,收益波动很小,在本金未遭受损失的前提下,实现理财预期收益的可能性很高。	保守型、稳健型、平衡型、成长型
中低风险级别(R2)	产品结构简单,过往业绩及净值的历史波动率较低,投资标的流动性好,投资衍生品以套期保值为目的,估值政策清晰。	理财产品的总体风险程度较低,收益波动较小,本金遭受损失的可能性较低。	稳健型、平衡型、成长型、进取型
中等风险级别(R3)	产品结构较简单,过往业绩及净值的历史波动率较高,投资标的流动性较好,投资衍生品以套期保值为目的,估值政策清晰。	理财产品的总体风险适中,收益随投资的市场表现波动明显,产品本金出现损失的可能性不容忽视。	平衡型、成长型、进取型
中高风险级别(R4)	产品结构较复杂,过往业绩及净值的历史波动率高,投资标的流动性较差,投资衍生品以追求收益为目的,估值政策较清晰。	理财产品的总体风险程度较高,收益随投资的市场表现波动明显,产品本金出现损失的可能性较高。	成长型、进取型
高风险级别(R5)	产品结构复杂,过往业绩及净值的历史波动率很高,投资标的流动性差,投资衍生品以追求收益为目的,估值政策复杂。	理财产品的总体风险程度较高,收益随投资的市场表现波动明显,产品本金出现重大损失的可能性较高。	进取型

2. 看投资范围

首先,看产品类型。理财产品分为固定收益类产品、权益类产品、商品及金融衍生品类产品、混合类产品四大类,产品类型基本决定了理财产品主要的收益和风险特征。其次,看实际权益仓位配置比例。权益资产波动较大,对净值回撤、收益影响较大。例如,同样是固定收益类理财,虽然产品说明书可能都写的是权益投资比例不超过20%,但实际上有些产品是纯债投资,有些产品权益仓位是5%以内,有些产品权益仓位是10%以内。投资经理在产品路演时,一般会介绍权益的预计仓位,这对客户持有体验至关重要,理财经理、客户经理务必高度关注。

3. 看产品的流动性

了解产品的运作结构,是封闭式的,还是开放式的,如果是开放式的,还要再进一步区分是普通开放式、定期开放式、客户周期型,还是最短持有期;产品到账日是T+1,还是T+2等。

4. 看产品定位

同样风险等级、同样投资范围的理财产品,由于产品定位不同,产品的净值波动可能大相径庭。比如，同样是R2、纯债投资的3个月产品，有些产品定位是“高波”产品，久期相对较长，产品净值波动会比较大，收益起伏比较明显；有些产品定位是“低波”产品，产品净值波动小，收益目标是略高于现金管理类产品。

（四）理财业绩维度

首先，理财经理、客户经理可以通过对比法，对理财产品进行分析。对存续产品，理财经理、投资经理可以通过历史业绩对理财产品进行分析；对新发产品，可以看同系列的产品历史业绩。对新发产品可从以下角度进行比较：①将理财的收益与业绩基准比较；②将理财收益与股票大盘、债券市场走势比较；③与同类理财的收益比较；④将理财的当期收益与历史收益比较。

其次，正确看待历史业绩。常见的历史业绩包括近7日、近1个月、近半年、近1年和成立以来年化收益等。它们主要展示的是理财产品不同时期的年化收益率水平。不同理财应该重点参考哪个历史业绩呢？现金管理类产品一般可以随时申购赎回，主要投资于货币市场工具，所以短期的收益水平指标更具参考价值，可重点关注产品的近7日年化收益率；定期开放式理财产品，会周期性地开放申购和赎回，可重点根据开放周期的长短来参考相应期限的年化收益率，比如1个月定期开放式产品，我们可以重点参考它的近1个月年化收益，并结合成立以来年化收益来综合比较；封闭式理财产品有明确的成立和到期时间，封闭期内不可进行申购和赎回操作，所以一般关注产品成立以来的年化收益率。

另外，短期业绩和中长期业绩要结合判断，好的理财产品，长期净值波动小，能够做到“牛市跟得上、熊市少亏钱”。

再次，可运用专业的量化指标对产品业绩进行评价。可采用夏普比率、最大回撤、卡玛比率等进行一些更客观的分析，具体可参阅第四章第一节《理财产品投资》课程中的“理财产品投资评价”内容。

（五）市场预期维度

后期股市、债市处于牛市还是熊市？后期的走势如何？这直接影响了产品未来的投资运作情况。理财经理、客户经理可参考《第七章第四节客户资产配置》课程中的“美林时钟”模型，并结合自己对经济形势、金融形势的研究以及内、外部专家的观点，对未来市场进行预判，挑选有增长潜力的理财产品。

通过上面的方法，理财经理、客户经理，可以帮客户选到“看得懂、买得起、购得到、拿得住、收得回、叫得响”的理财产品，助力客户资产保值增值。

第二节　理财产品销售万能话术
——FABER 销售法

理财销售不仅仅是个“卖产品”的过程，而是一个要用自己的专业技能发现、挖掘、引导和满足客户需求的过程。我们可借鉴 FABER 销售法来进行，以达到事半功倍的效果。

FABE 销售法是由美国俄克拉荷马大学企业管理博士、中国台湾中兴大学商学院院长郭昆漠总结出来的。它是指营销产品时，要从 Features（特征）、Advantages（优点）、Benefits（利益）、Evidence（证据）四个方面入手。FABE 销售法是非常典型的利益推销法，而且是非常具体、具有高度、可操作性很强的利益推销法。它通过四个关键环节，极为巧妙地处理好了客户关心的问题，从而顺利地实现产品的销售。

但考虑到理财产品不同于一般的商品，具有一定的风险性，因此，对 FABE 销售法进行了改进，加一点 Risks（风险），就演变为 FABER 销售法。

一、FABER 的理论基础

哈佛大学的营销学者们经过研究发现，在客户心中有一连串的问题，这些问题不一定会被清晰地说出来，因为这些问题可能只存在于客户的潜意识中。虽然这样，这些问题都必须得到回答，否则就可能失掉成交机会。优秀的销售人员应在演示中做好准备，以回答这些未被说明但十分关键的问题。

客户心中的 6 个问题如下：

①“我为什么要听你讲？”

——销售人员一开始就要吸引住客户。

②“这是什么？”

——应该从产品优点方面进行解释。

③“那又怎么样？”

——你说的优点有什么特殊功能？

④“对我有什么好处？”

——这个功能能给我带来什么实实在在的好处

⑤“谁这样说的？”

⑥“还有谁买过？”

——除了销售人员，还能怎样去证明你的产品确实像你说的一样好，以此打消我心中的疑虑。

销售人员必须回答以上6个问题,才能赢得客户的认可。

二、具体含义

为了回答客户心中的6个问题,我们用FABER销售法从五个方面进行介绍:F代表特征(Features):一骑绝尘;A代表优点(Advantages):一剑封喉;B代表利益(Benefits):一目了然;E代表证据(Evidence):一见倾心;R代表风险(Risks):一片丹心。

(一)F代表特征:一骑绝尘

F代表特征(Features):产品的特质、特性等功能,以及它是如何用来满足客户的需要。实际上有些产品的特质可能不止一个,我们应该提炼出这个产品最重要、最有别于其他产品的特质,找到“一骑绝尘”的优点进行首要介绍和重点宣传。

具体到银行理财产品,应从产品定位、产品设计、安全性、收益性、流动性等特性上深刻去挖掘其内在属性,先找到这个产品最大的亮点和卖点,再罗列其他辅助的特征,用自身产品突出的特性给客户一个“情理之中,意料之外”的感觉。

比如,某银行理财产品的标签有“固定收益型、封闭运作、3年期、每月分红”,那么“每月分红”就是这个产品最明显的特征,这个特征是一般理财产品所不具有的,“固定收益型、封闭运作、3年期”等特征则普遍存在。

(二)A代表优点:一剑封喉

A代表由这个特征所产生的优点(Advantages),即(F)所列的产品特征究竟发挥了什么功能?特别是产品的最重要特征能给客户带来什么功能?

对于银行理财产品,是要向客户证明所购买的真正理由,这个产品的优点是什么?其明显的特征能给客户带来什么?阐述要直击客户内心,让客户深切感受到这个产品是最棒的,达到“一剑封喉”的效果。

比如,上面介绍的按月付息的理财产品,除了常规产品提供的功能外,给客户带来的最大好处就是能提供稳定的现金流。

(三)B代表利益:一目了然

B代表这一优点能带给客户的利益(Benefits),即(A)商品的优势带给客户的利益。利益推销已成为销售的主流理念,一切以客户利益为中心,通过强调客户得到的利益、好处激发客户的购买欲望。需提示的技巧是,要用众多的比喻、形容词、数量词等来帮助客户虚拟体验这个产品,让客户对产品的利益“一目了然”。

具体到理财产品,要用热情、专业、合规的话术,把客户关心的收益用客户听得懂的语言去表达。如果产品的最大特征是现金管理类理财,那产品优点是流动性非常好。客户如果需要使用资金,提前一个工作日赎回就能到账,给客户带来的最大利益就是让客户享受“超定期的收益,类活期的便利”。如果产品的最大特征是纯债投资,那产品优点是运作稳健,给客户带来的好处是净值的回撤会非常小,给客户“稳稳的幸福”。如果产品是固收+类型的,那产品优点是风险可控,收益可期,给客户带来的好处是“牛市力争业绩比较基准上限,熊市力保业绩比较基准下限”。

再回到上面提到的按月付息的理财,给客户带来的最大利益就是每月都有钱入账,就像每个月能领到工资一样。可以给客户讲,您 100 万元的理财,预计每月能领取 3 000 元收益。如果是女客户,可以讲,够一个月的买菜钱了;如果是男客户,可以讲,够一个月的烟钱和油钱了,客户一听就心领神会了。

(四)E 代表证据:一见倾心

E 代表证据(Evidence):包括第三方报告、客户来信、报刊文章、照片等,通过现场演示、相关证明文件、品牌效应来印证刚才的一系列介绍。所有作为“证据”的材料都应该具有足够的客观性、权威性、可靠性和可见证性。

由于属于“强监管”的业务,理财产品在宣传上要十分慎重,注意把握尺寸。监管要求,理财产品宣传销售文本提及第三方专业机构评价结果的,要列明第三方专业评价机构名称及刊登或发布评价的渠道与日期;不能登载单位或者个人的推荐性文字;不能在未提供客观证据的情况下,使用“业绩优良”“名列前茅”“位居前列”“最有价值”“首只”“最大”“最好”“最强”“唯一”等夸大过往业绩的表述。因此,书面的、纸质的“证据”材料,应该以产品管理人、总行提供的为准。

在日常的营销过程中,可以介绍下其他人对这个产品的认可度,用这种更接地气的证据,比如支行网点、自己及家人、领导及同事的购买情况,让客户对产品有“一见倾心”的感觉。

(五)R 代表风险:一片丹心

R 代表风险(Risks):理财产品不同于一般的商品,都属于非保本的产品,因此,要给客户充分揭示风险,让客户深刻感知到理财经理、客户经理的“一片丹心”,完全是以客户为中心,以客户利益为重。

风险主要有以下几方面:一是产品最主要的风险要重点揭示,比如两三年期限的封闭式产品,要给客户重点提示流动性问题,封闭期间,是不能办理赎回的,客户要做好资金安排;比如,含有权益的产品,要给客户介绍产品中有多少比例会投资到股市,产品净值会有一定波动。二是提醒客户仔细阅读产品销售文件,特别是风险揭示书,全面了解产品风险。三是提醒客户关注产品的运作情况,比如产品每周发布的净值,每季度发布的产品运作报告等。

综上所述,简单地说,FABER销售法就是在找出客户最感兴趣的特征后,分析这一特征所产生的优点,找出这一优点能够带给客户的利益,然后提出证据,最后给客户揭示风险,通过这五个关键环节的介绍,解答客户心中的疑问,证实该产品确实能给客户带来利益,是值得购买的产品,从而顺利实现产品的销售。

三、使用注意事项

在使用FABER时,有以下注意事项。

1. 吃透产品,找到亮点

FABER销售法是建立在理财经理、客户经理对销售的产品足够了解的前提下,并且对这个产品同别的产品的优劣势也要心中有数,才能归纳提炼出产品的核心竞争优势,因此,建议理财经理、客户经理要认真研读产品的宣传资料、产品一页通、产品说明书等材料。

2. 换位思考,通俗易懂

理财经理、客户经理在介绍产品时,要学会换位思考,站在客户角度,想客户关注什么,客户需要什么,客户想听什么,而不是站在产品管理人、产品销售者的角度去想、去讲,同时要想到大部分客户都没有专业的金融理财知识,表达一定要深入浅出,多用客户熟悉的事物作类比,才能让客户清楚了解产品的特性和风险。

3. 洞悉客户,因客而异

针对重点营销客户,理财经理和客户经理一定要提前研究客户的《KYC信息表》,了解客户资产配置的不足,洞悉客户的需求,再结合客户的性格特点,确定营销切入点,组织好话术。

四、应用例子

(一)介绍点读机

比较经典的是步步高点读机的广告:“步步高点读机,哪里不会,点哪里,妈妈再也不用担心我的学习了,So easy!”

这个广告先说的是产品的特点(步步高点读机),而紧接着,又说了产品的优势(哪里不会,点哪里),最后说明产品的好处(妈妈再也不用担心我的学习了),从卖点向买点进行了梳理，最后用了一个案例(So easy)。

(二)介绍冰箱产品

以冰箱的省电作为卖点，按照FABE的销售技巧可以介绍为：

(特点)“您好，这款冰箱最大的特点是省电，它每天的用电才0.35度，也就是说3天才用一度电。”

(优势)“一般冰箱每天用电都在1度以上，质量差一点的可能每天耗电达到2度。”

(利益)“您一比较就可以知道一天可以为您省多少钱。假如0.8元一度电，一天可以省0.5元，一个月省15元，相当于省您的手机月租费了。”

(证据)“这款冰箱为什么那么省电呢?”

(利用说明书)“您看它的输入功率是70瓦，就相当于一个电灯的功率。这款冰箱用了最好的压缩机、最好的制冷剂、最优化的省电设计，所以它的输入功率小，所以它省电。”

(利用销售记录)“这款冰箱销量非常好，您可以看看我们的销售记录。假如合适的话，我现在就帮您订一台。”

(三)介绍基金产品

我们用传统的FABE销售法，提炼“因为(特点)……，所以(功能)……，对您而言(好处)……，例如(证据)……”句式，来对基金的三个特征进行介绍，参见表8—3。

表8—3　　基金的FABE销售法

特征 Features 因为：	优点 Advantages 所以：	利益 Benefits 对您而言：	证明 Evidence 例如：
基金投资多家上市公司股票和债券	能分散风险、稳定收益	不用太担心单一股票下跌的风险	身边许多亲友都开始投资基金
基金投资由专业的基金经理研究、决策	有潜在更好的回报	能够为教育和养老积累资金	我很早就买基金了
基金投资的资金由银行托管	运作规范、安全	能保障长期投资的资金安全	现在很多人长期持有基金

(四)介绍理财产品

最后，我们用改进的FABER销售法，提炼“因为(特点)……，所以(功能)……，对您而言(好处)……，例如(证据)……，需提醒您的是(风险)……”理财产品销售万能话术句式，以纯债类理财产品和固收＋类理财产品为例进行介绍，参见表8－4。

表8－4　　理财产品的FABER销售法

产品类型	特征 Features 因为：	优点 Advantages 所以：	利益 Benefits 对您而言：	证明 Evidence 例如：	风险 Risks 需提醒您的是：
纯债类理财产品	这是一款正在热销的纯债类理财产品。	这个产品风险等级为R2，属于较低风险的产品，产品运作非常稳健。	产品的净值很少会有回撤，将给您带来"稳稳的幸福"。	该系列每只产品的兑付都超过了业绩比较基准下限；客户认可度很高，我们这个网点每天卖出去快一百笔。	该产品为定期开放式产品，如果后面要用钱，记得预约赎回。另外，产品每周发布净值，敬请关注，购买前也请您仔细阅读销售文件。
固收＋类理财产品	这是一款正在热销的固收＋类理财产品。	这个产品风险等级为R3，属于中等风险的产品，80％投资于固定收益类资产，不超过20％择时择机投资FOF基金。	有专业的投资经理帮您管理资产，挑选优秀基金，牛市力争业绩比较基准上限，熊市力保业绩比较基准下限。	我上次买的该系列产品，最终兑付收益达到了6％，远高于纯债投资的产品，收益非常不错。	该产品将来的净值可能会有一定波动，请谨慎投资，产品每周发布净值，敬请关注，购买前也请您仔细阅读销售文件。

以上就是理财产品销售万能话术的简要介绍。"操千曲而后晓声，观千剑而后识器。"请大家多多练习，提高营销技能，就能取得优异的销售成绩。

第三节　理财产品净值波动应对之策

"天有阴晴，月有圆缺。"市场的涨跌起伏在所难免，理财产品长期收益的背后也往往伴随着短期的波动。《资管新规》发布后，理财产品打破刚性兑付，实行净值化，客户购买理财产品的净值发生较大回撤、跌破净值、兑付收益为负，都将成为市场常态。如若发生上述事宜，作为一线理财经理、客户经理应如何应对？本节就和大家一起探讨一下，提供一些应对之策。

一、放松心情，积极应对

（一）不能恐慌

若发生净值波动，遇到已经发生或可能发生的大规模投诉，作为一线人员，应如《菜根谭》所言："每临大事有静气，静而后能安，安而后能虑，虑而后能得。"我们要保持清醒头脑、冷静思考，沉着应对。

（二）不能大意

理财资金是客户的血汗钱，客户都非常在意资金的盈亏，特别是很多客户还有根深蒂固的“刚性兑付”思维定式，若解释不当，客户维护不到位，极有可能发生投诉、大规模的群体事件、监管问责等严重后果。

（三）不能速成

“欲速则不达”，售后是持久战。很多网点遇到投诉之后，巴不得立刻、马上就安抚好客户，速战速决。但是，一旦出现了较大幅度的亏损，我们要做好打持久战准备，越急越容易把矛盾激化。再难熬的日子，一切都会过去。过去之后，再回忆起，这些都是难得的经历。

（四）不能颓废

发生净值波动后，有些一线人员可能对理财业务产生“放弃”的想法，后期不敢做、不愿做，这也是不对的。财富管理是大势所趋，我们不能“因噎废食”，要积极应对，科学发展。

二、应对净值波动工作原则

理财产品净值发生波动，我们应对的原则可归纳为九个字“不刚兑、无赔偿、有温度”。

（一）不刚兑

首先，不能进行刚性兑付是由理财的法律关系决定的。理财业务是“受人之托、代人理财”的金融服务，产品产生的收益由客户享有，同样产生的风险也应由客户承担。

其次，监管不允许进行刚性兑付。《资管新规》明确要求，资产管理机构不能进行刚性兑付，否则要被监管严厉处罚。

（二）无赔偿

《资管新规》虽然让资产管理机构计提了相应的风险准备金，但主要用于弥补因金融机构违法违规、违反资产管理产品协议、操作错误或者技术故障等给资产管理产品财产或者投资者造成的损失，由于市场风险导致的净值波动不在赔偿范围之内。

(三)有温度

1. 专业有温度

理财经理、客户经理要了解客户的持仓情况、买入时点等基本信息,看客户发生亏损主要是什么问题引发的,给客户提供专业建议。

(1)买入时点原因。如果主要是因为买入时点不对,买入后股市、债市下跌造成的,则要再结合该理财是否相对抗跌(即理财的历史业绩)、市场各方的观点、客户资金的属性(是否有意愿长期投资)等因素,给客户提出中肯的建议。

例如,如果前期股市或债市大幅下跌、但客户持有的理财产品比大盘或者市场同类理财产品回撤相对较少,市场大部分观点都认为调整已经相对充分、后期可能迎来反弹,且客户资金短期内没有其他紧急用途的情况下,可以建议客户继续持有该理财产品,甚至可以做一些补仓操作。

正如投资界常说的"好卖不好做,好做不好卖"。一般客户亏损严重、想要赎回的时候,往往也到了理财产品"好做不好卖"的时候,此时由于市场估值大幅下降,安全边际上升,大概率反而是入场的好时机。如果此时"割肉",有很大可能会卖到"地板价"上。

"买在无人问津处,卖在人声鼎沸时。"待到山花烂漫时,共享时间的盛宴,这才是理性的投资方式。

(2)市场风险聚集。当然,如果市场已出现系统性风险,也要客观分析,给客户提出赎回或者更换理财产品的建议。此时,或许你会在一段时间内失去这个客户,但你的真诚与换位思考也许会对未来客户的重新回归奠定良好的基础。

(3)客户投资习惯原因。国内的投资者大多抱有"赚快钱、速致富"的梦想,因此,趋势投资者居多、价值投资者偏少,很多投资者都有"追涨杀跌"的习惯。

针对固定收益类持有者可以做如下专业解释:

第一,稳住心态,理性看待净值波动。净值化管理后,理财产品的净值表现与底层资产挂钩,体现底层资产的收益和风险。尽管理财产品净值出现波动,但固收类产品主要投资于存款、债券等债权类资产,其收益来源于债券的市场价差收益和利息收入,与其他类型资产相比,债券价格波动较小且利息较为固定,相当于资产配置中的"稳定器"。因此,投资者无须过度悲观,要理性看待固定收益类产品净值波动,稳住心态才是投资理财的正确姿势。

第二,长期持有,以时间换空间。虽然债券的价格也会随着宏观经济和市场的供需情况而波动,但是债券在未来的现金流基本上是固定的,整体波动较小。债券价格虽然也会有涨有跌,但最终会回归内在价值,长期平稳上涨。另外,短期账面的浮亏并不代表最终会呈现负收益，投资需要长期坚持才能收获理想回报。因此，我们在选择优质标的后，要树立“与时间为友”的投资观念，拉长投资期限，长期持有是熨平短期波动最好的办法。图 8—1 为近 5 年以来的中证全债指数。

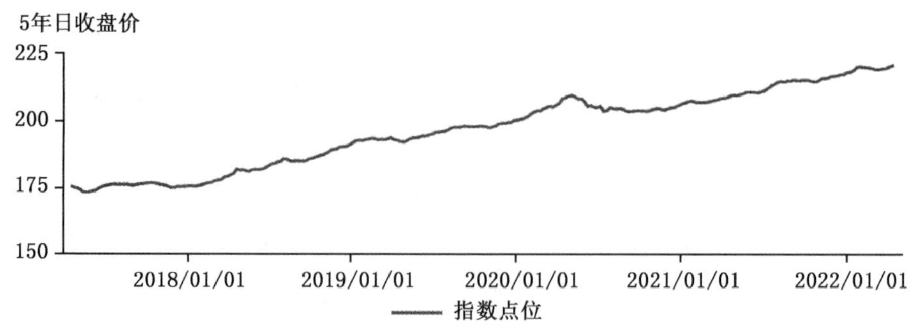

图 8—1　近 5 年中证全债指数

针对权益类占比较高的持有者可以做如下专业解释：

对权益类占比较高的理财产品持有者，有些客户刚开始可能很难适应这种高波动的产品特性，理财经理、客户经理则要持久深入地为客户进行投资者教育，特别是要将这类理财产品作为长期普惠投资工具的特点剖析透彻。

2021 年 10 月，景顺长城基金、富国基金、交银施罗德基金，三家大型基金公司联合发布了《公募权益类基金投资者盈利洞察报告》(下称《报告》)。《报告》汇总了 3 家公司共计 129 只主动权益类基金产品的全部 4 682 万客户，处理了共计 5.65 亿笔交易数据，从总体盈利情况、客户投资行为以及基金的风险收益特征等维度进行了系统性梳理和分析。其得出的结论是，基民的盈利概率和持仓时长正相关，长期投资是帮助权益类投资者提升收益水平的重要手段。图 8—2 数据显示，持仓时间越长，投资者平均收益率水平越高。其中，3 个月的持仓时间可以说是一道明显的坎。其中，持仓时长小于 3 个月时，平均收益率为负，盈利人数占比仅 39.10%；超过 3 个月时，盈利人数占比大幅提升到 63.72%，平均收益率也由负转正。当持仓时长由 3 个月继续提升时，随着时间的累积，客户的平均收益率愈发可观，客户盈利人数占比也呈现稳步抬升态势。特别是当持仓时间超过 10 年时，客户平均收益率首次突破 100%大关，达到了 117.38%，客户盈利人数占比则达到了 98.41%，即绝大部分客户都能够赚钱了。

针对固收＋类产品的持有者可以做如下专业解释：

固收＋产品的设计，就好比蜂蜜水，一杯水中加一点蜜，既更可口，也更有营养。表 8—5 是用从 2005 年以来的债券市场和股市的收益来说明一下固收＋产品的设计逻辑。从 2005 年到 2021 年的 17 年期间，以中证全债指数为代表的债券市场 13 次盈、4 次亏，整体较为稳健，平均收益率为 4.82%；以沪深 300 指数为代表的股市平均收益率达到 21.68%，但 9 次盈，8 次亏，波动较大。若采用 90%配置债券，10%配置股市的固收＋的策略，则平均收益率为 6.51%，但有 16 次盈利，只有 1 次发生亏损，产品的稳定性和收益性都得到提高。

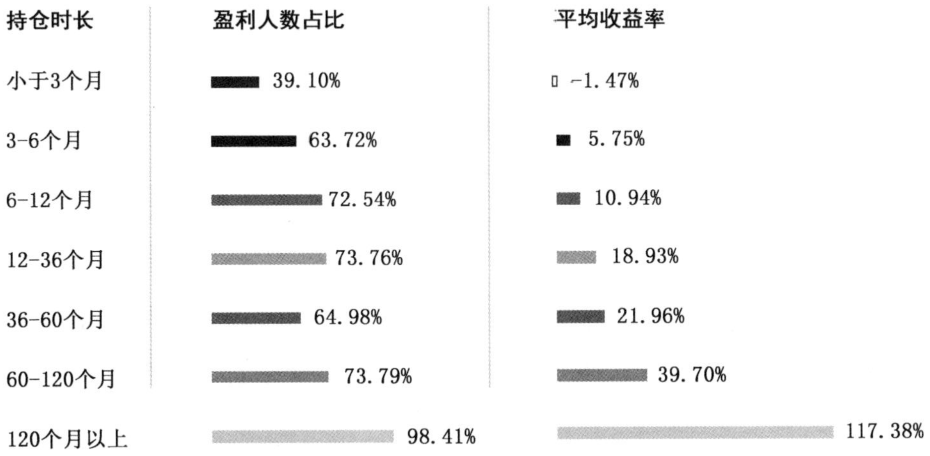

持仓时长	盈利人数占比	平均收益率
小于3个月	39.10%	-1.47%
3-6个月	63.72%	5.75%
6-12个月	72.54%	10.94%
12-36个月	73.76%	18.93%
36-60个月	64.98%	21.96%
60-120个月	73.79%	39.70%
120个月以上	98.41%	117.38%

＊注：数据来源：景顺长城基金、富国基金、交银施罗德基金，统计区间为 3 家公司成立以来至 2021 年 3 月 31 日。

图 8—2　截至 2021 年一季度末不同持仓时长的客户收益情况

表 8—5　　2005—2021 年债市、股市收益分析(%)

年度	中证全债指数	沪深 300 指数	中证全债×0.9＋沪深 300×0.1
2021 年	5.65	－5.2	4.56
2020 年	3.05	27.21	5.46
2019 年	4.96	36.07	8.07
2018 年	8.85	－25.31	5.43
2017 年	－0.34	21.78	1.87
2016 年	2.00	－11.28	0.67
2015 年	8.74	5.58	8.42
2014 年	10.82	51.66	14.90
2013 年	－1.07	－7.65	－1.73
2012 年	3.52	7.55	3.92
2011 年	5.88	－25.01	2.80
2010 年	3.10	－12.51	1.54

续表

年度	中证全债指数	沪深 300 指数	中证全债×0.9+沪深 300×0.1
2009 年	−1.40	96.71	8.41
2008 年	15.94	−65.95	7.75
2007 年	−2.41	161.55	13.99
2006 年	2.81	121.02	14.63
2005 年	11.83	−7.65	9.89
平均收益率	4.82	21.68	6.51
盈亏统计	13 次盈,4 次亏	9 次盈,8 次亏	16 次盈,1 次亏

2. 人情有温度

虽然产品不能进行刚性兑付,管理人不能进行赔偿,但有些客户确实有一些特殊困难,我们工作中应更“柔性”一些,可通过赠送慰问品、组织员工募捐等方式,帮特定客户解决困难,构建和谐社会。

三、应对净值波动工作方法

应对净值波动的方法,总结起来为解释“三讲”方法,客户“三分类”方法,工作“三注重”方法。

(一)解释“三讲”方法

当理财产品净值波动,特别是伤及客户本金时,很多客户会很激动,这也是人之常情。一线理财经理、客户经理应从以下几方面做好客户的沟通解释工作:

1. 讲市场

一般情况,产品净值波动较大时,产品管理人会出具一个有关市场变化和产品运作情况的说明,或者登录产品管理人网站,查看每季度发布的运作报告,给客户进行如下解释:第一,讲一下整体市场环境。大部分理财产品都是稳健理财,净值波动较大,大部分情况都是由于国际、国内的突发事件,导致证券市场、债券市场的大幅度波动造成的。这也是客观事实,很多客户也会表示理解的。第二,讲一下同业市场情况。找一些同业类似产品的业绩,进行一下比较,如果相比同业,下跌还不算太多,表现还不错,要耐心给客户讲解,投资经理运作情况还是不错的;如果相比同业,下跌很多,是可以考虑,建议客户换只产品。第三,讲产品运作。根据产品运作报告,给客户讲一下产品的运作思路,产品管理人提供的报告,一般写得专业性较强,大部分客户可能都难以理解,建议可以打印一份纸质的给客户。同时,理财经理、客户经理用自己的语言给客户通俗化解释一下，便于客户理解。第四，讲市场前景。若产品到期日还早，后期市场较为乐观，可重点给客户讲波动是难免的情况，市场总是有起伏的，短期波动不改长期趋势，让客户对产品运作要有信心；若后期市场较为悲观，也可考虑建议客户尽快赎回，及时止损。

2. 讲原理

很多客户习惯于以前预期收益型产品，收益比较稳定，或习惯于存款，获取固定的利息，要给客户讲一些净值化理财的原理。其主要包括以下几个方面：

(1)产品净值为什么会波动，和以前的产品有什么区别？对于净值型理财产品的产品净值，可以理解为是一单位理财产品的价格，好比土豆价格上涨会带动土豆丝的价格上涨一样，理财产品所投资产的价格波动是银行理财净值波动的核心原因。像常见的理财产品会投资固定收益类资产(比如债券等)或权益类的资产(比如股票等)，那包括债券、股票在内的多种资产都存在价格波动，这个波动会带动投资它们的理财产品净值波动。

在进入“真净值”时代之前，因为理财产品不披露净值，少有投资者会关注所持产品每天的净值变化，只关注产品到期时收到的本金和收益情况。这就像把理财的钱放在一个时间的黑盒子里，到期后给你本金和收益。而在持仓的这段时间里，投资者是看不见这笔钱的金额变化的。而现在，监管要求把这个盒子给打开了。投资者不仅能看到收益，还能看到持仓过程中这笔钱的变化情况。

现在净值化产品的运作表现由所投资产决定，更能客观、及时地反映所投资产的风险变化。这种变化最终表现为产品净值的波动。同时，对产品的信息披露也有规范性的要求，投资者可以定期了解产品的投资运作情况，因此，也感知到了产品净值的波动。

(2)产品净值是如何计算的，为什么以前有的产品看不到这种波动？以前很多理财产品都是采用“摊余成本法”估值，而现在理财产品大多采用“市值法”估值，估值方式变化会带来净值波动。但这就好比龟兔赛跑，只要坚持不懈，最终都可能殊途同归抵达终点。

《资管新规》发布前，银行理财产品对债券等资产的估值大多采用摊余成本法，就是不考虑所投资产市场价值的波动，以资产买入成本计价。简单地理解成把资产持有到期所能获取的收益平摊到每一天，展现出的产品净值波动曲线是平稳递增的，看起来像是一条倾斜向上的直线。

例如，假设某理财产品以100元买入了1年期利率为2.1%的国债，该理财产品将这2.1%平摊到每一天，也就是2.1%/365，再乘以买入的金额，就是这只债券对应的每日收益。

《资管新规》发布后，大部分理财产品必须采用市值法进行估值，就是要更准确反映所投资产当前的市场价值，价格是随着市场价值波动而波动的。每天的收益都随着资产的公允价值而变动，展现出的产品净值波动曲线随时变化，也会忽高忽低（如图 8—3）。

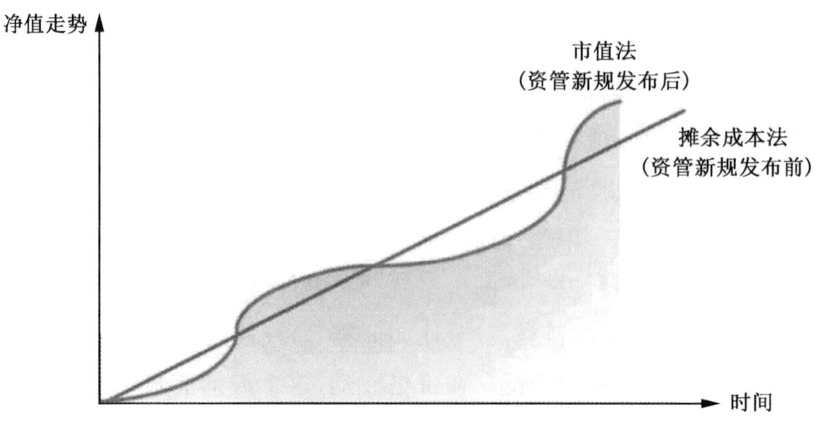

图 8—3 理财产品净值波动曲线

例如，某只采用市值法估值的理财产品仍然以 100 元买入了 1 年期利率为 2.1% 的国债，在进行估值时，该理财产品首先会将票面收益 2.1%计提到每日收益中，即 2.1%/365 天，同时要反映债券买入价格与当日公允价格之间的差额。

(3)净值下跌，投资者是否一定亏损？当然不是。理财产品的净值随所投资的资产价格变化而变化，可以理解成“浮亏”或“浮盈”，只有在投资者赎回或产品到期时才会真正变为实质性的亏损或盈利。建议投资者在充分考虑资金流动性前提下，不过分聚焦短期波动，拉长期限看待产品表现。

(4)为什么债券市场跌了一点，客户理财的收益率却跌了很多？

理财产品的年化收益率会“放大”收益波动。年化收益率是将产品短期变动进行年化后得到的，考察期限越短，放大的倍数越大。

例如，某一款理财近 1 个月，受资本市场波动传导影响，净值由 1.012 0 回撤至 1.010 0，单位净值下降 0.002，近 1 月实际收益率约为－0.2%，而换算为年化收益率就变成了－2.4%。

年化收益率就像放大镜，过度放大了净值短期的波动，所以投资者不能只关注年化收益率，要结合投资期限评估产品回撤情况。

(5)有没有时间短、收益高、风险低的产品？“不可能三角”又称三元悖论，最早由美国麻省理工学院克鲁格曼教授于 1998 年金融危机后提出。它是指一个国家不可能同时实现资本流动自由、货币政策独立性和汇率稳定性。

后来“不可能三角”被多个领域引用，在理财投资领域的“不可能三角”，是指高收益、低风险和高流动性三者不可兼得。没有任何金融理财产品能够同时满足这三点。如果我们发现一个金融产品，它同时满足这三点，收益率非常高，风险很低，同时流动性又很高，基本上就是骗局(参见图8－4)。俗话说：鱼和熊掌不可兼得。

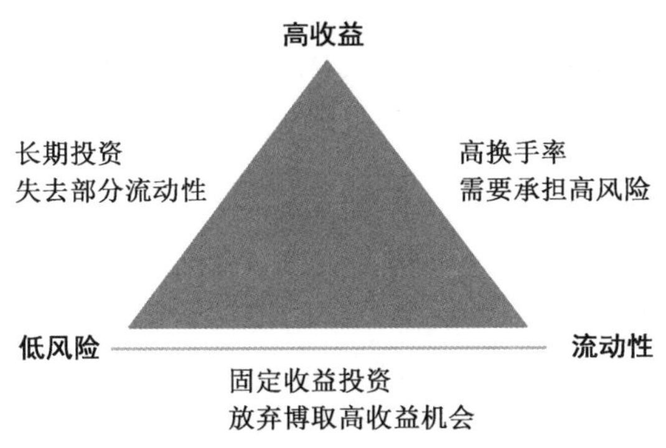

图8－4　理财产品的“不可能三角”

第一，满足高收益＋安全性的资产，流动性不一定好。比如3年期定期理财产品的收益比1年期理财高，但流动性要差很多，所谓的流动性溢价说的就是这个道理。其背后的逻辑是因为资金是有时间价值的，付出了时间，牺牲了一定的流动性，理应获得更好的回报。当然在资金面极其紧张的时候，也会出现短期利率更高的情况，这就是所谓的收益率倒挂，但这不是常态，只是偶尔情况。

第二，满足安全性＋高流动性的资产，收益一般不高。比如，现金管理类理财风险低且流动性高，但现金管理类理财的收益率相对较低。

第三，满足高收益＋高流动性的资产，风险一般不低。比如股票，看起来收益很高，交易极其高效，流动性很好，变现容易，但投资风险高。

建议投资者放弃对理财产品“收益率高、本金安全、高流动性”的“投资幻觉”，从自身风险承受能力和现实需求出发来选择适合自己的银行理财产品。

3. 讲技巧

在与客户沟通时，要特别注意客户的情绪变化，提高沟通技巧。

第一，坐下来，避免站着沟通。在处理客户投诉时，若对方带有较大的情绪，摆事实、讲道理都是没用的，对方根本就听不进去。第一件事应该让对方坐下，据心理学研究表明，人的情绪高低与身体重心高度成正比，重心越高，越容易情绪高涨。因此，站着沟通往往比坐着沟通更容易产生冲突，而座位越低则发脾气的可能性越小。

第二，反馈式倾听＋复述对方的话。坐下来慢聊的同时，注意倾听对方，使用反馈式倾听，即在倾听对方的倾诉时要主动并且注意给予反馈。带有反馈式的倾听，会让客户产生被重视的感觉，从而大大地提高对方的满意度，容易稳定情绪。与此同时，还可以拿笔认真记录下对方讲述的内容，复述给对方听，这样会显得非常正式、认真，让对方更加感觉到自己被理解和重视。

第三，不较真不加码。在与客户交流时，既不要一味强调这是市场变化，客户要自行承担风险，愿赌服输，不要与客户较真，也不要一味指责投资经理水平不行，能力不足，煽风点火，加码加戏，引发客户更大的火气，理财经理、客户经理要做好"居中协调"，起到很好的协调作用。

（二）客户"三分类"方法

经过解释"三讲"方法，我们应当对兑付客户进行三分类。

1. 红色客户

客户表现是情绪非常激动，扬言要投诉到媒体、监管或采取其他过激行为。这类客户的对策是一户一策，专人跟踪；沟通要有层次，员工沟通没有效果后，业务主管、支行领导要出面进行沟通，通过领导交流，让客户感知受到了重视；调阅客户的住址、单位等信息，发动同事，看能否找到客户的熟人，帮忙进行解释沟通；可赠予适当的慰问品，进行客户安抚。对这类客户后续也要避免再次营销风险较高的产品。

2. 黄色客户

该类客户表现是对产品有较多抱怨，但没有不依不饶。这类客户的对策是密切跟踪，耐心解释，让客户了解市场风险；可赠予适当的慰问品，进行客户安抚。

3. 绿色客户

该类客户表现是对产品业绩表示理解。这类客户的对策是保持正常沟通。

（三）兑付工作"三注重"方法

兑付工作有三个关键环节，需高度注重。

1. 注重员工沟通

处理净值波动，要强调员工责任意识，"买者自付，卖者有责"。理财经理、客户经理既要负责营销推动，也要负责客户解释沟通。这是客户陪伴的主要内容，是工作中不可分割的一部分；同时，秉承"守土有责"的原则，谁的客户谁要牵头负责跟踪解决。

另外，相关经验表明，一旦妥善处理了客户的投诉，反而能够大幅提高客户的忠诚度和信任度，客户关系会更牢固。因此，一线人员不应该只把投诉视为"危"，更要视作"机"。

"千锤百炼，玉汝于成。"通过危机处理，也是领导发现人才、发现干部的好机会。

2. 注重营业厅

理财产品净值波动，要避免客户在营业厅寻衅滋事，冲击营业厅，影响银行声誉。

营业厅负责人、大堂经理、理财经理、客户经理、保安人员要分工协作，避免客户聚集、串联，避免在营业厅里面大声喧哗，网点人员要充分利用网点会议室和办公室，做好客户隔离，分头解释，分头化解。

3. 注重舆情和监管

要高度关注舆情和监管，若发现舆情风险和监管风险，要根据行里的规章制度，及时向更高层领导汇报，加强沟通，争取媒体、监管的理解和支持。

“真净值”时代，并不意味着理财产品风险的提升，而是赋予了投资者更加直观地面对市场机遇、寻求价值投资的机会；坚持长期持有，与时间为友，坐享大类资产轮动价值；坚持理性投资，相信市场规律，避免追涨杀跌。

“没有一个冬天不会过去，没有一个春天不会到来。”理财经理、客户经理要引导客户用理性长远的视角看待市场，树立长期价值投资理念。只有让客户稳住心态，才能更容易做出正确的投资选择。

第四节　为什么倡导长期投资

相信理财经理、客户经理都听过一句耳熟能详的话“鼓励长期投资，做时间的朋友”。这句话到底有什么依据呢？本节对此进行全方位的解读，了解一下长期投资的真正优势所在。

一、常见投资行为

首先，我们来看三种常见的投资行为。

一是产品收益150%，投资者收益15%，参见图8—5。

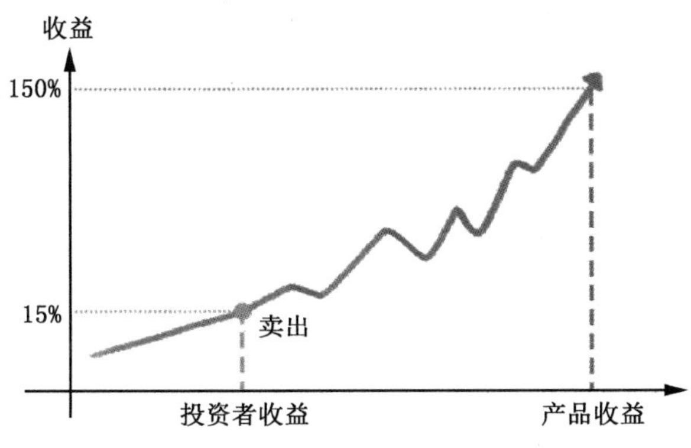

图8—5　过早止盈

二是怎么又跌了？不玩了；居然又涨了？赶紧上车，参见图 8—6。

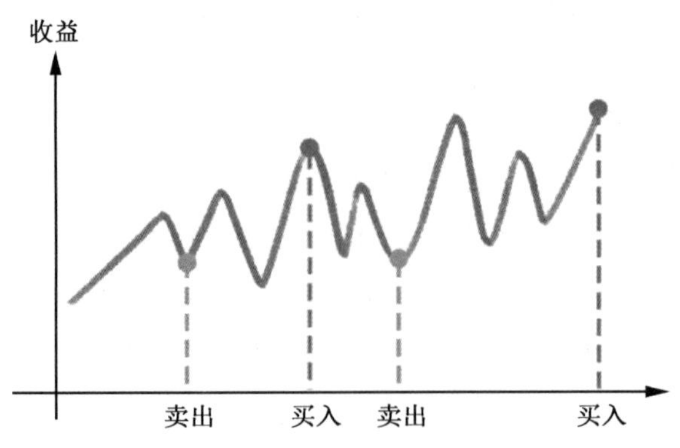

图 8—6 追涨杀跌

三是一顿操作猛如虎，一看收益二元五，参见图 8—7。

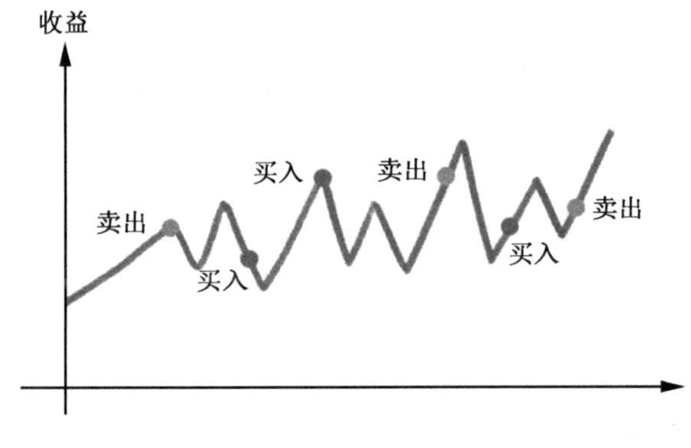

图 8—7 频繁交易

二、从理论角度来看长期投资优于短期投机

下面从资本市场投资方面和管理人的具体操作的层面从理论角度来看长期投资为什么优于短期投机。

(一)资本市场投资方面

从资本市场投资方面来看，长期投资相较短期投机更具优势。

1. 股票市场分析

对于股票市场，长期投资是一种胜率更高、具备长期获利能力的策略。

首先，股票市场的波动受到众多因素影响，基本面、资金面、政策面、市场情绪等都会影响到市场走势，而许多影响因素的变化，往往有着较强的随机性，其持续性也较难把握，因此，短期投机盈利较难。

其次，相较短期投机而言，长期投资更有章法可循。股价从长期来看是其内在价值的体现，而股票内在价值的根本决定因素是盈利与估值；从中短期来看股价可能受到各种短期因素影响而产生偏离，但是长期来看，股价一定是向着其内在价值靠拢。我们如果根据对盈利和估值的判断便能指导着我们进行长期投资。

最后，A股市场此前很长一段时间内呈现出波动率偏高、投机性偏大以及散户化程度较高的市场特征，因此，短期投机较为兴盛。但近年来随着市场制度的革新、金融工具的不断推出、机构投资者占比的不断加大，A股市场逐渐展现出海外成熟市场特征，基本面长期投资也越来越获得投资者的青睐，也更适合当前的市场环境和风格。

2. 债券市场分析

债券市场不同于股票市场，其市场特征决定了债券投资天然是长期投资。

首先，债券作为固定收益类资产，其收益和波动性都远低于股票。持有债券所产生的票息收入是债券市场投资最为重要的收入来源，短期频繁买卖债券并不会产生多少资本利得，反而造成了交易成本的损耗。

其次，债券投资是在流动性和收益性之间寻找平衡。通常而言，提高债券投资收益的方法主要有两种：拉长久期和信用下沉。对应的代价均是牺牲一定的流动性：债券期限越长，流动性溢价越高，相应的票息收入也就越高；债券信用资质等级越低，信用风险溢价越高，相应的票息收入也就越高。不论是哪种情况，对应债券的流动性一定是低于短久期的高信用等级债券的。在这种情况下，为了匹配投资端牺牲的流动性，负债端也要相应牺牲一定的流动性，以避免出现负债端有流动性需求时，投资端却无法变现或变现成本很高的情形。

(二)管理人投资操作角度

从管理人的具体投资操作层面来看，长期投资更有利于管理人的投资操作和投资目标的实现。

1. 长期稳定的资金来源更有利于管理人的投资操作

对股票投资而言，一方面，长期投资使得管理人能用更长远的角度进行行业配置和个股精选，有助于在投资过程中争取更低的波动和更高的胜率，有利于管理人各类投资策略的实现；另一方面，长期稳定的资金来源使得管理人能更专注于投资本身，避免为应对资金赎回的流动性需求而牺牲一部分仓位配置。

对债券投资而言，长期稳定的资金来源有利于管理人做出更为合理的债券久期分布和安排，对于流动性较好的高信用类资产，可适当期限错配、提高久期而放大收益；

对于流动性稍逊的低信用或私募类债券，严格进行期限匹配、防范流动性风险和信用风险，以最大化产品的投资收益。

2. 频繁的资金申赎会扰乱管理人的投资操作和妨碍投资目标的实现

对股票投资而言，为了应对产品的赎回头寸资金需求，管理人可能不得不提前卖出其本身长期看好的股票，而相应的股票可能并没有达到目标价位或是受市场短期波动影响导致变现价格不理想。此外，新增资金也会对产品已产生的收益造成稀释，同时还会面临再投资风险。

对债券投资而言，为了应对产品的赎回头寸资金需求，管理人可能会更多地配置流动性较好的高信用类债券，从而牺牲一定的票息收入。此外，新增资金也会对产品已产生的收益造成稀释，同时还会面临再投资风险。

三、从产品实际投资表现来看长期投资胜率高于短期投资

从产品实际投资表现来看，长期投资胜率高于短期投资。以 Wind 偏债混合型基金指数为例，自 2016 年以来，任意时点买入并持有满 3 个月的赚钱概率为 81%，而持有满 2 年的赚钱概率可达到 100%，持有时间越长，赚钱的胜率越高，参见图 8—8。

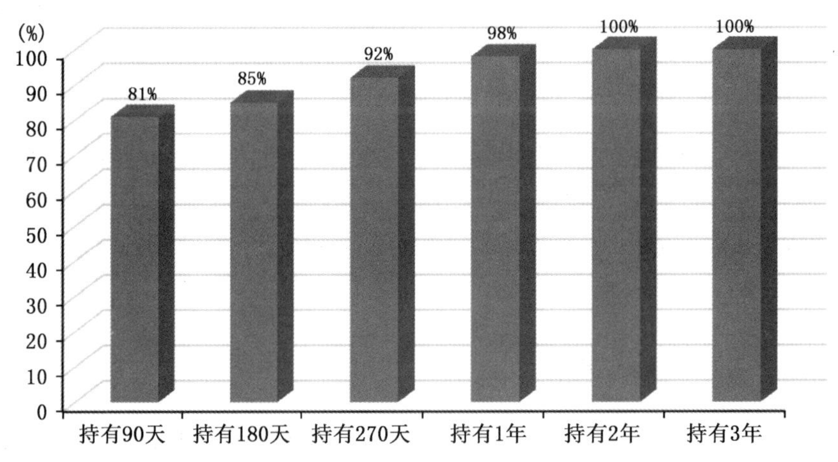

数据来源：Wind，数据区间：2015—12—31 至 2021—8—31。

图 8—8 Wind 偏债混合型基金指数赚钱概率统计

四、从投资者实际投资收益来看长期持有优于短期持有

2021 年 10 月，景顺长城基金、富国基金、交银施罗德基金，3 家大型基金公司联合发布了《公募权益类基金投资者盈利洞察报告》（下称《报告》）。《报告》汇总了 3 家公司共计 129 只主动权益类基金产品的全部 4 682 万客户，处理了共计 5.65 亿笔交易

数据，从总体盈利情况、客户投资行为以及基金的风险收益特征等维度进行了系统性梳理和分析。其结论是基民的盈利概率和持仓时长正相关，长期投资是帮助权益类投资者提升收益水平的重要手段。

五、中长期理财的优势

(一)长期封闭避免频繁买卖追涨杀跌

由于普通投资者对市场波动的反应远不如专业投资经理理性，长期封闭可避免投资者在市场波动时追涨杀跌，有利于投资经理在产品封闭期的专业运作。

(二)长期限产品最大限度利用了投资的时间

试想一下，同样12个月，如果每次都买短期1个月的理财产品，算上等待产品起息和产品到期赎回到账的时间，可能有将近1个月的时间都是在等待，这期间无法享受到产品的收益。如果购买1年期的理财产品，等待的空白期比较短，自然最终整体收益就会比较高。

根据普益标准金融数据平台统计，理财产品的收益回报(平均年化收益率和年化收益率中位数)随着时间拉长也逐步提高。产品持有期从1个月逐渐拉长至2年，净值型理财产品的年化收益率中位数从4.16%不断上升至4.57%，平均年化收益率更是明显提高，近2年的平均年化收益率达到了4.47%，参见图8—9。

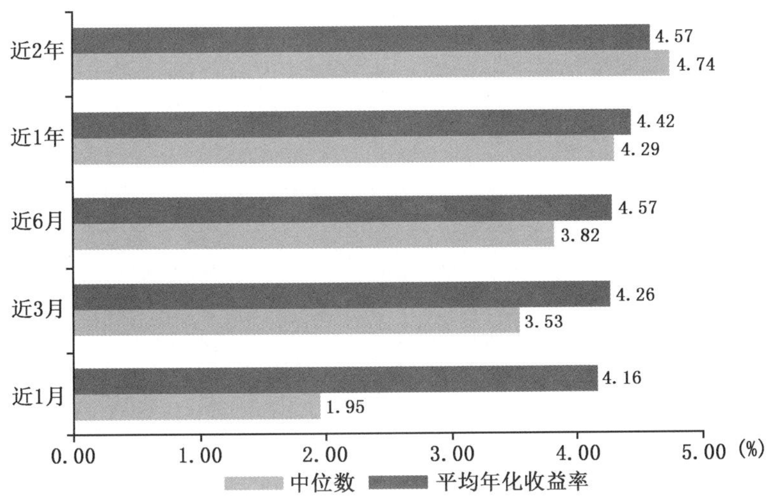

图8—9　净值型理财产品收益回报

(三)长期理财可以锁定高收益

在市场资金面宽松的格局下,未来理财产品收益将继续下滑,高收益理财产品将变得更加稀缺。拉长投资期限能帮助投资经理在市场中寻找到更多的优质底层资产,如期限匹配的非标资产、优先股、优质境内外债券标的资产等。在符合流动性需求的情况下,投资者可优先选择中长期产品,提前锁定“高收益”。

理财产品净值化后,净值短期内出现上下波动都是正常现象,频繁申赎、追涨杀跌,最终投资回报并不理想。理财投资,可以适当“躺平”。

所谓“术业有专攻”,理财投资的“躺平”是指我们要认识到自己在投资领域的局限和能力范围。绝大多数投资者们应该相信银行理财的专业投研团队和投资经理,把交易、择时这些苦恼的事情交给他们去做。放下投资焦虑而耐心持有,保持“躺平”心态,更加有望分享长期投资回报,享受“躺赢”的快乐。

第四篇

附　录

《关于规范金融机构资产管理业务的指导意见》全文

中国人民银行 中国银行保险监督管理委员会 中国证券监督管理委员会 国家外汇管理局联合发布《关于规范金融机构资产管理业务的指导意见》

近年来，我国资产管理业务快速发展，在满足居民和企业投融资需求、改善社会融资结构等方面发挥了积极作用，但也存在部分业务发展不规范、多层嵌套、刚性兑付、规避金融监管和宏观调控等问题。按照党中央、国务院决策部署，为规范金融机构资产管理业务，统一同类资产管理产品监管标准，有效防控金融风险，引导社会资金流向实体经济，更好地支持经济结构调整和转型升级，经国务院同意，现提出以下意见：

一、规范金融机构资产管理业务主要遵循以下原则：

（一）坚持严控风险的底线思维。把防范和化解资产管理业务风险放到更加重要的位置，减少存量风险，严防增量风险。

（二）坚持服务实体经济的根本目标。既充分发挥资产管理业务功能，切实服务实体经济投融资需求，又严格规范引导，避免资金脱实向虚在金融体系内部自我循环，防止产品过于复杂，加剧风险跨行业、跨市场、跨区域传递。

（三）坚持宏观审慎管理与微观审慎监管相结合、机构监管与功能监管相结合的监管理念。实现对各类机构开展资产管理业务的全面、统一覆盖，采取有效监管措施，加强金融消费者权益保护。

（四）坚持有的放矢的问题导向。重点针对资产管理业务的多层嵌套、杠杆不清、套利严重、投机频繁等问题，设定统一的标准规制，同时对金融创新坚持趋利避害、一分为二，留出发展空间。

（五）坚持积极稳妥审慎推进。正确处理改革、发展、稳定关系，坚持防范风险与有序规范相结合，在下决心处置风险的同时，充分考虑市场承受能力，合理设置过渡期，把握好工作的次序、节奏、力度，加强市场沟通，有效引导市场预期。

二、资产管理业务是指银行、信托、证券、基金、期货、保险资产管理机构、金融资产投资公司等金融机构接受投资者委托，对受托的投资者财产进行投资和管理的金融服务。金融机构为委托人利益履行诚实信用、勤勉尽责义务并收取相应的管理费用，委托人自担投资风险并获得收益。金融机构可以与委托人在合同中事先约定收取合理的业绩报酬，业绩报酬计入管理费，须与产品一一对应并逐个结算，不同产品之间不得相互串用。

资产管理业务是金融机构的表外业务，金融机构开展资产管理业务时不得承诺保本保收益。出现兑付困难时，金融机构不得以任何形式垫资兑付。金融机构不得在表内开展资产管理业务。

私募投资基金适用私募投资基金专门法律、行政法规，私募投资基金专门法律、行政法规中没有明确规定的适用本意见，创业投资基金、政府出资产业投资基金的相关规定另行制定。

三、资产管理产品包括但不限于人民币或外币形式的银行非保本理财产品，资金信托，证券公司、证券公司子公司、基金管理公司、基金管理子公司、期货公司、期货公司子公司、保险资产管理机构、金融资产投资公司发行的资产管理产品等。依据金融管理部门颁布规则开展的资产证券化业务，依据人力资源社会保障部门颁布规则发行的养老金产品，不适用本意见。

四、资产管理产品按照募集方式的不同，分为公募产品和私募产品。公募产品面向不特定社会公众公开发行。公开发行的认定标准依照《中华人民共和国证券法》执行。私募产品面向合格投资者通过非公开方式发行。

资产管理产品按照投资性质的不同，分为固定收益类产品、权益类产品、商品及金融衍生品类产品和混合类产品。固定收益类产品投资于存款、债券等债权类资产的比例不低于80%，权益类产品投资于股票、未上市企业股权等权益类资产的比例不低于80%，商品及金融衍生品类产品投资于商品及金融衍生品的比例不低于80%，混合类产品投资于债权类资产、权益类资产、商品及金融衍生品类资产且任一资产的投资比例未达到前三类产品标准。非因金融机构主观因素导致突破前述比例限制的，金融机构应当在流动性受限资产可出售、可转让或者恢复交易的15个交易日内调整至符合要求。

金融机构在发行资产管理产品时，应当按照上述分类标准向投资者明示资产管理产品的类型，并按照确定的产品性质进行投资。在产品成立后至到期日前，不得擅自改变产品类型。混合类产品投资债权类资产、权益类资产和商品及金融衍生品类资产的比例范围应当在发行产品时予以确定并向投资者明示，在产品成立后至到期日前不得擅自改变。产品的实际投向不得违反合同约定，如有改变，除高风险类型的产品超出比例范围投资较低风险资产外，应当先行取得投资者书面同意，并履行登记备案等法律法规以及金融监督管理部门规定的程序。

五、资产管理产品的投资者分为不特定社会公众和合格投资者两大类。合格投资者是指具备相应风险识别能力和风险承担能力，投资于单只资产管理产品不低于一定金额且符合下列条件的自然人和法人或者其他组织。

（一）具有2年以上投资经历，且满足以下条件之一：家庭金融净资产不低于300万元，家庭金融资产不低于500万元，或者近3年本人年均收入不低于40万元。

（二）最近1年末净资产不低于1 000万元的法人单位。

（三）金融管理部门视为合格投资者的其他情形。

合格投资者投资于单只固定收益类产品的金额不低于30万元，投资于单只混合类产品的金额不低于40万元，投资于单只权益类产品、单只商品及金融衍生品类产品的金额不低于100万元。

投资者不得使用贷款、发行债券等筹集的非自有资金投资资产管理产品。

六、金融机构发行和销售资产管理产品，应当坚持“了解产品”和“了解客户”的经营理念，加强投资者适当性管理，向投资者销售与其风险识别能力和风险承担能力相适应的资产管理产品。禁止欺诈或者误导投资者购买与其风险承担能力不匹配的资产管理产品。金融机构不得通过拆分资产管理产品的方式，向风险识别能力和风险承担能力低于产品风险等级的投资者销售资产管理产品。

金融机构应当加强投资者教育，不断提高投资者的金融知识水平和风险意识，向投资者传递“卖者尽责、买者自负”的理念，打破刚性兑付。

七、金融机构开展资产管理业务，应当具备与资产管理业务发展相适应的管理体系和管理制度，公司治理良好，风险管理、内部控制和问责机制健全。

金融机构应当建立健全资产管理业务人员的资格认定、培训、考核评价和问责制度，确保从事资产管理业务的人员具备必要的专业知识、行业经验和管理能力，充分了解相关法律法规、监管规定以及资产管理产品的法律关系、交易结构、主要风险和风险管控方式，遵守行为准则和职业道德标准。

对于违反相关法律法规以及本意见规定的金融机构资产管理业务从业人员，依法采取处罚措施直至取消从业资格，禁止其在其他类型金融机构从事资产管理业务。

八、金融机构运用受托资金进行投资，应当遵守审慎经营规则，制定科学合理的投资策略和风险管理制度，有效防范和控制风险。

金融机构应当履行以下管理人职责：

（一）依法募集资金，办理产品份额的发售和登记事宜。

（二）办理产品登记备案或者注册手续。

（三）对所管理的不同产品受托财产分别管理、分别记账，进行投资。

（四）按照产品合同的约定确定收益分配方案，及时向投资者分配收益。

（五）进行产品会计核算并编制产品财务会计报告。

（六）依法计算并披露产品净值或者投资收益情况，确定申购、赎回价格。

（七）办理与受托财产管理业务活动有关的信息披露事项。

（八）保存受托财产管理业务活动的记录、账册、报表和其他相关资料。

（九）以管理人名义，代表投资者利益行使诉讼权利或者实施其他法律行为。

（十）在兑付受托资金及收益时，金融机构应当保证受托资金及收益返回委托人的原账户、同名账户或者合同约定的受益人账户。

（十一）金融监督管理部门规定的其他职责。

金融机构未按照诚实信用、勤勉尽责原则切实履行受托管理职责，造成投资者损失的，应当依法向投资者承担赔偿责任。

九、金融机构代理销售其他金融机构发行的资产管理产品，应当符合金融监督管理部门规定的资质条件。未经金融监督管理部门许可，任何非金融机构和个人不得代理销售资产管理产品。

金融机构应当建立资产管理产品的销售授权管理体系，明确代理销售机构的准入标准和程序，明确界定双方的权利与义务，明确相关风险的承担责任和转移方式。

金融机构代理销售资产管理产品，应当建立相应的内部审批和风险控制程序，对发行或者管理机构的信用状况、经营管理能力、市场投资能力、风险处置能力等开展尽职调查，要求发行或者管理机构提供详细的产品介绍、相关市场分析和风险收益测算报告，进行充分的信息验证和风险审查，确保代理销售的产品符合本意见规定并承担相应责任。

十、公募产品主要投资标准化债权类资产以及上市交易的股票，除法律法规和金融管理部门另有规定外，不得投资未上市企业股权。公募产品可以投资商品及金融衍生品，但应当符合法律法规以及金融管理部门的相关规定。

私募产品的投资范围由合同约定，可以投资债权类资产、上市或挂牌交易的股票、未上市企业股权（含债转股）和受（收）益权以及符合法律法规规定的其他资产，并严格遵守投资者适当性管理要求。鼓励充分运用私募产品支持市场化、法治化债转股。

十一、资产管理产品进行投资应当符合以下规定：

（一）标准化债权类资产应当同时符合以下条件：

1. 等分化，可交易。

2. 信息披露充分。

3. 集中登记，独立托管。

4. 公允定价，流动性机制完善。

5. 在银行间市场、证券交易所市场等经国务院同意设立的交易市场交易。

标准化债权类资产的具体认定规则由中国人民银行会同金融监督管理部门另行制定。

标准化债权类资产之外的债权类资产均为非标准化债权类资产。金融机构发行资产管理产品投资于非标准化债权类资产的，应当遵守金融监督管理部门制定的有关限额管理、流动性管理等监管标准。金融监督管理部门未制定相关监管标准的，由中国人民银行督促根据本意见要求制定监管标准并予以执行。

金融机构不得将资产管理产品资金直接投资于商业银行信贷资产。商业银行信贷资产受（收）益权的投资限制由金融管理部门另行制定。

（二）资产管理产品不得直接或者间接投资法律法规和国家政策禁止进行债权或股权投资的行业和领域。

（三）鼓励金融机构在依法合规、商业可持续的前提下，通过发行资产管理产品募集资金投向符合国家战略和产业政策要求、符合国家供给侧结构性改革政策要求的领域。鼓励金融机构通过发行资产管理产品募集资金支持经济结构转型，支持市场化、法治化债转股，降低企业杠杆率。

（四）跨境资产管理产品及业务参照本意见执行，并应当符合跨境人民币和外汇管理有关规定。

十二、金融机构应当向投资者主动、真实、准确、完整、及时披露资产管理产品募集信息、资金投向、杠杆水平、收益分配、托管安排、投资账户信息和主要投资风险等内容。国家法律法规另有规定的，从其规定。

对于公募产品，金融机构应当建立严格的信息披露管理制度，明确定期报告、临时报告、重大事项公告、投资风险披露要求以及具体内容、格式。在本机构官方网站或者通过投资者便于获取的方式披露产品净值或者投资收益情况，并定期披露其他重要信息：开放式产品按照开放频率披露，封闭式产品至少每周披露一次。

对于私募产品，其信息披露方式、内容、频率由产品合同约定，但金融机构应当至少每季度向投资者披露产品净值和其他重要信息。

对于固定收益类产品，金融机构应当通过醒目方式向投资者充分披露和提示产品的投资风险，包括但不限于产品投资债券面临的利率、汇率变化等市场风险以及债券价格波动情况，产品投资每笔非标准化债权类资产的融资客户、项目名称、剩余融资期限、到期收益分配、交易结构、风险状况等。

对于权益类产品，金融机构应当通过醒目方式向投资者充分披露和提示产品的投资风险，包括产品投资股票面临的风险以及股票价格波动情况等。

对于商品及金融衍生品类产品，金融机构应当通过醒目方式向投资者充分披露产品的挂钩资产、持仓风险、控制措施以及衍生品公允价值变化等。

对于混合类产品，金融机构应当通过醒目方式向投资者清晰披露产品的投资资产组合情况，并根据固定收益类、权益类、商品及金融衍生品类资产投资比例充分披露和提示相应的投资风险。

十三、主营业务不包括资产管理业务的金融机构应当设立具有独立法人地位的资产管理子公司开展资产管理业务，强化法人风险隔离，暂不具备条件的可以设立专门的资产管理业务经营部门开展业务。

金融机构不得为资产管理产品投资的非标准化债权类资产或者股权类资产提供任何直接或间接、显性或隐性的担保、回购等代为承担风险的承诺。

金融机构开展资产管理业务，应当确保资产管理业务与其他业务相分离，资产管理产品与其代销的金融产品相分离，资产管理产品之间相分离，资产管理业务操作与其他业务操作相分离。

十四、本意见发布后，金融机构发行的资产管理产品资产应当由具有托管资质的第三方机构独立托管，法律、行政法规另有规定的除外。

过渡期内，具有证券投资基金托管业务资质的商业银行可以托管本行理财产品，但应当为每只产品单独开立托管账户，确保资产隔离。过渡期后，具有证券投资基金托管业务资质的商业银行应当设立具有独立法人地位的子公司开展资产管理业务，该商业银行可以托管子公司发行的资产管理产品，但应当实现实质性的独立托管。独立托管有名无实的，由金融监督管理部门进行纠正和处罚。

十五、金融机构应当做到每只资产管理产品的资金单独管理、单独建账、单独核算，不得开展或者参与具有滚动发行、集合运作、分离定价特征的资金池业务。

金融机构应当合理确定资产管理产品所投资资产的期限，加强对期限错配的流动性风险管理，金融监督管理部门应当制定流动性风险管理规定。

为降低期限错配风险，金融机构应当强化资产管理产品久期管理，封闭式资产管理产品期限不得低于 90 天。资产管理产品直接或者间接投资于非标准化债权类资产的，非标准化债权类资产的终止日不得晚于封闭式资产管理产品的到期日或者开放式资产管理产品的最近一次开放日。

资产管理产品直接或者间接投资于未上市企业股权及其受(收)益权的，应当为封闭式资产管理产品，并明确股权及其受(收)益权的退出安排。未上市企业股权及其受(收)益权的退出日不得晚于封闭式资产管理产品的到期日。

金融机构不得违反金融监督管理部门的规定，通过为单一融资项目设立多只资产管理产品的方式，变相突破投资人数限制或者其他监管要求。同一金融机构发行多只资产管理产品投资同一资产的，为防止同一资产发生风险波及多只资产管理产品，多只资产管理产品投资该资产的资金总规模合计不得超过 300 亿元。如果超出该限额，需经相关金融监督管理部门批准。

十六、金融机构应当做到每只资产管理产品所投资资产的风险等级与投资者的风险承担能力相匹配，做到每只产品所投资资产构成清晰，风险可识别。

金融机构应当控制资产管理产品所投资资产的集中度：

(一)单只公募资产管理产品投资单只证券或者单只证券投资基金的市值不得超过该资产管理产品净资产的 10%。

(二)同一金融机构发行的全部公募资产管理产品投资单只证券或者单只证券投资基金的市值不得超过该证券市值或者证券投资基金市值的 30%。其中，同一金融机构全部开放式公募资产管理产品投资单一上市公司发行的股票不得超过该上市公司可流通股票的 15%。

(三)同一金融机构全部资产管理产品投资单一上市公司发行的股票不得超过该上市公司可流通股票的 30%。

金融监督管理部门另有规定的除外。

非因金融机构主观因素导致突破前述比例限制的，金融机构应当在流动性受限资产可出售、可转让或者恢复交易的10个交易日内调整至符合相关要求。

十七、金融机构应当按照资产管理产品管理费收入的10％计提风险准备金，或者按照规定计量操作风险资本或相应风险资本准备。风险准备金余额达到产品余额的1％时可以不再提取。风险准备金主要用于弥补因金融机构违法违规、违反资产管理产品协议、操作错误或者技术故障等给资产管理产品财产或者投资者造成的损失。金融机构应当定期将风险准备金的使用情况报告金融管理部门。

十八、金融机构对资产管理产品应当实行净值化管理，净值生成应当符合企业会计准则规定，及时反映基础金融资产的收益和风险，由托管机构进行核算并定期提供报告，由外部审计机构进行审计确认，被审计金融机构应当披露审计结果并同时报送金融管理部门。

金融资产坚持公允价值计量原则，鼓励使用市值计量。符合以下条件之一的，可按照企业会计准则以摊余成本进行计量：

（一）资产管理产品为封闭式产品，且所投金融资产以收取合同现金流量为目的并持有到期。

（二）资产管理产品为封闭式产品，且所投金融资产暂不具备活跃交易市场，或者在活跃市场中没有报价也不能采用估值技术可靠计量公允价值。

金融机构以摊余成本计量金融资产净值，应当采用适当的风险控制手段，对金融资产净值的公允性进行评估。当以摊余成本计量已不能真实公允反映金融资产净值时，托管机构应当督促金融机构调整会计核算和估值方法。金融机构前期以摊余成本计量的金融资产的加权平均价格与资产管理产品实际兑付时金融资产的价值的偏离度不得达到5％或以上，如果偏离5％或以上的产品数超过所发行产品总数的5％，金融机构不得再发行以摊余成本计量金融资产的资产管理产品。

十九、经金融管理部门认定，存在以下行为的视为刚性兑付：

（一）资产管理产品的发行人或者管理人违反真实公允确定净值原则，对产品进行保本保收益。

（二）采取滚动发行等方式，使得资产管理产品的本金、收益、风险在不同投资者之间发生转移，实现产品保本保收益。

（三）资产管理产品不能如期兑付或者兑付困难时，发行或者管理该产品的金融机构自行筹集资金偿付或者委托其他机构代为偿付。

（四）金融管理部门认定的其他情形。

经认定存在刚性兑付行为的，区分以下两类机构进行惩处：

（一）存款类金融机构发生刚性兑付的，认定为利用具有存款本质特征的资产管理产品进行监管套利，由国务院银行保险监督管理机构和中国人民银行按照存款业务予以规范，足额补缴存款准备金和存款保险保费，并予以行政处罚。

（二）非存款类持牌金融机构发生刚性兑付的，认定为违规经营，由金融监督管理部门和中国人民银行依法纠正并予以处罚。

任何单位和个人发现金融机构存在刚性兑付行为的，可以向金融管理部门举报，查证属实且举报内容未被相关部门掌握的，给予适当奖励。

外部审计机构在对金融机构进行审计时，如果发现金融机构存在刚性兑付行为的，应当及时报告金融管理部门。外部审计机构在审计过程中未能勤勉尽责，依法追究相应责任或依法依规给予行政处罚，并将相关信息纳入全国信用信息共享平台，建立联合惩戒机制。

二十、资产管理产品应当设定负债比例（总资产/净资产）上限，同类产品适用统一的负债比例上限。每只开放式公募产品的总资产不得超过该产品净资产的140%，每只封闭式公募产品、每只私募产品的总资产不得超过该产品净资产的200%。计算单只产品的总资产时应当按照穿透原则合并计算所投资资产管理产品的总资产。

金融机构不得以受托管理的资产管理产品份额进行质押融资，放大杠杆。

二十一、公募产品和开放式私募产品不得进行份额分级。

分级私募产品的总资产不得超过该产品净资产的140%。分级私募产品应当根据所投资资产的风险程度设定分级比例（优先级份额/劣后级份额，中间级份额计入优先级份额）。固定收益类产品的分级比例不得超过3:1，权益类产品的分级比例不得超过1:1，商品及金融衍生品类产品、混合类产品的分级比例不得超过2:1。发行分级资产管理产品的金融机构应当对该资产管理产品进行自主管理，不得转委托给劣后级投资者。

分级资产管理产品不得直接或者间接对优先级份额认购者提供保本保收益安排。

本条所称分级资产管理产品是指存在一级份额以上的份额为其他级份额提供一定的风险补偿，收益分配不按份额比例计算，由资产管理合同另行约定的产品。

二十二、金融机构不得为其他金融机构的资产管理产品提供规避投资范围、杠杆约束等监管要求的通道服务。

资产管理产品可以再投资一层资产管理产品，但所投资的资产管理产品不得再投资公募证券投资基金以外的资产管理产品。

金融机构将资产管理产品投资于其他机构发行的资产管理产品，从而将本机构的资产管理产品资金委托给其他机构进行投资的，该受托机构应当为具有专业投资能力和资质的受金融监督管理部门监管的机构。公募资产管理产品的受托机构应当为金融机构，私募资产管理产品的受托机构可以为私募基金管理人。受托机构应当切实履行主动管理职责，不得进行转委托，不得再投资公募证券投资基金以外的资产管理产品。委托机构应当对受托机构开展尽职调查，实行名单制管理，明确规定受托机构的准入标准和程序、责任和义务、存续期管理、利益冲突防范机制、信息披露义务以及退出机制。委托机构不得因委托其他机构投资而免除自身应当承担的责任。

金融机构可以聘请具有专业资质的受金融监督管理部门监管的机构作为投资顾问。投资顾问提供投资建议指导委托机构操作。

金融监督管理部门和国家有关部门应当对各类金融机构开展资产管理业务实行平等准入、给予公平待遇。资产管理产品应当在账户开立、产权登记、法律诉讼等方面享有平等的地位。金融监督管理部门基于风险防控考虑,确实需要对其他行业金融机构发行的资产管理产品采取限制措施的,应当充分征求相关部门意见并达成一致。

二十三、运用人工智能技术开展投资顾问业务应当取得投资顾问资质,非金融机构不得借助智能投资顾问超范围经营或者变相开展资产管理业务。

金融机构运用人工智能技术开展资产管理业务应当严格遵守本意见有关投资者适当性、投资范围、信息披露、风险隔离等一般性规定,不得借助人工智能业务夸大宣传资产管理产品或者误导投资者。金融机构应当向金融监督管理部门报备人工智能模型的主要参数以及资产配置的主要逻辑,为投资者单独设立智能管理账户,充分提示人工智能算法的固有缺陷和使用风险,明晰交易流程,强化留痕管理,严格监控智能管理账户的交易头寸、风险限额、交易种类、价格权限等。金融机构因违法违规或者管理不当造成投资者损失的,应当依法承担损害赔偿责任。

金融机构应当根据不同产品投资策略研发对应的人工智能算法或者程序化交易,避免算法同质化加剧投资行为的顺周期性,并针对由此可能引发的市场波动风险制定应对预案。因算法同质化、编程设计错误、对数据利用深度不够等人工智能算法模型缺陷或者系统异常,导致羊群效应、影响金融市场稳定运行的,金融机构应当及时采取人工干预措施,强制调整或者终止人工智能业务。

二十四、金融机构不得以资产管理产品的资金与关联方进行不正当交易、利益输送、内幕交易和操纵市场,包括但不限于投资于关联方虚假项目、与关联方共同收购上市公司、向本机构注资等。

金融机构的资产管理产品投资本机构、托管机构及其控股股东、实际控制人或者与其有其他重大利害关系的公司发行或者承销的证券,或者从事其他重大关联交易的,应当建立健全内部审批机制和评估机制,并向投资者充分披露信息。

二十五、建立资产管理产品统一报告制度。中国人民银行负责统筹资产管理产品的数据编码和综合统计工作,会同金融监督管理部门拟定资产管理产品统计制度,建立资产管理产品信息系统,规范和统一产品标准、信息分类、代码、数据格式,逐只产品统计基本信息、募集信息、资产负债信息和终止信息。中国人民银行和金融监督管理部门加强资产管理产品的统计信息共享。金融机构应当将含债权投资的资产管理产品信息报送至金融信用信息基础数据库。

金融机构于每只资产管理产品成立后5个工作日内，向中国人民银行和金融监督管理部门同时报送产品基本信息和起始募集信息；于每月10日前报送存续期募集信息、资产负债信息，于产品终止后5个工作日内报送终止信息。

中央国债登记结算有限责任公司、中国证券登记结算有限公司、银行间市场清算所股份有限公司、上海票据交易所股份有限公司、上海黄金交易所、上海保险交易所股份有限公司、中保保险资产登记交易系统有限公司于每月10日前向中国人民银行和金融监督管理部门同时报送资产管理产品持有其登记托管的金融工具的信息。

在资产管理产品信息系统正式运行前，中国人民银行会同金融监督管理部门依据统计制度拟定统一的过渡期数据报送模板；各金融监督管理部门对本行业金融机构发行的资产管理产品，于每月10日前按照数据报送模板向中国人民银行提供数据，及时沟通跨行业、跨市场的重大风险信息和事项。

中国人民银行对金融机构资产管理产品统计工作进行监督检查。资产管理产品统计的具体制度由中国人民银行会同相关部门另行制定。

二十六、中国人民银行负责对资产管理业务实施宏观审慎管理，会同金融监督管理部门制定资产管理业务的标准规制。金融监督管理部门实施资产管理业务的市场准入和日常监管，加强投资者保护，依照本意见会同中国人民银行制定出台各自监管领域的实施细则。

本意见正式实施后，中国人民银行会同金融监督管理部门建立工作机制，持续监测资产管理业务的发展和风险状况，定期评估标准规制的有效性和市场影响，及时修订完善，推动资产管理行业持续健康发展。

二十七、对资产管理业务实施监管遵循以下原则：

（一）机构监管与功能监管相结合，按照产品类型而不是机构类型实施功能监管，同一类型的资产管理产品适用同一监管标准，减少监管真空和套利。

（二）实行穿透式监管，对于多层嵌套资产管理产品，向上识别产品的最终投资者，向下识别产品的底层资产（公募证券投资基金除外）。

（三）强化宏观审慎管理，建立资产管理业务的宏观审慎政策框架，完善政策工具，从宏观、逆周期、跨市场的角度加强监测、评估和调节。

（四）实现实时监管，对资产管理产品的发行销售、投资、兑付等各环节进行全面动态监管，建立综合统计制度。

二十八、金融监督管理部门应当根据本意见规定，对违规行为制定和完善处罚规则，依法实施处罚，并确保处罚标准一致。资产管理业务违反宏观审慎管理要求的，由中国人民银行按照法律法规实施处罚。

二十九、本意见实施后，金融监督管理部门在本意见框架内研究制定配套细则，配套细则之间应当相互衔接，避免产生新的监管套利和不公平竞争。按照“新老划断”原则设置过渡期，确保平稳过渡。过渡期为本意见发布之日起至2020年底，对提前完成整改的机构，给予适当监管激励。过渡期内，金融机构发行新产品应当符合本意见的规定；为接续存量产品所投资的未到期资产，维持必要的流动性和市场稳定，金融机构可以发行老产品对接，但应当严格控制在存量产品整体规模内，并有序压缩递减，防止过渡期结束时出现断崖效应。金融机构应当制定过渡期内的资产管理业务整改计划，明确时间进度安排，并报送相关金融监督管理部门，由其认可并监督实施，同时报备中国人民银行。过渡期结束后，金融机构的资产管理产品按照本意见进行全面规范（因子公司尚未成立而达不到第三方独立托管要求的情形除外），金融机构不得再发行或存续违反本意见规定的资产管理产品。

三十、资产管理业务作为金融业务，属于特许经营行业，必须纳入金融监管。非金融机构不得发行、销售资产管理产品，国家另有规定的除外。

非金融机构违反上述规定，为扩大投资者范围、降低投资门槛，利用互联网平台等公开宣传、分拆销售具有投资门槛的投资标的、过度强调增信措施掩盖产品风险、设立产品二级交易市场等行为，按照国家规定进行规范清理，构成非法集资、非法吸收公众存款、非法发行证券的，依法追究法律责任。非金融机构违法违规开展资产管理业务的，依法予以处罚；同时承诺或进行刚性兑付的，依法从重处罚。

三十一、本意见自发布之日起施行。

本意见所称“金融管理部门”是指中国人民银行、国务院银行保险监督管理机构、国务院证券监督管理机构和国家外汇管理局。“发行”是指通过公开或者非公开方式向资产管理产品的投资者发出认购邀约，进行资金募集的活动。“销售”是指向投资者宣传推介资产管理产品，办理产品申购、赎回的活动。“代理销售”是指接受合作机构的委托，在本机构渠道向投资者宣传推介、销售合作机构依法发行的资产管理产品的活动。

《商业银行理财业务监督管理办法》全文

第一章　总　则

第一条　为加强对商业银行理财业务的监督管理，促进商业银行理财业务规范健康发展，依法保护投资者合法权益，根据《中华人民共和国银行业监督管理法》《中华人民共和国商业银行法》等法律、行政法规以及《关于规范金融机构资产管理业务的指导意见》（以下简称《指导意见》），制定本办法。

第二条　本办法适用于在中华人民共和国境内设立的商业银行，包括中资商业银行、外商独资银行、中外合资银行。

第三条　本办法所称理财业务是指商业银行接受投资者委托，按照与投资者事先约定的投资策略、风险承担和收益分配方式，对受托的投资者财产进行投资和管理的金融服务。

本办法所称理财产品是指商业银行按照约定条件和实际投资收益情况向投资者支付收益、不保证本金支付和收益水平的非保本理财产品。

第四条　商业银行理财产品财产独立于管理人、托管机构的自有资产，因理财产品财产的管理、运用、处分或者其他情形而取得的财产，均归入银行理财产品财产。

商业银行理财产品管理人、托管机构不得将银行理财产品财产归入其自有资产，因依法解散、被依法撤销或者被依法宣告破产等原因进行清算的，银行理财产品财产不属于其清算财产。

第五条　商业银行理财产品管理人管理、运用和处分理财产品财产所产生的债权，不得与管理人、托管机构因自有资产所产生的债务相抵销；管理人管理、运用和处分不同理财产品财产所产生的债权债务，不得相互抵销。

第六条　商业银行开展理财业务，应当按照《指导意见》第八条的相关规定，诚实守信、勤勉尽职地履行受人之托、代人理财职责，投资者自担投资风险并获得收益。

商业银行开展理财业务，应当遵守成本可算、风险可控、信息充分披露的原则，严格遵守投资者适当性管理要求，保护投资者合法权益。

第七条 银行业监督管理机构依法对商业银行理财业务活动实施监督管理。

银行业监督管理机构应当对理财业务实行穿透式监管，向上识别理财产品的最终投资者，向下识别理财产品的底层资产，并对理财产品运作管理实行全面动态监管。

第二章 分类管理

第八条 商业银行应当根据募集方式的不同，将理财产品分为公募理财产品和私募理财产品。

本办法所称公募理财产品是指商业银行面向不特定社会公众公开发行的理财产品。公开发行的认定标准按照《中华人民共和国证券法》执行。

本办法所称私募理财产品是指商业银行面向合格投资者非公开发行的理财产品。合格投资者是指具备相应风险识别能力和风险承受能力，投资于单只理财产品不低于一定金额且符合下列条件的自然人、法人或者依法成立的其他组织：

（一）具有 2 年以上投资经历，且满足家庭金融净资产不低于 300 万元人民币，或者家庭金融资产不低于 500 万元人民币，或者近 3 年本人年均收入不低于 40 万元人民币；

（二）最近 1 年末净资产不低于 1 000 万元人民币的法人或者依法成立的其他组织；

（三）国务院银行业监督管理机构规定的其他情形。

私募理财产品的投资范围由合同约定，可以投资于债权类资产和权益类资产等。权益类资产是指上市交易的股票、未上市企业股权及其受（收）益权。

第九条 商业银行应当根据投资性质的不同，将理财产品分为固定收益类理财产品、权益类理财产品、商品及金融衍生品类理财产品和混合类理财产品。固定收益类理财产品投资于存款、债券等债权类资产的比例不低于 80%；权益类理财产品投资于权益类资产的比例不低于 80%；商品及金融衍生品类理财产品投资于商品及金融衍生品的比例不低于 80%；混合类理财产品投资于债权类资产、权益类资产、商品及金融衍生品类资产且任一资产的投资比例未达到前三类理财产品标准。

非因商业银行主观因素导致突破前述比例限制的，商业银行应当在流动性受限资产可出售、可转让或者恢复交易的 15 个交易日内将理财产品投资比例调整至符合要求，国务院银行业监督管理机构规定的特殊情形除外。

第十条 商业银行应当根据运作方式的不同，将理财产品分为封闭式理财产品和开放式理财产品。

本办法所称封闭式理财产品是指有确定到期日，且自产品成立日至终止日期间，投资者不得进行认购或者赎回的理财产品。开放式理财产品是指自产品成立日至终止日期间，理财产品份额总额不固定，投资者可以按照协议约定，在开放日和相应场所进行认购或者赎回的理财产品。

第十一条 商业银行发行投资衍生产品的理财产品的，应当具有衍生产品交易资格，并遵守国务院银行业监督管理机构关于衍生产品业务管理的有关规定。

商业银行开展理财业务涉及外汇业务的，应当具有开办相应外汇业务的资格，并遵守外汇管理的有关规定。

第十二条 商业银行总行应当按照以下要求，在全国银行业理财信息登记系统对理财产品进行集中登记：

（一）商业银行发行公募理财产品的，应当在理财产品销售前10日，在全国银行业理财信息登记系统进行登记；

（二）商业银行发行私募理财产品的，应当在理财产品销售前2日，在全国银行业理财信息登记系统进行登记；

（三）在理财产品募集和存续期间，按照有关规定持续登记理财产品的募集情况、认购赎回情况、投资者信息、投资资产、资产交易明细、资产估值、负债情况等信息；

（四）在理财产品终止后5日内完成终止登记。

商业银行应当确保本行理财产品登记信息的真实性、准确性、完整性和及时性。信息登记不齐全或者不符合要求的，应当进行补充或者重新登记。

商业银行不得发行未在全国银行业理财信息登记系统进行登记并获得登记编码的理财产品。商业银行应当在理财产品销售文件的显著位置列明该产品在全国银行业理财信息登记系统获得的登记编码，并提示投资者可以依据该登记编码在中国理财网查询产品信息。

银行业理财登记托管中心应当在国务院银行业监督管理机构的指导下，履行下列职责：

（一）持续加强全国银行业理财信息登记系统的建设和管理，确保系统独立、安全、高效运行；

（二）完善理财信息登记业务规则、操作规程和技术标准规范等，加强理财信息登记质量监控；

（三）向国务院银行业监督管理机构报告理财业务、理财信息登记质量和系统运行等有关情况；

（四）提供必要的技术支持、业务培训和投资者教育等服务；

（五）依法合规使用信息，建立保密制度并采取相应的保密措施，确保信息安全；

（六）国务院银行业监督管理机构规定的其他职责。

第三章 业务规则与风险管理

第一节 管理体系与管理制度

第十三条 商业银行董事会和高级管理层应当充分了解理财业务及其所面临的各类风险，根据本行的经营目标、投资管理能力、风险管理水平等因素，确定开展理财业务的总体战略和政策，确保具备从事理财业务和风险管理所需要的专业人员、业务处理系统、会计核算系统和管理信息系统等人力、物力资源。

第十四条 商业银行应当通过具有独立法人地位的子公司开展理财业务。暂不具备条件的，商业银行总行应当设立理财业务专营部门，对理财业务实行集中统一经营管理。

商业银行设立理财子公司的监管规定由国务院银行业监督管理机构另行制定。

第十五条 商业银行开展理财业务，应当确保理财业务与其他业务相分离，理财产品与其代销的金融产品相分离，理财产品之间相分离，理财业务操作与其他业务操作相分离。

第十六条 商业银行应当根据理财业务性质和风险特征，建立健全理财业务管理制度，包括产品准入管理、风险管理与内部控制、人员管理、销售管理、投资管理、合作机构管理、产品托管、产品估值、会计核算和信息披露等。

商业银行应当针对理财业务的风险特征，制定和实施相应的风险管理政策和程序，确保持续有效地识别、计量、监测和控制理财业务的各类风险，并将理财业务风险管理纳入其全面风险管理体系。商业银行应当按照国务院银行业监督管理机构关于内部控制的相关规定，建立健全理财业务的内部控制体系，作为银行整体内部控制体系的有机组成部分。

商业银行内部审计部门应当按照国务院银行业监督管理机构关于内部审计的相关规定，至少每年对理财业务进行一次内部审计，并将审计报告报送审计委员会及董事会。董事会应当针对内部审计发现的问题，督促高级管理层及时采取整改措施。内部审计部门应当跟踪检查整改措施的实施情况，并及时向董事会提交有关报告。

商业银行应当按照国务院银行业监督管理机构关于外部审计的相关规定，委托外部审计机构至少每年对理财业务和公募理财产品进行一次外部审计，并针对外部审计发现的问题及时采取整改措施。

第十七条 商业银行应当建立理财产品的内部审批政策和程序，在发行新产品之前充分识别和评估各类风险。理财产品由负责风险管理、法律合规、财务会计管理和消费者保护等相关职能部门进行审核，并获得董事会、董事会授权的专门委员会、高级管理层或者相关部门的批准。

第十八条 商业银行开展理财业务，应当确保每只理财产品与所投资资产相对应，做到每只理财产品单独管理、单独建账和单独核算，不得开展或者参与具有滚动发行、集合运作、分离定价特征的资金池理财业务。

本办法所称单独管理是指对每只理财产品进行独立的投资管理。单独建账是指为每只理财产品建立投资明细账，确保投资资产逐项清晰明确。单独核算是指对每只理财产品单独进行会计账务处理，确保每只理财产品具有资产负债表、利润表、产品净值变动表等财务会计报表。

第十九条 商业银行开展理财业务，应当按照《企业会计准则》和《指导意见》等关于金融工具估值核算的相关规定，确认和计量理财产品的净值。

第二十条 商业银行开展理财业务，应当遵守市场交易和公平交易原则，不得在理财产品之间、理财产品投资者之间或者理财产品投资者与其他市场主体之间进行利益输送。

第二十一条 商业银行理财产品投资于本行或托管机构，其主要股东、控股股东、实际控制人、一致行动人、最终受益人，其控股的机构或者与其有重大利害关系的公司发行或者承销的证券，或者从事其他重大关联交易的，应当符合理财产品的投资目标、投资策略和投资者利益优先原则，按照商业原则，以不优于对非关联方同类交易的条件进行，并向投资者充分披露信息。

商业银行应当按照金融监督管理部门关于关联交易的相关规定，建立健全理财业务关联交易内部评估和审批机制。理财业务涉及重大关联交易的，应当提交有权审批机构审批，并向银行业监督管理机构报告。

商业银行不得以理财资金与关联方进行不正当交易、利益输送、内幕交易和操纵市场，包括但不限于投资于关联方虚假项目、与关联方共同收购上市公司、向本行注资等。

第二十二条 商业银行开展理财业务，应当按照《商业银行资本管理办法（试行）》的相关规定计提操作风险资本。

第二十三条 商业银行应当建立有效的理财业务投资者投诉处理机制，明确受理和处理投资者投诉的途径、程序和方式，根据法律、行政法规、金融监管规定和合同约定妥善处理投资者投诉。

第二十四条 商业银行应当建立健全理财业务人员的资格认定、培训、考核评价和问责制度，确保理财业务人员具备必要的专业知识、行业经验和管理能力，充分了解相关法律、行政法规、监管规定以及理财产品的法律关系、交易结构、主要风险及风险管控方式，遵守行为准则和职业道德标准。

商业银行的董事、监事、高级管理人员和其他理财业务人员不得有下列行为：

（一）将自有财产或者他人财产混同于理财产品财产从事投资活动；

（二）不公平地对待所管理的不同理财产品财产；

（三）利用理财产品财产或者职务之便为理财产品投资者以外的人牟取利益；

(四)向理财产品投资者违规承诺收益或者承担损失;

(五)侵占、挪用理财产品财产;

(六)泄露因职务便利获取的未公开信息,利用该信息从事或者明示、暗示他人从事相关的交易活动;

(七)玩忽职守,不按照规定履行职责;

(八)法律、行政法规和国务院银行业监督管理机构规定禁止的其他行为。

第二节 销售管理

第二十五条 商业银行理财产品销售是指商业银行将本行发行的理财产品向投资者进行宣传推介和办理认购、赎回等业务活动。

第二十六条 商业银行销售理财产品,应当加强投资者适当性管理,向投资者充分披露信息和揭示风险,不得宣传或承诺保本保收益,不得误导投资者购买与其风险承受能力不相匹配的理财产品。

商业银行理财产品宣传销售文本应当全面、如实、客观地反映理财产品的重要特性,充分披露理财产品类型、投资组合、估值方法、托管安排、风险和收费等重要信息,所使用的语言表述必须真实、准确和清晰。

商业银行发行理财产品,不得宣传理财产品预期收益率,在理财产品宣传销售文本中只能登载该理财产品或者本行同类理财产品的过往平均业绩和最好、最差业绩,并以醒目文字提醒投资者"理财产品过往业绩不代表其未来表现,不等于理财产品实际收益,投资须谨慎"。

第二十七条 商业银行应当采用科学合理的方法,根据理财产品的投资组合、同类产品过往业绩和风险水平等因素,对拟销售的理财产品进行风险评级。

理财产品风险评级结果应当以风险等级体现,由低到高至少包括一级至五级,并可以根据实际情况进一步细分。

第二十八条 商业银行应当对非机构投资者的风险承受能力进行评估,确定投资者风险承受能力等级,由低到高至少包括一级至五级,并可以根据实际情况进一步细分。

商业银行不得在风险承受能力评估过程中误导投资者或者代为操作,确保风险承受能力评估结果的真实性和有效性。

第二十九条 商业银行只能向投资者销售风险等级等于或低于其风险承受能力等级的理财产品,并在销售文件中明确提示产品适合销售的投资者范围,在销售系统中设置销售限制措施。

商业银行不得通过对理财产品进行拆分等方式,向风险承受能力等级低于理财产品风险等级的投资者销售理财产品。

其他资产管理产品投资于商业银行理财产品的,商业银行应当按照穿透原则,有效识别资产管理产品的最终投资者。

第三十条 商业银行应当根据理财产品的性质和风险特征,设置适当的期限和销售起点金额。

商业银行发行公募理财产品的,单一投资者销售起点金额不得低于1万元人民币。

商业银行发行私募理财产品的,合格投资者投资于单只固定收益类理财产品的金额不得低于30万元人民币,投资于单只混合类理财产品的金额不得低于40万元人民币,投资于单只权益类理财产品、单只商品及金融衍生品类理财产品的金额不得低于100万元人民币。

第三十一条 商业银行只能通过本行渠道(含营业网点和电子渠道)销售理财产品,或者通过其他商业银行、农村合作银行、村镇银行、农村信用合作社等吸收公众存款的银行业金融机构代理销售理财产品。

第三十二条 商业银行通过营业场所向非机构投资者销售理财产品的,应当按照国务院银行业监督管理机构的相关规定实施理财产品销售专区管理,并在销售专区内对每只理财产品销售过程进行录音录像。

第三十三条 商业银行应当按照国务院银行业监督管理机构的相关规定,妥善保存理财产品销售过程涉及的投资者风险承受能力评估、录音录像等相关资料。

商业银行应当依法履行投资者信息保密义务,建立投资者信息管理制度和保密制度,防范投资者信息被不当采集、使用、传输和泄露。商业银行与其他机构共享投资者信息的,应当在理财产品销售文本中予以明确,征得投资者书面授权或者同意,并要求其履行投资者信息保密义务。

第三十四条 商业银行应当建立理财产品销售授权管理体系,制定统一的标准化销售服务规程,建立清晰的报告路线,明确分支机构业务权限,并采取定期核对、现场核查、风险评估等方式加强对分支机构销售活动的管理。

第三节 投资运作管理

第三十五条 商业银行理财产品可以投资于国债、地方政府债券、中央银行票据、政府机构债券、金融债券、银行存款、大额存单、同业存单、公司信用类债券、在银行间市场和证券交易所市场发行的资产支持证券、公募证券投资基金、其他债权类资产、权益类资产以及国务院银行业监督管理机构认可的其他资产。

第三十六条 商业银行理财产品不得直接投资于信贷资产,不得直接或间接投资于本行信贷资产,不得直接或间接投资于本行或其他银行业金融机构发行的理财产品,不得直接或间接投资于本行发行的次级档信贷资产支持证券。

商业银行面向非机构投资者发行的理财产品不得直接或间接投资于不良资产、不良资产支持证券,国务院银行业监督管理机构另有规定的除外。

商业银行理财产品不得直接或间接投资于本办法第三十五条所列示资产之外，由未经金融监督管理部门许可设立、不持有金融牌照的机构发行的产品或管理的资产，金融资产投资公司的附属机构依法依规设立的私募股权投资基金以及国务院银行业监督管理机构另有规定的除外。

第三十七条 理财产品销售文件应当载明产品类型、投资范围、投资资产种类及其投资比例，并确保在理财产品成立后至到期日前，投资比例按照销售文件约定合理浮动，不得擅自改变理财产品类型。

金融市场发生重大变化导致理财产品投资比例暂时超出浮动区间且可能对理财产品收益产生重大影响的，商业银行应当及时向投资者进行信息披露。

商业银行应当根据市场情况调整投资范围、投资资产种类或投资比例，并按照有关规定事先进行信息披露。超出销售文件约定比例的，除高风险类型的理财产品超出比例范围投资较低风险资产外，应当先取得投资者书面同意，并在全国银行业理财信息登记系统做好理财产品信息登记；投资者不接受的，应当允许投资者按照销售文件约定提前赎回理财产品。

第三十八条 商业银行理财产品投资资产管理产品的，应当符合以下要求：

（一）准确界定相关法律关系，明确约定各参与主体的责任和义务，并符合法律、行政法规、《指导意见》和金融监督管理部门对该资产管理产品的监管规定；

（二）所投资的资产管理产品不得再投资于其他资产管理产品（公募证券投资基金除外）；

（三）切实履行投资管理职责，不得简单作为资产管理产品的资金募集通道；

（四）充分披露底层资产的类别和投资比例等信息，并在全国银行业理财信息登记系统登记资产管理产品及其底层资产的相关信息。

第三十九条 商业银行理财产品投资于非标准化债权类资产的，应当符合以下要求：

（一）确保理财产品投资与审批流程相分离，比照自营贷款管理要求实施投前尽职调查、风险审查和投后风险管理，并纳入全行统一的信用风险管理体系；

（二）商业银行全部理财产品投资于单一债务人及其关联企业的非标准化债权类资产余额，不得超过本行资本净额的10%；

（三）商业银行全部理财产品投资于非标准化债权类资产的余额在任何时点均不得超过理财产品净资产的35%，也不得超过本行上一年度审计报告披露总资产的4%。

第四十条 商业银行理财产品不得直接或间接投资于本行信贷资产受（收）益权，面向非机构投资者发行的理财产品不得直接或间接投资于不良资产受（收）益权。

商业银行理财产品投资于信贷资产受（收）益权的，应当审慎评估信贷资产质量和风险，按照市场化原则合理定价，必要时委托会计师事务所、律师事务所、评级机构等独立第三方机构出具专业意见。

商业银行应当向投资者及时、准确、完整地披露理财产品所投资信贷资产受(收)益权的相关情况,并及时披露对投资者权益或投资收益等产生重大影响的突发事件。

第四十一条 商业银行理财产品直接或间接投资于银行间市场、证券交易所市场或者国务院银行业监督管理机构认可的其他证券的,应当符合以下要求:

(一)每只公募理财产品持有单只证券或单只公募证券投资基金的市值不得超过该理财产品净资产的10%;

(二)商业银行全部公募理财产品持有单只证券或单只公募证券投资基金的市值,不得超过该证券市值或该公募证券投资基金市值的30%;

(三)商业银行全部理财产品持有单一上市公司发行的股票,不得超过该上市公司可流通股票的30%。

国务院银行业监督管理机构另有规定的除外。

非因商业银行主观因素导致突破前述比例限制的,商业银行应当在流动性受限资产可出售、可转让或者恢复交易的10个交易日内调整至符合要求,国务院银行业监督管理机构规定的特殊情形除外。

商业银行理财产品投资于国债、地方政府债券、中央银行票据、政府机构债券、政策性金融债券以及完全按照有关指数的构成比例进行投资的除外。

第四十二条 商业银行不得发行分级理财产品。

本办法所称分级理财产品是指商业银行按照本金和收益受偿顺序的不同,将理财产品划分为不同等级的份额,不同等级份额的收益分配不按份额比例计算,而是由合同另行约定、按照优先与劣后份额安排进行收益分配的理财产品。

商业银行每只开放式公募理财产品的杠杆水平不得超过140%,每只封闭式公募理财产品、每只私募理财产品的杠杆水平不得超过200%。

本办法所称杠杆水平是指理财产品总资产/理财产品净资产。商业银行计算理财产品总资产时,应当按照穿透原则合并计算理财产品所投资的底层资产。理财产品投资资产管理产品的,应当按照理财产品持有资产管理产品的比例计算底层资产。

第四十三条 商业银行应当建立健全理财业务流动性风险管理制度,加强理财产品及其所投资资产期限管理,专业审慎、勤勉尽责地管理理财产品流动性风险,确保投资者的合法权益不受损害并得到公平对待。

商业银行应当在理财产品设计阶段,综合评估分析投资策略、投资范围、投资资产流动性、销售渠道、投资者类型与风险偏好等因素,审慎决定是否采取开放式运作。

商业银行发行的封闭式理财产品的期限不得低于90天;开放式理财产品所投资资产的流动性应当与投资者赎回需求相匹配,确保持有足够的现金、活期存款、国债、中央银行票据、政策性金融债券等具有良好流动性的资产,以备支付理财产品投资者的赎回款项。开放式公募理财产品应当持有不低于该理财产品资产净值5%的现金或者到期日在一年以内的国债、中央银行票据和政策性金融债券。

第四十四条 商业银行理财产品直接或间接投资于非标准化债权类资产的，非标准化债权类资产的终止日不得晚于封闭式理财产品的到期日或者开放式理财产品的最近一次开放日。

商业银行理财产品直接或间接投资于未上市企业股权及其受(收)益权的，应当为封闭式理财产品，并明确股权及其受(收)益权的退出安排。未上市企业股权及其受(收)益权的退出日不得晚于封闭式理财产品的到期日。

第四十五条 商业银行应当加强理财产品开展同业融资的流动性风险、交易对手风险和操作风险等风险管理，做好期限管理和集中度管控，按照穿透原则对交易对手实施尽职调查和准入管理，设置适当的交易限额并根据需要进行动态调整。

商业银行应当建立健全买入返售交易质押品的管理制度，采用科学合理的质押品估值方法，审慎确定质押品折扣系数，确保其能够满足正常和压力情景下融资交易的质押品需求，并且能够及时向相关交易对手履行返售质押品的义务。

第四十六条 商业银行应当建立健全理财产品压力测试制度。理财产品压力测试应当至少符合以下要求：

(一)针对单只理财产品，合理审慎设定并定期审核压力情景，充分考虑理财产品的规模、投资策略、投资者类型等因素，审慎评估各类风险对理财产品的影响，压力测试的数据应当准确可靠并及时更新，压力测试频率应当与商业银行理财产品的规模和复杂程度相适应；

(二)针对每只公募理财产品，压力测试应当至少每季度进行一次，出现市场剧烈波动等情况时，应当提高压力测试频率；

(三)在可能情况下，应当参考以往出现的影响理财产品的外部冲击，对压力测试结果实施事后检验，压力测试结果和事后检验应当有书面记录；

(四)在理财产品投资运作和风险管理过程中应当充分考虑压力测试结果，必要时根据压力测试结果进行调整；

(五)制定有效的理财产品应急计划，确保其可以应对紧急情况下的理财产品赎回需求。应急计划的制定应当充分考虑压力测试结果，内容包括但不限于触发应急计划的各种情景、应急资金来源、应急程序和措施，董事会、高级管理层及相关部门实施应急程序和措施的权限与职责等；

(六)由专门的团队负责压力测试的实施与评估，该团队应当与投资管理团队保持相对独立。

第四十七条 商业银行应当加强对开放式公募理财产品认购环节的管理，合理控制理财产品投资者集中度，审慎确认大额认购申请，并在理财产品销售文件中对拒绝或暂停接受投资者认购申请的情形进行约定。

当接受认购申请可能对存量开放式公募理财产品投资者利益构成重大不利影响时，商业银行可以采取设定单一投资者认购金额上限或理财产品单日净认购比例上限、拒绝大额认购、暂停认购等措施，切实保护存量理财产品投资者的合法权益。

在确保投资者得到公平对待的前提下，商业银行可以按照法律、行政法规和理财产品销售文件约定，综合运用设置赎回上限、延期办理巨额赎回申请、暂停接受赎回申请、收取短期赎回费等方式，作为压力情景下开放式公募理财产品流动性风险管理的辅助措施。商业银行应当按照理财产品销售文件中约定的信息披露方式，在 3 个交易日内通知投资者相关处理措施。

本办法所称巨额赎回是指商业银行开放式公募理财产品单个开放日净赎回申请超过理财产品总份额的 10%的赎回行为，国务院银行业监督管理机构另有规定的除外。

第四十八条 商业银行应当对理财投资合作机构的资质条件、专业服务能力和风险管理水平等开展尽职调查，实行名单制管理，明确规定理财投资合作机构的准入标准和程序、责任与义务、存续期管理、利益冲突防范机制、信息披露义务及退出机制，理财投资合作机构的名单应当至少由总行高级管理层批准并定期评估，必要时进行调整。商业银行应当以书面方式明确界定双方的权利义务和风险责任承担方式，切实履行投资管理职责，不因委托其他机构投资而免除自身应当承担的责任。

本办法所称理财投资合作机构包括但不限于商业银行理财产品所投资资产管理产品的发行机构、根据合同约定从事理财产品受托投资的机构以及与理财产品投资管理相关的投资顾问等。理财投资合作机构应当是具有专业资质并受金融监督管理部门依法监管的金融机构或国务院银行业监督管理机构认可的其他机构。

商业银行聘请理财产品投资顾问的，应当审查投资顾问的投资建议，不得由投资顾问直接执行投资指令，不得向未提供实质服务的投资顾问支付费用或者支付与其提供的服务不相匹配的费用。

商业银行首次与理财投资合作机构合作的，应当提前 10 日将该合作机构相关情况报告银行业监督管理机构。

第四十九条 商业银行不得用自有资金购买本行发行的理财产品，不得为理财产品投资的非标准化债权类资产或权益类资产提供任何直接或间接、显性或隐性的担保或回购承诺，不得用本行信贷资金为本行理财产品提供融资和担保。

第四节 理财托管

第五十条 商业银行应当选择具有证券投资基金托管业务资格的金融机构、银行业理财登记托管机构或者国务院银行业监督管理机构认可的其他机构托管所发行的理财产品。

第五十一条 从事理财产品托管业务的机构应当履行下列职责，确保实现实质性独立托管：

（一）安全保管理财产品财产；

（二）为每只理财产品开设独立的托管账户，不同托管账户中的资产应当相互独立；

（三）按照托管协议约定和理财产品发行银行的投资指令，及时办理清算、交割事宜；

（四）建立与理财产品发行银行的对账机制，复核、审查理财产品资金头寸、资产账目、资产净值、认购和赎回价格等数据，及时核查认购、赎回以及投资资金的支付和到账情况；

（五）监督理财产品投资运作，发现理财产品违反法律、行政法规、规章规定或合同约定进行投资的，应当拒绝执行，及时通知理财产品发行银行并报告银行业监督管理机构；

（六）办理与理财产品托管业务活动相关的信息披露事项，包括披露理财产品托管协议、对理财产品信息披露文件中的理财产品财务会计报告等出具意见，以及在公募理财产品半年度和年度报告中出具理财托管机构报告等；

（七）理财托管业务活动的记录、账册、报表和其他相关资料保存15年以上；

（八）对理财产品投资信息和相关资料承担保密责任，除法律、行政法规、规章规定、审计要求或者合同约定外，不得向任何机构或者个人提供相关信息和资料；

（九）国务院银行业监督管理机构规定的其他职责。

从事理财产品托管业务机构的董事、监事、高级管理人员和其他托管业务人员不得有本办法第二十四条第二款所列行为。

第五十二条　商业银行有下列情形之一的，国务院银行业监督管理机构可以要求其发行的理财产品由指定的机构进行托管：

（一）理财产品未实现实质性独立托管的；

（二）未按照穿透原则，在全国银行业理财信息登记系统中，向上穿透登记最终投资者信息，向下穿透登记理财产品投资的底层资产信息，或者信息登记不真实、准确、完整和及时的；

（三）国务院银行业监督管理机构规定的其他情形。

第五节　信息披露

第五十三条　商业银行应当按照国务院银行业监督管理机构关于信息披露的有关规定，每半年披露其从事理财业务活动的有关信息，披露的信息应当至少包括以下内容：当期发行和到期的理财产品类型、数量和金额、期末存续理财产品数量和金额，列明各类理财产品的占比及其变化情况，以及理财产品直接和间接投资的资产种类、规模和占比等信息。

第五十四条　商业银行应当在本行营业网点或官方网站建立理财产品信息查询平台，收录全部在售及存续期内公募理财产品的基本信息。

第五十五条　商业银行应当及时、准确、完整地向理财产品投资者披露理财产品的募集信息、资金投向、杠杆水平、收益分配、托管安排、投资账户信息和主要投资风险等内容。

第五十六条 商业银行发行公募理财产品的，应当在本行官方网站或者按照与投资者约定的方式，披露以下理财产品信息：

（一）在全国银行业理财信息登记系统获取的登记编码；

（二）销售文件，包括说明书、销售协议书、风险揭示书和投资者权益须知；

（三）发行公告，包括理财产品成立日期和募集规模等信息；

（四）定期报告，包括理财产品的存续规模、收益表现，并分别列示直接和间接投资的资产种类、投资比例、投资组合的流动性风险分析，以及前十项资产具体名称、规模和比例等信息；

（五）到期公告，包括理财产品的存续期限、终止日期、收费情况和收益分配情况等信息；

（六）重大事项公告；

（七）临时性信息披露；

（八）国务院银行业监督管理机构规定的其他信息。

商业银行应当在理财产品成立之后 5 日内披露发行公告，在理财产品终止后 5 日内披露到期公告，在发生可能对理财产品投资者或者理财产品收益产生重大影响的事件后 2 日内发布重大事项公告。

商业银行应当在每个季度结束之日起 15 日内、上半年结束之日起 60 日内、每年结束之日起 90 日内，编制完成理财产品的季度、半年和年度报告等定期报告。理财产品成立不足 90 日或者剩余存续期不超过 90 日的，商业银行可以不编制理财产品当期的季度、半年和年度报告。

第五十七条 商业银行应当在每个开放日结束后 2 日内，披露开放式公募理财产品在开放日的份额净值、份额累计净值、认购价格和赎回价格，在定期报告中披露开放式公募理财产品在季度、半年和年度最后一个市场交易日的份额净值、份额累计净值和资产净值。

商业银行应当至少每周向投资者披露一次封闭式公募理财产品的资产净值和份额净值。

第五十八条 商业银行应当在公募理财产品的存续期内，至少每月向投资者提供其所持有的理财产品账单，账单内容包括但不限于投资者持有的理财产品份额、认购金额、份额净值、份额累计净值、资产净值、收益情况、投资者理财交易账户发生的交易明细记录等信息。

第五十九条 商业银行发行私募理财产品的，应当按照与合格投资者约定的方式和频率，披露以下理财产品信息：

（一）在全国银行业理财信息登记系统获取的登记编码；

(二)销售文件,包括说明书、销售协议书、风险揭示书和投资者权益须知;

(三)至少每季度向合格投资者披露理财产品的资产净值、份额净值和其他重要信息;

(四)定期报告,至少包括季度、半年和年度报告;

(五)到期报告;

(六)重大事项报告;

(七)临时性信息披露;

(八)国务院银行业监督管理机构规定的其他信息。

第六十条 商业银行理财产品终止后的清算期原则上不得超过5日;清算期超过5日的,应当在理财产品终止前,根据与投资者的约定,在指定渠道向理财产品投资者进行披露。

第六十一条 商业银行应当在理财产品销售文件中明确约定与投资者联络和信息披露的方式、渠道和频率,以及在信息披露过程中各方的责任,确保投资者及时获取信息。

商业银行在未与投资者明确约定的情况下,在其官方网站公布理财产品相关信息,不能视为向投资者进行了信息披露。

第四章 监督管理

第六十二条 从事理财业务的商业银行应当按照规定,向银行业监督管理机构报送与理财业务有关的财务会计报表、统计报表、外部审计报告和银行业监督管理机构要求报送的其他材料,并于每年度结束后2个月内报送理财业务年度报告。

第六十三条 理财托管机构应当按照规定,向银行业监督管理机构报送与理财产品托管有关的材料,并于每年度结束后2个月内报送理财产品年度托管报告。

第六十四条 从事理财业务的商业银行在理财业务中出现重大风险和损失时,应当及时向银行业监督管理机构报告,并提交应对措施。

第六十五条 银行业监督管理机构应当定期对商业银行理财业务进行现场检查。

第六十六条 银行业监督管理机构应当基于非现场监管和现场检查情况,定期对商业银行理财业务进行评估,并将其作为监管评级的重要依据。

第六十七条 商业银行违反本办法规定从事理财业务活动的,应当根据国务院银行业监督管理机构或者其省一级派出机构提出的整改要求,在规定的时限内向国务院银行业监督管理机构或者其省一级派出机构提交整改方案并采取整改措施。

第六十八条 对于在规定的时限内未能采取有效整改措施的商业银行,或者其行为严重危及本行稳健运行、损害投资者合法权益的,国务院银行业监督管理机构或者其省一级派出机构有权按照《中华人民共和国银行业监督管理法》第三十七条的规定,采取下列措施:

(一)责令暂停发行理财产品;

（二）责令暂停开展理财产品托管等业务；

（三）责令调整董事、高级管理人员或者限制其权利；

（四）《中华人民共和国银行业监督管理法》第三十七条规定的其他措施。

第六十九条 商业银行开展理财业务，根据《指导意见》经认定存在刚性兑付行为的，应当足额补缴存款准备金和存款保险保费，按照国务院银行业监督管理机构的相关规定，足额计提资本、贷款损失准备和其他各项减值准备，计算流动性风险和大额风险暴露等监管指标。

第五章 法律责任

第七十条 商业银行从事理财业务活动，有下列情形之一的，由银行业监督管理机构依照《中华人民共和国银行业监督管理法》第四十六条的规定，予以处罚。

（一）提供虚假的或者隐瞒重要事实的报表、报告等文件、资料的；

（二）未按照规定进行风险揭示或者信息披露的；

（三）根据《指导意见》经认定存在刚性兑付行为的；

（四）拒绝执行本办法第六十八条规定的措施的；

（五）严重违反本办法规定的其他情形。

第七十一条 商业银行从事理财业务活动，未按照规定向银行业监督管理机构报告或者报送有关文件、资料的，由银行业监督管理机构依照《中华人民共和国银行业监督管理法》第四十七条的规定，予以处罚。

第七十二条 商业银行从事理财业务活动的其他违法违规行为，由银行业监督管理机构依照《中华人民共和国银行业监督管理法》《中华人民共和国商业银行法》等法律法规予以处罚。

第七十三条 商业银行从事理财业务活动，违反有关法律、行政法规以及国家有关银行业监督管理规定的，银行业监督管理机构除依照本办法第七十条至第七十二条规定处罚外，还可以依照《中华人民共和国银行业监督管理法》第四十八条和《金融违法行为处罚办法》的相关规定，对直接负责的董事、高级管理人员和其他直接责任人员进行处理；涉嫌犯罪的，依法移送司法机关处理。

第六章 附 则

第七十四条 政策性银行、农村合作银行、农村信用合作社等其他银行业金融机构开展理财业务，适用本办法规定。外国银行分行开展理财业务，参照本办法执行。

第七十五条 商业银行已经发行的保证收益型和保本浮动收益型理财产品应当按照结构性存款或者其他存款进行规范管理。

本办法所称结构性存款是指商业银行吸收的嵌入金融衍生产品的存款，通过与利率、汇率、指数等的波动挂钩或者与某实体的信用情况挂钩，使存款人在承担一定风险的基础上获得相应收益的产品。

结构性存款应当纳入商业银行表内核算，按照存款管理，纳入存款准备金和存款保险保费的缴纳范围，相关资产应当按照国务院银行业监督管理机构的相关规定计提资本和拨备。衍生产品交易部分按照衍生产品业务管理，应当有真实的交易对手和交易行为。

商业银行发行结构性存款应当具备相应的衍生产品交易业务资格。

商业银行销售结构性存款，应当参照本办法第三章第二节和本办法附件的相关规定执行。

第七十六条 具有代客境外理财业务资格的商业银行开展代客境外理财业务，参照本办法执行，并应当遵守法律、行政法规和金融监督管理部门的相关规定。

第七十七条 本办法中"以上"均含本数；"日"指工作日；"收益率"指年化收益率。

第七十八条 本办法附件《商业银行理财产品销售管理要求》是本办法的组成部分。

第七十九条 本办法由国务院银行业监督管理机构负责解释。

第八十条 本办法自公布之日起施行。《商业银行个人理财业务管理暂行办法》（中国银行业监督管理委员会令2005年第2号）、《商业银行个人理财业务风险管理指引》（银监发〔2005〕63号）、《中国银行业监督管理委员会办公厅关于商业银行开展个人理财业务风险提示的通知》（银监办发〔2006〕157号）、《中国银监会办公厅关于调整商业银行个人理财业务管理有关规定的通知》（银监办发〔2007〕241号）、《中国银监会办公厅关于进一步规范商业银行个人理财业务有关问题的通知》（银监办发〔2008〕47号）、《中国银监会办公厅关于进一步规范商业银行个人理财业务报告管理有关问题的通知》（银监办发〔2009〕172号）、《中国银监会关于进一步规范商业银行个人理财业务投资管理有关问题的通知》（银监发〔2009〕65号）、《中国银监会关于规范信贷资产转让及信贷资产类理财业务有关事项的通知》（银监发〔2009〕113号）、《商业银行理财产品销售管理办法》（中国银行业监督管理委员会令2011年第5号）、《中国银监会关于进一步加强商业银行理财业务风险管理有关问题的通知》（银监发〔2011〕91号）、《中国银监会关于规范商业银行理财业务投资运作有关问题的通知》（银监发〔2013〕8号）、《中国银监会关于完善银行理财业务组织管理体系有关事项的通知》（银监发〔2014〕35号）同时废止。本办法实施前出台的有关规章及规范性文件如与本办法不一致的，按照本办法执行。

第八十一条 本办法过渡期为施行之日起至2020年底。过渡期内，商业银行新发行的理财产品应当符合本办法规定；对于存量理财产品，商业银行可以发行老产品对接存量理财产品所投资的未到期资产，但应当严格控制在存量产品的整体规模内，并有序压缩递减。

商业银行应当制定本行理财业务整改计划，明确时间进度安排和内部职责分工，经董事会审议通过并经董事长签批后，报送银行业监督管理机构认可，同时报备中国人民银行。银行业监督管理机构监督指导商业银行实施整改计划，对于提前完成整改的商业银行，给予适当监管激励；对于未严格执行整改计划或者整改不到位的商业银行，适时采取相关监管措施。

过渡期结束之后，商业银行理财产品按照本办法和《指导意见》进行全面规范管理，因子公司尚未成立而达不到第三方独立托管要求的情形除外；商业银行不得再发行或者存续不符合《指导意见》和本办法规定的理财产品。

附件

商业银行理财产品销售管理要求

一、宣传销售文本管理

（一）宣传销售文本分为两类。

1. 宣传材料，指商业银行为宣传推介理财产品向投资者分发或者发布，使投资者可以获得的书面、电子或其他介质的信息。

2. 销售文件，包括：理财产品销售协议书、理财产品说明书、风险揭示书、投资者权益须知等；经投资者签字确认的销售文件，商业银行和投资者双方均应留存。

（二）商业银行应当加强对理财产品宣传销售文本制作和发放的管理，宣传销售文本应当由商业银行总行统一管理和授权，分支机构未经总行授权不得擅自制作和分发宣传销售文本。

（三）理财产品宣传销售文本应当全面、客观反映理财产品的重要特性和与产品有关的重要事实，语言表述应当真实、准确和清晰，不得有下列情形：

1. 虚假记载、误导性陈述或者重大遗漏；

2. 违规承诺收益或者承担损失；

3. 夸大或者片面宣传理财产品，违规使用“安全”“保证”“承诺”“保险”“避险”“有保障”“高收益”“无风险”等与产品风险收益特性不匹配的表述；

4. 登载单位或者个人的推荐性文字；

5. 在未提供客观证据的情况下，使用“业绩优良”“名列前茅”“位居前列”“最有价值”“首只”“最大”“最好”“最强”“唯一”等夸大过往业绩的表述；

6. 其他易使投资者忽视风险的情形。

（四）理财产品宣传销售文本只能登载商业银行开发设计的该款理财产品或本行同类理财产品过往平均业绩及最好、最差业绩，同时应当遵守下列规定：

1. 引用的统计数据、图表和资料应当真实、准确、全面，并注明来源，不得引用未经核实的数据；

2. 真实、准确、合理地表述理财产品业绩和商业银行管理水平；

3. 在宣传销售文本中应当以醒目文字提醒投资者“理财产品过往业绩不代表其未来表现,不等于理财产品实际收益,投资须谨慎”。

如理财产品宣传销售文本中使用模拟数据的,必须注明模拟数据。

(五)理财产品宣传销售文本提及第三方专业机构评价结果的,应当列明第三方专业评价机构名称及刊登或发布评价的渠道与日期。

(六)理财产品销售文件应当载明理财产品的认购和赎回安排、估值原则、估值方法、份额认购、赎回价格的计算方式,拟投资市场和资产的风险评估。

(七)理财产品销售文件应当载明理财产品的托管机构、理财投资合作机构的基本信息和主要职责等。

(八)理财产品宣传材料应当在醒目位置提示投资者,“理财非存款、产品有风险、投资须谨慎”。

(九)理财产品销售文件应当包含专页风险揭示书,风险揭示书应当使用通俗易懂的语言,并至少包含以下内容:

1. 在醒目位置提示投资者,“理财非存款、产品有风险、投资须谨慎”;

2. 提示投资者,“如影响您风险承受能力的因素发生变化,请及时完成风险承受能力评估”;

3. 提示投资者注意投资风险,仔细阅读理财产品销售文件,了解理财产品具体情况;

4. 本理财产品类型、期限、风险评级结果、适合购买的投资者,并配以示例说明最不利投资情形下的投资结果;

5. 理财产品的风险揭示应当至少包含本理财产品不保证本金和收益,并根据理财产品风险评级结果提示投资者可能会因市场变动而蒙受损失的程度,以及需要充分认识投资风险,谨慎投资等;

6. 投资者风险承受能力评级结果,由投资者填写;

7. 投资者风险确认语句抄录,包括确认语句栏和签字栏,确认语句栏应当完整载明的风险确认语句“本人已经阅读风险揭示,愿意承担投资风险”,并在此语句下预留足够空间供投资者完整抄录和签名确认。

(十)理财产品销售文件应当包含投资者权益须知的专页,投资者权益须知应当至少包括以下内容:

1. 投资者办理理财产品的流程;

2. 投资者风险承受能力评估流程、评级具体含义以及适合购买的理财产品等相关内容;

3. 商业银行向投资者进行信息披露的方式、渠道和频率等;

4. 投资者向商业银行投诉的方式和程序;

5. 商业银行联络方式及其他需要向投资者说明的内容。

(十一)理财产品销售文件应当载明收取销售费、托管费、投资管理费等相关收费项目、收费条件、收费标准和收费方式。销售文件未载明的收费项目，不得向投资者收取。

商业银行根据相关法律和国家政策规定，需要对已约定的收费项目、条件、标准和方式进行调整时，应当按照有关规定进行信息披露后方可调整；投资者不接受的，应当允许投资者按照销售文件的约定提前赎回理财产品。

（十二）理财产品名称应当恰当反映产品属性，不得使用带有诱惑性、误导性和承诺性的称谓以及易引发争议的模糊性语言。理财产品名称中含有拟投资资产名称的，拟投资该资产的比例须达到该理财产品规模的80%以上。

（十三）理财产品宣传销售文本的内容发生变化时，商业银行应当及时更新，并确保投资者及时知晓。

二、非机构投资者风险承受能力评估

（一）商业银行应当在投资者首次购买理财产品前在本行网点进行风险承受能力评估。风险承受能力评估依据至少应当包括投资者年龄、财务状况、投资经验、投资目的、收益预期、风险偏好、流动性要求、风险认识以及风险损失承受程度等。

商业银行对超过65岁的投资者进行风险承受能力评估时，应当充分考虑投资者年龄、相关投资经验等因素。

商业银行完成投资者风险承受能力评估后应当将风险承受能力评估结果告知投资者，由投资者签名确认后留存。

（二）商业银行应当定期或不定期地在本行网点或采用网上银行方式对投资者进行风险承受能力持续评估。

超过一年未进行风险承受能力评估或发生可能影响自身风险承受能力情况的投资者，再次购买理财产品时，应当在商业银行网点或其网上银行完成风险承受能力评估，评估结果应当由投资者签名确认；未进行评估的，商业银行不得再次向其销售理财产品。

（三）商业银行应当制定本行统一的投资者风险承受能力评估书。

商业银行应当在投资者风险承受能力评估书中明确提示，如投资者发生可能影响其自身风险承受能力的情形，再次购买理财产品时应当主动要求商业银行对其进行风险承受能力评估。

（四）商业银行分支机构理财产品销售部门负责人或经授权的业务主管人员应当定期对已完成的投资者风险承受能力评估书进行审核。

（五）商业银行应当建立投资者风险承受能力评估信息管理系统，用于测评、记录和留存投资者风险承受能力评估内容和结果。

三、理财产品销售管理

（一）商业银行应当制定理财产品销售业务基本规程，对认购、赎回以及开户、销户、资料变更等业务作出规定。

（二）商业银行从事理财产品销售活动，不得有下列情形：

1. 将存款作为理财产品销售，将理财产品作为存款销售，将理财产品与存款进行强制性搭配销售，将理财产品与其他产品进行捆绑销售；

2. 采取抽奖、回扣或者赠送实物等方式销售理财产品；

3. 销售人员代替投资者签署文件；

4. 挪用投资者资金；

5. 国务院银行业监督管理机构规定禁止的其他情形。

（三）商业银行不得通过电视、电台、互联网等渠道对具体理财产品进行宣传，本行渠道（含营业网点和电子渠道）除外。

（四）商业银行通过电话、传真、短信、邮件等方式开展理财产品宣传时，如投资者明确表示不同意，商业银行不得再通过此种方式向投资者宣传理财产品。

（五）商业银行通过本行网上银行销售理财产品时，应当遵守本附件关于非机构投资者风险承受能力评估的相关规定；销售过程应有醒目的风险提示，风险确认等环节工作要求不得低于网点标准，销售过程应当保留完整记录。

（六）商业银行通过本行电话银行销售理财产品时，应当遵守本附件关于非机构投资者风险承受能力评估的相关规定；销售人员应当是具有理财从业资格的银行人员，销售过程应当使用统一的规范用语，妥善保管投资者信息，履行相应的保密义务。

商业银行通过本行电话银行向投资者销售理财产品应当征得投资者同意，明确告知投资者销售的是理财产品，不得误导投资者；销售过程中风险确认等环节工作要求不得低于网点标准，销售过程应当录音并妥善保存。

（七）商业银行销售风险评级为四级以上理财产品时，除非与投资者书面约定，否则应当在商业银行网点进行。

（八）对于单笔投资金额较大的投资者，商业银行应当在完成销售前将销售文件至少报经商业银行分支机构销售部门负责人审核或其授权的业务主管人员审核；单笔金额标准和审核权限，由商业银行根据理财产品特性和本行风险管理要求制定。

已经完成销售的理财产品销售文件，应至少报经商业银行分支机构理财产品销售部门负责人或其授权的业务主管人员定期审核。

（九）商业银行应当在私募理财产品的销售文件中约定不少于二十四小时的投资冷静期，并载明投资者在投资冷静期内的权利。在投资冷静期内，如果投资者改变决定，商业银行应当遵从投资者意愿，解除已签订的销售文件，并及时退还投资者的全部投资款项。投资冷静期自销售文件签字确认后起算。

（十）商业银行应当建立异常销售的监控、记录、报告和处理制度，重点关注理财产品销售业务中的不当销售和误导销售行为，至少应当包括以下异常情况：

1. 投资者频繁开立、撤销理财账户；

2. 投资者风险承受能力与理财产品风险不匹配；

3. 商业银行超过约定时间进行资金划付；

4. 其他应当关注的异常情况。

（十一）商业银行应当建立和完善理财产品销售质量控制制度，制定实施内部监督和独立审核措施，配备必要的人员，对本行理财产品销售人员的操守资质、服务合规性和服务质量等进行内部调查和监督。

内部调查应当采用多样化的方式进行。对理财产品销售质量进行调查时，内部调查监督人员还应当亲自或委托适当的人员，以投资者身份进行调查。

内部调查监督人员应当在审查销售服务记录、合同和其他材料等基础上，重点检查是否存在不当销售的情况。

四、销售人员管理

（一）销售人员是指商业银行面向投资者从事理财产品宣传推介、销售、办理认购和赎回等相关活动的人员。

（二）销售人员从事理财产品销售活动，应当遵循以下原则：

1. 勤勉尽职原则。销售人员应当以对投资者高度负责的态度执业，认真履行各项职责。

2. 诚实守信原则。销售人员应当以诚实、公正的态度、合法的方式执业，如实告知投资者可能影响其利益的重要情况和理财产品风险评级情况。

3. 公平对待投资者原则。在理财产品销售活动中发生分歧或矛盾时，销售人员应当公平对待投资者，不得损害投资者合法权益。

4. 专业胜任原则。销售人员应当具备理财产品销售的专业资格和技能，胜任理财产品销售工作。

（三）销售人员在向投资者宣传销售理财产品时，应当先做自我介绍，尊重投资者意愿，不得在投资者不愿或不便的情况下进行宣传销售。

（四）销售人员在为投资者办理购买理财产品手续前，应当遵守本附件规定，特别注意以下事项：

1. 有效识别投资者身份；

2. 向投资者介绍理财产品销售业务流程、收费标准及方式等；

3. 了解投资者风险承受能力评估情况、投资期限和流动性要求；

4. 提醒投资者阅读销售文件，特别是风险揭示书和投资者权益须知；

5. 确认投资者抄录了风险确认语句。

（五）销售人员从事理财产品销售活动，不得有下列情形：

1. 在销售活动中为自己或他人牟取不正当利益，承诺进行利益输送，通过给予他人财物或利益，或接受他人给予的财物或利益等形式进行商业贿赂；

2. 诋毁其他机构的理财产品或销售人员；

3. 散布虚假信息，扰乱市场秩序；

4. 违规接受投资者全权委托，私自代理投资者进行理财产品认购、赎回等交易；

5. 违规对投资者做出盈亏承诺，或与投资者以口头或书面形式约定利益分成或亏损分担；

6. 挪用投资者交易资金或理财产品；

7. 擅自更改投资者交易指令；

8. 其他可能有损投资者合法权益和所在机构声誉的行为。

（六）商业银行应当建立健全销售人员资格考核、继续培训、跟踪评价等管理制度，不得对销售人员采用以销售业绩作为单一考核和奖励指标的考核方法，并应当将投资者投诉情况、误导销售以及其他违规行为纳入考核指标体系。

商业银行应当对销售人员在销售活动中出现的违规行为进行问责处理，将其纳入本行人力资源评价考核内容，持续跟踪考核。

对于频繁被投资者投诉、投诉事项查证属实的销售人员，应当将其调离销售岗位；情节严重的，应当按照规定承担相应法律责任。

五、理财产品信息登记要求

（一）商业银行总行在全国银行业理财信息登记系统进行销售前信息登记，应当包括以下内容：

1. 理财产品的可行性评估报告，主要内容包括：产品基本特性、目标投资者、拟销售时间和规模、拟销售地区、理财资金投向、投资组合安排、估值方法、产品风险评估及管控措施等；

2. 内部审核文件；

3. 对理财投资合作机构、理财托管机构等相关方的尽职调查文件；

4. 与理财投资合作机构、理财托管机构等相关方签署的法律文件；

5. 理财产品销售文件，包括理财产品销售协议书、理财产品说明书、风险揭示书、投资者权益须知等；

6. 报告材料联络人的具体联系方式；

7. 国务院银行业监督管理机构要求的其他材料。

（二）商业银行分支机构应当在开始发售理财产品之日起5日内，将以下材料向银行业监督管理机构报告：

1. 总行理财产品发售授权书；

2. 理财产品销售文件，包括理财产品协议书、理财产品说明书、风险揭示书、投资者权益须知等；

3. 报告材料联络人的具体联系方式；

4. 银行业监督管理机构要求的其他材料。

《理财公司理财产品销售管理暂行办法》全文

第一章 总 则

第一条 根据《中华人民共和国银行业监督管理法》《中华人民共和国商业银行法》等法律、行政法规，以及《关于规范金融机构资产管理业务的指导意见》《商业银行理财业务监督管理办法》《商业银行理财子公司管理办法》等，制定本办法。

第二条 本办法所称理财业务是指理财公司接受投资者委托，按照与投资者事先约定的投资策略、风险承担和收益分配方式，对受托的投资者财产进行投资和管理的金融服务。

本办法所称理财公司是指在中华人民共和国境内依法设立的商业银行理财子公司，以及中国银行保险监督管理委员会（以下简称银保监会）批准设立的其他主要从事理财业务的非银行金融机构。

本办法所称理财产品是指理财公司按照约定条件和实际投资收益情况向投资者支付收益、不保证本金支付和收益水平的非保本理财产品。

本办法所称理财产品销售包括面向投资者开展的以下部分或全部业务活动：

（一）以展示、介绍、比较单只或多只理财产品部分或全部特征信息并直接或间接提供认购、申购、赎回服务等方式宣传推介理财产品；

（二）提供单只或多只理财产品投资建议；

（三）为投资者办理理财产品认购、申购和赎回；

（四）银保监会认定的其他业务活动。

从事以上部分或全部业务活动的机构为理财产品销售机构。

理财产品销售机构中从事以上部分或全部业务活动的人员为理财产品销售人员。

第三条 理财产品销售机构包括：

（一）销售本公司发行理财产品的理财公司；

（二）接受理财公司委托销售其发行理财产品的代理销售机构，包括其他理财公司，商业银行、农村合作银行、村镇银行、农村信用合作社等吸收公众存款的银行业金融机构，以及银保监会规定的其他机构。

第四条 从事理财产品销售业务活动，应当遵守法律法规、监管规定、合作协议及理财产品销售文件的约定，诚实守信，谨慎勤勉，恪守职业道德和行为规范，向投资者充分披露信息和揭示风险，打破刚性兑付，不得直接或变相宣传、承诺保本保收益，不得损害国家利益、社会公共利益和投资者的合法权益。

理财公司和代理销售机构应当根据法律法规、监管规定和合作协议的约定，合理划分双方权责，共同承担理财产品销售管理责任。

第五条　理财产品销售结算资金属于理财产品投资者，理财产品销售机构、提供理财产品销售结算资金划转结算等服务的机构不得将理财产品销售结算资金归入自有资产。禁止任何单位或者个人以任何形式挪用理财产品销售结算资金。理财产品销售机构、提供理财产品销售结算资金划转结算等服务的机构因依法解散、被依法撤销或者被依法宣告破产等原因进行清算的，理财产品销售结算资金不属于其清算财产。

理财产品销售机构、提供理财产品销售结算资金划转结算等服务的机构应当按照法律、行政法规以及银保监会的相关规定，存放和管理理财产品销售结算资金。

第六条　银保监会及其派出机构依据法律、行政法规和本办法的规定，对理财产品销售业务活动实施监督管理。

第二章　理财产品销售机构

第七条　理财产品销售机构从事理财产品销售业务活动，应当持续具备下列条件：

（一）财务状况良好，运作规范稳定；

（二）具备与独立开展理财产品销售业务活动相适应的自有渠道（含营业网点或电子渠道）、信息系统等设施和销售流程自主管控能力；具备安全、高效的办理理财产品认（申）购和赎回等业务的技术设施和销售系统；代理销售机构与理财公司实施信息系统联网，能够满足数据传输需要；

（三）具备安全可靠的理财产品销售数据保障能力、管理机制和配套设施，能够持续满足理财产品销售和交易行为记录、保存、回溯检查的需要；能够持续满足在全国银行业理财信息登记系统登记以及银保监会及其派出机构实施非现场监管、现场检查等的数据需要；

（四）具备完善的防火墙、入侵检测、数据加密以及灾难恢复等信息安全管理体系和设施；

（五）具备完善的理财产品销售投资者适当性管理、投资者权益保护、销售人员执业操守、应急处理等制度，以及满足理财产品销售管理需要的组织体系、操作流程和监测机制；

（六）具备完善的理财产品销售结算资金管理制度；

（七）具备完善的反洗钱、反恐怖融资及非居民金融账户涉税信息尽职调查内部控制制度；

（八）主要监管指标符合金融监督管理部门的规定；

（九）银保监会规定的其他条件。

第八条　未经金融监督管理部门许可，任何非金融机构和个人不得代理销售理财产品。

理财产品销售机构不得以理财名义或使用“理财”字样开展其他金融产品销售业务活动。

第九条 理财公司应当对拟委托销售的本公司理财产品建立适合性调查、评估和审批制度，审慎选择代理销售机构，切实履行对代理销售机构的管理责任。理财公司应当对代理销售机构理财产品销售业务活动情况至少每年开展一次规范性评估。

理财公司开展规范性评估，需要调阅理财产品销售录音录像、交易记录以及相关制度文件等资料的，代理销售机构应当予以配合。代理销售机构应当按照法律、法规以及合作协议约定，及时、准确向理财公司提供理财产品销售相关的数据、信息和资料等。

第十条 理财公司应当对代理销售机构的条件要求、专业服务能力和风险管理水平等开展尽职调查，实行专门的名单制管理，明确规定准入标准和程序、责任与义务、存续期管理、利益冲突防范机制、信息披露义务及退出机制等。代理销售机构的名单应当至少由理财公司高级管理层批准并定期评估，并根据实际情况对名单及时调整。理财公司不得因其他机构代理销售而免除自身应当承担的责任。

第十一条 代理销售机构总部和理财公司应当以书面形式签订代理销售合作协议，至少包括以下内容：

（一）理财公司对拟委托销售理财产品和本公司制订的宣传销售文本出具的合规性承诺；

（二）双方在风险承担、信息披露、风险揭示、客户信息传递及信息保密、投诉处理、应急处置、业务中止及后续服务安排等方面的责任和义务；

（三）双方业务管理系统职责边界和运营服务接口；

（四）理财产品投资者敏感信息等资料的保存权限、责任和方式；

（五）反洗钱、反恐怖融资及非居民金融账户涉税信息尽职调查义务履行及责任划分；

（六）双方就在理财产品销售过程中违反投资者适当性管理的行为，各自应当依法承担的法律责任；

（七）理财产品销售信息交换及资金交收权利义务；

（八）代理销售机构和理财公司暂停或中止合作的触发条件及程序；

（九）代理销售机构承诺配合理财公司接受银保监会及其派出机构针对理财产品销售业务活动实施的非现场监管、现场检查等，并完整、准确、及时提供相关数据、信息和资料等；

（十）代理销售机构承诺依据本办法规定接受理财公司对理财产品销售业务活动定期开展的规范性评估，完整、准确、及时向理财公司提供理财产品销售相关资料。

第十二条 理财公司与代理销售机构合作，理财公司与代理销售机构应当在代理销售合作协议签订 10 个工作日内，至少通过本公司、代理销售机构的官方渠道予以公告。

理财公司与代理销售机构应当于每年度结束后2个月内分别向银保监会或其派出机构报告本机构理财产品销售合作情况年度报告。

第十三条 代理销售机构总部应当对拟销售的理财产品开展尽职调查,并承担审批职责,纳入本机构统一专门名单管理,不得仅以理财公司相关产品资料或其出具意见作为审批依据;通过分支机构销售的,应当以书面形式对分支机构进行明确授权,载明该分支机构可销售的理财产品范围。

第十四条 代理销售机构不符合本办法第七条规定条件的,或代理销售机构未按规定接受理财公司对理财产品销售业务活动定期规范性评估的,理财公司应当按照代理销售合作协议约定暂停或中止与代理销售机构的业务合作,并在5个工作日内至少通过本公司、代理销售机构的官方渠道予以公告。

理财公司发现代理销售机构存在本办法第二十五条规定的禁止行为或认定代理销售机构销售行为严重损害投资者合法权益的,应当及时予以纠正。代理销售机构未采取有效纠正措施的,理财公司应当按照代理销售合作协议约定中止与代理销售机构的部分或全部业务合作,并在5个工作日内至少通过本公司、代理销售机构的官方渠道予以公告。

代理销售机构不得因业务暂停或中止而弱化、减免本机构应当承担的责任。代理销售机构不得将接受委托销售的理财产品直接或间接委托给其他机构销售,银保监会另有规定的除外。

第三章 风险管理与内部控制

第十五条 理财产品销售机构应当具备并有效执行理财产品销售业务制度,制定与本机构发展战略相适应的产品准入、风险管理与内部控制、投资者适当性管理、业务操作、资金清算、客户服务、信息披露、合作机构管理、人员及行为管理、投诉和应急处理、保密管理等制度,及时评估和完善相关制度,确保制度有效性。

第十六条 理财产品销售机构董事会负责审核批准理财产品销售重要策略、制度和程序;高级管理层负责根据董事会批准的理财产品销售策略、制度和程序,对理财产品销售业务风险进行管理,制定并监督执行有关投资者权益保护与内部控制制度,向董事会定期报告理财产品销售总体情况、重大事项及潜在风险,确保风险管理的有效性。

第十七条 理财产品销售机构应当指定专门部门和人员负责对理财产品销售业务活动的合法合规性进行审查、监督和检查,并确保该部门和人员独立、有效履行职责。该部门人员不得兼任经营管理等与岗位职责存在利益冲突的职务。

该部门应当对理财产品销售准入、产品合规及风险评估的标准和流程等销售业务内部制度以及新销售产品、新业务方案等进行合规审查,并出具合规审查意见。

该部门发现本机构存在与理财产品销售相关的重大风险或违法违规行为,应当提出处理意见,并督促整改。理财产品销售机构应当就重大风险或违法违规行为及时向银保监会或其派出机构报告，并视情况告知相关合作机构。

第十八条 理财产品销售机构应当对拟向特定对象销售的理财产品实施专门的尽职调查和风险评估，充分了解拟销售产品的投资方向、策略、风险以及投资者适当性要求等，出具专项合规意见并留存备查。

第十九条 理财产品销售机构应当对分支机构从事理财产品销售业务活动实行统一管理，不得通过与他人合资、合作经营管理分支机构，或将分支机构承包或者委托给他人等方式开展理财产品销售业务。

第二十条 理财产品销售机构应当建立健全业务范围管控制度，审慎评估理财产品销售业务与其依法开展或拟开展的其他业务之间可能存在的利益冲突，建立严格的利益冲突防范机制并确保有效实施。

第二十一条 理财产品销售机构应当加强信息科技风险管理，建立网络安全监测和应急响应体系，保障网络和信息系统安全可靠、可持续服务。理财产品销售机构应当采取可靠的技术措施，确保客户信息安全。

理财产品销售机构应当充分利用科技手段，加强对伪冒网站、伪冒产品等监测，有效防范各类欺诈风险。

理财公司委托代理销售机构销售理财产品的，代理销售机构和理财公司应当建立联防联控的反欺诈体系，共同承担反欺诈的责任。

第二十二条 理财产品销售机构应当完整记录和保存销售业务活动信息，确保记录信息全面、准确和不可篡改，并持续满足银保监会及其派出机构依法实施信息采集、核查、取证等监管行为的要求。记录信息应当至少包括：投资者身份证明资料、宣传销售文本、产品风险及其他关键信息提示、交易记录与确认信息等。

第二十三条 理财产品销售机构应当建立健全档案管理制度，妥善保管投资者理财产品销售相关资料，保管年限不得低于20年。

第二十四条 理财产品销售机构及其分支机构的理财产品销售部门负责人以及承担本办法第十七条规定职责的部门负责人离任的，应当进行审计。

第四章 理财产品销售管理

第二十五条 理财产品销售机构及其销售人员从事理财产品销售业务活动，不得有下列情形：

（一）误导投资者购买与其风险承受能力不相匹配的理财产品；

（二）虚假宣传、片面或者不当宣传，夸大过往业绩，预测理财产品的投资业绩，或者出具、宣传理财产品预期收益率；

（三）使用未说明选择原因、测算依据或计算方法的业绩比较基准，单独或突出使用绝对数值、区间数值展示业绩比较基准；

（四）将销售的理财产品与存款或其他产品进行混同；

（五）在理财产品销售过程中强制捆绑、搭售其他服务或产品；

（六）提供抽奖、回扣、馈赠实物、代金权益及金融产品等销售理财产品；

（七）违背投资者利益优先原则，为谋取机构或人员的利益，诱导投资者进行短期、频繁购买和赎回操作；

（八）由销售人员违规代替投资者签署销售业务相关文件，或者代替投资者进行风险承受能力评估、理财产品购买等操作，代替投资者持有或安排他人代替投资者持有本机构销售的理财产品；

（九）为理财产品提供直接或间接、显性或隐性担保，包括部分或全部承诺本金或收益保障；

（十）利用或者承诺利用理财产品和理财产品销售业务进行利益输送或利益交换；

（十一）给予、收取或索要理财产品销售合作协议约定以外的利益；

（十二）恶意诋毁、贬低其他理财产品销售机构或者其他理财产品；

（十三）截留、挪用理财产品销售结算资金；

（十四）违法违规提供理财产品投资者相关信息；

（十五）未经授权或超越授权范围开展销售业务，私自推介、销售未经本机构审批的理财产品，通过营业网点或电子渠道提供未经本机构审批的理财产品销售相关文件和资料；

（十六）未按规定或者协议约定的时间发行理财产品，或者擅自变更理财产品的发行日期；

（十七）在全国银行业理财信息登记系统对理财产品进行登记并获得登记编码前，办理理财产品销售业务，发布理财产品宣传推介材料；

（十八）银保监会规定禁止的其他情形。

第二十六条 理财产品销售机构通过营业网点向非机构投资者销售理财产品的，应当按照银保监会的相关规定实施理财产品销售专区管理，面向投资者严格有效区分理财产品与其他金融产品。理财产品销售机构应当在销售专区内对每只理财产品销售过程进行录音录像，销售专区应当具有明显标识。

除非与非机构投资者当面书面约定，评级为四级以上理财产品销售，应当在营业网点进行。

理财产品销售机构通过电子渠道向非机构投资者销售理财产品的，应当积极采取有效措施和技术手段完整客观记录营销推介、产品风险和关键信息提示、投资者确认和反馈等重点销售环节，确保能够满足回溯检查和核查取证的需要。理财产品销售机构进行上述记录行为的，应当征得投资者同意，否则不得向其销售理财产品。

第二十七条 理财产品宣传销售文本包括宣传推介材料和销售文件。

宣传推介材料是指理财产品销售机构为宣传推介理财产品向投资者分发或者发布，

使投资者可以获得的文字、图片、音频、视频以及其他形式的信息。

销售文件包括理财产品投资协议书、销售（代理销售）协议书、理财产品说明书、风险揭示书、投资者权益须知等，应当严谨清晰界定理财公司、代理销售机构以及投资者之间关于投资和销售等权责关系；经投资者签字确认的销售文件，理财产品销售机构和投资者双方均应留存。

第二十八条 理财公司应当对本公司理财产品的全部宣传推介材料内容承担管理责任。

未经理财公司授权和审核同意，代理销售机构不得擅自设计、修改、增减任何理财公司理财产品宣传推介材料的文字、数据、公式、表格、示意图等内容信息要素，不得制作分发。

第二十九条 理财公司应当统一编制本公司理财产品投资协议书和理财产品说明书。代理销售机构可以接受理财公司委托编制代理销售协议书、风险揭示书、投资者权益须知等销售文件，并应当对其编制的销售文件进行合规性审核，使用前向理财公司备案。

理财产品销售文件应当载明理财产品销售机构和托管机构的基本信息和主要职责等。

第三十条 理财公司、代理销售机构应当设置科学合理的理财产品风险评级的方式和方法，根据理财产品的投资组合、同类产品过往业绩和风险状况等因素，对理财产品进行评级。理财产品风险评级结果应当以风险等级体现，由低到高至少包括一级至五级，并可以根据实际情况进一步细分。

理财公司应当对本公司发行的理财产品进行产品评级，代理销售机构应当根据本机构的方式和方法，独立、审慎地对代理销售的理财产品进行销售评级，并向理财公司及时、准确提供本机构销售评级结果等信息。

销售评级与理财公司产品评级结果不一致的，代理销售机构应当采用对应较高风险等级的评级结果并予以披露。理财公司应当在宣传销售文本等材料和理财产品登记信息中标明“该产品通过代理销售机构渠道销售的，理财产品评级应当以代理销售机构最终披露的评级结果为准”。

第三十一条 理财产品销售机构应当对非机构投资者的风险承受能力进行评估，制定投资者风险承受能力评估书，确定投资者风险承受能力等级，建立将投资者和理财产品进行匹配的方法。风险承受能力评估依据至少应当包括投资者年龄、财务状况、投资经验、投资目的、收益期望、风险偏好、流动性要求、风险认识及风险损失承受程度等。

理财产品销售机构应当定期或不定期地在本机构营业场所（含电子渠道）对非机构投资者进行风险承受能力持续评估，确保投资者风险承受能力评估的客观性、及时性和有效性。

超过一年未进行风险承受能力评估或发生可能影响自身风险承受能力情况的非机构

投资者，再次购买理财产品时，应当在理财产品销售机构营业场所（含电子渠道）完成风险承受能力评估，评估结果应当由投资者签字确认。

理财公司委托代理销售机构销售理财产品的，代理销售机构应当将投资者风险承受能力评估结果以及投资者与理财产品进行匹配的方法，及时、准确提供给理财公司。

第三十二条 理财产品销售机构应当根据反洗钱、反恐怖融资及非居民金融账户涉税信息尽职调查等相关法律法规要求识别客户身份。

代理销售机构应当配合理财公司开展反洗钱、反恐怖融资及非居民金融账户涉税信息尽职调查等工作，并向理财公司提供投资者身份信息及法律法规规定的其他信息。

第三十三条 理财产品销售机构应当充分了解面向特定对象销售的理财产品的投资者信息，收集、核验投资者金融资产证明、收入证明或纳税凭证等材料，对非机构投资者风险识别能力和风险承受能力进行持续评估，并要求投资者承诺投资资金为自有资金。

理财产品销售机构应当完善合格投资者尽职调查流程并履行投资者签字确认程序，包括但不限于：合格投资者确认、投资者适当性匹配、风险揭示、自有资金投资承诺。

理财产品销售机构不得向不特定社会公众销售私募理财产品。

第三十四条 理财产品销售协议生效后，理财产品销售机构应当按照法律、行政法规、监管规定和理财产品投资协议、销售协议的约定，办理理财产品的认（申）购、赎回，不得擅自拒绝接受投资者的认（申）购、赎回申请。理财公司暂停或者开放认（申）购、赎回等业务的，应当按照相关规定和投资协议、销售协议约定说明具体原因和依据。

第三十五条 投资者认（申）购理财产品必须全额交付认（申）购款项，银保监会另有规定的除外；投资者按规定提交认（申）购申请并全额交付款项的，认（申）购申请成立；认（申）购申请是否生效以理财公司发出的确认信息为准。

第三十六条 理财产品销售机构应当通过投资者指定的银行账户办理理财产品认（申）购和赎回的款项收付，制作、留存款项收付的有效凭证。

理财公司委托代理销售机构销售理财产品的，代理销售机构应当至少每日向理财公司提供销售明细和相关有效凭证信息。

第三十七条 理财产品销售机构应当按照法律法规规定、理财产品销售协议约定归集、划转理财产品销售结算资金，确保理财产品销售结算资金安全、及时划付，并将赎回、分红及认（申）购不成功的相应款项划入投资者认（申）购时使用的银行账户。

理财公司委托代理销售机构销售理财产品的，理财公司应当至少每日与代理销售机构进行对账，确保销售结算资金的安全性和双方客户交易明细的一致性。

提供理财产品销售结算资金划转结算等服务的机构应当建立与理财公司的对账机制，复核、审查理财产品销售结算资金的交易情况。

第三十八条 理财产品销售机构应当按照法律法规、监管规定、理财产品投资协议书、理财产品说明书、理财产品销售（代理销售）协议书等的约定收取销售费用，并如实核算、记账；未经载明，不得对不同投资者适用不同费率。

理财公司根据相关法律和国家政策规定，需要对已约定的收费项目、条件、标准和方式进行调整时，应当按照有关规定进行信息披露后方可调整；投资者不接受的，应当允许投资者按照销售协议的约定提前赎回理财产品。

第三十九条 理财产品销售机构应当做好投资者持续信息服务，包括但不限于以下方面：

（一）及时向投资者告知认（申）购、赎回理财产品的确认日期、确认份额和金额等信息；

（二）定期向投资者提供其所持有的理财产品基本信息，及时向投资者告知对其决策有重大影响的信息。

理财公司应当及时将上述信息提供给理财产品销售机构。理财产品销售机构应当做好信息传递工作，通过与投资者约定的方式向投资者提供前述信息。

第四十条 理财公司应当通过本公司和代理销售机构官方渠道、行业统一信息披露渠道或与投资者约定的其他渠道披露全部在售及存续的理财产品相关信息，并保证投资者能够按照销售协议约定的时间和方式及时获取披露信息。

理财公司委托代理销售机构销售理财产品的，双方应当按照法律、行政法规、监管规定及合作协议约定，确认信息披露义务人，真实、准确、完整进行信息披露。

第四十一条 理财产品销售机构销售关联方管理的面向特定对象销售的理财产品，应当建立健全关联方产品销售管理制度，在风险揭示书的醒目位置向投资者披露关联方及关联关系，揭示关联关系可能产生的不利影响和投资风险，并由投资者签字确认。

第五章 销售人员管理

第四十二条 理财产品销售机构应当建立健全理财产品销售人员的上岗资格、持续培训、信息公示与查询核实等制度，确保理财产品销售人员具备必要的专业知识、行业经验和管理能力，熟悉相关法律、行政法规、监管规定，充分了解理财产品的法律关系、交易结构、主要风险及风险管控方式，遵守行为准则和职业道德标准。

理财产品销售机构应当承担本机构理财产品销售人员管理的主体责任，加强对本机构理财产品销售人员行为的持续监督和排查，严格防范私自销售。

第四十三条 理财产品销售人员应当至少具备下列条件：

（一）具有完全民事行为能力；

（二）具有高中以上文化程度；

（三）从事金融工作1年以上；

（四）具备良好的诚信记录及职业操守；

（五）熟悉理财业务活动及理财产品销售相关的法律法规；

（六）银保监会规定的其他条件。

未经理财产品销售机构进行上岗资格认定并签订劳动合同，任何人员不得从事理财产品销售业务活动，银保监会另有规定的除外。

第四十四条 理财产品销售机构应当有效执行理财产品销售人员的持续培训制度，通过内外部培训、考核等方式，确保销售人员熟悉理财产品销售政策法规及理财产品业务知识，具备与理财产品销售相匹配的专业技能。

理财产品销售机构应当对理财产品销售人员培训情况进行记录并存档。每个销售人员每年接受本机构组织或认可的培训时间不得少于20小时。

第四十五条 理财产品销售机构应当在营业网点和电子渠道显著位置对理财产品销售人员信息进行公示。

理财产品销售人员在向投资者宣传销售理财产品前，应当进行自我介绍并告知理财产品销售人员信息查询和核实渠道，尊重投资者意愿，不得在投资者不愿或不便的情况下进行宣传销售。

第六章 投资者合法权益保护

第四十六条 理财产品销售机构应当建立健全投资者权益保护管理体系，严格实施事前协调、事中管控和事后监督，持续加强投资者适当性管理，确保理财产品销售业务活动各环节有效落实投资者权益保护。

第四十七条 理财产品销售机构在销售产品过程中，应当对投资者身份信息的真实性进行验证。结合非机构投资者年龄、地区和行业背景，充分了解投资者基本信息、收入来源、财务状况、投资经验、投资目标和风险偏好等，严谨客观实施风险承受能力评估，审慎使用评估结果。根据投资者的风险承受能力销售不同风险等级的产品，把合适的理财产品销售给合适的投资者。

第四十八条 理财产品销售机构应当要求投资者真实提供信息，自主作出认（申）购和赎回等决定，独立对销售文件进行签字确认，自主承担投资风险。投资者拒绝提供或者未按照要求提供信息的，理财产品销售机构应当告知投资者相应的后果及责任，并可拒绝向其提供销售服务。

第四十九条 理财产品销售文件应当包含风险揭示书的专页，风险揭示书应当使用通俗易懂的语言，并至少包含以下内容：

（一）在醒目位置提示投资者，“理财非存款、产品有风险、投资须谨慎”；

（二）提示投资者，“如影响您风险承受能力的因素发生变化，请及时完成风险承受能力评估”；

（三）提示投资者注意投资风险，仔细阅读理财产品销售文件，了解理财产品具体情况；

（四）本理财产品类型、期限、评级结果、适合购买的投资者，并配以示例说明最不利投资情形下的投资结果；

（五）理财产品的风险揭示应当至少包含本理财产品不保证本金和收益，并根据理财产品评级结果提示投资者可能会因市场变动而蒙受损失的程度，以及需要充分认识投资风险，谨慎投资等；

（六）投资者风险承受能力评估结果，由投资者填写；

（七）投资者风险确认语句抄录，包括确认语句栏和签字栏，确认语句栏应当完整载明的风险确认语句"本人已经阅读风险揭示，愿意承担投资风险"，并在此语句下预留足够空间供投资者完整抄录和签字确认。

第五十条 理财产品销售机构收集、使用个人信息，应当按照法律法规规定，遵循正当、必要的原则，保证信息采集、处理及使用的安全性和合法性。未经客户专门授权，不得将客户个人信息及相关理财产品销售信息提供其他第三方机构和个人，法律、行政法规和银保监会另有规定的除外。

第五十一条 理财公司和代理销售机构应当建立有效的理财产品销售业务投资者投诉处理机制，明确受理和处理投资者投诉的途径、程序和方式。

理财公司和代理销售机构应当根据法律、行政法规、监管规定和协议约定，明确划分双方责任和义务，及时、妥善处理投资者投诉。

因电子渠道销售业务产生投诉纠纷的，理财产品销售机构应当在处理过程中提供投资者交易记录和确认信息等。因机构自身原因不能提供交易记录等历史信息的，应当按照有利于投资者的原则处理投资者诉求。

第五十二条 理财公司和代理销售机构应当至少每半年开展一次投资者投诉处理情况自查和投资者权益保护工作评估，形成报告留存备查。理财公司和代理销售机构的高级管理层应当定期审议投资者投诉及权益保护工作情况，审视业务风险并督促整改，持续完善内控制度。

第七章 监督管理与法律责任

第五十三条 理财产品销售机构应当按照规定，定期向银保监会或其派出机构报送与理财产品销售有关的统计报表和相关报告等，并确保报送信息的真实性、准确性、完整性和及时性。

第五十四条 理财公司与代理销售机构合作，理财公司应当按照登记要求，向全国银行业理财信息登记系统登记，并提交如下材料：

（一）在代理销售合作协议签订 10 个工作日内，提交与代理销售机构签订的协议文本；对代理销售机构的尽职调查情况，包括信息系统、财务管理等内控制度情况、合规风控管理和投资者权益保护机制等；银保监会规定的其他材料。

(二)在确定委托代理销售机构所销售理财产品后3个工作日内,提交相关理财产品名称及全国银行业理财信息登记编码目录。

上述登记信息发生变更的,理财公司应当自变化发生之日起3个工作日内办理变更登记。理财公司应当确保登记信息真实、准确和完整。

第五十五条 提供理财产品销售结算资金划转结算等服务的机构应当将理财产品销售结算资金的交易情况及时向全国银行业理财信息登记系统进行登记和更新,确保登记信息真实、准确和完整。

第五十六条 理财产品销售机构应当在全国银行业理财信息登记系统登记本机构理财产品销售人员信息并及时更新,确保登记信息真实、准确和完整。

第五十七条 银保监会及其派出机构应当对理财产品销售业务活动及其相关数据信息和资料报送进行现场检查。

第五十八条 银保监会及其派出机构应当基于非现场监管和现场检查情况,定期对理财产品销售业务活动进行评估。

第五十九条 理财产品销售机构违反本办法规定从事理财产品销售业务活动的,应当根据银保监会及其派出机构提出的整改要求,在规定的时限内提交整改方案并采取整改措施。

第六十条 对于在规定的时限内未能采取有效整改措施的理财产品销售机构,或者其行为严重危及理财业务稳健运行、损害投资者合法权益的,银保监会及其派出机构有权依照法律法规采取监管措施。

第六十一条 理财产品销售机构从事理财产品销售业务活动,有下列情形之一的,由银保监会及其派出机构依照法律法规予以处罚:

(一)提供虚假的或者隐瞒重要事实的报表、报告等文件、资料的;

(二)未按照规定进行风险揭示或者信息披露的;

(三)误导投资者购买与其风险承受能力不相匹配的理财产品的;

(四)截留、挪用理财产品销售结算资金的;

(五)未按照本办法要求建立风险管理制度和相关信息系统,或者风险管理制度落实不到位、存在重大风险隐患或者引发较大风险事件的;

(六)违法违规提供与理财产品持有人、理财产品投资运作相关非公开信息的;

(七)拒绝执行本办法第六十条规定的措施的;

(八)严重违反本办法规定的其他情形。

第六十二条 理财公司与不具备本办法第七条规定条件的机构合作开办理财产品销售业务活动,以及代理销售机构直接或间接委托其他机构销售理财产品的,由银保监会及其派出机构依照法律法规予以处罚。

理财公司未按照本办法要求对代理销售机构开展规范性评估,有效履行管理职责的,由银保监会及其派出机构依照法律法规予以处罚。

第六十三条 理财产品销售机构从事理财产品销售业务活动，未按照规定向银保监会及其派出机构报告或者报送有关文件、资料的，由银保监会及其派出机构责令改正，逾期不改正的，由银保监会及其派出机构依照法律法规予以处罚。

第六十四条 理财产品销售机构从事理财产品销售业务活动，违反有关法律、行政法规以及国家有关银行业监督管理规定的，银保监会及其派出机构除依照本办法第六十一条至第六十三条规定处罚外，还可以依照法律法规对直接负责的董事、高级管理人员和其他直接责任人员进行处理；涉嫌犯罪的，依法移送司法机关处理。

第六十五条 银保监会认可的自律组织可以依据法律法规和自律规则，对其成员从事的理财产品销售业务活动进行自律管理。

第八章 附 则

第六十六条 理财产品销售机构应当遵守法律、行政法规以及《关于规范金融机构资产管理业务的指导意见》《商业银行理财业务监督管理办法》《商业银行理财子公司管理办法》《关于规范商业银行代理销售业务的通知》《银行业金融机构销售专区录音录像管理暂行规定》等有关理财产品销售的规定，本办法另有规定的除外。

其他银行业金融机构理财产品的销售业务活动参照执行本办法。

第六十七条 本办法中“以上”均含本数。

第六十八条 本办法由银保监会负责解释。

第六十九条 本办法自2021年6月27日起施行。本办法施行前的理财产品销售业务活动不符合本办法相关要求的，理财公司与代理销售机构应当在本办法施行之日起6个月内完成整改。

参考文献

[1]中国证券投资基金协会.证券投资基金.高等教育出版社,2022。

[2]中国银行业协会.个人理财.中国金融出版社,2021。

[3]上海证券交易所网站。

[4]深圳证券交易所网站。

[5]上海期货交易所网站。

[6]中国债券信息网。

[7]上海黄金交易所网站。

[8]中国货币网。

[9]中国理财网。